송나라의
슬픔

송나라의
슬픔

샤오젠성蕭建生 지음 | 조경희·임소연 옮김

中國文明的反思

글항아리

인류 가족 모두의 존엄성과 양도할 수 없는 권리를 인정하는 것이

세계의 자유, 정의, 평화의 기초다. (…)

오늘날 보통 사람들이 바라는 지고지순의 염원은 이제 제발 모든 인간이

언론의 자유, 신념의 자유, 공포와 결핍으로부터의 자유를 누릴 수 있는

세상이 왔으면 좋겠다는 것이리라.

— 1948년 12월 10일 유엔이 채택한 「세계인권선언」

서문

1980년대에 나는 『민국 총리 슝시링民國總理熊希齡』을 집필하면서 중국 문명을 체계적으로 고찰해보았다. 당시에는 많은 사람이 계급과 계급투쟁의 관점에서 역사를 바라보는 데 익숙했다. 살아 있는 역사를 계급과 계급투쟁이라는 틀에 끼워 맞춰 왜곡하고 인간을 '혁명'과 '반동'이라는 두 분류로 나눠 평가했으며, 역사적 사실을 존중하지 않았다. 나는 이런 현상이 역사를 단순화하고 통속화시킨다고 생각했다.

그로부터 수십 년이 흘렀고 중국 역사학에도 커다란 발전이 있었다. 하지만 여전히 실질적인 변화를 보이지 못하고 사상적 혼란을 겪고 있다. 스스로의 역사를 철저히 고찰하려 하지 않았기 때문에 자신이 역사적으로 획득해온 문명의 성취를 정확하게 인식할 수 없었고 역사로부터 진정 유익한 경험과 교훈을 흡수하지 못했다. 역사를 통해 어떤 것을 버려야 하는지, 또 어떤 것을 계승하고 발전시켜야 하는지 그 무엇도 정확하게 파악하지 못했다. 그 결과 마땅히 버려야 할 것이 고스란히 남아 문명의 정수로 잘못 계승되었으며, 이어받아 발전시켰어야 할 문명의 정신은 찌꺼기로 오인되어버렸다.

예를 들어보자. 고대 중국의 노자는 하늘을 경배하고 도를 따른다는 '경천순도敬天順道'와 성인聖人의 덕이 커서 아무 일을 하지 않아도 천하가 저절로 잘 다스려진다는 '무위이치無爲而治'를, 유가는 어진 사람은 남을 사랑한다는 '인자애인仁者愛人'과 자기가 하기 싫은 일을 남에게도 시키지 말라고 이른 '기소불욕己所不欲, 물시어인勿施於人' 등의 포용력 있는 태도를, 묵가는 박애와 평등, 반전反戰 사상을 제창했다. 하지만 중국인들은 이런 훌륭한 사상과 정치적 주장들을 오랜 기간 부정했고 폭력과 전제專制적 사상, 그리고 훗날 세속의 암흑적 습성 등 바람직하지 못한 문화들을 도리어 장기간 긍정적으로 받아들이고 계승해왔다. 이처럼 문명의 정수가 제대로 이어지지 못했기 때문에 중국 문명은 건강한 발전의 궤도에 오르지 못했던 것이다.

모든 민족은 반드시 자신의 역사를 정확히 인식할 필요가 있다. 자국의 문명사를 제대로 인식해야만 문명의 정수와 찌꺼기를 분명히 구분할 수 있고 이로써 민족의 생존과 발전을 위한 바른길을 모색할 수 있는 것이다.

오늘날에 이르기까지 많은 사람이 춘추전국시대를 제후들의 할거와 군웅들의 혼전으로 어지러웠던 분열과 혼란의 암흑 시대였다고 생각한다. 하지만 만약 춘추전국시대가 진정 암흑 시대였다면 그 사회에서 백가쟁명百家爭鳴, 백화제방百花齊放의 활발한 분위기가 형성될 수 있었던 이유는 무엇인가? 그렇게 많은 위대한 사상가와 정치가, 군사가, 문학가와 과학자가 배출될 수 있었던 이유는 무엇인가? 정치, 경제, 문화 등 각 방면의 번영은 어떻게 이뤄낼 수 있었던 것인가? 이러한 질문들에 대해 사람들은 진지하게 생각해본 적이 없는 듯하다.

오늘날까지도 많은 사람은 진시황이 폭력으로 6국을 통일하고 고도의 황제 전제제도를 실시한 국가를 세운 것을 역사상 위대한 진보라고 생각한다. 하지만 그것이 진정 진보였다면 진秦이 6국을 멸망시킨 이후에 중국에 노자, 공자, 맹자와 같은 위대한 사상가가 다시는 나타나지 않은 이유는 무엇인가? 또 주기적 동란 발생이라는 괴상한 굴레에서 벗어나지 못한 이유는 무엇인가? 진나라의 백성이 그렇게 고통스럽게 살아야 했던 이유는 무엇이고, 진나라가 얼마 가지 못해 멸망으로 치달았던 이유는 또 무엇인가?

송宋나라는 전제적이고 부패하고 낙후되었으며 가난하고 쇠약했던 왕조라고 여겨진다. 그들이 창조한 문명적 성취에 대해서도 부정적인 반응이 많다. 하지만 그런 나라가 어떻게 세계를 수백 년 앞지른 선진 문명을 창조할 수 있었겠는가? 또 송나라가 화약, 나침반, 활자 인쇄술 등의 위대한 발명을 할 수 있었던 이유는 무엇인가? 「청명상하도清明上河圖」에서 묘사된 것과 같이 상품경제가 그렇게 번영했던 이유는 무엇이며, 송나라 사람들이 "천하 사람들이 근심하기에 앞서서 근심하고, 천하 사람들이 다 즐기고 난 후에 즐긴다先天下之憂而憂, 後天下之樂而樂"라는 정서를 갖게 된 이유는 무엇인가? 또 그들이 "사람이면 그 누구나 죽어 사라질 것이지만, 오직 의로운 정신만이 역사에 남을 것人生自古誰無死, 留取丹心照汗靑"이라는 기개를 지닐 수 있었던 이유는 무엇인가?

사람들은 청淸나라의 전성기였던 '강건성세康乾盛世'에 대해 입에 침이 마르도록 이야기를 한다. 하지만 건륭제乾隆帝가 세상을 뜬 지 41년

만에 중국은 다른 나라의 대포 포격을 받은 뒤 영토를 분할해주고 배상금을 지불했으며, 주권을 잃고 치욕을 당했다. 그때부터 바깥세상이 중국인을 동아시아의 병주머니, 머리 뒤에 돼지꼬리를 달고 다니는 괴물 혹은 바보로 생각하게 됐다. 공자진龔自珍이 "나라가 생기를 찾으려면 폭풍과 번개가 쳐야 하건만, 온 들판에 말들이 울지 않으니 슬프다. 내 권하노니 하늘이시여 다시 한번 분발하여 일격에 구애되지 않는 인재를 내려주소서九州生氣恃風雷, 萬馬齊暗究可哀, 我勸天公重抖擻, 不拘一格降人才"라는 구슬픈 시를 지었던 이유는 무엇이었겠는가?

위대한 중화 문명을 부흥시켜야 한다고 말한다. 하지만 이런 말을 하는 이들은 그것이 무엇인지 진지하게 생각해본 적이 있을까? 또 중화 문명이 어느 면에서 위대한지, 어떤 문명을 부흥시켜야 하는지, 이러한 질문들에 정확하게 대답할 수 있을까? 어느 면에서 위대한지조차 잘 알지 못하는데 어떻게 부흥을 논할 수 있겠는가?

이러한 문제들에서 중국인들은 수십 년 동안 개혁개방을 추진했음에도 불구하고 자신의 문명사를 여전히 정확히 인식하지 못하고 있고 여전히 무지하다는 느낌을 강렬히 받게 된다. 그들은 어떤 것이 선진이고 낙후인지, 어떤 것이 문명에 속하고 야만에 속하는지 잘 분간하지 못한다. 개혁개방 전 문화대혁명 시기의 계급과 계급투쟁의 논리가 사상을 통제해 자국의 역사를 정확하게 파악하지 못하게 된 것은 어느 정도 이해할 만한 측면이 있다. 하지만 수십 년의 개혁개방을 거친 오늘날에도 이렇게 무관심하고 무감각한 것은 매우 잘못된 것이다. 한 국가, 한 민족이 어떻게 이토록 오랜 시간 자기 나라의 문명에 무관심할 수 있는가?

바로 이런 이유로 나는 민주, 법치, 자유와 인권 등 현대 문명의 관점에서 체계적으로 철저하게 중국 문명사를 고찰할 필요가 있음을 느꼈다. 중국 경제가 빠르게 발전하는 지금 반드시 그러한 깊이 있는 고찰이 이뤄져야 한다. 선인들은 역사를 거울로 삼으면 쇠함과 성함의 도리를 알 수 있다고 했다. 현대 문명의 관점으로 자국의 문명사를 깊이 있게 고찰해야만 오늘날 중국의 모습을 이해할 수 있고, 중국인이 어느 면에서 잘했고 어느 면에서 잘못했는지, 또 왜 그런 잘못을 했는지 등도 제대로 이해할 수 있을 것이다.

가장 현실적인 문제는 현 정치체제를 개혁해 경제와 보폭을 맞추고 이로써 민주, 법치, 평등, 자유와 화합의 사회를 만들어야 한다는 것이다. 혹자는 정치체제를 효율적으로 개혁하려면 반드시 서구의 민주정치체제를 모방하고 전국 선거, 정당 교체, 삼권 분립 등의 민주헌정체제를 시행해 전반적인 서구화를 이뤄야 한다고 말한다. 반면 서구의 모델을 전면 답습해서는 절대 안 된다고 주장하는 이들도 있다.

그렇다면 대체 전반적 서구화의 길을 선택해야 하는가 말아야 하는가? 만약 전반적인 서구화가 아닌 다른 길을 걷는다면 그 길은 어떤 길이어야 하는가? 중국적 특색이 살아 있는 사회주의 사회를 건설하려 한다면 그 사회의 정치체제는 어떤 모습이어야 하는가? 현 정치제도가 그 자체로 완벽해 개혁이 필요 없다면 '반우파투쟁' '대약진 운동' '문화대혁명' 등의 역사적 비극은 왜 생겨난 것일까? 그런 가혹한 민족적 재난을 겪고도 중국에 제도를 바꾸려는 그 어떠한 저항의 움직임도 나타나지 않은 이유는 무엇일까? 국가주석 류사오치劉少奇를 비롯한 많은 지도자와 지식인 그리고 민중이 억울하게 죽어갈 때 제도는 왜 그들을 효과적으로 보호하지 못한 걸까? 오늘날 관상 결탁官商結託, 정경 유착으로 인한 뇌물 거래, 공적 자금의 착복, 재산 낭비와 탕진 현상, 관직

거래, 범죄조직의 창궐 등의 현상과 정책적 실수, 분배의 불균형, 도덕적 타락, 자원 낭비, 환경오염 등의 문제를 효과적으로 해결하지 못하는 이유는 무엇인가? 중국은 정치체제를 개혁해야 할 뿐만 아니라 그 속도를 높여야 한다.

역사는 경제 발전이 사회의 모든 문제를 해결할 수 없다는 것을 입증하고 있다. 올바른 정치제도가 세워졌을 때에만 국가는 건강한 발전의 궤도에 오를 수 있고 장기적인 사회 안정을 이룰 수 있다. 저명한 경제학자 양샤오카이楊小凱는 『후발열세後發劣勢』에서 후발국은 발전이 상대적으로 더디기 때문에 많은 부분에서 선진국을 모방할 수 있다는 점을 언급했다. 모방에는 두 가지 형식이 있는데, 첫째는 제도를 모방하는 것이고, 둘째는 기술과 산업화 모델을 모방하는 것이다. 후발국가도 제도의 기초를 갖추지 못한 상황에서 기술만 모방해 빠른 성장을 이뤄낼 수 있다. 하지만 이런 방식으로 단기간에 큰 발전을 이룬다해도 결국 장기적으로는 많은 위험 요소를 남기며, 심지어 발전이 실패할 수도 있다. 왜냐하면 좋은 제도로 발전을 받쳐주지 못했기 때문이다. 양샤오카이는 중국이 자유롭고 평등한 사회적 제도를 갖추지 못했기 때문에 일시적인 발전을 이룰 수는 있었지만 결국에는 몰락할 수밖에 없었던 라틴아메리카 국가들의 전철을 밟지 않기를 바랐다. 그런 까닭에 그는 후발국가의 열세를 직시하고 기초 제도의 구축을 통해 국가를 흥하게 해야 한다고 주장했다.

양샤오카이는 '5·4운동' 이래로 중국인들은 민주와 과학에 많은 관심을 보인 반면 자유와 공화제에 대해서는 도리어 소홀했다고 생각한다. 그는 어떤 의미에서 자유와 공화제는 민주와 과학보다 더 중요하다고 보았다. 즉 헌정 규범과 신뢰할 수 있는 정부의 약속 메커니즘이 있어야만 정부의 기회주의적 태도를 규제할 수 있고, 사회의 정의와 평등을 보증하고 개인의 권리와 자유를 보장할 수 있으며 개인의 창조력도 최대한 발휘될 수 있다고 보았다.

1989년 톈안먼 사건 이후 큰 사회적 변화가 나타났다. 국력이 날로 강해졌고 통신설비, 에너지설비, 고속도로 및 도시 건설 등 인프라 구축이 일부 선진국 수준으로 제고되었다. 국민의 생활 수준도 전체적으로 많이 향상되었다. 편견을 버리고 본다면 이런 변화들을 부정할 수는 없을 것이다. 하지만 선진적인 제도와 사회의 강력한 감독이 부족한 상황에서 국가가 중심이 되어 자원을 집중시키고 투자를 주도하는 이런 성장 모델은 심각한 부작용을 가져왔다. 정부 관리들이 권력을 이용해 간부 선발, 토지 수용, 건설 프로젝트 입찰 등에 관여했고 뇌물을 수수한 관료 기구는 날이 갈수록 팽창하며 부패했다. 이렇게 사회의 불공정한 분배와 도덕적 해이가 심화되어 심각한 사회 문제로 대두되었다. 오늘날 중국의 경제력은 세계를 놀라게 하고 있지만, 마찬가지로 그 팽창된 육체와 마비된 정신도 세계를 경악케 하고 있다. 이는 뒤처진 중국의 정치 개혁이 가져온 필연적인 결과다.

역사는 세계의 그 어떤 제도와 문명도 완벽하지 않다는 것을 입증하고 있다. 민주·공화·입헌제 아래에서도 여전히 부패와 횡령, 정경 유착, 뇌물 수수 등의 문제가 일어나며, 낮은 행정 효율 및 불공정하고 불합리한 현상도 여전히 존재한다. 하지만 민주헌정 제도 아래에서는 이런 현상들이 전체 관료제도의 시스템적 부패를 초래하지는 않는다. 또 국가 행정을 정상적으로 운용하는 데 방해가 되지도 않는다. 오히려 이런 문제들은 빠른 시일 안에 공개되어 개선될 확률이 높다. 이에 반해 중앙집권의 전제제도가 지닌 가장 큰 폐단은 부패와 약탈, 국민을 속이고 통제하는 행위가 관료 체계 위에서 아래로 전해지고 문제점이 쉽게 발각되지 않는다는 데 있다. 권력을 효과적으로 감시하는 눈이 없기 때문이다.

따라서 적어도 현재까지는 서구의 민주정치 모델이 좀더 선진적이고 권력과 부패에 대해 훨씬 강력한 통제력을 지니며 보편적 가치를 갖는다고 할 수 있다. '사회주의'나 '자본주의' 모두 마찬가지다. 현재까지 인류는 민주헌정 제도를 대신할 만한 더 나은 제도를 발견하지 못했다. 그러니 이 우수한 성과를 마땅히 배우고 모방해야 한다.

중국공산당 총서기를 역임했던 자오쯔양趙紫陽의 녹취 테이프와 홍콩에서 『개혁역정改革歷程』이라는 제목으로 출간된 그의 회고록에는 만년에 그가 했던 생각들이 기록되어 있다. 그는 명확히 말했다. "물론 미래 어느 날엔가 민주제도보다 더 좋고 더 높은 수준의 정치제도가 나타날지도 모른다. 하지만 그건 미래의 일이고 현재로서는 그런 제도가 아직 없다. 그러므로 한 국가가 현대화를 실현하기 위해서는 시장경제와 현대 문명을 발전시키는 동시에 반드시 의회민주제를 실행해야 한다. 그러지 않으면 그 국가는 건강하고 현대화된 시장경제를 발전시킬 수 없고 현대적 법치사회를 실현할 수도 없다. 중국을 비롯한 많은 개발도상국과 마찬가지로 그 국가에는 시장경제에 종속된 권력, 사회에 만연한 부패, 사회의 양극화 등 심각한 문제들이 나타날 것이다."

자오쯔양이 노년에 과거의 실패를 교훈삼아 이러한 정치적 결론을 내린 것은 결코 우연이 아니다. 이는 그가 오랜 정치 이력을 통해 도출해낸 결론이며 중국이 걸어온 길에 대해 깊이 고찰하여 얻은 결과다. 그러므로 그의 이런 생각은 매우 주목할 만하다.

물론 광대한 영토를 가진 인구 대국이며 수천 년간의 전제정치 전통을 지닌 나라에서 서구화로의 성급한 전환은 어려운 일임에 틀림없다. 과거 수천 년간 중국은 서구 민주정치의 시행을 가능케 하는 사회적 기초를 구축하지 못했다. 근대에 들어와서는 입헌군주제를 시행하고 중화민국을 서구화시키기 위한 대규모 개조운동을 벌였고 이를 위해 막대한 대가를 치렀으나 결과는 신통치 않았다. 아무런 성과를 얻지 못했을 뿐 아니라 이로 인해 훗날 더욱 심각한 위기에 빠졌다.

어떻게 하면 사회 안정을 유지하면서 효과적으로 정치체제를 개혁하고 문명을 혁신하며 발전시킬 수 있을까 하는 것은 작금에 맞닥뜨린 가장 중요한 문제다. 이 질문에 대한 답을 찾는 것은 오늘날 사회과학의 신성한 책임이라고 할 것이다. 역사 연구는 역사를 역사로만 논해서도, 역사를 전면 부정하는 허무주의적 태도를 취해서도 안 된다. 옛것만을 중시하고 오늘날의 것은 경시하는 태도나 옛것에 빗대어 현실을 풍자하는 태도를 취하는 것은 더욱 옳지 않다. 역사적 경험과 그것이 주는 교훈에서 오늘의 문명을 바꿀 수 있는 성공적인 모델을 찾아야 한다. 그리고 서구의 선진 정치 모델을 학습하는 동시에 중국 역사 속의 유익한 경험들과 교훈을 흡수해야 한다. 지금의 정치 모델은 유구한 역사적 전통에 근원을 두고 있기 때문이다.

이러한 동기에서 출발하여 나는 이 책에서 서구 문명의 발전사와 대조하여 아래의 문제들을 중점적으로 연구하고자 한다. '고대 중국이 고대 그리스나 로마와 같이 민주적 다원화 문명을 만들어내지 못하고 군주 전제적 일원화된 문명만을 되풀이해온 이유는 무엇인가? 중국의 전제적 일원화 문명은 어떻게 형성되고 발전·강화되었는가? 군주 전제의 사회에서 중국인이 당·송唐宋 시대, 특히 송대에 세계를 수백 년 앞지르는 선진 문명을 창조할 수 있었던 이유는 무엇인가? 서구가 입헌정치를 창조할 수 있었던 이유는 무엇인가? 일원화의 특징을 보였던 중세 서구 문명이 다원화 문명으로 성공적으로 전환될 수 있었던 이유는 무엇인가? 중국의 일원화 문명이 근대에 들어와서도 다원화 문명으로 전환되지 못한 이유는 무엇인가? 문명 전환이 실패한 근본적인 원인은 어디에 있는가?' 등등이다.

또한 현대 문명의 기본적인 관점에 근거해 서주西周 사회와 춘추전국시대, 진秦, 한漢, 당唐, 송宋, 원元, 명明, 청淸 등 주요 왕조의 문명을 분석하고, 상앙商鞅의 변법變法, 6국을 멸망시킨 진秦, 근대의 아편전쟁, 무술유신戊戌維新, 입헌군주, 신해혁명, 5·4운동, 1921년 연성자치聯省自治, 1946년 헌정운동 등 일련의 중대한 사건들을 다시 한번 분석하고 평가할 것이다. 유가사상 등 전통문화와 중국인의 사유 방식 등도 연구 대상에 포함된다.

저자의 식견에 한계가 있기 때문에 책 속의 관점과 견해 가운데 틀린 것이 있을 수 있다. 하지만 중요한 것은 개인적인 견해의 정확성 여부가 아니라 문명사에 대한 깊이 있는 고찰이 향후 객관적으로 자국의 역사를 다시 인식하는 데 도움이 되리라는 것, 정치체제 개혁의 성공담과 모델들을 탐색하는 데 도움이 되리라는 데에 있다.

현대 문명의 핵심은 정부 공권력의 남용을 제한하고 개인의 권리와 자유를 보장하는 데 있다. 1945년 6월 26일 통과된 국제연합헌장은 '모든 사람의 인권 및 기본적인 자유에 대한 존중을 촉진하고 장려함'을 유엔의 목적 중 하나로 꼽았다.

중국은 '국제연합헌장'과 '세계인권선언'에 서명한 국가 중 하나다. 당시 국민당이 집정하던 중화민국 정부는 헌장과 선언에 담긴 원칙을 이행할 의무를 받았고 마오쩌둥 또한 1945년 10월 중국공산당 중앙위원회 주석으로서 '국민의, 국민에 의한, 국민을 위한 정치라는 링컨의 원칙과 루스벨트의 4대 자유를 지키겠다'고 선포했다. 1945년 공산당과 국민당 양측은 협상을 통해 '쌍십협정雙十協定'을 체결했고, 1946년에는 국민당과 공산당, 민주동맹, 청년당 및 사회 지도급 인사들이 연합 소집한 정치협상회의에서 '화평건국강령和平建國綱領' 등 일련의 협의를 가결하여 향후 민주헌정 제도를 시행할 것과 중국을 민주, 자유, 평화, 부강의 나라로 만들 것을 목표로 삼았다.

한 국가의 흥망성쇠는 '개인의 자유 보장'과 '신민臣民에서 국민으로의 전환' 정도에 달려 있다. 청말 사상가였던 옌푸嚴復는 이렇게 말했다. "나라에는 자주自主만 한 것이 없고 백성에게는 자유만 한 것이 없다." 그는 한 나라의 흥망성쇠를 결정하는 관건은 개인이 '자유로운가 자유롭지 못한가'에 달려 있다고 보았다. 개인이 사상의 자유와 독립된 인격을 가졌는지의 여부는 대부분의 것을 결정하는 근본적인 요소다.

어떤 이는 생존권이 최대의 인권이라고 말한다. 여기에는 이미 생존의 권리를 충분히 향유하고 있으니 인권을 누리는 것과 마찬가지라는 뜻이 내포되어 있다. 하지만 이는 옳지 않다. 생존권은 인류만이 갖는 권리가 아닌, 돼지나 개도 갖는 권리다. 개미도 생명을 갖고 생존의 권리를 갖는다. 인권은 인간만이 갖는 권리로 이 단어에 내포된 의미는 매우 분명하다. 사상과 언론의 자유, 종교 신앙의 자유, 출판의 자유, 집회결사의 자유다. 이것들이야말로 헌법이 규정한 인권이며, 실현되려면 반드시 정치의 개방이 뒤따라야 한다. 열린 정치 없이는 인권의 보장을 논할 수 없다.

이긴 자는 왕이 되고 진 자는 역적이 되는 정권 교체 방식으로 중국인은 이미 굉장히 많은 고통을 겪었다. 강권과 폭력의 시대는 막을 내려야 한다. 솟구치는 탐욕의 배후에는 심각한 제도적 결함이 있으며, 권력에 제약을 가하지 못하면 관리들이 제멋대로 날뛸 것이다. 관권의 무제한 확장은 사회 발전의 장애물이며 사회 불안정의 근원이다. 한 국가가 어떤 제도를 구축하든, 어떤 정치모델을 택하든 국가의 기본 제도는 결국 민주헌정으로 귀결되어야 한다. 더불어 정부 권력을 제한하고 개인의 권리와 자유에 대한 존중을 최고 가치에 두어야 한다.

문명국가는 반드시 민주와 법치라는 기반 위에서 문제를 해결해야 하며 모든 이는 헌법의 범위 안에서 활동해야 한다. 폭력의 압박을 받아 자신의 의사와 반대되는 일을 하는 국민이 있어서는 안 된다. 국민이 자신의 마음과는 다른 말을 하거나 내키지 않는 일을 하게끔 억압을 받는다면 그 나라에는 자유가 없는 것이다. 영국의 사상가 칼 포퍼가 남긴 명언처럼 '모든 이는 자신이 선택할 수 있는 의미 있는 일을 위해 스스로를 희생할 권리가 있을 뿐, 그 누구에게도 타인에게 하나의 이상을 위해 희생하도록 강제할 권리는 없다.' 이는 문명사회라면 반드시 준수해야 할 기본 원칙이다.

서구의 민주헌정 제도는 권력에 대한 불신임, 즉 인치人治에 대한 불신임이라는 중요한 사상에서 기원했다. 성경은 '신을 제외하고 선량한 인간이란 없다'고 했다. 인간이 믿을 수 없는 존재라면 인간이 장악한 권력에 제약을 가하는 것은 당연한 일이다. 서구 국가들도 이를 위해 여러 장치를 통해 권력을 분산시켰고 상호 견제 아래 정부가 권력을 남용하지 못하도록 했다. 민주 선거, 언론의 자유, 다당 정치, 지방 자치, 삼권(입법, 행정, 사법) 분립, 검찰 독립, 배심원단, 대법관과 군대의 국유화 등이 그런 장치에 속한다. 이런 제도의 설계와 구축 및 발전은 수백 년의 시간을 거치며 완성된 것으로 '개인의 권리와 자유의 보장은 정부의 침범을 받아서는 안 된다'는 것이 그 근본 사상이다. 이런 제도들이 모든 문제를 해결하는 묘약은 아닐지라도 인류가 추구하는 이상적인 생활 방식이며, 한 국가와 민족이 부흥으로 가는 관건이다.

근대 이래 민주헌정이라는 목표를 실현하기 위해 중국인들은 앞서간 인물들의 뒤를 쫓아 한 걸음 한 걸음 앞으로 나아갔으며, 탄쓰퉁譚嗣同, 쑹자오런宋敎仁 등 선열들은 뜨거운 피를 쏟고 목숨을 내던져 막대한 대가를 치렀다. 하지만 민주헌정은 여전히 물속의 달, 거울 속의 꽃처럼 바라보기만 하는 대상일 뿐 다가가기는 어려운 것으로 느껴진다. 1911년 중국은 아시아 최초의 공화국을 세웠고, 1949년 다시 한번 공화국을 건립했다. 당시 중국인들은 민주가 진정 도래했다고 생각했다. 하지만 결국 여전히 이긴 자는 왕이 되고 진 자는 역적이 되는 정권 교체에 다름 아니었다. 민주와 자유의 꿈은 또다시 물거품이 되었으며 헛수고가 되었다.

중국에서 민주와 자유를 실현하기란 왜 이렇게 어려운 것일까? 중국인은 민주, 자유와 왜 이렇게 인연이 없는 것일까? 이는 아주 오래된 곤혹스런 질문이다. 이 문제를 해결하기 위해 근대 이래 많은 사람이 깊이 있는 연구를 해왔다. 하지만 현재까지도 모두를 납득시킬 만한 답은 나오지 않고 있다. 이 책은 앞선 연구자들의 연구를 기초로 하여 정치, 경제, 문화, 심리 등 여러 방면에서 이를 분석하고 연구했다. 이 책이 사람들에게 유익한 시사점을 주고 또 도움이 되기를 바란다.

샤오젠성蕭建生

제1장

하늘에 태양은 하나, 백성의 군주도 하나

: 고대 신화 전설과 중국 문명의 기원

직접적인 문자로 된 증거가 없는 상황에서 아득한 옛날을 둘러싼 안개를 걷고 문명의 진실된 면모를 본다는 것은 어려운 일이다. 사람들은 이를 위해 땅 밑에서 발굴해낸 치아 하나, 두개골 하나, 도자기 한 조각을 고증하고 고대의 신화와 전설에서 그 단서를 찾기도 한다.

왜냐하면 신화는 한 민족의 영혼이기 때문이다. 신화가 없는 민족의 역사는 의식 없는 나무 인형에서 기원한 것이나 다름없다. 감동적인 신화만이 선조들의 발자취와 당시의 행동 습관과 사유 방식을 엿볼 수 있게 한다. 일부 신화와 전설은 겉보기에 황당무계하고 그 이야기 속에는 모순이 가득하지만 바로 그런 점에서 이야기의 진실성이 드러난다. 사실 많은 신화와 전설이 역사적 사실을 근거로 하고 있다. 호머의 대서사시 『일리아스』와 『오디세이』, 그리고 『성경』에 나오는 많은 이야기가 훗날 고고학적 발굴을 통해 실증되었던 것을 그 예로 들 수 있을 것이다. 고대 신화 전설 속의 어떤 이야기들은 중국 문명의 기원을 아주 잘 말해주고 있다.

천지인 전설과 원시문화

아주 먼 옛날, 하늘도 땅도 없던 세상은 칠흑 같은 어둠으로 가득했으며 만물은 혼돈 속에 있었다. 그러던 어느 날 반고盤古라는 이름의 사내가 커다란 도끼로 혼돈의 구체球體를 깨뜨렸다. 괴성이 울려 퍼진 뒤 혼돈은 둘로 나뉘었는데 위쪽은 하늘이 되고 아래쪽은 땅이 되어 우주가 탄생했다. 삼국시대 오나라의 서정徐整은 저서 『삼오력기三五歷記』에서 이렇게 기술했다. "반고가 하늘과 땅을 열었는데 맑고 가벼운 것은 위로 떠올라 하늘이 되었고 탁하고 무거운 것은 아래로 가라앉아 땅이 되었다. 하늘과 땅 사이에 선 반고는 하루에 1장丈씩 키가 컸고 그렇게 1만8000년이라는 세월이 흘렀다. 하늘은 굉장히 높아졌고 땅은 깊어져 하늘과 땅 사이의 거리가 9만 리까지 벌어졌다."

천지창조의 반고 신화만큼 중요한 신화로 인간을 창조한 여와女媧 신화가 있다. 『회남자淮南子』「설림훈說林訓」과 『태평어람太平御覽』「풍속통風俗通」에 여와 신화가 기록되어 있다. 전해오는 이야기에 따르면 여와는 반고가 죽은 뒤 나타났다. 그녀는 아름다운 여성으로 인간의 머리와 뱀의 몸을 가졌으며 호리호리하고 늘씬한 몸매에 비범한 지혜와 힘까지 갖추고 있었다. 그녀는 진흙으로 정성을 다해 남자와 여자 형상을 만든 다음 인간의 육체에 생명의 입김을 불어넣었다. 이로써 영혼을 지닌 살아 있는 사람이 탄생했다. 여와는 자신이 만들어낸 남자와 여자가 서로 짝을 지어 혼인하도록 가르쳤고 이들의 자손이 대대로 번성했다.

그러던 어느 날 천재지변이 일어났다. 『회남자』는 이를 "푸른 하늘을 지탱하던 네 귀퉁이가 절단났고 대지는 꺼져버려 하늘은 더 이상 대지를 덮지 못했다. 대지도 더 이상 만물을 싣지 못했으며 홍수가 범람했다"[1]고 기록했다. 여와는 인류를 구하기 위해 오색 빛깔이 나는 돌을 잘 다듬어 하늘의 뚫린 구멍을 메웠다. 또 바다에서 거대한 자라 하나를 잡아 네 다리를 잘라 네 귀퉁이에 세워 하늘을 떠받치도록 했다. 그리고 갈대 잎을 태운 재로 홍수를 막았으니 그로써 "구멍 뚫렸던 하늘이 메워지고 네 귀퉁이가 바로 섰으며 넘쳤던 물이 말라" 인류는 구원을 얻었다.(「남명훈覽冥訓」)

이 이야기는 고대 중국의 하늘, 땅, 인간의 기원에 관한 신화로 대대손손 전해 내려왔다. 반고와 여와는 세계 만물과 인류를 창조한 조물주였고 우주 만물과 인간은 피조물이었다. 이는 『성경』의 창세기와 매우 흡사한 것이다.

물론 우주가 반고의 도끼질로 만들어졌을 리는 없다. 현대 과학은 우주의 탄생 이론으로 빅뱅설을 보편적으로 인정하고 있다. 대략 150억 년 전, 시간도 공간도 없고 그 무엇도 보이지 않고 만질 수도 없었던 특이점에서 갑자기 거대한 에너지가 폭발했다. 그리고 그 순간 우주의 초기 형태가 탄생했고 이후 계속 팽창하면서 항성, 행성 등 천체를 형성해 오늘날까지 이어졌다. 바로 이것이 우주의 빅뱅 이론이다. 빅뱅 이론은 적어도 하늘과 땅을 연 반고의 신화와 세 가지 점에서 일치한다. 첫째, 우주에는 기원이 있다. 둘째, 우주는 팽창하고 있다. 셋째, 우주에는 나이가 있다.

이는 중국 고대의 사상가 노자가 『도덕경道德經』에서 "만물은 있음에서 생기지만, 있음은 없음에서 생긴다"[2]고 말한 것과 같다. 노자는 우주의 본체는 도道이며 도는 유有인 동시에 무無라고 했다. 노자는 도가 만물이 생겨나기 전부터 있었으므로 무이며 만물의 어머니이기 때문에 유이기도 하다고 말했다. 결국 있고 없고는 동일한 것으로, 이를 두고 "현묘하고 또 현묘하구나, 모든 묘함이 그 문에서 나오는구나"[3]라고 했다. 반고 신화와 여와 신화 그리고 노자의 견해까지 모두 우주 기원에 대한 고대 중국인의 인식을 반영하고 있다.

빅뱅 이론은 등장해서 학계의 인정을 받기까지 1세기에 가까운 시간이 걸렸다. 아리스토텔레스와 프톨레마이오스의 천동설에서부터 코페르니쿠스, 케플러, 갈릴레오의 지동설까지, 뉴턴의 만유인력에서부터 아인슈타인의 상대성 이론까지 인류는 우주가 원래부터 있었고 영원히 존재할 것이며 무한한 공간과 영원한 시간 속에 존재한다고, 또 더이상 팽창하지도 축소하지도 않는다고 생각했다. 즉 우주는 영원히 변하지 않는다고 생각한 것이다. 하지만 1929년, 오랫동안 유지되었던 과학계의 이런 정설은 마침내 깨지고 말았다. 과학자 에드윈 허블이 당시 최대 크기의 지상 망원경을 통해 우주가 빠른 속도로 팽창하고 있음을 발견한 것이다. 허블은 외부의 은하가 우리에게서 멀어지고 있으며, 마치 풍선을 부는 것처럼 멀리 떨어진 은하일수록 더욱 빠른 속도로 멀어진다는 사실을 증명해냈다. 이는 우주의 은하가 이전에는 서로 가깝게 위치한 상태로 있었고, 과거로 갈수록 더 가깝게 위치해 있었으며, 약 150억 년 전에는 우주 전체가 하나의 점으로 응결되어 우주 대폭발의 기점이 되었다는 것을 설명해준다.

당초 많은 과학자는 이 이론을 받아들이지 못했다. 1948년 영국의 우주물리학자 프레드 호일은 빅뱅설에 의문을 제기했다. 그는 만약 우주가 정말 한 차례의 폭발로 생겨난 것이라면 폭발로 인한 잔해가 있을 테니 그 잔해를 찾아야 할 것이라고 했다. 1948년 물리학자 조지 가모브 등 과학자들은 우주 대폭발로 인한 모종의 여파가 확실히 존재하며 그것은 절대온도 5K 전후의 마이크로파 형태로 남아 우주 전역에 골고루 분포되어 있다는 결론을 이끌어냈다. 그리고 1965년 미국의 과학자 팬지어스와 윌슨이 벨연구소에서 무선 전파를 측정하다가 빅뱅이 남긴 마이크로파 배경복사를 발견했다. 두 사람은 이 발견으로 1978년 노벨물리학상을 수상했다. 1992년 미국 과학자 조지 스무트는 코비 COBE, Cosmic Background Explorer 위성이 수집한 방대한 데이터로 우주 대폭발이 남긴 파장을 정밀히 측정해 2006년 노벨물리학상을 수상했다. 스티븐 호킹은 이를 두고 "유사 이래 혹은 20세기의 가장 중대한 과학적 발견이다"라고 말했다.

오늘날 과학자들은 빅뱅 이론을 보편적으로 받아들이고 있다. 앞으로 이 이론에 또 다른 수정이 가해지겠지만 이것이 밝힌 참신한 우주관은 이미 우리에게 많은 영향을 주었다. 이 이론은 인류의 생활 터전인 우주가 자연적으로 형성된 것이 아니고 무에서 생겨난 것이며 시작도 끝도 없는 것이 아니라 생성과 발전, 소멸에 이르는 생명 과정을 거치고 있다는 것을 증명했다.

그렇다면 우주는 왜 무에서 생겨났을까? 이런 대폭발은 어디에서 시작된 것일까? 거대한 에너지는 어디에서 분출된 것일까? 우주 만물을 만들어내고 또 그 안에서 인류 생명을 배태해낼 수 있도록 정확하게 대폭발이 일어나게 된 이유는 무엇일까? 대폭발로 이렇게 정교한 천지와 광대한 우주 그리고 신기한 생명과 고귀한 인간의 영혼을 탄생시킨 일은 누가 계획하고 관리한 것일까? 그 위대한 지혜와 능력은 어디에 있는 것일까? 이에 대해 현대 과학은 그 어떤 대답도 할 수 없다. 인류에게 이런 질문들은 여전히 수수께끼다. 아인슈타인은 "이렇게 심오하고 조화로운 우주를 보면 하느님을 연상하지 않을 수 없다"며 감탄했다. 만약 하느님이 아니라면 그 능력은 어디에서 온 것일까?

바로 그렇기 때문에 고대의 영웅이 하늘과 땅을 열었다는 신화와 전설은 존재 가치를 갖는다. 왜냐하면 이런 신화와 전설들에서 인류 문명이라는 관념이 생겨나기 시작했기 때문이다. 어쩌면 하늘과 땅을 연 반고의 신화에 우주의 변화에 대한 인류의 모종의 상상과 기억이 남아 있을지 모를 일이다. 이 신화는 『성경』의 창세기 속 신화와 같다.

마찬가지로 여와의 인간 창조 신화도 듣는 사람으로 하여금 새로운 연상을 하게 한다. 예를 들어 세계 각지에서 살아가는 서로 다른 인종들이 짓는 희로애락의 표정은 거의 같다. 고개를 끄덕이는 것은 긍정, 고개를 젓는 것은 부정인 것처럼 말이다. 인류는 같은 조상을 가지고 있는 것은 아닐까? 게다가 그 같은 조상이 여성이지는 않을까, 하는 상상도 가능하다. 정말 그렇다면 인간을 창조했다는 여와 신화도 환상만은 아닐 것이다. 2000년 11월 7일, 『생활시보生活時報』는 미국 스탠퍼드대 연구진이 밝혀낸 과학적 발견을 지면에 실었다. 연구진이 세계 22개 지역에서 온 1000명의 남성을 대상으로 Y염색체를 분석하고 모계에서 물려받은 유전 물질을 배열한 결과 서로 다른 인종이라 할지라도 공통된 여성 조상을 가지며, 그 여성은 오늘날로부터 14만3000년 전에 생존했음을 발견했다는 것이다. 이는 인류가 공통된 여성 조상에서 기원했다는 것과, 원래 한곳에 모여 있던 인류가 세계 각지로 점차 퍼져나갔다는 것을 말해준다. 1999년 4월 28일, 중국 신화사新華社는 유전학 연구 결과 중국인은 베이징원인에서 진화한 것이 아니며 아프리카 초기 인류의 후손이라는 것을 발견했다고 보도했다. 아시아 지역에는 호모 에렉투스에서 현대인으로 연속 진화과정을 겪은 인종이 없다는 것이다. 아프리카 인류가 10만 년 전 아시아 지역에 들어와 오늘날 인류로 진화했을 가능성이 있다.

고대 중국의 여와는 인류의 창조자일까? 그 누구도 이를 증명할 수는 없다. 하지만 인간을 창조한 여와 신화는 인류의 기원에 대한 옛 중국인의 생각을 반영하고 있다. 이는 『성경』의 하느님이 진흙으로 인간의 형상을 빚은 것과 매우 유사하다. 『성경』에서는 "하느님이 흙으로 사람을 빚어 그의 코에 생명의 숨을 불어넣으니 영혼이 있는 산 사람이 되었다"고 했다. 또한 인간의 육체는 흙에서 와서 죽은 뒤 다시 흙으로 돌아가고 그 영혼은 하느님에게서 왔으니 죽은 뒤 다시 하느님께 돌아간다고 했다.

인류의 이동에 대한 기록도 『성경』에 남아 있다. 창세기에는 이런 구절이 있다. "온 세계의 언어가 하나요 말이 하나였더라. 이에 그들이 동방으로 옮겨다니다가 평지를 만나 터를 잡고 성읍과 탑을 세웠다. 인류의 오만함을 막기 위해 언어를 혼잡하게 하고 그들을 대륙 각지에 흩어지게 하셨다." 어쩌면 이 구절은 아프리카 인류가 이동한 과정을 증명하고 있는지도 모른다. 지질학에서는 지구 판의 대이동설을 제기하기도 했는데 어쩌면 『성경』은 지구 판의 이동과 그로 인한 인류 생활의 변화를 반영하고 있는지도 모른다.

인류의 기원에 대해, 다윈의 진화론이 등장한 이래 인류는 그 학설의 영향을 깊게 받았다. 아직까지도 다윈의 진화론처럼 '생명은 무생물에서 나왔고 인류는 원숭이에서 진화한 것'이라는 대담한 가설을 내세우는 학문은 나타나지 않고 있다. 다윈의 학설이 인류의 기원에 대해 새로운 이론을 제시하기는 했지만 이 학설 자체는 그 진위를 증명할 방법이 없고 정확한 것인지를 검증할 수도 없다. 때문에 과학자이며 철학자였던 칼 포퍼는 "다윈의 학설은 진정한 과학 이론이 아니다. 자연선택은 만능의 궤변이라 모든 사물을 해석할 수도 있지만 이는 그 어떤 사물도 해석하지 못하는 것과 같다"라고 말했다.(『심판대의 다윈』, 필립 E. 존슨)

만약 진화론이 진정한 과학이라면 유인원이 인간으로 진화한 구체적인 조건을 제시해야 할 것이다. 예를 들면 구체적인 온도와 습도 등의 생활 환경 및 유인원과 원숭이의 유전자 중 인간으로 변할 수 있었던 유전자는 무엇이었는지 등을 말이다. 하지만 다윈의 진화론은 검증할 수 있는 조건을 제시하지 않고 오로지 '돌연변이'라는 우연을 가지고 유인원에서 인간으로의 진화를 해석했다. 이런 돌연변이가 실제로 일어났던 것인지 입증할 방법은 없다. 땅 밑에서 발굴한 몇 개의 치아와 두개골 같은 화석은 인간이 원숭이에서 진화했다는 가설을 증명하기에 부족하다.

미국 UC버클리의 필립 E. 존슨 교수는 미국 연방 대법원 판사인 얼 워렌Earl Warren의 법률고문이었으며 다년간 진화론을 연구했다. 그는 다윈주의Darwinism를 옹호하는 서적들이 극히 자의적이고 설득력이 부족하다는 사실을 발견했다. 그는 저서 『심판대의 다윈Darwin on Trial』에서 미국의 법률에 근거하여 중립적이고 공정한 입장에서 객관적으로 다윈주의에 찬성하는 측과 반대하는 측이 내세우는 증거와 이유들을 종합적으로 비교한 뒤 진화론에 대한 자신의 견해를 밝혔다.

그는 다윈이 『종의 기원』을 저술하며 인위적 선택의 예시만 일부 들었을 뿐 자연선택적 진화를 증명하는 예는 하나도 제시하지 못했음을 지적했다. 인공적으로 가축과 농작물을 개량해 털이 가장 긴 양과 달걀을 가장 많이 낳는 닭 등 우량 품종을 골라 길렀던 것이 대표적 인위적 선택의 예였다. 인위적인 선택으로 동물과 식물의 다양한 특징을 변화시킬 수도 있고 현존하는 품종과 야생 원종 사이에 큰 차이를 만들어낼 수도 있다. 하지만 이렇게 인위적으로 종을 선택한 예는 잘못된 길로 우리를 이끄는 속임수일 뿐이다. 동식물을 개량한 사람은 반드시 그 자신의 지혜와 전문 지식을 바탕으로 품종을 선택하고 자연재해로부터 그들을 보호하려 할 것이다. 하지만 다윈 학설의 핵심은 그 어떠한 목적도 없고 우연히 발생하는 자연계의 과정이 지적인 설계를 대체할 수 있다고 하는 데 있다. 인공의 설계자가 이룬 성취로 이 핵심을 해석하려 한다는 것은 다윈주의를 받아들이려는 사람들이 사실상 비판의 안목을 전혀 갖추지 못하고 있음을 증명하는 것이다.

미국 샌프란시스코대 생물학 전임교수를 역임했던 폴 치엔Paul Chien도 전통적인 진화론에 의문을 제기한 학자 중 하나다. 그는 중국의 과학자 허우셴광侯先光이 윈난雲南성 청장澄江현의 5억 3000만 년 전 지층에서 복잡한 다세포생물의 화석을 발견한 뒤, 천쥔위안陳均遠 교수 등과 같은 학자가 '캄브리아기 동물 대폭발'이라는 현상을 증명한 것을 예로 들었다. 동물계에서 각각 다른 형태와 구조로 인해 다른 '문門'으로 분류된 동물들은 같은 시기의 일회적이면서 폭발적인 형태로 나타날 뿐 점차 진화한 흔적은 전혀 보이지 않았다. 그리고 그 폭발 이후에 새로운 '문'은 더 이상 출현하지 않았으며, 이러한 이유로 전통적인 진화론은 도전을 받았다.(『런민일보』해외판, 1995년 7월 19일자) 뿐만 아니라 다윈주의가 주장하는 생존 경쟁은 특수 사례에 불과하다. 생물계의 각 구성원들은 서로 협력하고 의존하며 공존하는 것이 보편적이다.

반고와 여와 신화는 모두 위대한 희생정신과 비장한 심경으로 가득하다. 그들은 모든 것을 뛰어넘는 위대한 능력을 지니고 있었다. 게다가 그들의 능력은 인류의 권리를 약탈하는 데 쓰이지 않았고 인류를 행복하게 만드는 데 쓰였다. 반고가 죽은 뒤 그의 육신은 강과 산, 해와 달과 별 그리고 비와 바람과 천둥이 되었으며 모든 것을 바치고서야 그는 사라졌다.(『오운역년기五運歷年紀』) 이 점에서 봐도 반고와 여와의 행위는 하느님과 같은 행위이며 신의 행위다. 인간이 그런 지혜와 능력을 갖추기란 불가능하다. 아주 먼 옛날 중국인은 반고와 여와를 신처럼 여기고 숭배했다. 그렇지 않았다면 중국의 선조들이 왜 자신의 생활 터전을 '신주神州[중국이라는 뜻]'라고 불렀겠는가? 고대 시가집인 『시경詩經』에는 하느님에 대한 옛사람들의 경외와 외침으로 가득하다. 후대에 와서야 사람들은 반고와 여와를 완벽한 성인聖人(노자의 『도덕경』에서 묘사한 것과 같은 '도의 화신'의 성인이나 『신약성경』에 나오는 '육신으로 내려온 도'의 예수 그리스도가 아닌 현실 생활에서 도덕적으로 숭고한 인간을 가리킴)으로 추대하고 경배했다. 그러면서 반고와 여와의 이미지가 왜곡되기 시작했다. 신을 인간세계의 고상한 '성인'으로 삼으면서 신본神本문화가 인본人本문화로 바뀌었다. 중국 고대 문화의 중요한 전환이다.

인간은 인간이고 신은 신일 뿐 둘이 같을 수는 없다. 『성경』의 기록에 따르면 인간은 하느님의 창조물로서 유한하고 원죄를 가진 존재다. 이에 반해 신은 전지전능하고 무한한 사랑의 존재다. 『성경』에서 하느님이 창조한 최초의 인간 아담과 이브는 선악과를 몰래 따먹고 원죄를 범한다. 그 이후부터 인간은 태어나자마자 죄를 갖게 되었고 일생을 참회와 속죄로 보낸다. 바로 이런 이유로 서양인들은 인간 중에는 성인이 없다고 생각한다. 그들에게 인간은 결코 성인이 될 수 없는 존재다. 반면 중국인은 조물주(반고와 여와)를 신으로 숭배한 것이 아니라 인간계의 성인으로 추앙해 인간과 신의 관계를 혼란스럽게 만들었다. 반고와 여와를 복희씨伏羲氏, 유소씨有巢氏, 수인씨燧人氏, 신농씨神農氏, 황제黃帝, 요堯, 순舜 등과 함께 성인으로 숭배해 사실상 신의 존재를 부인했다. 인간세계의 성인과 영웅을 찬미한 역사도 이 신화들에서부터 시작된 것이라고 해야 할 것이다.

반고와 여와의 전설에서 볼 수 있듯이 중국의 원시문화는 신본문화였다. 이 점에서는 세계 각 문명의 원시문화와 방향을 같이한다. 하지만 문화의 발전과정에서 이 신본문화는 점차 인본문화로 대체되었다. 인간을 신격화하고 신을 인간의 위치에 두었기 때문에 인간과 신의 관계는 혼란스러워졌고 조물주와 피조물 사이의 본질적인 차이도 흐려졌다. 이것이 이후 중국 문명의 비극적 잠재 요소가 된다.

서구 현대 문명은 기독교 문명의 산물, 곧 하느님에 대한 신앙의 산물이었다. 『성경』에 하느님이 세상을 창조한 과정이 분명히 기록되어 있었으므로 유대교와 천주교, 기독교 모두가 인본문화로 대체되지 않았고 신본문화를 간직해 내려올 수 있었다. 서양인들은 성인을 맹신하지 않았고 광폭함에 굴복하지도 않았다. 바로 이런 관념상의 차이 때문에 서구 사회는 개인 숭배라는 관념이 생기지 않았고 강권에 극력 반대하게 되었다. 하느님을 제외한 그 어떤 권위도 믿지 않았고 모든 권력에 제약을 가해야 한다고 여겼다. 그렇지 않으면 권력을 장악한 사람이 권력으로 사리사욕을 채울 수 있다고 생각했기 때문이다. 그리하여 서구 사회는 정부의 권력을 제한하는 데 치중했다.

만약 세상 사람이 모두 천사라면 그 어떤 정부도 필요 없을 것이고 정부에 대해 안팎으로 관리할 필요도 없을 것이다. 하지만 인간은 천사가 아니기에 권력을 제약해야 하며 통치자를 상자 안에 가두어야 한다. 그런데 중국인은 인간 세상에서 신과 같이 도덕적으로 완전무결한 성인이 나타나고 그들이(인간 세상의 신) 사회를 다스리기를 바라며 동시에 강권과 폭력에 대해서도 참고 견딘다. 이러한 이유로 고대 중국의 신화가 가지는 중요한 의의 중 하나가 생겨난다. 바로 '성인이 나라를 다스린다聖人治國'는 고대의 권위와 황권 강화에 최초의 이데올로기를 제공했다는 것이다.

여기서 우리는 '용'의 전설을 꺼내볼 필요가 있다. 오늘날 중국에서는 유행처럼 중국인을 '용의 후예'라고 부르고 있다.

용은 중국인의 조상인가? 먼 옛날 중국인들은 용을 토템 숭배의 대상으로 삼았지만 자신들을 용의 자손이라고 여기지는 않았다. 장자는 용을 상상 속의 동물이며 세계 그 어느 곳에도 용이라는 동물은 존재하지 않는다고 했다.(『장자』 「도용술屠龍術」) 『산해경山海經』과 굴원의 시 그리고 『역경易經』 『좌전左傳』 등도 용을 언급하기는 했으나, 불의 신 축융祝融은 '용 두 마리를 타고 다닌다' '하夏나라의 계啓 또한 두 마리 용을 타고 다닌다' 등과 같이 용을 상상 속에서 구름과 안개를 타고 하늘을 날며 바람과 비를 부르는 초능력을 가진 동물로 묘사한 것이었다.

용을 사람에 비유하기 시작한 것은 진秦나라 때다. '금년 조룡祖龍[진시황의 별칭]이 죽어 땅이 갈라졌다'는 전설이 당시 생겨난 데서 볼 수 있듯이 사람들은 진시황을 흉포한 용에 빗대어 생각했다. 양한兩漢 시대를 거치며 용의 전설은 나날이 늘어났다. 하지만 용은 여전히 흉포한 동물로 여겨졌다. 그중에서도 사마천의 『사기史記』에 실린 기록이 대표적이다.

『사기』에 따르면 하夏나라 14대 왕 공갑孔甲은 교만하며 사치스럽고 방탕 무도했다. 어느 날 하늘에서 암수 두 마리 용이 내려오자 공갑은 매우 기쁘게 여겨 유루劉累라는 이를 불러 용을 길들이게 했다. 이후 암컷 용이 죽자 유루는 용 고기를 절여 공갑에게 바쳤다. 뜻밖에 공갑은 바쳐온 용 고기를 다 먹고도 더 먹고 싶어하니 수컷 용은 어디로 갔는지 모르게 사라져버렸다.

『사기』에는 이런 내용도 실려 있다. 주周나라가 멸망하기 전, 주나라 태사太史였던 백양伯陽은 다음과 같은 역사적 기록을 읽었다. 그 기록에는 '하나라가 쇠망해가던 때 용 두 마리가 조정에 내려와 머물며 가지 않았는데 하나라 왕이 옥백玉帛을 진열하고 나무상자에 용의 타액을 받아 보관하니 용이 그제야 갔더라'라고 쓰여 있었다. 그 나무상자는 하나라 때부터 상商나라를 거쳐 주周나라에까지 전해 내려왔다. 주나라 여왕厲王이 호기심에 상자를 열자 용의 타액이 상자에서 나와 땅을 타고 흘렀다. 땅에 흐른 타액은 아무리 닦아도 지워지지 않았다. 여왕이 궁녀들을 발가벗겨 용의 타액에 대고 큰 소리로 떠들게 했더니 용의 타액이 검은 도마뱀으로 변해 후궁으로 도망쳤다. 그러다가 후궁에서 일하던 한 시녀가 도마뱀과 마주쳤는데 훗날 이 시녀는 아무런 이유 없이 잉태하게 되었다. 시녀는 결혼하지 않은 상태에서 여자아이를 낳았고 '두려워 아이를 버렸다懼而棄之.' 이 버려진 아이를 포褒나라의 한 부부가 주워서 키웠는데 아이는 용모가 출중한 아름다운 여인으로 자랐다. 부부는 아이의 이름을 포사褒姒라 지었다. 어느 날 포나라 사람이 유왕幽王에게 죄를 짓고 포사를 주나라 왕실에 바쳐 속죄를 청했다. 포사는 유왕의 총애를 받았고 백복伯服이라는 아들을 낳았다. 유왕은 '자신의 왕후인 신후申后와 태자를 폐하고 포사를 왕후로 삼고 포사가 낳은 백복을 태자로 세웠다.'⁴

여기까지 읽은 주나라 태사 백양은 하늘을 바라보며 긴 한숨을 쉬었다.

"화가 닥치겠구나, 어찌할 도리가 없다!"

백양의 예견대로 유왕은 포사를 한 번 웃게 만들기 위해 봉화를 거짓으로 올려 제후들을 희롱했고 제후들의 신뢰를 잃었다. 훗날 견융大戎이 주나라를 공격해왔을 때 나라를 구하기 위해 달려온 제후는 아무도 없었다. 결국 유왕은 여산驪山 아래서 죽임을 당했다. 이후로 주나라 왕실은 쇠락에 쇠락을 거듭하다가 제후들에게 권력을 빼앗기고 만다.

진지한 역사학자였던 사마천이 왜 『사기』에 용에 대한 그토록 신기하고도 현묘한 기록을 남겼을까? 그런 그의 의도는 무엇이었을까? 하나라 공갑이 암컷 용 고기를 먹자 놀란 수컷 용은 분기탱천하여 어디로 숨어들었을까? 또 훗날 중국의 역대 왕조에 어떻게 분을 풀고 복수를 했을까? 역사를 보면 그리 어렵지 않게 알 수 있다.

용은 이후 중국 황권의 상징이 되었고 황실 가족은 용의 자손이 되었다. 강권과 폭력, 부패와 탐욕은 용의 특징이다. 용의 전설은 고대인들이 황(왕)권에 대해 가졌던 공포와 증오 그리고 황실에 대한 복종과 어찌할 수 없는 무기력한 심경을 담고 있다. 이런 모순된 현상은 중국 문명의 기원이 지닌 복잡성을 보여준다.

중국인은 반고(신)와 여와(신)의 후손이지 용의 후예가 아니다. 중국의 원시문화는 인본문화도, 용 문화도 아닌 신본문화다. 또한 강권과 폭력, 기만의 문화가 아닌 평화와 관용의 문화다.

대동사회의 전설과 원시 민주제도

유가의 주요 경전인 『예기禮記』「예운禮運」에는 다음과 같은 기록이 남아 있다. 어느 날 공자가 노나라 사제蜡祭에 빈객으로 참석했다. 사제가 끝난 뒤 공자는 누대에 올라 경치를 구경하며 탄식했다. 곁에 있던 제자 자유子遊가 여쭈었다. "선생님께서는 어찌하여 탄식하십니까?" 공자가 대답했다. "큰 도가 행해졌던 시대나 삼대의 영웅호걸들이 배출된 시대에 나는 미치지 못하는구나."

이어 공자는 그 사회를 이렇게 묘사했다. "큰 도가 행해지자 천하는 만민의 것이었다. 사사로이 그 자손에게 넘겨주는 일이 없고 어질고 유능한 인물을 택하여 서로 전했다. 서로 믿음을 쌓고 화목을 누렸다. 사람들이 제 부모만을 부모로 여기지 않았고 제 자식만을 자식으로 여기지 않았다. 늙은이로 하여금 그 생을 편안히 마칠 수 있게 하고 장년으로 하여금 쓰일 곳이 있게 하며 어린이로 하여금 의지하여 성장할 곳이 있게 하고 홀아비나 과부, 고아와 홀로 된 자, 늙고 병든 자도 다 부양받을 수 있게 했다. 남자는 사농공상의 직분이 있고 여자들은 돌아갈 집이 있었다. 재물이 땅에 버려지는 것을 싫어했지만 반드시 자기 것으로는 하지 않았고, 힘이란 것은 사람의 몸에서 나오지 않아서는 안 되는 것이지만 반드시 자신의 사리를 위해서만 힘쓰지는 않았다. 이 때문에 간사한 꾀는 막혀 일어나지 않았으며 절도나 난적이 일어나지 않았다. 그러므로 바깥 지게문을 닫는 일이 없었다. 이것이 바로 대동의 사회다."[5]

이것이 바로 유가사상에서 말하는 대동사회다. 이 사회에서는 큰 도, 즉 대도大道가 행해졌다. 그렇다면 대도란 무엇인가? 공자가 대도의 행함과 먼 옛날 대동사회를 한데 묶어 이야기한 이유는 무엇일까? 이에 대해 『좌전』은 '도라는 것은 신을 경외하고 백성에게 충성하는 것'이라고 해석했다. 대동사회에서 처세 원칙은 신을 경외하는 것이 첫째, 백성에게 충성하는 것이 둘째였다. 머리 위에는 하느님이 있고 마음에는 백성이 있다는 뜻이다. 대도가 행해졌던 시대에 사람들은 엄격한 도덕 규범에 따라 행동해야 했고 강권과 폭력으로 제멋대로 도리에 어긋나는 행동을 할 수 없었다.

공자가 묘사한 대동사회는 권력과 재산을 공유하는 사회였다. 대도의 엄격한 구속력 아래 사람들은 사회의 기본 원칙을 준수했다. 그중 가장 중요한 것은 권력을 공유했다는 것이다. 권력 공유는 '선현여능選賢與能', 즉 현능한 이를 선출하여 사회의 관리자로 삼았던 데서 가장 두드러지게 나타난다. 그렇게 뽑힌 어질고 유능한 인재의 권력은 '천하', 곧 전체 사회의 민중에게 있었다. 소수의 사람이 권력을 독점한 것이 아니라 모두가 권력을 공유한 것이다. 개인이 권력을 독점하지 않았기 때문에 사회의 다른 부분도 독점을 피할 수 있었고 권력의 공유를 견지했기 때문에 사회의 다른 부분도 공유될 수 있었다. 사회 권력을 민중이 공유했고 모두가 평등했기 때문에 '간사한 꾀가 일어나지 않았고 謀閉不興', 교활한 책략을 꾸미는 자도 없었으며 군대와 전쟁도 없었다.

전체 사회 민중이 참여하여 현능한 자를 뽑았다는 사실로 보면 '천하가 만인의 것이었다天下爲公'라는 구호는 일종의 민주적 형식으로 왕권과 근본적인 대립관계를 형성하는 것이었다. 당시 사회가 어떤 방식으로 선거를 진행했을지 오늘날의 사람들은 알기 힘들다. 하지만 아주 오래전의 원시사회, 소규모 부족사회에서 수십 혹은 수백 명의 사람이 그들이 생각하는 어질고 유능한 사람을 뽑아 사회 구성원 모두의 생존을 의탁한 것이 그다지 복잡하고 어려운 일이 아니었을 것은 상상할 수 있는 일이다. 자신들이 뽑은 현능한 자의 지도 아래 사람들이 함께 고기를 잡고 사냥하며 노동의 결과물을 나누고 자연 재해에 함께 맞선 것은 자연스러운 일이었을 것이다. 지도자로 뽑힌 이가 여러 이유로 그 책임을 다하지 못하게 되었을 때에는 부락 구성원들이 다른 이를 다시 뽑아 지도를 맡겼다. 때문에 지도자의 자리는 종신제일 수 없었고 대동사회에는 황제나 왕이 아예 존재하지 않았다. 이에서 알 수 있듯이 공자가 말한 '삼대'의 대동사회는 요순堯舜 시대보다 이른 고대사회를 일컬은 것으로 아직 '성인'이 나타나기 전이었으며, 대동사회의 '선현여능'이 고대 유가가 가졌던 모종의 민주의식을 체현했음을 설명하고 있다.

하지만 여기서 드는 의문이 하나 있다. 『예기』라는 책은 대동사회가 실존했던 시대의 사람이 쓴 책이 아니라 선진先秦에서 진한秦漢 시기에 엮은 예학 문헌 선집이며 작가도 여러 사람이라는 점이다. 책의 저술에 참여한 이는 공자의 후학이 대부분으로 『예기』는 유가사상의 집대성이라고 할 수 있다. 그렇다면 이 책의 어디까지를 진실로 봐야 할 것인가? 대동사회의 권력 공유는 순수한 유가사상에서 나온 것인가 아니면 근거가 있는 것인가?

이 질문에 답하기 위해 먼저 중국 최초의 문헌 『역경易經』을 들여다볼 필요가 있다. 『역경』 「계사 상繫辭上」은 이렇게 말하고 있다. "그런고로 하수에서 그림이 나왔고 낙수에서 글이 나와 성인이 법칙으로 받았다."⁶ 이것이 바로 '하도낙서河圖洛書'의 전설이다. 중국 고대 복희씨 시절 하도河圖, 즉 황하黃河에서 나온 용마龍馬의 등에 그려진 그림과 낙수에서 나온 신귀神龜의 등에 쓰인 글을 가지고 복희씨가 팔괘를 만들었다는 것이 『역경』의 기원인 것이다. 따라서 '하도낙서'와 『역경』은 중국 최초의 문헌 자료이며 중국 문화의 기원으로 최소 4000년 이상의 역사를 지닌다. 훗날 유가와 도가 등 명가학파名家學派의 사상도 모두 『역경』에서 출발한 것이다. 이 책에도 물론 허구의 요소가 들어 있다지만 『역사易辭』는 '포희씨包犧氏(즉 복희씨)가 고개를 들어 별자리를 바라보고 고개를 숙여 대지를 관찰하니, 새와 동물들의 무늬와 생활 환경, 외부의 수많은 사물의 형상에서 영감을 받아 팔괘를 만든 것은 일정한 역사적 사실에 기초한 것'이라고 말하고 있다. 이후 대를 거듭함에 따라 수정 개선되었으며, 특히 주나라 문왕과 공자를 통해 더욱 발전해 오늘날의 『역경』에 이르게 되었다.

『역경』 건괘乾卦의 용구用九 효사爻辭는 '한 무리의 용이 나타났으나 누구도 우두머리로 자처하지 않으니 상서롭다見群龍無首吉'고 했다. 거꾸로 말하면 우두머리가 있는 무리의 용은 상서롭지 않다고 한 것이다. 왜 용의 무리를 보고 우두머리가 없어야 상서롭다고 한 것일까? 이는 논리에 어긋나는 문장 아닌가? 사실 이 말을 진지하게 연구해보면 논리에 부합한다는 사실을 알게 될 것이다. 우두머리가 있는 용 무리에는 다툼이 있을 수밖에 없다. 모두가 우두머리가 되고 싶어하고 나서서 통치자가 되고 싶어하면 쟁탈전이 일어날 수밖에 없기 때문이다. 그러나 우두머리가 없는 용의 무리는 다툼이 없어 평안할 수 있으므로 상서롭다고 한 것이다. 이를 인간사에 비한다면 왕권에 반하는 사상이다.

『역경』의 전문傳文과 경문經文은 모두 이런 사상을 담고 있다. 「단전彖傳」은 '뭇 존재로부터 우두머리가 나오니 만국이 함께 안녕하리라首出庶物, 萬國咸寧'라고 했다. 여기서 서물庶物이란 일반 백성을 말한다. 『단전』은 서민의 지위를 향상시키고자 하는 관점에서 해석한 것이다. 한 무리의 용이 다툼을 벌여 우두머리를 정하고자 한다면 아예 일반 백성을 우두머리 자리에 앉히고 주인 역할을 하게 하자는 것이다. 물론 여기서 말하는 만국의 국가란 현대적 의미의 국가가 아닌 각 부락이 세운 도시국가를 뜻한다. 「상전象傳」은 '하늘'을 빌려 인간을 압박하고 무리의 용을 겁먹게 하니 용의 무리에게 이렇게 경고했다. "하늘의 덕은 가히 우두머리가 할 수 없는 것이다天德不可爲首也." 천덕天德이란 본래 평등하며 우두머리를 따지지 않는다. 그렇게 보면 「상전」이 말한 것도 사실이다. 이 넓은 땅덩어리에서 도대체 누가 우두머리가 되어야 하고 누가 '꼬리'가 되어야 한다는 것인가? 쟁탈 끝에 우두머리가 되는 거라면 '꼬리'는 쟁탈전에서 실패했음을 이른다. 『역전易傳』「문언文言」은 "건원乾元 용구는 천하가 다스림이다乾元用九 天下治也"라며 다시 한번 용구의 효사를 인정했다. 즉 '한 무리의 용에 우두머리가 없다'는 용구 효사에 따라야만 천하가 다스려질 수 있다고 본 것이다.[7]

『역경』은 모호한 언어로 왕권을 부정했다. 책이 쓰인 연대로 보아 그 내용은 일정한 사실에 근거한 것이라고 볼 수 있다.

신화와 전설에서 보면 수인씨는 나무를 문질러 불을 얻었고 사람들에게 음식을 익혀 먹게 했다. 포희씨(복희씨)는 팔괘를 만들었고 끈으로 그물을 엮어 사람들에게 고기를 잡고 사냥하는 방법을 가르쳐주었다. 이 내용 모두가 『역경』에 기록되어 있다. 복희씨의 뒤를 이은 신농神農씨 때에 중국은 농경사회로 진입했고 개인 소유의 물건을 간단히 교환하기도 해 '재물이 땅에 버려지는 것을 싫어하지만 자기 것으로 하지 않는다貨惡其棄於地也, 不必藏於己'는 대동사회의 원칙이 깨졌다. 하지만 당시는 여전히 재산을 공유하는 사회였다. '신을 경외하고 백성에게 충성한다'는 대도의 구속 아래 강권과 폭력은 존재하지 않았다. 어쩌면 수인씨와 복희씨, 신농씨는 실존했던 인물이 아니라 부락 민중이 선출하여 사회를 돌보게 한 현인으로 후세들이 그들을 신격화해 '성인'으로 만든 것일 수 있다. 그러므로 『역경』과 『예기』가 묘사한 대동사회는 왕권전제가 없었던 시대이고 일원화 문명이 아직 형성되기 전의 사회였다.

소강小康사회의 전설과 왕권의 형성

『역경』에 기재된 내용을 분석하면 대동사회는 수인씨, 복희씨, 신농씨의 삼황三皇 시기를 가리키는 것이다. 하지만 황제黃帝 때에 이르러 기존의 대동사회는 왕권이 통치하는 소강사회로 대체된다. 소강사회는 황제, 전욱顓頊, 제곡帝嚳, 요, 순 등 오제五帝와 우禹, 탕湯, 주나라 문왕文王, 무왕武王, 성왕成王, 주공周公 때까지를 포함한다. 이 시기는 고대의 '성인'들을 배출했을 뿐 아니라 중국의 일원화 문명이 나타난 시대였다.

소강사회란 무엇인가? 『예기』 「예운」에서 공자는 대동사회를 언급한 뒤 다시 이렇게 말했다. "지금 대도大道는 이미 사라져 천하는 한집안의 것이 되었다. 각자 자신의 부모만을 부모로 섬기고 자기 자식만을 아낀다. 재화와 인력은 모두 개인의 소유가 되었고 대인은 이를 세습하는 것을 예로 하며 또 이를 지키기 위해 성곽을 견고히 하고 예의를 기강으로 삼는다. 그것으로 군신을 바르게 하고 부자 사이를 돈독하게 하며 형제를 화목하게 하고, 부부 사이를 좋게 만든다. 제도를 만들고 논밭을 나누고 용맹과 지혜를 숭상하고 공을 자신의 것으로 삼았다. 그런 까닭에 간사한 꾀가 일어나고 군대가 일어난다. 우, 탕, 문왕, 무왕, 성왕, 주공은 이러한 예의를 써서 잘 다스린 자들이다. 이 여섯 군자는 모두 예를 삼아 의義를 밝히고 신信을 이루며, 허물 있는 것을 밝히고 인을 법으로 삼고 사양함을 익혀서 백성에게 떳떳함이 있음을 보여주었으니, 만일 이를 좇지 않는 자가 있다면 세력이 있는 자라도 제거되고 백성은 이를 재앙으로 삼았다 하니 이를 두고 소강이라 한다."[8]

여기에서 볼 수 있듯이 소강사회는 '우두머리'가 생긴 사회다. 사회 제도와 상황 면에서 소강사회는 대동사회와 거의 정반대의 특징을 보인다. 이 사회에서는 하느님을 경외하지도, 백성에게 충성을 다하지도 않으며 통치자는 제멋대로 도리에 어긋나는 행동을 한다. 천하가 만인의 것이었던 대도는 사라지고 천하는 '한 집안의 소유물天下爲家'이 되었다. '대인은 권력을 세습하는 것을 예로 하게 되었다大人世及以爲禮'라는 문장에 담긴 뜻은 바로 권력이 개인 소유가 되었다는 것이다. '대인 세급'이란 군주 세습을 말한다. 여기서 '대인'은 군주다. '대인은 권력을 세습하는 것을 예로 하게 되었다'에 담긴 뜻은 혈연관계를 기반으로 한 군주 세습이 그 누구도 의심할 수 없고 도전할 수 없는 사회 제도, 즉 예법이 되었다는 것이다. 이 예법은 군주가 독점한 권력을 지고무상의 위치까지 끌어올렸으며, 천하가 만인의 것이었고 백성이 어질고 유능한 자를 뽑았던 기존의 사회 규칙을 대체했다. 이것이 바로 종법 세습 제도다.

천하가 한 집안의 소유물이라는 원칙 아래 사회에 나타난 모든 현상은 대동사회의 그것과는 반대로 나타났다. 대동사회에서 백성이 직접 현능한 인재를 뽑던 규칙은 사라지고 권력은 소수의 사람이 독점했다. 권력 세습은 사회에 통행되는 기본 규범이 되었다. 공공의 이익을 위하던 사회도덕이 사라졌고, 각자 최선을 다해 노동하던 태도도 없어졌다. 대신 사람들은 '공을 자신의 것으로 삼았고以功爲己', 자신만을 위하는 사유 관념으로 자신에게 유리한가를 공리를 따지는 기준과 척도로 삼았다. 그런 까닭에 '간사한 꾀가 일어나게謀用是作' 되었고, 이익을 위해서는 다른 사람을 해치는 것도 마다하지 않는 각종 음모가 생겨났다. 사람들은 암투를 벌였고 사회 도처에서 위기가 일어났다. 이로써 '군대가 일어났고兵由此起' 쟁투로 인해 평온할 날이 없었다. 이는 전쟁으로 이어졌고 우, 탕, 문왕, 무왕, 성왕, 주공 등 군주들이 나타났다.

용의 무리가 우두머리 자리를 놓고 다툼을 벌이지 않도록 하기 위해 군주들은 성과 해자垓字를 견고히 만들었고 강력한 군대를 일으켜 자신의 세습 권력을 지켰다. 또한 예의 기강을 세워 신하와 백성을 교화시키고 군신, 부자, 형제, 부부 간의 관계를 규범화했다. 이렇게 각자 개인의 이익을 위하는 사회에서 백성은 대체로 안정되었고 사회 구성원들은 본분에 맞게 살았으니 이를 소강이라 했다. 강康은 평안함을 뜻하니 대체로 안정되었다는 의미다. '만일 이를 좇지 않는 자가 있다면 세력이 있는 자라도 제거되고 백성은 재앙을 당했다.'9 종법 세습이라는 기반 위에 세워진 군주 전제제도와 사회 형태가 이렇게 형성되었다. '천하는 만인의 것'이라는 대동사회의 사회 제도와 이데올로기는 사라진 것이다.

그렇다면 대동사회에 강권과 폭력이 나타나기 시작한 것은 언제부터일까? 또 소강사회는 언제 형성되기 시작했을까? 고대 신화와 전설을 분석한 결과를 보면 소강사회는 황제黃帝 시대부터 형성되었던 것으로 보인다. 궁수 예羿가 하늘에 있는 열 개의 해 중 아홉 개를 활로 쏘아 떨어뜨렸다는 신화는 당시 상황을 비교적 전형적으로 설명해준다. 전해오는 이야기에 따르면 고대의 하늘에는 열 개의 태양이 있었다고 한다. 열 개의 태양이 내뿜는 뜨거운 열에 곡식은 시들어 죽었고 강은 말랐으며 초목은 성장을 멈췄다. 당시 신궁으로 이름이 높았던 예는 열 개의 태양이 함께 떠 있는 것을 참을 수 없어 큰 활을 들어 아홉 개의 태양을 쏘아 떨어뜨리고 단 한 개의 태양만 하늘에 남겨두었다.(『회남자』「본경훈本經訓」)

이 신화는 다음과 같은 사실을 반영한 것일 수 있다. '먼 옛날 중국에는 여러 부족이 살고 있었는데 각 부족의 지도자는 자신의 통치권을 확대하기 위해 서로 전쟁을 일으켜 싸웠고 백성은 고통스러운 삶을 살았다. 훗날 예와 같은 강력한 부족장이 나타나 결국 다른 부족들을 물리쳤다'는 것이 그것이다. 이 신화는 고대 통치자들이 대립적 세력을 얼마나 배척했는지 반영하고 있으며, 최고 권력을 둘러싼 통치자 간의 다툼과 유아독존적 사고방식 그리고 천하를 통일하고자 한 심리 상태를 반영하고 있다. 이렇게 중국 역사에는 '하늘에 태양은 하나, 백성의 군주도 하나天無二日 民無二主' '하나의 산에 두 마리의 호랑이는 없다—山不能藏二虎' 등의 표현이 생겨났다.

이에 대한 내용이 『역경』에 기록되어 있다. 『역경』「계사 하繫辭下」는 당시의 사회 상황을 다음과 같이 묘사했다. "신농씨가 죽고 황제와 요·순이 변화에 통달하여 백성이 게을러지지 않게 하고 변화를 이끌어 백성으로 하여금 그 마땅한 바를 얻게 했다. (…) 나무를 파내 배를 만들고, 나무를 깎아 노를 만들어, 배와 노의 이로움으로 통하지 못함을 건너고 멀리까지 나아감으로 천하를 이롭게 했다. (…) 소와 말을 길들여 무거운 것을 멀리 나를 수 있도록 함으로써 천하를 이롭게 했다. (…) 문을 겹겹이 세운 삼엄한 경비로 침입자를 물리쳤다. (…) 활을 만들고 나무를 깎아 화살을 만들어서 그 활과 화살의 이로움으로써 천하에 위엄을 떨쳤다."[10]

이런 묘사에서 우리는 황제와 요·순이 '백성이 게을러지지 않게 함
使民不倦'으로써 결과적으로 사회 발전을 크게 촉진했음을 알 수 있다.
당시 사람들은 배를 띄워 운송했고 곡물을 가공했으며 들소를 길들였
고 마차를 탔다. 하지만 대동사회의 조화롭고 평안했던 사회질서는 완
전히 망가졌다. 속임수와 폭력이 나타나 밤이면 대문을 철저히 걸어 잠
그고 딱따기를 쳐서 긴급 사태를 알릴 준비까지 해 폭도와 강도의 도
둑질과 약탈을 방지했다. 통치자는 활과 화살 및 각종 예리한 물건을
만들게 되어 무기가 등장했고, 이는 위세를 떨치고 천하를 통일하며 적
대 세력을 무장 진압하는 데 쓰였다. 따라서 전쟁도 빈번히 일어났다.

전해오는 말에 따르면 황제 시대에는 황제와 염제炎帝를 비롯하여
황하와 장강 유역에 적게는 수백 개, 많게는 수천 개의 소규모 부락이
있었다고 한다. 우두머리 자리를 쟁취하기 위해 이들 부락 간에는 전쟁
이 자주 일어났다. 전쟁에서 패한 부락은 승리한 부락에게 공물을 바치
고 신하가 되어 그들의 명령에 복종해야 했다. 승리한 부락은 부락연맹
의 우두머리 자리를 차지했고 다른 이에게 명을 내려 통치할 권력을 획
득했다.

황제는 무력으로 다른 부락을 정복했다고 전해온다. 그중에서도 가
장 처참했던 전쟁은 염제와 벌였던 대전이다. 염제 부락의 공공共工은
전쟁에서 패한 뒤 분을 이기지 못하고 머리로 부주산不周山을 들이받
아 하늘은 서북쪽으로, 땅은 동남쪽으로 기울어졌다고 한다.(『회남자』
「천문훈天文訓」) 여기서 당시의 전쟁이 심각한 사회적 동란이었음을 알
수 있다.

염제 부락은 전쟁에서 패한 뒤 황제 부락에 의해 장강 유역으로 쫓겨
났고 더욱 발달한 문명을 보유했던 황제 부락이 화하華夏 민족의 정통

이 되었다.

　이후 황제는 황하를 건너 탁록涿鹿에서 강력한 적수 치우蚩尤와 싸워 승리를 거두고 황하 유역을 통일했다. 전쟁은 끝나 통일을 이루고 안정된 세상이 시작되었다. 그때부터 각 부락의 지도자는 황제에게 머리를 숙이고 복종하기 시작했다. 황제는 수도를 그의 고향 유웅有熊(현재의 허난성 신정新鄭)으로 옮기고 모든 부락을 통치하는 지도자가 되었다. 황제는 앞으로 부락 사이에 충돌이 생기면 그에게 보고할 것을 명령하는 한편 천자의 신분으로 모든 시비를 판별했고 명령을 내려 시행했다.(『사기』「오제본기五帝本紀」)

　하지만 황제의 패권은 부락 간 회의에서 시행하는 선거를 통해 부여된 것이 아니라 무력으로 얻은 것이었다. 이렇게 폭력을 통한 정복과 약육강식의 역사가 시작되었다. 사회의 문제와 갈등을 폭력으로 해결하려고 강권에 의존하면 사회질서 또한 폭력으로 유지해야 한다. 『예기』「예운」이 묘사한 바와 같이 대동사회의 천하가 만인의 것이었던 원칙과 백성이 현능한 자를 뽑았던 제도, 믿음을 쌓고 화목을 누리던 풍조, 상호 우호적이었던 관계, 사적인 이익보다는 공적인 이익을 위했던 도덕, 그리고 간교한 꾀가 통하지 않고, 절도나 난적이 일어나지 않았던 사회질서도 사라졌다. 백성에게 충성하고 신을 경외하던 대도도 땅에 떨어졌다. 이렇듯 소강사회는 군주가 강권과 폭력으로 세습 통치를 시행한 시대였다.

요 · 순 · 우의 '선양禪讓' 전설과 성인의 시대

황제는 당시 각 부락 간의 전쟁을 진압하는 데 성공했으나 통일된 중앙 집권적 사회를 세우지는 못했다. 황제 시대에는 여전히 수많은 부락이 공존했다. 황제는 무력으로 부락간 연맹을 실현했고 연맹의 우두머리 자리에 앉았다. 『사기』「오제본기」는 "황제에게 스물다섯 명의 아들이 있었는데 그중 황제의 성姓을 물려받은 자는 14명으로 성은 총 12개였다"[11]라고 기재한다. 이 12개의 성이 12개 부락의 우두머리를 의미하는 것일 수 있다. 여기서 우리는 황제 시대가 부락연맹 시대였다는 것을 알 수 있다.

황제가 죽은 뒤 그의 후대도 다른 부락과 연맹을 맺어 거대한 정치 연합체를 이루었다. 각 부락의 지도자와 부락연맹의 주군 지위는 모두 세습되었고 부락 간의 관계는 평등했다. 부락연맹의 주군은 큰일이 생기면 부락 지도자들을 소집해 상의한 뒤 문제를 해결했다. 하지만 요제堯帝 시기가 되자 변화가 생겼다. 각 부락의 세력이 커져서 부락연맹 주군의 힘이 상대적으로 약화되었고 부락에 대한 통제력 또한 약화된 것이다. 이런 상황에서 부락의 지도자들은 연맹 주군의 명령에 불복하고 다른 견해를 내놓기도 했으며, 심지어 연맹 주군의 명령을 비판하기도 했다. 부락연맹 주군의 지위는 예전의 신성함을 잃었다. 이런 바탕에서 '요의 선양禪讓' 고사가 생겨났다. 즉 황제 시대에 황제 지위를 부자간에 승계했던 규칙이 깨진 것이다.

『사기』「오제본기」는 다음과 같이 기록하고 있다. "요는 아들 단주丹朱가 불초不肖하여 천하를 통치할 자리를 물려받기에 부족하다는 것을 알고 그 권력을 순舜에게 넘겨주었다. 순에게 제위를 넘겨주면 천하의 모든 사람이 이익을 얻고 아들 단주만 손해를 보지만, 단주에게 제위를 넘겨주면 천하의 모든 사람이 손해를 보고 단주만 이익을 얻는다는 것을 알았던 것이다. 요는 '한 사람에게 이롭자고 모든 사람이 손해를 보게 할 수는 없다終不以天下之病而授一人'며 결국 순에게 제위를 넘겼다."

하지만 실제 역사도 그러했을까? 통치자가 생명보다 권력을 중히 여기는 중국에서 어떻게 왕권을 다른 사람에게 넘겨줄 수 있단 말인가?

맹자도 이를 믿지 않았다. 『맹자』는 다음과 같이 기록하고 있다. "한번은 제자 만장萬章이 맹자께 여쭈었다. '요가 천하를 순에게 준 것이 사실입니까?' 그러자 맹자가 대답했다. '아니다. 천자天子라도 천하를 남에게 주지는 못한다.'"

맹자는 순이 천하를 얻을 수 있었던 이유는 요가 그에게 제위를 물려줘서가 아니라 그가 민심을 얻었기 때문이라고 이야기한다. 순은 28년간 요를 도와 나라를 다스렸다. 이는 인간의 의지로는 할 수 있는 일이 아닌 하늘의 뜻이다. 요가 죽은 뒤 3년상이 끝나자 순은 요의 아들 단주가 왕위를 물려받을 수 있도록 그 자신은 은거했다. 하지만 제후들은 단주를 알현하지 않고 순에게 왔으며 백성도 모든 진정이나 송사가 있을 때면 순을 찾았다. 찬양하는 이들도 단주가 아닌 순을 찬양했으니 이를 하늘의 뜻이라고 했다. 결국 순은 수도로 돌아와 왕위를 물려받았다.

무엇이 하늘의 뜻인가? 맹자는 "하늘은 백성이 눈으로 보는 것을 보며 백성이 귀로 듣는 것을 듣는다天視自我民視 天聽自我民聽"고 했다. 즉 순은 하늘을 경외하고 백성에게 순종했기 때문에 백성의 지지를 얻을 수 있었고, 나아가 천하를 얻었던 것이다. 요가 순에게 선양했기 때문에 왕이 된 것이 아니라는 이야기다. 하지만 사실 왕권 시대에 일반 백성은 지위랄 것도 없었고 권력의 이동에 관한 자세한 내막을 알지도 못했다. 그렇다면 여기서 말하는 '백성'은 자연스럽게 각 부락의 지도자가 된다. 즉 순이 요를 도와 천하를 다스리는 과정에서 그의 고귀한 품성과 재능이 드러나 점차 권력을 장악해 요의 실권을 빼앗고 각 부락의 지도자와 긴밀한 관계를 취했다는 것이다. 때문에 각 부락의 지도자가 공동으로 순을 부락연맹의 지도자로 천거했고 결국 '선양' 고사가 만들어진 것이다. 그리하여 고대에는 '순이 요를 압박했다舜逼堯'라는 전설도 있었다.(『한비자韓非子』「설의說疑」) 평등한 관계로 구성되었던 연맹에서 일어난 세력 대결에서 순이 유리한 위치를 차지했기 때문에 요가 순에게 제위를 물려준 것임을 알 수 있다. 물론 요는 "하늘을 경외했고 순종했다敬順昊天."(『사기』) 그랬던 그였기에 권력에 대해 겸손했으며 먼저 권력을 포기한 것이다. 이 또한 '선양' 고사가 나타난 중요한 원인이기도 하다. 하지만 모든 부락의 지도자가 순을 지지한 것은 아니었다. 그런 탓에 훗날 삼묘三苗와 환도讙兜는 순을 치기 위해 일어섰고 사회는 큰 혼란에 빠졌다. 순은 군대를 보내 이를 토벌하고 반란을 평정할 수밖에 없었다.

훗날 순이 요의 고사를 되풀이해 우에게 제위를 넘겨준 것은 부락연맹 간의 세력 구조에 변화가 생겼기 때문이었을 것이다. 순의 재위 시절 우는 치수에 공을 세웠다. 그리고 훗날 순을 도와 천하를 다스리는 과정에서 점차 권력을 장악해 연맹 내 세력이 순을 넘어섰다. 훗날 각 부락 지도자는 우를 왕으로 천거했고 이에 순은 어쩔 수 없이 제위를 우에게 물려줬다. 그런 까닭에 고대에는 '우가 순을 압박했다禹逼舜'라는 설이 있었다.(『한비자』「설의」) 우는 순을 먼 남방의 창오산蒼梧山(현

후난湖南성 구의산九嶷山)으로 유배보냈다. 순은 나중에 그곳에서 죽음을 맞았는데 그의 두 아내, 아황娥皇과 여영女英이 슬피 울며 통곡하니 그들의 눈물이 대나무 위로 흘러 얼룩덜룩한 반점이 생겼다. 훗날 문인들은 그 대나무의 얼룩을 아황과 여영의 눈물 자국이라고 했다. 이 고사는 민간에서 전해 내려온 이야기다. 『사기』는 순이 천하를 다스리니 "온 천하 사람이 순의 공로를 떠받들었고 (…) 봉황이 와서 춤을 추었고 (…) 백 가지 동물이 복종해 춤을 추었다"[12]고 전하고 있다. 나중에 "남쪽으로 사냥을 갔다가 창오의 들에서 죽으니 강남 구의에 그를 묻었더라. (…) 순의 아들 상商도 불초하니 순이 기꺼이 제위를 우에게 넘기더라"[13]고도 기록했다. 이에서 볼 수 있듯이 순도 하늘을 경외했으며 겸손한 마음을 지녀 권력이 다른 이에게 넘어갈 때 능동적으로 '선양'해 최고 권력을 평화롭게 이동시켰다. 순은 고결한 인품을 지녔던 군주다.

우는 요와 순이 왕권을 빼앗긴 데서 교훈을 얻어 통치를 강화했다. 『한비자』「식사飾邪」는 이렇게 기록하고 있다. "우가 제후들을 회계에 모이게 했는데 방풍의 군주가 지정한 기일에 도착하지 않자 그의 목을 베었다."[14] 뿐만 아니라 『국어國語』 등 고대 문헌에도 이와 같은 기록이 남아 있다. 우가 회계산會稽山에서 제후들을 보기로 했는데 방풍의 군주가 늦었다. 알현에 늦게 오는 것은 결코 죽음에 처해질 죄가 아니었지만 방풍의 군주는 참수를 당했다. 여기서 우가 제후들을 엄격히 통제했으며 방풍의 군주를 죽여 다른 제후들을 두려움에 떨게 했다는 것을 알 수 있다. 우는 말년에 군정 대권을 그의 아들 계啓가 관장하도록 했다. 또 집정 말기 부락 연맹회의에서 왕위 계승자 인선 문제를 꺼내며 아들 계가 아버지인 자신의 자리를 잇기를 바란다는 희망을 표했지만 다른 부락 지도자들의 승인을 받지 못했다고 한다. 부락 지도자들은 대신 고도皐陶를 천거했다. 하지만 고도가 이른 시기에 사망하자 다시 제위 계승자로 백익伯益을 천거했다. 우는 왕위를 백익에게 선양할 수밖에 없었다. 하지만 백익은 실권을 장악하지 못한 꼭두각시에 그쳤고 최후에는 계가 정변을 일으켜 왕위를 탈취했다. 이로써 황제 시대 부락연맹 시기에 부자간에 왕위를 계승하던 오랜 세습제와 종신제가 다시 부활했으며 '선양' 제도는 폐지되고 말았다.

오제五帝 시대의 소강사회에는 '천하가 만민의 것이며 백성이 어질고 유능한 자를 직접 뽑았던' 권력 공유제는 사라지고 없었지만, 부락 상층의 통치자 사이에는 최고 권력을 상호 규제하는 메커니즘이 여전히 작동했다. 상층사회에는 공화 체제가 남아 있어 최고 권력의 이동은 부락 연맹회의의 천거를 받아야 가능했다. 비록 이 체제는 정치와 군사력의 대결 구도 위에 세워진 것으로 강권과 폭력에 그 기초를 두고 있었지만 어쨌든 군주전제의 단계까지 발전하지는 않았다. 부락 상층은 권력을 제어할 수 있는 제도와 선거 제도가 있었기에 왕의 권력을 강력히 감독하고 제약할 수 있었다. 뿐만 아니라 덕과 재才를 겸비한 '성인'을 최고 권력 자리에 추천해 부락연맹의 맹주를 맡도록 할 수 있었다.

바로 이러한 이유로 훗날 유가는 황제와 요, 순, 우 시대를 '성인'의 시대라고 칭했고 후세 유가 사상가들은 당시의 진보적인 정치와 경제 발전을 끊임없이 언급한 것이다. 요가 덕치德治를 펴고 "큰 덕을 밝혀 구족을 화목하게 했고 백성을 고르게 밝혔으며 만방을 화합하게 했다"[15]는 것이 대표적인 예다. 폭력을 쓰지 않고 백성의 생활에 관심을 갖자 천하가 태평해졌고 후세가 길이 칭송했다. 또 순은 부락연맹의 맹주로서 정교政敎에도 매우 성공적인 모습을 보이며 많은 공훈을 세웠다. 그는 수水, 농農, 어렵漁獵(고기잡이와 사냥), 병兵, 형刑, 공工, 예禮, 빈賓의 아홉 개 관직을 세웠고 우를 총리에 앉혔으며 다른 씨족(부족) 중에서 유능하고 현명한 인재였던 '팔원八元'과 '팔개八愷'에게 정교와 예교를 맡겼다. 그리고 각지의 지도자 모임이었던 사악십이목四岳十二牧에 자치를 맡겼고 왕은 정기적으로 천하를 순시巡視했다. 백성이 다니는 도로 입구에 방목謗木을 설치해 조정에 대한 불만을 표할 수 있게 했고, 조정 문 앞에는 간고諫鼓를 설치해 백성이 신원伸寃할 일이 있을 때 북을 쳐 하늘이 들을 수 있게 했다. 또한 수해水害를 막기 위해 우를 파견하여 물을 다스리게 했다. 우는 13년간 집을 떠나 이루 말할 수 없는 고생을 하며 치수사업에 전념했는데, 그러는 동안 몇 차례나 집 앞을 지나쳤지만 한 번도 들어가지 않았다. 그리고 마침내 막힌 물을 터서 통하게 하는 방법으로 홍수를 이겨냈다. 이렇게 나라를 위해 몸을 던져 세운 위대한 공덕은 사회와 정치 그리고 도덕까지 발전하게 했다.

하지만 우가 최고 권력을 장악한 뒤, 특히 그의 아들 계가 왕위에 오른 다음에는 근본적인 변화가 일어났다. 하우夏禹의 정치력과 군사력이 급속히 강대해져 요순 시대의 부락 간 평등 상태가 깨지고 우가 독존의 지위를 차지한 것이다. 특히 계는 자신의 권력을 강화함으로써 부락연맹회의는 점차 권위를 잃어갔다. 각 부락의 지도자들이 천자를 함께 천거했던 제도는 사라졌고 천자에 대한 감시도 약화되었다. 사회 상류층이 서로 견제하던 공화제 또한 폐지되었다. 하계夏啓는 음모를 통해 부락연맹의 최고 지도자 자리를 차지했다. 일부 부락 지도자들은 하왕조에 굴복했지만 성姓이 달랐던 다른 부족들은 계의 행동에 불만과 반대를 표했다. 『사기』「하본기夏本紀」는 계가 즉위하자 "유호씨가 불복했고 계가 이를 정벌했다有扈氏不服 啓伐之"라고 기록한다. 계에 반기를 든 부락이 유호씨 하나만은 아니었을 것이다. 나중에 계는 전쟁을 통해서 다른 성씨의 부족들을 정복했다. 이렇게 폭력으로 정복하자 원래 부락연맹제 아래 평등했던 관계가 '신복臣服'과 '공납貢納'의 관계, 통치와 피통치의 관계로 변했다. 우의 부족이었던 하후씨夏后氏 부족은 나중에 다른 부락 지도자들의 생사를 마음대로 결정하는 권력까지 가졌다. 다른 부락의 지도자들은 반드시 정기적으로 하후에게 공납을 바쳐야 했다. 그리고 하 왕조는 최고 권력 계승에 종법 세습제와 종신제를 시행했고 비교적 완벽한 군대와 관리, 형법, 감옥 등 공공권력 시스템을 갖췄다. 초기 국가의 정식 탄생을 상징하는 부분이다. 역사에는 우가 구정九鼎을 주조했다는 전설이 전해져온다. 『묵자墨子』「경주耕柱」는 하가 "구정을 주조하여 삼국으로 옮겼다九鼎既成 遷於三國"고 했으며, 『사기』「효무본기孝武本紀」는 "우가 구정을 주조했다禹鑄九鼎"라고 했다. 이렇듯 중국 최초의 왕조는 하 왕조였다. 하 왕조는 고대 중국의 일원화 문명이 형성된 시대라고 봐도 무방할 것이다.

'천하가 만인의 것이고, 백성이 현능한 자를 직접 뽑았던' 대동사회는 계가 군주 세습의 국가 정권을 세우는 데까지 발전했다. 이 단계의 주요 특징으로는 민권의 소실과 왕권의 강화가 꼽힌다.

강권과 폭력이 형성된 원인

삼황三皇 시대의 대동사회에는 대도가 행해져 민주정치의 싹이 움트고 있었다. 반면 소강사회는 천하가 한 집안의 것이었으며 군주의 지위가 세습된 사회였으나, 요순 시대에는 부락 지도자 회의에서 왕을 천거하는 제도가 있었고 사회 상층에는 상호 권력을 견제하는 공화체제가 있었기에 영명한 군주가 나올 수 있었다. 이 두 시대는 모두 유가가 추구하는 이상적인 사회다. 하지만 두 사회는 고대 그리스나 로마처럼 성숙한 민주사회와 공화사회로의 전환을 이루지 못했으며 오히려 군주전제의 확립을 가져왔다. 그 원인은 어디에 있을까?

사료가 부족한 탓에 오늘날 원인을 알아내기란 쉽지 않다. 하지만 중국이 민주정치로 나아가지 못한 중요한 이유 중 하나로 고대의 지리 환경을 꼽을 수 있다.

정위精衞가 바다를 메운 신화는 이렇게 말하고 있다. 염제에게는 여와女娃라는 딸이 있었다. 여와는 동해를 건너려 했지만 아주 커다란 바다였던 동해에서 결국 익사하고 만다. 그녀의 영혼은 정위조精衞鳥가되어 매일같이 서산에서 돌과 나무를 물어다가 동해에 던져 그 바다를 메우고자 했다. 하지만 여와는 결국 동해를 메우는 데 성공하지 못했고 다시는 동해의 물을 마시지 않겠다는 맹세를 했다.(『산해경山海經』「북차삼경北次三經」, 『술이기述異記』)

이 신화는 옛 선조들이 바다를 정복하기 위해 해외로 항해하고자 했으나 광대한 바다에 삼켜져버렸다는 점을 시사한다. 어쩌면 이런 항해는 한 차례 혹은 한 세대를 넘어서 셀 수 없이 시도되었을 것이다. 하지만 아무도 성공하지 못했고 무수한 사람이 바다에 잠겨 물고기 밥이 되었을 것이다.

항해 모험에 실패한 뒤 선인들은 마침내 바다는 건널 수 없는 것임을 깨달았다. 하지만 바다를 정복하고자 하는 욕망은 거듭된 실패에도 꺾일 줄 몰랐다. 선인들은 한 마리의 신조神鳥, 즉 성인 염제 딸의 영혼이 새로 거듭났다고 상상했다. 상상 속 염제의 딸은 동해를 건너고 싶어했으나 결국 동해에 빠져 죽었고, 그녀의 정령은 신조가 되어 매일같이 서산의 나무와 돌을 날라다 동해를 메우려 했다. 사람들은 그렇게 바다가 메워지면 인간도 바다를 건너 다른 편으로 갈 수 있을 거라 희망했다. 하지만 상상 속 신조도 넓고 넓은 바다를 메우지 못해 결국 동해의 물을 마시지 않겠노라고 맹세할 수밖에 없었다.

이 신화는 바다를 정복하고자 했던 선인들의 강렬한 욕망과 증오를 동시에 반영한다. 바다를 건널 다른 방법을 찾지 못한 그들은 그저 육지에서 살아갈 수밖에 없었다. 중국 문명의 발원지는 확실히 바다와 단절되어 있다.

이런 단절은 고대 중국인이 상업이 아닌 육지에서의 농사로 생계를 도모하게 만들었다. 해상무역이 발달하지 못하자 상업 경쟁과 정보의 교류도 제한되었다. 고대 사회에서는 육지에서의 운송 비용이 높아 교통과 정보가 발달하지 않아 상품의 대규모 운송이 힘들었다. 때문에 농업을 주업으로 삼았다. 아주 먼 태고 시대부터 하 왕조가 세워지기 전까지 간단한 시장무역이 있었다고는 전해오지만 거상이 있었다는 고사는 없다. 모든 신화와 전설은 기본적으로 농업을 그 소재로 하고 있다. 유소씨와 신농씨에서부터 황제와 우를 거쳐 서주西周의 정전제井田制에 이르기까지 모든 전설은 농업과 밀접한 관계를 맺는다. 경제가 발달하지 못한 중국 태고 시대에 부락과 가정 경제를 지탱해주었던 주요 산업은 무역이 아닌 농업이었다.

농업에 종사하는 것은 분산경영 체제라고 할 수 있다. 아침에 해 뜨면 나가서 일을 시작하고 해가 지면 일을 마치고 쉬었다. 그랬기 때문에 이들에게 정보의 교류나 논쟁, 언어의 주도권은 필요 없었다. 오로지 조화로움과 평온함을 필요로 하는 그들은 공공장소를 욕망하지 않았다. 사람들은 날씨와 수확에만 관심이 있었을 뿐 정치에는 별다른 흥미를 보이지 않았다. 공공장소가 없었기 때문에 집정자가 민중에게 연설하고 자신의 정치 이념을 알리며 민중을 이해시키고 토론을 펼칠 기회도 없었다. 그래서 국정은 완전히 공개되지 못했다. 민중 또한 자신의 권력을 충분히 행사하고 개성을 발휘하기 어려웠다. 이런 상황은 민주정치의 싹을 밀어올리지 못했고 이로써 '천하는 만인의 것이며 백성이 직접 어질고 유능한 관리자를 뽑았던' 고대의 원시적 민주제는 계승되지 못했다. 이는 지중해에 위치한 고대 그리스의 상업이 크게 발전했던 것과 완전한 대조를 보인다.

고대 그리스는 해상교통의 발달로 상업이 번영했고 사람들이 도시로 모여 독특한 시민사회를 형성했다. 시민들은 도시 내 광장 등 공공장소에 모여들었고 거기서 상업에 관한 정보를 교환하고 정치를 논했다. 이런 시민사회의 기초 위에 시민들의 격렬한 논쟁을 통해 도시 관리자를 선출하는 정치 구도가 형성되었고 이는 민주정치의 발전을 촉진했다.

영국의 역사학자 존 톨리John Thorley는 『아테네 민주주의』에서 이렇게 지적했다. "아테네인들 사이에 전해 내려온 전설을 보면, 초기에는 군주전제를 시행하다가 나중에 아레오파고스 회의에서 권력을 행사했던 귀족의 통치 시기를 거쳤다는 언급이 있다." 존 톨리의 묘사를 통해 기원전 700년 전후로 아테네 귀족회의가 군주전제 정치체제를 대체했으며 귀족회의에서 선출된 집정관이 각 집단을 관리했음을 알 수 있다. 귀족회의는 3명의 집정관을 두었는데 각각 종교와 군사, 행정을 주관했다. 하지만 이는 민주체제는 아니었고 이후에 솔론Solon의 개혁을 거치면서 차츰 민주체제로의 전환을 시작했다. 여기서 우리는 문명의 발아기에 고대 그리스와 중국의 차이는 그리 크지 않았음을 알 수 있다. 당시 그리스와 중국은 모두 혈연 부락으로 구성된 씨족사회였다. 씨족사회의 구성원들은 모두 부락에 대한 의견을 발표할 권리가 있다. 사실상 중국 또한 부락 시대에는 '백성이 직접 현능한 이를 뽑는' 형식이 있었다. 요순 시대에는 각 부락으로 구성된 연맹회의도 있어 연맹의 지도자를 선출했고 부락 연맹의 일부 안건을 토론하고 결정을 내리기도 했다. 최고 권력의 계승은 '선양'의 방식으로 이뤄졌다. 그런 것들 모두가 고대 그리스의 상황과 매우 유사하다.

하지만 고대 중국인이 부를 추구하는 수단은 상업이 아닌 농업이었다. 상업이 발달하지 않았기 때문에 중국은 독특한 도시 시민사회를 형성하기 어려웠다. 또한 정보를 투명하게 교류하고 시민이 의견을 표현하며 논쟁을 펼 수 있는 공공장소도 생겨나지 않았다. 민중에게는 정치에 참여할 기회가 주어지지 않았고 혈연으로 왕위를 계승하는 세습제도와 소수의 사람이 정치를 독점하는 상황은 깨뜨려지지 않았다. 때문에 민주정치가 발전할 수 없었고 대신 강권과 전제가 더욱 큰 힘을 발휘할 수 있는 사회적 토양이 만들어졌다. 우가 죽은 뒤 계가 부락연맹의 선거 제도를 폐지하고 왕권 세습을 시행할 수 있었던 이유는 당시 중국에 강력한 도시 시민사회가 부재했고 민주공화정치의 사회적 기초도 없었기 때문이다. 계는 민중의 뜻을 헤아릴 필요가 없었다.

게다가 농업생산 도구가 발달하지 않았던 태고 시대의 농업생산력은 매우 낮았다. 때문에 당시 사회는 물질적으로 빈곤했고 통치자들이 국가 기관을 운영하고 사치스러운 생활을 유지하는 데 필요한 수요를 충당하기 어려웠다. 이런 상황에서 전쟁을 일으켜 다른 부락을 점령해 생존 자원을 약탈하는 것은 통치자들에게 매우 중요한 일이었다. 게다가 지나치게 높은 상업의 운송비용과 다르게 육지에서 전쟁을 일으키는 것은 쉬운 일이었다. 싸워 이기면 무역을 통한 것보다도 더 많은 이득을 볼 수 있었던 것이다. 그러므로 전쟁을 통해 다른 부락을 굴복시키고 공납을 받는 것은 생존에 필요한 자원을 얻는 가장 빠르고도 효과적인 방법이었다. 이것이 태고사회에서 부락 간 전쟁이 그렇게 빈번히 일어난 까닭이다.

하지만 전쟁이 가져온 것은 강권과 폭력일 수밖에 없었다. 역사는 하 왕조 건립 후 400년 동안 수백 차례의 크고 작은 전쟁이 일어났다고 기록하고 있다. 하 왕조는 유호씨와 몽산蒙山, 유시씨有施氏를 토벌했고 유민有緡을 함락하는 등 수많은 전쟁을 벌였다. 제후 상탕商湯이 공납을 바치지 않자 하 걸왕은 "탕을 불러다가 감옥에 가두려 했다召湯而囚之於夏台."(『사기』「하본기」) 역사는 하 왕조가 방풍씨防風氏, 도당씨陶唐氏, 유궁씨有穹氏, 곤오昆吾, 설薛, 임任, 시施 등 수백 개의 크고 작은 부락을 차례로 정복했다고 기록한다. 이렇게 정복당한 부락은 반드시 정기적으로 하나라 수도를 방문해 왕을 알현해야 했으며 부락의 특산물을 바쳐야 했다. 『좌전』 선공宣公 3년에는 "옛날 하 왕의 덕이 충만했을 때에 먼 곳에 있는 나라들은 자신들의 산천이나 기이한 물건의 형상을 그려서 바쳤고 구주의 우두머리들에게 명하여 금을 바치게 했으며"[16] 라고 기록하고 있다. 또한 "우가 도산에 뭇 제후를 모았는데 여러 나라에서 옥이며 비단 등의 패물을 가지고 왔다"[17]라고도 했다. 하 왕조와 정복한 부락 사이에 공납제가 있었음을 알 수 있는 대목이다. 공납은 부락의 제후들이 하 왕조에 충성을 다한다는 상징인 동시에 하 왕조가 생존 자원을 쟁취하고 통치를 유지하는 주요 수단이었다. 물질적인 이익을 둘러싼 다툼은 옛 사회 통치자들이 전쟁을 일으키는 주요 동기였다. 또한 중국 사회가 '우두머리가 없는 용의 무리'에서 '우두머리 있는 용의 무리'로 전환된 주요 원인 중 하나였다.

이러한 내륙 문명의 형식은 고대 그리스 사회에서는 찾아볼 수 없는 것이었다. 그런 탓에 고대 중국 문명은 고대 바빌론, 이집트, 인도 문명과 마찬가지로 성숙한 민주정치로 발전하지 못했다. 고대 그리스와 로마 사회만이 특수한 예로 지중해의 상업 발달이 고대 그리스 도시의 민주정치를 형성시킨 것이다.

특별히 짚고 넘어가야 할 것은 혈연 기반의 종법 세습 제도가 농업 문명과 연관을 갖는다는 것이다. 농업에 종사한다는 것은 상업에 종사하는 것과는 커다란 차이가 있다. 상업은 늘 바쁘게 이리저리 뛰어다닐 일이 많고 독립적으로 시장 리스크를 부담해야 하며 고도의 자주성과 독립심이 있어야만 시장 경쟁에서 살아남고 이윤을 남길 수 있다. 그 누구도, 부모나 윗사람이라 할지라도 상인의 판단을 좌지우지할 수 없었다. 상인에게 돈을 벌고 이윤을 남기는 것은 최고의 목표였으며 이윤을 남길 가능성이 있는 일이라면 그들은 최선을 다했다. 이런 상황에서 윗사람의 명령만을 받들어야 하는 종법윤리 관계는 성립되지 않았고 혈연 내에서 예의를 기강으로 삼을 수도 없었다.

하지만 농업 생산으로 자급자족했던 사회에서는 한 가족이 열심히 노동해 필요한 물자를 생산하고 소비하면 됐으므로 시장 리스크를 부담할 필요도, 사방으로 바쁘게 다닐 필요도 없었고 시장 경쟁의 부담도 없었다. 그저 화목한 가정을 꾸리고 장유유서의 도리를 지키며 웃어른을 공경하고 봉양하면서, 윗사람의 가르침을 지키고 조상들 제사를 모시기만 하면 되었다. 이런 사회 환경에서 통치자들은 국가와 가정을 연결시켜 노인을 공경하라는 도리와 국가에 충성하라(곧 통치자에게 충성하라)는 도리를 긴밀하게 연관시킬 수 있었다. 따라서 '친친親親[종친 사이의 항렬]'과 존존尊尊[벼슬에 따른 지위]', 즉 가족을 사랑하고 윗

사람을 공경하라는 가치관이 종법사회의 도덕 규범으로 쉽게 자리잡을 수 있었다. 통치자들은 제사, 장례, 혼례, 관례, 빈객, 점占 등 각종 예법을 통해 혈연 조직이라는 모델을 국가 조직에 이식시켰다. 또 '충'과 '효'를 근본으로 하고 혈연관계를 주축으로 하는 권력 구조를 확립해 가족 간 왕위 계승을 실현했다. "군주가 권력을 세습하는 것을 예로 하게 되었고大人世及以爲禮", 혈연 제도와 국가의 조직 구도를 융합하자 국가와 가정이 하나가 되어 서로 분리되지 않는 결과를 낳았다. 가정의 '예'는 곧 국가의 '법'이 되었고 '예'를 어기는 것은 가장과 군주의 통제에 불복하는 것이었다. 이는 국가의 정치질서를 무너뜨리는 행위로 여겨져 형법의 다스림을 받았다. 이 또한 중국 고대 정치가 보이는 특징 중 하나다.

폐쇄적인 내륙 환경은 고대 중국에 강권과 폭력의 전제 통치를 가져온 주요 원인이라 할 수 있다.

제2장

위대한 시대의 비극

: 춘추전국과 전제주의의 승리

전통 역사교과서에서 춘추전국시대는 전란이 끊이지 않고 백성이 고난

을 겪은 분열의 시대로 여겨진다. 그러나 이 책에서는 과거에 전도되었

던 역사를 다시 뒤집어서 역사 본래의 진면목을 되찾고자 한다.

　춘추전국시대는 가장 위대한 중국의 황금 시대라 할 수 있다. 이 역

사적 시기에 중국은 통일된 중앙집권적 군주전제 체제가 아직 등장하

지 않았고 서주의 분봉 제도가 와해되면서 동주東周 중앙 정부 명의로

통일된 연방제적 제후분권 통치 시대로 진입한다. 이러한 시대적 배경

에서 사회에 '예붕악괴禮崩樂壞', 즉 예악이 붕괴되는 대변동이 일어났

다. 각 제후국의 통치자들은 생존의 위기에 직면해 잇따라 개혁개방을

실시했고 예를 다해 지식인을 대하고 인재를 널리 모집하며 부국강병

을 꾀했다. 이렇게 하여 춘추전국시대는 인권이 크게 신장되었으며 정

치 개방, 경제 번영, 사상의 자유, 문화예술 및 과학기술이 비할 데 없

는 진보를 이뤘고, 많은 인재가 배출되고 백가쟁명의 꽃을 피웠다. 이런 시대가 주나라 13대 평왕平王이 동쪽의 낙읍洛邑(현재의 뤄양洛陽)으로 도읍을 옮긴 기원전 770년부터 시작되어 진시황이 중국을 통일한 기원전 221년에 끝났다고 본다면 장장 500여 년이나 지속된 셈이다.

그러나 춘추전국시대는 그리스, 로마 시대처럼 민주공화제 사회로 나아가지 못했고 진시황의 중원 통일로 중앙집권적 군현제가 실시되어 2000여 년 동안 전제사회로 접어들게 된다. 이후 1840년에 아편 전쟁이 일어나 서구사회의 포격을 당하며 비로소 일원화 문명에서 다원화 문명으로 향하는 지난한 사회 전환이 시작된다.

서주 분봉 자치제도의 인권 보호

춘추전국시대에 사상의 자유, 정치의 개방, 인권의 신장을 이룰 수 있었던 것은 서주의 정치제도와 밀접한 관계가 있다. 서주西周 시기에 분봉 제후가 확립되지 않고 지방자치제가 실시되지 않았다면 춘추전국시대의 자유, 개방, 번영은 이룰 수 없었을 것이다.

서주는 상나라를 멸망시킨 기초 위에 세워졌다. 상나라는 이전의 하나라와 마찬가지로 왕조 초기에는 정치적으로 비교적 진보적인 모습을 보였다. 그러나 후기에 들어서자 폭정이 시작되었다. 하나라 말기에 사람들은 재산과 생명의 안전을 보장받지 못했고 인권을 박탈당했다. 이에 군주를 몹시 증오했다. 하나라 최후의 왕인 걸왕桀王은 자신을 태양에 비유했다. 그는 "나에게 천하가 있으니 하늘에 태양이 있는 것과 같다. 태양이 어찌 죽겠는가? 태양이 죽으면 나도 죽는다"(『신서新序』「자사

剌奢」)라고 말했다. 압박을 견딜 수 없었던 백성도 분노에 차서 그를 태양에 비유했다. "태양이여, 너는 언제 죽는가, 너와 내가 함께 죽자."(『상서尙書』「탕서湯誓」)

상나라가 하나라를 몰아낸 뒤 사회가 진보하기 시작했다. 비교적 발달한 형태의 관영수공업이 나타났으며 갑골문과 청동기 등 눈부신 성취를 일궈냈다. 특히 탕湯, 반경盤庚, 무정武丁 시기에는 "정사를 잘 수행하고 덕을 행하여 천하가 모두 즐거워했다."(『사기』「은본기殷本紀」) 그러나 훗날까지 지속되지 못했다. 상나라 후기, 통치자는 하나라 시기보다 더욱 많고 더욱 잔혹한 형법을 제정했다. 대표적인 예로 한 사람이 죄를 지으면 일족一族을 모두 죽이는 '족주族誅'를 들 수 있다. 주 무왕이 상나라 주왕紂王을 토벌했을 때 선포했던 죄명 중 하나가 바로 '족주'였다. 또 숯불로 구리기둥을 단근질한 뒤 죄인에게 그 기둥 위를 걷게 해 산 사람을 구워 죽이는 '포락炮烙'이라는 형벌도 있었다. '해형醢刑'이라는 것도 있었는데 사람을 잘게 썰어 육장肉醬을 만드는 극형이었다. '포형脯刑'은 사람을 햇볕에 말려 육포로 뜨는 형벌이었다. 또한 '부심剖心'은 심장을 꺼내서 가르는 형벌이었다. 『사기』의 기록을 보면 비간比干이 주왕에게 간언을 올리니 주왕이 크게 노하며 "내가 듣기로 성인의 심장에는 일곱 개의 구멍이 있다고 한다. 비간의 가슴을 갈라서 그 심장을 꺼내보자吾聞聖"라고 했다.

형법이 특히나 잔혹했던 것 외에도 상나라 통치자는 미신을 믿고 죽은 사람을 중시하는 한편 산 사람을 경시했다. 한 무리의 산 사람을 희생물로 삼아 조상께 제사를 올리고 순장시켰다. 자오더칭趙德馨이 편찬한 『중국경제통사中國經濟通史』에 따르면 최근 은허 왕릉 지역의 큰 무덤 하나에서만 무덤 주인을 위해 순장된 사람 225명이 발굴됐다. 왕릉 지역에서 발견된 제물을 바치는 구덩이는 2200여 개에 달하며 살해되어 제사에 바쳐진 사람은 수만 명이었다. 피가 철철 흐르는 사람 머리를 제사상에 올려놓는 것은 굉장히 끔찍한 장면이었을 것이다. 인구가 적었던 당시에 그렇게 대규모로 사람을 죽인 것을 보면 상나라 통치자가 얼마나 잔학했는지, 생명을 얼마나 경시했는지를 충분히 짐작할 수 있다. 상나라 마지막 왕인 주왕은 가장 유명한 폭군이었다. 그는 애첩 달기妲己를 총애하고 신임했으며 생활이 문란하고 부패한 한편 극도로 잔학하여 천인공노할 지경이었다. 이에 서주 무왕이 목야전투牧野戰鬪를 일으켜 주왕을 물리치고 주왕이 녹대鹿臺에 올라 분신자살함으로써 이 잔혹했던 왕조는 멸망했다.

목야전투에서 승리했다고 해서 서주의 군사력이 상나라보다 강대했던 것은 아니다. 그보다는 상나라의 수만 명 노예가 주군을 배반하고 서주에 투항했기에 혁명에 성공할 수 있었다. 노예들은 상나라를 쓰러뜨린 역량이 되어 '약소국인 주나라'가 '강대국 상나라'를 이기도록 했고 이로써 천하의 주인이 되었다. 이 일은 서주의 통치자에게 크나큰 흥분을 안겨주었고 상나라의 멸망에서 엄중한 교훈을 받아들이지 않을 수 없었다. 서주 무왕은 상나라를 함락시키고 맹진孟津에 제후 800명을 모아 회의를 열었다. 역사에서는 이를 '맹진의 서孟津之誓'라고 한다. 회의에서는 상나라의 폭정을 몰아내는 한편 상의 정치, 법률 제도를 대대적으로 개혁하여 오래도록 안정되고 태평한 사회를 세우기로 선포했다. 공자는 이를 극찬하며 "주나라의 예의 제도는 하와 상 2대를 본보기로 삼았으니 알차고 다양하구나. 나는 주나라의 제도를 따르겠다"라고 했다.(『사기』) 주나라가 실시한 주요 개혁 조치는 다음과 같다.

첫째는 '봉번건위封藩建衛', 즉 분봉 제도를 실시하고 통일국가를 세우는 것이다.

하·상 시기에도 약간의 분봉이 존재하긴 했을 것이나 절대 다수의 부락은 하·상이 분봉한 것이 아니라 겉으로만 신하로 복종한 원시부락이었다. 이러하니 하·상이 국가를 세웠다고는 하나 그 국가를 하나의 통일된 전체가 되게 할 수 없었고 여러 부족이 어우러진 통일국가의 형태를 이룰 수도 없었다. 하·상은 여전히 느슨한 형태의 정치연합체라 할 수 있었고 하·상의 왕이 직접 통치한 구역에서만 국가라는 정치체제가 구축되었다. 하·상과 다른 부락들의 관계는 강권과 폭력을 내세워 강압적으로 신하라 칭하게 하고 공물을 바치는 형식이었다.

서주는 중국 역사상 최초의 통일국가로 하·상의 느슨한 정치연맹의 형식을 이어가는 대신 통일된 정치체제를 수립하고 통일된 법률 제도를 시행했다. 바로 분봉, 자치의 정치체제와 주례周禮를 핵심으로 하는 법률 제도 및 이데올로기다. 구체적으로 보면 "왕의 땅이 아닌 곳이 없고, 사해를 따라 그 어디에 이르러도 왕의 신하 아닌 자가 없다"[1]라고 했으며, '친친, 존존'이라는 최고 원칙을 확립했다. 주왕은 종법 제도와 세습 제도를 바탕으로 전국의 토지를 공公, 후侯, 백伯, 자子, 남男의 5등급에 따라 각각 서주 국왕과 혈연관계에 있는 귀족들에게 하사한 뒤, 그들 스스로 성을 구축하고 백성을 통치함으로써 도시국가를 세우고 크고 작은 제후가 되도록 했다. 이로써 제후와 주왕 사이의 군신관계를 확립했다. 물론 분봉은 역시 혈연관계가 있는 성이 같은 귀족에만 국한되지 않고 성이 다른 귀족과 공신도 분봉을 받을 수 있었다. 그중 일부는 주씨 일족의 친척이었으며 또 다른 일부는 주나라에 신하로 복종한 원시부락의 수장이었다. 주공은 동방 원정을 실시하여 상나라의 잔당 및 그 동맹 회이淮夷의 모반 세력을 격퇴하고 새로 점령한 지역에 성이 같거나 다른 제후들에게 대대적으로 영지를 분봉했다. 당시 분봉 제후는 800여 명에 달했다.

이들 분봉국은 모두 지방자치를 실시하고 자체적으로 봉지를 관리했다. 다만 수도 주위 1000리 내의 지역은 왕기王畿라 하여 주왕이 직접 다스렸다. 주왕은 이들 제후가 '함께 섬기는 주군'에 불과했고 분봉국들을 직접 다스리지 않았으며 군주집권의 전제통치를 실시하지 않았다. 백성을 직접 통치하는 것은 해당 분봉국의 제후이지 주왕이 아니었다. 물론 이 분봉국의 제후들은 정기적으로 주나라 왕실에 가서 관직을 맡고 기한에 맞춰 서주 왕실에 공물 헌납, 군주 알현, 직무 상황의 보고 등을 해야 했고 병사를 동원해 주나라 왕의 대외 정벌이나 국내에 발생한 재난 구제를 지원해야 할 책임과 의무가 있었다. 서주 왕실 또한 작은 제후국들을 외침에서 보호해줘야 할 책임이 있었다. 물론 분봉 제도는 서주 왕실이 제후에게 하사하는 것만은 아니었다. 제후들은 왕을 모방하여 봉토를 경대부卿大夫에게 다시 분봉해 '도읍을 세우고 가문을 일으키도록' 했으며, 경대부는 다시 가신家臣들을 등용해 다스리면서 그에 상응하는 각급 정권 기구를 세웠다. 이리하여 '왕은 공公을, 공은 대부를, 대부는 사士를 신하로 삼는' 사회 권력 구조가 이루어졌다.

이것이 바로 분봉을 통해 정권을 수립했던 서주의 제도이며 흔히 봉건 제도라고 하는 것이다. 이 제도는 오늘날 지방자치를 기반으로 하는 영국 연방의 사회제도와 흡사하다. 지방자치였기 때문에 훗날 공자는 어진 정치, 즉 인정仁政을 논할 때 인정을 펼치지 않는 제후들을 비난했을 뿐 주나라 왕을 비난하지 않았는데, 이는 일리가 있는 것이다. 중국 사회는 서구와 다르므로 중국의 봉건 제도는 주나라만의 독특한 사회제도였다. 서주는 중국 전역에서 봉건 제도를 실시한 왕조였다. 진시황이 중국을 통일한 뒤 중국은 더 이상 봉건 제도를 시행하지 않았고 그 대신 통일된 황제 전제 군현 제도가 시행되었다. 전한前漢 시기에 유방劉邦이 군국병행郡國並行 제도를 실시하여 군현제와 봉건제가 공존하긴 했지만 그것도 군현제를 위주로 한 것이었다. 한나라 무제武帝가 제후들의 봉토와 권력을 중앙으로 환수한 삭번削藩을 실시한 뒤 중국의 이후 왕조들은 (서진西晉과 명明 초기 주원장朱元璋이 몇몇 제후왕을 봉한 것을 제외하고) 더 이상 봉건 제도를 실시하지 않았다. 기원전 221년 진시황이 6국을 멸하면서 봉건 제도에 반대하고 전제를 펼치는 일대 변혁이 완성되었다. 어떤 이들은 진나라 이후 황제가 독재하는 중앙집권식 군현 제도를 봉건 제도라 하기도 하나 이는 중국의 역사적 사실과 어긋난다. 서주는 봉건사회, 진 이후는 전제사회라고 하는 것이 역사적 사실에 부합하는 설명이다.

표면적으로 보면 전국의 토지 및 신민臣民은 모두 주나라 왕의 사유재산이었고 제후들은 분봉받은 토지에 대해 사용권과 수익권만 있을 뿐 소유권은 지니지 못했다. 그러나 사실상 서주의 제도는 '천하를 공유'하는 제도였기 때문에 최소한 사회 상층 인사들은 권력과 재산을 공유했고 주왕 한 사람 혹은 그 일가만의 사유재산은 아니었다. 분봉제도 아래에서 토지소유권은 허울뿐인 명분이었지만 그 사용권과 수익권은 실질적으로 행사할 수 있기 때문이다. 또한 서주에서 분봉받은 제후들이라고 해서 모두 성이 같은 제후는 아니었으며 제齊, 송宋 등 성이 다른 제후들도 있었다. 그러므로 주나라의 봉건 제도는 진시황 이후 천하가 일가의 것이라는 '가천하家天下', 즉 군주가 독재하는 중앙집권식 통일 군현 체제와는 근본적으로 구별된다.

이런 제도 아래에서 주나라 왕이 지닌 권력이란 제한적이었다. 명분상으로는 천하의 토지와 백성을 가졌지만 실질적으로는 전국의 토지나 재산, 백성을 소유하지도, 전국의 관원을 임명하지도 못했다. 분봉국 제후는 세습되었고 대부도 세습되었기 때문에 왕이 직접 지배할 수 있는 것이라곤 왕기 내에 있는 재산과 백성뿐이었고 전국의 제후국을 상대로 전제 독재를 실시하는 것은 매우 어려웠다. 부패와 타락이 있다 해도 제한적일 수밖에 없었다. 한편 지방의 제후들은 권력에 있어서 여러 방면으로 제약을 받았기 때문에 대규모로 부패를 저지르기는 어려웠다. 우선 왕위가 세습되었으므로 왕은 자신의 왕국을 잘 다스려 자손 후대들을 책임져야 했다. 또한 주나라 왕이 사람을 보내 제후 왕을 감독했고 일부 중대한 결정은 주왕의 동의를 얻어야지 자기 맘대로 정할 수 없었다. 또한 제후의 봉토는 층층이 분봉된 것이기 때문에 제멋대로 어긋난 짓을 하면 밑에 있는 대부들 및 국인國人[도성 내에 거주하며 왕실과 혈연관계가 있는 사람]들의 반대와 저지에 부딪혔다. 이런 제도에서는 권력은 제한적이지 무한할 수가 없었다.

따라서 서주는 요, 순, 우 시대에 부락 연맹회의에서 연맹 공통의 주군을 선출하는 선거 제도를 복원하지는 못했지만 권력 및 재산에 대한 소유권과 사용권, 관리권에 제한이 있어 중앙 정부와 지방 정부 간 새로운 방식의 권력 균형 메커니즘이 형성되었다. 이는 서주 왕이 스스로의 권력을 제약하는 행위였다. 때문에 주나라 10대 왕인 여왕이 재위할 때 국인들의 폭동이 수도에 한정되었고 전국적인 동란으로 번지지 않았으며 서주의 정권을 뒤엎지 못했던 것이다. 12대 유왕은 자신의 손자보다도 한참 어린 미녀 포사褒姒를 총애하여 왕비 신후와 태자 의구를 폐하고 포사를 왕비로, 포사가 낳은 백복을 태자로 책봉했다. 또한 잘 웃지 않는 포사를 웃기기 위하여 황당한 일들을 꾸며 신후申侯가 유왕에게 등을 돌리게 되었다. 신후와 증후繪侯는 견융犬戎과 연합하여 여산 기슭에서 유왕을 살해했다. 그러나 훗날 청나라 군대가 빠른 속도로 명이 다스렸던 영토 전체를 점령했던 것과는 달리 이들은 서주의 도성인 호경鎬京을 함락시켰을 뿐 전국을 점령하지는 못했다. 그야말로 지방자치 제도의 우위를 엿볼 수 있는 대목이다.

이렇게 영토를 분배해 자치하도록 하는 봉건 제도는 그 관리가 느슨한 편이며 각 지역의 구체적인 실정에 맞춰 정책을 시행할 수 있다는 장점이 있다. 또한 백성의 관습에 따르고 민심에 순응하니 얼빠진 독재자 한 사람 때문에 온 천하가 함께 화를 입는 상황에 이르지 않았다. 그러나 지방 제후의 권력이 지나치게 커지면 부패가 쉽사리 초래되고 민중을 억압하는 행위들이 일어났다. 또한 전국적으로 정부 법령이 일치하지 않다보니 다수가 소수를 기만하고 강자가 약자를 침략하는 지방 제후 간 분규가 일어나기 쉬웠고 주나라 왕권이 위협을 받아 사회가 혼란에 빠지기도 했다. 이런 상황이 일어나지 않도록 하기 위해 주나라 왕은 예법으로 제후들의 행위를 엄격히 규제하고 '친친'과 '존존'의 사회 등급질서를 유지하는 데 힘썼다. 또한 공경公卿과 대부들이 자각적으로 예와 도덕, 품위를 지켜 행하고 솔선수범하여 타의 본이 될 것과 "천하에 도가 있으면 예악과 정벌이 천자로부터 나온다"²는 사회적 행위의 법칙을 강조했다. 나아가 일련의 제도를 제정하여 민중에게 상당한 수준의 권력을 부여함으로써 지방 제후들의 시정施政 행위를 감독하도록 했다.

주나라는 먼저 요, 순, 우 시대의 '방목' '간고' 제도를 부활하여 백성에게 의견을 표시할 통로를 마련해주고 언론 자유의 권리를 부여했다.

서주 시기의 방목은 길가나 공공장소에 세워놓은 나무로 백성이 통치자에게 불만이 있으면 나무에 새겨 위정자를 비난할 수 있었다. 위정자는 그 비난의 글을 보고 자신의 행동을 고쳤다. 또한 서주 왕실은 민요 수집 제도를 두었다. 민간에 사람을 보내 민요를 수집하도록 해서 민간의 불만을 이해하고 그것으로 시정을 바로잡기 위한 근거로 삼았다. 주나라 시기에는 시가詩歌가 아주 많았다. 나중에 이 시가들을 공자가 정리하여 중국 최초의 시가집인 『시경詩經』으로 엮었다. 위정자를 비난하는 시가들 중에서 공자가 얼마나 많은 시가를 삭제했는지는 알 수 없지만, 전해 내려오는 『시경』 가운데서도 위정자를 비난했던 대목을 많이 볼 수 있다. 예를 들어 「석서碩鼠」 등을 보면 통치자에 대한 비난 여론이 얼마나 날카로웠는지 알 수 있다.

둘째는 국인들에게는 정치에 참여하여 정무를 논할 권리, 즉 참정권과 의정권이 있었다. 국인들이 참정권과 의정권을 갖게 된 것은 주나라가 적장자 계승 제도를 시행했기 때문이다. 적장자는 대종大宗이었고 나머지 자제들은 소종小宗으로 모두 귀족이었다. 오대五代 이후 이들 소종은 대종과 점점 멀어져 귀족의 신분을 잃었다. 그러나 그들은 귀족들과 모종의 혈연관계가 남아 있었기 때문에 지방자치라는 여건 하에 거주하고 있는 촌읍과 도성에서 여전히 전통적인 정치권력을 유지하고 있었다. 또한 서주 시기 국인들은 군대에 나갈 권리도 있어, 평상시에는 농민 신분이었지만 유사시에는 군대를 편성하여 전쟁에 나가 국가를 지켰다.

국인들의 참정권과 의정권 중 가장 중요한 부분은 대부大夫 이하의 지방 관리를 선출하는 것이었다. 『통전通典』은 서주의 선거 제도에 관해 "마을에서 먼저 우수한 이를 가리고 사도로 올리는 것을 선사選士

라고 한다"³고 기록하고 있다. 다시 말해, 지방 관리는 국인 선거를 통해 선출된 뒤 다시 상부의 선발을 통해 한 단계 한 단계 승진했다. 또한 당시에는 지방 하급 관리에 대한 조사를 '대비大比'라고 했는데, 반드시 국인들이 의견을 발표하여 관리들이 '능력 있고 어진 사람'인지를 판가름해야 했다. 지방 관리들은 국인 선거를 거쳐야 선출될 수 있었고 대다수 관리가 국인 중에서 뽑혀 나왔다. 또한 관리를 조사할 때에도 국인들이 의견을 내 관리의 정치적 명운을 결정했다. 따라서 지방 관리들은 지역을 위해 적극적으로 봉사할 수 있었고 주나라의 지방 정치는 상당히 깨끗하고 투명한 모습을 지닐 수 있었다.

『주례周禮』에는 주나라가 '만민에게 삼정에 관해 의견을 묻는다詢萬民三政'는 정치 제도를 제정했다는 기록이 있다. 삼정이란 국가의 위기, 군주 책봉, 도성 천도다. 즉, 무릇 국가의 안위에 관계되는 정책(대외 전쟁 등)을 제정할 때, 새로운 군주를 세울 때(당시 군주에게 적자가 없으면 서자를 택해 왕위를 잇도록 했다), 그리고 국가에 중대한 사건이나 변화가 일어났을 때(천도, 도읍 변경)는 반드시 국인의 의견을 물어야 했다.『주례』「추관秋官」의 기록에 따르면 주 왕실 및 제후국의 외조外朝가 바로 국인들이 정무를 논할 수 있는 곳이었고 정부 법령은 소사구小司寇가 관장했다. 왕과 제후들은 이곳에서 국인들에게 정사를 물었고 국인의 의견을 정책 결정의 근거로 삼았다. 그리하여 『주례』에는 "국가에 중대한 일이 있으면 만민을 왕궁 문으로 보냈다. (…) 만민에게 의견을 구했다"⁴라고 되어 있다.

나중에 『맹자』에서도 주 왕조가 시행한 '만민에게 삼정에 관한 의견을 묻는' 제도에 대해 다음과 같이 말했다. "좌우의 신하가 모두 그를 어질다고 해도 허락하지 말며, 여러 대부가 모두 그를 어질다고 하더라도 허락하지 말고, 국인들이 모두 어질다고 말한 뒤에 살펴봐서 어진지를 본 뒤 등용해야 한다. 좌우의 신하가 모두 그를 '안 된다'고 해도 듣지 말며, 여러 대부가 모두 안 된다고 하더라도 듣지 말고, 국인들이 모두 '안 된다'고 한 뒤에 살펴봐서 안 되는 점이 발견되면 버린다."[5] 당시 국인들이 확실히 참정과 의정의 민주적 권리를 지니고 있었음을 보여주는 대목이다. 국인의 의견과 견해가 국가의 정치 향방을 좌우한 것은 결코 허구의 이야기가 아니다. 서주 여왕 시기에 조정 독점 제도를 실시하고 국인들의 벌목과 어렵을 금지하자 국인들이 여왕을 비방했다. 여왕은 폭력을 행사하여 비방하지 못하도록 했는데, 그 결과 국인들이 더 이상 참지 못하고 분기하여 여왕을 체彘(지금의 산시성山西省 훠저우霍州)로 유배시켰다. 이것이 그 유명한 '소공召公이 여왕에게 폭정을 멈출 것을 간언한' 일화다. 소공은 여왕에게 국인들의 불만에 귀를 기울이라고 간언했으나 그는 듣지 않았고, 결국 왕위에서 쫓겨나고 말았다. 또 『사기』의 기록에 따르면 서주 말기에 진晉나라 곡옥장백曲沃莊伯과 그의 아들 무공武公이 익翼의 왕위를 탈취했다. 하지만 그는 사전에 진나라 국인들의 의견을 묻지 않았기에 다섯 번이나 익을 무너뜨렸음에도 국인들은 여전히 곡옥파를 지지하지 않았다. 이는 서주가 분봉 제도를 실시해 지방자치를 촉진했던 까닭에 생겨난 결과라 할 수 있다.

서주 사회에서 지방자치제를 실시함에 따라 지역마다 어느 정도의 자유가 허용되었고 그로 인해 부락 및 지방의 국인들이 지역의 공무, 지역의 발전, 국가 정치 및 참정과 의정에 관심을 기울일 수 있었다. 이 또한 서주 역사상 실제로 있었던 사실이다. 중앙 정부가 직접 지방으로 관원을 파견하여 관리하는 것보다 지방자치가 장점이 많았던 것은 분명하다. 파견된 관원은 상부에만 책임을 졌지 지역 주민의 이익에는 그다지 관심을 기울이지 않았다. 상부에 잘 보이기 위해 지방 관원들은 백성을 착취해서 뇌물을 바쳤고 현지 백성을 제멋대로 억압했다.

물론 서주의 지방자치도 완전무결할 수는 없었다. 이를테면 국인들은 어느 정도 참정권과 의정권을 가졌지만 주 왕실과 혈연관계가 없는 수많은 수공업자와 시골 농민에게는 그러한 권력이 없었다. 이들은 제후, 대부 등 통치자들을 위해 무상으로 땅을 경작하거나 집을 지어주어야 했고 교육의 기회나 종군의 기회도 얻지 못했다. 이들은 착취의 대상이었다. 『시경』에는 농민들이 착취당하고 사회에서 불공평한 대우를 받았던 사실을 반영하는 시가 적지 않게 실려 있다.

특히 서주 목왕穆王 이후, 남쪽 초楚나라 사람들과 서북쪽 견융의 힘이 날로 커져서 서주를 계속 공격했고 이는 심각한 위협이 되었다. 서주는 양쪽에서 전쟁을 치러야 하는 불리한 형국에 맞닥뜨렸다. 서주 초기 청동기 명문銘文에는 "형초를 정벌했다伐荊楚"는 기록이 많다. 또한 『죽서기년竹書紀年』에는 소왕昭王이 "육사(6개 군단)를 한수漢水에서 잃었다喪六師於漢"라고 쓰여 있는데, 소왕은 결국 한수에서 죽었다. 청동기 명문에는 서주가 낙수洛水 북안에서 서융西戎과 격전을 벌였다는 기록이 있는데, 서융이 당시 이미 서주의 수도에서 그리 멀리 떨어져 있지 않았음을 설명해준다.

장기간의 전쟁으로 국인과 농민들이 고된 병역과 노역의 부담을 져야 했고 서주의 재정도 큰 짐을 떠안게 되었다. 주 여왕은 재정 수입을 늘리기 위해 산림과 강에서 얻는 수익에 대해 국유 독점을 실시했고 결국 국인들의 폭동을 야기했다. 주 선왕宣王이 즉위한 뒤 정치와 군사 영역 모두 효과를 거뒀는데 역사적으로 "선왕이 중흥했다宣王中興"고 한다. 『시경』에 실린 선왕의 공로를 칭송하는 시가들을 통해 선왕이 초나라와 서융과의 전쟁에서 승리를 거둔 사실을 엿볼 수 있다. 그러나 모든 전쟁에서 승리를 거둔 것은 아니며 실패한 적도 있었다. 선왕은 진중秦仲에게 서융을 정벌하라 명했으나 진중은 전사했다. 특히 기원전 789년 '천무千畝 전투'에서 "왕사王師가 서융의 강씨 부족에게 무참히 패해"[6] 막대한 손실을 입었다. 서주는 전쟁을 위해 인적, 물적 자원을 소진했고 많은 국인이 오랫동안 고향을 떠나 전쟁에 복무했던 까닭에 논밭이 황폐해졌으며 농촌에 남은 농민들은 더욱 극심한 착취에 시달렸다. 그리하여 이들은 어쩔 수 없이 집을 버리고 타향으로 도망갈 수밖에 없었다. 『시경』「석서」는 바로 농민들의 도주를 잘 보여주는 시다. 한편 국인들도 전쟁으로 인해 막중한 부담을 져야 했다. 『시경』「대아大雅」에는 "내게 땅과 밭이 있었으나 그대가 그것을 빼앗았고, 내게 사람들이 있었으나 그대가 채어갔네"[7]라는 구절이 나온다. 국인들이 끝없이 계속되는 병역 등 '나랏일'과 불공평한 대우에 불만을 품었음을 알 수 있다. 『시경』에는 또 "강물마다 끓어오르고, 산언덕 갑자기 무너져, 높은 언덕 골짜기 되고, 깊은 골짜기 언덕 되었네"[8]라는 구절이 나온다. 대지진과 수년간 지속된 가뭄으로 서주는 심각한 기근을 겪었고 "주周는 백성을 잃고 남은 것이 없다"[9]는 상황에까지 이르렀다.

위에서 볼 수 있듯이 서주 사회는 후기에 이르러 심각한 위기에 맞닥뜨렸고 백성은 고난에 시달렸다. 그러나 이러한 결과가 초래된 주 원인은 지방자치제가 아닌 전쟁과 자연재해였다. 때문에 당시에는 국인이나 농민들이 폭동을 일으키지 않았으며 역사 문헌에서도 그와 같은 기록을 찾아볼 수 없다. 이렇게 볼 때 서주의 분봉자치제는 고대 사회에서 선진화된 정치적 설계였으며 대국의 정치체제를 구축함에 있어 기본 요건이었음을 인정해야 한다. 이 제도는 비교적 문명화된 인도주의적인 통치 방식으로 하·상 두 왕조가 백성을 잔혹하게 압박하고 살육했던 것과 비교할 때 굉장한 진보였다. 『시경』에는 또한 당시 백성이 유쾌하게 삶과 노동을 즐기는 장면을 반영하는 내용도 많다. 이러한 장면들 역시 진실된 역사다.

셋째는 서주에는 '신을 공경하고 백성에게 충성하라'는 요구가 있었다. 기본적으로 노예 제도가 폐지되었고 더 이상 산 사람을 순장하지 않았으며 조상께 제사 드리기 위해 사람을 살해하지 않았다. 『시경』에는 찬양, 경배, 신께 부르짖는 시가 많아 서주 사람들의 신실한 신앙을 엿볼 수 있다. 그런데 서주에는 '신을 공경하는' 한편 '백성에게 충성하라'는 요구도 있었다. 서주 사회는 산 사람을 순장하거나 제사에 희생 제물로 바치는 것을 금지함으로써 신본神本 관념과 인본주의가 공존했고, 인정仁政이라는 이데올로기에 의해 군주의 권력이 명확히 제약을 받았다. 산 자를 순장하거나 제사하는 제도가 폐지된 것은 역사에 있어 대단한 진보였다. 현재 많은 고고학 발굴 작업에서 보면 서주 시기 무덤에서는 순장되거나 사람을 제사에 바친 역사 유물이 거의 발견되지 않는다. 문헌에서도 또한 그와 관련한 기록이 등장하지 않는다. 노예들이 목야전투에서 큰 공을 세웠기 때문에 무왕은 상나라 사람들을 다시 노예로 삼을 수 없었으며 그들에게 분봉을 내렸다. 따라서 서주 사회의 하층 민중은 주로 수도 내에 거주하는 국인과 수공업자, 그리고 수도 밖에 거주하는 농민들이었으며 노예는 매우 적었다. 일반 국인이나 농민들은 서주의 백성으로 대량 순장되거나 제사를 위한 대상이 되지 않았다. 물론 서주 사회가 노예를 부리는 현상을 완전히 없앨 수는 없었지만 하·상 시기처럼 많은 노예를 부리거나 제물로 삼는 일은 더이상 없었다.

예전에 일부 학자들이 '계급론'에서 출발하여 서주가 노예사회였다고 보기도 했으나 이는 사실에 부합하지 않는다. 약간의 노복이나 노비가 있었다고 해서 노예제 사회라고 말할 수는 없다. 노복이나 노비를 매매했던 일은 청대에 이르기까지 역대 중국의 모든 왕조에 존재했다. 미국도 19세기까지 흑인 노예를 사고파는 현상이 있었지만 이것이 19세기 미국이 여전히 노예사회였음을 뒷받침해주는 근거가 될 수는 없다.

넷째는 무왕이 상을 무너뜨린 뒤 전쟁이 끝나자 천하가 태평해졌다. 그는 폭력으로 백성을 진압했던 상나라 시기의 방법을 버리고 예악으로 사람들의 행위를 규범했다. 이는 군주 세습 사회에서 가장 인도적이고 비폭력적으로 세상을 다스리는 진보적 모델이었기 때문에 공자는 주나라가 인성을 꽃피운 사회였다고 칭찬했다. 예는 하나라 시기에 생겨났으나 당시에는 예의 내용이 단순한 편이었고 상나라를 거치면서 내용이 점차 많아졌다. 서주 초기에 주공은 하·상의 예에 기반을 두고 당시 풍속에 근거하여 예악을 제정함으로써 사회등급 질서 및 인간 행위의 규범으로 삼았다. 예악으로 신민을 교화하고 덕으로 나라를 다스렸으며 '백성을 나라의 근본'으로 삼아 덕을 중시하고 백성을 보호했다.

서주의 예악은 복잡했을 뿐만 아니라 완성된 모습을 갖추고 있었다. 8명을 8열로 정렬시켜 총 64명이 추는 팔일무八佾舞는 예의 규정에 따르면 주나라 천자만이 볼 수 있는 춤이었다. 제후들은 1열에 6명을 정렬시키는 육일무만, 대부는 1열에 4명을 정렬시키는 사일무만 볼 수 있었다. 절대로 이 규정을 어겨서는 안 되었다. 제후가 팔일무를 보면 예에서 벗어나는 것으로 조정을 거스르는 심각한 범죄였다. 춘추 시기 노魯나라의 계씨季氏가 팔일무를 관람했다는 소식을 듣고 공자는 크게 노하여 "천자의 팔일무를 자신의 뜰에서 추게 하니 이를 차마 한다면 무엇을 차마 하지 못하겠는가!"[10]라고 했다. 여기서 공자가 지나치게 화를 냈다고 생각하면 안 된다. 실제로 주 왕조 시기에는 전국의 토지를 제후들에게 분봉해 자치하도록 했기 때문에 왕은 주로 수레와 복식, 예악에서 행해지는 등급으로 그 지위를 드러내게 했다. 일상의 쓰임이 분수에 지나치면 신분질서는 존재하지 않게 된다. 군주가 군주 아니게 되고 신하가 신하 아니게 되어 사회가 혼란에 빠지는 것이다. 그러므로 예악으로 세상을 다스린다는 것은 온 천하의 평안을 보장하는 조치였을 뿐 아니라 더 나아가 왕권의 핵심으로서 엄격히 준수해야 했다.

하·상과 마찬가지로 서주에서도 가장 중요한 의식은 제사였다. 죽은 이와의 촌수에 따라 상복을 입는 기간이 상세히 정해져 있었고 각기 다른 복장을 입었으며 육면六冕[대구면大裘冕, 곤면袞冕, 별면鷩冕, 취면毳冕, 치면絺冕, 현면玄冕 등 천자와 제후 및 경대부의 여섯 가지 복색]을 제정하는 등, 주례에서 제사는 가장 번잡한 의식이었고 절차가 많았다. 주나라 사람들에게 제사는 '신중하게 부모의 장례를 치르고 경건히 조상께 제사를 올려 백성의 덕을 충직하고 온후하게 하는' 대사大事로 여겨졌기에 근본을 잊지 않도록 하는 교육을 강화해야만 예의도덕이 바로 설 수 있었다. 사람이 근본을 잊으면 정신문명이 황폐해지는 법이다. 때문에 서주 법률에서 '불효'란 굉장히 무거운 죄명이었고 엄중한 처벌을 받았다.

주공은 하늘을 경외하고 백성을 보호해야 한다고 강조했다. 또한 덕을 숭상하고 인仁과 효孝를 행하며 인간의 도리에 따르고 민심을 따르는 것이 치국의 근본이라고 강조했다. 인정을 펼치면 필연적으로 인권을 존중하게 되고 백성에게 자유를 부여하게 된다. 그리고 이 개념들은 논리적으로 연결되어 있다.

다섯째는 하·상 시기의 엄격하고 가혹한 형벌과 법령이 폐지되고 법제가 개선되었다. 서주 사회는 하늘을 경외하고 백성을 보호했으며 덕과 인으로 정치를 펼쳤다. 따라서 입법과 사법에 있어 '명덕신벌明德愼罰', 즉 덕을 존중하고 신중히 처벌하는 사상을 구현했다. 이 형법 사상은 도덕을 제창하고 중시하며 형법을 적용할 때 관대함과 엄격함의 정도를 알맞게 하여 무고한 사람들을 마구잡이로 학살할 수 없도록 했다. 따라서 하·상의 잔혹한 형법을 폐지하는 한편 법률을 제정하고 적용하는 데 있어 인권을 보호하는 참신한 사상이 많이 제기되었다.

이를테면 서주의 법률은 죄인이 스스로 책임지는 것을 원칙으로 했다. 『상서尚書』「강고康誥」 등의 문헌 기록을 보면 서주 법률에는 "부자형제간에 죄가 서로 미치지 않는다父子兄弟, 罪不相及"는 규정이 있다. 즉한 사람이 죄를 범하면 스스로 그 책임을 지고 가족이나 친척에게 연좌되지 않았다. 이 원칙은 상나라 시기 '죄를 지으면 일족을 멸했던' 잔혹한 형법을 바꾸었으며 중국 형법사상 중요한 의미를 지닌다. 안타깝게도 진나라가 중국을 통일한 뒤 대부분의 통치자는 이 원칙을 고수하지 못하고 죄를 지으면 일족을 멸하는 형법을 이어받아 무수한 참극을 초래했다.

또한 서주의 사법司法은 판결하기 전에 뭇 사람의 의견을 묻도록 규정했다. 바로 『주례』「추관秋官」에 나오는 '삼자三刺' 제도다. 즉, "서민의 송사를 판단함에 있어 첫째로 모든 신하, 둘째로 모든 관리, 셋째로 모든 백성에게 물어 처형을 내릴지 용서할지 의견을 들은 뒤 양형의 정도를 정했다."[11] 형량을 정할 때는 그중 높은 형량을 적용하거나 낮은 형량을 적용하는 방식으로 죄인의 형벌을 결정했다. 『맹자』에도 "좌우의 신하가 모두 그를 죽여야 한다고 해도 듣지 말며 여러 대부가 모두 그를 죽여야 한다고 말하더라도 듣지 말고, 국인들이 모두 죽여야 한다고 말한 뒤에 살펴보아서 죽임을 당할 만한 점을 발견한 뒤에 죽여야 한다. 그래야만 사람들은 온 국인이 그를 죽였다고 말하게 된다"[12]라는 구절이 나온다.

서주의 삼자 제도는 고대 그리스 사법 제도의 민중 배심원단과 같은 완벽한 사법 체제와 비교할 수는 없지만 그래도 선진화된 사법 이념을 보였다. 또한 백성의 뜻을 존중하고 인권을 보호하는 측면에서는 중국 고대에서 유일무이한 제도였다. 훗날 통치자들은 삼자 제도를 버렸기 때문에 진秦나라 법률에서부터 삼자 제도에 관한 기록이 없으며 전한, 후한 이후 청대 법률에 이르기까지 관련 기록을 찾아볼 수 없다.

서주 법률에서는 또한 법관이 안건을 심의할 때 고문을 가해 강제 자백을 받아내는 것을 엄격히 금지했다. 법관은 반드시 물증에 근거한 엄격한 검증과 죄인의 진술을 대조하여 확인해야 했다. 법관이 '다섯 가지 잘못五過之疵'을 범해 고의로 죄를 부과하면 마찬가지로 죄를 물어 법관을 징벌했다. '다섯 가지 잘못'의 구체적인 내용은 법관이 권세를 믿거나 끼리끼리 보호해주는 '유관惟官', 은혜나 원한을 갚는 '유반惟反', 친척들을 봐주는 '유내惟內', 뇌물을 받아 법을 어기는 '유화惟貨', 청탁을 받거나 오랜 친구의 편을 드는 '유래惟來'가 그것이다. 또한 서주 법률에서는 중대한 안건을 처리할 때 반드시 왕에게 보고하여 왕이 직접 안건을 심리하고 판결을 내리도록 규정했다. 당사자가 판결에 불복할 경우 왕에게 직접 상소를 올릴 수 있었다. 상소 방식은 조정에서 길에 설치해놓은 북, 즉 노고路鼓를 두드려 억울함을 호소하거나 조정에 설치된 '폐석肺石' 옆에 3일 동안 서서 재심을 요청하는 것이었다. 이것이 바로 『주례』에 나오는 '노고'와 '폐석' 제도다. 이런 규정들은 서주가 인권 보호 조치들을 구비했다는 사실을 잘 보여준다.

주 왕조는 중국 역사상 위대한 왕조 가운데 하나라고 말할 수 있다. 서주의 분봉자치라는 정치제도의 설계, 덕을 숭상하여 나라를 다스리며 인정을 펼치고 민심에 따랐던 국정 이념, 인권의 보호, 인도적인 법률 제도 및 법제 사상은 위대한 문명의 유산임에 틀림없다.

공자는 『논어論語』에서 "은나라는 하의 예법을 따랐으니 거기서 그 빼거나 보탠 것을 알 수 있다. 주나라는 은의 예법을 따랐으니 거기서 그 빼거나 보탠 것을 알 수 있다. 혹시 주나라의 예법을 계승하는 나라가 있다면 비록 백 왕조의 일이라도 미리 알 수 있을 것이다"[13]라고 예언했다. 서주는 폭력을 버리고 예법으로 나라를 다스렸으며, 분봉자치 제도를 시행하여 상하좌우의 권한과 책임관계에 따라 세밀하고 타당성 있는 예법을 제정했고 예의를 엄격히 지켜 천하의 안정을 유지했다. 이는 평화롭고 인도주의적이며 문명적인 통치 방식이다. 그런 까닭에 공자는 후대 사람들도 이러한 방식을 택할 것이고 『주례』의 불완전한 부분을 '가감하는' 정도로만 보완해서 계속 사용할 것이라고 생각했다. 문명이란 답습하고 고쳐가면서 쌓여서 발전하는 것이다. 그러나 공자는 진시황이 예의를 철저히 버리고 전적으로 폭력을 일삼아 하·상 시기보다 백배는 더 심한 폭정을 실시하면서 통일을 이룰 줄은 꿈에도 생각지 못했다. 서주는 요순을 본받고 진시황은 걸주를 본받았다. 이는 학문적 논쟁거리가 아니라 통치자가 백성을 사랑했는지 학대했는지에 관한 보다 근본적인 문제에 속한다. 공자, 노자, 맹자 등 사상가들은 인류의 이성과 선함을 지나치게 믿어서 한결같이 천하는 결국 도를 따라 운행된다고 여겼다. 이들은 역사가 때로 비이성적인 사악한 세력에 의해 움직여지고 좌지우지된다는 사실을 전혀 알지 못했다. 그러므로 공자의 예언은 완전히 빗나갔지만 그가 지닌 도덕적 인격의 매력은 전혀 사라지지 않았다. 서주의 문명도 결국은 후대에 인정받게 될 것이다.

춘추전국시대 인권의 신장

서주 사회는 분봉 제도를 실시하여 지방에 자치권이 있었기 때문에 왕권이 어느 정도 제한을 받았고 무한대로 확장될 수 없었다. 따라서 앞서 말한 것처럼 서주의 국인들은 인권을 보호받고 존중받았으며, 참정과 의정을 할 수 있는 역사적 전통을 일궜다. 춘추시대에 이르러 이러한 양상이 더 큰 발전을 이뤘고 마침내 전국시대에 백가쟁명을 꽃피웠다.

　당시 상황을 보면 사회 상층에서는 평왕平王이 동쪽으로 천도하고 서주가 멸망하면서 주 왕실의 권력은 쇠락했고 분봉 제후들을 효과적으로 통제할 힘이 없었다. 이에 각지의 제후들이 왕의 지위에 오르기 시작했고 '예악과 정벌은 천자로부터 나온다'고 했던 정치 구도가 '예악과 정벌은 제후로부터 나온다'로 바뀌었다. 수백 명의 분봉 제후는 수백 개의 작은 국가나 마찬가지였고 서로 전쟁을 일으키고 상대를 집어삼키려 했다. 이로써 '예가 무너지고 악이 파괴되는' 예붕악괴의 사회적 대변동이 일어났다. 사마천이 말했듯이 "춘추시대에 시해된 군주가 36명, 멸망한 나라가 52개국에 달했고 제후들이 이리저리 뛰어봐도 그 사직을 보호하지 못하는 경우가 부지기수였다."[14] 『좌전』과 『사기』 등 역사서의 잠정적 통계에 따르면 춘추시대 242년간 각 제후국 사이에 483차례, 즉 평균 1년에 두 번꼴로 크고 작은 전쟁이 있었다. 각 제후국은 주 왕실의 보호를 받지 못하는 상황에서 국가의 심각한 위기에 봉착하자 자신의 생존과 발전을 위해 민중에게 여론과 정치를 개방하기 시작했고 광범한 인재망을 구축하는 등 온갖 노력을 기울여 성공을 꾀했다. 따라서 민중이 정치에 참여하고 정치를 논하는 데 서주보다 더 좋은 여건을 마련해주었다.

또한 춘추시대 초기에는 제후들이 우후죽순으로 일어나 온 천하가 어지러웠지만 사회 상층부에만 변화가 있었을 뿐, 하층의 분봉 제도는 바뀌지 않았고 지방자치도 여전히 존재했다. 종군하여 전쟁에 참여하는 이들은 주로 국인들이었기 때문에 국인의 지위도 아무런 영향을 받지 않았다. 정치가 개방되면서 오히려 국인의 참정권은 강화되었다. 이로 인해 인권도 더 크게 진보하고 신장되기 시작했다. 춘추 후기 및 전국시대에 이르자 사회 전체적으로 사상의 자유가 허용되고 언론이 개방되며 인재들이 배출되는 시대로 접어들었다. 이러한 시대가 500년이라는 긴긴 세월 지속됨으로써 춘추전국시대는 역사상 가장 찬란한 인권의 시대가 될 수 있었다. 춘추전국 시대 각 제후국이 국인의 인권 신장 측면에서 이룬 성과를 종합해보면 다음의 몇 가지가 될 것이다.

첫째, 언론의 자유로 인해 중국이 전례 없는 열린 사회로 진입했고 백가쟁명이라는 번영을 이루었다.

사상과 언론의 자유는 가장 중요한 인권이다. 서주 시기에는 '만민에게 삼정三政에 관해 의견을 묻는' 제도가 있어서 주나라 왕은 국가대사에 관해 국인들의 의견을 물었다. 반면 춘추시대에 이르러서는 국인들이 정치를 논할 수 있는 공공장소가 생겨 아무 거리낌 없이 국가 정치를 의논하고 위정자를 비판할 수 있었다. "자산이 향교를 없애지 않았다子産不毁鄉校"는 유명한 일화는 바로 이때 일어났던 일이다.

『좌전』의 기록을 보면 향교는 서주 시기에 국인 자제들에게 전문적으로 말 타기, 활쏘기를 가르치고 군사 훈련을 시키던 학교였다. 향교는 인재를 양성하는 기관이지 공공장소가 아니었다. 그러나 춘추시대에 와서 사회적으로 큰 변화에 직면하여 국인들은 차츰 이곳을 공공장소로 삼았으며, 집회를 열고 시정을 비판하며 민의를 표현하는 곳으로 여겼다. 고대 그리스 아테네의 광장과 마찬가지로 사람들은 이곳에서 공적인 일들을 논의하고 정부의 정책이나 행정을 비판했으며 중요한 문제에 관해 논쟁을 펼치기도 했다. 사상과 견해를 지닌 사람들은 이곳에서 연설하여 민의와 여론을 유도할 수 있었고 통치자에 대해 날카로운 비판을 개진하기도 했다. 향교는 이를테면 국인의 뜻을 표출하는 통로였다. 민주란 다수가 정치에 참여하는 것이며 이러한 참여는 연설 및 토론을 기반으로 이루어진다.

자산은 당시 정鄭나라의 위정자였기 때문에 국인들은 당연히 그의 정치에 대해 비판했다. 당시 정나라 사람들이 자산에 대해 몹시 날카로운 비판을 가했던지 누군가가 자산에게 향교를 없애 민간에서 비판하지 못하게 하라고 충고했다. 그러나 자산은 그런 제안을 받아들이지 않았다. 그는 향교가 백성이 휴식을 취하며 집권자의 정치를 주제로 논하는 곳이라고 생각했다. 백성이 옳다고 생각하는 부분은 계속 실시하고 옳지 않다고 생각하는 부분은 수정하겠다는 것이 그의 생각이었다. 또한 백성이 의견을 내주고 비판하면 그때그때 고쳐서 문제가 막 발생하려는 시점에 해결해야지, 문제가 심각해지고 나면 강물에 제방이 터지듯 해결할 방도가 없다고 생각했다. 따라서 그는 향교를 없애지 않겠다는 뜻을 고수하여 민중의 정치 비판을 장려했으며 사상, 언론, 집회의 자유를 보호했다.(『좌전』)

자산은 중국 고대 역사상 가장 진보적이고, 가장 민주의식이 높았던 정치가다. 그는 정나라의 위정자로서 백성을 정치의 장에 포섭했고, 백성이 정치를 논하던 공공장소인 향교를 보존해 그들의 인권을 보호했을 뿐 아니라 중국 역사상 최초로 성문법을 제정한 인물이다. 더욱 훌륭한 점은 그가 중국 역사상 최초로 법률을 백성에게 공개한 정치가라는 것이다. 이것은 『좌전』에 기록된 '주형정鑄刑鼎'이라는 역사적 사건이다. '주형정'은 형법 조문을 금속으로 된 솥에 새겨 넣고 주조하여 공시함으로써 백성이 법을 알고 어기지 않도록 하는 것이었다. 또한 이로써 군주, 귀족, 각급 관리들의 특권을 제한할 수도 있었다. 이렇게 정치와 법률제도를 공개하고 투명하게 한 업적은 춘추전국시대 민주정치를 힘차게 추진하여 역사상 한 획을 그은 대사大事로 일컬어지고 있다.

이렇게 진보적이고 민주적인 자산의 정치 스타일은 정나라 정치, 경제, 문화의 신속한 발전을 촉진했다. 사마천은 『사기』에서 민간에 반영된 자산의 정치 업적을 설명하면서 자산이 재상에 올랐던 기간은 "밤에도 문을 닫지 않았고 길에 떨어진 것을 줍지 않았다門不夜關, 道不拾遺"고 했다. 특히 전쟁이 일어나지 않았으며 전장에서 전사하는 정나라 병사가 한 명도 없었고 천하가 평화로웠다. 기원전 522년 자산이 병으로 세상을 떠나자 "정나라 백성은 모두 통곡했으며, 친척이 죽은 듯이 슬퍼했다."[15] "자산을 위해 우는 이들은 모두 부모를 잃은 듯했다"[16]고 한다. 수많은 정나라 국인이 자산을 위해 장례를 치렀다. 공자도 소식을 듣자 울면서 "예부터 지금까지 오직 자산만이 의로운 군자였다"(『좌전』)라고 말했다. 춘추전국의 역사에서 민중이 그토록 그리워한 위정자는 자산 한 사람뿐이다. 수천 년 중국 역사에서도 그와 같은 정치인은 굉장히 드물다.

춘추전국 시기에 자산처럼 민주적 정치 스타일을 지닌 정치가는 물론 극히 드물었으나 치열한 국제 경쟁이라는 환경 속에서 각 나라 군주 및 위정자들도 언론의 자유, 사상의 자유, 집회결사의 자유를 받아들일 수밖에 없었고 나라를 다스리는 데 이로운 전략과 인재들을 널리 받아들였다. 관중管仲과 백리해百里奚는 둘 다 원래 신분이 비천했으나 재덕을 겸비하여 제나라와 진나라 군주로부터 국가의 위정자 자리를 위임받았다. 지식인들도 저마다 대담하게 독립적으로 사고하면서 각 나라에 가서 군주들에게 자신의 의견을 펼치고 다양한 정치적 견해와 치국 방안들을 자유롭게 표명했으며 자신의 주장이 군주에게 받아들여지길 원했다. 공자는 춘추시대에 군주에게 자신의 의견을 펼친 대표적인 인물로 10여 개 제후국을 다니며 유세했고 자신의 '인정仁政' 사상을 펼쳤다. 그러나 그의 주장은 각국 군주에게 받아들여지지 않았다. 공자는 노나라로 돌아와서 사람들을 모아놓고 강연하고 사학私學을 열어 '공부는 조정의 기관에서 한다'는 전통적인 교육제도를 타파했다. 그는 사학에서 제자 3000명과 현자賢者 72명을 배출했고 『시詩』『서書』『역易』『예禮』『악樂』『춘추春秋』 등의 문화 서적들을 정리했으며 유가 학파를 창설함으로써 중국 문화가 발전하는 데 커다란 공헌을 했다.

맹자도 군주들에게 의견을 펼칠 때 여러 날카로운 관점을 제기하며 당시 인정을 펼치지 않고 백성을 억압하는 일부 군주의 행위를 비난했다. 『맹자』「만장」에 다음과 같은 일이 기록되어 있다. 제나라 선왕宣王이 맹자에게 공경公卿에 관하여 물었더니 맹자가 말했다.

"군왕께서 물으시는 것은 어떤 유의 공경입니까?"

"공경에도 다른 것이 있는가?"

"예, 왕실의 일족인 공경이 있고 왕족이 아닌 성이 다른 공경이 있습니다."

"왕실의 일족인 공경에 대해 말해보게."

"군왕이 중대한 과실을 범하면 그만두도록 만류하고 여러 번 만류해도 듣지 않으면 왕위에서 몰아내고 새로운 군주를 세워야 합니다."

선왕은 이 말을 듣더니 순간 얼굴색이 변했다. 그러나 맹자는 선왕이 화를 내거나 말거나 전혀 개의치 않고 계속 말했다.

"군왕께서는 언짢아하지 마십시오. 기왕 물으셨으니 신하된 자로서 진실된 말씀을 올릴 수밖에 없습니다."

선왕은 표정을 가라앉히고 다시 왕족이 아닌 성이 다른 공경에 대해 물었다. 맹자는 다음과 같이 대답했다.

"군왕이 과실을 범하면 그만두도록 만류하고 여러 번 만류해도 듣지 않으면 스스로 사직하고 떠나야 합니다."

이 일화를 통해 자유롭고 독립적인 사상을 지녔으며 군주의 전제에 반대하고 권세에 머리 숙이지 않았던 맹자의 인격을 엿볼 수 있다. 맹자는 또한 일생 동안 왕권을 멸시하고 군주전제에 반대하여 세상 사람들을 깜짝 놀라게 한 말을 많이 했다. 이를테면 다음과 같다. "백성이 제일 귀하고 사직은 다음이며, 군주는 가장 가볍다."[17] "대인에게 유세할 때는 그를 경시하듯 하라."[18] "군주가 신하를 제 몸의 손이나 발처럼 중히 여기면 신하는 군주를 자신의 배나 심장으로 여기고, 군주가 신하를 개나 말로 여기면 신하는 군주를 국인 대하듯 할 것이며, 군주가 신하를 흙이나 지푸라기처럼 하찮게 여긴다면 신하는 군주를 원수 대하듯 할 것이다."[19] 맹자는 또한 통치자가 형법을 적게 사용하고 조세를 줄여서 백성을 안정시키고 경제력을 회복시켜야 한다고 주장했다. 그는 폭군을 호되게 질책하면서 폭군은 군주가 아니라고 했다. 또한 인심을 잃은 폭군, 즉 '독부獨夫'는 백성이 그를 몰아내고 살해해도 이치에 합당하다고 했다. 맹자가 주장한 '대역불도大逆不道'의 견해를 당시 전제를 시행했던 여러 왕조의 제왕들은 받아들이지 못했다. 명나라 개국 황제인 주원장朱元璋도 이 견해에 대해 격노하며 맹자의 초상을 문묘文廟에서 빼버리라고 명령했다. 사상과 언론의 자유가 없는 군주전제시대에 맹자의 말은 분명 사형에 처할 죄였을 것이라 짐작해볼 수 있다. 그러나 맹자는 당시에 그런 견해로 벌을 받지 않았을뿐더러 반대로 각 제후국 군주들에게 존중을 받았다.

자유로운 백성의 자유로운 사상은 모든 창의력의 원천이다. 사상의 자유가 허용되지 않는 환경에서는 전체 사회가 고여서 흐르지 않는 물처럼 생기와 활력이 없다. 춘추전국시대의 사람들은 진정한 의미에서 사상과 언론의 자유를 얻었기에 지혜와 기지 그리고 혁신정신이 화산처럼 분출될 수 있었다. 이로 인해 사회는 백화제방, 백가쟁명의 화려한 꽃을 피웠고 유가, 법가, 도가, 묵가로 대표되는 제자백가가 등장하여 수천 년 동안 중국의 정치학, 윤리학, 철학, 군사학, 문학, 교육학 등 학문의 기초를 마련해주었다. 특히 전국시대에는 제나라 정부가 자금을 출자하여 도성인 임치臨淄에 정부 산하 학궁學宮을 세웠고 이 기관은 장장 150여 년 동안 존속했다. 유가, 묵가, 도가, 법가, 황로黃老사상, 음양가陰陽家, 명변가名辯家, 종횡가縱橫家, 병가兵家, 농가農家 등 각 학파의 학자들이 이곳에서 책을 집필하고 강연하며 자유로운 토론을 펼쳤다. 따라서 이곳은 당시 국제 학문 활동의 중심으로 부상했으며 학문 번영에 큰 역할을 담당했다.

둘째, 국인의 민주권이 한층 더 확대되었고 민심은 왕권을 제약하고 국가의 정국을 좌우하는 중요한 요소로 떠올랐다. 국인들은 군주, 귀족과 균형을 이루는 삼족정립三足鼎立의 위상을 지녔다.

서주시대 국인들은 지방에서 참정권과 의정권 및 하층 관리에 대한 선거권을 지녔다. 따라서 왕, 제후, 대부 및 국인 등 다원적 역량이 등장해 상호 견제하며 권력의 균형을 이뤄 사회가 안정되었다. 춘추 시기에 이르러 주나라 왕의 권위는 하락했지만 국인들의 참정권과 의정권은 없어지지 않았다. 반대로 왕권이 쇠락하면서 지방자치권이 강화되었고 더욱 확대되는 양상을 띠었다.

『좌전』에는 「조귀논전曹劌論戰」이라는 글이 있다. 제나라 군대가 노나라를 공격하자 노나라 장공莊公은 전쟁에 맞설 준비를 했다. 당시 조귀는 평범한 백성으로 신분도 없고 지위도 없었지만 장공을 만나러 갔다. 고향 친구가 그에게 충고하며 말했다.

"국가 대사는 권위 있는 사람들이 계획하는 것인데 굳이 자네가 참여할 필요가 있나?"

조귀가 대답했다.

"권위 있는 사람들은 식견이 얕아서 주도면밀하게 계획하거나 멀리 내다볼 줄 모른다네." 그는 나아가 장공을 만나고 자신이 전쟁을 지휘할 수 있게 해달라고 설득했다. 그러고는 전쟁에서 완벽한 승리를 거두었다.

「조귀논전」 일화의 의의는 군사적 측면의 책략에만 있는 것이 아니라, 춘추전국시대에 국인들이 지방 하층에서 정치에 참여하고 논할 수 있었을 뿐 아니라 국가의 정치활동에도 직접 참여할 수 있었다는 데에 있다. 일개 백성인 조귀가 군주를 만나는 일이 전혀 어렵지 않았으며 군주는 성심성의껏 조귀의 견해를 받아들이고 그에게 지휘권을 주었다. 전제사회였다면 이러한 일은 상상도 할 수 없었을 것이다. 전제사회에서는 등급 구분이 엄격하여 일반 백성은 통치자의 공로와 덕을 찬양할 수 있을 뿐 참정과 의정의 기회가 없었다. 국가의 정치는 일반 백성과 아무런 상관없이 운영되었기에 백성은 그 내용을 알 수 없었으며, 직접 참여한다는 것은 더 말할 나위도 없었다.

이처럼 춘추시대에는 국인들이 중요한 정치 역량으로 떠올랐다. 『좌전』의 기록에 따르면 기원전 645년 진秦나라 군대에 포로로 잡힌 진晉나라 혜공惠公은 자신이 '사직을 욕되게 했다'고 생각하여 본국에 돌아가면 국인들의 지지를 얻지 못하고 왕위를 굳건히 하지 못할까봐 두려웠다. 그래서 진나라에서 석방되어 귀국하기에 앞서 먼저 대신을 본국에 보내 전 국인에게 사죄하도록 했고 이로써 국인들의 양해와 지지를 구할 수 있었다. 이 고사는 국인들이 군주의 왕위를 확고히 하거나 위협할 수 있는 정치적 힘을 지니고 있었음을 여실히 증명해주고 있다.

또 『좌전』에는 기원전 632년 위衞나라 성공成公이 초나라와 동맹을 맺기로 결정했으나 '국인들이 원하지 않아 그 군주를 내보냈다'는 기록이 있다. 즉, 위나라 국인들이 초나라와 동맹 맺는 것을 반대했으나 성공이 국인의 의견을 듣지 않자 국인들이 그를 위나라에서 내쫓은 것이다. 이렇게 위나라 국인은 정부의 정책과 시정을 감독할 수 있었고, 위나라의 외교 정책을 좌우했으며 군주를 추방하거나 해임시킬 역량을 지니고 있었다.

기원전 529년 초나라에 정변이 일어났고 수도 영郢이 정변을 일으킨 자의 손에 넘어갔다. 이러한 사태에 맞닥뜨려 대신 자혁子革이 영왕靈王에게 '교외에 머물면서 국인의 의견을 들으라'고 했다. 우선 성 밖으로 피신해 있다가 국인들의 태도를 보고 다시 얘기하자는 말이었다. 영왕은 '군중의 분노를 일으켜서는 안 된다'고 하고는 국인들에게 용서받기가 어렵다고 여겨 다시 왕위에 오르기를 포기했다. 얼마 뒤 정변에 참여했던 기질棄疾이 왕위를 얻으려고 '국인들이 불처럼 분노했다고' 협박하며 정변을 통해 각각 왕위와 영윤令尹 자리에 오른 자간子干과 자석子晳을 자살하게 했다.(『좌전』)

또한 기원전 506년 오吳나라 군대가 초나라로 쳐들어갔을 때 진陳회공懷公을 불러 오나라로 귀순하라고 하자 "회공은 국인들에게 물었다懷王朝國人而問焉."(『좌전』)

이상의 사례에서 드러나듯 춘추시대에는 서주시대의 '국가 위기, 군주 책봉, 도성 천도를 국인에게 물었던' 제도와 선거를 통해 지방 관리를 뽑았던 정치 참여 기회를 보존했고, 국인들이 정국을 좌우하고 직접 군주를 추방하거나 세울 수 있는 권력도 지니고 있어서 왕권을 제약하는 중요한 역량이 되었다. 이는 굉장한 진보다.

셋째, 춘추전국시대에는 민중이 사유재산권을 얻어 사회경제의 신속한 발전을 추진한 것에서 인권 신장의 단면을 살필 수 있다.

사유재산권은 중요한 인권이다. 서주는 나라를 세운 뒤 경제 면에서 토지 분봉 제도와 '공인과 상인은 관부에서 녹봉을 받는다'는 공상식관工商食官 제도를 시행했다. 둘 다 기본적으로 국유 제도였다. 토지는 층층이 분봉되어 공전公田이든 사전私田이든 모두 국가 소유였고 매매할 수 없었으므로 개인의 사유재산권은 운운할 수 없었다. 당시 수도 밖에 거주했던 농민들(평민)의 지위는 1960~1970년대 중국 농민의 상황과 비슷했다. 낮에는 공전(집체 토지)에서 일하고 저녁에 일을 끝내고 나서야 사전[자류지自留地: 사회주의 국가에서 농민에게 집단농장에서의 공동 작업 외에 개인적으로 경영할 수 있도록 인정한 경지]에서 일해 그 소득을 얻을 수 있었다. 유일한 차이점은 서주 농민들은 공전을 경작해 수확한 것을 전부 제후와 귀족에게 바쳤다는 것이다. 일종의 노역으로 소작료를 치르는 방식이다. 반면 1960~1970년대에는 농민들이 공전을 경작해 거둔 수확을 생산대에 돌렸고 농민은 공분工分, 즉 노동량에 따라 임금을 분배받았다. 수익이 굉장히 적긴 했지만 말이다.

수도에 거주하는 국인들은 자신의 땅이 있어서(물론 역시 국가 소유였지만 사용권이 있었다) 공전에 가서 일할 필요가 없었다. 자신을 위해 경작하고 수입의 10퍼센트를 세금으로 납부하기만 하면 됐다. 그런 덕분에 국인들의 생활은 농민들보다 넉넉했다. 국인들은 주 왕실과 혈연 관계를 맺고 있었기 때문에 비교적 배려를 받는 편이었다. 수공업자들은 전적으로 관에 소속되어 있었다. 관을 위해 일했고 개인 재산을 가질 수 없었으며 임금은 받지 못했지만 끼니는 해결할 수 있었다. 상업은 일찍부터 존재했음에 틀림없다. 전설에 나오는 신농씨 시대에 교역이 있었고 상나라 때는 훗날 서주의 승상에 올랐던 강자아姜子牙가 상나라 수도 조가에서 장사를 했다고 전해진다. 서주가 세워지자 상업이 발전하기 시작했다. 『주례』의 기록에 따르면 서주에는 이미 전문적으로 시장을 관리하는 관원이 있었다. 아침에 열리는 시장은 조시朝市라고 하여 주로 상인들이 거래했고, 오후에 열리는 시장은 대시大市라고 하여 대부분 백성이 거래했다. 저녁에 열리는 시장은 석시夕市라 했으며 영세 상인들의 거래가 주를 이뤘다. 그렇지만 거래할 수 있는 상품이 엄격히 제한되어 옷이나 음식조차 매매할 수 없었다. 그런 까닭에 서주의 상업은 통제되어 큰 규모를 이루지 못했을 것이 틀림없다.

이런 제도들은 당시 사회의 낙후된 생산성에 맞춰 실시된 것이었으나 시장 경쟁과 농업, 상업, 수공업의 발전에 이롭지 못했다. 이런 제도 때문에 국인이든 농민이든 모두 토지에 묶여 자유롭게 이동할 수 없었고, 농업과 수공업, 상업 할 것 없이 모두 발전을 꾀하기 어려웠다. 개인에게 재산권이 없고 토지는 매매할 수 없었으며 사람들이 극도로 구속받았던 것을 그 이유로 들 수 있다. 이에 서주 중·후기에 이르자 토지를 매매하는 현상이 나타났고, 법률적으로도 토지를 교환의 영역에 집어넣는 것을 허용했으며 귀족들에게는 토지 처분권이 있었다.

춘추시대에 이르러 제후국들은 사전私田에 세금을 물리기 시작했다. 노魯나라의 경우 기원전 594년에 '초세무初稅畝 제도'를 실시했다.(『춘추』 선공 15년) 다른 제후국들도 잇따라 사전에 세금을 물렸고 법률로 토지 사유권을 인정하여 토지국유제가 점차 와해되기 시작했다. 이로써 토지 거래가 대대적으로 일어났으며 농민들은 적극적으로 황폐한 산과 땅을 개간하여 농민 사유지가 계속해서 늘어났다. 소갈이와 철제 농기구가 보편화됨에 따라 농업수리 공사가 활발하게 진행되었다. 또한 토지를 개량하고 분뇨 비료를 이용함으로써 사회 생산성이 빠른 속도로 제고되었고 경제적으로 전에 없는 발전을 이루었다. 한편 각 제후국은 수공업 및 상업에 관련된 법률 제도를 제정하여 수공업과 상업을 장려했다. 또 상업에 세금을 부과하기 시작하고 개인 간 상업 거래의 합법성 및 상인의 합법적인 재산권을 인정했다. 이로써 상업이 신속히 발전해 자공子貢, 도주공陶朱公, 여불위呂不韋 등 유명한 대상들이 등장했다. 상업의 발전은 시장 경쟁을 촉진하여 유례없는 경제적 번영을 누렸다.

사료에 따르면 전국시대에는 인구가 2000만 명 이상으로 급증하여 서주의 인구 두 배를 넘었다. 인구가 수적으로 높은 수준에 달했음을 알 수 있다. 반면 후한 말기 삼국시대에 인구는 겨우 700만 명이었고 청나라 순치順治 12년(1655) 전국 인구도 1403만 명에 불과했다. 춘추전국 시대에 사회가 어느 정도 번영했는지 알 수 있는 대목이다. 토지분봉 제도와 '공상식관' 제도가 와해되면서 사회는 백성에 대한 통제 조치를 완화했고 사유재산을 보호했다. 백성은 인신의 자유를 얻어 자유롭게 거주 지역을 옮기거나 이동할 수 있었다. 이는 또한 상인들의 자본 축적과 투자활동에 유리한 여건을 제공해 상품경제의 발전을 촉진했다. 상인 계층이 그 어느 때보다 활성화되었고 시장 교환이 활발해졌으며 상업도시들이 빠른 속도로 발전하기 시작했다. 금속화폐가 광범위하게 유통되었고 국제통상도 사방에서 진행됐다. 도읍陶邑, 낙양, 임치 등 상업도시들은 당시 이름난 국제통상의 중심지였다. 당시 주요 경제 방식은 자유로운 시장거래였다. 관중管仲 시기에 제나라가 소금과 철의 관영 정책을 시행했고 국가가 소금, 철 등 중요한 자원의 전매권을 독점하여 민간과 이윤 경쟁에 나서긴 했지만, 그래도 전체적인 상품경제는 비약적으로 발전했다. 6국을 멸망시킨 전쟁을 일으키기 전, 진秦나라의 경제 상황도 전반적으로 양호했다. 물론 가난한 사람은 여전했고 착취가 없었다고 할 수는 없지만 자유로운 경쟁사회는 어쨌든 사람들에게 운명을 바꿀 기회를 안겨주었다.

노자는 『도덕경』에서 "하늘의 도는 남는 것을 덜어 부족한 곳에 보태지만 사람의 도는 그렇지 않으니 부족한 자에게서 덜어 남음이 있는 자에게 바친다"[20]고 했다. 노자는 춘추 초기에 살았던 인물로 당시에는 상품경제가 아직 발달하지 못했고 경제가 낙후된 상태였다. 농민들은 제후, 귀족들에게 억압당하고 착취에 시달려 생활이 곤고했다. 때문에 노자는 침통한 심정을 안고 하늘의 도를 위반하는 인간사회의 세태를 비판한 것이다. 그러나 춘추 후기에서 전국에 이르는 시대에는 상품경제가 번영하고 개인 재산권이 확립되면서 사람들은 전쟁에서 쌓은 공훈과 재산에 힘입어 귀족 계층으로 진입할 수 있었고 이로써 국인과 농민의 지위는 점차 평등해졌다. 반면 일부 귀족이 특권을 잃고 점차 몰락하여 한때 균부均富 사회로 나아가기도 했다. 아쉽게도 진 왕조 시기 전제강권의 통일이 실현되면서 이 흐름은 역전되었고 사회는 다시 '사람의 도'라는 끔찍한 상황으로 회귀했다. 이는 그야말로 불행이었다.

춘추전국이 민주사회로 나아가지 못한 원인

앞에서 말한 것처럼 춘추전국시대는 인간을 해방시킨 시대였고 인권이 신장된 시대였다. 이 시대는 민주사회로 전환될 수 있는 여건을 구비하고 있었다. 춘추 초기, 주 왕실은 더 이상 권위를 갖지 못했으나 명목상으론 여전히 중앙 정부였다. 주 왕조는 형식적인 통일을 유지하고 있었고 각 제후국에서는 분봉이라는 정치 구조가 바뀌지 않았다. 또한 당시 각 제후국에겐 아직 '통일'이라든지 전제에 대한 의식이 없었고 군현제로 중국을 통일할 수 있는 조건이 마련되지 않았다. 그저 패권을 잡고 싶다는 생각뿐이었다. 나중에 제나라, 진晉나라, 진秦나라, 초나라, 오나라에서 다섯 패자가 일어났는데 역사는 이를 춘추오패春秋五霸라고 한다.

제나라 환공桓公은 당시 가장 칭송할 만한 패주霸主다. 환공은 패권을 잡은 40년 동안 국가 간 평화회의를 스물여섯 차례나 소집했고 군대를 스물여덟 번 출동시켰으며 줄곧 열린 마음과 귀족의 품격을 유지했다. 환공의 정치 슬로건은 '존왕양이尊王攘夷', 즉 주 왕실을 존중하고 오랑캐를 물리치는 것이었다. 또한 '맹세'라는 방식으로 각 제후국과 조약을 맺어 그들을 외세 침입으로부터 보호해주고 평화로운 사회질서를 유지했다. 이 조약들의 기본 원칙은 주 왕실의 왕통을 지키고 이민족의 침입을 배척하여 제후국들 간의 선린 우호 및 상호 협력을 제창하는 것이었으며, 이로써 평화를 지키고 멸망한 국가를 되살리며 끊어진 후손을 잇고 기존의 질서를 공고히 했다. 사실상 환공은 춘추시대 연방국의 실질적인 위정자로 당시 이미 중국을 연방적 성격을 지닌 국가로 만들었다. 각 제후국은 '존왕양이'라는 기치 아래 일치되어 비교적 느슨한 형태의 정치연합체를 결성했다. 군주가 실권을 지니지 못하는 상황이었다면 연방 혹은 국가연합이라는 형식으로 내각을 책임지는 집정관과 국회에 해당되는 제후 의사회의를 선출하고 군대를 통일 지휘함으로써 민주, 공화, 법치, 자유의 기초를 다지고 중국이 연방제 국가를 세울 수 있는 바탕을 마련해주었을 것이다.

그러나 유감스럽게도 이 모든 것은 결국 현실화되지 못했다. 오히려 그와 반대로 진 왕조는 중국에 통일된 고도의 중앙집권적 황제 전제제도를 들여놓았다. 이는 위대한 시대의 비극이요, 중국 역사에 있어서도 최대의 비극이다. 춘추전국 시대에는 제후들이 우후죽순으로 일어나 정치제도의 다양성을 시험할 수 있는 여건이 갖춰졌고 정치체제에 대한 선택의 폭이 넓어졌다. 그렇지만 결국 민주정치 제도는 성장하지 못했다. 다양한 제도가 시험대에 오른 가운데 민주정치 제도가 성장하지 못한 데는 분명히 복잡한 역사적 원인들이 있고 이는 여러 요인이 얽혀 빚어진 결과다. 그에 관해 간단히 분석해보자.

첫째, 중국은 지리적 여건에서 강권과 폭력이 무한정 확장되는 추세를 제한할 수 없다.

강권과 폭력은 그 자체에 스스로 확장하려는 성향이 있다. 이를 효과적으로 제지하려면 힘이 있어야 한다. 서주 사회에서는 주 왕실이 정치적, 군사적으로 강력한 힘을 지니고 있어 각 제후국을 효과적으로 제약하고 통제할 수 있었다.

춘추시대에 이르러 주 왕실은 쇠락하여 사회의 안정과 평화를 유지할 힘을 잃었다. 이에 각 제후국은 서로 전쟁을 일으켰고 강대국이 폭력을 앞세워 약소국을 차지했다. 그리하여 환공은 패주가 되고 나서 '존왕양이'의 슬로건을 내세웠다. 그는 멸망한 나라를 되살리고 끊어진 후손을 이어가며 주례周禮의 기반 위에 제후국 간 평화를 구축하고 '인덕仁德과 평화'의 정신을 드높였다. 또한 강권과 폭력의 확장을 제한하고 강대국이 약소국을 합병하는 행위와 대국이 소국을 겸병하는 행위를 금지했다. 그러나 이 균형은 얼마 못 가서 다시 깨지고 말았다.

제후국들이 군사를 합병하여 제후국 내부의 정치도 근본적으로 전환되는 양상이 나타났다. 서주와 춘추 초기에 각 제후국에서는 분봉제도를 시행했고 왕, 제후, 대부, 국인 등 각 계층은 주례를 행위의 준칙으로 삼았으므로 서로를 제약할 수 있는 체제가 마련되어 있었다. 그러나 전쟁이 일어나면서 이런 균형이 깨졌다. 생존하고 발전하려면 각 제후국에는 그저 부국강병의 길을 걷는 것 외에는 선택의 여지가 없었다. 전국시대에 이르러 진나라가 지닌 강력한 군사 역량과 6국을 멸망시키기 위해 일으킨 전쟁에 직면하자 각 제후국 사회에서 기존의 가치 관념에 근본적인 변화가 일어났다. 도덕을 숭상하고 인정을 펼치며 예의를 중시했던 가치 관념은 '이긴 자는 왕, 진 자는 역적成子爲王, 敗子爲寇'이라는 관념으로 대체되었다. 각국의 통치자는 더 이상 인덕을 높여 숭상하지 않았으며 수단 방법을 가리지 않고 독재정치와 강자의 정치를 추진했다. 법가의 전제 수단을 숭상하고 기존의 국가 체제를 무너뜨려

병농합일兵農合一을 장려하고 군사 역량을 확대했다. 당시 정세에서 이러한 선택은 불가피한 것이었다. 이런 시대적 요구 속에 종횡가, 음양가, 법가 등 여러 책략가 집단과 야심가가 등장했고 군사 분야에서 실력자들이 잇따라 나타났다. 전국 후기에 이미 각 제후국은 강대국 진나라의 공격에 맞설 능력이 없었고 결국 진나라의 폭력에 완전히 정복되고 말았다. 6국이 멸망함으로써 진시황의 강권과 폭력이 극에 달했고 민주정치는 생존 기반을 완전히 잃었다.

중국은 해양국가가 아니므로 각 제후국 사이는 바다로 가로막혀 있지 않았다. 그런 까닭에 교통이 불편하고 정보가 막혀 있던 고대에는 무력 정복이 수월했고 상업의 발달에 불리했다. 상업 운송비용이 굉장히 높았고 위험도 지극히 컸기 때문이다. 민간 상업이 고속 성장을 구가하긴 했지만 각 제후국 간의 경쟁은 상업이 아니라 무력의 형태로 전개됐다. 이렇게 내륙이라는 환경은 정치적 야심가와 군사적 실력자를 키우는 데 비옥한 토양을 제공했다. 훗날 진시황, 한 무제, 칭기즈칸과 같은 실력 있는 군사가들이 등장한 것은 바로 이러한 환경의 산물이다. 이 점에서 중국은 유럽의 상황과 차이를 보인다. 유럽은 동일한 문화를 지녔으면서 정치적으로는 분리된 양상을 띤다. 유럽 국가들은 지중해와 영국 해협에 가로막혀서 무력으로 장기간의 통일을 실현하기가 어려웠다. 이런 이유로 영국의 헌정 체제와 상품경제가 생존할 수 있었던 것이다. 영국은 오랫동안 상비군을 두지 않았어도 군사 강국들에게 점령당하지 않았다. 이는 해협이 차단막 역할을 해주었기 때문이다. 바다로 차단되어 있으면 평화와 상업 경쟁을 보호할 수 있는 반면, 정치적 야심가와 군사적 실력자들이 성장하고 장기간 연속적으로 전제독재 통치를 구가하는 데는 불리하다. 그런 이유로 유럽에서는 알렉산더 대

왕, 나폴레옹, 히틀러 등이 등장하긴 했어도 덧없이 사라지고 말았다.

중국도 춘추전국시대에는 각 제후국이 동일한 문화권에 있었고 정치적으로는 분리되어 있었다. 그러나 바다라는 차단막이 없었기 때문에 강권과 폭력의 확장에 저항할 힘이 없었다. 그래서 민주정치와 상품경제가 발전했던 일부 국가들은 독자적으로 생존할 수 없었다. 자산이 집권하던 시기 정나라에는 이미 어느 정도 민주정치가 존재했고 상품경제도 상당히 발달해 있었다. 그러나 다른 나라들이 위협하고 공격을 가하는 심각한 정세에 맞닥뜨려 정나라도 곧이어 군사 확장의 길로 들어섰다. 그러지 않으면 생존이 불가능했다. 정나라가 처음부터 끝까지 안전한 환경에 있었더라면 훗날 민주정치를 지향하는 방향으로 발전했을 수도 있을 것이다. 역시 바다라는 차단막의 부재로 진秦나라의 전차는 거침없이 쳐들어갈 수 있었고 어떤 장애도 없었다. 당시에 다른 여섯 나라가 바다로 막혀 있었다면 선진화된 항해 장비가 없는 상황에서 진나라가 6국을 멸망시키고 군현제를 실시하는 일은 불가능했을 것이다. 중국 내륙의 지리 환경은 같은 문화권 안에서의 상업 경쟁과 평등 외교를 뒷받침해주지 못했다. 나라와 나라 사이의 경쟁은 결국 전쟁이라는 방식을 통해 문제를 해결했으며 평화를 지키고 민주정치를 번영시키기에 불리했다.

둘째, 민주정치가 부족했다.

서주 사회와 동시대에 존재했던 고대 그리스는 민주사회였다. 하지만 고대 그리스도 처음부터 민주 제도를 시행했던 것은 아니다. 그리스 문명이 싹텄던 시기에는 부락의 지도자 회의에서 부락연맹의 군주를 선출하는 제도를 실시했고, 그 뒤에는 또 장기간의 군주전제 시기를 거쳤는데, 이 시기의 제도는 중국의 요, 순, 우 시기와 흡사했다. 훗날 고대 그리스가 하夏나라 계왕啓王이 종법세습 제도를 세운 것과 같은 결과를 맞이하지 않았던 것은 아테네 사회에 솔론, 아리스토텔레스, 페리클레스처럼 위대한 민주정치가가 등장했기 때문이다. 민주사상을 지닌 위정자들이 나서서 전제로 향하고 있는 사회의 바퀴를 돌려놓도록 사람들을 이끌고 민주정치 개혁을 실행했으며, 민주정치 제도를 수립하고 민주와 법치로 정치를 운영했다.

중국은 서주와 춘추전국시대에 이와 같은 민주정치가를 키워내지 못했다. 때문에 당시 정치인들은 중국을 전제사회로 이끌었다. 자산은 당시 가장 개방적이고 깨인 정치가였다. 그러나 한 걸음 더 나아가 향교를 국가 입법 기관이나 국가 위정자들을 선출하는 권력 기관, 또는 국가의 정책 결정 기관으로 발전시키지는 못했다. 자산이 한발 더 앞으로 내디며 정부의 정책들을 결정하기 전에 향교에 모인 민중에게 토론하고 투표로 표결하도록 했다면, 국가의 위정자들은 모두 향교에서 민중의 손으로 선출되었을 것이며 향교를 민주적 정책 결정 기구로 발전시킬 수 있을 터였다. 그랬다면 중국에서는 2000년 전에 민주정치가 출현했을 것이다. 하지만 자산은 정나라를 민주사회로 진입시키지 못했다.

제나라 환공도 마찬가지였다. 환공은 연방제의 기반을 이미 마련해 둔 상태였으니 거기서 앞으로 한 걸음만 나아갔더라면 고대 연방제라는 국가 체제가 세워졌을 것이다. 그러나 그는 늘 바로 이 한 걸음을 뛰어넘지 못했다.

삼가분진三家分晉, 즉 진晉나라가 한韓, 조趙, 위魏 세 나라로 분열된 것도 같은 맥락이다. 세 나라로 분열되기 전에 이미 한, 조, 위 세 집안이 실질적으로 진나라의 권력을 장악한 상태였고 진나라 군주는 유명무실한 존재였다. 진나라가 헌정 체제의 국가였다면 입헌군주제를 실시하여 군주는 행정에 관여하지 않은 채 국가를 상징하는 역할을 감당하고 한, 조, 위 세 집안은 경선을 통해 번갈아가며 집권할 수 있었을 것이다. 혹은 세 사람이 각각 입법권, 행정권, 사법권을 장악하여 삼권분립의 구도를 형성할 수도 있었을 것이다. 그러나 이들은 결국 진나라를 분할했고 군주를 폐위시켰다. 그리고 스스로 군주 자리에 올랐고 계속해서 종법세습 제도를 실시했다. 이렇게 되자 사회는 어떤 진보도 이룰 수 없었다. 한 나라를 세 나라로 분리했다뿐이지 그 밖에 어떤 것도 변하지 않았다.

제齊나라도 같은 길을 걸었다. 원래부터도 전씨田氏들이 국가 정권을 장악하고 있었으나 이들은 그것으로 성에 차지 않아 제나라 군주를 시해했고 자신이 군주에 오른 뒤에야 모든 것이 명분에 맞게 되었다고 여겼다. 이들은 실권이 없는 군주를 세워두고 입헌정치를 실시할 수도 있었지만 그렇게 하지 못했고 문명의 혁신을 일구지도 못했다.

노魯나라의 삼환정치三桓政治도 있다. 기원전 6세기 초 노나라의 중손仲孫, 숙손叔孫, 계손季孫 세 집안이 노나라 군주의 손에서 정권과 토지소유권을 빼앗고 번갈아 집권한 것이다. 그리고 장장 400여 년 동안 정권을 대대로 물려주었다. 이것이 바로 당시 유명했던 삼환정치다. 삼환정치는 세 집이 번갈아 정권을 잡으며 서로 감독, 제약했다는 점에서 굉장히 큰 진보적 의의를 지닌다. 그러나 그렇게 오랜 시간 노나라 역시 그에 상응하는 민주 체제를 세우지 못하고 결국 몇 개의 나라로 갈라져 부족함을 드러냈다.

중국 고대 사회가 민주정치가를 배출하지 못한 것은 당시 사회 이데올로기의 제약을 받아서였다. 영국의 하이에크라는 경제학자는 사회질서의 확장이란 자발적으로 이뤄지는 것이며, 이성적인 것이 아니라 종교 신앙과 이데올로기에 의해 결정되는 것이라고 보았다. 이데올로기와 신앙과 같은 것들이 한 국가의 정치 질서와 도덕 준칙, 그리고 사람들이 수용할 수 있는 행위와 그럴 수 없는 행위를 결정짓는다고 생각했다. 그에 따르면 이데올로기와 종교 신앙이 정치 행위의 법칙을 결정하며 법률 제도 및 경제 실적을 결정짓는다. 신앙 시스템과 이데올로기는 사람들에게 어떤 것은 받아들여도 좋고 어떤 것은 받아들일 수 없는지를 판가름하는 데 영향을 미치며, 이를 기반으로 사회에는 공감대가 형성된다. 곧 반대, 금지, 혹은 준수라는 사회 메커니즘이 구축되는 것이다. 특히 게임의 법칙을 제정할 권력을 지닌 이들 사이에 형성된 공감대는 사회정치 및 법률 제도의 토대가 된다.

이를테면 동서고금을 막론하고 사람들은 모두 도둑질과 강탈 행위를 범죄라 여겼고 이에 합법적인 경찰 제도를 만들어 범죄자들을 처벌했다. 경찰이 도둑을 처벌하는 것을 강자가 약자를 업신여기는 것이라 생각하는 사람은 아무도 없다. 이러한 공감대가 없었더라면 사람들은 경찰이 도둑을 잡는 행위를 세력을 믿고 타인을 괴롭히는 행위나 폭력 남용이라 여겼을 것이다. 이렇게 볼 때 사회 문명의 발생과 진화는 종교 신앙 시스템 및 이데올로기에 의해 결정된다.

서주와 춘추전국시대에 민주정치가들이 집단화되지 못한 커다란 원인은 민주공화정에 대한 사회적 공감대가 부족해 그 방면에 대한 종교 신앙과 이데올로기가 부재했기 때문이다. 한 예로 민주 경선을 치르면 모든 사람이 평등하게 경쟁할 수 있다. 그런데 서주 사회 사람들은 이러한 방식이 '친친'과 '존존'이라는 혈연 세습 원칙에 부합하지 않는다고 생각했다. 그들이 보기에 아무리 가깝다 한들 부자관계를 따라올 수 없고 아무리 존귀한들 임금보다 더 높을 수는 없기 때문이었다. 그런 까닭에 세상에서 지위를 확고히 함에 있어 '충효'를 그 근본으로 삼았다. 부자지간, 선후배지간, 지위가 비천한 사람과 고귀한 사람 간에 경쟁을 벌이면 인륜 도덕을 거스르고 사람들에게 욕을 먹는 '아비도 모르고 임금도 모르는' 소인배로 취급받았다. 서주 시기에 국인들이 하층 관리를 선출할 수 있었던 것은 하층 관리가 세습이 아니었기 때문이다. 반면 왕, 제후, 대부는 세습이었기 때문에 선거로 뽑을 수 없었다.

서주, 춘추 시기에 사회가 자체적으로 깨뜨리기 가장 어려웠던 이데올로기는 바로 혈연을 바탕으로 한 세습종법 제도였다. 이에 대해서 근본적으로 사회적 공감대를 형성할 수 없었기 때문이다. 당시에는 "장남에게 물려주고 차남에게 물려주지 않으며 적자에게 물려주고 서자에게 물려주지 않는다傳長不傳賢, 傳嫡不傳庶"는 종법세습의 원칙에 따라 주나라 왕실이나 제후국 군주 모두 정권과 재산을 자신의 후손에게 물려주길 원했으며, 권력을 타인에게 넘겨주려 하지 않았다. 게임의 법칙을 정할 권력을 지닌 이들이 종법 혈연관계에 대해 공감대를 형성하고 공평한 경쟁을 거부함으로 인해 사회에서는 공개적이고 평등한 민주 선거를 진행할 수 없었다.

이렇게 서주와 춘추시대에는 공개적으로 공평하게 경쟁을 벌이는 민주정치에 대해 공감대를 이룰 수 없었다. 반면 고대 그리스의 도시국가 문화에선 종법세습에 관한 이데올로기가 빈약한 편이었다. 해양국가에서는 혈연세습 관념이 희박한 편이고, 부의 획득이 권력의 점유와 필연적 관계가 없는 경우가 많아 권력을 장악했다고 해서 재산을 얻을 수 있는 것은 결코 아니었기 때문이다. 상업사회가 강조하는 것은 개인의 자유, 그리고 평등한 경쟁이다. 그러므로 선거로 집정관을 뽑거나 시민회의를 여는 방식으로 사회적 공감대를 이끌어낼 수 있었다. 솔론이 정치 개혁을 추진하여 성공을 거둔 사회적 기반이 바로 이것이다. 반면 서주, 춘추전국 시대에는 이와 같은 사회적 기반이 존재하지 않았다.

셋째, 국인이 사라짐으로써 사회가 민주정치의 기반을 상실했다.

서주와 춘추 초기에 어느 정도의 민주정치가 발생했던 중요한 원인은 국인이라는 특수 계층이 존재했기 때문이다. 국인은 일반 농민이 아니라 서주 왕실과 혈연관계를 맺고 있는 이들이었다. 이 관계가 소원해진 지 꽤 되어서 이들은 귀족 신분을 유지할 수는 없었지만 그래도 여전히 전통적인 참정권과 의정권을 지녔다. 국인이라는 존재가 있어 서주 왕실과 각 제후국은 이들의 의견을 들어야 했고 이들의 지지가 없으면 국왕, 제후의 지위는 불안정했다.

국인은 분봉 제도의 산물이니만큼 분봉제의 와해는 곧 국인의 소멸을 의미했다. "가죽이 없으면 털이 어디에 붙겠는가皮之不存, 毛將焉附"라는 말처럼 말이다. 국인의 소멸 과정은 바로 분봉 제도의 와해과정이었다. 분봉 제도 아래서 국인들은 자신의 토지가 있었고 제후나 대부들의 공전에 가서 노동할 필요가 없었다. 자기 땅에서 농사를 잘 짓고 10분의 1을 세금으로 내기만 하면 그만이었다. 그들은 농번기가 되면 농사를 지었고 농한기에는 군사훈련에 참가하여 전쟁이 일어나면 싸우러 나갔다. 또한 국인은 교육받을 권리가 있었다. 따라서 서주, 춘추 초기에 이들은 상당히 높은 정치적 지위와 비교적 부유한 생활을 누렸다.

그러나 각 제후국이 토지사유제를 인정하기 시작하면서 공전과 사전 모두 일률적으로 세금을 납부해야 했고 토지를 매매할 수도 있게 되었다. 이렇게 되자 국인의 지위에 변화가 일어났다. 그중 일부는 자신의 근면함과 경영능력으로 부를 축적했으며 장사로 돈을 벌어 많은 토지를 사들이고 귀족이 될 수도 있었다. 반면 또 다른 일부는 게으르고 경

영에 서툴렀든지 혹은 천재나 인재를 만나 어쩔 수 없이 토지를 팔아
버리고 빈민으로 전락하거나 빚의 노예가 되었을 수도 있다. 또 지식과
재능을 갖추거나 전공戰功 등에 힘입어 중용되어 사대부가 된 이들도
있을 것이다.

한편 원래 도성 밖에 거주했던 평민들의 지위에도 변화가 일어났다.
평민들은 서주 왕실과 혈연관계가 없는 농민들을 일컫는다. 이들은 아
마 상나라의 후손 등 피정복자였을 것이다. 이들은 원래 제후나 사대부
의 공전만 경작할 수 있었으나 훗날 토지 사유가 인정되자 사력을 다
해 황폐한 산과 땅을 개간하여 자작농이 되었다. 개중에는 요령 있게
경영하여 부를 축적하고 결국 귀족이 된 사람들도 있었다. 게다가 진晉
나라가 국인에만 한정되었던 종군할 수 있는 자격을 평민에게도 부여
하는 주병州兵 제도를 시행하면서(『좌전』 희공僖公 15년) 평민도 전쟁에
나갈 수 있었고 교육도 받을 수 있었다. 이렇게 되자 평민의 지위가 신
장되었다. 공자의 학생 중에는 자로子路, 자장子張, 중궁仲弓 등 평민 출
신 자제가 많았다. 이들 중에는 교육받을 기회를 얻거나 전공을 세워
나중에 지방 관원이 된 사람이 많았다. 국인과 평민의 구별이 사라지니
모두가 자작농이 되었고 평등한 사회적 지위를 누리게 되었다. 『맹자』
에서 "만약 그가 성안에 산다면 시정지신市井之臣이라 하고, 만약 그가
시골에 산다면 그를 초망지신草莽之臣이라 부르는데, 이들을 모두 서인
庶人이라 한다"[21]라고 했듯이 말이다. 국인은 평민과 똑같이 평범한 백
성이 되었다.

국인이라는 계층이 없어지자 원래 그들이 지녔던 정치참여 의식과
참정권 및 의정권도 함께 사라졌다. 각 제후국의 군주와 대부도 그들에
게 정치에 관해 물을 필요가 없어졌다. 국인의 지위가 변하자 그 집단

전체가 더 이상 존재하지 않았고 군주나 대부와 맞설 능력도 없어졌다. 생존의 압박과 사회 경쟁 속에서 그들도 참정과 의정에 대해 흥미를 잃었다. 세월이 흐르고 몇 세대가 지난 뒤 전국시대가 되자 이들의 후손에겐 '국인'이라는 개념이 사라지고 없었을 것이다. 물론 국인이 지녔던 정치적 책임과 권리도 후손들의 뇌리에서 함께 사라졌다. 참정과 의정에 대한 책임은 차츰차츰 지식인들에게로 옮겨졌다. 지식인은 국가 정치에 가장 관심을 기울이는 이가 되었다. 한편 국인 계층이 분화되자 일부는 지식인이 되어 계속 정치에 관심을 가졌고 일부는 빈민이 되어 귀족의 땅을 경작하는 소작인이 되었다. 귀족 지주가 된 사람도 있었다. 어쨌든 이들은 더 이상 정치에 참여하거나 정치를 논의할 흥미나 능력, 어쩌면 자격마저도 갖지 않게 되었다.

　통치자의 권력을 제약했던 국인이란 계층의 소멸은 토지사유권의 확립과 생산력 제고의 단기 효율 측면에서 보자면 사회적 진보였다. 그러나 한편으로 중국 고대 사회는 그로 인해 민주정치를 발전시켜온 장구한 역사의 사회적 기반을 상실했다. 국인이 정치 무대에서 퇴출되자 서주 사회에 왕, 제후, 대부, 국인으로 이뤄졌던 다극화된 사회 역량이 더 이상 존재하지 않게 되었고 서로 제약을 가하며 균형을 이뤘던 체제가 무너지는 결과가 초래됐다. 주나라 왕이 권위를 잃고 국인이 쇠퇴하자 사회의 주요 세력으로는 제후, 대부, 자작농 이 세 부류만 남았다. 제후와 대부는 통치자이고 자작농은 피통치자이니 통치자와 피통치자만 남은 셈이었다. 사회에는 양극만 존재했고 이런 구조는 불안정하기 마련이다. 이후 통치자를 감독할 사람이 없어졌고 하층 관리를 선출할 사람도 없어졌다. 통치자들은 더 이상 백성의 생각에 개의치 않았고 그들의 의견을 들을 필요가 없어졌다. 백성의 정치 참여와 정치 논의도 더 이상 권리나 책임이 아니었다. 사회의 균형을 이룰 힘이 사라지다보니 결과적으로 압박과 착취를 일삼고 또 그에 반대하는 현상들이 빈번히 일어났다. 통치자가 우위를 점하면 독재였고 피통치자가 우위를 점하면 혁명이었다. 이에 중국은 독재와 혁명의 악순환을 벗어나기 어려웠고 민주정치를 실현하고자 하는 희망은 부서졌다.

상앙의 변법과 전제 독재자의 굴기

민주정치가 능장을 부리며 나타나지 않는 와중에 법가로 대표되는 전제 독재의 야심가들이 빠른 속도로 일어나기 시작했다. 이로써 민주정치가 탄생되기 위한 토양이 완전히 제거되었으며 전제 독재를 향한 발걸음이 빨라졌다.

당시 각 제후국 군주들은 묵가나 도가, 농가 사상 등 여러 개혁 방안들을 접할 수 있었다. 그러나 진정 나라를 다스리는 데 필요한 지도 사상으로 삼을 만한 주장은 유가에서 내세우는 '인정'을 제외하면 법가의 개혁 방안밖에 없었다. 유가 사상은 도덕적 설교일 뿐, 구체적인 방안을 제시하지 못했고 활용도가 떨어졌다. 또한 자질구레한 예의들을 중시해서 부국강병의 목적을 달성하기 어려웠다. 그런 탓에 유가는 당시 각국 군주에게 채택되지 못했고 법가가 내세우는 개혁안만이 유일하게 군주들의 선택을 받았다. 각국 군주가 변법 개혁을 실시함에 있어 법가 사상가들이 속속 주요 인물로 부상했고 이로써 중국은 독재 전제의 길을 걷게 되었다.

여기서는 진秦나라에서 상앙商鞅이 시행했던 변법變法을 예로 법가 개혁이 몰고 온 심각한 결말을 살펴보자.

상앙은 전형적인 독재자였고 강권을 맹신했던 정치적 동물이었다. 그는 위魏나라 사람으로 본명은 공손앙公孫鞅이다. 어릴 적부터 총명하고 배우는 것을 좋아했으며 위나라 법가의 이회李悝를 스승으로 모셨다. 학업을 마치고 위나라에 충성을 바치고자 했으나 주목받지 못했다. 때마침 진나라 군주 효공孝公이 널리 인재를 등용하고 있어 상앙은 이회의 『법경法經』을 들고 진나라로 갔다. 효공에게 '강국지술強國之術', 즉 부국강병의 방법을 아뢰고 "세상을 다스리는 데 필요한 것은 하나의 도리만이 아니며 나라를 편안히 하려면 예전 것을 본받지 말아야 한다"[22]는 의견을 제시해 효공의 지대한 관심을 끌었다. 그 뒤 효공은 상앙을 기용했고 진나라에서 변법을 시행했다.

상앙은 진나라에서 20여 년 동안이나 변법을 시행하여 가난하고 취약했던 진나라를 제후들이 두려워하는 군사강국으로 변모시켰으며, 훗날 진나라가 중국을 통일하는 데 든든한 기초를 마련했다. 정말 대단한 일로, 때문에 후손들은 상앙의 변법을 긍정적으로 대했으며, 심지어 상앙을 민족의 영웅으로, 그의 변법을 위대한 혁명으로, 또 그를 중화민족의 1인자로 여기는 사람들도 있다.

정말 그럴까? 상앙의 변법을 객관적으로 분석해보면 그가 단시간 안에 진나라의 경제 발전을 촉진한 것은 분명하나 장기적인 역사적 관점에서 보면 변법이 일궈낸 공적보다 그로 인한 손해가 훨씬 크다는 것을 알 수 있다. 상앙이 시행한 변법은 후대의 폭군들이 국가와 백성을 재앙으로 몰고 가는 데 유리한 여건을 마련해주었으며 역사의 전진을 가로막았다.

당시의 여건에서 상왕의 여러 개혁 조치가 선진적 면을 지니고 있었던 것은 사실이다. 예를 들어 상앙은 전쟁에서 공을 쌓지 못한 사람은 왕실, 종실 명부에 들어설 수 없도록 했고 귀족의 특권을 누릴 수 없도록 규정했다. 반면 전쟁에서 공을 세운 사람은 입신출세하여 영화를 누리고 작위와 봉록이 주어졌다. 이렇게 해서 귀족의 세습 제도가 무너졌다. 또한 상앙은 "백성의 집에 성인 남자가 두 사람 이상 있는데 분가하지 않으면 부역과 세납을 배로 한다. (…) 부자, 형제가 세대를 공동으로 하는 것을 금한다"[23]고 정했다. 법률이라는 수단으로 낙후된 생활 방식을 강제로 바꾼 것이다. 당시 중국 북부에선 한 집에 어른과 아이 수십 명이 모여 살고 남자든 여자든 한방에 빽빽이 들어차 자는 경우가 많아 위생상 좋지 않았고 불편한 점이 많았다. 또한 젊은이들은 집에서 지위라는 것이 없고 연장자의 명령이라면 무조건 따라야 했기에 젊은이들의 성장에 유익하지 않았다. 부자, 형제가 분가해서 거주하면 대가족에서 일어나는 여러 갈등을 피할 수 있고 새로운 가정들이 생겨나도록 자극할 수 있었으며 생활도 훨씬 편하고 위생적이었다. 상앙이 이런 법률을 공포한 목적은 인구 증가와 생산력 제고에 있었지만 객관적으로는 낡은 풍속과 습관을 고치는 작용을 했다.

또한 상앙은 백성이 토지를 개간해서 생산이 늘면 공무를 면제해주었는데 이 또한 백성에게 유리한 조치였다. 뿐만 아니라 개인 간 다툼을 금지했고 사람 사이의 논쟁은 반드시 법정 재판을 통해 해결하게 했다. 그렇지 않으면 시비에 상관없이 일률적으로 처벌받았기 때문에 법률 체제에 대한 인식이 높아졌다.

그러나 상앙의 변법이 가져온 손해도 막심했다. 상앙이 추구하는 목표가 굉장히 명확했기 때문이다. 그것은 바로 혹독한 방법으로 병농합일을 촉진하고 '부국강병'에 이르는 것이었다. 바꿔 말하면 혹독한 형법으로 군주의 절대통치 권력을 강화하고 백성을 '말할 줄 아는 소나 말'처럼 절대적으로 복종하게 만드는 것이었다. 또한 진나라를 '전쟁 기계' '전쟁 거인'이 되게 하는 것이었다. 이런 정책은 현대의 군국주의 정치와 닮았다. 따라서 당시 각 제후국은 모두 진나라를 호랑이처럼 두려운 나라로 여겼다.

상앙은 잔학한 수단을 써서 변법을 실행하고도 어떻게 성공했으며, 진나라 백성은 왜 결사적으로 반대하지 않은 것일까? 서주가 건국될 시점에 진나라는 아직 작은 원시부락에 불과했고 서주에서 분봉된 제후국이 아니었으므로 분봉 제도나 각종 예법이 세워지지 않았기 때문이었다. 전쟁시의 필요를 채우기 위해 진나라는 군사적 성격을 지닌 둔전屯田 제도를 실시했다. 둔전 제도는 병사가 평소에는 토지를 경작하여 식량을 자급하고 전시에는 전투원으로 동원되는 것을 일컫는다. 군사적 목적에 기인한 둔전 제도로 인해 '농사'와 '전쟁'이 긴밀히 결합되었고 병사들이 자주 옮겨 다녔기 때문에 토지를 분할하여 관리할 수 없었다. 그런 까닭에 관리를 파견해 관할하고 현縣을 설치해 관리하는 중앙집권제도를 시행할 수밖에 없었다. 이것이 바로 중국 군현제의 기원이다. 토지는 국왕의 손 안에 있었고 각급 관리들은 국왕이 임명했으며 군대도 국왕이 동원했다. 정부의 법령과 법률은 모두 국왕 한 사람의 입에서 나왔으며 관원들의 토지와 작위도 세습될 수 없었다. 중앙집권식 군현제로 국왕이 권력과 자원을 집중시키거나 전쟁을 일으킬 수 있었고 반항하는 자가 있으면 즉시 진압했기 때문에 감히 반항하지 못했다. 토지가 분봉되지 않으므로 인해 토지사유화가 추진되었고 이로써 비교적 쉽게 농업 발전을 촉진할 수 있었다. 시작 초기부터 진나라의 정치 제도는 중원 각 제후국과 달랐음을 알 수 있다.

진나라의 중앙집권식 군현제는 온순히 법을 지키고 오로지 순종밖에 모르는 순응적인 백성을 낳았다. 그들은 말 잘 듣는 전쟁 도구였다. 진나라는 국인들이 없었고 사상, 언론, 집회, 결사의 자유가 없었다. 통치자는 인의도덕이 아니라 강권과 폭력을 내세웠다. 전쟁에서 사람을 죽인 자는 포상을 받은 데 반해 전쟁에 반대하는 자는 사형에 처해졌고 그 가족들도 연좌되어 죄를 물었다. 이처럼 진나라에서는 군현제가 흥하고 인권은 소멸됐다. 이는 진나라 백성이 피할 수 없었던 생활 방식이었다.

이렇게 강권과 폭력이란 기반 위에 구축된 군현제는 변법이 성공할 수 있었던 중요한 토대였다. 상앙은 진나라 전국을 41개 현으로 나누고 현령縣令과 현승縣丞, 현위縣尉를 임명했다. 이들 관원은 아무 때고 임명 혹은 해임되거나 전근 명령을 받을 수 있었고 세습은 불가능했다. 이들은 국가의 명령을 이행하고 각지의 백성을 관리하여 중앙집권과 군주전제를 강화하는 역할을 담당했다. 진나라의 모든 백성은 노예의 지위에 놓였다. 상앙의 파시즘과 군국주의적 개혁 정책은 진나라의 정세와 딱 맞아떨어져서 순조롭게 추진됐다. 진나라 백성은 군현제를 환영해서가 아니라 강권의 압제 속에서 어쩔 수 없이 받아들여야 했다. 『사기』에는 상앙이 변법을 시행한 뒤 "나라는 잘 다스려지고 진나라 백성이 매우 기뻐했다"24고 되어 있는데 아마도 그저 표면적인 현상에 불과했을 것이다. 몇 마디 불평불만으로 목이 떨어질지도 모르는 나라, '부자의 밭은 끝이 안 보이고 가난한 자는 송곳을 꽂을 만한 땅도 없던' 나라를 백성이 진심으로 지지했다면 그들이 몹시 가엾다고 말할 수밖에 없다.

진나라를 전쟁을 위한 기계로 개조하기 위해 상앙은 일상一賞, 일형

一刑, 일교一教 정책을 실시했다.

일상一賞이란 농경과 전쟁에서 공을 세운 사람과 밀고자들에게 포상을 내리는 것이다. 학식이 있는 사람, 지혜가 있는 사람, 성실한 사람, 청렴결백한 사람, 교양이 있는 사람, 발명을 통해 새로운 것을 창조해내는 사람 등은 모두 포상 대열에 끼지 못했고 이런 장점들로는 부귀와 관록을 얻을 수 없었다.

특히 상앙은 유통업에 종사하는 상인들과 도구를 생산하는 수공업자들에게 상을 내리지 않았을뿐더러 오히려 혹독한 수단을 동원해 수공업자와 상인들에게 타격을 가했다. 상앙은 이들을 할 일 없이 노는 사람들과 동일시했고 이들을 처자식까지 모두 관청에 소속시켜 노예가 되도록 법률로 정했다. 이로써 진나라의 공업과 상업 경제는 완전히 사라졌다. 상앙은 수공업자와 상인 등 공업이나 상업에 종사하는 사람들은 식량을 생산하지 않고 전쟁도 하지 않는다고 생각해 잔혹한 수단을 동원하여 농업을 중시하고 상업을 경시했다. 야만성과 잔학성뿐 아니라 우둔함과 무지함을 엿볼 수 있다. 이는 훗날 역대 통치자들이 '중농억상重農抑商'의 정책을 택하도록 영향을 끼쳤다.

일형一刑은 법령을 통일하고 군주의 권력을 강화하는 것이다. 경상卿相, 장군, 대부, 평민 할 것 없이 왕의 명령에 순종하지 않는 자는 모조리 '사형을 면할 수 없었으며 삼족을 멸하는 형이 내려졌다.' 귀족도 예외는 아니어서, 법 체제가 강화되었다는 점에서는 진보적이라 할 수 있으나 백성이 새로운 법에 약간의 불만이라도 드러내면 연좌 처벌을 받았고 참수형, 허리를 자르는 요참형腰斬刑, 힘줄을 뽑아 죽이는 추근형抽筋刑, 살갗을 벗기는 박피형剝皮刑, 정수리를 줄칼로 썰어버리는 좌두정형銼頭頂刑, 기름 냄비에 집어넣는 하유과형下油鍋刑, 사지와 머리를 다섯 마리의 말에 묶은 뒤 말을 몰아 잔혹하게 찢어 죽이는 오마분시五馬分屍(거열車裂) 등 경죄에 중형을 가하는 전무후무한 형벌을 실시했다.

한 번은 상앙이 새로운 법령에 불만을 품은 사람들을 진압하기 위해 위수渭水 강가에서 하루 만에 700여 명을 죽였다. 강이 온통 피로 붉게 물들어 통곡하는 소리가 천지를 흔들고 원한이 산처럼 쌓였다. 또한 태자가 새로운 법에 대해 몇 마디 투덜거렸을 뿐인데 상앙은 그것을 대역죄로 여겼다. 하지만 태자를 처벌할 수는 없어서 그의 두 스승을 처벌했다. 하나는 코를 자르고 하나는 얼굴에 글자를 새겨 두 스승은 8년간 집 밖에 나갈 엄두를 내지 못했다.

사상과 언론 쪽에서 새로운 법에 대해 다소 다른 견해가 있는 것은 원래 정상적인 일이다. 상앙이 그런 사람들을 그토록 잔혹한 형법으로 다스린 것은 정말 충격적이고 야만스런 행동이었다. 또한 이것이 사상과 언론 범죄의 시초가 되었다.

상앙은 군현제의 필요에 의해 촌사村社 조직을 만들었다. 그러고 나서 촘촘한 지방 조직을 기초로 '십오상연좌什伍相連坐'라는 야만스런 법률을 공포했다. 그는 다섯 집을 5단위로, 열 집을 10단위로 편성하고 호적 제도를 마련했다. 무릇 한 집이 죄를 지었을 때 다른 아홉 집이 고발해 폭로하지 않으면 그 아홉 집의 가족들은 죄인과 마찬가지로 혹독한 형벌을 받았다. 이것이 바로 '죄인의 일족을 멸하는' 야만적인 '연좌법'이다. 서주 사회가 일찌감치 폐지했던 것을 진나라로 가져와 시행했다. 그는 진나라 백성을 평상시에 맘대로 외출하지도 못하게 했다. 외출은 반드시 상부에 신청하여 허가를 얻은 다음에야 가능했다. 이것을 어겨도 법률의 추궁을 받았다. 그 처벌의 강도는 어느 정도였을까? 상앙은 "죄인을 고발하지 않은 자와 죄인을 숨겨준 자는 허리를 자른다"

고 정했다. 여관에서 신분증명서가 없는 손님을 받아들여도 마찬가지로 연좌를 당했다. 이렇다보니 진나라에선 인구 유동이 중단되었고 사람들은 모두 땅에 묶여 자유와 교역은 완전히 자취를 감췄다.

무고한 사람들에게 연좌죄를 적용하고 인구를 엄격히 통제했던 상앙의 법률 규정에서 볼 수 있듯이 진나라가 당시 시행했던 것은 일종의 공포 통치였다. 인신의 자유라는 것이 아예 없었고 극단적으로 강압적인 환경이었다. 서로 밀고하도록 장려하고 무고한 사람을 모해하여 남의 공을 가로채고 상을 바라는 양상이 나타났다.

상앙이 새로운 법을 시행한 것은 부국강병富國强兵을 위해서였지 강국부민强國富民을 위한 것은 아니었다. 그리고 그의 부국강병책은 나라는 부유한데 백성은 가난한 국부민궁國富民窮의 기초 위에 세워졌다. 다시 말해 백성의 재산을 마구 긁어 귀족의 이익을 보호하고 국고를 가득 채웠다는 것이다.

예를 들면 상앙은 가구에 따라 군부軍賦를 징수했으나 이름만 다를 뿐이지 실제로는 인두세人頭稅나 마찬가지였다. 인두세는 고대 사회에서 가장 잔혹하고 낙후된 세법으로 납세자들은 사실 땅을 가지고 있지 않은 가난한 사람들이었다. 반면 많은 땅을 점유한 귀족들은 오히려 가난한 사람들과 동일한 세금을 납부하여 '빈익빈 부익부'가 극심해졌다. 상앙은 또한 세율을 '십 분의 일'에서 '십 분의 오'로 5배나 높였다. 가구세家口稅는 또 따로 내야 했다. 국가의 수입은 증가했지만 백성은 "돼지나 개의 밥을 먹었다." 상앙은 심지어 '게을러서 가난한 자는 노예가 되도록' 하여 파산한 농민들이 대거 노예로 전락했다. 때문에 변법은 사회 생산력을 제고시키지 못했고 백성에 대한 압박과 착취만 가중시키고 빈부 양극화를 심화시켰다. 농민들에게 가장 잔인하고 가장 노골적으로 가한 착취였다.

상앙은 자신이 새로 만든 법을 강행하기 위해 일교一敎라는 정책을 채택했다. 예악, 시서詩書, 선善, 현賢, 효孝, 제悌 등을 '육슬六虱', 즉 여섯 가지 악폐라고 보고 엄격히 금지하고 공격을 가했다. 사람들의 사상과 행위를 전쟁의 필요에 부합시키기 위해 상앙은 농경과 전쟁에 어긋나는 서적을 모조리 없앴고 『시詩』와 『서書』를 불태울 것을 법령으로 명확히 했다. 그렇게 해서 사상과 행위를 가뒀으며 이단을 배척하고 정신적 속박을 강화했다. 진나라에서 상앙이 『시』와 『서』를 무참하게 소각한 것은 이데올로기적인 측면에서 우민정책과 문화전제주의를 시행한 것이고 문자옥文字獄의 선례를 남겨준 것이다.

상앙은 왜 이렇게 했을까? 바로 그가 인성人性과 수성獸性을 동일시했기 때문이다. 그는 "백성은 나는 새나 금수와 같다民如飛鳥禽獸"고 봤으며 야수를 길들여 부려먹듯이 대했다. 한 손에는 가죽 채찍을 들고 다른 손에는 썩은 고기를 들고서 백성을 혹사시켰다. 그는 "백성이 굶주린 이리가 고기를 보는 것처럼 전쟁을 보게 되면 그들을 활용할 수 있다"[25]고 했다.

전쟁을 위해 생산을 강요하고 또 전쟁을 통해 새로운 땅을 점령하고 새로운 재원을 확대한다. 그리고 다시 새로운 전쟁을 벌인다. 이것이 바로 상앙이 시행한 변법의 근본적 목적인 동시에 주요 내용이었고 부국 강병과 왕천하를 실현하기 위한 근본적 방법이었다. 이토록 잔학하고 야만스러운 상앙은 훗날 효공이 죽자 바람막이를 잃었고 갈 길이 없어졌다. 어느 한 사람, 어느 한 나라도 그를 거둬주려 하지 않았다. 그는 여관에 투숙하러 갔으나 외출 증명서를 가져오지 않았다는 이유로 여관 주인에게 거절당했다. 주인은 말했다.

"상앙께서 여관에 투숙하는 사람은 모두 증명이 있어야 한다고 정하셨소. 그게 없으면 여관 안의 사람들이 모두 연루된다오."

상앙은 별 수 없이 그곳을 떠나는 수밖에 없었다. 그는 잡히고 나서 거열, 즉 오마분시형에 처해졌고 온 집안이 살해당했다. 모두들 그가 죽어도 죄를 다 갚지 못할 것이며 자신이 놓은 덫에 스스로 걸린 것이 절대 우연이 아니라고 여겼다. 사마천까지도 『사기』에서 그가 잔인하고 각박하고 몰인정하여 비극의 나락으로 떨어졌으며 스스로 악명을 얻었다고 비난했다. 상앙은 영웅도 아니고 변법도 위대한 혁신이라 할 수 없다. 사마천이 말한 것처럼 상앙의 변법은 "마음에도 없는 헛소리를 지껄였던 것이니, 그 본성에서 나온 것이 아니었다."[26]

국가는 물론 완벽한 법률을 갖춰야 하고 생산의 발전과 국력의 증강도 이뤄야 한다. 그러나 한 국가의 정책과 법률은 우선 백성의 생명과 재산, 각종 기본권을 보호해야 마땅하다. 또한 인간의 가치와 존엄성, 인간의 권리와 의지를 체현하고 자유롭게 성장하고 적극적, 진취적으로 나아갈 수 있는 기회를 부여해주어야 한다. 당시 조량趙良이라는 사람이 상앙에게 폭정을 거두고 인정을 펼치라고 충고한 데서도 상앙의 변법이 인권을 보호하는 현대 민주정치와 그 위에 세워진 법치정신과는 조금도 비슷한 점이 없었다는 것을 알 수 있다.

훗날 순자荀子가 진나라를 방문했을 때 당시 진나라의 재상이던 범저范雎가 그에게 느낌이 어떠냐고 물었다. 순자는 진나라의 지형, 풍속, 백성의 형편에 대해 말했고 관아의 하급관리들과 조정의 정책 결정을 언급하면서 진나라에는 사치 풍조가 없고 백성은 검소하며 관청을 두려워하여 법령에 순종한다고 했다. 또한 관원들은 정무에 열심이고 기강이 엄하여 직분에 충실한 것이 마치 자연에 순응하여 아무것도 하지 않아도 천하가 저절로 잘 다스려졌던 고대 사회와 같다고 했다.(『순자』
「강국強國」)

순자는 진나라를 두고 "효공에서 소왕昭王에 이르는 4대 동안 연승
을 거둔 것은 결코 요행이 아니며 필연적인 원인이 있다"[27]고 생각했다.
순자는 전국시대의 가장 유명한 사상가였으므로 그의 견해는 비교적
객관적이었을 것이다.

진나라의 중앙집권식 군현제가 그만한 효과를 거둘 수 있었던 것은
아직 열국列國이 분쟁하던 시대였기 때문이다. 진나라 군주는 널리 인
재를 끌어 모을 수 있었고 농경과 전쟁에서 공을 세운 이들에게 상을
주는 한편 혹독한 형법으로 백성을 관리했다. 십오연좌제, 밀고자 장려
책, 경죄에 중형을 가하는 조치 등 잔혹한 수단을 이용해 백성이 관리
의 말이라면 곧이곧대로 듣고 또 고분고분하게 법을 지키도록 만들었
다. 그 누구도 감히 반항하지 않았고 자유롭게 사고할 권리를 포기함
으로써 재앙을 면했다. 진나라는 중앙집권 전제정치가 만들어낸 강력
한 사회였다. 때문에 순자는 나중에 진국의 정치가 "통치의 지극한 경
지"에 이르렀으나 "왕의 공적과 명성으로 가늠해보면 뛰어남과 한참 거
리가 멀다"[28]고 했다. 왜일까? "나라를 다스리는 데 유가를 거의 활용하
지 않은 점이 또한 진나라의 단점이었다."[29]

상앙의 변법은 진나라의 전제 독재제도를 팽창시켜 백성은 관官을
뱀과 전갈 보듯 했다. 진나라 최대의 독재자로는 물론 진시황을 따라갈
자가 없다. 진시황은 진나라가 중원을 통일하기 전에 잔학함, 전제, 패
도, 냉혈, 극단적인 이기심, 끝을 모르는 탐욕을 이미 충분히 드러내 보
였다. 그는 자신의 권력을 제약하는 승상 여불위를 잔혹하게 살해했다.
또한 공적인 것을 중히 여기고 사적인 것을 버려야 한다는 귀공거사貴

公去私 이념, 민심에 순응하고 현인을 찾아 간언을 받아들이라는 이념, 신민이 폭군을 주살하고 입헌군주제를 실시해야 한다는 『여씨춘추呂氏春秋』의 정치적 주장을 극도로 증오했다. 반면 법가의 대표적 인물 한비韓非가 군주 개인의 전제독재, 대권 독점, 언론 탄압, 극형 처벌에 관해 언급한 이론은 크게 칭찬했다. 진시황은 중국을 통일한 뒤 전국적으로 군현 제도를 실시하고 전보다 더 가혹한 강권과 폭력 통치를 펼쳤다. 이 전제폭군이자 독재자가 떨쳐 일어남으로써 중국은 역사상 최대의 인도적 재난을 맞았다.

백가쟁명과 학술사상의 역사적 국한성

이 문제를 논하기에 앞서 먼저 앞에서 얘기한 내용을 한 번 더 언급해보자. 바로 "지금은 천하가 만인의 것이었던 큰 도가 사라졌다今大道旣隱"라며 내뱉은 공자의 탄식이다. 초나라 미치광이가 공자를 향해 "봉황아, 봉황아, 도덕이 어쩌면 그토록 기울었니"[30]라는 가요를 부르자 공자는 마음이 몹시 무거웠다. 그는 나중에 쓸쓸하게 말했다. "천하에 도가 없어진 지 이미 오래고 내가 도를 행할 희망도 이미 사라졌구나."[31] 사실 당시 이런 탄식을 내뱉은 사람은 공자뿐만이 아니었다. 노자나 묵자도 함께 탄식했다.

춘추전국시대에는 시대의 흐름을 타고 각종 사상이 우후죽순처럼 생겨나 싹을 틔우고 성장했고 크고 작은 학자들이 무수한 별처럼 하늘을 가득 메웠다. 제자백가로 통칭되는 유가, 법가, 도가, 묵가 및 각종 사회과학과 자연과학 유파가 속속 등장해 자유롭고 찬란한 시대로 들어섰다. 그런데 왜들 '도가 사라졌다'며 탄식했을까? 왜 이들 선현은 고대의 도를 아쉬워하며 잊지 못했을까?

그렇다. 춘추전국시대 이들 선현이 마음으로 생각한 '대도'는 곧 『좌전』에서 말한 "신을 공경하고 백성에게 충성하는 것敬於神而忠於民"이었다. 이것이 중국 문명의 최초의 원천이다. 그들이 보기에 사람들은 머리에 신이 있어야 백성에게 충성할 수 있었다. 신에 대한 경외심이나 신앙을 가지고 있지 않으면 겸손한 마음으로 권력을 누릴 수 없고 영원히 변치 않는 삶의 규범을 충실히 지킬 수 없어 사람들의 도덕적 수준을 높일 수도 민중에게 충성할 수도 없다. 공자의 대동 사회는, 대도의 규범이 생기니 온 천하를 일반 백성이 공유하고 신용을 중시하고 화목을 추구하며 현명하고 유능한 사람을 선발해 임용하는 사회 풍토가 생기는 것, 그리고 사람과 사람 사이에 서로 관심을 기울이고 아끼는 사회 윤리가 생기는 것을 표방한다. 도가 사라지자 사람들은 법칙과 도덕을 상실했다. 그래서 권력과 이익을 다투고 자신의 이익을 위해서라면 남에게 손해를 끼치는 것도 불사했다. 또한 사람과 사람 사이에 서로 모해하고 음모와 거짓, 강권과 폭력이 성행했다. 이런 상황 아래서 '가천하家天下'도 모습을 드러냈다.

노자도 말했다. "대도의 길이 그지없이 평탄하나 사람들은 곁길만 좋아한다. 조정은 이미 더러워졌고 밭에는 잡초가 무성하고 곳간이 텅 비었네. 그런데도 비단 옷 걸쳐 입고, 날카로운 칼을 차고 음식에 물릴 지경이 되고 재산은 차고도 남으니 이것이 도둑 아니고 무엇이랴. 대도를 버린 세대로다."[32] 묵자 또한 조금의 의심도 없이 말했다. "처음 3대 성군 이후 천하는 대의를 잃었다. 인, 충, 자비, 효에 어긋나는 일들을 행할 뿐 아니라 음란과 폭력, 강도, 도적, 약탈과 살해를 저지르니 실로 어지럽다. 도대체 어떻게 된 일인가? 세상 사람들이 신명神明을 믿지 않기 때문이다! 세상 사람들이 모두 신명을 경외하고 그의 공의와 원칙이 분명한 상벌을 안다면 누가 감히 나쁜 짓을 저지르겠는가? 어찌 천하가 이리 어지러운가?"(『묵자』)

경제가 발전하고 사유제가 등장하면서 부와 사리를 좇는 사회적 경쟁이 나타나는 것은 역사적 필연이라 하는 것이 맞다. 사회에 경쟁이 나타났기 때문에 춘추전국시대에 인권의 신장, 경제 번영, 사회 진보가 가능했다. 그러나 사회 경쟁에 동반된 각종 사회 문제나 범죄에 직면하여 어떻게 해야 바람직한 제도로 권력을 제약하고 도덕의식을 제고할지, 또 각종 범죄와 추악한 모습들을 없앨 수 있을까 하는 근본적 문제가 있었다.

아쉽게도 춘추전국시대의 백가쟁명은 일원화 문명의 속박을 타파하지 못했고 민주제도를 세우지도 못했다. 반대로 전제주의의 일원화 문명이 철저한 승리를 거두는 데 일조했다. 진시황이 고도로 중앙집권화된 군현제를 실시한 것은 중국이 진정으로 통일된 전제사회로 진입했음을 의미했다. 그 이후로 중국 전체에는 오직 하나의 두뇌만 존재할 수 있었다. 그것은 바로 황제의 두뇌였다. 또한 황제의 사상과 목소리만 존재할 수 있었다. 자유 또한 황제의 자유밖에 허용되지 않았다. 사실상 황제 역시 야심과 권력욕의 노예였다. 백성은 사상, 언론, 인신, 집회, 결사 등의 자유를 완전히 박탈당했고 인권은 소멸됐다.

이는 사회적 현실과도 연관이 있지만 선현들이 당시 사회 문제를 인식했던 것의 한계와도 연관이 있다. 즉 해결법을 제시하지 못했기 때문이다. 여기서 당시 주요 학파를 분석해볼 필요가 있다.

먼저 노자의 도가사상을 보자.

노자 사상을 먼저 분석하는 이유는 노자가 진정으로 '대도의 운행'을 서술한 인물이기 때문이다. 노자의 『도덕경』은 바로 '하늘의 대도上天大道'를 전문적으로 서술한 책이다. 『도덕경』에는 시간이나 장소가 나와 있지 않고 인물도 등장하지 않는다. 현실세계와 아무런 관련도 없는 듯이 굉장히 심오하고 난해하다. 그 뒤 2000여 년 동안 이 책에서 전달하고자 하는 사상을 제대로 이해한 이는 없을 것이다. 때문에 『도덕경』을 해석하는 것은 매우 현묘하고 어려운 작업이다. 구름과 안개가 자욱해 앞이 잘 보이지 않는 것처럼 들여다보고 있노라면 갈수록 갈피를 잡을 수 없게 하는 현학玄學이 되었다.

노자가 몰락한 문인으로 사회 진보에 반대했다고 하는 이들도 있고 몽매주의와 소극주의를 널리 전했다고 하는 이들도 있다. 또 어떤 이들은 노자가 말한 것이 변증법이라 하기도 하고 노자의 도道는 기공을 통해 보양을 중시하고 풍수를 살피는 것이라고도 한다. 노자의 도가 자연주의 무신론이라 말하는 이들도 있다. 어쨌건 이 책은 노자와 마찬가지로 후대들에게 기이하고 신비한 존재로 여겨진다.

사실 이런 견해들은 모두 노자의 본뜻과 상치된 것이다. 노자가 상세히 논술한 도는 서양의 『성경』이 전하고자 하는 뜻과 일치한다. 즉, 전문적으로 신에 대해 서술한 책이다. 『신약성경』 「요한복음」은 "태초에 말씀이 계시니라. 이 말씀이 하느님과 함께 계셨으니 이 말씀은 곧 하느님이시니라"라는 구절로 시작된다. 이 구절을 응용해 노자의 도를 분석해보면 그가 말한 도가 바로 신임을 쉽게 알 수 있다. 이 도는 '만물의 어머니'이고 우주와 생명의 창조자이기에 하느님처럼 형상이 없고 눈으로 보거나 들을 수 없고 만질 수도 없다. "큰 모습에는 형체가 없고 가장 큰 소리는 들리지 않는다大象無形, 大希無聲."(『도덕경』) 그러나 영적으로 다가가면 늘 도의 존재를 느낄 수 있다.

이 도는 그 자체로 생명력이 있으며 생명을 베풀기도 한다. 창조의 능력이 있을 뿐 아니라 길러주는 은혜를 베푼다. 또한 큰 사랑이 가득할 뿐 아니라 큰 능력을 행한다. 도의 지혜는 인간의 이해력을 초월한다. 도는 무위이치無爲而治, 즉 아무것도 하지 않고 물 흐르듯 천하를 다스리며 컴컴한 어둠 속에서 모든 것을 이룬다. 그런데 사람들은 그의 행사를 자연이 하는 일이라고 생각한다. 도는 온전히 성결하며 도의 자비와 온유함은 비할 것이 없다. 그러나 무한한 권능을 지니고 있어 세상 사람들을 구원해 죄악에서 벗어나게 할 수 있다. "도는 되돌리는 움직임이다道者反之動." 사람들이 중시하는 금전과 권세는 도가 싫어하는 것이다. "사람은 높은 곳으로 가려고 하고 물은 낮은 곳으로 흐르려고 한다."[33] 도는 바로 물이다. 늘 낮은 곳에 모여 묵묵히 만물을 촉촉하게 적신다. 한편 도 자체는 바라는 것이 하나도 없다. 도는 자유자적하고 무한성과 영구성을 지닌다. 이와 같은 것들은 모두 신에게서 볼 수 있는 특징이다.

『도덕경』에는 한 성인이 반복해서 출현한다. 그는 이름도 없고 성도 없으며 시공 개념도 없다. 그렇지만 전지전능하며 큰 사랑을 베푼다. 이 성인은 현실세계의 군주나 상고시대의 성현도 아니다. 그는 인간 세계에 내려온 대도大道의 화신이다. 육신을 입고 이 땅에 온 예수처럼 말이다. 그는 모욕과 고난을 받았으나 큰 존재가 되었고 왕이 되었다. 그는 큰 공이 있지만 공로를 내세우지 않고 스스로 크다 하지 않는다. 그러나 그는 큰 사람이 되고 그의 공로는 없어지지 않는다. 그는 하늘의 대도가 품고 있는 광명과 영원을 물려받아 세상 사람들을 구제한다. 그는 영광도 받아봤고 모욕도 당해봤으며 세상 사람들은 그를 하늘의 대도의 중개자라고 인식한다.

『도덕경』에서 서술하고 있는 이 성인이 지니는 여러 특징은 『성경』 속의 예수와 완전히 부합한다. 특히 어떤 이의 고증에 따르면 『도덕경』 14장에서 강조하는 '이夷, 희希, 미微' 세 글자는 히브리어로 여호와Jehovah와 발음이 같다. 독일 철학자 헤겔Georg Wilhelm Friedrich Hegel은 19세기 초에 '이, 희, 미' 세 글자를 언급했다. 그는 "이 세 기호 I-hi-wei 혹은 IHV는 (…) 헬라어에 등장하는 Iaw에서 그노스틱Gnostik 종파가 하느님을 부르는 이름이다. (…) 아프리카 중부에서는 어쩌면 하나의 신이라는 뜻이었을 것이다. 또한 히브리어에서는 여호와Jehovah라고 했으나 로마인들은 제우스Jovis라고 불렀다. 사실 헤겔에 앞서 '이, 희, 미'가 여호와라고 한 사람은 르무사트Rémusat다"라고 말했다.(『역사철학강의』)

중국인들이 노자를 진정으로 이해하지 못하고 있을 때, 서구의 학자가 가장 먼저 노자의 사상은 철학도 정치학도 아닌 신학이며 하늘의 대도(즉 하느님)를 묘사한 책이라고 했다.[34]

노자가 보기에 우주만물은 도에서 창조되고 무無에서 생겨나는 것이었다. 하늘의 대도만이, 말씀(도)으로 육신을 입은 성인만이 사람의 영혼을 구할 수 있고 사람을 성결함으로 돌아가게 할 수 있었다. 사람들이 모두 이 대도를 향하고 대도(하느님)에 대한 신앙을 갖게 되면 사회는 자연히 태평성세를 맞게 된다.

바로 이런 원인으로 노자는 지혜와 학문으로는 절대 도를 얻을 수 없으며 영혼으로 구해야 하며 '지혜와 학문을 철저히 버리고', '무지無知와 무위無爲'로, '자신을 비우고 정결하게 정성을 드려'야 한다고 했다. 진솔하고 선량하고 겸손한 영혼만이 도의 진리를 깨달을 수 있다.

이 점은 『성경』의 기록과 동일하다. 『구약성경』 「창세기」에서는 사람이 선악과를 먹고 죄를 지어 그로부터 사람의 영이 하느님을 떠나게 되었다고 했다. 사람은 지식을 갖게 되어 교만해지기 시작했고 타인의 선악을 분별하고 하느님의 말씀을 어겼다. 『신약성경』「마태복음」1장에는 다음의 상황이 기록되어 있다. 예수의 제자들이 예수께 나아와 가로되 "천국에서는 누가 크나이까?"

그러자 예수는 한 어린아이를 불러 이렇게 말했다.

"내가 진실로 너희에게 이르노니 너희가 돌이켜 어린아이들 같이 되지 않으면 결단코 천국에 들어가지 못하리라. 그러므로 누구든지 이 어린아이와 같이 자기를 낮추는 이가 천국에서 큰 자니라."

예수는 왜 이렇게 말했을까? 어린아이는 지식과 학문적 소양을 갖추지 못했으나 겸손하고 순수한 영혼을 지녔으므로 그 영혼이 하느님과 가장 가까웠기 때문이다. 바로 이 대목에서 노자의 사상과 『성경』의 사상이 일치됨을 엿볼 수 있다.

하지만 문제는 바로 다음에 있다. 서구의 예수는 수억 명에 달하는 신도를 얻었고 서구사회가 민주헌정 제도를 수립하는 데 원동력이 되었다. 반면 노자의 대도는 당시에도 그렇고 지금에 와서도 그렇고 대중의 이해와 숭배를 받지 못했고 중국 문명의 현대화에 마땅히 기여해야 할 역할을 해내지 못했다. 심지어 이후 일부 도사道士들은 노자의 도덕을 장생불로의 기술이나 양생養生과 연단煉丹 기술 연마, 풍수지리와 망자를 위한 굿 등에 활용하는 것으로 간주해 노자의 신성한 사상을 통속화시키고 말았다. 왜 이런 현상이 일어났을까?

근본적인 원인은 노자는 예수처럼 그 '도'를 설파하지 않았으며 자신의 생명으로 인류를 구원해내지 못했다는 데 있을 것이다. 그는 전도하지 않았고 도를 가난한 이들에게 전하지도 않았으며 자신의 생명을 대가로 도의 존재를 증명해내지도 못했다. 반면 예수의 기독교가 대중의 숭배를 받은 근본적 이유는 자신의 행위로 자신이 하느님임을, 즉 신이라는 것을 증명해냈다는 데 있다. 그는 동정녀 마리아에게서 잉태되어 죽은 자를 부활시켰고 스스로 십자가에 못 박혀 죽은 뒤 부활했다. 이 모든 행위는 인간이 해낼 수 없는 일들이었다. 이에 반해 노자가 신비한 언어를 빌어 설파한 이 '도'라는 사상에는 하느님의 행위가 담겨 있기는 했지만 대중들은 그 사상을 이해하지 못했고 그것이 실제로 가시화되지도 않았다. 그러기에 대중의 공감을 얻지 못하고 숭배를 받지 못했다.

가령 『성경』에서 하느님은 명실상부한 신으로 세계 만물과 인간을 창조했으며 모세를 통해 율법 '십계명'을 세웠다. 십계명에서는 인간은 하느님 외에 다른 신을 섬겨서는 안 되며 우상을 만들지 말도록 규정했다. 안식일을 지키고 부모를 공경하며 살인하지 말고 간음하지 말며 도적질하지 말고 이웃에 대해 거짓 증거해서는 안 되며 이웃의 소유를 탐내지 말라는 등의 내용이 포함되어 있다. 인간들은 상세하게 규정되어 있는 이 율법을 반드시 지켜야 했다.

『구약성경』에서 율법을 어긴 자에게 신이 내린 벌은 가혹했다. 하느님 앞에서 왕과 백성은 모두 죄인이었다. 『신약성경』에서 하느님은 자신의 독생자 예수를 동정녀에게 잉태시켜 인간으로 탄생시킨 뒤 그의 권능과 무한한 사랑으로 인간의 영혼을 구하고 최후에는 십자가에 못 박히도록 했다. 예수는 죽은 뒤 부활해 승천했다. 하느님은 이런 일련의 과정을 통해 자신의 권능을 만천하에 드러냈다. 하지만 노자의 도는 불분명한 환상에 불과했다. 하느님이 내린 율법과 같은 강제성도 없었고 예수가 친히 몸으로 보여준 행위들도 없었다. 때문에 법칙이 될 수도 없었고 신앙의 대상이 될 수도 없었다.

2000여 년 동안 노자는 줄곧 대중의 오해를 받아왔다. 가령 노자가 제기한 '무위이치'라는 신의 도는 인간의 도라고 간주되고 치국의 이념으로 받아들여졌다. 사실 여기에서 노자가 논하고 싶었던 것은 신의 역할이었다. 인간이 볼 수도 없고 만질 수도 없으며 들을 수도 없는 지고무상의 도를 통해 세상을 창조하는 행위 말이다. 또한 노자는 '소국과민小國寡民'의 사회를 그렸으나 사람들은 그 사회를 원시사회로의 퇴행이라 오해했다. 사실 노자의 뜻은 그런 게 아니었다. 노자가 그렇게 쓴 것은 인간들이 지고무상의 도를 인식하고 인간 본연의 모습으로 회귀하라는 데 있었다. 권력이나 재물 등의 유혹에서 벗어나야 지고무상의 도를 마음 깊이 체험할 수 있다는 것이었다. 인간의 지식과 지혜는 유한해서 그것만으로는 도를 인식할 수 없으니 순수한 마음이 있어야 도의 존재를 깨달을 수 있다는 것이었다. 노자가 논한 것은 철학도 아니요, 형이상학적인 것도 아니요, 변증법도 아니었다. 바로 도의 역할이자 신의 역할이었다. 하지만 애석하게도 사람들은 노자의 참뜻을 이해하지 못하고 전지전능하고 사랑이 충만한 신과 인간이 가져야 하는 신에 대한 신앙 등 하늘의 대도를 깨닫지 못했다. 그래서 노자의 사상은 몹시 현묘하여 이해할 수 없는 것으로 해석되고 말았다. 이로 인해 노자의 사상은 문명의 진보와 보조를 맞춰 강력한 추진력을 발휘하지 못했다.

하지만 노자의 도가 표출해낸 '무위이치'의 경지는 후세에 무시할 수 없는 영향력을 미치고 있다. 후대에 문경의 치文景之治(태평성대의 상징이었던 전한 '문제와 경제'의 통치 시기), 정관의 치貞觀之治(당나라 2대 황제 태종 이세민의 치세 시기), 개원성세開元盛世(개원은 당 현종의 연호를 뜻하며 개원 시기의 흥성의 의미함), 그리고 송나라가 번영을 구가할 수 있었던 중요한 원인은 바로 통치자들이 공히 '무위이치'의 도로 나라를 통치한 데 있었다. 뿐만 아니라 노자가 강조한 것은 하느님의 역할이었기 때문에 그의 도는 통치자가 백성을 속이고 노예로 부리는 도구로 이용될 수 없었으며 또한 통치자에게 이용될 수도 없었다. 이러한 이유 역시 노자의 학설이 이후 역대로 전제왕조의 전통 사상이 되지 못했던 원인이다.

둘째는 공자로 대표되는 유가儒家다.

공자는 하늘의 대도를 상당히 지향했다. 그는 "아침에 도를 듣고 깨달으면 저녁에 죽어도 좋다朝聞道, 夕死可矣"라고 했다. 여기에서 공자의 마음이 얼마나 절박했는지 엿볼 수 있다. 하지만 공자는 노자처럼 '대도', 즉 '신의 존재'를 체험하지는 못했다. '대도가 없어진' 현실에서 그는 한 발 물러서서 부차적인 것을 추구했는데 곧 '인仁'과 '예禮'로 도덕이 붕괴된 사회를 구하고자 한 것이다.

공자가 생활했던 시대에 주나라 왕실은 이미 쇠락의 길에 접어들어 있었으며 제후국에 대한 통제력을 상당 부분 상실한 상태였다. 하지만 제후국 내부의 기본적인 사회구조는 변하지 않았다. '국인'이라는 왕권을 규제하는 무시하지 못할 세력이 여전히 독립적으로 존재하고 있었다. 상층사회에서 권력을 상호 견제하는 제도의 틀도 변하지 않고 있었다. 변화된 것이라고는 예법뿐이었다. 특히 본래 주나라 왕의 전유물이었던 예악이 제후들 층에 퍼지면서 상층사회의 등급질서가 붕괴되기 시작했다. 게다가 일부 제후국의 군주들은 통치 영역 확대를 위해 끊임없이 합병 전쟁을 벌였으며 내부의 백성에 대해서도 인정을 펴지 않았다.

이러한 상황에서 공자는 천하가 혼란에 빠진 근본적 원인을 예악이 붕괴되었으며, 군주가 예법에 대한 구속력이 부족하고 도덕과 어진 품성이 부족해졌기 때문이라고 생각했다. 때문에 그는 서주의 예법을 회복하고 주나라의 천자, 제후, 대부, 귀족, 국인, 평민의 등급관계를 지키며 대국에 의해 합병된 소국을 복원해야 한다고 주장했다. 이것이 바로 『논어』에 나오는 사욕을 극복하여 정당한 모습인 예를 회복한다는 의미의 '극기복례克己復禮'와 끊어진 대를 다시 이어주고 초야에 버려진 인재를 등용한다는 의미의 '계절세, 거일민繼絶世, 擧逸民' 개념이다. 나라의 군주는 백성에게 선정을 베풀며 도덕적으로 교화해야 한다. 사회의 평화와 질서를 회복하고 백성이 안정된 생활을 누리며 즐겁게 일하도록 하며, 군주에게 충성하고 도덕의식을 높여 사회 현실을 변화시켜야 한다. 그래서 그는 정치·경제제도의 개혁방안을 제기하거나 민주적 정치제도를 설계하는 대신, 성인(현실생활에서 도덕적으로 완벽한 사람)이 나라를 다스려 사회의 등급제도를 강화해야 한다고 주창했다. 그래서 그의 사상은 인치人治의 사상이라 할 수 있다. '예악이 붕괴'된 당시 사회 현실 속에서 각국은 생존의 위기에 봉착했다. 그런 상황에서 통치자에게 요구되는 것은 현실적으로 실행 가능한 부국강병의 정치 방안이었다. 하지만 공자는 이러한 치국 방안을 제시하지 못했기 때문에 그의 학설은 군주들이 채택하기 어려웠을 뿐 아니라 후대에 귀감이 될 만한 민주정치 모델로 남지도 못했다.

노자는 공자의 정치사상을 인정하지 않았다. 노자는 천하에서 대도가 사라지면 세상을 구할 것이 없어진다고 확신했다. 이런 이유로 그는 인의예지라는 설교에 대해 못마땅해했으며 끈질기게 진실한 도를 찾았다. 그는 『도덕경』에 이렇게 적었다. "대도가 무너지자 인자함과 정의가 생겼고 대도가 사라지니 덕행을 강조하게 되었다. 덕행이 없어지니 인애를 강조하게 되었고 인애가 없어지니 정의를 강조하게 되었다. 정의가 없어지니 예법을 강조하게 되었다. 소위 예법이라 함은 충신의 천박하고 부족함을 드러내는 것에 불과한 것으로 이미 재난과 변란의 실마리가 되었다."

자유롭고 개방적인 사회에서, 특히 민주제도 하에서 공자의 사상은 전통문화로서 상당히 큰 힘을 발휘할 수 있을 것이다. 가령 '예절을 논하고 수양을 중시하며 도덕을 완비하라' '연장자를 존중하며 어린이를 사랑하고 인애로써 사람을 대하라' '국가에 충성하고 백성을 사랑하라' 등 그가 사람들에게 요구한 내용들은 현실적으로 모두 매우 이상적인 것들이다. 하지만 그는 시대를 뛰어넘는 안목을 지니지 못했으며 이것이 바로 공자 사상의 한계점이다.

이후 전국시대에 맹자는 공자의 사상을 발전시켜 정치 영역으로 편입시켰다. 그리고 '백성이 가장 귀하고 사직은 그다음이요 제일 가벼운 것이 임금'이라는 민본 사상을 제기했다. 이를 통해 통치자는 인정仁政을 펴고 "천하의 모든 사람과 즐기고 천하의 모든 사람과 근심해야 한다"[35]라고 요구했다. 그는 통치자가 인정을 펼치면 천하를 얻고 통치를 유지할 수 있다고 보았다. 그러면서 통치자가 형법을 덜 사용하고 과세를 줄여 백성이 쉬면서 인구를 증가시키도록 해야 한다고 주장했다. 하지만 인정을 펼치고 백성을 아끼며 백성을 근본으로 생각하는 맹자의 치국이념 역시 국가제도 설계에 필요한 근본이 되지 못했고 민주에 기반한 법치를 세우지 못했다.

공맹의 사상이 지니고 있는 다른 점을 분석하려면 먼저 맹자가 살던 시대와 공자의 시대가 다르다는 점을 알 필요가 있다. 맹자가 살던 시대는 이미 전국시대로 접어들어 전쟁이 빈번하게 발발했다. 생존을 위해 각국은 군사력 증강에 사력을 다했고 각종 음모와 계략을 받아들였으며 통치자들은 지켜야 할 규범을 무시했다. 어떤 군주는 백성에게 막중한 세금을 강제 징수했다. 특히 '국인'이라는 정치 세력이 소멸되면서 전체 사회에 군주의 권위를 규제할 강력한 힘이 사라져 내키는 대로 정치를 폈으며 백성을 억압하고 착취했다. 그야말로 도덕적 관점이란 것이 존재하지 않는 시대였다. 이러한 상황에서 맹자는 공자처럼 서주의 예법을 회복하자고 할 수 없었다. 이를테면 '멸망한 나라를 보존해주고 끊어진 왕실을 이어준다存亡繼絕'라는 것처럼 말이다. 그는 폭군과 전쟁을 반대하고 인정의 실시를 치국의 첫 번째로 두었다. 이렇게 공자와 맹자의 사상과 정치적 주장의 중점은 확연한 대비를 보인다.

공맹의 유가가 왕권을 규제하는 사상을 세우지 못한 것은 이들이 경제적으로 독립하지 못했기 때문이다. 당시 그들은 군주의 봉록에 의지해 생활할 수밖에 없었다. 그들은 군주에게 중용되어 자신들의 재능을 발휘하기 위해 유세했다. 하지만 그보다 더 큰 목적은 자신의 정치적 위상을 높이는 것이었다. 그래서 그들은 군주를 강력히 위협하거나 규제할 수 없었다. 그저 권고만 할 뿐이었다. 서구의 기독교가 정치체제 밖의 권력으로 왕권에 도전할 수 있었던 것과는 다른 양상이었다.

예수가 전도했던 것과 공자가 열국을 주유하면서 군주에게 유세한 것에는 근본적 차이가 있다. 예수의 전도는 '권력을 지닌 자를 낮추고 낮은 자를 높이며 굶주린 자를 맛난 음식으로 배 불리고 풍족한 자는 빈손으로 돌아가게'(『신약성경』「누가복음」) 하는 것이었다. 그는 가난하고 병들고 불행한 사람들에게 가서 그들을 돕고 병을 치료해주면서 전도했다. "주의 성령이 내게 임하셨으니 이는 가난한 자에게 복음을 전하게 하시려고 내게 기름을 부으시고 나를 보내사 포로 된 자에게 자유를, 눈먼 자에게 다시 보게 함을 전파하게 하려 하며 눌린 자를 자유케 하고 주의 은혜의 해禧年를 전파하게 하려 하심이라."(『신약성경』「누가복음」) 그는 또한 이렇게 말했다. "수고하고 무거운 짐 진 자들아 다 내게로 오라. 내가 너희를 쉬게 하리라."(『신약성경』「마태복음」) 인류의 구원을 위해 결국 예수는 십자가에 못 박혀 죽음을 당했다. 이러한 경험과 정신은 공자와 맹자에게서는 찾아볼 수 없는 것들이었다. 예수의 사상이 가난한 자를 해방하는 나팔(천두슈陳獨秀의 말)이 된 반면 공자의 학설은 통치자들이 백성을 속이는 도구로 전락한 근본적인 이유를 여기서 찾아볼 수 있다.

공자와 맹자 이후 일부 유가는 『예기』에 공자의 말을 빌어 통치자들에게 '현능한 인물을 백성이 직접 뽑도록 하라'는 민주적 정치모델의 시행을 요구했다. 공자나 맹자의 사상에 비해 상당히 진보되었음을 보여준다. 여불위가 편찬한 『여씨춘추』에서도 "천하는 한 사람의 천하가 아니라 만민의 것"[36]이라는 귀중한 사상을 제기했다. 천하를 자신의 소유로 하는 군주 세습제에 대해서는 "금세의 군주는 모두 천하를 잃으려 하지 않고 자손에게 주려 한다. 관료가 되어 그 직무에 충실하지 않고 사리사욕으로 국정을 혼란스럽게 한다"고 말했다.

『여씨춘추』는 대대로 천하를 자기의 소유로 하려는 사욕으로 군주는 왕위를 못난 자손에게 이어줄지언정 덕과 재능을 겸비한 자에게 넘겨주려 하지 않아 결국 세상에 대혼란을 초래한다고 보았다. 그리하여 사욕을 버리고 공익을 위해 힘쓰라는 의미의 '귀공거사貴公去私'를 요구하기에 이른다. 『여씨춘추』의 편찬자는 심지어 천자에게 과실이 있으면 그도 처벌을 받아야 하고 무력으로 폭군을 죽일 수도 있다고 생각했다.

"이로써 백성의 원한을 없애고 하늘의 도를 따른다"고 했다.

'천하가 만인의 것'이며 '현능한 인물을 백성이 뽑도록' 하는 유가의 정치사상은 민주사상을 싹 틔웠으며 왕권에 대해 심도 깊은 비판과 부정을 가했다. 여불위는 두려움 없는 정신으로 『여씨춘추』를 편찬한 뒤 이를 "함양咸陽 시문市門에 걸어놓고 제후, 유사, 빈객들을 맞이하여 능히 한 글자라도 더하거나 뺄 수 있는 자라면 천금을 주겠노라"[37]라고 했다. 여불위는 이 '글자 하나에 천금'이라는 방식으로 이 책의 반反 왕권사상이 군중 깊이 파고들게 하고 나아가 세상에 널리 퍼지도록 했다.

하지만 당시 진秦의 통일은 이미 대세가 되어 각국은 소멸될 운명에 봉착했다. 상황이 이렇게 되자 이러한 사상에 관심을 기울이는 사람은 더 이상 없어졌다. 전국시대의 사람들은 신앙을 갖지 않았다. 최소한의 도덕적 규제나 경계선도 결핍되어 있었다. 모든 것이 강권과 폭력으로 전이되면서 민주적 이념은 사상조류가 되지 못했고 사회 변화에 어떠한 역할도 하지 못했다.

더욱 한탄스러운 일은 이러한 선진적인 사상이 진나라와 한漢나라 이후 확대되고 발전되지 못했을 뿐 아니라 심지어 '천하가 만인의 것'이라는 사회이념 역시 유가 스스로 포기하고 말았다는 점이다. 전한시대의 유생 동중서董仲舒의 경우 하늘과 사람이 하나라는 뜻의 '천인합일天人合一'의 논리를 제기해 황권 전제에 근거를 제공해주었다. 당唐나라 유종원柳宗元은 「봉건론封建論」에서 진시황이 수립한 군주전제를 대변하는 '가천하家天下'야말로 '공천하'라며 칭송했다. 선거는 조정에서 민간의 인재를 선발하는 것으로 변질되고 이는 곧 관리를 선발하는 방도로 바뀌었다. '현능한 인물을 백성이 뽑도록' 하는 민주적 권력은 백성과 철저히 단절되고 말았다.

셋째는 한비로 대표되는 법가사상이다.

법가는 당시 역사적 조건 아래에서 귀족적 세습제를 타파하고 경전정책耕戰政策을 장려하라고 요구했다. 또한 정치 개혁을 단행해 혁신을 도모하고 군주전제의 중앙집권제도를 실행해 부국강병을 꾀하라고 요구했다. 법가사상은 정치제도적 설계로 실행 가능한 정치적 조치와 방안을 담고 있어 생존과 발전을 도모하고자 하는 각국 군주에게 중시되어 널리 채택되었다. 춘추전국시대에 군주들의 지도 사상으로 채택된 사상은 제자백가 중 법가사상이 유일했다. 이로써 관중管仲이 제나라에서, 이회李悝가 위魏나라에서, 오기吳起가 초나라에서, 상앙이 진나라에서 변법을 단행했다. 이러한 변법은 당시 사회의 경제와 군사 발전을 추진하는 데 막강한 영향력을 행사했다.

하지만 경제적, 군사적 발전을 촉진한다는 것은 다원화된 문명의 진보를 촉진시키고 민주와 자유 그리고 인권의식의 발전을 도모하는 것과는 다르다. 법가에서 주창한 전제적 절대군주 사상은 민주와 자유 그리고 인권을 극도로 멸시하는 사상이자 매우 야만적인 사유 방식이고 제도적 설계다. 군주의 절대성을 유지하고 수호하기 위해 법가는 가혹한 형벌과 법령을 주장했다. 그들이 제창한 혁신, 법제, 진보, 부국강병은 문화를 사장시키고 지식을 박해하며 전제에 이롭지 않은 '이단'을 엄금했다. 소위 법률이란 것은 백성의 권리와 재산을 보호하는 헌법이 아니라 잔혹하게 압제하는 형법이었다. 법가는 도덕을 말하지 않았다. 그저 목적 달성을 위해서는 수단방법을 가리지 않아도 된다고 여겼다. 이는 매우 위험한 행위였다.

한비韓非는 법가사상을 집대성한 인물로 이런 말을 했다. "현명한 군주가 다스리는 나라는 책이 필요 없이 법을 교리로 삼고, 선왕의 말이 필요 없이 관리를 스승으로 삼는다."³⁸ 즉 법률 이외의 모든 것을 엄금했고 신하와 백성은 법령에 복종했으며 어떠한 개인적 자유도 불허했다. 그는 '성악론'에서 출발해 인간은 모두 도둑이고 악인이므로 반드시 형벌과 법령을 취해 효율적으로 통치해야 한다고 여겼고, 이로써 극단적인 전제 집권이 절정을 이루게 했다.

하지만 더 심각한 것은 군주의 전제통치를 강화하기 위해 한비가 일련의 음모와 권모술수를 생각해내 군주의 매서운 통치를 예술적 경지로 승화시킨 것이었다. 그것은 바로 군신을 지배하고 백성을 노예로 부리는 소위 제왕지술帝王之術이다. 이처럼 투명성이라고는 전혀 찾아볼 수 없는 음모와 권모술수는 사람들의 마음에 무거운 속박으로 자리잡기에 이르러 결국 세대를 거듭하면서 잔학한 군주를 양산해냈다. 더불어 위선적이고 탐욕스러우며, 잔인하고 아첨하며, 영혼도 인성도 없고, 윗사람을 기만하며 아랫사람을 속이고, 권모술수를 쓰며 교묘한 수단으로 탈취하고 서로 속고 속이는 관료들을 길러냈다. 세대를 거듭하는 동안 사람이 갖춰야 할 자유로운 천성과 자주적인 관념, 진취성 그리고 경쟁의식을 거의 상실하게 되었으며, 인권의식도 사라지게 되었다. 법가의 잔혹한 사상과 음모와 술수가 중국 사회에 가한 위해는 실로 엄청나다. 그 해악의 심각성은 2000여 년 뒤 일어난 '문화대혁명'이 법가를 숭배한 것에서도 그 한 단면을 읽어낼 수 있다.

전한前漢 이후 법가의 전제사상은 왜곡된 유가사상과 부합하여 황권 전제에 힘을 실어주는, 회유와 억압의 양면성을 띤 수단이 되었다. 정치적 억압이 그 하나요 사상적 규제와 정치적 속임수가 다른 하나였다. 이로써 법가사상은 2000여 년간 이어내려온 황권전제의 기반이 되었다.

넷째는 묵자로 대표되는 묵가墨家사상이다.

춘추전국 시대에 묵가는 대중의 칭찬을 한몸에 받은 사상으로 평등, 박애, 평민의식을 갖추고 있었다. 게다가 묵자는 하늘의 대도를 지키기 위해 힘을 다한 인물이었다. 『묵자』에 기록된 바에 따르면 고대 선왕들은 신명神明에게 더없이 극진히 제사를 드렸으며 후대가 신의 존재를 모를까 걱정해 대나무와 비단에 사실을 조목조목 기록했다고 한다. 대나무와 비단이 썩을까 염려되어 접시나 사발 그리고 쇠붙이와 돌에도 새겨두었다. 그러면서도 후대가 신을 모시는 데 있어 정성스럽지 못할까 염려되어 1척尺에 달할 정도의 비단에 신신당부하는 글을 적어두었다. 하지만 현대인들은 신명神明이란 원래 존재하지 않았다고 하니, 이는 예로부터 내려오는 군자의 도라 할 수 없는 것이다.

신의 도를 섬기는 묵자의 사상은 겸애兼愛와 비공非攻에서 잘 드러난다. 즉 박애와 평화가 골자를 이루는데 여기에서 전쟁에 반대한다는 것은 모든 전쟁을 반대하는 것이 아니라 침략전쟁을 반대한다는 것이다. 이 밖에도 낭비와 향락을 배척했다. 그는 당시의 불합리하고 불평등한 사회 현실을 겨냥해 많은 중요한 문제를 제기했다. 가령 이런 내용이었다. "통치자들은 왜 사치와 낭비를 하면서 백성은 굶주림에 시달리게 하는가? 가천하를 주장해 백성이 정권을 한 집안에 넘겨줘 대대로 계승케 하는 이유는 무엇인가? 전장에서 만 명의 목숨을 죽인 자는 영웅이 되는데 거리에서 한 사람을 죽인 자는 왜 범죄자가 되어야 하는가? 타인의 닭 한 마리를 훔치면 도둑이 되는데 타국을 빼앗은 자는 왜 명장이 되는가?" 이러한 문제 제기는 상층 통치자들과 귀족집단이 누리고 있는 은폐된 권익을 적나라하게 드러냈다. 더불어 묵자 자신의 지혜와 집권자를 멸시하는 용기를 유감없이 보여주었다. 더불어 그는 불평등한 사회 현실을 개혁할 이상理想을 요구했다.

춘추전국시대에 묵자학파는 가장 일찍 그리고 가장 확고하게 세경세록世卿世祿[벼슬과 녹봉을 세습하는 제도]을 없애고 귀족 특권을 타파하라고 주장했다. 이는 당시 정권에 참여하고자 하는 각국 중하층 백성(주로 국인들)의 요구를 대표하는 것으로 당시 가장 선진적인 정치사상이자 주장이었다. 이렇게 묵자가 추구한 것은 새로운 사회질서였고 새로운 인간관계였다. 그는 국인들이 정권에 참여하고 통치자의 권력과 재산이 세습되지 않기를 희망했다. 또한 군주의 전제집권을 반대하고 사람과 사람 사이가 평등하길 희망했으며 평화롭고 전쟁 없는 사회를 희망했다. 군주가 백성에게 은혜를 베푸는 것이 아니라 백성이 군주를 부양하는 것이니 군주가 사치와 향락을 일삼아 백성이 굶주림에 시달리게 해서는 안 된다고 했다.

묵가사상은 춘추시대에 광범위한 사회적 영향력을 지녔고 한동안 사상적 조류가 되기도 했다. 묵가사상은 참정과 의정의 전통을 지닌 각국의 국인들 사이에서 강력한 공감대를 불러일으켰으며, 또한 당시 상당한 정치적 세력을 형성하고 있었던 국인들이 보다 많은 정치적 권리를 쟁취하는 사상적 무기가 되었다. 안타까운 것은 이후 국인들이 사회적 지위의 변화로 인해 총체적으로 소멸되었고 이로써 묵가사상도 소리 없이 자취를 감추고 말았다는 것이다. 물론 묵가의 사상은 다원화 문명의 민주, 법치, 자유사상과 적잖은 격차를 보이고 있는 것이 사실이다. 하지만 정치에 평민 참여를 요구하는 주장은 매우 파격적이었다.

춘추전국시대는 중국의 문명이 진정 발흥했던 시기였지만, 다원화 문명을 형성할 사상적 조류가 존재하지 않았고 또 민주사상을 대표할 만한 인물도 배출되지 않았다는 것을 알 수 있다. 매우 유감스러운 일이다. 특히 국인들이 정치에서 발휘한 민주적 역할이나 자산子産이 정나라에서 집정하던 시기 정치적 민주화와 상품경제를 발전시키기 위해 진행했던 구체적 실천 등은 모두 당시 사상가들의 주목을 받지 못했으며 중요성도 인식되지 못했다. 서주가 설계했던 제후분봉제와 지방자치제를 비롯한 정치체제 그리고 이러한 정치 구도가 국인들에게 가져다준 자유와 정치적 권리 역시 사상가들의 주목을 받지 못했다. 묵자는 국인 참정의 사상을 제기했고 이후 일부 유가 인물들도 이와 비슷한 사상, 이를테면 '우두머리가 없는 용의 무리가 상서롭다見群龍無首吉'라는 주장을 제기했지만 사회의 폭넓은 지지를 얻지 못했다.

공자와 동시대였던 고대 그리스에서는 아리스토텔레스와 같은 위대한 사상가가 탄생했고 그의 사상은 국경을 초월해 폭넓은 영향력을 행사했다. 그의 위대함은 바로 선인의 사상을 뛰어넘어 그 이후의 서구 문명을 배양시켰다는 데 있다. 그는 스승 플라톤의 현인정치와 『국가』의 정치적 주장에서 계시를 받아 정치체제를 분류하는 학설을 제기했다. 한 사람이 최고 권력을 장악하는 정치체제는 군주정체이고 소수의 사람들이 최고 권력을 장악하는 것은 귀족정체이며 다수의 사람이 최고 권력을 장악하는 것이 공화정체인데 그중 가장 이상적인 것이 공화정체라고 그는 생각했다. 그는 사람에 의한 통치를 반대하고 법치를 숭상했다. '일반적인 인간은 짐승과 같은 욕망을 완전히 없앨 수 없다', 때문에 이는 '집정 시기에 편향하는 우를 범하게 할 수 있다'라고 생각했다. 또한 그는 중산층의 의지와 이익을 반영하는 법률이 최고라고 생각했다. 때문에 그의 정치사상에서는 군주집권적 전제주의를 찾아볼 수 없다. 그의 사상은 후대의 사상가들에게 큰 영향을 주었고 민주사상의 중요한 근원이 되었다. 특히 예수의 전도 정신은 서구 문명의 진보를 이

루는 거대한 동력이 되었으며 더불어 가난한 자를 해방시키는 무기가
되었다.

제3장

폭력과 전제로 비롯된 재난

: 진나라의 대일통大一統과 일원화 문명의 확립

오랜 기간 사람들은 진시황이 최초로 중국을 통일하고 대일통大一統[천하는 천자를 중심으로 통일되어야 한다는 의미]의 중앙집권식 황제 전제 정치를 수립한 것이 역사 발전의 조류와 대중의 열망을 반영한 것이라고 여겨왔다. 곧 중국 통일이 중국 역사에 대한 중대한 공헌이자 역사의 일대 전진이라고 본 것이다. 하지만 오늘날의 관점에서 분석해보건대 그것은 분명 문명에 대한 심각한 재난이다.

먼저 진시황은 최초로 중국을 통일한 인물이 아니라는 점을 명확히 인식해야 한다. 최초로 중국을 통일한 인물은 서주西周의 무왕武王이었다. 무왕은 상商나라를 정벌한 뒤 제후들에게 분봉을 시행했다. 주나라 왕실은 중앙 정부이고 각 제후국들은 지방자치를 시행했다. 지금의 관점에서 봤을 때 이는 최적의 통일방식이었다. 왜냐하면 통일은 집권과 다른 의미이고 전제와는 더더욱 다른 의미다. 또한 분봉은 분열이 아니고, 자치 역시 독립이 아니기 때문이다. 각 지방은 서주 중앙 정부의 지도 아래 주례를 중앙과 지방을 연결하는 정치·법률의 기초로 삼았다. 주나라 왕실은 전제를 시행하지 않았다. 통일에 중앙집권이라는 모델만이 있는 것은 아니며, 지방자치는 대국이 필수적으로 갖춰야 할 기본적인 정치구조이고, 또 보다 나은 통일 방식이었던 것이다. 때문에 중국을 통일한 최초의 인물이 진시황이라는 견해는 문명에 대한 곡해와 정치 상식의 무지에서 나온 것이다.

국가의 통일, 민족의 융합은 분명 긍정적인 것이다. 하지만 국가의 통일과 평화는 전제적 폭정에 의한 통일과 본질적으로 구분된다. 진나라의 천하통일은 사회의 진보와 경제발전을 가져오지 못했다.

'맹강녀곡장성孟姜女哭長城'이라는 고사가 있다. 진시황 때 제나라 범기량范杞梁의 아내 맹강녀孟姜女는 그 남편이 성을 쌓기 위하여 부역賦役을 떠나자 남편이 있는 곳으로 갔다. 하지만 도착지에서 남편이 이미 죽었다는 것을 알게 된 맹강녀가 성城 밑에서 곡哭을 하자 성이 무너져 남편의 유해遺骸가 나타났다는 내용이다. 이 고사를 통해 진시황의 전제와 폭정이 백성에게 얼마나 가혹한 재난이었는지 알 수 있다.

6국을 멸한 진나라의 불의

진나라가 폭력으로 실현한 대일통이 진보적이지 못하다고 하는 이유는 먼저 그 과정이 정의롭지 못했기 때문이다. 전쟁은 사람과 사람 사이에 벌어지는 참혹한 살육이며 이는 의심의 여지없이 불의한 일임을 누구든 알고 있다. 노자는 『도덕경』에서 이렇게 언급했다. "무기는 상서롭지 못한 도구라 성인은 어쩔 수 없는 상황에서만 써야 한다."[1] 『맹자』에는 "단 한 가지라도 의롭지 못한 일을 저지르고, 한 사람이라도 죄 없는 사람을 죽여서 천하를 얻는 일은 하지 않아야 한다"[2]라고 했다. 이를 지식인의 관점이라고만 생각해서는 안 된다. 이는 모든 정치가가 반드시 갖추어야 할 기본적 도덕이고 인간으로서 최소한의 요구다. 정치적 건달 또는 무뢰배들이나 목적을 위해 수단과 방법을 가리지 않을 뿐이다. 때문에 전쟁을 일으킬 충분한 이유가 없으면 정의와는 거리가 멀다. 그런데 진나라가 일으킨 전쟁은 그 동기와 수단에서 모두 정당한 이유가 없었다.

춘추전국시대 이전, 중국에서는 오랜 왕조를 멸망시킨 전쟁이 두 차례 발생했다. 첫째는 상나라 탕왕이 하나라를 멸망시킨 것이고 다른 하나는 무왕이 상나라를 멸망시킨 것이다. 이 두 차례의 전쟁은 역사적으로 '탕무혁명湯武革命'이라고 불린다. 이 두 차례의 전쟁이 발생한 이유는 하나라의 걸왕과 상나라의 주왕이 포학무도했기 때문이다. 탕왕과 무왕이 전대 왕조의 폭정을 정벌한 일은 유가가 제창한 불쌍한 백성은 돕고 죄지은 백성은 벌준다라는 의미의 '조민벌죄弔民伐罪'에 해당된다. 이러한 전쟁은 '성인이 어쩔 수 없이 일으킨 것'으로 정의로움을 갖는다.

무왕이 주왕을 토벌한 것을 예로 들어보자. 사료는 주왕의 폭정이 극에 달해 하늘과 땅의 분노를 사서 천하의 백성이 의탁할 곳을 찾아 주나라의 수도인 서기西岐로 달아났다고 기록하고 있다. 서주가 상나라 주왕에게 전쟁을 일으키기 전, 주나라는 천하의 삼분의 이를 차지했다. 그런 상황에서 주나라가 상나라를 멸한 것은 이치에 맞는 일이었다. 그럼에도 주나라 무왕은 즉위 2년 "동관으로 출병하여 맹진에 다

다른" 뒤 다시 철수해 돌아왔고, 곧장 상나라를 공격하지 않았다. 상나라 주왕이 대신 비간을 죽인 뒤 그 백성이 더 이상 살아갈 수 없을 지경에 이르러서야 무왕은 비로소 공식적으로 주왕을 칠 결정을 내렸다. 군대는 곧장 상나라의 수도 조가에 진입했다. 상나라는 아무런 저항의 움직임도 보이지 않았고 주나라 군대는 순조롭게 조가 교외의 목야에 이르렀다. 상나라 주왕은 군대를 보내 맞서 싸웠다. 이에 대해 『시경』에는 "상나라 군대가 숲을 이루었다殷商之旅 其會如林"라고 나와 있다. 당시 군대가 얼마나 많았는지 짐작할 수 있는 대목이다. 이런 상황에서 상나라 주왕의 대군은 전장에 나가 창을 거꾸로 돌리고 주왕에게 반격을 가했다. 주왕은 제대로 싸우지도 못하고 자멸했다. 주왕이 분신자살한 뒤 무왕은 전국에 격문을 돌려 그 사실을 알리고 빠르게 통일과 안정을 일구어 나갔다.

무왕이 주왕을 정벌하여 폭군을 쓰러뜨린 것은 불쌍한 백성을 돕고 죄 지은 백성을 징벌하여 하늘을 대신해 도를 행한 것이었다. 전쟁을 일으킨 동기와 이유 모두 정의로웠고 이에 천하 백성이 지지했다. 무력이라는 수단을 사용하기는 했지만 사실상 전투는 몇 차례 일어나지 않았고 어떠한 음모나 권모술수도 사용하지 않고 대규모 살육도 없이 승리를 거두었다. 그래서 서주의 이러한 통일을 두고 진보적이며 도덕적이라는 평을 하는 것이다. 당시 백이伯夷는 무왕이 주왕을 토벌한 것을 두고 '폭력을 폭력으로 다스리다以暴易暴'라고 평했다. 그는 숙제叔齊와 함께 상나라를 치려는 무왕을 말렸다. 하지만 무왕은 이를 듣지 않았고 백이와 숙제는 결국 수양산으로 들어갔다. 그들은 주속周粟[주나라의 식량]을 먹지 않고 굶어 죽었다. 인격이 높고 절개가 굳었던 백이와 숙제는 폭력에 반대했으며 이는 잘못된 의견은 아니었다. 하지만 무왕이 주왕을 친 것은 정의로운 일로 백성을 곤경에서 구하기 위한 절박한 조처였다.

『상서尚書』에 기록된 바에 따르면 주나라 무왕이 상나라를 정벌할 때 이미 네 차례나 선언했다. 그는 상나라 주왕의 폭행을 열거하며 자신이 상나라 주왕을 토벌하는 것은 하늘을 대신해 도를 행하는 일이라고 여기고 이렇게 말했다. "상나라의 죄는 가득 차고 넘쳐 하늘이 벌하도록 명하시어 그를 쳤다.[3] 만약 내가 하늘의 명을 따르지 않고 주왕을 치지 않는다면 그것은 곧 하늘의 명을 어기는 것이다. 나는 이미 '하늘'에게 삼가 아뢰었으며 또한 선조께 제사를 드렸으니 이제 천벌天罰을 집행하려 한다. 하늘은 백성을 불쌍히 여기고 있으며 무릇 백성이 원하는 것을 하늘은 반드시 따를 것이다."

국가의 통일을 이룩하는 데 무력이라는 방법만 있는 것은 아니다. 미국이 그 예가 될 수 있겠다. 미국은 평화적 방법으로 국가의 통일을 이루고 스스로 헌법을 채택해 연방제 국가를 세웠다. 그리고 민주, 공화, 법치, 자유라는 이념을 실현해 마침내 국가의 장기적 안정과 번영의 기반을 다졌다. 미국의 통일은 서구인들이 갖춘 고도의 정치적 지혜와 인권에 대한 존중을 보여주었으며 인류가 법치라는 비폭력적인 수단으로 나라를 세우는 새로운 모델을 제시해주었다. 고대 중국은 헌법을 채택해 평화통일을 실천하는 미국식 통일의 조건을 갖추지 못했다. 하지만 최소한 주왕을 친 무왕처럼 충분한 이유를 가지고 전쟁을 일으켜 민중의 지지를 얻어야 했다.

춘추시대에 각 제후국 사이에 전쟁이 일어난 것 역시 그만한 이유가 있었다. 페이모눙裴默農은 저서 『춘추전국외교군성春秋戰國外交群星』에서 이렇게 말했다. "외교는 주권 국가가 국제 업무를 처리하는 공식 채

널이자 대등한 국제 행위다. 이러한 행위는 반드시 보편적인 승인과 서로 존중하는 일반적인 규칙이 있어야 한다. 이는 즉 현대적 의미에서의 국제법이다. 어떤 의미에서 주례周禮는 춘추전국시대의 이러한 외교적 법규다." 춘추시대에 주례를 널리 알린 목적은 주 왕조의 왕통을 수호하고 이민족의 침략을 배척하기 위함이었다. 또한 국가 간 우호와 상호 협력을 다지고 우의를 도모하며 평화를 추진하기 위해서였다. 더불어 망국을 부흥시키고 끊어진 대를 잇게 하며 기존의 질서를 공고히 하기 위함이었다. 때문에 제나라 환공과 진晉 문공文公이 중원을 제패할 때 모두 '존왕양이尊王攘夷'를 내세워 호소했고 맹세의 형식으로 이 주장을 실현했다. 주례를 지키는 것이 바로 그들이 전쟁을 일으키는 동기이자 이유였다.

다른 예를 들어보자. 위나라와 형邢나라가 오랑캐의 침략을 받았을 때 제나라 환공은 오랑캐에 맞서 전쟁을 벌였다. 이는 두 나라의 안전을 지키기 위한 행위였기 때문에 당시 국제사회의 칭송을 받았다. 주례에서 규정한 바에 따르면 제후국들은 정기적으로 주 왕실에 조공을 바쳐야 했으며 이를 지키지 않는 제후국은 토벌 당해야 했다. 나중에 제후들이 스스로 패왕을 칭하게 되자, 이에 작은 나라가 패주에게 공물을 바치지 않으면 그 역시 토벌의 대상이 되었다. 당연히 그 당시에도 많은 제후국이 주례를 지키지 않았다. 서로 공격해 통합했고 철저한 양육강식의 자세로 국제 질서를 파괴했다. 이런 상황에서 이들 패주는 국제 평화 유지라는 책임을 짊어져야 했다. 침략과 합병을 반대하는 것이 그들이 전쟁을 일으키는 중요한 이유였으며, 이는 당시 사회의 안정과 평화를 유지하기 위한 필요에 의해서였다.

하지만 어떤 상황에서는 전쟁을 일으킬 수가 없었는데, 가령 주례를 지키는 제후국에 대해서는 어떠한 국가도 전쟁을 일으켜서는 안 되었다. 한번은 제나라 환공이 노魯나라의 내란을 틈타 노나라를 정벌하고자 했다. 하지만 대부 중손초仲孫湫는 '불가하다'고 여기고 "노나라가 주례를 버리지 않았으므로 아직 토벌할 수 없습니다"4라고 말했다. 이에 제 환공은 노나라를 공격할 계획을 접고 위무하는 방법을 취하기에 이르렀다. 또한 주례에 규정된 바에 따르면 상례喪禮가 있는 제후국에 대해서도 전쟁을 일으킬 수 없었다. '상례가 있는 나라를 치지 않는 것'은 당시 각 나라들이 반드시 지켜야 할 규칙이었다. 『좌전』에 따르면 진陳나라 문공文公이 죽자 "초나라 사람들은 진나라를 치려고 했으나 문공의 상을 듣고 그만두었다"5라고 했다. 기원전 554년 진晉나라가 제나라를 침략하려 할 때 "상을 당했다는 소식을 듣고 돌아왔다聞喪而還." 기원전 560년에는 초 공왕共王이 병사한 틈을 타 오吳나라가 초나라를 침략했고 그 결과 몇몇 나라가 오나라를 치겠다고 일어섰다. 오나라는 하는 수 없이 진晉나라에 가서 구조를 요청했지만 진나라 재상은 초나라가 장례를 치르는 틈을 이용해 공격한 오나라는 부도덕한 행위를 저질렀다고 공개적으로 비난하고 오나라의 요청을 거절했다. 춘추시대를 통틀어 재난을 구제하고 이웃을 동정하며, 범죄를 소탕하고 서로 도우며, 조문하고 축하하며, 상을 당한 나라는 정벌하지 않고 정치범은 보호하는 등의 사례를 역사서에서 심심찮게 찾아볼 수 있다. 이러한 행위는 국제관계에서 "예의 중에서도 큰 것禮之大者也"이라고 간주되었다.

당시 사람들은 충, 효, 인, 의, 신 등의 이데올로기를 신봉했는데 이러한 이데올로기를 위반하면 국제사회에서 질책을 받았고 이를 잘 지키면 존중을 받았다. 춘추시대에 송宋 양공襄公이라는 인물이 있었는데 초나라와 전쟁을 벌일 때 커다란 깃발에 '인의仁義' 두 글자를 써 놓았다. 초나라 군대가 강을 건널 때 그는 단숨에 초나라 군대를 물리칠 수 있었지만 '전열을 갖추지 못한 적을 공격해서는 안 된다'는 인의도덕의 요구에 어긋난다고 생각해 초나라 군대가 강을 완전히 다 건너고 진을 구축하고 나서야 공격했다. 결국 상황은 역전되어 초나라 군대에 의해 격멸당했다. 오늘날의 시각에서 봤을 때 양공의 행위는 더없이 어리석고 우습지만 당시 사람들에게는 충분히 공감을 일으키는 것이었고 주례의 도덕 규범을 엄수한 '군자의 풍격'이라 하여 칭송될 만한 일이었다. 만약 그렇게 하지 않았다면 도리어 '인과 예가 없다'고 여겼을 것이다. 또 다른 예로 진秦나라와 진晉나라가 하곡河曲에서 교전을 벌일 때 진秦나라 군대가 패주하자 조순趙盾의 아우가 진나라 군대가 강을 건너는 틈을 타 섬멸하자고 한 일을 들 수 있다. 하지만 조순은 남의 위기를 틈타 공격을 가하는 것은 '용기 없는 행위'라고 생각해 공격 제안을 거절하고 진나라 군대가 안전하게 후퇴하도록 했다. 이뿐 아니라 오왕吳王 부차夫差가 월越나라 성도 회계會稽를 포위 공격하자 월왕 구천句踐이 화해를 청하며 투항을 해왔다. 이에 대해 오자서伍子胥가 투항을 거절하자고 강력히 주장하자 부차는 투항을 거절하는 것은 곧 "어질지도 못하고 의롭지도 못한 일이니 비록 월나라가 열이라도 나는 그럴 수는 없다"[6]고 했다. 이러한 사회적 공감대는 춘추시대 각 제후국 사이의 도덕관념과 인도적 정신 그리고 행위 규범에 대한 존중을 잘 보여준다.

하지만 진나라가 6국을 멸한 전쟁은 탕무혁명 및 춘추시대의 '예법에 따라 행하는' 것과 완전히 다른 것이었다. 당시의 주 왕실이 하나라의 걸왕과 상나라의 주왕처럼 폭력적이었다면 진나라는 '불쌍한 백성은 돕고 죄 지은 백성은 징벌'하기 위해 전쟁을 벌여 주나라를 정벌하고 새로운 왕조를 세운 것으로 이는 전혀 비난할 것이 못 된다. 하지만 주 왕실은 당시 폭력적 통치와는 거리가 멀었다. 제후국들은 동주東周 아래에서 통일을 유지하고 있었고 주례에 따라 국제관계를 처리했다. 또한 당시는 사상적 개방, 경제적 번영, 문화적 발달을 이룩한 중국 역사상 크게 흥성했던 시대였다. 그런 상황에서 진나라가 전쟁을 일으킨 것은 불쌍한 백성은 돕고 죄 지은 백성은 징벌하기 위해서도 아니었고 백성을 곤경에서 구하기 위함도 아니었다. 물론 평화와 사회적 진보를 실현하기 위해서도 아니었고 이민족의 침략에 저항하기 위함도 아니었다. 그 전쟁의 목적은 바로 다른 나라의 토지와 재산을 약탈하고 점유하기 위해서였다.

진나라가 전쟁을 일으킨 추악한 동기를 설명하기 위해 진나라의 역사를 되돌아보자.

서주가 건국될 당시 진나라는 아직 원시적 소규모 부락에 불과했다. 진나라는 서주가 봉한 제후국이 아니어서 서주 왕실과 어떠한 종법적 혈연관계도 없었다. 말을 사육하는 것을 업으로 삼고 있었으며, 백락伯樂이 이들의 선조라는 설도 있다. 읍邑으로 봉해져 성을 세우고 정착한 것은 기원전 889년부터였다. 주나라 평왕이 동쪽으로 천도할 당시 진秦 양왕襄王이 평왕을 호위해 공을 세우자 비로소 정식으로 제후국으로 봉해져 건국을 하게 되었다.

바로 이러한 이유로 진나라는 서주 문화의 영향이 적었고, 따라서 분봉 제도와 각종 예법 그리고 인의라는 도덕관념을 갖추지 못했다. 당시 진나라는 야만적인 노예사회였고, 여전히 순장제도를 시행하고 있었다. 『사기』는 진나라 목공穆公이 죽은 뒤 177명을 순장했는데 그 수는 진나라 무공이 순장되었을 때보다 세 배나 되며 그중에는 세 명의 '어진 신하'도 포함되어 있었다고 기록하고 있다. '현명한 군주'라 불렸던 목공의 잔인하고 야만적인 행태를 여실히 드러내주는 대목이다. 민간에서는 「황조黃鳥」라는 시가 구전되면서 진 목공을 겨냥한 분노를 표출했다. 그중 "저 푸른 하늘이여 어찌 우리 훌륭한 사람을 죽였는가. 대속代贖할 수만 있다면 우리 백 사람의 몸이라도 바치리라"7는 더없이 침통하다. 이 시는 그 뒤 『시경』에 수록되어 대대손손 진나라 통치자의 죄악을 기억하게 해주고 있다.

진나라가 서융西戎과 접해 있었던 그때, 주나라 평왕은 동천하면서 진나라 사람들에게 이렇게 경고했다. "서융이 나의 풍豐과 기岐 지역을 침탈했다. 진나라가 오랑캐를 공격해 축출할 수 있으면 그곳을 얻으리라."(『사기』「진본기秦本記」) 기는 주나라 사람들이 이전에 살던 곳으로 관중關中의 풍요로운 땅이었다. 그 땅을 이민족에게 빼앗긴 평왕의 심정을 알 수 있는 대목이다. 하지만 진나라 통치자에게는 천자국의 변방을 지켜야 한다는 제후국으로서의 책임의식이 없었다. 진은 서융을 진압하기는커녕 방향을 돌려 중원에서 전쟁을 끊임없이 일으켜 중원 국가들의 토지와 재산을 약탈했다. 수백 년간의 전쟁으로 중원의 백성은 도탄에 빠졌다. 진나라 목공이 한때 서융을 제패한 바 있었지만 그가 죽은 뒤 진나라의 역대 군주들은 서진 정책을 포기했다. 그 결과 목공이 심혈을 기울여 얻은 서북쪽 영토를 모조리 잃었다. 진시황이 천하를 통일했을 때 서북쪽 경계는 임조臨洮(지금의 간쑤성甘肅省 란저우蘭州) 일대에 불과했다. 진시황은 자신의 이처럼 뛰어난 재능과 원대한 계략을 왜 서융을 진압하는 데 쓰지 않았을까? 서융이 있는 지역은 낙후되고 외진 곳으로 실익을 거두기 힘들다고 판단했기 때문이며, 대신 중원을 점령하면 대규모의 영토와 재물 그리고 미녀를 취할 수 있었음을 알 수 있다.

최근 고고학자들은 진동릉秦東陵의 5개(소양왕과 그의 모후 선태후宣太后, 효문왕, 장양왕 그리고 진시황) 왕릉은 북쪽에 앉아 얼굴을 남쪽으로 향했던 '남면칭왕南面稱王'의 전통과 달리 모두 서쪽에서 동쪽을 바라보고 앉는 '좌서면동坐西面東'임을 발견했다. 다시 위로 거슬러 올라가보면 봉상鳳翔의 진릉秦陵(춘추시대 진秦나라 역대 군주의 묘지) 역시 모두 서쪽에서 동쪽을 향하는 '좌서조동坐西朝東'을 했다. 페이모능은 『춘추전국외교군성』에 이러한 역사적 사실을 기록하면서 진나라에서 가장 늦게는 목공 때부터 동쪽을 정벌할 계획이 서기 시작했고 대대로 굳건한 의지로 그 계획을 추진했음을 예리하게 지적하고 있다. 물론 그 동기는 '뿌리를 찾으려는' 고향 땅에 대한 강한 애착에서 비롯된 것도 아니었고 역사적 조류에 순응하기 위함도 아니었다. 그보다는 동쪽 제후국의 풍요로운 땅을 얻고자 한 것이다.

진나라는 선전포고도 없는 기습공격으로 승리를 거뒀다. 또 좋은 기회가 생기기만 하면 공격을 가했고 목적을 달성하기 위해서는 온갖 수단을 다 동원했으며, 어떠한 도덕과 규칙도 없었다. 음모와 권모술수 그리고 참혹하고 잔인한 살육을 그 수단으로 동원했으며 어떠한 인도정신이나 문명의식도 찾아볼 수 없었다.

백기白起를 예로 들어 진나라가 6국을 정벌했을 때의 참혹하고 야만적인 행태를 보자. 『진집사秦集史』의 통계자료에 따르면 전국시대에 진나라가 중원 각국에 일으킨 전쟁은 총 22차례였으며 전쟁을 통해 살해한 각국의 장병은 163만5000명에 달했다. 그중 백기가 이끄는 군대가 사살한 사람은 86만 명으로 전체의 절반을 넘어섰다. 사실 이 통계가 완전한 것은 아니지만 『전국사戰國史』 통계에 따르면 백기가 이궐伊闕, 언영鄢郢, 화양華陽, 장평長平의 4대 전쟁에서 참혹하게 죽인 삼진三

晉과 초나라 병사는 100만 명을 넘어섰다. 이 때문에 백기는 '인간 백정'으로 불렸다. 이궐 전쟁에서는 한韓나라와 위나라의 장병들 24만 명이 백기에 의해 참수되었다. 가장 참혹했던 것은 장평長平에서 벌어진 진나라와 조趙나라의 전쟁이었다. 『사기』에 따르면 조나라 군대가 이 전쟁에서 패해 45만 여명이 백기에게 투항했는데 백기는 "조나라 병사들은 계속 반란을 일으키니 모두 죽이지 않으면 다시 어려워질 것이다. 이에 모두 협박하고 속여 생매장하여 죽였다"[8]고 하고 있다. 세계 어떤 전쟁에서도 극히 보기 드문 일이었다.

이 통계는 진시황이 이후 전쟁을 일으키면서 참살한 인원을 포함하지 않은 것이다. 『진집사秦集史』에는 소대蘇代가 연왕燕王에게 서신을 보내 한 말이 기록되어 있다. "진나라가 죽인 삼진三晉의 백성은 수백만에 달하고 지금 살아 있는 자는 모두 진나라의 손에 죽은 자의 고아들이다."[9] 전국시대의 중국 인구를 2000여 만 명으로 계산했을 때(궈모뤄郭沫若의 저서 『중국사고中國史稿』) 진나라가 죽인 인구는 전체 인구의 20퍼센트 정도로 중원의 백성에 가한 진시황의 잔학성을 충분히 엿볼 수 있다. 6국을 멸한 전쟁에서는 빈번한 살육으로 시체가 온 들판에 널렸고 피가 강을 이룰 정도였다. 이 전쟁은 사회 생산력과 문명에 엄청난 파괴를 가져왔다. '천지가 분노했다'는 표현이 전혀 과하지 않았다.

진나라 군대의 잔혹함은 훗날 응당한 대가를 치렀다. 거록巨鹿 전투에서 대패한 것이다. 기원전 207년 7월, 환수洹水 남쪽의 은허殷墟에서 막다른 골목에 처한 진나라 군대의 대장 장함章邯과 사마흔司馬欣은 패잔병 20여 만을 이끌고 항우項羽가 이끄는 제후국 연합군에 투항했다. 진나라 군대에 사무치는 원한을 품고 있던 항우는 표면적으로는 투항을 받아들였지만 진나라 장병들의 무장을 해제한 뒤 약속을 어기고 투항해 온 진나라 병사들을 매장해 죽이라고 명령을 내렸다. 다른 제후국 군대들도 이 피비린내 나고 참혹한 학살에 참여했다. 이렇게 20여만 진나라 장병들이 생매장되었다. 이는 100여 년 동안 진나라 군대가 가한 학살에 관동關東 6국이 표출한 피맺힌 원한의 총체적 폭발이었다. 과거 장평에서 투항한 조나라 병사 40여 만 명을 매장해 죽인 진나라 군대는 자신 역시 그와 같은 참혹한 운명을 맞으리라고는 상상하지도 못했을 것이다. 기원전 206년 11월, 항우는 제후국 연합군을 이끌고 함곡관函谷關으로 공격해 들어갔다. 과거 잔학무도했던 진나라의 통치자들에게 항우는 사무친 원한을 억제하지 못하고 참혹한 보복을 가했다. 항우는 시황제의 일족 전체를 죽였다. 진나라의 폭정을 뼛속 깊이 증오했던 제후국 군대들은 도처에서 사람들을 불태우고 죽였다. 여산묘驪山墓, 아방궁阿房宮, 함양성咸陽城 도처에서는 거센 불길이 타올랐으며 짙은 연기가 하늘과 태양을 가렸다. 여산 대묘에 누워 있는 시황제가 만약 지하에서 이 사실을 알았더라면 간담이 콩알만해졌을 것이다. 진나라 통치자들은 자신들의 전제 폭정으로 엄청나고도 참혹한 대가를 치렀고 이는 강권과 폭력이 초래한 필연적인 결과였다.

전국 초기에 중원의 각국은 개혁개방, 경제발전, 부국강병을 실현하기 위해 발 빠르게 움직이고 있었고 균형 잡힌 국제 정세를 유지하고 있었다. 진나라 효공이 즉위할 때까지 전국戰國 114년간 발생한 전쟁은 전체 전국시대에서 발생한 총 전쟁 횟수의 삼분의 일에 불과했고 소규모 전쟁이 절대 다수였다. 하지만 상앙이 진나라에 변법을 실시한 이후 정세는 큰 변화를 맞게 되었다. 진나라는 상앙이 변법을 실시하면서 폭력과 각종 음모와 계략을 취해 6국을 멸하는 전쟁을 일으켰고 그 결과 도덕과 인도정신은 완전히 자취를 감추었다. 6국은 진나라의 공격을 저지하고 생존을 유지하기 위해 서주와 춘추시대의 각종 도덕관념을 저버릴 수밖에 없었다. 더 이상 주례의 권위를 존중하지 않았고, 폭력과 음모를 능사로 했으며 약육강식을 목적으로 하는 전쟁이 이어졌다.

그렇게 전국시대 후기에 이르면서 상층사회의 인의도덕의 관념과 행동 규범을 존중하는 사상은 모두 소멸되고 말았다. 반면 소진蘇秦, 장의張儀, 범저范雎, 한비, 이사李斯 등 음모가와 야심가들이 우후죽순처럼 등장했고 사회 기풍은 강권과 폭력으로 대체되었다. 야만이 문명을 짓눌렀고 통치자들의 심리는 크게 변질되었다. 목적을 달성하기 위해 수단과 방법을 가리지 않는 행태가 사회적 주류를 이루었으며 강권과 폭력에 반대하던 태도는 맹목적 숭배로 바뀌었다. 주나라가 수백 년에 걸쳐 세운 긍정적 사회 풍조와 도덕은 이로써 한순간에 파괴되고 말았다. 정신 문명의 타락은 춘추전국이라는 위대한 시대의 심각한 비극이었다.

옛사람들은 이를 명확히 인식하고 있었다. 유향劉向은 자신이 기록한 『전국책戰國策』「서록書錄」에 이렇게 말했다. "예양禮讓을 버리고 전쟁을 중시했고, 인의를 팽개치고 사기와 기만으로 강국이 되기만을 추구했다. 탐욕을 부끄러워하지 않고 다투어 앞으로 나아가려 하며 이에 만족할 줄 몰랐다. 각 나라마다 정치와 교화가 달라 각각 자기 나라 안에 법규를 정했다. 위로는 천자를 무시하고 아래로는 방백을 무시했으며 온 힘을 다해 공을 세우려 하고 힘이 강함을 다투어 이긴 자만이 귀하게 됨으로써 전쟁이 끊이지 않고 기만과 허위가 횡행했다. 당시는 도덕이 있어도 펼쳐질 수 없었고 맹자와 순자 등 유가의 선비들은 당대에서 버림을 받았고 권모를 유세하는 이들은 세상에서 귀히 여겨지게 되었다. 소진, 장의, 공손연, 진진, 소대, 소려 같은 이들이 종횡단장설을 만들어내고 주변에서 이 설에 경도되었다."[10] 여기에서 진나라의 강권과 폭력, 음모와 계략이 만들어낸 심각한 문제들을 엿볼 수 있다.

진나라는 개화되지 않은 야만국가였다. 칼이나 창 등을 주 무기로 하던 그 당시에는 야만적일수록 강력했고 흉포할수록 전쟁에서 승리할 가능성이 컸다. 이는 당시 진나라가 폭력으로 6국을 통일할 수 있었던 원인이었다. 이러한 방식은 살육, 유혈 그리고 정복이라는 특징을 띠고 있었고 당시 백성이 갈구하던 자유와 평화에 대한 염원에 위배되는 것이었다. 백성은 이러한 정복과 압박을 받아들이지 않았다. 그들의 반항을 제압하기 위해 진나라는 폭력과 학살의 수단을 사용할 수밖에 없었고 또 반드시 사용해야 했다. 다른 방법으로는 다른 나라를 점령하려는 목적을 이룰 수 없었다. 혹자는 "민심을 얻는 자가 천하를 얻는다"고 했는데 이 말이 꼭 현실과 부합하는 것은 아니다. 민심을 얻지 못했던 진시황은 그럼에도 천하를 얻었기 때문이다.

정치 구도 설계의 사상적 실패

진秦나라가 세워지면서 제후를 분봉하고 지방자치제를 실시하던 봉건 제도는 황제를 맨 위에 둔 절대 전제적 중앙집권제로 근본적인 전환을 하게 되었다. 진시황과 이사는 황제 전제의 중앙집권적 군현 제도郡縣制度를 시행하겠다고 표명했다. 이는 서주의 분봉 제도가 제후들의 분쟁을 초래한 교훈을 상기하여 국가의 장구한 안정과 평화를 추구하겠다는 의지였다. 하지만 이러한 정치적 설계는 국가의 장구한 안정과 평화를 보장하지 못했을 뿐더러 정치적 개방과 경제적 번영을 이룩하지도 못했고 더구나 중국 인민에게서 인권을 박탈해갔다.

이처럼 일원화된 정치 설계는 권력에 대한 끝없는 탐심을 지닌 역대 왕조의 욕구를 만족시켜주었기 때문에 이후 역대 왕조의 제도적 모델이 되었다. 하지만 이러한 사회구조는 서주처럼 천자, 제후, 대부, 국인이라는 다극적 힘으로 서로를 견제하고 균형을 이루는 체제가 아니었다. 이 체제 아래서는 황제와 관료(통치자), 그리고 백성(피통치자)이라는 양극의 힘만 있을 뿐이어서 사회는 매우 불안정해졌다. 통치자가 우위를 점하면 전제이고 피통치자가 우위를 점하면 혁명이었다.

강권과 폭력으로 세워진 왕조였던 진나라는 마치 썩은 나무를 꺾듯이 손쉽게 6국을 멸망시켰다. 하지만 정치 구도 설계의 실패로 '군주 한 사람의 어리석음과 포악함으로 온 천하가 함께 화를 입는' 비극이 발생하게 되었다. 진나라가 서주처럼 지방자치제를 시행했다면 권력은 일정한 제약을 받았을 것이다. 그랬더라면 진시황이 아무리 잔혹했더라도 그 재난은 일정한 범위 내로 한정되었을 것이고 전국적으로 화가 미치지도 않았을 것이다. 그리고 진나라가 고작 14년 만에 산산이 무너져 멸망의 길로 치닫지도 않았을 것이다.

진나라의 정치 구도 설계의 사상적 실패는 먼저 서주의 정치 구도 설계가 가졌던 장점을 철저히 부정한 데서 기인했다. 서주의 정치구조가 지닌 최대의 장점은 제후들이 분할 통치하는 지방자치제를 시행한 것이었다.

프랑스의 사상가 알렉시스 토크빌은 『미국의 민주주의』에서 미국 민주주의가 생겨난 원인을 자연환경, 법제, 민심이라는 세 방면에서 심도 깊게 분석했다. 그는 자연환경보다는 법제가 중요하며, 법제보다 중요한 것은 민심이라고 보았다.

토크빌은 미국 민주주의를 일으킨 민심은 유서 깊은 뉴잉글랜드의 지방자치제도에 깊이 뿌리를 내리고 있다고 말했다. 이 제도는 미국 독립운동을 추진시켰고 공공 사무에 적극 참여하도록 대중을 깊이 각성시켰다. 또한 이후 연방헌법에서 긍정적 평가를 받은 중앙과 지방분권 제도의 기초를 다지게 되었다.

그는 다양한 근거를 들어 지방자치의 전통은 국민 주권과 미국이 실천 중에 확립한 국민 자치원칙의 근원임을 증명했다. 주민선거, 지방 관리를 파면하는 일, 지역 사업과 지역의 중대 문제에 대해 결의하고 토론하는 주민회의 등과 같은 지방자치는 주민이 지닌 힘의 원천이다. 지방자치를 통해 지역 주민의 다양한 권리와 의무가 실현되고 또 지방자치를 통해 자신이 살아가는 지역에 대한 주민들의 자주성이 길러진다. 이것이 바로 국민의식이며 공공을 위해 일하는 사상인 것이다. 미국은 바로 이런 지방자치를 기반으로 자연스럽게 민주공화제를 수립했다. 그리고 오늘에 이르기까지 미국은 연방제 형식의 지방자치제도를 시행하고 있다.

토크빌은 미국 연방제도의 긍정적 효과를 생동감 있게 묘사했다. "내가 미국에 가장 감탄한 부분은 지방분권의 행정적 효과가 아닌 정치적 효과다. 사람들은 미국 도처에서 조국의 존재를 느낄 수 있다. 작은 마을에서부터 미국 전역에 이르기까지 사람들은 모두 조국에 관심을 갖는다. 그들은 마치 자신의 이익이라도 되는 것처럼 국가의 모든 이익에 관심을 갖는다. 그들은 국가의 영광에 자부심을 느끼고 국가의 성과를 자랑하면서 자신도 그에 공헌한 바 있다고 믿고 있다. 국가가 번창하면 자신도 그렇게 되리라 생각하며 미국이 번영하면서 누리게 된 좋은 점들로 자기 위안을 삼는다. 국가에 대한 이들의 감정은 가족에 대한 그

것과 유사하다. (…) 미국에서는 사람이 사람을 따르는 것이 아니라 사람이 정의와 법률을 따르고 있다."

린다林達라는 필명으로 활동하는 중국의 부부 작가는 「전쟁, 무엇을 위한 것인가?」라는 글에서 미국의 제도를 논했다. "일반적으로 사람들은 하나의 국가를 생각할 때 늘 위에서부터 아래로의 개념을 떠올린다. 중앙 정부는 각 지방 정부를 규제하고 지방 정부는 말단 직원에까지 이르는 층층의 관리체계를 통해 위에서 아래로 해당 지역의 주민을 관리한다. 이런 구도는 강력한 총체성을 갖는다. 그러나 미국은 처음부터 국민들의 개인적 자유 보장을 건국이념으로 하고 있다. 그 출발점은 관리 층의 편리 도모가 아닌 모든 국민의 자유를 보장하는 데 있다. '아래에서 위로'라는 관념적 역행은 개인에서부터 비롯되어 한층 또 한층 아래서 위로 향하는 자치와 연합을 만들어냈다. 이러한 국가관은 당시 시대적 조류를 완벽히 초월한 것이라 해도 무방할 것이다. 이러한 개념의 출현은 고명한 이론에서 비롯된 것이 아니라 평등과 자유를 동경하는 인성의 본능에서 비롯된 것이었다."[11]

물론 서주의 지방자치제를 미국의 그것과 함께 논하기에는 무리가 있다. 미국은 순수한 이민국가인 반면 중국은 그렇지 않다. 미국은 건국되기 전 영국의 식민지였고 영국이 총독을 파견해 관리했던 나라로 통일된 중앙 정부가 아직 수립되지 않은 상태였다. 반면 중국은 서주시대에 완벽한 종법세습의 국가적 형태를 갖추었다. 통일된 중앙 정부와 제후국이라는 지방 관리 구도가 있었으며, 또한 완전한 최말단 행정조직도 존재했다. 때문에 미국이 훗날 연방제 국가를 수립하기가 비교적 쉬웠던 데 반해 중국은 춘추전국시대, 즉 주나라 왕실이 각 제후국들에 대한 통제력을 상실하면서 여러 나라가 동시에 생기는 상황에 맞닥뜨렸다. 더 중요한 것은 당시 미국인들은 이미 민주, 공화, 법치, 자유라는 이념을 갖추고 있었다는 것이다. 하지만 서주의 경우 제후를 분봉하고 지방자치제를 실시했던 것은 제후국을 주 왕실의 속국으로 삼아 주 왕실의 안전을 도모하고, 또 군주 한 사람의 어리석음과 포악함으로 천하가 함께 화를 입는 결과를 낳지 않기 위해서이지 민주, 공화, 자치, 자유라는 이념을 낳은 것은 아니다. 최고 권력은 '차남이 아닌 장자가, 서자가 아닌 적자가 계승하게 한다'는 종법혈연세습의 원칙에 전적으로 의거했다. 결과적으로 미국인은 독립전쟁 후에 연방제 민주국가를 수립한 반면 서주는 민주와 공화의 국가제도를 수립하지 못했다.

　서주의 정치와 경제제도에도 심각한 폐단이 있었다. 첫째는 중앙에 입법, 사법, 행정 권력을 분리하고 상호 견제할 수 있는 시스템을 만들지 못해 자체의 부패를 방지하지 못했다. 둘째는 사유재산제와 발달된 상품경제가 없었다. 셋째는 중앙과 지방 분권의 연방재정체제를 확립하지 못해 분세제分稅制가 시행되지 못했다. 중앙 정부와 지방 제후국 정부는 공물을 바치고 충성을 다하는 관계에 불과했다. 이러한 관계는 중앙과 지방을 상호 견제하는 역할은 수행할 수 있었지만 중앙 정부에 안정적 재정 수입을 가져다주지는 못했기 때문에 중앙 정부는 강력한 국방력을 갖출 수 없었다. 결국 지방 이익과 중앙 이익의 힘겨루기에서 지방이 우위를 점하게 되면서 제후의 권력이 점차 커지게 되었다. 중앙과 지방의 갈등이 점차 심화되면서 제후국은 서서히 중앙 정부의 통제권에서 벗어났고 세상은 혼란에 빠졌다. 중앙 정부가 충분히 강력한 재정능력을 기반으로 강력한 국방력을 갖췄다면 제후국에게 당연히 통제력을 행사했을 것이다. 또 그랬더라면 제후국에 대한 통제력을 잃지도 않았을 것이고 제후들 간의 전쟁도 일어나지 않았을 것이다.

만약 진시황이 개방적이고 진보적 사상을 갖춘 인물이었다면 제후를 분봉하고 지방자치제를 실시한 서주의 장점과 단점을 되짚어보면서 서주가 멸망한 교훈을 진지하게 받아들였을 것이다. 동시에 서주에서 실시했던 사회제도의 장점을 계승 발전시키고 정치제도를 재차 설계해 진나라에 활기를 불어넣고 나라의 안정과 평화를 유지할 수 있었을 것이다. 구체적으로는 먼저 군권을 중앙 정부에 집중시킨 뒤 '삼공구경三公九卿' 제도를 시행해 황권에 대한 견제와 균형 시스템을 완비하고 군현 제도를 수립했을 것이다. 그런 다음에는 관리를 파견해 관할하게 할 것이 아니라 백성이 지방의 집정관리를 뽑도록 하고 중앙과 지방의 권한을 구분해 지방이 자치 권력을 갖도록 했을 것이다. 경제적으로 사유재산제를 수립하고 특히 분세제라는 연방재정체제를 수립해 중앙과 지방의 재산권과 세수권을 구분해 중앙은 국가의 세수를 소유하고 군현은 지방의 세수를 소유하며 중앙과 지방은 각자 재정예산을 편성했을 것이다. 이렇게 하면 중앙 정부는 강력한 경제력을 갖출 수 있고, 지방이 경제를 발전시키고 교육과 보건 등 공공시설 건설을 더욱 적극적으로 진행할 수 있도록 추동할 수 있게 된다.

이러한 정치적 견제 조치를 확립하면 국가의 통일과 사회의 안정을 도모하고 또한 사회에 경쟁 메커니즘을 수립해 관료체제와 관官본위 사상을 척결할 수 있게 된다. 또한 백성의 진취성을 독려하고 백성의 국민의식과 공공 봉사정신을 키울 수 있게 된다. 이로써 사회는 춘추전국시대의 왕성한 활력을 유지할 수 있게 되는 것이다. 이는 선인에 대한 가혹한 요구가 결코 아니다. 사실 서주에서는 말단 관리를 뽑는 선거에 참여하고 그들을 감독할 권리를 국인들이 가지고 있었다. 한편 전국시대에도 비교적 완전한 사유재산제도와 세수 제도가 존재했다. 진시황

은 그저 이를 계승하고 발전시키고 개혁하면 되었던 것이다

하지만 유감스럽게도 영정贏政(진시황)은 서주를 개국한 지도자들처럼 정치를 개혁하고 전통을 존중하는 인물이 아니었다. 그는 법가의 이론적 설계인 황제 전제적 중앙집권제도에 근거하여 분권하지도 않았을 뿐 아니라 도리어 중앙행정 및 군사 등의 모든 권한을 자신의 수중에 집중시켰다. 승상이 하는 일은 '황제의 정무를 보좌'하는 데 그쳤고 "승상과 뭇 대신은 일을 수행하라는 왕의 명에 맞춰 일을 처리했다."12 『사기』「진시황본기秦始皇本紀」에 따르면 승상과 대신들은 사무원의 신분이었다. 군사를 주관하던 태위太慰라는 직은, 그 직무에 관한 인선을 했다는 기록이 진나라 사적史籍에 사실상 나타나지 않고 있어, 군권을 진시황이 완전히 직접 장악하고 있었음을 확실히 보여준다. 진시황은 스스로 '짐'이라 칭하면서 황위를 세습했다. 그의 말은 성지聖旨가 되었으며 절대 복종해야 했다. 진나라 법률규정에 따르면 무릇 입법, 행정, 사법, 관리의 임면, 군대 통솔, 조세 부과와 징수 그리고 대규모 건설 등은 황제가 결정내린 연후에야 시행될 수 있었다. 황제의 결정에 대해 신하들은 어떠한 비난도 해서는 안됐다. 진시황은 관리들의 생사여탈권을 손에 쥐고 있었다. 신하와 백성이 조금이라도 부주의하거나 그의 명령을 위반하고 다른 견해를 제시하면 누구라도 목을 내놓아야 했다. 심지어 구족을 멸하기도 했는데 승상도 예외는 아니었다. 진시황의 손아귀에서 강권과 폭력이 자체적으로 확대되는 악순환이 이어지고 있었다.

지방정권 조직으로는 군현 제도를 실시해 천하를 36개 군郡으로 분할했고 이후에는 46개 군으로 늘렸다. 군현제는 진나라에서 최초로 등장했으며 이후 중원 각국도 잇따라 이를 본받아 시행했으나 전국적으

로 이 체제가 보편화된 것은 진시황이 천하를 통일한 뒤였다. 진나라는 각 군에 군수郡守를 설치했고 군 아래에는 현縣, 향鄕, 정亭의 3단계 행정조직을 설치했다. 군현의 관리들은 모두 황제가 임면하고 백성에게는 선거권이 없었다. 관리들은 모두 자신의 봉지를 받지 못했고 그저 하층의 상황을 상층에 보고하는 책임만 맡았다. 황제의 명령에 따라 일을 처리했으며, 백성에게 세금을 징수해 바로 중앙재정에 상납하고, 지방의 일부 형사안건을 심리하는 일도 했다. 진나라가 중앙 전제를 실시하자 서주의 분봉 자치제도와 상반된 결과를 낳게 되었다. 서주의 지방 권력은 점차 강력해지고 중앙권력은 점차 축소된 반면 진나라는 중앙 권력이 무한히 팽창되고 지방권력은 갈수록 축소된 것이다. 지방이 자치할 수 없고 자체적인 세수 재정제도가 없으니 관리들의 봉록은 중앙 정부가 책임져야 했다. 이는 곧 지방 경제가 발전할 수 있는 능력과 적극성을 상실하게 했으며 백성의 생활을 개선할 수 없게 했다. 결국 국가 경제의 발전이 지방 정부와 백성의 생활과 동떨어지면서 백성들의 생활과 복리의 수준은 나아질 수 없었고, 천재와 인재가 발생할 때마다 백성이 겪는 고통은 이루 말로 다 할 수 없을 정도였다. 백성은 모든 위험을 무릅쓰고 반란을 일으킬 수밖에 없었다. 상황이 이런데도 지방 관리들은 황제의 명령을 집행하는 데 급급했다.

특히 진나라 최말단의 행정조직인 정亭과 이里를 살펴보자. 하나의 향鄕에 열 개의 정이 있고 정에는 정장亭長, 정부亭父, 구도求盜가 각 1명씩 배치되어 있었다. 정의 하부에는 이가 설치되어 있었는데 이에는 이정里正이 있었다. 이정은 평상시에 백성에 대한 관리, 치안 유지, 세금 부과와 징수, 병사 징집, 관리 접대 등의 업무를 보았고 조정에서 내려준 모든 사무를 처리했고 특히 백성을 엄격하게 관리했다. 백성에게는 호적을 만들어 십오연좌제什伍連坐制를 실시했다. 백성은 평상시에 외출할 때 반드시 정장과 이정에게 허가를 받아야 했다. 진나라의 법률은 심지어 몇 명이 한 곳에 모여 대화를 나눠도 조정을 비방하고 반란을 꾸민다는 혐의로 몰아 체포하도록 규정했다. 또한 누군가 저지른 범죄를 다른 이가 고발하지 않으면 이들이 속한 한 개 이 혹은 한 개 정의 주민은 연대 처벌을 받았다. 그뿐 아니라 백성은 장사를 해서도 안 되었고 사학私學을 운영할 수도 없었고 모여서 나랏일을 논할 수도 없었다.

일단 법에 어긋난 행위를 한 백성을 발견하면 이정과 정장은 즉시 범법자를 잡았고 또한 한 개 이 혹은 한 개 정에 소속된 백성에게 연대책임을 물었다. 이정과 정장 자신이 비호 행위를 할 경우 향로鄕老가 그 사실을 적발하면 이정과 정장 역시 연대처벌을 받았다. 이렇게 국가 전체에 엄밀한 통치망이 형성되었고 바람 한 점 통하지 않는 철의 장막이 쳐졌다. 진나라 전체는 하나의 거대한 병영 혹은 거대한 수용소나 다름 없었다.

진시황은 주나라의 예의禮儀와 인의도덕을 철저히 버렸다. 서주처럼 전쟁에서 패한 전대 왕조의 귀족에 대해 분봉을 시행하지도 않았고 합당하게 존중하고 보호해주지도 않았다. 도리어 전쟁에서 패한 6국의 제후와 귀족, 백성을 참혹하게 진압했으며, "천하의 부호 12만호를 함양에 이주시켰다."13 6국의 수십만 귀족과 상인, 지주들이 함양으로 압송되어 고된 노동에 동원되거나 무참히 살육 당했다. 중원의 6국은 공히 제사가 끊겼으며, 잔혹한 폭력으로 인해 전 사회가 공포상태에 빠졌다.

중국의 일원화 문명은 진나라 때 확립되었다. 이는 역사의 근본적 전환이다. 일원화된 사회구조는 새장과 같다. 작은 새는 새장 속에서 어느 정도의 활동공간은 보장되지만 그 공간은 협소하기 그지없다. 새장을 벗어나 날개를 펴고 높이 날고자 하는 작은 새들은 황권의 단호하고도 흉포한 압살을 피하기 어려웠다. 중국의 새장 문명은 이렇게 형성되었다.

진나라 법률의 인권 박해

진나라는 중국 역사상 인권이 최악으로 유린되었던 왕조로 꼽힌다.

첫째, 진나라는 상나라 때 시행되었던 '죄인의 일족을 멸하는' 야만적인 법률을 부활시켰다. 상앙이 진나라에서 변법을 실시하면서 상나라의 이 법률을 끄집어내서 시행했고 '십오연좌' 제도를 만들었다. 『당육전唐六典』에는 "상앙은 『법경法經』을 전수받아 법을 율이라 고쳐 진율秦律을 시행했으며 연좌법을 시행하여 삼족을 멸했고 거열형과 확팽형을 더했다"[14]라고 되어 있다.

진시황은 상앙보다 더 가혹한 형법을 전국적으로 시행했다. 진나라는 친족연좌, 군사연좌, 이웃연좌 등 혹독한 연대 책임 제도를 법률로 정했다. 이로써 '군신들은 늘 긴장하고 공포에 떨어야 했으며' 범죄자가 갈수록 늘어나 "형벌이 길에서 집행되니 죽는 이가 날로 저잣거리에 쌓여갔고"[15] 많은 군중이 재난을 당했다. 진나라에서는 한 개인이 죄를 지으면 온 집안이 재산을 몰수당하고 참수되었으며 관의 노예가 되는 것이 그나마 가장 가벼운 벌이었다. 이에 관해서는 『수호지 진묘 죽간睡虎地秦墓竹簡』에 명확히 기록되어 있다.

이 잔혹한 법으로 도대체 얼마나 많은 백성이 죽음을 당했는지에 대해서는 역사적 기록이 없다. 그런데 아이러니한 것은 '일족을 멸하는'

야만스런 법률을 제정하고 시행한 상앙과 이사가 결국 둘 다 이 법으로 죽음을 맞았다는 점이다. 상앙은 거열에 처해졌고 진나라 혜왕惠王은 상앙의 모든 친족을 멸했다. 상앙은 죽기 전에 탄식하며 "아! 법의 폐단이 여기까지 미쳤구나"[16]라고 말했다. 이사는 모반을 했다는 조고趙高의 모함으로 결국 오형五刑을 시행한 뒤 함양咸陽에서 허리를 자르는 요참형에 처할 것이 명해졌다. 또한 삼족을 멸하는 화를 당했다. 더 비극적인 것은 진시황이 제정하고 시행한 법률로 인해 그 자신의 후손들이 비명횡사한 것이다. 『사기』에 따르면 진나라 2세 황제 원년인 기원전 209년, 처음 황위에 등극한 호해胡亥는 여러 공자와 권력 다툼이 일어날 것을 우려해 조고의 건의를 받아들여 숱한 죄명을 꾸며대어 무고한 이들을 수없이 연좌시켰다. 마지막에는 함양에서 열두 공자를 살해하고 공자 여섯 명과 공주 열 명을 사지를 찢어 죽이는 책형磔刑에 처했다. 또한 공자 장려將閭 삼형제를 칼을 뽑아 자결하도록 강요했다.

둘째, 진나라는 사상범죄, 언론범죄에 관한 법률을 제정해 사상과 언론의 자유를 박탈했다.

진나라에서 상앙이 변법을 실시하면서부터 언론을 죄로 다스리기 시작했다. 태자가 새로운 법에 대해 몇 마디 불만을 표하자 상앙은 태자의 스승들을 중형에 처했다. 백성이 정무를 논하면 상앙은 가차없이 처벌했고 일족에게 연좌죄를 물어 사람들이 입을 다물게 만들었다. 당시 진나라에 조량趙良이라는 은거하던 선비가 상앙에게 이렇게 말했다. "천 마리의 양가죽은 여우 한 마리의 겨드랑이 가죽만 못합니다. 천 사람의 아부는 한 사람의 올바른 직언만 못합니다. 주나라 무왕은 신하들의 올바른 직언으로 일어났고, 은나라 주왕은 신하들이 입을 다물어서 망했습니다."[17] 하지만 상앙은 조량의 충언을 받아들이지 않았고 결국 자신이 거열형에 처해졌다.

진나라는 중국을 통일한 뒤 언론을 죄로 다스렸던 상앙의 법률보다 더 많은 법을 제정해서 정견이 다른 인물들을 탄압했다. 그 과정에서 세상에서 보기 드문 잔인한 수단들이 동원되었으며, 인권 박해가 극에 이르렀다. 화이탸오핑懷效鋒이 편집한 『중국법제사中國法制史』를 보면 언론범죄에 관해 진시황이 제정한 법률이 다음 몇 부분으로 소개되어 있다.

1) 옛일을 들어 현재를 비판하는 죄와 책을 소장한 죄

진시황은 분봉제 대신 군현제를 시행하여 백성의 지방자치권을 박탈했다. 당시 유가의 지식인들은 이에 큰 불만을 품고 『시詩』『서書』, 백가어百家語에서 자신들이 불만을 제기하는 이유를 증명했다. 이들은 옛일을 인용해 현재의 일을 따지는 방식으로 진시황의 전제정치를 비판하고 나섰다. 원래 제도가 변하면 사람들이 어느 정도 불만을 품는 것은 정상적인 일이다. 통치자라면 백성의 비판에 진지하게 귀를 기울여야 하나 이사는 그 비난을 용납하지 못했다. 그는 진시황에게 『시』와 『서』 및 백가어를 불태우고 사학을 없애도록 했다. 진시황은 이사의 제안을 받아들여 '분서령焚書令'을 내리고 다음과 같이 규정했다.

"사관은 『진기秦紀』 이외의 서적을 모두 태우고 박사관博士官이 아닌 사람이 천하에 감히 『시』『서』를 보관하면 지위고하를 막론하고 그것들을 모두 불태워라. 감히 『시』와 『서』, 백가어를 읽는 자가 있으면 기시棄市[공개된 장소에서 참수, 교수형에 처함]에 처하고 옛일을 들어 지금 일을 비판하는 자는 족형族刑[삼족을 멸하는 형벌]에 처하라. 관리들 중 알고 있으면서도 잡아들이지 않으면 같은 죄로 처벌하라. 30일 안에 불태우

지 않으면 성단城旦[변방 지역에서 낮에는 보초를 서고 밤에는 성을 쌓는 형벌]에 처하라. 의약, 점괘, 식수植樹에 관한 책은 남겨 두고 법령을 공부하고자 하면 관리를 스승으로 삼아라."[18]

이리하여 분서사건이 일어났다. 당시에 도대체 얼마나 많은 서적이 재로 사라졌는지에 대해 역사에는 구체적인 기록이 없다. 그러나 진시황이 이처럼 가혹한 명령을 내린 것으로 보아 전국의 서적이 대부분 소각되었을 것이다. 이로 인해 중국 문화는 재앙을 맞았으며 백성은 사상, 언론에 대한 권리를 철저히 박탈당했다.

2) 전제집권에 위해가 되는 비방요언죄誹謗妖言罪

『사기』의 기록에 따르면 유방劉邦은 함양에 쳐들어간 뒤 관중關中의 노인에게 이렇게 말했다. "나이 많은 어른들께서 진나라의 가혹한 법에 고생한 지가 오래되셨습니다. 비방하는 자는 족멸하고, 서로 마주보고 논하는 자는 저자거리에서 죽임을 당했지요."[19] 여러 주석을 모은 『집해集解』에는 응소應邵의 말을 인용하여 "진나라는 백성이 증거를 제시하는 것을 금했다秦禁民聚證"라고 되어 있어, 백성이 정치를 논하고 황제를 비방하는 것을 금한 것을 알 수 있다. 무릇 법을 위반한 자는 법률에 따라 삼족을 멸했다. 진시황 35년, 즉 분서사건이 일어난 이듬해에 후생侯生과 노생盧生 등이 진시황의 독단적 처리에 대해 '전문 옥리를 쓰고' '사형으로 위협하길 즐기며' '천하의 모든 대소사를 스스로 결정한다'는 등의 말을 한 뒤 슬그머니 도망을 쳤다. 진시황은 화가 머리 끝까지 나서 노생 등이 "요망한 말로 백성을 어지럽힌다"라며 유생과 방사方士 460명을 잡아들여 모두 생매장했다. 이 일이 있기 전 공자 부소扶蘇가 진시황이 유생들을 생매장하는 것을 막아보려 노력했다. 그는 진시황에게 간언을 올렸다.

"천하가 막 통일되어, 먼 지방의 백성은 아직 모이지 않았고 모든 유생은 공자의 말씀을 외고 본받고 있습니다. 지금 모두 중한 법으로 그들을 엮으시니 신은 천하가 불안해질까 두렵습니다. 오로지 그것을 살피십시오."

그러나 진시황은 부소의 충언을 듣지 않고 오히려 그를 변경 관문으로 쫓아 장성長城을 지키게 했다. 분서갱유焚書坑儒는 진시황이 말 한마디에 그 죄를 묻고, 잔학한 수단을 이용해 인권을 박해한 심각한 사건이며, 중국 고대 문화와 언론 자유의 환경을 처참하게 파괴시킨 사건이다.

진시황 36년 동군東郡에 운석隕石이 떨어졌는데 누군가가 그 돌에 "진시황이 죽고 천하가 나뉜다"는 예언을 새겨놓았다. 진시황은 소식을 듣고 어사를 보내 조사하게 했지만 아무런 결과도 얻지 못했다. 이에 부근의 주민을 전부 죽이고 돌은 불에 녹여 없앴다.

3) 해서는 안 될 말을 한 죄와 망언 죄

'해서는 안 될 말을 한 죄'는 진나라 2세 호해 통치 기간에 등장했다. 당시 진승陳勝과 오광吳廣이 농민반란을 일으키자 2세 황제는 박사와 여러 유생을 소집해 이 일에 대해 물었다. 그들 중 혹자는 반대 세력이라고 하고 혹자는 강도라고 했다. 반대 세력이라고 말한 모든 사람은 '해서는 안 될 말을 했다'는 죄명으로 수감되어 처형당했다(『사기』). '해서는 안 될 말을 한 죄'는 곧 하지 말아야 할 말을 해서 죄를 얻는 것이었다. 그런데 어떤 말을 해야 하고 어떤 말은 하지 말아야 하는지, 법률상 명확히 규정된 바가 없었다. 따라서 통치자가 마음대로 죄를 판결할 수 있었기 때문에 이단적인 사상이나 의견을 표현하는 사람들에게 제재를 가할 때 굉장히 편리한 방편이 될 수 있었다. 또한 망언 죄라는 것이 있었는데 진나라에 반대하는 말을 하는 것에 해당됐다. 사료에 따르면 진시황이 회계會稽를 유람하고 절강浙江을 건너는 것을 항우의 숙부 항량項梁과 항적項籍(항우)이 함께 보았다. 항우가 "저 사람의 자리를 내가 대신 취하겠습니다"라고 하니 항량은 "함부로 말하지 말아라. 족형을 당한다"며 급히 그의 입의 막았다.(『사기』) 이처럼 '망언 죄'를 범하면 그 자신이 사형에 처해지는 것은 물론이요, 가족들도 연좌되어 죽임을 당했다.

4) 황제의 행차를 누설한 죄

진나라 법률은 진시황의 행적을 국가의 최고기밀로 규정했다. 누설하는 자는 누구든지 사형에 처했다. 『사기』에는 "황제가 행차하는 곳을 발설하는 자는 사형에 처한다"[20]라고 되어 있다. 한번은 진시황이 함양 동쪽으로 조금 떨어져 있는 양산궁梁山宮에 행차했다가 산 위에서 승상의 수레와 말이 지나치게 많은 것을 보고 몹시 불쾌해했다. 진시황의 궐 밖 행차를 수행하는 시종이 이 일을 승상에게 말했고, 승상은 수레와 말을 줄였다. 진시황이 그 일을 알고는 크게 노해서 자신의 행차를 누설한 자를 징벌하기 위해 그 자리에 있는 사람을 모두 죽였다. 이후부터 황제의 행차를 아는 사람이 아무도 없었다.

셋째, 진나라는 가벼운 죄도 무겁게 다스렸고 극도로 잔혹하게 신체형벌을 가했다.

진나라는 '중형주의'를 방침으로 삼았다. 엄하고 혹독한 형법으로 진나라의 통치에 불만을 제기하는 사람들을 처벌하여 신하들이 군주의 지위를 침범하지 못하도록 했다. 고문으로 강제자백을 받아내는 것은 다반사로 벌어졌다. 사형에는 착전鑿順(정수리를 파내어 죽임), 추근抽筋(힘줄을 뽑아 죽임), 확팽鑊烹(또는 과자鍋煮, 기름에 튀기거나 끊는 물에 삶아 죽임), 효수梟首, 기시, 요참腰斬, 거열, 정살定殺(살아 있는 사람을 물에 익사시킴), 육戮(이미 죽은 사람을 도륙함), 구오형具五刑(각종 육형을 집행한 뒤에 다시 사형을 집행함), 낭박囊撲(자루에 넣어 메침) 등 잔혹한 형벌이 있었다. 정살은『수호지 진묘 죽간』에서 처음 등장하는데 이 방법은 죄인을 물에 넣어 죽이거나 생매장해서 죽이는 것이다. 구오형을 내릴 때는 삼족이 멸족 당할 죄인에게 먼저 경형黥刑(얼굴에 먹물로 죄명을 새김)과 의형劓刑(코를 베어버림)을 진행한 다음 좌우 발을 자른다. 그다음 태형笞刑과 장형杖刑(죽판竹板으로 죽임)을 가하고 효수(죄인의 목을 벤 뒤 메달아 놓음)한 뒤 다져서 육장을 만든다. 비방을 하거나 저주를 한 사람은 이에 앞서 먼저 혀가 잘렸다. 이사는 정작 자신이 채택한 구오형에 의해 죽임을 당했다. 낭포는 진나라 효공 기간에 나타난 형벌이다. 사형에 처해질 사람들을 자루에 넣은 다음 세게 내리쳐서 죽이는 것이다.

위에서 언급한 사형死刑 외에도 진나라에는 먹물을 들이는 자자刺字, 코를 베는 의劓, 발뒤꿈치를 베는 월刖, 남성의 생식기를 절단하거나 여성의 생식기능을 없애는 궁宮, 팔다리를 자르는 단지斷肢, 손목을 자르는 단수斷手, 노역형, 유형流刑, 치욕형恥辱刑, 재산형, 연좌형 등이 있었다. 또한 이에 관한 구체적인 조문이 수백 가지에 달했다.

넷째, 진나라는 법률로 인신의 자유를 제한했다

서주, 춘추시대에 백성들은 거주지와 국적을 자유롭게 선택할 수 있었다. 일례로 기원전 635년에 진晉나라 문공文公은 왕에게 충언을 올린 공으로 주나라 양공襄公에게서 진晉, 양陽, 번樊 등 네 개 읍의 토지를 하사 받았다. 그런데 예상치 못하게 번 지역 사람들이 진나라에 복종하지 않았다. 문공은 덕으로 복종시키고자 함을 나타내기 위해 그 사람들이 모두 양과 번을 떠나, 주 왕실의 영토로 돌아가 주나라 국적을 계속 유지하도록 했다.[21] 이렇듯 당시에는 백성 스스로 거주지와 국적을 선택한 사례가 적지 않았다. 통치자도 대개 그들의 선택을 존중해주었다. 이러한 이유 때문에 춘추전국시대의 사회가 공전의 번영을 이룬 것이다. 그러나 진시황은 중국을 통일한 뒤 관청에서 언제라도 검사하고 확인할 수 있도록 사람마다 모두 자신의 성명, 연령, 토지 등의 사항을 등기해야 했고 외출하려면 이정里定이나 정장亭長에게 보고해야 했다. 또한 외출통행증을 얻은 뒤에야 외출이 가능했다. 그렇지 않을 경우에는 중형에 처했으며 한 정亭의 주민이 모두 연좌되어 벌을 받았다. 백성은 협소한 마을에서 생활했고 땅에 꼼짝없이 묶였다.

　진나라는 호적제도를 만들었는데, 이는 중국 역사상 제도적 조치를 통해 백성을 엄격히 통제하고 자유를 박탈해 그들의 피땀을 착취한 최초의 사례다. 진나라의 통치자는 전제를 강화하기 위해 그야말로 온갖 궁리를 다하고 머리를 쥐어짰다. 이 제도는 이후 왕조에서 대다수의 통치자에게 계승되었다. 21세기인 오늘날까지도 중국 농민들은 여전히 이 제도로 빚어진 도시-농촌이라는 이원화 구조로 인해 막중한 대가를 치르고 있고 중국 당대 지도자들은 이 불평등 현상을 해소하기 위해 고심하고 있지만 그 효과는 미미한 상태다. 수억에 이르는 농촌 노동인구의 취업 문제는 중국의 현대화 발전을 저해하는 핵심 문제이며 사회의 불안정을 초래하는 주요 원인으로 손꼽히고 있다. 수천 년간 지속된 호적제도는 중국에 심각한 농민 문제를 낳았고 그로 인한 고충이 구체적으로 언제쯤 해결될 수 있을지 미지수다. 진시황의 살육을 단기간의 재난이라고 한다면 호적제도와 중앙집권 군현제 등은 중국에 수천 년간 이어져 내려온 대재앙을 야기한 제도적 조치라고 할 수 있다.

다섯째, 진나라는 터무니없이 많은 세금을 부과하고 사유재산을 수탈했다.

진나라는 통일 후 토지를 등기하고 사전私田을 인정해준 '사검수자실전使黔首自實田'이라는 정책을 실시하고 백성에게 약간의 토지를 분배했다. 그러나 백성에게는 토지 소유권은 없었고 사용권만 있었다. 땅은 국가 소유였다. 춘추전국시대에 중원 각국이 모두 개인의 토지사유권을 인정한 것과는 근본적인 차이가 있었다. 또한 진시황은 노역 징발과 조세 징수를 대대적으로 늘렸다. 『한서漢書』「식화지食貨志」에는 "징발의 정도는 강제노역이 예전의 30배, 소작료, 인두세, 소금 및 철에 대한 이자는 예전의 20배에 달했다. (…) 조세는 수확량의 절반이었다"[22]라고 기록되어 있다. 농민은 수확한 곡식의 50퍼센트를 세금으로 내야 했다. 이런 잔혹한 가렴주구는 진나라 때 농민들이 얼마나 극심한 착취에 시달렸는지를 잘 보여준다. 심지어 '소와 말의 옷을 입고 개나 돼지의 밥을 먹는' 지경에 이르렀다.

진의 법률은 토지는 물론이고 산림, 광산, 호수, 강이나 하천 등의 자원도 전부 국가 소유로 회수된다고 규정하고 있다. 이에 전국시대를 거치면서 산림 등 자원을 소유할 수 있었던 사람들은 재산을 모두 정부에 박탈당했다.

진나라는 '중농억상重農抑商' 정책을 시행했다. 수공업은 관영으로 한다고 법률로 규정되어 야철冶鐵, 자염煮鹽, 채광採鑛, 도기陶器, 방직紡織

등은 모두 국가가 독점했다. 또한 『진간秦簡』「전율田律」에는 백성이 상업에 종사할 수 없다고 규정하고 있다. 한편으로 진나라는 강권과 폭력으로 전국시대 대상인의 자본과 재산을 압수하고 상인과 그 가족을 죄인과 마찬가지로 함양이나 변경 지역에 유배시켜 고된 노역을 시켰다.

진나라는 백성의 생명과 재산권을 무시했다. 일평이조一平二調, 즉 식량을 평등하게 배급하고(일평) 노역과 재산을 무상으로 동원하는(이조) 평등주의를 내세워 백성을 무상으로 각종 병역과 노역에 종사시켰고 정부는 그들에게 어떠한 보수도 지급하지 않았다. 여기에 복종하지 않으면 곧 처형당했고 막중한 조세 부담까지 져야 했다. 이로 인해 굶어 죽은 이들이 온 들판에 널렸고 사람들은 서로 잡아먹었다. 『한서』는 당시의 광경을 이렇게 묘사했다. "남자는 힘써 밭을 갈아도 양식이 부족했고 여자는 베를 짜도 옷이 부족했다. 천하의 재물과 재산을 모두 정부에 바쳐도 그 욕망을 다 채우지 못하는 듯했다."[23] 그래서 온 나라에 근심과 원한이 가득했고 도망치거나 반란을 일으킬 수밖에 없게 되었고 결국 진승과 오광의 농민반란이 일어났다. 천하가 운집해 그에 응했고 진나라는 한순간에 무너져 내렸다.

전국시대를 통일한 진나라는 강력한 군사력을 기반으로 세워진 방대한 제국이었으나 세상에 존재한 기간은 고작 14년이었다. 진나라의 단명은 아무런 이유 없이 초래된 것이 아니다. 야만스러웠던 이 왕조의 멸망 과정은 이후 중국 역대 통치자들에게 경고를 주기에 충분했다. 즉, 스스로를 '천자天子'로 여기며 백성을 하찮은 존재로 여기지 말아야 한다는 것이다. 만약 백성의 생명과 재산권을 무시하고 인권을 무참히 짓밟으면 반드시 맹렬한 보복을 받을 것이며 백성에게 매장당할 것이다.

국제 외교 경쟁을 말살한 대일통大一統

춘추전국시대에는 각 제후국 간에 간간이 전쟁이 일어나긴 했으나 대다수는 제후국 간의 평화로운 경쟁이었다. 이런 경쟁은 사회 발전의 근본적인 동력이며 경제 번영을 가져다주는 중요한 요소다. 그러나 진나라는 전국을 통일한 뒤 중앙집권제를 시행함으로써 사회 경쟁을 철저히 말살했다. 이로 인해 전 사회는 앞으로 나아갈 동력을 상실했고, 고여서 흐르지 않는 물처럼 침체 국면에 접어들었다.

춘추전국시대 외교는 국가 정치의 중요한 부분이었다. 유명한 제나라 대신 안자晏子가 초나라에 사신으로 가서 모욕을 당한 뒤 지혜를 발휘해 결국 초나라 왕에게 예의를 갖춘 대우를 받았다는 '안자사초晏子使楚' 고사는 성공적인 외교의 본보기라고 할 수 있다. 또, 인상여藺相如가 민지澠池에서 진나라 왕과 두뇌를 겨룬 것도 성공적 외교의 대표적 사례로 꼽힌다. 춘추전국시대에는 외교 왕래가 빈번했고 사신들이 베틀의 북처럼 각 제후국을 왔다 갔다 하면서 군주들에게 자신의 의견을 펼쳤다. 당시 가장 어린 나이에 사신이 된 감나甘羅는 12세에 승상에 올랐다.

평화외교를 위한 노력은 고단수의 정치투쟁 전략이다. 각 제후국 군주들은 세계의 대세를 예의주시하면서 국제여론을 중시하고 중요한 사회 정책들을 개방했다. 각 제후국 군주들은 국제외교를 통해 국제적 이미지와 내정과 외교의 개선에 더욱 역점을 둠으로써 국제사회에서 자국의 경쟁력을 강화하고 폭넓은 정치연맹을 결성할 수 있었다. 제나라 환공桓公의 미병彌兵 회담이 바로 여기에 해당된다. 물론 춘추전국시대에는 외교 무대에서 강자가 군림하는 경우가 많았다. 때문에 약소국에는 외교라는 것이 없었고 이는 당시 국제사회에서 보편적인 현상이었다. 그러나 바로 이 때문에 몇몇 뒤처진 나라들이 분발하여 앞선 나라들을 제치고 중원에 군림할 뜻을 다지게 되었다. 이렇게 해서 각 제후국 군주들은 변법을 통한 혁신을 지지하게 되었고 인재들이 쏟아졌으며 경제, 문화 및 여러 사상이 발전을 이룰 수 있었다.

국제 외교 활동은 각국 통치자들에게 국제사회에서 통용되는 게임의 법칙을 준수하도록 했다. 유엔 헌장처럼 춘추전국시대의 주례도 국제사회에서 통용되는 규약이었다. 그런 까닭에 각 제후국은 주례에 따라 일을 처리해야 했다. 이 게임의 법칙에는 공평성과 투명성이 있었고 법칙을 지키지 않는 국가는 토벌되기도 했다. 합법적으로 무력을 써서 사회의 질서와 안녕을 도모한 조치 때문에 각 제후국 통치자들은 어쩔 수 없이 신용을 엄수했다. 정치가들이 난폭함을 휘두르거나 행패를 부리는 일, 음모와 계략을 꾸미는 것은 통하지 않았다. 그러나 진시황의 시대에 국제법은 구속력을 잃었다. 그리하여 모든 것이 통치자 마음대로이니 백성은 정부를 믿을 수 없었고 정부와 백성은 억압과 피억압의 관계에 놓였으며 그 사이에 완벽한 불신의 골이 생겼다.

또한 외교가 사라짐으로 인해 통치자들은 더 이상 국제적인 안목을 지니지 못하게 되었고 세계가 어떻게 변화하고 발전하는지도 알 수 없었다. 열린 생각도 없었고 분발해서 성공해보겠다는 의지와 단호하게 밀고 나가 평화로운 경쟁 방식으로 국제사회에서 존중을 얻겠다는 결심도 사라졌다. 진시황부터 시작해서 통치자들은 오로지 별 쓸모도 없는 만리장성으로 외침을 막아내겠다는 일념뿐이었다.

진시황이 만리장성을 쌓게 된 동기는 황당하기 이를 데 없는 예언서가 퍼졌기 때문이다. 사마천의 『사기』와 사마광司馬光의 『자치통감資治

通鑑』에 따르면『녹도서錄圖書』라는 이 예언서는 당시 사회에 매우 광범위하게 퍼졌고 나중에 노생이라는 방사가 진시황에게 책을 올렸다. 책속에 있었던 "진나라를 멸망시킬 이는 호胡다亡秦者胡也"라는 예언이 진시황을 극도로 뒤흔들어놓았다. 진시황은 '호胡'가 오랑캐를 뜻한다는 이사의 해석을 듣고 몽염蒙恬을 보내 만리장성을 쌓아 흉노족을 막기로 결정했다.

그러나 진시황이 예언을 잘못 분석한 것이었다. '호'는 흉노를 지칭하는 것이 아니라 진나라 2세 황제 호해胡亥를 뜻하는 것이었다. 호해의 어리석음과 잔학함이 진 제국의 멸망을 가져왔다. 진시황이 죽자 진나라에 황위 찬탈의 비극이 일어났다. 조고趙高와 이사 그리고 호해 세 사람은 은밀히 일을 꾸몄다. 그들은 진시황이 장자 부소扶蘇에게 제위를 물려준다는 유서를 가로채 거짓 유서를 꾸미고는 부소와 몽염 장군에게 자살 명령을 내렸다. 이렇게 해서 호해는 순조롭게 황제가 되었고 부소와 몽염은 곧이곧대로 목숨을 끊었다.

국제 무역 경쟁을 말살한 대일통

──

서주는 토지국유제 및 '공상식관工商食官' 제도를 실시했다. 다시 말해서 토지를 매매할 수 없었고 상업과 수공업은 조정이 독점 경영했다. 즉, 개인이 상공업을 경영한 것이 아니라 국가에서 상공업을 운영했으며, 그로 인해 시장경제가 발달할 수 없었다. 물론 서주에도 시장 교환은 존재했다.『주례』의 기록에 따르면 당시에 이미 전문적으로 시장 교역을 관리하는 관원이 있었고 세금 징수 기관인 '사시司市'와 시장 관리

인인 '질인質人' 등이 있었다. 최근에는 서주 시기에 이미 청동으로 만들어진 화폐가 사용되고 있었음을 증명하는 문물이 출토된 바 있다. 허난河南 준현浚縣에 있는 위묘衛墓에서는 동패銅貝와 해패海貝 3000여 점이 출토되었다. 『주례』「왕제王制」에는 서주에 시장 교역이 있었으나 규모는 그리 크지 않았다는 기록이 있다.

춘추전국시대에 이르자 수공업과 상업이 상당한 규모를 갖추게 되었다. 철기를 사용함에 따라 각국에 채광, 청동기 제조, 병기 제조, 수레 제조, 조선造船, 질기와, 유리, 건축, 방직, 편직編織, 칠기, 피혁, 양주釀酒, 자염煮鹽 등 수공업이 등장했다. 생산력의 신속한 성장에 힘입어 마침내 서주의 토지국유제와 '공상식관' 제도가 무너졌다. 세수 제도가 마련되고 사유재산 제도가 확립되었으며 토지를 매매할 수 있게 되고 민간 자유교역이 빠른 속도로 번창하기 시작했다. 각 제후국들은 국내 상업뿐 아니라 국제 무역에서 특히 활발하게 발전하는 모습을 보였다. 당시 많은 수공업품과 농산품이 유통권 안으로 들어와 시장에서 교환되었다. 품목은 도자기, 철기구, 직물, 곡식, 어류 및 소금, 나무, 축산품 등이었다.

도시는 상업의 매개체였다. 상품무역이 발전함에 따라 많은 인구가 도시로 쏟아져 들어가 도시 규모가 빠른 속도로 확대되었다. 이전에 군사적 거점이었으며 정치 군사의 중심 기능을 담당했던 수도는 상업의 중심지로 빠르게 탈바꿈해갔다. 춘추시대 이전에는 면적이 수천 제곱미터에 불과했던 각 제후국의 도성은 10제곱킬로미터 이상의 규모로 확장되었다. 그중 제나라는 재상 관중과 포숙아가 모두 상인 출신이었기 때문에 특히 상업의 발전과 시장의 구축을 중시했다. 이로써 제나라 도성인 임치臨淄는 7만여 가구에 이르렀고 인구는 수십만 명에 달했으며 면적은 18제곱킬로미터였다. 성내 상품교환시장의 면적은 30만5000제곱미터로 당시 최대 규모의 국제 무역 중심지로 부상했다. 다른 각 제후국의 도시도 신속히 발전하여 전국시대에 이르자 주민이 3만 가구 이상인 상업도시가 20여 곳이나 되었다.

당시 국제 무역의 등장은 특히 주목할 만하다. 각 제후국의 상품은 널리 여러 지역으로 판매되었다. 이를테면 오늘날 대한민국에서 당시 중원 각국에서 제조되던 청동거울과 동검, 칼 모양 화폐인 도폐刀幣 등이 출토되었다. 지금의 알타이 산맥 지역에서는 초나라가 제조했던 청동거울과 견직물이 출토되었고 랴오닝遼寧 지역의 외진 농촌에서는 연燕나라에서 만든 철기가 출토되었다. 각 제후국 간의 국제 무역 교류는 지극히 일상적인 일이었다.

진秦나라는 상앙의 변법 이후 상업이 금지되었으나 대상인 여불위呂不韋가 재상에 오른 뒤 상업이 발전하기 시작했다. 진나라에는 도강언都江堰, 정국거鄭國渠 등 대규모의 농업 관개지역이 있었고 식량이 풍부했기 때문에 식량을 대량으로 수출했고, 중원 각국에서는 수공업 제품을 수입했다. 이에 관련한 내용은 이사의 「간축객서諫逐客書」에 상세히 나와 있다.

당시 송나라의 도읍陶邑은 중원 각국을 잇는 수륙 교통의 허브였으며 국제 무역에 있어 중요한 화물 환적터미널이었다. 때문에 상업이 번영했고 한때 크게 번성했다. 월越나라의 대부 범려范蠡는 월나라를 떠난 뒤 바로 도읍에 가서 장사를 했고 도주공陶朱公으로 이름을 바꿨다. 그는 박리다매 등 장사에 재주가 있어 막대한 부를 축적했다.

낙양洛陽은 국제 무역이 발달한 지역이었다. 여불위가 진나라 재상이 된 뒤 낙양을 식읍으로 하사 받았다. 그는 각국 상인이 낙양에 와서 장사하도록 장려했고 이에 따라 낙양은 주민 수가 10만 가구에 달하는 도시로 신속히 발전했다. 여불위는 젊은 시절 양적陽翟에서 장사하여 집안을 일으켰는데 양적 또한 당시 이름난 국제 상업도시였다. 한대漢代에 와서도 이곳은 4만 가구가 거주했다.

국제 무역의 발전은 각국의 교통, 운송, 통신, 정보, 요식업, 숙박업 등 각종 서비스업의 발전을 크게 촉진했다. 또한 개인 소비를 촉진하고 생산성을 제고했으며 공예 제조 수준을 향상시켰다. 과학기술과 문화도 활기차게 발전하기 시작해 사회의 번영을 이끌었다. 또한 많은 농민이 도시로 이전해 건축, 운반, 각종 공예품 제조업 등에 종사했다. 이에 따라 중원 각 제후국들은 상품시장 전문 관리기관인 '사시司市'를 두어 시장을 짜임새 있게 운영했다. '사시'에서는 상업분규 처리, 시장질서 유지, 물가 안정, 치안 유지, 세금 징수, 사기 행위 처벌, 공평한 경쟁 보호 등의 업무를 관장했다. 또한 상인 집단이 확대되고 부가 증대됨에 따라 사람들은 관직에 오르는 것을 유일한 출셋길로 여기지 않았으며 사회의식이 다원화되는 추세가 나타나 사회가 크게 진보하게 되었다.

특히 긍정적으로 평가해야 하는 부분은 국제 무역의 발전으로 대규모 상업자본이 신속한 유동성을 지니게 되어 국제 금융업의 출현을 촉진한 것이다. 국제 무역으로 각 제후국에서 화폐가 출현했으며 유통되기 시작했다. 제후국은 각자의 화폐가 있었다. 진秦과 위魏는 원전圜錢, 한韓과 조趙는 포폐布幣, 제齊와 연燕은 도폐刀幣가 있었다. 이들 화폐의 가치가 서로 달랐기 때문에 화폐의 비교 가격이라는 것이 나타났다. 때문에 상인과 주민은 상품을 매매하려면 각종 화폐의 환율을 계산해야 했고 이로써 최초의 국제 화폐 즉, 금본위제도라는 개념이 생겼다. 이로 인해 상인들이 무역대금을 결제할 때 통용화폐로 금을 사용했다.

이러한 토대 위에서 화폐의 대부행위가 생겨났고 이자, 채권자, 채무자, 상업금융기관인 전장錢莊 등 초기적 금융 개념이 등장했다. 상인들은 무역 규모를 확대하기 위해 전장에서 돈을 빌렸는데 전장과 계약을 맺고 만기가 되면 원금과 이자를 갚았다. 이렇게 해서 금융계약이라는 관념이 생기기 시작했다. 『주례』의 기록에 따르면 당시 각 제후국에는 관官에서 발행하는 어음인 질제증권質劑證券이라는 것이 있었다.

질제증권은 매매 혹은 대차貸借의 증빙으로 자본 계약의 한 형태다. 질권質券, 즉 담보물권은 주로 노비나 소, 말 등 큰 종류의 상품을 교역할 때 증빙으로 사용되었고, 제권劑券은 주로 병기나 진기한 노리개 등 작은 종류의 상품을 교역할 때 증빙으로 사용되었다. 일종의 매매계약서인 셈이다. 이러한 계약서는 죽편으로 만들었고 매매 혹은 대부 양측이 거래 내역을 대쪽에 새겼다. 그런 뒤 두 쪽으로 나누어 구매자 혹은 채권자가 오른쪽 것을, 판매자 혹은 채무자가 왼쪽 것을 보관했다. 만기가 될 때까지 양측이 계약을 이행하지 못하면 상업분쟁이 일어났고 그렇게 되면 양측은 '집인執人'을 찾아가 소송을 걸었다. 집인은 오늘날의 경제법원에 해당되며 국가를 대표하여 정해진 시간 내에 소송을 입안, 수리하고 판결했다. 질제증권이 등장했다는 것은 금융계약 및 신용경제가 탄생했음을 의미하며 자본의 계약화가 시작되었음을 뜻한다. 이를 통해 금융, 상업활동에 있어 법의 역할이 얼마나 컸는지를 알 수 있다.

상업이 번영하고 도시가 확대되면서 점차 시민사회가 형성되었고 정보 교류가 빈번해졌다. 또한 경쟁도 매우 치열했다. 이익을 얻으려면 혁신과 발전이 필수적이었기에 새로운 사상과 문화가 끊임없이 나타났다. 이에 따라 국가 정치, 경제 영역의 투명성도 제고되었다. 사회에는 개인과 개인 간 평등관계가 확립되기 시작했고 관직에 오르는 것만이 유일한 출셋길은 아니었다. 때문에 관본위官本位 의식이 그다지 강하지 않았던 반면 상업에 종사하여 돈을 버는 것은 많은 사람이 추구하는 목표였다. 확실히 새로운 형태의 사회가 등장했다고 할 수 있다.

그러나 진시황은 폭력적인 수단으로 단기간에 중원을 통일하고 엄격한 형법을 제정했으며 인구의 이동과 개인 무역, 상품의 자유교역을 금지했다. 또한 전국의 상품시장을 금지했으며, 자유무역이 진행되면서 국가 차원에서 세웠던 상업관리 기관들을 철폐했다. 뿐만 아니라 공평하고 자유로운 경쟁 행위를 말살하고 큰 칼과 긴 창을 앞세워 백성을 억압해 땅에 묶어두었다. 백성은 해가 뜨면 일하고 해가 지면 휴식을 취하는 것이 전부였고 부를 도모할 수 있는 기회를 상실했다. 이로 인해 백성은 오로지 땅에만 의존할 수밖에 없는 처지와 폐쇄적인 환경 속에서 무감각해지고 우둔해졌으며 진취적으로 노력하려는 의욕을 잃었다. 통일은 겉만 그럴듯한 빈껍데기에 불과할 수밖에 없었다.

이렇게 되자 수백 곳에 달했던 국제 상업도시들이 쇠퇴했고 화폐, 이자, 환율, 채권자, 채무자, 질제증권, 금융계약 등 현대적 개념의 경제가 성장할 가능성이 말살되고 말았다. 그야말로 중국사에서 야만이 문명을 무너뜨린 최대의 비극이었다.

인재 경쟁을 말살한 대일통

춘추전국시대는 정치가들이 자신의 재능을 발휘하는 데 유리한 여건을 마련해주었다. 자신의 조국에서 재능을 펼칠 수 없을 경우에는 다른 나라에 가서 총명함과 기지를 발휘할 수 있었다. 진秦나라 목공穆公

의 패업 성취를 도왔던 백리해는 원래 진晉나라의 일개 노복이었고 나중에 초나라로 도망쳤으나 중용되지 않았다. 헌데 목공이 양가죽 다섯 장을 초나라에 주고 백리해를 진나라로 데려가 중용했다. 그해에 백리해는 이미 일흔을 넘긴 나이였지만 마침내 재능을 펼칠 날을 맞았다. 오기吳起도 원래는 위나라 사람이었다. 그는 모함을 당해 위나라 무후武侯에게 살해당할 위기에 처해 초나라로 도망칠 수밖에 없었다. 초나라 도왕悼王은 즉시 그를 중용하고 그에게 변법 혁신을 단행하라고 명했다. 원래 위나라 사람이었던 상앙도 조국에서는 시종일관 통쾌하게 뜻을 이루지 못하다가 진秦나라에서 현자를 모집하자 위나라를 떠나 진나라로 갔다. 그는 곧 진 효공孝公의 신임을 얻고 변법을 주관하라는 명을 받았다.

소진蘇秦의 인생은 더 드라마틱하다. 그는 원래 주周 왕실과 혈연관계가 있는 국인이었으나 가정형편이 어려웠다. 그는 진秦나라에 가서 중국을 통일해야 한다는 주장을 널리 알린 적이 있었다. 그러나 당시는 혜문왕惠文王이 얼마 전 상앙을 살해하고 외국인이라면 거들떠보고 싶어하지도 않았던 때라 소진은 일언지하에 거절당했고 가진 돈도 다 써버려 거의 사람들에게 구걸하다시피 하며 고향으로 돌아왔다. 이렇다보니 어찌해볼 길 없이 실의에 빠지는 것이 당연했다. 마침 집에서 베를 짜고 있던 그의 아내는 사람이라 할 수도 없는 꼴을 해서 돌아온 남편을 보고 귀찮아하며 꼼짝도 하지 않았다. 소진은 부끄러운 얼굴로 밥을 짓고 있는 형수에게 밥 좀 달라고 했지만 형수는 들은 척도 하지 않았다.

세태의 야박함을 경험한 소진은 주장을 바꿔 합종合從 정책으로 진나라에 대항해야 한다는 의견을 제기하면서 당시 국제 정세를 깊이 있게 연구했다. 피곤이 몰려오면 송곳으로 다리를 찔러 여기저기서 피가 흘러내릴 정도로 연구에 매진했다. 기원전 333년 그는 다시 각국 군주에게 유세를 펼치러 떠났고 큰 성공을 거두었다. 6국은 합종 동맹조약을 맺는 데 전적으로 동의하고 소진을 연맹의 재상으로 임명하는 데 동의했다. 그들은 소진에게 합종연맹의 '종약장縱約長'을 맡겼다. 그의 외교 전략은 완벽한 성공을 거뒀다.

그리하여 인간사의 희극이 한 편 탄생하게 된다. 소진이 초나라에서 조나라로 가다가 고향을 지나가게 되었는데, 군주에서 하인에 이르는 주 왕실의 모든 구성원이 나서서 길거리를 청소하고 등불을 달고 비단 띠를 매며 이 귀한 손님을 환영했다. 6국의 재상인 소진은 더 이상 불쌍하기 짝이 없던 모습이 아니었다. 훌륭한 말이 끄는 화려한 수레를 타고 수행원들이 앞에서 소리쳐 길을 열고, 뒤에서는 에워싸고 호위했다. 그의 위풍당당한 모습은 조국 백성의 부러움을 샀다. 한때 그의 배를 곯게 했던 형수도 길가에 무릎을 꿇고 앉아 감히 고개를 들지 못했다. 소진이 물었다.

"전에는 나를 그리도 경시하더니 오늘은 어찌 이리 공경하시오?"

"이제 재상이 되어 존귀한 자리에 오르셨고 부유하기 때문입니다."

형수의 대답은 저속하긴 했지만 2000여 년 전에 이미 이 한마디 말로 인간사회의 가장 심오한 비밀의 정곡을 찌른 셈이다.

지위가 낮은 가난뱅이에서 고귀한 신분의 대신의 자리까지 오를 수 있었던 것은 춘추전국시대의 활발한 인재 경쟁의 결과다. 시대가 인재를 필요로 하면 인재는 그 시대적 상황에 맞춰 배출되기 마련이다. 인재들은 공을 세우고 업적을 쌓기 위해, 그리고 자신의 정치적 이상을 실현하고 권세를 얻기 위해 서로서로 지혜와 모략을 앞세워 경쟁을 펼친다. 춘추전국시대에 일어난 공격, 전쟁, 살해, 정벌은 군주들이 결정한 것이라기보다는 책략가들이 계책을 세우고 서로 경쟁을 벌인 결과라고 볼 수 있다.

춘추전국시대에는 정치 분야의 인재들이 끊임없이 나타났을 뿐 아니라 노자, 공자, 순자, 맹자, 한비자, 묵자, 장자, 혜자 등 위대한 사상가도 여럿 배출되었다. 이들의 사상은 지금까지도 큰 영향을 끼치고 있다. 또한 손무孫武, 손빈孫臏, 악의樂毅 등 군사전문가와 이빙李冰, 정국鄭國 등 수리전문가, 허행許行 등 농업전문가, 여불위, 단목사端木賜, 도주공陶朱公 등 대상인, 편작扁鵲 등 저명한 의학자, 굴원屈原과 같은 대시인, 그리고 공수반公輸班처럼 뛰어난 기술자가 배출됐다.

인재 경쟁은 사회를 빠른 속도로 진보하게 만든다. 당시는 그야말로 르네상스 시기의 유럽처럼 인재들이 배출되는 백화제방의 시기였다. 안타깝게도 대일통의 전제사회는 인재를 말살하고 사상을 탄압했다. 중앙집권식 군현 제도가 확립되면서 중국 고대사회에는 더 이상 자산처럼 민주의식을 지닌 정치가라든지 노자, 공자, 맹자와 같은 위대한 사상가가 나오지 않았다. 전제사회는 폭군과 탐관오리들을 양성해 중국을 암흑의 시대로 몰고 갔다.

진시황의 극단적 부패와 폭정을 가져온 대일통

진시황이 중국을 통일하기 전, 각 제후국 군주들은 동요하는 국제 정세와 약육강식이 판치는 사회 현상에 직면하여 강한 위기의식과 진취적 기상이 생길 수밖에 없었다. 따라서 각 국은 변법 혁신으로 부강을 꾀하게 된다. 일부 제후국에는 부패와 인재 억압이 일어나긴 했지만, 전체적으로는 개방적이었고 정치적으로도 깨어 있는 편이었다. 정치적으로 부패한 국가는 인재를 유치할 수도, 백성을 일터로 끌어들여 재능을 발휘하게 할 수도 없었을 것이다.

그러나 진시황이 중국을 통일한 이후부터 중국에 부패한 관료정치가 모습을 드러냈다. 우선 황제부터가 진취적인 정신을 잃어버렸고 개인의 사욕이 무한대로 팽창하기 시작했다.

6국을 통일하기 전 진시황은 매우 젊었고 웅대한 뜻과 포부를 실현하려는 의지로 충만했다. 그는 일반인들이 상상하기 어려울 만큼 왕성한 에너지를 발산하며 피곤한 줄도 모르고 일했다. 전해오는 바에 따르면 그는 하루도 거르지 않고 죽간에 쓰인 어마어마한 무게의 상주문과 많은 책을 읽었으며, 수천 자가 넘는 지시를 서면으로 내렸다고 한다. 또한 매일같이 대신들과 국가대사를 논하고 그러다 밤을 새는 경우도 비일비재했다. 그가 그토록 부지런할 수 있었던 것은 통일이라는 목표가 있었기 때문이다. 또한 그렇게 진취적이고 열심이었던 만큼 개인 사생활도 당연히 문란할 리 없었다. 하지만 통일이라는 이상을 실현하고 더 이상 경쟁할 대상이 없어지자 위기의식도 사라졌다. 그는 아주 빠른 속도로 부패와 타락의 길로 접어들었다. 그에게는 이제 고군분투해서 이루고 싶은 더 숭고한 이상이 없었기에, 인성의 추악한 일면이 아주 빠른 속도로 그를 점령해버렸다.

정치에 있어서 그가 염두에 두었던 것은 백성에게 자유와 행복을 안겨주는 것이 아니라 어떻게 하면 자신의 가천하를 세세토록 전할 수 있을까 하는 것이었다. 이를 위해 그는 노동자 70만 명을 아낌없이 동원하고 국가의 재력을 소진하여 만리장성을 쌓았다. 만리장성으로 가

천하를 유지하고 영원히 외적의 침입을 받지 않겠다는 의도였다. 백성의 피땀과 고혈로 축조된 1만여 리의 장성은 진시황의 집을 지켜주는 담장과도 같았다. 백성이 저항하지 못하도록 하기 위해 그는 전국의 모든 병기를 강제로 몰수해 함양으로 가지고 와서 전부 녹였다. 그런 뒤 그것으로 동상 12개를 만들었는데 하나의 무게가 24만 근斤이 넘었다. 마치 이 거대한 동상들이 그의 집에서 보초를 서고 그의 집이 전국의 민중을 제압하고 있는 듯했다.

사상적으로 진시황은 여론을 개방하지 않았고 언론의 자유를 허용하지 않았다. 그는 혹독한 조치를 취해 여론을 엄격히 통제하고 우민정책을 휘둘렀다. 그는 전국시대 말기 음양오행가 추연鄒衍이 주장한 '오덕종시五德終始' 학설, 즉 오행에 따라 나라의 끝과 시작이 생겨난다는 이 왕조 교체설을 근거로 요·순이 토덕土德이고 하가 목덕木德, 상이 금덕金德, 주가 화덕火德이라고 판단했다. 그렇다면 하늘이 내린 왕조인 진은 수덕水德을 입은 것이 분명했다. 이에 기이한 이야기가 등장했다. 누군가 예전 진秦나라 문공文公이 사냥을 하다가 흑룡 한 마리를 잡았는데 그것이 바로 수덕의 상서로운 징후라고 한 것이다. 문공은 진시황의 선조이고 선조가 흑룡을 얻었으니 이것이 바로 하늘에서 수덕을 진나라에 넘겨준 증거라는 것이었다. 진秦이 주周를 멸한 것은 물이 불을 이긴 것, 즉 수덕이 화덕을 극한 것으로 하늘을 대신해 정의를 행한 것이며 천명에 부합한다는 말이었다.

오행가의 이론에 따르면 물은 검은색과 대응되고 북쪽을 주관하며 북쪽은 음지와 차가움을 뜻하니 수덕으로 나라를 세우려면 반드시 검은색을 정통으로 해야 했다. 그래서 진나라는 깃발과 예복을 모두 검은색으로 했고 엄격하고 가혹한 형벌과 법령으로 정사를 처리했다. 정권을 신화화하기 위해 진시황은 또한 아주 엄숙하게 태산泰山에 가서 허세를 부리며 하늘과 땅에 제사지냈다. 이로써 자신의 왕권이 천신에게서 받은 것이므로 신성불가침하다는 것을 증명했다. 그는 전국을 돌아다니면서 이르는 곳마다 각석비刻石碑를 세워 자신의 공덕이 삼황오제三皇五帝를 뛰어넘음을 찬양했다.

문화 전제주의를 시행하기 위해 진시황은 분서갱유를 단행하는 한편 사학을 금하는 데 전력을 기울였다. 이렇게 해서 춘추전국 이래 부흥했던 교육 운동은 사그라지고 학교는 관官에서 운영하는 것만 허용되었다. 이런 학교는 당연히 관가의 자제들만 가서 공부할 수 있었다. 이렇게 되자 원래는 교육을 받을 수 있었던 일반 백성의 자제들이 교육받을 기회를 잃게 되었다. 또한 관에서 운영하는 학교에서는 법가의 엄한 형법만 가르쳤고 관리들이 선생이 되고 법령을 교재로 삼았으며 그 외의 내용은 가르치는 것을 금했다. 이렇게 군국주의적이고 파시즘적인 학교교육을 통해서는 잔인하고 가혹한 관리만 양성할 수 있었다.

진시황은 바로 이런 수단으로 중국의 정치, 경제, 문화, 사상학술 등을 철저히 통일하고 사회를 엄격히 통제했으며 여론을 단일화했다. 이렇게 함으로써 언론의 자유와 인신의 자유가 허용되고 경쟁이 활발했던 춘추전국시대의 사회를 침울하기 그지없는 무덤으로 바꿔놓았다.

진시황은 백성은 극도로 억압하면서 자신은 어떠한 구속도 받지 않았다. 음욕에 빠져 방종을 일삼았고 생활은 사치스럽고 문란했다. 그는 중국에서 한 사람에게 무한한 권력을 집중시켰던 첫 번째 인물답게 타락한 뒤 저지른 부패 행위도 이전의 모든 군주보다 백 배, 천 배나 심했다.

그는 전국의 미인들을 뽑아 음욕을 채웠다. 후궁에는 빼어난 미인이

3000명이나 되었지만 그의 눈에는 보잘것없었다. 그는 자신의 공로가 삼황오제를 넘어서기 때문에 더 많은 미인을 두어야 한다고 생각했다. 역사 기록에 따르면 그의 후궁에는 미인이 최대 1만2000명까지 있었다고 한다. 그러나 미인이 너무 많아 황궁에 다 둘 수가 없게 되었다. 그러자 그는 노동자 30만 명을 징발하여 위남渭南 상림上林에 아방궁阿房宮을 짓게 했다. 그 부지는 300여 리에 달했고 석재와 목재는 모두 사천四川에서 날라왔다. 정교한 건축물과 방대한 공사 규모는 경탄할 수준이었다. 이 공사는 진나라가 멸망할 때까지 12년 동안 지속되었지만 궁궐은 완공하지 못했다. 후에 항우가 그것을 태워버렸는데 불이 3개월 동안이나 타고도 꺼지지 않았다.

그렇게 많은 미인을 곁에 두고 밤낮없이 음욕을 채우느라 진시황은 숨 쉴 틈 없이 바빴다. 사람의 몸이란 어찌됐든 피와 살로 이뤄진 것이니 진시황의 몸이 쇠처럼 단단해서 쉽게 상하지 않는다 해도 수만 명에 이르는 미녀들의 요구를 채워줄 수는 없었다. 그래서 그는 장생불로하는 신선이 되고 싶어 백방으로 신단선약神丹仙藥을 구했다. 한동안 전국에서 수만 명의 방사들이 진시황을 위해 주야로 단약을 만들었다.

서복徐福이라는 사람이 진시황에게 동해東海에 봉래산蓬萊山이란 곳이 있는데 그 산에 장생불로의 약이 있다고 말했다. 진시황은 크게 기뻐하여 서복에게 큰 배에 소년소녀 3000명을 태우고 동해에 가서 선약을 찾아오라고 명했다. 물론 서복은 한 번 가더니 다시는 소식이 없었다. 동해의 어느 섬에 이르러 정착했다고 전해지는데 바로 지금의 일본이다. 전설의 진위 여부는 모르겠으나 이 전설을 증명이라도 하듯이 현재 일본에는 서복 사당이 여러 곳 있다.

진시황은 당연히 결국 신선이 되지 못했다. 그러나 그는 자신이 죽은 뒤 거할 궁전을 지었는데 지금까지도 전 세계가 신비롭게 여기는 여산驪山의 진시황릉이 그것이다. 이 거대한 무덤을 짓기 위해 진시황은 노동자 30여 만 명을 동원해 30년 동안 공사를 진행했지만 진시황이 죽을 때까지도 무덤이 완성되지 못했다. 『사기』에 따르면 무덤 내부에는 수은을 부어 만든 강물이 흐르고 무덤 천정에는 해와 달, 별이 운행하는 천상을 재현해놓았으며 하늘과 인간세상의 사치스럽고 화려한 온갖 것들이 모두 담겨져 있다. 병마용 한 곳만도 현재 세계 8대 불가사의로 꼽힐 정도니 무덤의 방대한 규모와 정교한 내용물들은 세상에서 비할 것이 없을 것이다. 또한 놀랍게도 내부의 비밀을 누설하지 못하도록 인부 수만 명과 후궁, 궁녀 수천 명을 전부 순장했다고 한다.

진시황은 그야말로 '위대한' 군주였다. 부패를 저질러도 천지를 뒤흔들 정도로 했으니 그야말로 범상치 않은 인물임에 분명했다. 당시 전국 인구는 2000만 명 정도였는데 100만 병력의 군대를 제외하고 만리장성 축조에 70여 만 명, 남령南嶺을 지키고 치도馳道[왕족이나 귀인들이 다니던 길]를 닦는 데 50여 만 명, 아방궁을 짓는 데 30여 만 명, 진시황릉을 짓는 데 30여 만 명의 노동자를 투입했다. 합하면 총 300여 만 명으로 전국 총인구의 15퍼센트가 넘는다. 이것은 다른 노역에 복무한 노동자는 포함되지 않은 수치다. 『한서』 「식화지」 기록에 따르면 당시 병역과 노역에 복무한 사람은 300만 명을 훌쩍 넘어서 장년남자의 40퍼센트 이상이었다. 나이 들고 병약하거나 장애가 있는 사람을 제외하면 실제로 생산에 종사할 수 있는 노동자는 얼마 되지 않았다. 이러한 상황은 경제에 재앙 수준의 파괴를 몰고 왔다.

이것이 바로 중국 진시황의 위대한 사상이요, 도덕이며 진취적 정신이었다. 그가 바로 지금까지도 많은 사람이 숭배하는 영웅이다. 현대 문명사회의 이상과 도덕과는 그 거리가 얼마나 요원한지!

진시황 이후 중국 역대 황제 중 부패를 저지르지 않은 이는 손으로 꼽을 정도다. 젊을 때는 나라를 다스리는 데 온 힘을 기울이다가 노년에 이르러서는 역시 마찬가지로 부패를 일삼는 황제도 있었다. 이세민 李世民(당 태종)도 젊은 시절에는 성실하게 정무를 보고 백성을 사랑했지만 노년에 가서는 사치스럽게 생활했다. 그는 수隋나라 양제煬帝의 궁에 들어가 살았으며 전국의 미녀들을 두루 뽑아 개인의 음욕을 채웠다. 또한 단약을 맹신하고 장생불로하여 신선이 되고자 했다. 결국 그는 인도의 방사가 선단이라며 정련해준 것을 먹고 중독되어 사망했다. 이세민처럼 현명한 황제도 이러할진대 난봉꾼과 같은 황제들은 어떠했을지 말할 필요도 없다. 부패하고 우둔하며 잔혹하기로 이름난 수 양제는 개인의 썩어빠진 생활을 유지하기 위해 온 나라의 힘을 쏟아부었다. 결국 하늘과 백성의 원망을 사서 국가는 멸망했고 그 자신은 살해되었다.

중국 역대 황제들은 어째서 부패의 운명을 벗어나지 못했던 것일까? 근본적인 원인은 전적으로 황제 개인보다는 전제적인 사회제도가 부패를 저지를 만한 여건을 제공해주었다. 제약을 받지 않는 권력은 부패를 초래하고 절대적인 권력은 절대적인 부패로 이어지기 마련이다. 황제의 절대적 전제인 대일통은 황제에게 절대 권력을 쥐어주게 되고, 그렇게 되면 절대적인 부패가 초래되는 것이 필연적이다.

관료체제의 암흑시대와 대일통

춘추전국시대에는 각 제후국이 정치, 경제, 군사, 교육, 문화 등 각 영역에서 치열한 경쟁을 벌였기 때문에 군주들은 국가를 다스리는 데 있어 많은 인재를 등용하는 것이 시급했다. 때문에 오직 재능만 있으면 기용하는 '유재시거唯才是擧'를 그 시대의 특징으로 꼽을 수 있다. 개인은 능력만 있으면 즉시 국가의 대신이 될 수 있었고 관원은 재능만 있으면 언제라도 포상을 받거나 진급할 수 있었다. 이런 대우를 받지 못하면 인재들은 언제든 다른 나라로 가서 자신의 발전을 도모할 수 있었다. 요즘 말로 하자면 군주가 관원을 해고하는 것이 아니라 관원들이 언제든지 군주를 바꿀 수 있었다.

이런 정치체제에서 지방 관원들은 자신의 재능을 충분히 발휘할 수 있어 지방을 잘 다스렸다. 또한 아첨을 떨거나 비위를 맞추거나 뇌물을 바치는 등의 방법을 써서 상사의 환심을 사지 않아도 발탁될 수 있었다. 이렇다보니 정치가 깨끗하고 투명한 편이었고 관원들도 독립된 인격과 사상과 주장을 가질 수 있었다. 재능만 있으면 발휘할 기회가 없을지를 걱정할 필요가 없었다. 반면 뛰어난 재능이나 학식을 지니지 못한 사람은 관료사회에서 버티기가 힘들었다. 모종의 관계에 기대어 말단직이라도 얻는다거나 몇몇 군주가 터무니없이 소인배에게 뜻을 이룰 기회를 주는 경우도 있었지만 어디까지나 잠시 잠깐에 불과했다. 결국은 소인배들이 무너지거나 국가나 군주의 멸망으로 끝이 났다.

쓸모없는 사람으로 머릿수만 채운다는 '남우충수濫竽充數'라는 유명한 고사가 있다. 제齊나라 선왕宣王은 음악 듣기를 즐겼는데 수백 명이 함께 피리를 부는 합주를 좋아했다. 남곽南郭이라는 사람이 피리의 대가인 척 가장하여 선왕을 위해 피리를 불게 해달라고 부탁했다. 선왕은 기뻐하면서 그에게 돈을 지급하고 다른 사람들과 똑같이 대우했다.

나중에 선왕이 죽고 그의 아들이 즉위했다. 새로운 왕은 정책을 바꾸었고 합주가 아닌 독주를 좋아했다. 배운 것도 없고 재주도 없었던 남곽은 더 이상 버틸 수 없었고 실의에 빠져 그만둘 수밖에 없었다.(『한비자』「내저설內儲說 상」)

이 고사는 춘추전국시대에 능력 없는 사람이 상사에게 중용되기가 얼마나 어려웠는지를 말해준다.

그러나 진시황이 중국을 통일하면서 정치적으로 깨어 있었던 이 시대는 완전히 마침표를 찍었다. 진시황은 지존무상의 황제에 오르자 더 이상 인재가 필요치 않았다. 그에게 필요한 것은 자신의 공덕을 노래할 노예들뿐이었다.

중국 전역의 관원들은 모두 황제 한 사람이 임명하거나 파면했다. 그러나 황제는 전국의 모든 관원을 알 수 없었고, 또 각 관원들이 일을 잘하는지 못하는지를 명료하게 파악할 수 없었다. 때문에 관리들을 시찰할 기관이 필요했다. 중앙 정부는 지방의 상급관리를 조사하고 지방 상급관리는 다시 하층관리를 조사하는 식으로 층층이 조사했고 이렇게 인치人治적 요소가 결정적인 역할을 하게 되었다. 그런데 이 조사기관의 관원 역시 황제가 임명하고 파면했다. 모든 관리를 조사하라고 황제가 임명한 관리가 자질상 문제가 있다면 그들이 선발한 관리가 어떠할지 가히 짐작할 수 있는 것이다.

이것은 끔찍한 관리 선발 및 파면 제도였다. 이러한 제도 하에서 모든 관리의 운명은 완전히 개인의 호오에 달려 있게 된다. 우선 각급 관원은 더 이상 자신의 사상이나 견해를 가질 수 없었다. 그들은 오직 황제의 명령에 따라 일을 처리했고 황제가 좋아하는 것을 좋아하고 황제가 싫어하는 것을 싫어했다. 황제와 상급관리의 환심을 사기 위해 이들은 거짓말을 하고 문제를 덮어야 했다. 이렇게 위조행위가 시작됐다. 거짓말하지 않고 황제나 상급관리의 뜻을 거스르는 사람들은 대역무도한 자로 간주되어 관직이 강등되었고 목숨을 보전할 수 없었다.

예를 들어 환관 조고는 굉장히 음험하고 잔학한 사람이었다. 그런데 그는 진시황이 자신의 공을 내세우길 좋아한다는 점을 이용해 갖가지 거짓으로 진시황의 신임을 편취했다. 그는 마침내 황궁 총책임자에 올랐고 황제의 옥새도 그가 맡아 관리했다. 반면 진시황의 장자 부소는 정직하고 선량한 인재임이 분명했지만 진시황의 분서갱유를 비판하며 진실을 말하자 강등되어 머나먼 변경으로 쫓겨났다.

진시황이 죽은 뒤 호해가 황제에 올랐지만 대권은 조고에게 찬탈 당했다. 조고는 재상에 오른 뒤 한 번은 사슴 한 마리를 조정회의를 하는 대전으로 끌고 와 2세 황제 호해에게 바치면서 그것을 말이라고 주장했다. 호해가 물었다.

"분명히 사슴인데 어찌 말이라고 하는 건가?"

"분명히 말인데 어찌 사슴이라고 하십니까? 폐하께서 그렇게 믿지 못하시겠거든 모두에게 물어보십시오."

대신들은 두 파로 나뉘었다. 한쪽은 말이라고 했고 다른 한쪽은 사슴이라고 했다. 결과적으로 말이라고 했던 대신들은 승진했고 사슴이라고 했던 대신들은 어찌된 영문인지도 모른 채 모반이라는 억울한 죄명을 쓰고 모두 처형되었다.

이것이 바로 그 유명한 지록위마指鹿爲馬 고사다. 이런 교훈을 얻고도 대신들이 어찌 감히 진실을 말할 수 있겠는가?

이 이후로 중국 관료들은 거짓말과 본심에 어긋나는 말을 하게 되었으며, 황제와 상급관리의 뜻을 자신의 뜻으로 삼았다.

다음으로 횡령과 부패와 뇌물을 주고받는 풍토가 성행했다. 각급 관리들은 모두 황제가 임면했다. 그런데 황제가 모든 관원의 상황을 다 파악할 수는 없었으므로 각급 관원들에게 추천을 받은 뒤 중앙 정부에서 관원들을 보내 조사하도록 했다. 이런 제도에서 하급관원들이 상급관원에게 잘 보여 추천을 받고 높은 지위에 오르려면 온갖 방법을 동원해 대접하고 선물을 보내야 했다. 현금, 미인, 보물 등 값어치가 있는 것이면 무엇이든지 선물했으니 부패 풍조가 갈수록 심각해졌다.

실권을 장악한 대신들과 변경을 지키는 높은 관리들은 종종 권력을 이용해 매관매직하고 재물을 수탈했다. 가족과 친척, 친구들도 그들의 권세에 영합해 덕을 보았다. 그들은 사방에서 온갖 나쁜 짓을 일삼고 금품을 수탈했다.

이렇게 각급 관리들은 이해관계를 핵심으로 방대한 관계망을 형성했다. 한 사람이 손해를 보면 모두에게 손해가 갔고 한 사람이 영예를 얻으면 다 같이 이득을 보았다. 또한 서로 복잡하게 얽혀 쉽게 흔들리지 않는 유착관계가 형성됐다. 이러한 이익관계를 보호하고 유지하기 위해 관계官界에서는 각 이익집단들 간에 쟁탈전이 벌어졌고 서로 간에 알력이 생겼다. 너 죽고 나 살자 식의 내분이 일어났고 국가의 이익이나 백성의 고통 같은 것은 거들떠보지도 않았다. 하급관원은 상급관원의 비위를 맞추기 위해 상급관원과 관계가 있는 안건을 만나면 의도적으로 그 관계를 보호해주었고 법과 증거를 무시하고 억울한 판결을 내렸다. 일단 무슨 문제라도 일어나면 서로 감싸주면서 공수동맹攻守同盟을 맺었다.

더 많은 돈을 모아 상급관원에게 뇌물을 바치기 위해 하급관원들은 있는 힘을 다해 백성의 재물을 수탈했고 이런저런 명목으로 백성을 착취했다. 이로 인해 정부와 백성의 극단적 대립을 야기했다.

하급관리 중에는 대담하게도 공사경비나 구제경비, 군인의 급여와 세수를 횡령하는 이들도 있었다. 정경유착으로 중간에서 사리를 챙기기도 하고 매관매직하여 재물을 횡령하는 사람도 있었으며, 나쁜 일을 저지르는 데 온갖 극악무도한 수단이 다 동원됐다. 관할하는 지역에 굶어 죽은 시체가 도처에 널려도 조정 세도가의 말 한마디면 관직이 오르고 재물이 들어왔다. 반면 위에서 자신을 위해 말해주는 사람이 없으면 백성을 위해 아무리 좋은 일을 하고 업적이 아무리 탁월해도 소용없었다.

명明나라 대신인 만안萬安은 헌종憲宗의 신임을 얻기 위해 이 방탕한 황제에게 비밀리에 정력제를 진상했다. 그는 마침내 황제의 눈에 들어 화개전華蓋殿의 대학사大學士로 발탁됐다. 헌종이 죽은 뒤 효종孝宗이 황위에 올랐다. 그는 작은 상자에서 이 정력제의 비방을 찾았는데 비방 한 장 한 장에 모두 '신 만안이 올립니다臣萬安進'라는 서명이 되어 있었다. 황제가 약을 먹을 때마다 자신의 충심을 기억하도록 하기 위함이었다.

몽테스키외는 『법의 정신』에서 이렇게 언급하고 있다.

"전제주의 국가는 하나의 습관이 있다. 바로 상급자에게는 누구든지 선물을 하지 않을 수 없고 군주에게도 예외일 수 없다. (…) 이런 정치 시스템에서는 국민이 존재하지 않는다. 사람들은 모두 상급자가 하급자에게 아무런 의무도 지니지 않는다고 생각하며 서로 간에는 일부분의 사람이 다른 일부분의 사람을 징벌하는 관계만이 존재한다고 여긴다."

그는 또 이어서 이렇게 말한다.

"공화국에서 선물은 혐오의 대상이다. 품격은 선물을 필요로 하지 않기 때문이다. 군주국에서는 영예가 선물보다 더 강한 격려의 힘을 지닌다. 그러나 전제국가에서는 영예도 없고 품격도 없다. 사람들이 하는 모든 행위는 단지 생활의 이익을 얻는 데 그 목적이 있다."

위에서 언급한 것과 같은 관료체제에서는 선한 사람이 불평등한 대우를 받고 악한 사람이 요직을 장악하기 마련이다. 여기에 같이 물들고 싶어하지 않는 관원은 관료사회에서 발붙이기가 어렵다. 맹자는 "정치하는 것은 어렵지 않으니 큰 가문의 원망과 노여움을 사지 않아야 한다爲政不難, 不得罪於巨室"는 말로 정곡을 찔렀다.

한마디로 중국의 일원화된 전제 문명은 진시황의 손에서 형태가 완성되었고 진시황은 역대 통치자들을 위해 가천하家天下라는 통치모델을 세웠다. 이를테면 진시황은 후대 왕조들의 가천하 왕국을 위해 견고하고 편안한 저택을 설계하고 지어준 셈이다. 매번 왕조가 교체될 때마다 승리한 사람은 조금도 지체하지 않고 그 집의 주인이 되려 했다. 그가 농부든 승려든, 일단 집주인이 되고 나면 대를 이어 그것을 자신의 소유로 남기고 싶어 했다.

제4장

번영 그 배후의 위기

:강성한 한나라, 번성한 당나라 그리고 황권의 강화

순자는 「권학勸學」 편에 다음과 같은 우화를 실었다. "남쪽 지방에 새가 있었는데 이름하여 몽구蒙鳩라고 불렀다. 이 새는 깃털로 둥지를 짓고, 머리털로 얽어서 갈대에 매어놓았다. 바람이 부니 갈대가 꺾이고 알은 깨졌으며 새끼들은 죽었다."[1] 이 우화를 황제 전제와 한당漢唐의 흥망성쇠에 비유해보면 더없이 적합할 듯하다.

몽구의 둥지 짓기가 보여주는 시사점

782년 중국 당나라에 매우 의미 있는 일이 일어났다.

안사安史의 난이 막 끝났을 무렵이었다. 동란이 지나간 뒤라 국가는 원기가 크게 손상된 상태였다. 당시 재상이었던 이비李泌는 조정의 어려운 재정 상태를 감안해 장안에 살고 있는 외국 사절 4000여 명과 외국 유학생 1만여 명에게 더 이상 모든 비용을 부담해주지 않기로 결정했다. 또한 이들에게 원래의 국적을 유지하여 빨리 본국으로 돌아가거나 원래의 국적을 포기하고 중국 백성이 되는 두 가지 중 하나를 선택하게 했다.

재상 이비는 이들이 자신들의 조국으로 돌아갈 것이라 생각했으나 결과는 예상과 달랐다. 4000여 명에 이르는 외국 사절과 유학생은 대부분 본국으로 돌아가지 않고 당나라로 귀화했다. 이들은 대국 당나라의 신민이 될 수 있다는 것에 자긍심을 느꼈다.

오늘날 세계의 많은 사람이 미국 영주권을 얻고 미국 국적을 갖게 되는 것을 자랑으로 여기는 것처럼 당시 당나라 국민이 되는 것은 자부심을 갖게 하는 일이었다.

당은 안사의 난을 겪긴 했지만 여전히 세계적으로 강대한 국력을 자랑하고 있었다. 풍요롭고 번화한 모습, 문화적 발전과 당당한 위력, 온화하고 교양 있으며 공손하고 예의 바른 중국인의 태도는 세계 각국 민중에게 큰 매력으로 전해졌다. 당시 중국의 수도였던 장안長安은 지금 미국의 뉴욕과 마찬가지로 국제적인 대도시였다. 세계 각국에서 온 교민들이 거주하고 있었고 저 멀리 아프리카 대륙에서 온 흑인들도 있었다. 당시 그들은 곤륜노崑崙奴라고 불렸다. 외국 교민들은 장안에서 영구 거주하면서 상점과 음식점을 열고 상업과 무역에 종사했다. 또한 서양 여자들을 고용해 접대하게 했다. 이런 서양 여자들을 호희胡姬라고 불렀다. 외국 교민들은 또한 중국 여자들과 통혼하고 자녀를 낳아 가업을 일으켰다. 언어, 문자에서부터 일상생활에 이르기까지 전부 중국화했고 성도 완전히 중국식으로 바꿨다. 이들은 능숙하게 중국의 말과 글을 익혔고 문학에 조예가 깊은 사람도 있었으며 과거에 합격해 정부의 관원이 되는 사람도 있었다. 진사에 급제한 이언승李彦升은 아랍인이었다.

사료에 따르면 769~770년에 매년 4000여 척, 일일 평균으로는 10여 척의 상선이 광주廣州에 상륙했다. 당시 광주는 천주泉州, 양주揚州, 명주明州, 교주交州 등 유명한 항구 중 하나에 지나지 않았다. 비단길을 통해 중국으로 들어오는 외국인들을 제외한 수치임을 감안할 때 당시 중국 도시들이 얼마나 번화했는지 짐작해볼 수 있다.

당나라는 정치적으로 개방되고 경제적으로 번영했을 뿐 아니라 문화도 수준 높게 발전했다. 당나라는 시, 회화, 음악, 춤, 스포츠 등 분야에서 높은 성과를 거두었다. 이백李白, 두보杜甫, 백거이白居易, 왕유王維 등 위대한 시인들은 여러 불후의 명작을 남겼다. 그들의 뛰어난 예술적 성취는 지금까지도 따라잡을 수 있는 사람이 없다.

당시 유럽은 암흑의 중세로 접어들어 사분오열되고 전쟁과 살육, 정벌이 끊이지 않았다. 한편 중국의 주변은 온통 오랑캐 나라와 민족들이었다. 당시 세계는 여러 황제들의 시대였고 전 세계적으로 문명이 일원화된 시대였다. 중국의 강력한 국력은 세계 각국과 비교했을 때 군계일학과도 같았다. 일본의 경우엔 견당사遣唐使를 대거 파견해 중국을 배워 훗날 거의 중국화될 정도였다.

이렇게 번영했던 당대와 견줄 만한 왕조는 전한前漢을 들 수 있다. 전한 초기, 국가는 도가의 '무위이치無爲而治' 학설을 받아들이고 자유롭고 열린 정치를 시행하여 국민의 생산활동과 생활에 간섭하지 않고 그들이 자유롭게 발전해나갈 수 있도록 했다. 또한 한나라 문제文帝와 경제景帝는 거듭 조세 부담을 줄여 국민들의 생산활동을 격려하고 공업과 상업에 혜택을 주었다. 지방에서 화폐 주조, 자염煮鹽, 야철冶鐵 등을 할 수 있도록 허용하기까지 했으니 그 개방의 수준을 엿볼 수 있다. 이리하여 국가 경제가 발전하고 문화가 흥성하며 국력이 강대해져 '문경의 치文景之治'라 불리는 시대가 나타나게 되는 것이다. 나중에 한나라 무제武帝가 문경 시기에 비축해둔 풍부한 재력으로 흉노와 전쟁을 일으켰다. 위청衛靑과 곽거병霍去病이 군대를 이끌고 바이칼Baikal호까지 점령해 흉노족을 수만 리 밖으로 쫓아낸 뒤 방대한 한 왕국을 세웠다. 전한은 주도적으로 대외개방 정책을 시행하고 장건張騫을 두 차례 서역으로 사절로 보내 그 유명한 비단길을 열었다. 한나라는 문화와 교육 면에서도 높은 성취를 일궜다. 국립대학인 태학太學이 바로 이 시기에 세워졌으며 사상과 이론의 탐구에서도 눈부신 성과를 거뒀다.

하지만 전한 이래의 강성한 왕국, 눈부시게 번성했던 대당성세大唐盛世라는 이 찬란하게 빛났던 붉은 해는 안사의 난에서부터 떨어지기 시작해 하늘 가장자리의 유성이 되었다가 덧없이 사라지고 말았다. 화려했던 중국 고대 문명의 파멸보다 더 비장한 비극은 없을 것이다. 오늘날 진흙과 모래가 가득 찬 황하 기슭에 가서 역사 유적들을 회상하거나 오래된 옛 문명의 눈부심을 상상하노라면 누구든지 이렇게 묻게 될 것이다. "이렇게 위대한 문명이 왜 보존될 수 없었을까?" 수천 년 동안 많은 사람이 이것을 생각하며 애석해했다.

쇠퇴의 원인은 결국 중국 문명이 내포하고 있는 결점이었다. 문명 내부에 잠복해 있는 바이러스가 퍼져서 빚어진 결과였다. 중국 문명 자체로는 그 바이러스를 치유하기 어려웠다. 다시 말해 고대 중국의 정치체제의 틀 안에서는 그 바이러스를 물리칠 처방전을 내놓을 수 없었다. 그로 인해 전한 말기와 후한 말기, 당 말엽에 사회는 극도의 혼란에 빠졌고 위대한 문명의 성과는 한순간에 물거품이 되어버렸다.

몽구가 둥지를 트는 방식처럼 한나라와 당나라는 경제, 문화, 군사 등 개별 요소가 아무리 발달하고 국력이 아무리 강성해도 고립적으로 성장할 수밖에 없었고 새로운 문명 구조를 일구거나 황제 전제의 틀을 바꿀 수는 없었다. 따라서 둥지를 갈대에 매어놓을 수밖에 없었고 낡은 문명구조에서 독립해서 존재할 수 없었다.

황제 전제적, 종법세습적 중앙집권제도의 취약성과 극복할 수 없는 일원화 문명의 모순 때문에 사회에는 주기적으로 동란의 큰 바람이 불었다. 그러면 문명을 받치고 있던 갈대는 꺾어질 수밖에 없었고 그 결과 알이 깨지고 새끼는 죽었다. 순자는 "집은 튼튼하게 지었지만 매어 두는 자리를 잘못 고른 것이다"라며 탄식했다.

황권 전제를 수용한 중국인의 심리과정

주나라는 분봉자치 제도를 확립하고 800여 년간 시행했다. 특히 춘추전국시대에는 이 제도에 힘입어 백성은 상당한 자유를 부여받았고 사회도 번영을 누렸다. 백성은 이러한 생활 방식에 익숙해졌으며 유구한 역사적 전통이 되었다. 때문에 진시황이 6국을 멸한 뒤 제기된 분봉자치 제도에 대한 요청은 당시 사회가 바라고 지향하는 바였다.

예를 들어 진시황은 6국을 통일하고 나서 국가의 중대사를 논의하는 중요한 회의를 열었는데, 그 회의에서 문무대신들과 유학박사 순어월淳於越 등은 모두 분봉 제도를 실시하자고 요청했다. 그 결과로 돌아온 것은 분서갱유 등의 탄압이었다.

당시에는 황권이 하늘에서 내린다는 사상이 아직 생기기 전이었다. 황권은 신화화되지 않았고 황제 역시 보통 사람으로 여겨졌다. 진시황이 가렴주구를 일삼고 잔혹한 살육을 서슴지 않는 폭정을 행함으로써 당시 민중들은 황권에 극도의 공포심과 반감을 가지게 되었고 그에 강력히 저항했다. 때문에 서주 시기의 분봉자치 제도를 복원한 후 그 토대 위에 민주정치를 세우고 문명을 혁신하는 것은 불가능한 일은 아니었다.

그렇다면 진秦 말기에 농민 대혁명을 겪고서도 분봉 제도가 복원되지 않고 후대에 오히려 중앙집권제도가 점차 공고해졌던 이유는 무엇일까?

첫째, 진나라 말기 농민대혁명은 결과적으로 백성 사이에 오히려 강렬한 반反혁명 정서를 키웠다. 그들이 진나라의 폭정에 대해 품었던 원한과 혁명 열기는 진 말기에 일어난 대혁명 가운데서 완전히 해체되었다. 반혁명 정서는 평화에 대한 갈망과 안정된 생활에 대한 간절한 기대이기도 했다. 이러한 심리 상태에서 중국인들은 결국 분봉 제도를 포기하고 황권전제의 현실을 받아들였다.

진 말기의 농민대혁명은 유사 이래 최대의 사회적 동란이었다. 이 전쟁은 6국 귀족이 분봉 제도를 부활시키기 위해 전개했던 운동이 아니라 억압된 농민들이 폭정에 저항하여 일으킨 혁명전쟁이었다. 진나라가 멸망한 뒤 일어난 초한전쟁楚漢戰爭은 항우項羽와 유방劉邦이 국가 통치권 쟁탈을 둘러싸고 벌인 전쟁이었다. 이 전쟁은 8년이라는 오랜 기간 지속되었다. 전쟁 기간과 규모, 살해된 평민의 수 등에서 모두 사상 최대를 기록했다. 또한 이 전쟁은 농민들이 주축이 되어 일으킨 것이었다. 이들은 정치적으로 깨어 있거나 선진화된 이념을 지니지 못했고 처음에는 정부에 대한 저항으로 시작했지만 나중에는 권력과 이익을 얻는 것으로 목표가 바뀌었다. 진 말기 혁명을 거쳐 한나라 초기에 이르자 전국 인구가 격감했고 백성은 나무껍질이나 풀뿌리까지 다 먹어치워 서로 잡아먹었으며 죽은 사람이 절반을 넘어 열 집에 아홉 집은 비어 있었다. 물가는 폭등해 쌀 100근을 1만 전錢에 팔았다. 유방이 타는 마차의 말도 네 필 모두 같은 색깔로 채울 수 없을 정도였고 장수와 재상들도 우차牛車를 타고 등청했다.

생존도 장담할 수 없는 상황에서 혁명의 열정은 빠른 속도로 사그라졌다. 혁명은 그들에게 살육과 극도의 빈궁함만 가져다주었을 뿐이다. 백성은 강도 하나가 약탈하는 것이 그래도 강도 여럿이 와서 약탈하는 것보다 낫다고 생각했으며, 태평한 시대의 개로 사는 것이 어지러운 동란의 시대에 사람으로 사는 것보다 낫다는 생각을 하게 되었다. 오랫동안 지속된 군벌전쟁으로 백성은 갈 곳 없이 떠돌게 되었으며 가족들은 죽고 집안은 풍비박산 되어 도저히 견딜 수 없는 상태에선 차라리 황제의 통치를 받아들이는 것이 나았다. 춘추전국시대의 6국 귀족들도 이때는 역시 저항할 힘이 없었다. 또 유가 지식인들도 강권에 의탁해 개인의 앞날을 도모하기 시작했다. 따라서 전한 초기 황제 전제제도가 확고히 자리를 잡은 것은 사회 각 계층이 함께 타협함으로써 이뤄진 결과다. 백성의 강렬한 반혁명 정서는 유방이 황제 전제를 확립하는 사회적 기반이 되어 주었다. 적어도 유방은 사회를 안정시켰고 더 이상 전쟁을 일으키지 않아 백성은 안심하고 생산활동을 할 수 있었다.

둘째, 항우의 잘못으로 사회 혼란이 야기되었고 유방이 음모를 실현할 수 있게 되었다.

항우는 황제 전제 사상을 지닌 사람이 아니었다. 그는 진 말기 농민

전쟁을 지휘하고 진나라를 무너뜨린 뒤 민심에 순응하여 분봉 자치제 도를 실시했다. 이로써 황권을 폐지하고 중앙집권적 사회구조를 바꿨다. 물론 항우도 진나라를 멸하지 않고 자영子嬰을 황위에 두고 황제의 권력을 약화시킨 뒤 연방제 국가를 세울 수도 있었다. 그러나 진나라가 저지른 죄악이 실로 너무 컸기 때문에 민중의 이해를 구할 수 없었고 때문에 진나라를 멸하는 것이 필연이었다.

그런데 항우는 제후들에게 분봉하면서 심각한 과오를 저질렀다. 제후들의 군사권을 회수하지 않았고 군정합일軍政合—의 제후 종법세습제를 그대로 두었다. 또 지방 집정관을 백성이 선거로 뽑아 권력을 제약하는 메커니즘을 구축하지 않았다. 다시 말해 항우는 단순히 옛것을 되살렸을 뿐이었다. 이는 곧 비극의 도화선이 되었다.

애석하게도 항우는 정치가가 아니었다. 또한 이미 잘 갖춰진 민주공화정의 설계가 있어서 그가 모방할 수 있는 상황도 아니었다. 진나라가 멸망한 뒤, 옛것을 없애고 새로운 것을 세우는 역사적 전환점에서 민심에 순응해 가능한 한 빨리 국가 질서를 회복하려면 서주 사회의 정치 모델에 따라 자신의 국가를 설계할 수밖에 없었다. 하지만 그는 제후들의 군사권을 박탈하지 않았고 군사력 확장을 용인했다. 이는 사회 안정에 치명적 위협을 가하는 요소였다. 게다가 항우 자신이 사람을 쓰는 데 실수를 범하자 많은 유능한 인재가 유방에게로 돌아섰고 제후들에 대한 항우의 통제력은 갈수록 약화됐다. 제후들은 아무런 제약도 받지 않고 세력을 키워나갔으며 군벌들은 난투전을 벌였다. 전화가 다시 불붙기 시작했고 세상은 다시 커다란 혼란에 휩싸였다.

셋째, '찬물로 개구리를 삶는' 현상이 일어났다.

중국에서 결국 황권이 공고해질 수 있었던 것은 기나긴 과정을 거쳤기 때문이었다. 개구리를 펄펄 끓는 물에 넣으면 재빨리 물 위로 뛰어올라 위험지대를 벗어난다. 하지만 개구리를 찬물에 넣으면 경계심을 갖지 않고 솥 안에서 헤엄치며 논다. 그 뒤 서서히 열을 가하면 개구리도 조금씩 물 온도에 적응해서 위기가 닥쳤음을 인식하지 못한다. 개구리가 견딜 수 없을 정도로 물의 온도가 올라가면 그제서야 자신이 직면한 위기를 인식하지만 그때는 이미 솥에서 뛰쳐나갈 힘이 남아 있지 않게 된다. 개구리는 그렇게 익어서 죽게 되는 것이다. 유방은 백성을 찬물이 담긴 솥에 넣고 서서히 열을 가하며 끓였다. 사람들은 그 위험을 인식하지 못하고 수온의 변화에 서서히 적응해 갔다. 그들이 위험을 알아챘을 때는 이미 그 전제의 솥에서 뛰쳐나올 능력이 없었다.

유방이 진시황보다 총명했던 것은 그가 '군국병행' 제도를 시행한 점이다. 즉 한 국가에서 두 가지 제도를 시행하는 '1국 2체제'를 실시한 것이다. 그는 부분적으로는 중앙집권식 군현제를 시행하고 부분적으로는 분봉제를 시행했다. 자신이 직접 통제할 수 있는 지역에서는 군현제를 실시해 관원을 파견해 관리했다. 한신韓信, 한왕신韓王信, 팽월彭越, 영포英布 등 전쟁에서 공을 세운 대신들은 제후왕으로 봉하여 대립 정서를 없애고 사회를 안정시켰다. 그러나 자신의 지위가 확고해지자 유방은 또다시 이 제후왕들을 신속히 주살했고 다시 유씨 성을 지닌 자식들을 제후왕에 봉했다.

유방은 이렇게 점진적으로 조치를 취하여 차츰 전제의 목적을 실현해갔으며, 민심에 어긋나는 행동을 해서 사회를 혼란으로 몰고 가는 일이 없었다. 이후 경제景帝, 무제武帝에 이르러서는 다시 성이 같은 제후왕들의 봉토를 차츰차츰 없애고 중앙집권의 목적을 달성했다. 이미 몇 대가 지난 때였으므로 백성은 분봉 제도에 대한 기억이 조금씩 흐려진

상태로 별다른 인상이 남아 있지 않았으며, 이미 중앙집권식 군현 제도 아래에서의 생활 방식에 점차 적응해가고 있었다. 한 무제가 엄한 형법을 채택하고 군사권을 고도로 집중시켰지만, 백성은 불만이 많긴 했어도 생존할 수 없다거나 목숨을 걸고 사회에 저항할 정도까지는 아니었다. 이렇게 해서 이 전제제도가 확고하게 자리잡을 수 있었다.

황권 강화를 위한 주요 조치

진의 역사를 타산지석으로 삼았던 통치자들은 전한시대부터 몇 가지 방법을 추가로 채택했다.

먼저 황권 전제를 위한 정당성을 찾았다.

황권은 황제의 무한한 권력 확장과 타인을 정복하고자 하는 욕망에 다름 아니며 역대 황제들은 제위에 오르자마자 황권 강화에 주력했다. 황권에 합법성을 부여하기 위해 통치자들은 자신의 황권이 합법적이며 신성불가침한 것이라는 것을 설명할 수 있는 이론을 만들어야만 했다. 한나라 무제는 "백가를 배척하고 오직 유가의 학술만을 존중하는 罷黜百家, 獨尊儒術" 정치적 조치를 취했으니, 이는 곧 황권 강화를 위한 이론적 근거가 되었다.

한 무제가 제위에 오르기 전, 전한은 정치이념으로 옛 황제黃帝와 노자가 주창했던 '무위이치'를 택하고 있었다. 무위이치는 성인의 덕이 커서 아무 일을 하지 않아도 유능한 인재를 얻어 천하가 저절로 잘 다스려진다는 뜻이다. 이런 치국이념과 통치 방식은 국가의 독점이나 민중에 대한 압박, 통제를 가져오지 않았다. 전한의 문제文帝와 경제景帝 시기, 백성은 자유로웠으며 사회는 번영할 수 있었다. 문제와 경제의 제위 기간 전환은 정치적으로 서주의 지방선거 제도를 계승했고 이를 두고 "어질고 착하며 품행이 방정한 인재를 뽑는다擧賢良方正"고 했다. 사회 여론은 비교적 개방적이었으며 경제도 국가가 농단하지 않고 백성이 임의롭게 경제활동에 종사하며 자유롭게 발전시킬 수 있었다. 따라서 당시는 비교적 건강한 사회였다고 평가할 수 있다.

하지만 이런 제도는 황권의 약화를 가져왔다. 당시 중앙 정부는 황제와 승상의 분권제 및 상호 견제 체제를 시행하고 있었다. 승상은 자신의 권력으로 황제의 권력에 제약을 가할 수 있었기 때문에 황권과 승상권 사이에는 첨예한 갈등이 존재했다. 때문에 황권을 강화시키고 승상권을 약화시키는 것은 당시 황제의 최우선 과제였다. 한편 지방에서는 중앙집권의 군현 제도를 실시하여 각급 관리들을 중앙에서 직접 임명하여 파견했다. 조정의 신임을 얻고 '발탁'되기 위해 각급 관리들은 다툼을 벌였고 공신들과 독립적 인격을 지녔던 지식인들이 대거 살육당했다. 특히 여후呂后는 남편 유방이 죽자 권력을 독점하고 살육을 일삼았다. 여씨 일가는 속속 실권을 장악했고 조정은 부패로 얼룩졌다. 때문에 당시 한나라의 많은 인재가 제후국으로 도주하여 제후왕을 위해 일하게 되었고, 제후국의 국력은 빠르게 강대해졌다. 지방 제후국으로 인재가 유출되는 상황은 문제와 경제 때에도 크게 개선되지 못했다. 황제와 승상간의 분권 및 상호 권력 견제를 골자로 한 중앙 정치체제와 분봉제라는 지방 정치체제는 모두 황권을 위협하는 존재였다. 특히 분봉제의 경우 더욱 그랬다.

제후국은 정치적으로 중앙보다 진보적이었고 당시 제후국 간 경쟁이 매우 치열했던 지라 수많은 인재는 제후국을 찾아가 자신의 능력을 발휘할 수 있었다. 이들의 공로에 힘입어 제후국은 중앙정권과의 경쟁에서 점차 우위를 차지했다. 당시 오왕吳王 유비劉濞는 인재를 초빙하는데 힘을 다했고 민간의 야철, 자염, 주전鑄錢 등 공업과 상업 발전을 적극적으로 장려했다. 오왕의 제후국은 그렇게 강성해갔고 중앙집권의 황제 전제는 유명무실해졌다. 그러자 중앙정권은 황권 강화를 위해 제후국의 권력과 토지를 중앙으로 환수하는 '삭번削藩'을 실시하기 시작했다. 한 경제와 무제 양대 황제의 노력으로 제후 세력은 철저히 제거되었고 이에 따라 전한의 사회 경쟁도 사라져 활력 넘쳤던 분위기도 가라앉았다.

오랜 세월 역사학자들은 삭번을 긍정적으로 평가하고 칭송해왔다. 하지만 오늘날의 관점에서 반추해보면 삭번은 잘못된 정책이었음을 알 수 있다. 그 이유는 다음과 같다.

첫째, 전한의 통치자는 지방과의 경쟁에 대응하지 못했다.

중앙 정부와 지방 제후국 간 그리고 제후국과 제후국 간에는 인재, 무역, 문화 등을 둘러싼 경쟁이 존재했다. 이러한 경쟁은 사회, 정치, 경제, 문화의 발전에 긍정적인 기능을 했다. 경쟁은 필히 갈등을 수반하고 이는 매우 정상적인 현상이다. 경쟁에서 승리하기 위해 중앙 정부는 필히 정치, 경제 환경을 바꾸고 이미지도 개선해야 했다. 그렇지 않으면 인재와 자본이 제후국으로 유출될 것이었다. 제후국도 마찬가지였다. 『한서漢書』의 기록에 따르면 당시 제후국들이 초청한 문학지사文學之士가 수만 명에 달했다고 한다. 제후왕들은 문학지사들을 중용하고 우대했다. 한나라 중앙 정부는 인재 유출을 막기 위해 '좌관률左官律'과 '부익법附益法'을 제정했다. 좌관률은 제멋대로 황실을 벗어나 제후국의 관리가 되는 자를 사형에 처한다고 규정했다. 부익법은 제후국의 재산이나 수입을 증대시키고 국가의 이익을 해치는 행위를 범죄로 규정하고 징벌로 다스릴 것임을 분명히 했다. 하지만 두 법률 모두 제정의 이유가 불충분했다. 인재가 중앙을 벗어나 지방으로 갔다고 해서 머리를 베고, 삭번 정책을 펴면서 자신의 잘못된 점을 반성하지 않는다는 것은 곧 병에 걸린 이가 치료를 받지 않고 의사의 목을 치는 것과 다를 바 없는 일이다. 이는 명백히 강권으로 경쟁을 억제한 조치였다. 『한서』의 기록에 따르면 회남왕淮南王 유안劉安과 형산왕衡山王 유사劉賜의 모반이 탄로나자 한 무제는 관련자 처형에 나섰고 이 과정에서 모반에 연루되어 사형당한 문학지사들이 수만 명에 달했다. 그토록 많은 무고한 지식인들이 비명에 간 것이다. 소위 '모반'은 전제정치를 펴는 폭군이 신하를 처형하는 가장 좋은 구실이 되었다. 모반의 증거는 혹독한 고문을 통해 얻어졌다.

둘째, 전한의 통치자는 게임의 법칙을 지키지 않았다.

건달에 무뢰한이었던 유방은 한신, 팽월, 영포 등 이성異姓의 제후를 책봉했다. 그리고 이들의 자리가 잡히기도 전에 목을 베며 모반죄로 무고誣告했다. 한신과 같은 이는 백만 대군을 통솔할 때도 모반을 일으키지 않았는데, 어찌 군권을 넘긴 뒤에 반란을 일으켰겠는가? 한신을 비롯한 제후들을 죽인 뒤 유방은 동성同姓의 제후를 책봉했다. 그리고 이후 동성만을 제후로 책봉한다는 원칙을 지키기 위해 백마 한 필을 죽여 공신들과 결속을 다지는 맹세를 했다. "유씨 일족이 아닌 자가 왕이 되면 천하의 벌을 받게 될 것이다非劉氏而王者, 天下共誅之"라는 이 맹세를 두고 '백마지맹白馬之盟'이라고 한다. 하지만 군현제와 봉건제를 병용하는 1국 2체제를 나라의 기본 정치제도로 삼은 이상 그 제도를 고수해야 하며 기본 정치제도를 함부로 바꿔서는 안 되는 것이었다. 만약 제도에 미흡한 점이 있다면 보완해야 했다. 또 중앙과 지방의 세수 분배제도를 실시한다면 중앙은 제후국의 재정 수입 대부분을 국세라는 명목으로 흡수해 중앙의 재력을 강화할 수 있었다. 제후국의 세력에 위협을 느낀다면 제후국을 작게 나누어 중앙에 군사적 위협이 되지 않도록 만들 수도 있었다. 하지만 제도 자체를 함부로 철폐해서는 안 되는 일이었다. 주전鑄錢 역시 그러하다. 유방 시대에 조정은 지방에서의 주전을 금했지만 한 무제 때에 와서 '무위이치'의 정책을 펴고 공업과 상업의 발전을 장려하면서 민간에서도 자유롭게 돈을 만들도록 허가했다. 이에 따라 각 제후국들은 대량으로 돈을 만들어내기 시작했다. 하지만 훗날 각지에서 지나치게 많은 돈이 만들어지자 인플레이션 현상이 나타났고 국가의 경제적 안정을 위협하기에 이르렀다. 하지만 이는 국가가 관련 정책을 통해 주전을 허가하고 각 제후국들이 정책이 허용하는 범위 내에서 주전 활동을 펼쳐 나타난 결과였다. 만약 정책 자체에 문제가 있었다면 문제가 된 부분을 수정하면 될 것이었고 각지의 주전 활동을 멈추게 할 수도 있었다. 정책에 문제가 있었다는 것이 결코 삭번의 이유가 될 수는 없었다. 이렇게 전한의 통치자들은 게임의 법칙을 지키지 않았고 나라의 기본 법률도 준수하지 않았다. 이런 상황에서 '7국의 난'이 일어난 것은 피할 수 없는 일이었다. 경제는 즉위 후 어사대부 조착晁錯의 건의에 따라 초나라 관할인 동해군東海郡과 조나라 관할인 상산군常山郡 그리고 교서왕膠西王이 관할하던 6개 현縣 등 제후국의 봉토를 삭감했다. 오왕 유비劉濞는 이런 삭번의 조치가 자신에게까지 미치게 될 것으로 보이자 병사를 일으켜 반기를 든 것이다. 전한의 통치자가 법률을 어긴 것이 먼저요, 유비가 이에 대항한 것이 나중의 일이기 때문에 유비의 행동은 모반이 아닌 국가의 법률체제를 수호하기 위한 행동이었다. 『사기』와 『한서』의 기록에 따르면 유비는 늘 중앙 정부를 옹호하고 지지했다고 한다. 태자가 자신의 아들을 때려 죽였을 때에도 그저 몇 마디 푸념을 늘어놓았을 뿐 지그시 참았던 그였다. 이런 노신老臣이 어찌 함부로 모반을 꾀했겠는가? 훗날 유비가 조착 晁錯을 죽인 뒤에도 멈추지 않고 병사를 이끌고 계속 진군해 황위에 오르려 했던 것은 승리에 도취되어 이성을 잃었기 때문이었고 마음속 야심이 부풀었기 때문이었다. 하지만 동시에 그것은 달리 선택의 여지가 없었기 때문이기도 했다. 그가 삭번 전에 황위를 탈취하려 했다는 증거는 없다.

셋째, 삭번은 황제 전제를 강화시켰고 황권에 대한 제약을 제거했다.

유방이 제후를 분봉했던 것은 '진은 고립되어 멸망했다秦孤立而亡'는 교훈을 받아들였기 때문이다. 때문에 그는 자신의 자제를 왕으로 책봉해 한나라 왕실 일족으로 안전한 울타리를 세우려 했을 뿐, 황제와 제후국이 상호간에 권력을 견제하는 정치체제를 세우기 위해 분봉을 실시한 것이 결코 아니었다. 하지만 객관적으로 분봉제는 황권을 견제하는 기능을 했다. 전한시대 제후국에는 병권이 없었고 중앙 정부가 파견한 재상은 제후왕을 감독하고 그들의 행동을 제약할 책임과 권리를 가졌다. 하지만 인사와 재정 등의 방면에서는 제후왕도 자치권이 있어 황제와 제후국이 상호 견제할 수 있었고 때문에 황권도 무한정 확대되지 않았다. 유방이 죽은 뒤 권력을 독점한 여후가 대담하게도 척戚부인을 인간돼지로 만들고 유방의 아들 몇을 살해했지만 감히 유씨 일족의 천하를 여씨 천하로 바꾸지 못했던 이유도 제후왕들이 존재했기 때문이었다. 문제와 경제 시대만 해도 국가 정치는 비교적 정상적으로 움직였다. 하지만 제후국들이 멸망한 뒤 전한의 정치는 급속도로 부패하기 시작했다. 한 무제의 권력은 날로 커졌고 그를 견제할 수 있는 세력은 아무도 없었다. 한 무제는 무력을 남용해 전쟁을 일삼았고 무고한 이들을 죽였으며 사치스럽고 부패했다. 또한 잔혹한 형벌을 남용해 간신들이 권력을 잡는 형국에까지 이르렀다. 군주 한 사람 때문에 온 천하가 화를 입었고 국민 경제는 붕괴되기 일보 직전이었다. 특히 무술巫術로 남을 저주한 '무고巫蠱 사건'이 수차례 발생했고 수많은 사람이 이에 연루되었다. 매번 무고 사건이 일어날 때마다 수만 명 이상이 죽임을 당했다. 심각한 인권 유린이었다. 한 무제는 말을 잘 못해도 이를 죄로 여겨 벌로 다스렸고 심지어 마음속으로 비방한 죄에도 복비죄腹誹罪라는 죄명을 달았다. 『한서』에 다음과 같은 기록이 남아 있다. 일년 내내 전쟁을 벌여 재정난에 시달렸던 한 무제가 화폐 개혁을 단행하려 했다. 대사농大司農 안이顏異가 이의를 제기했으나 그의 의견은 받아들여지지 않았다. 집에 돌아온 그에게 손님 한 명이 그 일에 관해 묻자 안이는 대답을 하지 않고 그저 입술을 조금 삐죽거렸다. 이후 어사대부御使大夫 장탕張湯은 "구경의 신분으로 조령에 불편한 점이 있으면 입조하여 자신의 의견을 당당하게 개진해야지 오히려 마음속으로 조정을 비방한 것은 죽을 죄에 해당된다"[2]고 주청을 올려 안이를 죽음에 이르게 했다. 무제 이후 전한의 전제체제가 부패한 데는 분봉하여 지방자치를 허용했던 제도를 철폐한 것과도 밀접한 관계를 갖는다.

경제의 재위 이후, 전한이 삭번하려 했던 데에는 여러 가지 중요한 이유가 있었다. 그중에서도 첫째는 전한의 분봉제가 서주의 그것에 비해 큰 결함이 있었다는 것이다. 서주의 분봉제 아래 천자는 공公, 후侯, 백伯, 자子, 남男의 5등급에 따라 토지를 제후에게 분봉했다. 귀족(제후)들은 토지를 대부에게 재분봉해 '고을을 세우고 가문을 일으키도록'

했다. 대부들은 다시 가신들을 등용해 다스렸고 주나라 왕과 혈연관계를 갖고 있었던 국인들 또한 일부 토지를 분봉 받았다. 때문에 서주는 다층의 권력구조를 갖췄고 상호간에 권력을 견제할 수 있는 메커니즘이 있었다. 하지만 전한의 분봉제에서 분봉의 대상은 오직 제후들이었으며 제후 아래로 재분봉은 이루어지지 않았다. 게다가 국인이라는 존재도 없었고 권력의 상호 견제도 이루어지지 않아 제후들의 권력이 중앙정권에 위협이 될 정도로 지나치게 강대해졌다.

둘째는 전한은 서주의 분봉제를 단순히 계승하기만 했을 뿐 제도적 혁신이 없었다. 앞에서 서주의 분봉제가 실패한 원인을 알아보았다. 그 가운데 중앙세와 지방세를 분리하는 분세제를 제정하지 않고 중앙과 지방의 재산권과 세수권을 구분하지 않은 것은 분봉제 실패의 주요 이유였다. 전한 초기에 분봉제가 실패로 막을 내렸던 주요 원인도 바로 여기에 있다. 정치적으로 분봉제는 황권을 제약하고 강권과 폭력의 자발적 확장을 방지하는 기능을 했다. 하지만 전한은 서주 분봉제를 그대로 계승해 과거의 폐단을 답습했고 분세제를 확립하지 못했다. 결과적으로 중앙 정부는 제후국이 바쳐오는 공물만으로는 중앙 재정을 안정적으로 꾸릴 수 없었다. 그러자 지방 경제는 갈수록 강대해졌고 중앙 정부의 재력은 갈수록 약화되는 양상이 나타났다. 또한 지방 제후에 대한 중앙 정부의 통제력도 크게 약화되었다. 그 결과 통치자 집단의 상층에 첨예한 갈등이 생겨났고 결국 중앙 정부가 삭번정책을 취하자 전쟁이 일어난 것이다.

사상적으로 황제의 권위를 세우기 위해, 또 중앙집권적 전제에 충분한 이론적 근거를 마련하기 위해 한 무제는 문제와 경제 시기에 해결하지 못한 황권 전제의 합법성 문제를 반드시 해결해야 했다.

중국 역사는 가장 이상적인 정권 교체방식으로 요, 순, 우 시대의 선양을 꼽아왔다. 선양은 하늘의 뜻과 민심에 모두 부합하는 것으로 최고 수준의 합법성을 갖춘 방식이었다. 이에 반해 전쟁과 폭력으로 정권을 찬탈하면 그 찬탈에 제아무리 충분한 이유가 있다 하더라도 그 합법성을 갖추는 문제만큼은 존재했다. 이 문제에 대해서는 역사적으로도 논쟁이 분분해왔다. 이 합법성 문제를 반드시 해결해야 했던 한 무제는 여러 차례 학자들에게 조령을 내려 대책을 올릴 것을 명했다. 『한서』 「동중서전董仲舒傳」은 당시 한 무제가 "고대 3대 제왕이 하늘의 명을 받은 징표는 무엇인가? 재난과 이변이 일어나는 이유는 또 무엇인가?"[3] 등 일련의 문제를 제기하고 이에 대한 현명한 학자들의 답을 요구했다고 전한다.

무제의 질문에 동중서는 "하늘에서 상서로운 기운이 내려오는 것"이야 말로 황권이 하늘의 명을 받은 증거라고 답했다. 또한 하늘이 상서로움을 내려주는 이유는 주나라 문왕이나 무왕과 같은 제왕들이 '선과 덕을 쌓았기積善積德' 때문에 하늘과 사람이 하나가 되고天人合一 하늘과 인간이 서로 감응하게 되었다고 했다. 이런 이론에 따라 동중서는 '임금의 권력은 신이 내린 것君權神授'이라는 사상을 제창한다. 황제는 만민을 다스리러 인간 세상에 보내진 하늘의 아들이라는 것이 그의 주장이었다. 이에 따르면 황명은 곧 천명이었고 지고무상의 신성 불가침한 것이었다. 백성이 황제의 통치에 복종하는 것은 곧 하늘의 뜻에 복종하는 것과 같았다.

이와 동시에 동중서는 하늘의 뜻으로 정해진 천자는 반드시 하늘의 뜻에 따라 백성을 다스려야 하며 인정仁政을 펴고 도덕적으로 일을 처리해야 한다고 생각했다. 그에 따르면 천심은 곧 인仁이며 황제는 백성을 다스림에 있어 하늘의 뜻을 거스르면 안 되었다. 그는 만약 황제가 무도할 뿐 아니라 우매하고 잔혹하며 인정을 펴지 않는다면 하늘이 각종 자연재해를 내려 황제를 두려움에 떨게 만들 것이라고 보았다. 그렇게 되면 공포심에 휩싸인 황제는 자신의 행동을 돌아보고 자신이 폈던 잔혹한 정책을 고칠 것이었다. 만약 천재지변 앞에서도 황제가 반성하지 않고 자신의 행동을 고치지 않는다면 백성이 일어서 잔혹한 황제를 밀어내도 된다고 생각했다. 그는 "도道로 무도無道함을 치는 것은 하늘의 이치이니 행해진 내력이 오래구나"[4]라고 했다.

동중서의 말에 따라 황제라는 인간은 신으로 둔갑했다. 또한 그는 "하늘은 변하지 않고 도도 변하지 않는다天不變, 道亦不變"라고 했다. 이런 동중서의 사상은 한 무제의 마음을 사로잡았다. 동중서의 사상은 황권통치의 합법성 문제를 해결해주었고 중앙집권의 전제통치에 유리하게 작용했다. 무제는 동중서가 제기한 '백가를 배척하고 오직 유술만을 존중하자'는 주장을 받아들여 중국 역사상 처음으로 정교합일의 물꼬를 텄다. 이로써 유가가상은 유일한 정통사상으로 자리잡았다.

하지만 한 무제는 사실상 유가가 제창한 인정을 펴지 않았고 '귀한 것은 백성이요, 가벼운 것은 임금'이라는 유가사상을 드높이지도 않았다. 그는 유가사상 중에서 황권통치에 유리한 교조敎條만을 이용해 세인을 기만했고 실제로는 여전히 엄혹한 형벌과 잔혹한 법을 골자로 하는 법가를 통치수단으로 택했다. 이에 따라 무제 시대에는 유가와 법가의 사상 융화가 일어났다. 유가의 교조로 사람들의 사상을 속박하고 창의력과 사상적 자유를 말살해 백성을 사상적으로 경직된 상태에 빠뜨리는 한편 황제의 뜻에 반하는 이는 잔혹하게 억압했다. 유가와 법가를 병용하여 한 손으로는 기만하고 다른 한 손으로는 진압한 것은 한 무제 이후 대다수 황제가 채택한 통치방법이었다.

하지만 사실 유가사상에 '황권은 하늘의 명을 받은 것'이라는 이론은 없다. 공자나 맹자의 어떤 말에서도 찾을 수 없다. 맹자는 "백성이 귀한 것이고 사직은 그다음이요 제일 가벼운 것이 임금이다"라고 했다. 동중서가 제창한 '황권은 하늘의 명을 받은 것'이라는 사상은 유가사상이 아니었다. 정통학설로 존경받던 유가는 거세되고 다른 사상이 그 자리를 채운 것이다. 동중서의 이론이 확립됨으로써 황제 전제와 도참圖讖과 위서緯書 학설이 서로 결합한 사상의 시대가 열렸으며 이는 황제 전제에 합법성이라는 신령한 후광을 씌워주었다. 백성은 황권의 발 아래 엎드려 절했고 이로써 황제 전제 사상은 중국에 뿌리를 내리기 시작했다.

유가와 법가의 결합은 엄격한 계급질서를 강화하고 안정시키는 데 결정적 역할을 했으며 황제의 폭정 유지에도 중요한 의의를 지녔다. 이렇게 황제 전제와 종법세습의 중앙집권제도 및 중원 통일은 강권과 폭력으로 유지될 수 있었고 더욱 중요하게는 사상적, 여론적 뒷받침을 얻어 정당하고 합법적인 것으로 변모되었다. 지방자치와 민주정치를 요구하거나 황권을 비판하는 자는 하늘의 뜻을 거스른 사람으로 여겨졌을 뿐 아니라 대역무도한 모반죄를 범한 자로 낙인찍혀 잔혹하게 진압되었다. 그로부터 중국인은 노예로 변했다. 시비를 따지지 않는 맹목적 충성과 효도는 숭고한 행위로 간주되었고 보편적 행동 준칙이 되었다.

자신들의 통치에 백성을 복종시키기 위해 황제들이 취한 조치는 과거제도를 시행한 것이었다.

중앙집권의 황제 전제의 최대 폐단은 관료시스템의 부패였다. 각급 관리가 없는 황제의 명령이 이행될 수 없었기 때문에 관리들은 황제

통치의 기반이었다. 하지만 다른 한편으로 관리의 부패는 황제 통치의 기반을 송두리째 흔들어놓고 사회 동란을 초래하는 원인이 되기도 했다. 청렴하고 효율적인 관료체계를 세우기 위해 각 왕조는 관리들에 대한 감찰을 강화하는 한편 관리 제도를 부단히 개혁해 자신의 통치기반을 더욱 확고히 했다. 그중에서도 관리 선발을 위한 과거제도는 중요한 정치적 조치 중 하나였다.

춘추시대 이전, 중국의 관직은 세경세록世卿世祿 제도에 의해 세습되었다. 이 제도는 전국시대에 철폐되었으며 농사와 전쟁에서 쌓은 공로나 지식과 재능의 정도로 관직을 주는 제도로 대체되었다. 진秦나라의 대다수 관리는 전쟁에서의 공로를 인정받아 관직에 오른 자들이었다. 전한은 건국 후 찰거察擧와 징벽徵闢 제도를 통해 관리를 선발했다. 찰거는 지방 정부가 중앙으로 인재를 천거하는 제도였고 징벽은 황제가 초야에 있는 인재를 불러 벼슬을 시키는 제도였다. 위진남북조시대에 이르러서는 구품중정제九品中正制를 통해 관리를 선발했다. 지방 관리와 명망 있는 이들이 충과 효를 기준으로 지역의 지식인을 조사해 품성이 우수한 자를 조정에 천거하는 제도였다. 이런 천거 제도는 시행 초기 어느 정도 효과를 거두어 전한 초기 정치의 개방성을 보여주었으며 일부 우수한 인재 선발의 등용문이 되기도 했다. 『진정표陳情表』를 쓴 이밀李密이 바로 그렇게 선발된 인재 중 하나였다. 하지만 이런 추천제도 아래서는 민중이 공개적으로 관리를 선발하는 대신 지방 관리의 천거를 받았기 때문에 공정한 경쟁이 이뤄지지 않았다. 훗날에는 각 이익집단이 결탁하고 서로 경쟁하면서 "상품을 받은 자 가운데 낮은 가문이 없고, 하품을 받은 자 가운데 저명한 가문이 없는"5 문벌세족의 권력 독점 현상이 나타나기에 이른다. 구품중정제 아래 학문에 힘쓰지 않고 특별한 재주가 없는 한량과 속임수로 가문을 산 위군자僞君子들, 그리고 흉악하고 잔인한 이들이 가문과 다양한 연줄을 통해 관료사회에 속속 진입했다. 제갈량이 "조정 묘당에는 썩은 나무 같은 것들이 관리가 되고 궁의 섬돌에는 금수와 같은 이들이 녹을 먹는구나. 흉악하고 잔인한 이들이 온통 정권을 장악하고 비굴하게 아첨하는 무리들이 분분히 정치에 뛰어든다"[6]라고 말하며 통렬히 왕랑王郎을 욕했던 상황과 다름없었다. 그들은 부패했으며 백성을 기만하고 억압해 나라의 정치를 어둡게 만들었다.

하지만 문벌세족들은 황권을 제약하는 기능을 하기도 했는데 이는 황권의 절대적 통치에 불리하게 작용했다. 귀족이 통치하는 지방에서 황제의 명령은 시행되기가 지극히 어려웠으며 그런 지역은 '나라 속의 나라國中之國'가 되었다. 이런 문벌귀족들은 국가의 운명에는 애초부터 관심을 두지 않았으며 황제를 염두에 두지도 않았다. 그들의 유일한 관심사는 바로 자신의 가문이었다. 가문은 그들이 자손대대로 존귀와 영예를 누리게 될 밑천이었기 때문이다. 이들은 극도로 부패한 기생집단이었다. 때문에 훗날 당나라 황제 이세민은 이 제도를 철폐하고 수나라에서 시작된 과거제도를 계승하여 실시했다. 이에 따라 하층 사회의 지식인도 과거를 통해 국가의 관리가 되어 재능을 발휘할 수 있는 기회를 얻게 되었고 정권이 일반 백성에게 개방되었다.

과거시험은 비교적 공평한 정치제도를 위한 설계였고, 이런 설계는 사회의 커다란 진보였으며 세계에서 가장 기묘하고 특수한 관리 선발 제도이기도 했다. 이 제도의 우수성은 바로 모든 이에게 경쟁의 기회가 있으며 기회는 균등한 것이라는 데 있었다. 그 누구든 재능만 있다면 과거시험을 통해 국가권력이라는 정상을 향해 나아갈 수 있었다. 한편 국가는 과거시험과 현지 조사를 통해 재덕을 겸비한 우수한 인재를 선발할 수 있었다. 그리고 황제는 그들을 다시 지방 관리로 파견하고 그들을 통해 나라를 관리할 수 있었다.

인재들이 대거 중앙과 지방정권으로 유입되면서 당나라 사회에는 새로운 기상이 나타났다. 그때부터 중국의 농촌에는 주경야독하는 역사적 전통이 형성되기 시작했다. 당나라에서 과거제도가 실시된 이후 중국의 문벌세족들은 사회적 기반을 잃었다. 가문에 의지해 관직에 나아가는 길이 막히고 벼슬에 오르기 위해서는 반드시 과거 시험에 통과해야 했기 때문에 재능이 없는 귀족 자제들은 점차 관료사회에서 제외되었다. 물론 일부 귀족 자제는 조상의 공을 인정받아 관직에 오르는 은음恩蔭과 기부를 통해 귀족의 지위를 유지했지만 사회의 주류는 아니었다. 게다가 그런 방식으로 지위를 대대로 이어간다는 것도 쉽지 않은 일이었다. 당나라 유우석劉禹錫은 "주작교 주변에는 들꽃이 피어 있고, 오의항 어귀로는 석양 햇살 비껴 든다. 그 옛날 세도가들 집에 노닐던 제비들, 이제는 일반 백성의 집으로 날아드네"[7]라는 시를 지어 감탄했다. 당대에는 문벌세족이 나타나지 않았다. 이임보李林甫는 수년간 재상 자리에 있었지만 자리에서 물러난 뒤 자손들은 그의 자리를 잇지 못했다. 양국충楊國忠은 양귀비의 도움으로 재상이라는 높은 자리에 올라 막강한 권력을 전 조정과 재야에 휘둘렀지만 양귀비가 죽자 양씨 집안은 철저히 몰락했다.

문벌세족의 쇠락은 사회 발전에 유리하게 작용했다. 하지만 이 때문에 황제를 견제하는 강력한 세력이 없어진 것도 사실이었다. 장기적인 영향에서 보았을 때 과거제도가 가져왔던 심각한 부작용도 간과할 수는 없다. 정치적으로 과거제도는 날로 성숙해갔던 황제 전제의 상징이 되었다. 지식인은 열심히 공부에 매진하고 과거에 합격하면 관리가 되고자 하는 목표를 이룰 수 있었고 정치적 출구를 찾고 벼락출세의 꿈도 이룰 수 있었다. 반역을 일으키지 않고도 정치적 지위를 획득할 수 있었고 가문의 그늘에 기대어 정계에 나아갈 필요도 없었다. 벼슬길에 나가기 위해 막대한 재산을 가질 필요는 더더욱 없었다. 때문에 그들이 황제에 대해 가졌던 감사의 마음과 그에 대한 충성과 숭배, 전제적인 관료제도에 대한 보호는 신성불가침의 경지에 이르렀다. 고대 중국의 지식인들에게는 "군주께 충성하고 백성을 보호한다忠君保民"는 이념이 최고의 도덕적 기준이 되었다. 이 지식인 출신의 관리들은 황제의 명령을 수행해 통일된 사회를 유지하는 한편 엄격히 지방을 관리하고 백성들을 통제했다.

과거제도는 황제가 지식인을 구슬리고 통제하는 데 가장 중요한 조건을 마련해주었다. 황제는 과거시험으로 선발한 관리를 통해 백성을 통치했고 국가기관을 정상적으로 운영했다. 과거제도는 황제와 지식인을 잇는 연결고리였고 과거제도 아래에서 황제와 지식인은 긴밀히 연결되어 이익공동체가 구성되었다. 황제를 최고통치자로 하는 관료제도는 이로써 완전히 자리를 잡았고 그때부터 지식인은 더 이상 황제 전제에 반기를 들지도, 황권에 의구심을 품지도 않게 되었다. 그들은 충심으로 황제의 명령을 사회의 최하층에까지 관철시켰고 흩어진 모래와도 같았던 소농경제를 하나의 긴밀하게 연계된 사회로 만들어 중원 통일이라는 목표가 완전하게 실현되게 했다.

당대의 과거제도는 공정한 경쟁 행위였다. 때문에 절차 면에서 선진적인 관리 선발 제도였다고 할 수 있다. 하지만 당대의 과거제도는 선진적이었던 동시에 또 낙후한 것이기도 했다. 유가학설만을 시험 내용으로 보았다는 데 있었다. 당대에 진사에 합격한 이들은 모두 유가를 공부하는 이들로 시와 문장, 서예에 모두 뛰어났으나 그들은 법률을 알지 못했다. 또한 국가권력을 견제하고 백성의 생명과 재산을 보호하는 사법의 공정성이 갖는 신성불가침의 중요성을 전혀 알지 못했다. 또한 임의로 판결을 내리고 잔혹한 형벌을 남용하는 것이 국가 권력의 무한한 확장을 가져온다는 사실도 몰랐다. 게다가 그들은 경제, 과학기술, 공업과 상업의 발달이 국가 문명의 발전에 갖는 중요한 의미를 알지도 못했다. 또한 그들에게는 자유와 인권에 대한 의식이 없었다. 그래서 그들은 바로 황제의 중앙집권제에 안정적 기반이 되어주었다.

과거제도의 시행은 그 이후로 중국의 황제 전제에 근본적 혁신이 나타나지 않았던 중요한 이유 중 하나였다.

"두 귀로 창밖의 일에 대하여 듣지 말고 오직 한마음으로 성현의 글을 읽는다."[8] 지식인은 사회에서 가장 자유롭게 사고하는 사람이다. 이런 이들이 이렇게 황제 전제에 대해 더 이상 의구심을 품지 않게 되었을 때 사회의 앞날이 어떻게 되리라는 것은 짐작만으로도 알 수 있는 일이다. 과거제도는 1300년 동안 중국을 이끌었다. 이 제도를 통해 황제는 지식인을 엄격히 통제했고 자신만의 중앙집권제를 강화했다.

백성을 복종시키기 위해 황제들이 취한 세 번째 조치는 각종 전장典章제도와 예의禮儀제도로 계급질서를 강화했다는 것이다.

진시황을 비롯한 유방 이전까지는 대신들이 왕 앞에 나와 무릎 꿇고 절하는 예절이 존재하지 않았다. 왕과 신하가 만나면 두 손을 맞잡고 가슴까지 올려 가볍게 위아래로 흔들고 읍揖하면 되었고 양쪽 다 앉아서 대화했다. 어떤 때는 함께 둘러앉아 술을 마시며 이야기를 하고 논쟁을 펼치기도 했다. 형식적으로는 평등한 관계였던 셈이다.

유방은 황위에 오른 이후 예의를 갖추기 시작했다. 농민 출신이었던 유방은 재위 초반, 번거로운 유가의 예의를 좋아하지 않았다. 한번은 유생 역이기酈食其가 유방을 알현하러 갔는데 유방은 쌀쌀맞은 태도로 그를 맞고 역이기가 쓰고 있던 기이한 모양의 유생 모자를 벗긴 뒤 모자 안에 소변을 보기까지 했다. 유방의 재위 초반에는 군신 간에 격식이랄 게 없었다. 모두 함께 술을 마시고 취하기도 했고 일부 대신과 장군들은 유방 앞에서 함부로 욕하며 싸우고 심지어 황궁의 기둥에 대고 소변을 보기까지 했다. 물론 이는 매우 거칠고 몰상식한 행위였다. 재위 초반 유방은 이에 대해 참을성을 발휘했지만 시간이 흐를수록 이래서는 체통이 서지 않겠다는 생각이 들었다. 자신이 진시황을 뛰어넘는 위엄을 갖추었다는 것을 보이기 위해 유방은 유생 숙손통叔孫通 등의 종용 아래 태도를 바꾸었다. 그리고 군신이 조현의식朝見儀式을 올리는 지극히 졸렬한 연극을 연출했다.

그날 아침, 손숙통 등 100여 명의 유생이 정성껏 계획한 연극이 막을 올렸다. 새로 지은 장락궁長樂宮에서 대신과 장군들은 자신의 직위에 따라 줄을 맞춰 바닥에 꿇어앉았다. 머리는 바닥에 닿을 정도로 바짝 숙이고 엉덩이는 하늘을 향해 치켜든 채 숨조차 크게 쉬지 못하는 상태였다. 조정 안 분위기는 고요하고도 엄숙했다. "황제 납시오"라는 소리가 다가오면서 특수 제작한 어가御駕를 탄 유방의 모습이 보였다. 환관이 끄는 어가는 천천히 금란보전金鑾寶殿에 들어섰다. 금란보전의 양쪽 행랑으로는 금위군들이 삼엄한 경계를 펴고 있었다. 갑자기 "황제 만세, 만세, 만만세"라고 외치는 소리가 조정을 뒤흔들었다. 그 소리가 어찌나 장엄하고 스산했던지 자리에 있던 모두가 놀라 두려워했다. 용좌에 앉은 유방은 느릿느릿하게 "경들은 몸을 일으키라"라고 외쳤다.

이는 인간의 존엄과 인격에 대한 모독이었다. 하지만 유방은 이 조현의식을 통해 황제의 존귀와 신하의 비천함을 나타내려 했다. 조현의식의 정해진 동작을 정확히 따라 하지 못하는 신하가 있으면 '실의失儀'죄로 가볍게는 파면을 당하거나 심하게는 목숨을 잃기도 했다. 그때부터한나라 조정의 문관과 무관은 모두 조심스럽게 행동했고 다시는 황제와 대등하게 지내지 않았다. 연회가 끝나고 유방은 흐뭇하여 만면에 웃음을 띠며 말했다. "오늘에야 황제의 위엄을 알았도다!" 그는 즉시 숙손통을 구경九卿 중 제사를 주관하는 직책인 봉상奉常 자리에 앉히고 황금 500근을 하사했다. 숙손통의 제자들도 하나 둘 관직에 올랐다.

"산이 다하고 물이 다해서 길이 없는가 했는데 버들가지 그윽하고 꽃밝은 또 한 마을이 있네"9라는 시구와 같이 한때 정치적 앞날에 절망했던 유생들에게도 마침내 인생의 전환점이 찾아왔다. 이를 계기로 오랜 기간 냉대받았던 유가도 중국의 역사 무대에 발걸음을 내딛기 시작한다. 공자와 맹자 시대에 군주의 폭정에 비판정신을 견지했던 유가는그 무렵 이미 황제의 어용도구로 전락해 있었고 유생들 또한 황제의 노예로 타락했다.

유방의 재위 시기부터 황제의 말은 곧 성지聖旨가 되었다. 뿐만 아니라 황제를 알현할 사람들은 꿇어 앉아 머리를 세 번 땅에 찧고 아홉번 절해야 했다. 심지어 성지를 받을 때조차 무릎을 꿇어야 했다. 황제는 이미 지고무상한 성스런 존재가 되어 있었다. 자신의 백성이든 그가존귀하게 여기는 대신들이든 황제는 그들과 멀찌감치 거리를 두었다.

각종 예의와 계급질서가 강화됨으로 인해 당나라 이전에 중국인은여러 방면에서 사상적 노예로 전락했다. 이를테면 건축 분야에서 조정은 건축물의 높이와 크기를 엄격히 규제했다. 누군가의 집이 황제의 집보다 높거나 크면 모반의 혐의를 받았다. 복식에 있어서도 색상과 무늬를 엄격히 규정하고 이를 반드시 지키도록 했다. 문인들은 글을 쓸 때 황제의 이름이 들어가는 글자를 피해야 했으며 만약 같은 글자가 있다면 반드시 다른 글자로 대체해야 했다. 황제의 말은 곧 성지였으며 황제의 몸은 곧 용의 몸이었고 심지어 황제는 죽어서도 하늘에 안치한다는 표현을 썼다. 이와 같은 엄격한 규정은 황제의 권위를 신격화했으며 사람들은 자신도 모르는 새 황권을 숭배하게 되었다.

통일된 황제 전제가 확립되고 각종 계급질서가 강화되자 사람과 사람 사이의 관계에도 근본적 변화가 발생했다. 춘추전국시대에 인간관계는 비교적 평등했다. 조귀曹劌가 전쟁을 논했던 고사를 보면 당시 사회의 평등정신이 잘 드러난다. 특히 지식인과 왕 사이는 기본적으로 평등하고 협력하는 관계로 훗날 통치와 피통치의 관계와는 다른 것이었다. 당시 지식인들은 각국을 돌아다니며 왕에게 자신의 주장을 유세했고 자신과 뜻이 맞으면 머물고 그렇지 않으면 다시 길을 떠났다. 공자 또한 열국을 주유하며 인정을 펼치라는 주장을 널리 알리면서 자신의 치국 정책을 채택하는 왕이 나타나기를 바랐다. 하지만 아무도 공자의 주장을 택하지 않았고 그는 결국 고향으로 돌아와 학교를 세우고 학생들에게 자신의 학설을 설파했다. 하지만 그랬다고 해서 공자를 탓하는 군주는 어디에도 없었다. 훗날 맹자를 비롯한 이들의 상황도 마찬가지였다.

당시에는 대신들 또한 왕과 자신의 뜻이 맞으면 남고 그렇지 않으면 떠나기도 했다. 왕이 문제를 처리함에 있어 실수하거나 부패하면 대신들은 비판을 가하기도 했다. 춘추전국시대를 통틀어 왕을 비난한 이유로 목숨을 잃은 사람은 오자서伍子胥를 비롯한 몇 명뿐이었다. 게다가 오왕吳王 부차夫差가 오자서를 죽인 이유도 다른 의견을 제시했다는 것이 전부는 아니었다. 진짜 이유는 그에게 모반의 동기가 있다고 의심했기 때문이었다.

맹자는 매우 분명하게 "왕에게 잘못이 있거든 간하되 여러 번 말했음에도 듣지 않으면 떠나라"[10]고 말했다. 왕에게 충성한다 하더라도 "세 번 간했는데도 듣지 않거든 떠나라. 떠나지 않음은 곧 죽음이니 인자가 할 바가 아니다"[11]라고도 했다. 이에서 볼 수 있듯 춘추전국시대에 지식인 및 대신과 왕은 벗으로서 평등했고 뜻이 맞으면 함께 하고 뜻이 부딪치면 헤어질 수 있는 사이였다. 누가 누구에게 충성을 다해야 한다는 책임과 의무 같은 것이 없었다.

진시황이 통일된 군주 전제를 세운 뒤, 특히 한나라가 엄격한 계급질서를 만든 이후 인격적으로 평등했던 군신관계도 사라지고 말았다.

한나라 때부터 임금에게 간하여 정치를 논하는 간의諫議제도를 마련해 왕에게 신하들이 다양한 의견을 제시하도록 장려했지만 왕권은 신이 내렸다는 군주전제의 사상적 속박 아래 신하들의 간언은 더 이상 사회적 책임감에서 나온 것이 아니었다. 간언은 왕에 대한 충성의 의무로 변했다. 신하들은 "살고자 하는 생각을 버리고 군주를 위해 목숨을 바치길 아까워 말라"[12]는 맹목적인 정치적 충성을 요구 받았다. 충성을 다한다는 것은 목숨을 내놓고 황제에게 자신의 의견을 직언하는 것이었다. 그로 인해 목을 베인다면 기꺼이 결과를 받아들이고 그렇게 죽는 것을 자신의 영광이라 여겨야 했다. 비판은 더 이상 여론을 감독하는 도구나 권력을 제약하는 무기가 아니었으며, 황제에게 충심을 표현하는 수단이 되었다. 특히 당 태종 이세민이 겸손한 자세로 신하들의 간언을 들었던 것과 신하 위징魏徵이 대담히 직언을 올렸던 것은 훗날 군신관계의 모범이 되었다. 여기서 보이듯 군신관계에서 평등은 더 이상 존재하지 않게 되었고 황권도 어느 틈에 더욱 강화되어 있었다.

황제와 승상의 분권과 상호 견제의 정치적 설계 및 결점
———

진시황이 중앙집권제도를 수립한 뒤부터 당나라가 멸망하기까지의 1000여 년은 중국의 황제 전제가 점차 강화되고 완성되었던 시기였다. 이 장에서는 황권에 대한 감독과 제약을 분석해보려 한다.

진시황은 지고무상의 황제 권력을 설계하는 동시에 황권을 감독하고 제약할 정치적 설계를 진행했다. 바로 삼공구경三公九卿이라는 제도, 즉 황제와 승상이 권력을 나눠 갖고 상호 견제하는 정치적 구도가 그것이다. 삼공은 승상丞相, 태위太尉, 어사대부御史大夫를 말한다. 승상은 최고 행정장관이며 태위는 군사를 관장하고 어사대부는 감찰을 주관하는 관직이었다. 이들은 승상을 도와 전국의 관리를 감찰하고 황제의 뜻에 비판을 가하기도 했다. 그리고 황제는 국가의 원수이자 상징이었다.

표면적으로 보았을 때 삼공구경 제도는 오늘날 서구의 입헌군주제와 매우 유사하다. 황실과 정부는 분리되어 있고 황제는 그저 국가의 상징일 뿐 실제 정권은 황실이 아닌 정부에 있는 것이다. 황실의 재정과 정부의 재정 또한 분리되어 있었다. 황제는 통일국가의 상징으로 국가 방침을 결정하거나 재상 및 구경 이상의 관리를 임명하고 군대를 장악, 통제했으나 국가 사무에는 구체적으로 관여하지 않았다. 국가 사무는 재상이 맡아 처리했다. 국가 사무에 대해 정부가 결정을 내리면 황제가 공인公印했는데 공인 받은 결정을 반포하고 실시하는 것은 다시 정부의 몫이었다. 정부의 결정에 동의하지 않을 경우 황제는 정부가 다시 생각해서 결정하도록 돌려보냈다. 정부의 지도자였던 승상은 정치적으로 모든 실질적인 책임을 졌다. 구경 이하의 관리를 임명하고 파면하거나 국가 사무를 처리하고 정책을 결정하는 등의 일을 모두 책임지고 있었다. 오늘날 입헌군주제 아래의 내각수상과 그 역할이 매우 비슷하다. 황제의 명령은 반드시 승상의 동의를 얻어야 했다. 황제의 명령은 승상이 부서副署해야만 효력이 발생했고 실시할 수 있었다. 승상은 황제의 결정에 동의하지 않으면 명령을 받아들이지 않고 부서하지 않을 수도 있었다. 이것이 바로 황권제도 아래 황제와 승상의 분권 및 상호 견제를 골자로 하는 정치체제였다. 이는 중앙집권적 정치제도였지 황제의 독재極權 통치는 아니었다.

이러한 정치 구도는 현대의 주식회사와 매우 흡사하다. 황제는 기업 재산의 소유자인 이사장이나 법인 대표로 비유될 수 있다. 황제는 주로 주주회의와 이사회를 소집할 책임을 지니며 중대한 투자계획을 세우고 기업의 최고경영자를 임명한다. 하지만 기업의 경영에 관련된 구체적 사항은 최고경영자가 총괄한다. 또한 이사장은 직접적으로 경영에 관여하지 않는다. 그의 결정은 반드시 최고경영자를 통해 시행에 부쳐진다. 한편 최고경영자는 기업의 경영을 도맡아 기업의 모든 구체적인 사무를 처리할 책임을 갖는다. 일반적인 재무비용 지출과 인사임면 등의 사항을 결정하며 중대한 문제는 이사장에게 보고해 승인을 얻는다. 그리고 이사장은 이런 최고경영자를 감독하고 제약한다.

이런 황제와 승상 간의 분권 및 상호 견제의 정치체제는 황권의 남용을 제한하고 전제적 독재 행위를 막는 데 긍정적인 역할을 했다. 하지만 진 왕조의 양대 황제는 이 제도를 진지하게 실행하지 않았다. 이 제도가 진정 효과적으로 실시된 것은 한나라 문제 때부터였다. 문제가 황위에 오를 수 있었던 것은 대신들이 그를 천거했기 때문이었다. 때문에 그는 대신들의 제약을 많이 받았고 이에 따라 황제와 승상 간의 분권제도가 시행될 수 있었다.

『한서』 등 사료의 기록에 따르면 한대 승상에게는 천자의 조정에서 독립된 '상국부相國府'라는 기관이 있었다. 승상은 황제의 의견을 구하지 않고 독자적으로 행정업무를 맡아 보았다. 나라에 큰일이 생기면 황제는 친히 승상부丞相府를 찾아 승상과 상의한 뒤 결정을 내렸지만 승상은 중대한 결정을 내려야 할 때 먼저 대신들과 상의한 뒤 황제에게 아뢰어 승낙을 얻었다. 황제가 결정한 일을 승상이 단호히 반대할 때면 황제는 명령을 거둬야 했다.

한 문제의 총애를 받은 등통鄧通이라는 신하가 있었다. 한 번은 등통이 조정에서 승상 신도가申屠嘉에게 무례하게 굴었다. 신도가는 등통을 벌하려고 '대불경大不敬'의 죄목으로 그의 목을 베고자 했다. 문제는 승상의 요구를 거절할 수 없어 우선은 비공식적으로 처벌하는 것이 어떻겠냐고 제안했지만 신도가는 이마저 거절했다. 문제는 어쩔 수 없이 등통이 승상부로 가서 처분을 받도록 하는 데 동의했다. 승상부로 간 등통은 신도가 앞에서 무릎을 꿇고 이마를 땅에 조아린 채 용서를 구했다. 머리에서 피가 날 정도로 머리를 땅에 조아리며 용서를 구했지만 신도가는 그를 용서해주지 않았다. 결국 문제는 황권의 증표인 부절符節을 몸에 지닌 사자를 보내어 등통을 소환했다. 그러면서 "이는 내가 총애하는 신하이니 풀어주길 바라오此吾弄臣, 君釋之"라며 그를 용서해줄 것을 청했고 그제서야 신도가는 그만두었다. 이 고사에서 볼 수 있듯 한 문제 시대에는 황제가 자신의 마음대로 모든 일을 할 정도로 황권이 커지지는 않았다.

전한 초기, 승상은 인사임면에 있어 비교적 큰 권한을 지녔다. 한나라는 녹봉을 400석 이하로 받는 관원을 승상의 권한으로 임용할 수 있도록 규정했다. 400석 이상을 받는 관리를 임용하는 데도 승상의 의견은 충분히 반영되었다. 한나라 경제 때, 경제의 어머니 두태후竇太后는 경제에게 왕황후王皇后의 오빠인 왕신王信을 제후에 봉해줄 것을 요구했다. 하지만 경제는 이 사안을 단독으로 결정할 수 없었고 승상과 상의해야 했다. 승상 주아부周亞夫는 한 고조 유방이 만든 "유씨가 아니면 왕이 될 수 없고 공이 없는 자는 제후에 봉해질 수 없다"[13]는 규정에 왕신이 부합하지 않는다고 여겨 이를 거절했다. 경제도 어쩔 도리가 없어 그저 "묵묵히 낙담할 뿐이었다默然而沮." 전한 초기에는 이런 일이 적지 않게 일어났다.

당나라에 와서 황제와 승상의 분권 및 상호 견제 제도에 약간의 변화가 생겼다. 한나라는 한 명의 재상이 모든 일을 지휘했다면 당나라는 여러 명이 재상을 맡는 위원제였다. 당나라의 중서성과 문하성의 장관들은 모두 재상이었다. 그들은 각자 자신의 맡은 바 직무를 이행했다. 국가대사가 있을 때면 재상들은 먼저 그에 관해 연구하고 토론한 뒤 결과를 황제에게 보고해 승인을 받았다.

하지만 통치자 내부의 권력 견제 메커니즘도 극복하기 힘든 결점을 내포하고 있었다. 그것은 바로 인치人治라는 요소가 완전히 제거될 수 없었다는 점이다. 한나라 문제나 당 태종 이세민과 같이 깨어 있던 황제는 재상의 권력을 보다 존중해주었지만 그렇지 않은 황제는 재상과 첨예한 갈등을 빚고 재상의 권력을 약화시키려 했다. 그러했기에 훗날 한나라 무제 시대에 이르러 재상의 권력은 대폭 축소되기에 이르렀다. 무제는 재상 이하의 구경에게 직접 명령을 내렸으며 승상이 직접 간여할 여지를 주지 않았다. 무제는 죽기 전 곽광霍光 대사마대장군大司馬大將軍을 보내 정치를 보좌하도록 해 승상을 권력 없는 자리로 만들었다. 이로 인해 황제와 승상의 분권제도가 무너졌다. 훗날 왕망王莽도 대사마대장군의 신분으로 정치를 보좌했는데 따라서 재상은 2인자로 밀려나고 말았다. 황제 전제 아래 분권 및 상호 견제 제도의 기반은 황제 개인의 도덕성에 달려 있었으므로 매우 취약했다는 것을 알 수 있다.

한 무제가 황제와 승상의 분권제를 무너뜨린 이유는 승상의 권력이 이미 황권의 무한 확장을 방해할 정도로 커져 있었기 때문이었다. 이는 황권의 본질에 위배되는 것이었다. 황권제도의 본질은 황제는 세습되는 것이며 황권은 신에게서 내려오는 것으로 지고무상하며 신성불가침하다는 것이었다. 게다가 승상은 황제가 임명하는 사람이었다. 황제는 승상의 정치 명운뿐 아니라 그의 생사도 결정할 수 있었다. 황제는 승상을 파면할 수도, 그의 머리를 벨 수도 있었다. 때문에 승상은 무조건적으로 황제의 명령에 복종해야 했고 황제를 제약할 수 없었다. 고대 중국의 그 어떤 법률도 황제는 승상의 권력을 침범할 수 없다고 보장하지 않았다. 때문에 승상들이 할 수 있는 최대의 저항은 죽음으로 투쟁하는 것과 자리에서 물러나는 것일 뿐이었다.

입헌군주제와 황제와 승상의 분권제 사이에는 본질적인 차이가 있다. 입헌군주제 아래 정부를 대표하는 수상은 선거를 통해 선출되며 황제에게는 수상을 임명하거나 파면할 권리가 없다. 또한 수상의 권력은 헌법으로 보장받는다. 이에 반해 고대 중국의 황제 전제 아래 재상은 황제가 임면했으며, 재상의 권력은 법으로 보호받지 못했다.

'문경의 치'와 '정관의 치'가 이뤄진 사회의 특징은 전제제도와 인정仁政이 상호 결합되었다는 것이다. 당시 사회는 전제제도와 폭정이 결합되었던 진시황 때와는 전혀 달랐다. 그런데 전제제도와 폭정은 논리적으로 연결고리가 있지만 전제제도와 인정은 그렇지 않다. 인정을 펴기 위해 황제는 도덕적으로 고결해야 하지만 황권 세습과 전제제도는 황제의 도덕적 고결성을 보장하지 못한다. 그리고 견제 받지 않는 권력은 부패를 초래한다. 때문에 고대 중국의 황제와 승상 간의 분권제와 상호 견제제도는 비과학적인 정치적 설계였으며 심각한 결함을 안고 있는 정치 구도였다.

지방 관리제도의 폐단

진시황은 중앙 정부에 삼공구경이라는 정치제도를 구축하는 동시에 중앙집권적 군현 제도라는 지방 정치제도를 설계했다. 이 두 제도는 중국 고대 사회의 대일통의 전제적 정치제도를 구성했다. 그중 중앙집권적 군현 제도는 황제 전제통치의 기반이었으나 심각한 폐단이 있는 정치설계였다.

군현 제도는 전국을 중앙 정부 소속으로 하여 군과 현이라는 두 개의 행정구획으로 나누고 군에는 태수太守, 현에는 현령縣令을 파견하여 다스린 제도를 말한다. 황제가 임명한 태수와 현령은 국가를 대표해 지방의 사무를 관리하는 한편, 황제의 명령 집행, 세금 징수, 치안 유지, 난민 구제, 건설사업 추진, 사건 심리, 황제에게 바칠 미인 선발, 노역 징집 등 여러 일을 맡아 했다. 효과적으로 지방관을 감독하기 위해 중앙 정부는 계속적으로 각급 관리를 지방으로 파견해 시찰케 했으며 우수한 관리는 표창하고 법을 어긴 이에게는 벌을 내렸다.

군현 제도가 실행된 데는 객관적 원인이 있었다. 중국을 통일한 진시황은 광대한 영토를 다스려야만 했다. 교통과 통신, 정보망 등이 발달하지 않은 당시 상황에서 효과적으로 국가의 통일과 황제의 전제통치를 지켜나가고 황제의 명령을 효율적으로 집행하기 위해서는 완벽한 관료제도가 반드시 필요했다. 지방관이 있어야만 모래처럼 흩어져 있는 소농경제를 국가로 긴밀하게 결합시킬 수 있고, 또 이를 효과적으로 관리해 사회의 안정을 유지할 수 있었다.

진나라가 멸망한 뒤에도 한나라와 당나라는 진의 군현 제도를 계승하여 완전하고 치밀한 조직체계로 발전시켰다. 한나라와 당나라 시대 군현 제도는 마치 피라미드처럼 위에서 아래로 층층이 통제와 관리가 이뤄졌으며 권력은 중앙에 고도로 집중되어 빈틈없이 치밀한 통치 네트워크가 형성되었다. 이 제도 안에서 정부는 종법, 정치, 윤리, 법률 등의 수단을 이용해 광활한 영토와 천차만별의 다양한 상황을 하나의 대일통의 덩어리로 결합시켰다. 이로써 중화민족이라는 거대한 집단이 형성되었다.

하지만 이런 군현 제도는 심각한 폐단을 안고 있었다. 청나라 말기 량치차오梁啓超는 『중국전제정치진행사론中國專制政治進行史論』에서 "전제정치가 정교하고도 완벽하게 진화하여 천하만국을 흔든 나라로는 우리 중국이 유일하다. 다른 모든 것은 발전이 없는데 오로지 전제정치만이 진보했다"라고 지적했다. 한대와 당대 이후 중국의 황제는 군현제를 완성하기 위해 정력을 쏟아 부었다. 전한의 관리 선발부터 당나라의 과거제도까지, 이 모두는 군현제를 완비하기 위해 실시한 조치였다. 특히 명청 양대에는 팔고문八股文으로 관리를 뽑았는데, 지방관의 선발과 통제의 기술이 최고로 발전해 예술적인 경지라고 할 수 있을 정도였다.

이치로만 따지면 빈틈없는 관리 선발 및 시찰제도 아래에서 중국의 지방관은 아무런 문제가 생기지 않아야 했다. 하지만 불행하게도 중국의 문제는 지방관에서 생겨났고 정치적 암흑 또한 군현 제도에서 시작되었다. 황제는 그 어떤 조치로도 관료사회의 부패를 일소하지 못했다.

중앙집권적 군현 제도에서 지방관은 황제가 임명하고 이들은 중앙정부에서 내려오는 모든 명령을 집행한다. 문제는 바로 여기에 있다. 이런 체제 아래서 지방 관리들은 상부와 하부를 대하는 이중신분을 갖게 되는 것이다. 이중인격을 갖게 된 그들은 왕을 대할 때는 노비가 되었다가 백성을 대할 때는 높으신 상전이 되는 두 얼굴을 보인다. 이렇게 그들의 사람됨과 처세는 완전히 다른 두 가지 방식을 보이는 것이다.

개인적 이익을 취하기 위해 지방관은 자신에게 유리한 상부의 명령과 국가의 법률 및 정책 집행에는 열과 성을 다했다. 하지만 자신에게 불리한 부분에 있어서는 갖가지 방법으로 배척하거나 미루며 진지하게 집행하지 않았다. "위에 정책이 있으면 아래에는 대책이 있다"라고 하지 않았던가. 상급관리에게는 뇌물을 바치고 아첨을 하고 속임수를 썼고, 공은 부풀리고 과실은 덮으면서 허풍을 떨고 아부했다. 황제가 모든 관리를 알거나 이해할 수도 없는 일이어서 이런 상황에는 속수무책이었다.

각급 관료기관이 나날이 팽창해가면서 이런 양상은 더욱 심각해졌다. 양심적인 이들도 관료사회에 잠재되어 있는 규칙 앞에서 도태되거나 부패세력에 합류하거나 둘 중 하나의 길을 선택할 수밖에 없었다. 체제 내 개혁으로 이런 상황을 개선할 수 없을 때에는 체제 밖에서 혁명이 발생하게 되어 있다. 때문에 황제에 권력이 집중되어갈수록 전제정치는 강화되었고 부패는 막기 힘들어져 사회는 갈수록 위험한 상태에 빠졌다.

후한은 건국 후 전한과 마찬가지로 군현 제도를 실시했다. 중앙 정부는 분권제 및 상호 견제제도를 시행하지 않았고 지방은 중앙이 내리는 일체의 명령에 더욱 철저히 따랐다. 권력에 대한 감독 및 견제가 결여되어 관리들이 권력을 독점했고 관료사회는 부패했으며 사회는 암흑 속으로 빠져들었다. 이로 인해 황건黃巾의 난이 일어나 나라는 멸망에 이른다.

당 왕조는 절도사節度使를 지방 장관으로 파견하는 더욱 위험한 형식의 군현제를 실시했다. 한나라는 분봉제를 실시했지만 제후왕들에게는 군사권이 없었다. 하지만 당 현종은 광활한 국토를 다스리기 위해 변방에 절도사라는 관직을 만들어 군권을 장악하게 하고 민정民政을 관리하게 했다. 한 사람이 군정軍政과 민정을 맡으니 그 권력이 분봉제의 제후왕을 훨씬 능가하게 되었다. 지방절도사의 권력은 그 어떤 제약도 받지 않았으므로 절도사는 독립하고자 하는 야심, 나아가 국가의 최고 권력을 탈취하겠다는 야심을 품게 되었다. 게다가 당나라의 절도사 중에는 소수민족이었던 호인胡人이 적지 않았는데 이들에게는 한족 장군들과는 달리 왕에게 충성하고 백성을 보호하겠다는 정치적 이념이 없었다. 큰 권력이 손에 들어오자 야심은 커져만 갔다. 설상가상으로 조정에서는 양국충楊國忠이 안녹산安祿山을 모함하는 등 간신들이 세력을 잡았고 결국 안녹산의 난이 일어났다.

당나라는 현종 때부터 지방 정치제도를 시행했는데 이는 중국 역사상 최악의 지방 정치제도였다. 조정에서는 관리들과 간신들이 정권을 장악했고 지방에서는 번진藩鎭[당나라 중엽에 변경과 중요 지역에서 그 지방의 군정을 관장하던 절도사 또는 그 군진]이 할거해 정치는 전례 없는 암흑 속으로 빠져들었다. 특히 지방에서 번진이 할거하고 전쟁이 빈번히 발생하자 백성의 삶은 더욱 고달파졌다.

중앙집권적 군현 제도가 심각한 폐단이 있었다는 데는 의심의 여지가 없다. 그 폐단을 해결하기 위해서는 지방관에 대한 감독과 제약을 강화해야 했다. 한나라 이후 중앙 정부는 이를 위해 다양한 조치를 취했지만 이렇다 할 효과를 거두지는 못했다. 그 폐단은 제도 자체의 결함이었지 시행과정에서 나타나는 문제가 아니었기 때문이다.

중앙집권적 대일통은 효율이 높으며, 역량을 집중해 국가대사를 해결할 수 있고 자원을 집중할 수 있어 투자에 유리하기 때문에, 총체적으로 나라의 발전을 촉진한다고 생각하는 이도 있다. 겉으로 보기에는 일리가 있어 보이나 사실 이 논리에는 심각한 허점이 존재한다.

집중투자와 발전이 반드시 행복을 가져다주는 것은 아니다. 진시황이 만리장성을 축조한 것은 중국 전역의 모든 자원을 집중해 투자한 건설 사업이었다. 하지만 그 결과는 역사상 전례 없는 폭정이 되었고 진승과 오광의 농민반란을 초래했다. 나중에 수양제가 운하를 건설한 것 역시 마찬가지였다.

권력이 견제 받지 않는 상황에서 개인적 능력으로 추진하는 집중투자는 그 효율이 높을수록 위험성도 크다는 것을 알 수 있다. 이는 우월성이 아니라 치명적인 약점인 것이다. 이유는 간단하다. 개인의 능력에 따른 집중투자를 추진함에 있어 정책 수립자들이 가장 많이 고려하는 것은 개인의 정치적 업적과 소수 실력자들의 이익이지 백성의 행복과 사회의 공정함이 아니기 때문이다.

1920년부터 1923년 사이 출판된 간행물 『태평양太平洋』에서 양돤류楊端六는 과거 3000년의 역사에서 중앙집권적 방식으로 통치한 기간은 절반에도 채 미치지 못하며 대부분의 기간은 분열상태였음을 지적했다. 통치자들이 '통일'을 주창한 것은 중앙집권적 대일통사상大一統思想으로 우매한 백성을 속이고 허망한 안정심리를 느끼게 하기 위해서였다고도 했다. 하지만 역대 왕조의 대일통이 극에 달할 때마다 이어진 것은 나라의 분열이었다. 대일통을 이룬 왕조가 정점에 달할 때마다 분열은 피할 수 없게 다가왔다. 이렇게 중국 역사상 통일은 분열의 화근이 되었으며 오늘날까지도 중국의 장기적 안정 및 평화를 실현하는 데 최대의 위험 요소가 되고 있다.

중국이 장기간 해결하지 못했던 분열과 동란의 문제를 해결하기 위해서는 중앙과 지방의 분권문제를 해결하고 민주선거의 기초 위에서 지방자치 제도를 수립해야 한다. 이 문제에 있어 중국은 진시황이 중앙집권적 군현 제도를 구축한 이후 2000년 동안 효과적인 해결 방법을 찾지 못했으며 따라서 부정부패 문제도 끝내 해결할 수 없었다. 지방관을 효과적으로 통제하지 못했기 때문에 사회는 부패했고 결국 패망으로 치달았다.

한나라와 당나라의 흥망성쇠는 인치人治의 결과

중국 역사상 전한의 '문경의 치'와 당나라의 '정관의 치' 그리고 '개원성세開元盛世'는 중국 문명이 찬란히 빛났던 시대다. 황제 전제적 중앙집권제도 아래에서 어떻게 그렇게 선진적이고 발달한 사회가 나타날 수 있었을까? 이는 역사적 필연일까 아니면 우연일까?

한나라와 당나라의 번영에는 필연과 우연이 모두 있었다고 하는 것이 맞을 것이다.

필연적 원인으로는 한나라와 당나라가 진나라의 폭정을 답습하지 않고 진나라에 비해 보다 여유있고 느슨한 정치, 경제, 문화정책, 즉 인정仁政을 편 것을 들 수 있다. 전한이 건국된 뒤 '무위이치'의 치국 방침을 실시한 것, 백성의 세금과 부역을 경감해주고 백성에게 토지를 재배분하는 정책을 폈던 것이 그 예다. 정치적으로는 황제가 승상의 권력을 비교적 존중해주었고 국가 정권을 전국 백성에게 개방했다. 한나라 때 실시한 지방선거 제도를 예로 들어보자. 전국 각지의 지방관들은 각지의 효자와 청렴한 관리들을 중앙 정부로 천거했고 중앙 정부는 천거받은 인재들을 다시 각지의 관리로 파견했다. 일반 백성도 정치에 참여할 기회를 가질 수 있게 된 것이다.

하지만 한나라의 관리 선출제도에도 병폐는 있었다. 관리 선출의 책임자가 백성이 아니라 지방 관리와 지역 세도가인 것이 문제였다. 지역 유지들은 관리 선발을 좌지우지하며 국가에 진정 필요한 인재가 아닌 자신과 가까운 지인들을 선발했고 그렇게 새로운 문벌이 형성되었다. 이 제도는 민주적인 제도가 아닌 집권적 제도였다. 이 제도의 수많은 병폐가 드러나면서 수나라와 당나라 때에는 과거시험제도가 만들어졌다. 시험을 통해 공정한 경쟁을 치르는 이 제도는 더욱 평등하고 개방적인 인재 선발 제도로 정치 혁신을 촉진하는 데 큰 역할을 했다. 이에 힘입어 한나라와 당나라 사회의 각급 정부는 보다 나은 행정을 펼칠 수 있었고, 번영을 향해갈 수 있었다. 경제적인 면에 있어서도 한나라와 당나라는 토지 재분배, 생산 증대 장려, 세금 및 부역 경감 등 관대한 정책을 폈다. 문화적으로는 태학太學을 세우고 인재를 길러냈다. 한나라의 태학생은 그 수가 수만 명에 달하기도 했다. 특히 당나라는 매우 개방적이어서 다양한 사상의 공존이 가능했다. 이런 기반 위에서 한나라와 당나라의 경제와 문화는 빠르게 발전했다. 한나라와 당나라 사회의 번영은 통치자의 진보적인 정책과 불가분의 관계에 있다고 해야 할 것이다.

하지만 오늘날의 시각에서 보면 한당漢唐 성세는 우연한 현상에 지나지 않는다. 왜냐하면 사회제도라는 기반이 없었기 때문이다. 황권 세습은 모든 황제가 현명한 지도자임을 보장하지 못한다. 그렇기 때문에 운이 좋으면 지혜로운 황제가 나타나 나라를 잘 다스리고 운이 나쁘면 어리석고 포악한 황제가 나타나 나라에 재난을 불러오는 것이다.

전한 초기의 번영은 한나라 문제文帝가 있었기에 가능했다. 문제는 적장자에게 물려주는 종법세습 원칙에 따라 황위에 오른 황제가 아니었다. 여후가 세상을 떠난 뒤 진평陳平과 주발周勃은 힘을 합쳐 여씨 일족을 몰락시켰다. 대신들은 천거 방식으로 새 황제를 세우기로 했다. 누구를 천거할 것인가를 두고 격렬한 논쟁을 벌인 끝에 "효성스럽고 어질기로 세상에 이름 난以仁孝聞於天下" 유항劉恒이 천거되었다. 유항은 적자가 아니었으며 그의 모친 박희薄姬는 황제의 총애를 받지도 못한 인물이었다. 정상적 상황에서라면 문제는 황위에 오를 수 없는 이였다. 하지만 그는 고결한 인품을 갖추고 있었고 외척 세력이 없는 집안이라 조정에 간섭할 힘이 없었다. 이런 이유로 대신들은 그를 황제로 천거했던 것이다. 성공적이고도 정확했던 이 천거는 중국 역사상 아주 보기 드문 일이었다.

유항은 황위에 즉위한 뒤 '무위이치'의 치국방침을 계속 이어나갔다. 토지세를 절반으로 줄였으며, 나중에는 농민에게 12년 치의 토지세를 면제해주기도 했다. 부역도 1년에 한번 하던 것에서 3년에 한 번으로 바꾸었다. 한 문제는 백성의 부담을 줄이기 위해 절약을 몸소 실천했고 낭비와 사치에 반대했다. 문제 자신도 투박한 천으로 만든 옷을 입었고 황후의 치마 밑단은 땅에 끌리지 않도록 해 옷감을 절약했다. 궁내 휘장에도 수를 놓지 않는 등 검소한 생활을 몸소 실천했다. 또한 연좌제와 육형[肉刑]을 철폐했고 비방과 요언에 대한 죄목까지 없애 조정에 대한 비판을 장려했다. 사마천은 『사기』에서 한 문제가 인정을 실시하고 인권을 보호한 업적을 자세히 기록했는데 그 내용이 매우 감동적이다. 특히 문제는 임종을 앞두고 조서를 내려 각급 정부 기구에 자신의 장례를 크게 치르지 말 것과 백성의 평소 생활을 방해하지 말 것, 영정 앞에서 통곡하지 말 것, 장례는 일체 간소하게 치를 것 등을 명령했다. 문제는 역사상 보기 드문 어질고 후덕한 위대한 지도자였다.

황제를 천거하는 것은 매우 선진적인 제도다. 전한이 만약 황제 천거라는 제도를 계속 계승하고 법률로 이를 정착시켰다면 황권의 교체는 민주와 공화라는 단계로 진입할 수 있었을 것이다. 안타까운 것은 문제가 죽고 난 뒤 전한 왕조는 다시 황위 세습 제도를 부활시켜 문제가 지정한 태자가 황위를 계승했다.

문제와 경제가 세상을 떠난 뒤 무제는 기존의 정책 방향을 바꾸었다. 혹독한 고문과 엄한 법을 제정하고 인권을 침해했을 뿐 아니라 백성에게 무거운 세금과 부역의 의무를 지웠다. 자신은 호화롭고 사치스럽게 생활하며 특히 매년 모든 군사력을 동원하여 전쟁을 일삼아 백성을 도탄에 빠뜨렸다. 그는 문제와 경제 시기에 채워진 왕실 금고를 바닥냈고 백성을 가혹하게 착취해 나라 경제는 붕괴 일보 직전까지 갔다. 비록 죽기 전에 죄기소[罪己詔, 황제가 자신의 잘못을 반성하는 조서]를 발표하여 자신의 잘못을 인정하고 전쟁을 일삼는 정책을 바꾸었지만 때는 이미 늦었다.

한 무제부터 수나라와 당나라의 건국에 이르기까지 중국은 왕망이 건국한 신新나라 및 후한, 삼국, 위진, 남북조 등 여러 왕조를 거쳤으나 현명하고 지혜로운 황제는 나타나지 않았다. 전한이 멸망한 뒤 유수劉秀가 후한을 건국했는데 그는 황제의 권력을 더욱 강화했다. 중앙 정부에서는 "비록 삼공이 있으나 국가대사는 상서대가 처리한다雖置三公, 事歸臺閣"는 조치를 취했다. 태위太尉, 사도司徒, 사공司空을 일컫는 삼공의 권력은 유명무실했고 그들에게는 실권이 없었다. 유수는 상서대尙書臺를 설치해 황제의 행정기구 및 의사결정기구로 삼았으며 직접 황제의 명령에 따르도록 했다. 유수는 이러한 방식으로 승상 권력의 약화를 꾀했고 황제대권을 독점하겠다는 목표를 실현했다. 이 밖에도 유수는 환관을 세워 황제의 명령을 전달하는 임무를 맡겼다. 그는 비천한 환관은 황권에 위협이 될 수 없을 것이며 황제의 집권통치 강화에 유리하게 쓰일 수 있을 것이라 생각했다. 후한 말기에 이르러 비천한 환관들이 실권을 장악해 황제를 통제하고 조정을 좌지우지하는 비극이 연달아 발생하고 결국 나라가 좌초할 줄은 꿈에도 생각하지 못한 것이다.

후한이 멸망하고 삼국이 건국되었다. 원래 동일한 문화권 안에서 정치적 분열이 일어나면 제도의 경쟁과 모방이 따르게 되어 있다. 하지만 불행하게도 삼국시대의 지도자들은 유가의 대일통사상에 영향을 받아 전국을 무력 통일하겠다는 동일한 목표를 세우고 끊임없이 전쟁을 벌였다. 제도의 경쟁과 모방은 일어나지 않았고 새로운 문명도 창조되지 않았다. 도리어 매년 전쟁이 끊이지 않아 재난과도 같은 삶이 이어졌다. 촉蜀나라의 제갈량은 비록 "몸과 마음을 다하여 나랏일에 힘썼지만鞠躬盡瘁", 시도 때도 없이 전쟁을 일으키고 여섯 번이나 기산祁山에 출정하여 나라도, 백성도 곤궁하게 만들었다. 상대적으로 전란이 적었던 위魏나라와 오吳나라는 비교적 안정된 양상을 보였고 경제와 문화 등도 다소 발전했다.

삼국을 통일한 것은 서진西晉이었다. 태강太康의 즉위 초기, 경제는 일정 수준 회복되었다. 하지만 서진은 아무런 수정을 가하지 않은 기존 그대로의 분봉제를 실시했고 그 결과 '팔왕의 난八王之亂'이 일어났다. 정치는 암흑 속으로 빠졌고 경제는 어려워졌으며 빈부의 양극화도 심해져 곧장 남북조의 분열 국면이 시작되었다.

역사적으로 위진남북조의 분열은 300여 년간 지속되는데 이 시기는 결코 무시할 수 없는 중요한 역사적 단계다. 비록 당시도 황권 전제 아래 여전히 인치人治가 실행되고 있었지만 국가의 장기적인 분열로 인해 황제에게 고도로 권력이 집중된 전제정치는 나타나지 않았다. 때문에 이 시기는 대일통사회와는 다른 특징이 많이 나타났다.

첫째, 민족의 융합이다. 당시 다양한 소수민족들이 속속 내륙으로 이동했고 한족과 혼인을 이뤄 인구 구성에 변화가 생겼으며, 또한 이들은 한족의 문화를 받아들였다. 위나라 문제의 개혁은 소수민족의 한족화에 가속도를 붙였고 사회 발전에 박차를 가했다.

둘째, 종교신앙의 자유다. 통일이 와해되고 국가가 분열 상태에 놓이자 정부의 통일된 이데올로기가 사라졌고 유가의 정통적 지위도 상실되었다. 그 결과 전례 없이 사상적으로 자유로운 시대가 출현했다. 노장사상老莊思想이 크게 유행했으며 불교가 전파되면서 중화 문화의 콘텐츠가 풍부해졌다. 위진남북조시대에는 군주 전제를 부정하는 선진적인 사상까지 나타났다. 완적阮籍의 「대인선생전大人先生傳」과 포경언鮑敬言의 「무군론無君論」은 모두 군주 전제를 공개적으로 비판한 저작이다.

완적은 「대인선생전」에서 이렇게 말했다. "하늘과 땅이 열렸던 먼 옛날, 만물은 공존했다. 사람들은 이익을 위해 다투지 않았고 재해 때문에 도망가지도 않았다. 현명한 이는 지혜로 승리를 얻지 않았고 우매한 자는 어리석음 때문에 실패하지 않았다. 약자는 강자를 두려워하지 않아도 되었고 강자도 약자를 괴롭히지 않았다. 군주도 신하도 없어서 세상이 태평했다. 훗날 왕과 신하가 생기고 빈부와 귀천이 나뉘니 속임수와 잔혹함이 생겨났다. 예법을 제정함은 백성을 속박하려 함이었다. 관리들은 겉으로는 위엄 있고 엄숙하게 보이지만 사실 부패하고 흉포했으며 염치가 없었다. 때문에 완적이 군주와 예법을 부정한 것이다."

포경언의 「무군론」은 완적의 사상에서 한 걸음 더 나아가 황권은 하늘에서 부여한 것이라는 학설을 공개적으로 부정했다. 그는 이렇게 말했다. "왕은 하늘의 아들이 아니며 인류 중에서도 가장 포악한 인간이다. 자연만물은 모두 음양에서 생겨난 것으로 하늘은 높고 땅은 낮다는 관념은 잘못된 것이다. 하늘이 황제를 임명했다고 널리 알리는 것은 황제의 측근들이 조작해 유포한 거짓말이며 사실 왕은 강포한 이에 지나지 않는다. 사회의 강포한 이들이 약자를 업신여기고 지혜로운 이들이 우매한 이를 능욕하여 생겨난 것이 왕과 신하다. 군주제도는 백성이 굶주리고 가난하게 된 근본 원인이다. 군주와 관리들이 수중의 권력을 이용해 백성을 착취하고 재산을 탈취하여 '상층에게는 후하게 바치고 백성은 빈곤하게 되었다奉上厚則下民貧.' 왕은 백성을 가난하고 배고프게 만들 뿐 아니라 모든 속임수, 다툼, 전쟁 등 죄악과 재화災禍의 근원이다. 왕은 '어진 자를 숭상하여 백성과 이름을 다투고, 재물을 귀히 여겨 도적질을 한다.'14 왕은 쟁탈하기 위해 전쟁을 일으켜 백성에게 끝없는 재난을 안겨준다. 왕과 귀족은 사치를 극도로 추구하니 백성은 굶주리고 추위에 떨 수밖에 없으며, 백성이 막다른 궁지에까지 몰렸을 때 반란이 일어나는 것이다. '쉬지 않고 일해도 얻는 것이 없고, 흉년이 들어 곳간은 비고 베틀도 휑하구나. 먹을 것과 입을 것이 모두 부족하니 어찌 난리가 일어나지 않을 수 있겠는가?'"[15]

완적과 포경언은 민주정치 사상을 제창하지는 않았지만 군주 전제에 대해서는 날카로운 비판을 가했다. 그 빛나는 사상은 후대의 존경을 받아 마땅하다.

셋째, 문학예술이 빠르게 발전했다. 동진의 왕희지王羲之의 서예와 조조曹操와 조식曹植으로부터 후대 도연명陶淵明에 이르는 시가, 남북조시대의 민가民歌, 고개지顧愷之의 회화, 북조의 석굴 조각, 그 외에도 음악, 무용, 문학 이론, 복식, 가옥, 가구, 음식 등 모든 분야에 걸쳐 눈부신 성과를 거두었다. 만약 춘추전국시대의 주요한 성취가 중국 학술, 사상의 기초를 닦은 것에 있다면 위진남북조시대는 중국 문학예술의 기초를 다진 시기로 볼 수 있을 것이다. 당나라와 송나라 시기에 고도로 발전했던 문화는 바로 여기서 기원한다.

넷째, 남방의 경제 개발이 활발해졌고 번영을 이루었다. 당시 남방에서는 농업과 방직, 도자기 제작, 제련 등이 발달했고 특히 조선업이 빠르게 발전해 남방은 중국에서 풍요롭고 번화한 지역이 되었다.

수나라는 발달한 남북조의 경제와 문화적 기틀 위에서 통일을 이뤘다. 수나라가 남북조시대를 제대로 계승했다면 이때 중국은 번영과 발전의 길에 올라섰겠지만 고도의 황제 전제적 대일통은 다시 권력에 대한 통제력을 잃게 만들었다. 수나라 양제는 주색에 빠져 나라를 돌보지 않았고 백성을 과도히 착취해 나라를 멸망으로 치닫게 만들었다.

당나라가 다시 중국을 통일한 이후에야 중국의 정치는 과거에 비해 상대적으로 진보된 모습을 보이게 된다. 이는 이세민의 크고 뛰어난 지략과 높은 기개가 있었기에 가능했다. 이세민은 적장자 세습의 원칙에 의해 황위에 오른 것이 아니라 자신의 지혜와 문무 실력으로 황제가 되었다. 그는 중국 역사상 영명한 군왕이었고, 또 중국 고대의 위대한 정치가였다. 고도의 집권적인 황제 전제 정치체제 아래 이세민과 같은 깨인 황제가 나올 수 있었다는 것은 행운이었다. 그는 겸손한 자세로 간언을 들을 정도로 깨어 있었고 언행이 일치된 모습으로 정치적 신뢰를 쌓았다. 그는 가문이 아닌 재덕으로 인재를 선발했으며 스스로를 단속할 줄 알았다. 법률을 존중했고 민생을 보살폈으며 문화와 교육을 극히 중시했다. 이 덕분에 이세민 정부의 업무 효율은 매우 높았고 당시 광활한 국토를 관리하는 당나라 조정의 중앙 정부 관리는 단 800여 명에 불과했다. 아주 짧은 시간 동안 당은 번영했고 강성해졌으며 도탄에 빠졌던 수나라 말의 상황은 옛 이야기가 되었다.

이세민의 성공은 그의 진보적 풍격이 가져온 결과라고 할 수 있다. 그는 독재의 폐단을 매우 분명히 인식하고 있었다. 『정관정요貞觀政要』의 기록에 따르면 630년, 즉 정관 4년에 이세민이 신하 소우蕭瑀에게 수 문제文帝 양견楊堅을 어떻게 생각하느냐고 물었다. 소우는 수 문제는 정사政事에 근면했고 큰일이든 작은 일이든 친히 해결하느라 때로는 끼니를 챙기지 못할 정도로 바빴으니 응당 좋은 황제라고 봐야 할 것이라고 대답했다. 하지만 이세민은 수 문제가 좋은 황제가 아니라고 여겼다.

이세민은 이렇게 말했다. "모든 일을 황제 혼자서 판단하는 것은 관리를 신임하지 않음을 보여준다. 천하가 이렇게 크고 나라에 백성이 이렇게 많아 매일같이 복잡하게 얽힌 일들이 일어나니 한 가지 법에 구애 받지 않고 융통성 있게 일을 처리해야만 한다. 모든 일은 응당 먼저 문무백관과 상의한 뒤 재상이 계획하고, 타당하고 편리하게 해결해야만 조정에 올라온 일들이 실행될 수 있을 것이다. 어찌 매일 일어나는 그 많은 일을 한 사람의 능력으로 판단할 수 있겠는가? 해결이 잘되면 물론 좋은 일이지만 만일 잘 처리하지 못했다면 어찌할 것인가? 그렇게 하루가 가고 한 달이 가고 일 년이 가면 늘 하는 실수는 시정되지 않고 새로운 실수도 끊임없이 발생할 테니 나라가 어찌 멸망하지 않을 수 있겠는가?"

이세민은 백성은 물이요, 왕은 배라서 물이 배를 띄울 수도 있지만 배를 엎을 수도 있음을 알고 있었다. 황제 독재를 바꾸고 사회 동란을 막기 위해, 또 나라에 태평성세를 오래 유지하기 위해 이세민은 심혈을 기울였다. 그는 스스로 겸손한 자세로 간언에 귀를 기울였을 뿐 아니라 법에 의거해 일을 처리했고 재덕을 겸비한 인재를 선발했으며 올바른 정책을 펼쳤다. 더욱 중요하게는 기존보다 완성된 상호 견제 메커니즘을 구축해 개인의 독재와 전제를 막고자 했으며 이를 위해 장기간 노력을 쏟아부었다.

중앙에서 이세민은 비교적 완벽한 민주집중제民主集中制를 세우고 과학적 정책 결정 메커니즘과 상호 견제의 정치체제를 구축했다. 이 모든 제도의 기본은 황제는 최종 의사결정자이지만 유관 부서와 재상을 건너뛰고 마음대로 결정할 수 없다는 데 있었다. 황제의 명령 또한 반드시 재상의 공인을 받아야 했다.

정책 결정에서의 실수를 방지하기 위해 이세민은 중앙 정부에 중서성中書省과 문하성門下省의 좌우 두 승상을 둬 서로 권력을 견제하도록 했다. 또한 중서성에서 초안을 작성한 문건은 반드시 문하성이 토론을 거쳐 통과시키도록 했고 문하성은 중서성이 작성한 문건을 기각할 수 있었다. 중서성의 의견은 문하성에서 토론을 거쳐 통과된 뒤에야 재상의 심의와 황제의 승인을 받을 수 있었고 재상과 황제가 공동 부서한 이후에야 상서성尙書省이 집행에 부칠 수 있었다. 이렇게 중서성, 문하성, 재상, 황제는 상호 감독하는 기능을 수행했다.

『정관정요』는 이세민이 생각에 잠겨 밤을 꼬박 지새우는 날이 많았다고 전하고 있다. 역사를 연구하며 이세민은 서주 사회가 수백 년 동안 동란 없이 유지되고 긴 기간 번성했던 것은 분봉 자치제를 구축했기 때문이라고 보았다. 서주는 많은 제후국을 분봉했으며 제후국은 자치의 형식을 취했다. 때문에 중앙 왕국인 서주의 황제가 어리석고 부패해도 그 영향은 국부적이었으며 제후국의 백성에까지 미치지 못했고 나라의 붕괴를 가져오지도 않았다. 그리고 각 제후왕들은 중앙의 황제를 견제하는 기능을 했다. 중앙이 외세의 침략 등으로 위험에 처하면 제후국은 나서서 중앙을 도와줄 수도 있었다. 동시에 서주 사회는 민간에 관리를 파견해 민심을 모으는 제도도 두었다.

이러한 생각에서 이세민은 서주의 분봉자치제를 계승하고자 결정했고 자신의 자제들과 공로를 세운 대신을 주군의 자사刺史로 책봉했다. 이는 실질적으로 세습제후에 해당했다. 이세민은 중앙과 지방의 분권 형식을 통해 제후들이 황제의 행동을 보좌하는 동시에 감시할 수 있기를 원했다. 황제 전제가 가져올 수 있는 손실의 범위를 제한해 사회의 장기적 안정을 실현하고자 한 것이다.

하지만 이세민은 제후왕들이 강력해진 국력과 군사력을 무기로 중앙 정권을 위협하고 국가를 분열시키지 못하도록 하는 더 좋은 제도는 내놓지 못했다. 이 문제를 효과적으로 해결하기 위해 신하 위징 등에게는 정치체제 개혁 방안을 제정하라고 명령했다.

안타까운 것은 위징을 비롯한 신하들이 이세민과 같은 정치적 통찰력과 탁견을 보여주지 못했다는 것이다. 그들은 정치 개혁의 리스크를 감당하려 하지 않았다. 더 중요한 것은 위징 등이 황권의 강화만을 생각했다는 것이다. 그들은 오직 '지혜로운 임금과 현명한 재상'만을 믿었을 뿐 제도적으로 황제 개인의 독재를 막는 문제는 진지하게 생각하지 않았다. 이들은 분봉자치가 결국에는 큰 동란을 가져올 것이라며 이세민의 결정에 반대했다. 이세민은 죽을 때까지도 중앙과 지방의 분권제 시행을 포기하지 않았지만 위징 등 신하들의 반대에 부딪혀 이 생각은 끝까지 실천에 옮겨지지 못했다. 이세민이 세상을 떠나자 이런 주장은 자연스럽게 사라졌고 그 결과 중국은 다시 한번 공화로 나아갈 수 있는 기회를 잃었다.

이세민의 뒤를 이어 천하를 다스린 측천무후는 지혜와 지략을 갖춘 인물로 중국 역사상 유일무이한 여황제였다. 측천무후는 여자였고 여자는 남존여비 사상이 뿌리 깊었던 고대 중국 사회에서는 결코 황제에 오를 수 없었다. 하지만 그녀는 지혜와 지략을 발휘해 마침내 황위에 올랐으며 이는 중국 역사상 불가사의한 일로 꼽힌다. 그녀는 이세민과 같이 겸허하게 간언을 받아들였고 민생 안정과 인재 선발에 힘썼다. 게다가 각급 관리를 감독하는 데 있어서는 이세민보다 더욱 급진적이고 효과적인 조치들을 취했다. 그중에서도 구리상자, 즉 투서함을 전국 각지에 설치해 밀고하는 문서를 받은 것은 그녀의 조치 중 가장 대담한 것으로 꼽는다. 구리상자를 설치함으로써 측천무후는 백성의 밀고를 고무했고 사회 감독을 장려하여 모든 사람이 관리들의 불법행위를 신고할 수 있게 했다. 어떤 관리도 밀고자를 임의로 심문해서는 안 되었으며 밀고자는 무조건 역마驛馬를 이용해 장안으로 오게 했다. 또한

5품관 기준으로 숙식을 제공했다. 밀고자는 밀고 내용이 사실이 아니어도 추궁받지 않았다. 측천무후는 일부 밀고자를 직접 만나기도 했다. 그러자 전국의 백성이 부패한 관리들을 고발하고 나섰고 순식간에 탐관오리를 고발하려고 전국 각지에서 장안으로 향하는 이들의 발걸음이 끊이지 않았다. 일부 지역은 밀고 열풍으로 시장이 설 때처럼 시끌벅적해졌다. 탐관오리에 대한 증오가 얼마나 컸는지 엿볼 수 있는 대목이다.

측천무후는 고발당한 관리들을 인정사정 봐주지 않고 처형했다. 역사는 684~697년까지의 14년 동안 측천무후가 처형한 탐관오리가 적어도 5000명 이상이 된다고 기록하고 있다. 관직에 오른 기회를 이용해 한몫 챙기려 했던 탐관오리들과 경망한 무리는 무슨 일이 벌어진 것인지 알아채기도 전에 목이 베어졌다. 중국 역사상 백성을 동원해 탐관오리들의 불법행위를 고발하게 한 황제는 측천무후가 유일하다. 물론 그녀는 탐관오리를 대거 처형하는 한편 적인걸狄仁傑, 위원충魏元忠, 요숭姚崇, 송경宋璟, 장간지張柬之, 장구령張九齡 등 걸출한 인재를 기용했다. 이 같은 조치는 비록 백성이 나라를 다스리는 단계까지 이르게 한 것은 아니었지만 민주적 가치를 드높였고 세상을 놀라게 할 행동이었다.

물론 측천무후가 이 같은 민주적 조치를 시행한 데는 당나라 이씨 왕조와 정치적 반대파를 숙청하려는 의도도 포함되어 있었다. 또한 주흥周興, 내준신來俊臣과 같은 악독한 관리를 임명하여 혐의자를 고문해 강제 자백하게 하고 가혹한 고문을 가해 인권을 유린하기도 했다. 그 과정에서 억울한 사건과 허위로 조작한 사건, 오심 사건이 대거 발생했다. 이 모든 목적은 바로 측천무후의 황위를 안정시키는 데 있었다. 때문에 측천무후는 제도를 구축하여 황제에게 권력이 집중되는 것을 제한하거나 황권의 팽창을 막을 수 없었고 문명의 창조도 이루지 못했다. 또 측천무후는 법률에 따라 일을 처리하기보다 자기 생각대로 결정했다.

그렇다 하더라도 측천무후가 백성에게 각급 관리를 감독할 것을 장려한 이 조치의 위대함을 부정할 수는 없다. 이 조치로 인해 관리 사회가 쇄신되었으며 백성이 정치에 더욱 관심을 가지고 참여하게 되었다. 또한 이 조치가 사회 감독을 강화시켰으며 중국의 정치, 경제, 문화 발전을 촉진하는 데 긍정적 역할을 했음은 부정할 수 없는 사실이다.

측천무후가 세상을 떠난 뒤 당 현종玄宗 이융기李隆基가 그 자리를 이었다. 그도 마찬가지로 깨어 있는 황제였으며 힘써 나라를 다스린 황제였다. 이융기는 태자로 책봉되긴 했지만 그도 적장자에게 물려준다는 세습 원칙에 따라 황위에 오른 황제는 아니었다. 그는 위후韋后를 처치하는 정치적 투쟁에서 결정적 역할을 했다. 황위를 잇기 전 그는 요숭姚崇, 송경宋璟, 장구령張九齡 등 지혜로운 신하를 등용해 나라를 다스렸다. 또한 그 자신 역시 청렴했고 간언을 받아들였으며 스스로를 단속하며 민생에 관심을 기울였다.

그의 재위 초반에 사회는 개방되었고 문화, 과학기술, 경제가 모두 발전했으며 백성은 부유했다. 역사는 이를 두고 '개원성세開元盛世'라 부른다. 당시 중국의 영토는 가장 광활했고 민족은 단결되어 있었으며 국력도 최고 수준이었다. 동쪽으로는 바다, 서쪽으로는 네팔과 인도, 파키스탄과 맞닿아 있었으며 남쪽으로는 남사군도南沙群島, 북으로는 바이칼 호수, 서북쪽으로는 발하슈 호수와 동로마 제국과 맞닿아 있었다.

'문경의 치' '정관의 치' '개원성세' 등의 출현에서 볼 수 있듯이 적장자에게 황위를 물려주는 원칙에서는 현명하고 어진 왕이 나타나기 힘들었으며 장기적 번영과 안정을 누리기 쉽지 않았다. 그러나 대부분 중국의 황권 교체는 적장자에게 계승되는 원칙에 따라 이루어졌고 이에 따라 사회동란의 그늘에서 벗어나지 못했다. 『삼국연의三國演義』에서 "천하란 나뉜 지 오래되면 반드시 합하게 되고 합한 지 오래되면 반드시 나뉘게 되어 있다"[16]라고 한 것처럼 말이다.

한나라와 당나라 경제의 붕괴는 인치가 가져온 필연

한 고조 유방은 상인을 억압하기 위해 상인과 그 자손들은 정치에 참여할 수 없게 했다. 또 상인들은 사유지를 소유할 수 없었고 귀한 견직물, 모직물 등으로 만든 옷을 입을 수 없었다. 상인은 마차와 말을 탈 수 없었다. 상인들은 굶주린 백성을 노비로 살 수 없었다. 상인들은 일반 백성보다 인두세를 갑절로 내야 했다. 굉장히 강도 높은 억제정책이다.

하지만 전한의 경제가 발달하면서 문제와 경제는 상인을 억압했던 정책을 점차 완화하기 시작했다. 문제는 "산택금지해제開山澤之禁"를 통해 상인들이 광산 개발, 야철, 제염, 양주 등에 종사할 수 있도록 허가했고 상업과 수공업을 발전시켜 상품경제가 매우 발전했다.

경제가 발전하면서 전한에는 자유 시장경제에 관한 논리가 등장했다. 대표적 인물은 『사기』의 저자로 유명한 사마천이다. 그는 시장을 방임하여 경제를 조절하고 시장의 자유경쟁을 실현할 것을 주장했다.

사마천은 『사기』에서 인간은 본능적으로 이기적이며, 부를 좇는 것은 인간의 가장 원시적인 동기라고 보았다. 또한 부와 이익을 얻기 위해 모든 사람은 자신이 갖고 있는 최대의 지혜와 능력을 발휘하여 경제활동에 종사하며 이로써 사회경제의 운영 메커니즘이 정상적으로 돌아 갈 수 있다고 생각했다. 예를 들어 어떤 상품의 공급이 수요에 미치지 못해 가격이 비싸지면 이 상품의 생산과 판매에 사람들이 몰리게 된다. 그리고 일단 시장이 포화상태에 이르면 공급이 수요보다 많아지고 가 격이 내려가기 시작한다. 그렇게 되면 경영자들이 남길 이윤이 없어지 고 결국 해당 상품의 생산과 경영을 중지한다. 그로써 생산과 소비, 즉 시장의 수요와 공급이 균형을 찾게 된다.

이런 사상적 인식에 근거하여 사마천은 자신의 거시적 경제 관점을 다음과 같은 명언으로 개괄한다. "가장 훌륭한 지도자는 백성의 마음 을 따르며, 그다음은 이익으로 백성을 이끌고, 그다음은 백성을 설득하 며 가르치려들고, 그다음은 힘으로 백성을 잡으려 하며, 최하의 지도자 는 백성과 정면으로 다투는 자다."17

사마천의 이러한 경제적 주장은 18세기 영국의 경제학자 애덤 스미 스의 그것과 완벽히 일치한다. 스미스는 『국부론』에서 자유방임을 통 한 시장원리로 경제를 발전시켜야 한다고 주장했다. 그는 시장에 '보이 지 않는 손'이 존재하기 때문에 개인의 사적인 이익 추구가 결국 공동 체 전체의 이익을 증진시킨다고 보았다. 때문에 정부는 경제활동에 간 섭해서는 안 되며 국가는 최소한의 임무만을 수행하는 야경국가에 그 쳐야 한다고 주장했다.

사마천의 경제사상은 시장경쟁과 자유무역이라는 현대 경제의 기본 원칙을 담은 현대 다원화 문명의 사상적 기초였다. 안타까운 것은 당시 한 무제가 그의 선진적 경제사상을 받아들이지 않아 중앙집권의 황제 전제가 부단히 강화되었다는 것이다. 이에 반해 영국은 애덤 스미스의 주장을 받아들여 산업혁명을 빠른 속도로 마쳤으며 입헌정치를 실현해 세계 최강대국으로 거듭났다.

공을 세우기 좋아했던 한 무제는 전쟁을 빈번히 일으켰고 전국의 백성은 도탄에 빠졌다. 하지만 대외전쟁에 국력을 지나치게 소모한 나머지 국가 재정은 궁핍해져 전쟁에 필요한 물자를 대기에는 역부족이었다. 국가 재정 강화를 위해 한 무제는 관리 상홍양桑弘羊의 건의를 받아들여 개인의 경제활동을 장려했던 기존의 정책을 바꾸고 소금, 철, 술의 경영권을 황권으로 강제 회수해 정부가 독점 경영하도록 했다. 그는 전국에 염관鹽官, 철관鐵官 등 관리를 두어 소금, 철, 술의 전매를 맡도록 했다. 또한 개인은 제염과 제철에 종사하지 못하도록 규정하고 "감히 철을 주조하거나 소금을 만드는 자는 왼발을 자르고 그 기물을 몰수하겠다"[18]고 규정했고 이를 심히 어긴 자는 요참형에 처했다. 이런 잔혹한 형벌은 민간 무역과 민간 수공업을 말살시켰다.

무제는 민간 무역을 금지한 것 외에도 상홍양의 의견을 받아들여 전국에 토공土貢제와 관官공업제를 실시했다. 토공이란 지방 정부가 중앙 정부에 무상으로 물품을 헌납하는 제도로 이를 통하면 시장교역을 통하지 않아도 상품을 손에 넣을 수 있었다. 관공업제도官工業制度는 정부가 직접 수공업 공방이나 공장(국유기업)을 설치해 경영하고 토공土貢[지역토산물을 공물로 바치는 것]으로 얻을 수 없는 제품을 생산한 것을 말한다. 관공업제를 통해서는 비싸고 아름다움 사치품과 군수품 등을 주로 생산했으며 이를 통해 상업적 경로를 통하지 않고도 정부는 필요한 물품을 얻을 수 있었다.

관청의 경제 독점은 자유무역과 시장경제의 족쇄가 되었다.

민간의 재산을 철저히 약탈하고 재정 수입원을 늘리기 위해 한 무제는 산민算緡 정책과 고민告緡 정책을 시행했다. 산민이란 상인의 영업자산에 대해 거액의 재산세를 징수한 제도였으며 고민이란 탈세한 자를 적발하는 제도였다. 겉으로 보기에 이는 세금의 징수와 관리를 강화하고 국가의 재정 수입을 늘리는 조치였다. 하지만 실질적으로 이는 민간 자본에 대한 잔혹한 약탈이었다. 무제는 가혹하고 무자비한 관리를 대거 임용하여 상인에게 엄격한 형벌을 가하거나 고문으로 자백을 강요했고 서로 고발하게 했으니 한 사건에 연루된 상인이 수백 명에 달했다. 『사기』의 기록에 따르면 당시 전국의 감옥은 잡혀온 상인과 부호로 가득했으며 국가가 몰수한 재물도 어마어마했다. 상인들은 속속 파산했고 한순간에 전국의 상인 인구는 다 합쳐도 1만 명에 못 미칠 정도로 급감했다. 이렇게 국가 권력을 이용해 개인의 사유재산을 완전히 탈취하려는 야만적인 행위는 상업과 수공업 자본의 축적을 중단시켰다. 이에 따라 문제와 경제 시대에 발전했던 자유경제와 무역도 심각한 타격을 받고 자취를 감추게 되었다.

한 무제부터 시작된 정부의 경제 독점과 중농억상 정책은 근본적 변화 없이 계승되었다. 민간 상인에 대한 억압도 지속되었다.

전한 말, 왕망은 정권을 잡은 즉시 전국적으로 대규모 '공상空想적 사회주의'식 개혁을 실시해 사회의 자원을 모두 국가로 귀속시켰다. 그는 서주의 정전제를 부활시키고 토지의 국유화를 실시하고자 했으며 계획 경제를 실시, 정부가 상품과 물가를 통제하고자 했다. 또한 관청이 경제를 독점해 소금, 철, 술 전매제를 실시했으며 광산자원은 모두 국가가 나서 채굴하도록 했다. 겉으로는 위대해 보이는 이 개혁은 사실상 큰 퇴보였다. 그는 백성의 사유재산과 생필품을 착취했고 시장의 수급관계와 가치 결정 규칙을 무시했으며 시장이 보내는 신호를 완벽히 왜곡했다. 이에 따라 물자 공급이 빠르게 고갈되었고 물가는 급등했으며 인플레이션이 나타났다. 또한 사회 갈등이 빠르게 격화되었고 사방에서 전란이 일어나 순식간에 나라가 무너져 내렸다. 왕망도 무참히 살해되어 역사 무대에서 퇴장했다.

전한이 멸망하고 수나라가 건국되기 전까지 국가가 경제를 독점하는 정책은 그대로 계승되었다. 남북조시대, 북위北魏는 균전제均田制를 실시, "농사를 짓는 이라면 모두 경작지를 소유하는耕者有其田"정책을 폈고 토지를 농민에게 분배하여 경작하게 했다. 하지만 농민이 소유한 것은 토지 사용권이었을 뿐 소유권은 아니었고 토지는 여전히 나라의 소유였다. 남조南朝는 농민에게 황무지를 개간할 것을 장려했으나 농민에게 귀속된 토지의 소유권은 극히 일부분이었을 뿐 대부분의 토지는 국가의 소유였다. 당시 남북이 대치하던 형세에서 비교적 발달했던 것은 상업과 수공업 방면의 무역이었다. 다만 남북 모두 상업에 대해 비교적 높은 세금을 부과했고 소금과 술에 대해서도 세금을 징수했으며 전매제도를 실시하고 있었기 때문에 민간 상업의 발전과 토지의 사유화 촉진에 기여한 바는 크지 않았다.

수나라 문제 양견은 진보적 사상과 창의력을 갖춘 황제였다. 그는 수왕조를 세운 이후 즉시 국가의 경제 독점 정책을 철폐했다. 그리고 다음과 같이 선포했다. 첫째, 입시세入市稅를 철폐해 상품경제 발전에 유리한 환경을 조성한다. 둘째, 관아가 소금과 술을 독점하는 전매제를 철폐하고 염세鹽稅와 주세酒稅도 폐지한다. 수나라 문제의 이런 진보적 정책은 민간 무역과 수공업, 경제 발전을 촉진해 수나라 초기, 나라는 활기가 넘쳤고 번창했다.

하지만 양제는 큰 공을 세우기 좋아했고 주색에 빠져 나라 돌보기를 게을리 했다. 그는 사치스런 생활과 대외전쟁에 대한 욕구를 만족시키기 위해 수 문제가 확립해놓은 상품경제 발전 정책을 완전히 폐지했다. 그는 관아가 다시 경제를 독점하도록 만들었을 뿐 아니라 한 무제와 마찬가지로 백성에게 무거운 부역과 세금의 의무를 지웠다. 철저히 착취당한 백성은 반란을 일으켰고 수나라는 빠른 속도로 멸망했다.

당나라 초기, 이세민은 수나라가 멸망한 교훈을 가슴 깊이 새기고 전국의 토지를 재분배하고 백성의 부역과 세금의 부담을 줄여주었다. 또한 수나라 초년의 정책을 계승하여 민간 상업의 발전을 촉진했다.

첫째, 염세를 철폐하고 민간에서 자유롭게 소금을 채취하고 자유롭게 식염을 판매할 수 있게 했다. 이 정책은 이후 120년간 유지되었고 당 현종 개원開元 원년이 되어서야 당 왕조는 식염에 대해 세금을 징수하기 시작했다. 그리고 숙종肅宗 때에 이르러서 식염 전매제가 부활되었다.

둘째, 당나라 초기에는 차세茶稅를 징수하지 않았다. 숙종 때에 이르러서 차에 대해 세금을 징수하기 시작했으며 찻잎 전매제를 실시했다.

셋째, 당나라 초기에는 주세를 징수하지 않았다. 대종代宗 때에 이르러서야 술에 대해 세금을 징수하기 시작했고 술 전매제를 실시했다.

넷째, 광업세鑛業稅를 징수하지 않았으며 민간의 광산자원 채굴을 허가했다. 정관 10년(636), 시어사侍御史 권만기權萬紀는 이세민에게 선주宣州와 요주饒州의 은광을 개발하자고 건의했다가 심하게 질책 당했다. 태종은 자신이 원하는 것은 인재이지 "재물과 이익財利"이 아니라고 말했다. 당 현종 개원 원년에 이르러서야 당나라는 광업세를 징수하기 시작했고 덕종德宗에 이르러서야 관에서 광산자원 채굴을 독점하는 제도를 실시했다.

다섯째, 당나라 초기에는 관세를 징수하지 않았다. 해외무역 규모가 크지 않았던 태종의 재위 시기에는 국제 무역의 발전을 촉진하기 위해 외국 상인들이 중국에 와 경상經商활동을 펼 것을 장려했다. 또한 해외 무역에 대해 관세를 면해주는 정책을 폈다. 측천무후 재위 시기에는 해외무역이 매우 발달해 유관 부서들이 관세를 징수할 것을 건의했다. 하지만 측천무후는 관세 징수를 시작하면 해외무역의 발전에 이롭지 못할 것이라고 생각하고 이를 거절했다. 덕종 때에 이르러서야 외국 상선에 관세를 부과하기 시작했다.

이에서 볼 수 있듯 당나라 초기에 태종 이세민과 측천무후는 경제 정책을 통해 민간 상업 발전과 자본의 유통, 자유무역, 시장 경쟁을 장려했다. 당나라 초기에는 관의 독점 행위가 존재하지 않았다. 백성의 부 축적과 시장의 경제 조정은 이 시기 가장 중요한 특징이었으며 이에 따라 당대에는 자본을 억제하는 정책이 나타나지 않았고 자본을 장려하는 풍토가 조성되었다. 비록 국가 재정 수입은 상대적으로 감소했지만 태종과 측천무후가 인원과 기구를 간소화하는 정책을 펴고 수나라의 멸망을 교훈삼아 검소함을 추구했으며 지출을 줄였기 때문에 백성에 대한 착취가 가중되지 않을 수 있었다. 경제가 발전하면서 당나라의 재정 수입도 빠르게 증가했으며 국력도 나날이 강성해져 사방에서 당나라에 모여들어 성황을 이루기도 했다.

당나라는 초기에 공업과 상업의 발전을 힘써 촉진했을 뿐 아니라 농업 방면에 있어서도 부민정책富民政策을 적극적으로 실시했다. 그중 가장 중요했던 조치는 바로 조용조제租庸調制를 실시한 것이었다. 조용조제의 핵심은 조租다. 농민에게 배급한 토지는 나이가 들어 경작할 수 없으면 정부에 반환했으며 수전授田시기에 농민은 일정한 세액을 납부해야 했다. 바로 이것은 일종의 균전제均田制로 북위北魏로부터 계승되어

온 것이다. 토지는 국가에 귀속되었으므로 이 제도는 토지사유제가 아니었다. 하지만 농민은 평생 경작할 토지를 가질 수 있었고 세금 부담도 40을 생산하면 1을 세금으로 내면 될 정도로 매우 적었다. 이는 전한 초기 30을 생산하면 1을 세금으로 냈던 것보다 더 낮은 수준이었다. 이는 확실히 위민제산爲民制産과 평균지권平均地權의 정책이었다. 농민이 토지를 갖게 되면, 이로써 생활의 보장을 얻을 수 있게 되는 것이다.

당나라 초기의 경제 정책은 백성의 부의 축적을 장려했으며 부유층이 자유롭게 발전하고 자본을 확대하도록 했고 하층계급도 지나치게 빈곤하지 않도록 조치했다. 모두를 다 같이 부유케 하는 이런 정책이 당나라 초기에 정말로 실행되었던 것이다.

물론 우리는 당나라 초기의 경제 정책을 긍정하는 동시에 그 경제 정책의 핵심이 여전히 농업을 중심으로 하는 '중농억상'이었음도 지적해야 한다.

당나라는 초기에 백성을 토지에 묶어놓고 농업에 종사하도록 하기 위해 호적제도를 실시하고 백성의 외출을 일일이 심사했다. 특히 당 왕조는 백성이 자유롭게 해외에 드나들 수 없도록 규정했고 이를 위반한 자는 엄중한 처벌을 받았다. 과거 인도에서 불경을 들여온 위대한 업적으로 현장玄奘은 후대에 그 이름을 널리 알렸지만 사실 그는 당시, 개인은 사사로이 출국할 수 없도록 한 국가의 금지령을 위반했다. 그가 귀국했을 때 태종은 '인도에서 불경을 구해 온' 공로를 인정해 위법으로 해외에 나간 죄를 추궁하지 않았다. 당 왕조도 매우 엄격히 개인을 통제했음을 알 수 있는 대목이다.

바로 이런 이유로 당나라 때 중국인들은 해외에 나가 상업활동에 종사할 기회를 갖지 못했다. 당 왕조의 대외무역은 사실상 일방적 무역으로 모두 페르시아인, 아랍인, 유대인이 중국에 와서 하는 상업활동이었다. 그들은 중국의 비단, 찻잎, 도자기 등을 서방으로 운송해갔고 서방의 제품을 중국으로 가져와서 판매해 폭리를 취했다. 당시 양주揚州, 광주廣州 등 도시는 외국 상인들의 집중 거주지였다. 당시 당 왕조는 국제무역에서 중국인을 배제함으로써 중국인의 상업정신을 말살했다.

당 왕조는 중국인의 자유로운 출입국을 제한했을 뿐 아니라 국내 대도시에서도 중국 상인을 엄격히 제약하는 조치를 취했다. 당시 존재했던 교역시장은 모두 정부가 세운 것으로 교역시간이 엄격히 통제되었다. 도시는 주민의 거주지인 방坊과 상업지역인 시市로 나뉘었는데 방과 시는 엄격히 분리되어 있었다. 그 주변에는 담을 쌓아 올렸고 사방에 문을 설치해 정해진 시간에 열고 닫았다.

오늘날 우리가 당나라 경제의 붕괴 원인으로 인치人治를 드는 이유는 당 현종 말년, 그의 부패로 국가 정책에 심각한 문제들이 출현했기 때문이다. 말년의 당 현종은 주색에 빠져 정사에 소홀했고 사치스러운 생활을 했으며 양귀비의 비위를 맞추기 위해 양국충을 중용했다. 그 결과 횡령과 타락으로 정치는 부패하기 시작했다. 중앙 정부의 관리만 해도 1만 명으로 늘어났으며 이는 이세민 시기의 10여 배에 해당되는 수준이었다. 뿐만 아니라 현종은 국가 재정이 감당할 수 없을 정도로 끊임없이 대외적으로 군사를 일으켜 영토를 개척했다. 당시 정치체제 아래서는 황권을 제약할 수 있는 메커니즘이 결여되어 있어서 현종의 부패를 막을 수 있는 역량이 없었다. 현종은 그에게 직언했던 재상 장구령張九齡마저 파면시켰다.

훗날, 재정 위기에 직면한 현종은 양국충의 꾐에 넘어가 식염과 광업에 세금을 부과하기 시작했다. 안사의 난이 일어난 뒤 나라가 쇠락해갔고 경제는 쇠퇴했으며 국가의 재정은 파탄이 났다. 이에 따라 당 숙종 때부터 식염과 찻잎 등 제품에 전매제를 실시했고 국가가 경제를 독점하기 시작했다. 즉, 국가가 민간의 부를 잔혹하게 약탈한 것이다. 왕조 초기에 실시했던 조용조제는 붕괴했고 대신 양세법兩稅法이 실시되었다. 정부는 더 이상 백성에게 토지를 배분하지 않았고 부패한 관리들과 지주들이 토지를 가로채는 토지 겸병이 날로 급증했다. 이에 따라 위민 제산과 평균지권의 정책은 폐기되었다. 농촌의 토지 겸병은 억제할 수 없는 현상으로 떠올랐고 많은 농민이 파산했다. 게다가 백성에게 부과된 무거운 세금과 부역의 의무는 그들을 더욱 빈곤하게 만들었고 결국 민생은 도탄에 빠지고 만다. 위대한 시인 두보杜甫는 그의 수많은 작품에서 당시 사회를 자세하게 묘사했다. 그중에서도 "궁전의 대문에는 술과 고기냄새가 진동을 하는데, 길거리에는 얼어 죽은 시체가 나뒹구네 朱門酒肉臭, 路有凍死骨"는 불후의 명구로 남았다. 유종원柳宗元은 「포사자설捕蛇者說」에서 당시 사회를 사실적으로 묘사해 읽는 이로 하여금 슬픔과 괴로움을 느끼게 하는 한편 당시 사회에 대한 강렬한 분노를 불러 일으켰다.

물론 양세법의 실시로 토지국유제가 무너졌고 토지의 사유화가 이뤄져 민간에서 자유롭게 토지를 매매할 수 있게 되었다는 것은 인정해야 한다. 이는 춘추전국시대부터 시작된 토지 사유화 정책을 다시 복귀시킨 역사적 진보였다. 하지만 문제는 토지를 잃은 농민들을 받아줄 공업이 발전하지 않은 데 있었다. 토지를 잃은 농민들은 달리 생계를 유지할 길을 찾지 못했고 목숨을 부지하기도 힘든 지경에 처하게 되었다.

또한 전매제의 실시와 관의 경제 독점으로 당나라의 번성했던 상품 경제가 무너졌으며 자유무역과 자유경쟁 또한 사라졌다. 이로써 거상의 자본 축적도 중단되었고 상인의 투자 열정도 사라졌다. 그러자 상업으로 성공해 이를 가업으로 잇는 가문이나 거상 혹은 대자본가도 나타나기 어렵게 되었으며, 파산한 수많은 농민을 받아줄 현대적 의미의 공업 또한 생기기 어려웠다. 또한 동시에 황권을 감독하고 제약할 역량도 갖추기 어려웠다. 이렇게 현대적 경제와 다원화 문명이 자라날 토양이 사라지자 중국 사회는 농업문명에서 공업문명으로의 전환을 이루지 못했으며 중농억상의 낙후한 정책도 바꾸지 못했다. 도리어 당나라 후기에는 심각한 퇴보가 일어나 소규모의 농업경제가 절대적 지위를 차지하게 된다. 그 결과 관의 권력은 나날이 강화되었고 전제문명은 그 뿌리를 더욱 깊게 내렸다. 사회는 부패로 치달았으며 결국 농민반란이 일어나 나라가 멸망하기에 이른다.

번영한 경제와 발달한 문화, 강성한 국력은 결코 한 나라의 장기간 태평성세를 가능하게 하는 근본이 아니다. 나라를 오래도록 안정적으로 번영하게 하기 위해서는 반드시 근본적으로 일원화 문명을 혁신하고 평화적으로 사회적 갈등을 해결하는 메커니즘을 구축해야 한다. 그것은 곧 백성의 정치 참여와 감독 메커니즘이며 잘못을 수정하는 민주 메커니즘이다. 상층의 권력을 상호 견제할 수 있는 공화제를 구축하고 인치를 철저히 개혁하지 않으면 그 어떤 강대함이나 번영도 모두 일시적인 것에 불과할 뿐이다.

제5장

고대 중국 문명의 정점

: 송나라의 위대함과 그 소멸

송宋나라의 위대한 문명을 기술하기에 앞서 먼저 송나라가 중국 통일을 실현하지 못했던 상황을 짚고 넘어갈 필요가 있다. 당시 중국은 송나라, 요遼나라, 금金나라 그리고 훗날의 몽골 등 여러 국가로 분열되어 있었는데, 이는 오대십국五代十國 시대의 분열 국면이 이어진 것이다. 송나라는 당시의 분열 상황에서 중화문명을 크게 번영시켜 중국 고대 문명을 최고조로 승화시켰다. 송나라와 동주東周(춘추전국) 시대는 중화민족의 지혜와 창조력이 최대로 발휘된 시대였다. 송나라 문명의 영향을 받아 요나라와 금나라의 소수민족 문명 또한 장족의 발전을 이뤘다. 요나라와 금나라의 소수민족 통치자들이 송나라 문명에 대한 파괴를 일삼았지만 당시 요나라와 금나라는 송나라와 기본적으로 선의의 경쟁 구도에 놓여 있었다. 정작 송나라 문명에 파괴적 타격을 가한 것은 몽골의 통치자들이었다.

몽골 민족이 중국을 통일한 역사적 위업을 부정할 의도는 없다. 다만 몽골 통치자들이 야만스러운 폭행, 민족 차별, 문화 및 종족 소멸 정책을 취해 위대한 송나라 문명을 일찍이 유례를 찾지 못할 정도로 파괴한 데 대해서는 분명하게 밝힐 필요가 있다.

부정할 수 없는 찬란한 대송大宋 문명

1279년 장홍범張弘范이 이끄는 원나라 군대가 남송南宋 조정을 애산崖山(지금의 광둥廣東성)에서 겹겹이 포위했고 남송의 어린 황제 조병趙昺과 장군 육수부陸秀夫는 이 포위망에 갇혔다. 육수부는 어린 황제에게 이렇게 말했다. "국사가 이 지경에 이르렀으니 폐하께서도 순국하시는 수밖에 없습니다!" 그리고는 어린 황제를 자신의 등에 업고 바다에 몸을 던지자 수많은 충신과 장병이 그 뒤를 따랐다. 이후 바다 위에는 10만여 구에 육박하는 시체가 떠올랐다. 그야말로 주먹을 불끈 쥐고 탄식할 만한 사건이었다. 남송의 역사는 이렇게 비장한 최후를 맞았다. 고전적 의미에서의 중국 문명 역시 이와 함께 파멸의 길에 들어섰다.

오늘날 대다수 사람에게 있어서 송나라는 부패하고 오랜 세월 쇠퇴의 길을 걸은 왕조로 인식되고 있다. 그다지 이상할 일도 아니다. 북송北宋이 금나라에 멸망되자 두 황제는 금나라의 포로가 되었으며 황후는 금나라 사람들의 위안부로 전락해 모욕을 당했다. 반면 남송은 최후에 몽골의 손에 멸망했다. 몽골의 통치자들이 민족차별정책을 시행하면서 한족은 억압의 대상이 되었다.

사람들은 송나라가 겪은 참혹함만을 보고 그 문명의 위대함은 외면했다. 이는 송나라에 더없이 불공평한 처사다. 서구의 학자들은 중국의 송 왕조를 찬양하고 그 문명에 경의를 표한다. 영국의 유명한 역사학자 토인비는 이렇게 말한 바 있다. "송나라는 인류의 생활에 가장 적합한 왕조다. 만약 내게 선택권을 준다면 나는 중국의 송나라 시절로 돌아가 살 것이다." 토인비가 송나라에 이처럼 각별한 애정을 보이는 이유는 무엇일까? 물론 그만한 이유가 있다. 토인비뿐만 아니라 일본의 학자 미야자키 이치사다宮崎市定는 그의 저서 『가병家兵에서 소작인까지從部曲到佃戶』에서 송나라는 '근세' 사회의 시작이라고 표명했다. 미국의 학자 어윈Erwin은 『역대 중국의 모델歷代中國的模式』에 송나라를 인류의 '현대사회의 시작'이라고까지 기록했다.

사실 송나라가 일구어낸 문명의 선진성은 주로 네 가지 면에서 구체적으로 드러난다. 첫째, 문文으로 나라를 세우고 인의仁義로 다스렸으며 중앙집권에 인정仁政을 더한 정치 모델을 구축했다. 또한 평화 발전과 자유개방 정책을 실시했고 인권을 보호하는 등 송나라는 현대 문명의 수많은 특성을 갖추고 있었다. 둘째, 송나라는 사유재산을 보호했고 중농억상의 전통을 타파하고 상공업을 적극 장려했다. 대외개방에 힘을 쏟아 부었으며 도시화에 박차를 가해 송나라의 상품경제는 공전의 번영을 이룩했다. 송나라는 당시 세계의 최강대국으로 부상했으며, 이미 현대 대공업great industry 문명의 문 앞에 서 있었다. 셋째, 자유개방을 추진한 송나라는 다원화된 사회를 형성했으며 창조력과 진취성을 적극 고취시켜 사상, 문화, 과학기술, 종교, 교육 등 여러 면에서 큰 성취를 이뤘다. 송나라는 세계에 기여한 바가 가장 큰 중국 왕조였다. 중국 역사상 중요한 발명의 절반 이상이 송나라에서 나왔다. 화약, 나침반, 인쇄술, 지폐, 수직방직기Hand-Spinning, 자기공예 등의 핵심적 발명이 그에 속한다. 또한 항해, 조선, 의약, 농업 분야의 과학 기술 역시 공전의 수준에 도달했다. 넷째, 송나라는 번영을 구가했고 백성은 자유롭고 풍요로운 생활을 누렸다. 백성은 예의와 존엄성을 갖추었고 생기 넘치고 솔직한 천성과 정의로움을 가졌다. 이런 이유로 나는 중국 문명의 전성기는 당나라가 아닌 송나라 시절이라고 믿어 의심치 않는다.

가장 보수적으로 얘기해도 송 문명은 동시대 서구 문명보다 최소 200년 앞섰다고 할 수 있다. 무슨 이유로 이 휘황찬란한 문명을 일고의 가치도 없는 것으로 여긴단 말인가? 유럽인들은 고대 그리스와 로마의 민주공화정에 긍지를 느낀다. 그들은 고대 그리스와 로마가 멸망했다고 해서 자신의 선조가 이룩한 찬란한 성취를 경멸하지 않는다. 유독 중국인만이 송나라가 멸망했다는 것 때문에 이 위대한 문명에 치욕을 느낀다.

원은 송 문명을 전면적으로 부정했다. 원나라는 백성을 여러 계급으로 분류하고 한족에 대해 참혹한 착취와 살육을 자행했다. 명明나라는 인간의 존엄성을 더욱 무시했다. 이름난 신하들을 대거 살해했고 사대부에게 곤장을 내리쳤으며 구족을 멸했다. 송나라의 전통은 회복되지 않았다. 한족들은 북방의 기마민족에게 심각한 타격을 입은 뒤 보수적으로 변했고 쇄국정책을 펴게 되었다. 통치사상은 더욱 보수적으로 변했으며 잔인하게 죽이기를 일삼았다. 다른 의견을 대하는 관용적 태도 또한 멸망 이전의 송나라보다 훨씬 못했다. 상황이 이렇다보니 문자옥文字獄이 심심찮게 일어나 만청滿淸 시대에 이르러서는 우매하고 무관심하며 이기적이고 스스로 노비라고 칭하는 어릿광대의 이미지가 도처에 존재했다. 송 왕조가 세운 위대한 문예부흥 운동은 이렇게 중도에 꺾이고 말았으며, 현재에 이르기까지도 그 상처는 회복되지 못하고 있다.

중국 역사를 다시 인식하는 이 시점에서 우선적으로 송나라 문명의 위대성을 충분히 인정하는 한편 그 과정에서 드러난 일련의 문제에 대해서도 심도 있게 고찰할 필요가 있다. 일련의 문제라 함은 이렇다. 송나라는 어떻게 선진적인 문명을 창조할 수 있었는가? 선진적인 문명을 갖춘 왕조가 전국 통일을 이루지 못한 이유는 무엇일까? 선진적인 문명이 낙후된 민족에게 소멸된 이유는 무엇인가? 송나라 문명의 멸망이 후대에 남긴 교훈은 무엇인가?

문치주의와 중앙집권에 인정仁政이 결합한 제도적 설계

송나라는 문文으로 나라를 세우고 인의로 나라를 다스리며 중앙집권에 인정을 더한 정치 모델을 구축했다. 이는 유가의 '인정애민仁政愛民' 사상의 정치적 실천이었다.

당나라 안사의 난은 번진들의 할거를 초래했고 당나라 황제는 군대와 관료들을 극도로 불신하게 되었다. 따라서 환관을 대거 등용해 군인을 감시하고 나라를 다스렸다. 하지만 환관들의 횡포와 수탈로 조정의 정치는 얼룩졌고 결국 황소의 난黃巢之亂과 같은 농민봉기가 일어났다. 송나라가 건국되고도 혼란스러운 정세는 근본적으로 변화되지 못했다. 군인이 정치에 간섭했고 무장반란은 도처에서 일어났다. 당시 중국은 문文으로 나라를 세우는 시대에 진입하지 못했다고 해도 무방할 것이다.

송나라 태조太祖 조광윤趙匡胤은 진교陳橋에서 병란을 일으켜 어린 아이와 젊은 과부가 대권을 맡았던 후주後周 정권을 찬탈했는데 이러한 정권 교체 방식은 정상적인 것은 아니었다. 조광윤은 정권을 찬탈한 뒤 그 자신의 자손도 이러한 군사정변에 직면할 수 있다는 것을 깨달 았다. 생각이 거기에 미치자 그는 제도와 방법에서 단호한 수단을 취해 자신의 황권을 공고히 하고 역사의 재연을 막아야 한다고 생각했다. 진秦나라 이후부터 지속되어온 전통을 감안해볼 때, 왕권 교체 시에 우선적으로 처리해야 할 일은 후주 황실에 대해 철저한 대학살을 단행하는 것이었다. 모든 반대파와 자신의 황권에 위협을 가하는 인물을 몰살하는 것이다. 그 이후 황제의 친척과 자신의 측근을 대거 기용해 각급 관료기구를 보강하고 왕권 교체를 시행한다. 더불어 가혹한 형법과 일련의 조치를 취해 중국인의 사상과 행위를 전면적으로 통제한다. 약간의 움직임이라도 생기면 즉각 대규모 탄압을 자행한다. 이것이 바로 진秦나라 이후부터 왕권 교체가 있을 때마다 등장한 역사적 전통인 것이다.

하지만 송나라 태조 조광윤이 남달리 뛰어났던 점은 야만적 전통에서 벗어나는 데 성공했다는 것이다. 그는 후주의 황제와 문무대신들을 탄압하거나 살육하지 않았다. 도리어 존중하는 태도를 취해 후주의 황제 시종훈柴宗訓을 정왕鄭王에 봉했고 후주 황실의 구성원들에게도 후한 대우를 해주었다. 그는 후주의 대신들을 모두 중용했고 송나라의 재상 자리에도 후주의 재상인 왕부王傅, 범질范質, 위인포魏仁浦를 앉혔다. 후주의 지방 관료들과 군관들도 기본적으로 그대로 놔두었다. 반란을 도모했던 양승신楊承信과 곽위郭威가 거느린 후궁의 남동생인 양정장楊廷璋 등의 인물에 대해서도 죄를 묻지 않았다. 이렇다보니 왕조가 교체된 느낌이 크지 않았다. 특히 칭송받아 마땅한 것은 조광윤이 역사의 신기원을 세운 정치를 설계한 데 있었다. 즉 술잔으로 병권을 내놓게 했다는 '배주석병권杯酒釋兵權'으로 장수들이 쥐고 있던 병권을 평화롭게 해제했고 문인을 등용해 군대를 통치함으로써 번진들의 할거와 군벌로 어지러웠던 정세의 근원을 해결한 것이다. 조광윤은 직업군인 출신으로 오대五代 이래로 군인이 정치를 문란하게 만든 상황을 보면서 국가가 평화롭고 안정되려면 무장반란을 방지해야 한다는 점을 깊이 깨닫고 있었다.

이 과정에서 조광윤은 후한과 당나라가 환관과 외척으로 나라를 다스렸던 과오를 철저히 성찰했다. 그는 매우 관용적인 태도로 무장武將들을 대했다. 그들 스스로 병권을 내놓기만 하면 높은 지위를 주고 융숭히 대접했다. 그런 뒤에는 문관이 중앙 및 각지의 최고 행정을 담당했고 국방부의 수장(추밀원樞密院) 또한 문관이 담당했다. 문관의 지위는 무관보다 높았다. 조광윤은 "재상 자리에는 학자를 기용해야 한다"고 말했다. 재상이었던 조보趙普 역시 "절반의 『논어』로 천하를 다스린다半部論語治天下"라고 말했다. 송나라는 '사대부와 함께 천하를 다스린다'는 기본 원칙을 엄수한 문인의 정부였다. 그렇게 문文으로 나라를 세운 것은 송나라 정치의 기본 특징이었다.

'문文으로 나라를 세운다'는 정치 모델을 중단 없이 시행하기 위해 조광윤은 태묘에 유훈을 세웠는데, 이는 곧 그가 자신의 왕조를 위해 수립한 헌법이었다. 후대에 즉위한 황제가 황실 종묘에 제사를 지낼 때 글을 모르는 환관이 태조가 세운 서비誓碑 앞으로 황제를 인도해 그 내용을 암송하도록 했다. "시柴씨의 자손은 죄가 있어도 벌을 주어서는 안 되고, 모반죄를 지었을 경우에는 옥에 가두고 자진하도록 하고 시중에서 공개 처형하지 말며, 다른 친족을 연좌하지 말라. 사대부 및 상소하여 말하는 자를 죽이지 말라. 이 맹세를 지키지 않는 자는 하늘이 반드시 죽이리라!"[1] 후대의 황제는 이 말 앞에서 맹세해야 했고 상술한 내용을 위반해서는 안 되었다.

대단한 것은 이런 진보적인 법규를 송나라의 역대 황제들이 장장 300년 동안이나 철저하게 준수하고 집행했다는 것이다. 이는 송나라가 중국 최고의 문명에 이르는 데 법률적으로 큰 몫을 담당했다.

조광윤과 역대 황제들은 과거제를 통해 등용되는 진사進士의 정원을 대폭 늘렸다. 이로써 사회 기층에 있던 수많은 지식인이 국가의 최고 입법, 사법, 감찰, 행정기관에 진입할 수 있도록 하고 그들에게 국가를 다스리는 중임을 맡겼다. 송나라는 과거제의 효과를 십분 활용했다. 당나라 시대에는 과거제도를 통해 단 10여 명의 진사만 뽑았던 데 반해 조광윤의 집정 시기에는 그 인원을 100여 명까지 확대했다. 송나라 태종太宗 시기에는 합격 인원이 일시에 300여 명까지 증가했고 진종眞宗 때는 1638명까지 합격한 적도 있었다. 이후 인종仁宗 때는 합격 인원을 400명 이내로 제한함과 동시에 황제가 직접 보는 전시殿試가 추가되었다. 과거 응시생들은 황제의 심사를 거치면서 임금의 제자라는 '천자문생天子門生'이 되어 큰 영예를 안았다.

송나라가 배출한 133명의 재상 중에서 과거시험 출신자는 123명으로 92퍼센트를 차지한다. 이름만 들어도 알 만한 범중엄范仲淹, 여몽정呂蒙正, 왕안석王安石 등도 모두 과거제도를 통해 선발된 재상이었다. 과거시험으로 인해 지식과 인재를 존중하는 사회 기풍이 조성되었다. 그렇게 중국인들은 선의의 경쟁을 통해 정치에 참여할 기회를 갖게 되었다. 북송의 구양수歐陽脩와 범중엄 같은 인물은 모두 가난한 편부모 슬하에서 자란 이들이었는데 과거시험을 통해 정계에 발을 들여놓았다. 범중엄은 두 살에 부친을 여의었는데 가난에 시달리던 모친은 그를 데리고 주朱씨 성을 가진 사람에게 재가했다. 그는 역경을 딛고 다 허물어져가는 절에서 학업에 매진했고 마침내 진사에 합격해 북송의 유명한 정치가가 되었다. 과거시험이 없었다면 범중엄과 같은 빈한한 집안의 아들이 어떻게 정치 무대에 오를 수 있었겠는가? 하층에서 발굴된 지식인들은 민생의 고통을 이해하고 있었다.

과거제도가 담당한 중요한 역할은 물론 황권을 강화하고 황제의 전제적 중앙집권 관료제를 공고히 하는 데 있었다. 이로 인한 부패도 있었지만 중앙집권제 아래에서 과거제도는 가장 과학적인 인재 선발 제도였다. 과거제도를 통해 국가정치는 민간에 개방되었다. 황제는 과거제도를 통해 민간에 묻혀 있던 인재를 선발한 뒤 그들을 각 지방에 관료로 보냈다. 이로써 흩어진 모래알과도 같던 중국은 커다란 덩어리로 통일될 수 있었다. 관료의 부패를 방지하기 위해 송나라는 중앙집권체제라는 틀 안에서 권력을 규제하는 일련의 조치를 세웠다.

첫째, 녹봉을 높여 청렴한 관리를 양성하는 고신양렴高薪養廉 정책을 실시했다. 송나라의 재상은 매월 은 300냥과 양식 100석을 수령했고 매년 능綾 40필, 견絹 60필, 면綿 100필 그리고 나羅 1필을 수령했다. 또한 황제는 수많은 하사품을 내렸다. 이는 실로 역대 왕조에서 보기 드문 일이었다. 기타 참지정사參知政事, 추밀원, 문하상서 등의 관료들은 매월 은 200냥과 양식 100석 그리고 능과 견 등을 수령했다. 7품 관료의 녹봉도 가족 수가 10명인 가정이 풍족히 생활할 만할 정도로 넉넉했다. 관료들은 탐욕만 없으면 뇌물을 수수하지 않아도 되었다. 반면 명청明淸 사회의 관료들은 불쌍할 정도로 낮은 녹봉을 받았는데 7품 현령縣令의 월급으로는 관복 한 벌도 살 수 없었고 고작 돼지고기 몇 근만을 살 수 있는 수준이었다. 명나라 때 청렴하기로 유명했던 관료 해서海瑞의 경우 평상시에 고기도 사지 못할 정도로 빈한했는데 1년 내내 채소를 먹다가 모친의 생일이 되어서야 돼지고기 두 근을 샀다. 이처럼 낮은 대우를 받는 관료들이 어떻게 횡령하지 않겠는가?

둘째, 군주와 재상이 상호 견제하는 정치체제를 수립했다. 중앙 정부에서는 황제가 최고 결정권과 임용권을 쥐고 있었지만 정작 실권을 쥐고 있던 인물은 재상이었지 황제가 아니었다. 송나라에서 재상은 의정권議政權과 시정권施政權을 쥐고 있었으며 또한 결정권을 대행할 권한도 있었고 황실을 관리하는 업무도 보고 있을 정도로 그 권력은 막강했다. 재상의 권력은 당 태종 때보다 훨씬 막강했다. 송나라 태종이 죽자 이황후李皇后는 환관 왕계은王繼恩과 함께 참지정사 이창령李昌齡을 끌어들여 장자를 황제로 세우고 태자를 폐위하려고 했다. 하지만 폐위는 재상의 동의를 거쳐야 하는 중대한 사안이었다. 결과적으로 이황후는 재상 여단呂端의 강경한 반대에 부딪혔다. 이황후는 어쩔 수 없이 태자를 즉위시켰는데 그 인물이 바로 진종眞宗이다. 진종이 즉위했는데도 불구하고 여단은 마음을 놓지 않았다. 진종이 발을 드리우고 군신을 소견召見할 때, 여단은 어전에 들어서서도 절을 하지 않았다. 발이 말려 올라가고 대전에 오른 이가 진종이라는 것을 확인하고는 그제서야 비로소 군신들을 거느리고 절을 올리며 만세를 외쳤다. 여기에서 우리는 송나라 재상의 권력이 황후조차도 속수무책일 정도로 막강했다는 것을 알 수 있다. 이후에 영종英宗이 즉위한 뒤 자수慈壽태후가 어느 날 밀서를 한기韓琦에게 보냈는데 밀서에는 영종과 황후가 태후를 잘 모시지 않으니 이 미망인(태후)의 사정을 보살펴달라는 내용이 담겨 있었다. 이에 황제의 집안일에 대해 도리어 대신들이 조정자로 나서게 되었는데 이는 송나라에만 있었던 풍경이었다. 이처럼 군주와 재상이 상호 견제하는 체제는 황제와 재상이 권력을 독점하는 것을 동시에 방지했다. 송 태조 조광윤은 재상 외에도 '참지정사參知政事'라는 중요한 직책을 두어 재상과 교대로 정무를 보도록 하는 등 재상의 행정권을 분산시켰고 '추밀원(부재상)'을 세워 재상의 병권을 분산시켰다. 또한 '계상計相'을 두어 재상의 재산관리권을 분산시켰다. 즉 염철鹽鐵, 탁지度支, 호부戶部의 삼사三司 장관인 삼사사三司使를 두어 삼사의 정무를 주관하도록 한 것이다. 그 직위가 재상에 버금간다 하여 '계상'이라 칭했다. 이렇게 재상은 백관을 통솔할 권한을 다 가질 수 없었다.

각급 관료들을 견제하기 위해 송 태조는 지방에 지주知州와 통판通判이라는 두 관직을 둬 지주와 통판의 연서가 없는 명령은 실시해서는 안 된다는 규정을 세웠다. 이로써 지주와 통판이 서로 견제하고 제약하며 중앙의 명령에 복종하도록 했다. 동시에 주현州縣의 관료들과 중앙의 일부 관료의 임기를 예외 없이 3년으로 제한했다. 임기가 끝나면 즉시 전직해야 했고 연임할 수 없었다. 특히 사법권을 관장한 형부刑部와 대리시大理寺의 관료들은 좀더 엄격히 임기 기한을 준수하도록 했으며 '임기가 만료되면 즉시 관직을 변경시켰다.' 이렇게 각급 관료들이 결탁하여 사리사욕을 꾀하고 뇌물을 수수하는 것을 방지했다.

셋째, 엄격한 감찰제도를 세워 각급 관료들을 철저히 감독했다. 송나라는 '어사대御史臺'와 '간원諫院'이라는 두 개의 감찰기구를 뒀는데 이는 한 감찰기구가 역할을 못하면 또 다른 기구가 감찰의 기능을 수행하도록 한 것이다. 당시의 언관言官들은 각급 관료 특히 재상과 황제를 엄격히 감독할 권한이 있었다. 송나라에서는 "사대부 및 상소하는 자를 죽이지 말라"는 강령을 시행하고 있었기 때문에 정치에 대한 논평이 자유로웠다. 즉 언관들은 대담하게 정사에 대해 논하면서도 후환을 두려워하지 않아도 되었다. 게다가 이들은 과거제도를 통해 조정에 들어온 인물로 모종의 정치세력을 대표하지도 않았다. 또한 송나라의 각급 관료들은 상호 감독하도록 되어 있었는데 하급관료가 상급관료를 고발할 수 있었다. 재상도 예외는 아니었다. 포증包拯의 경우 자신의 직속상관과 직위가 더 높은 관료 몇 명을 탄핵해 관직에서 물러나게 했다. 다른 왕조에선 드문 일이었다. 송대의 사회는 상당히 투명했다. 국가의 세수 및 기타 수많은 법률과 법규는 공시公示의 형식으로 백성에게 공개됐다. 어떤 지방관이 사사로이 불법을 자행했을 경우 백성은 당연히 이를 관아에 고발했다. 관아의 입구에는 반부패와 관련된 규훈規訓이 붙어 있었고 백성은 상소하거나 승소할 때까지 관리를 고발할 수 있었다.

넷째, 여론 감독 환경을 구축했다. 여론 감독은 사회부패를 방지하는 매우 중요한 역할을 했다. 엄격한 여론 감독은 관료의 권력을 효과적으로 규제했다. 여론의 비판을 규제하는 것은 전제정치의 주된 특징인 반면 여론의 비판을 장려하는 것은 국가 정치가 진보되었다는 반증이자 근대 문명의 중요한 특징이다. 송나라의 청렴한 관료들은 사회의 칭송을 한 몸에 받은 반면 부패한 관료들은 정부와 백성으로부터 쏟아지는 비난과 그에 상응한 처벌을 받아야 했다. 게다가 송나라는 백성이 관료를 고발하는 것을 장려했고 사법이 비교적 공정했기 때문에 관료들이 받은 감독과 규제는 상당히 엄격했다. 어떠한 관료든 권력을 남용하고 뇌물을 수수했다면 그는 송나라에서 발붙이고 살 수가 없었다. 일례로 송나라를 한때 떠들썩하게 만들었던 사건이 있었다. 재상 진집중陳執中의 애첩 아장阿張이 계집종 영아迎兒를 구타해 죽인 사건으로 당시 조정에 일대 파란이 일었다. 조정과 개봉부開封府는 온통 이 일로 시끌벅적했으며 수많은 백성이 진집중 가문이 법적인 절차도 없이 개인적으로 형벌을 남용하고 있다며 가혹한 질타를 가했다. 구양수와 조변趙忭 등은 잇따라 글을 올려 진집중이 "조정의 법규를 위반하고 사문의 위력을 세웠다違朝廷之法立私門之威"고 지적했고 살인자 아장을 잡아들여 법에 의거해 형벌에 처하라고 요구했다. 누군가는 진집중도 마땅히 죽어야 한다고 말하기까지 했다. 빗발치는 여론의 비난 앞에서 살인자는 처벌을 받았다. 진집중 또한 죽는 순간까지 예관禮官의 비난을 받았다. 이 사건 하나만으로도 송나라의 여론이 지닌 비판적 감독 기능의 위력이 얼마나 대단했는지 짐작할 수 있다.

다섯째, 당파 간 상호 감독과 경쟁을 허가했다. 북송 후기, 당파들은 평화롭게 서로 경쟁했다. 당시 개혁파, 보수파, 주전파, 주화파 등이 있었는데 이 당파들이 서로를 감독, 비판, 규제했고 돌아가며 집정했다. 첨예한 정치투쟁이 벌어지기도 했지만 사리사욕을 꾀하기 위함은 아니었다. 물론 시비를 떠나 같은 무리와는 당을 만들고 다른 자는 공격하는 '당동벌이黨同伐異' 양상이 나타나기는 했지만 자신의 정견을 펴기 위한 투쟁은 상당히 교양 있게 진행되었다. 때문에 정치적 라이벌을 죽이는 상황까지는 발생하지 않았다. 투쟁을 통해 승기를 잡은 자가 집정한 뒤 실패자에게 가한 처벌은 기껏해야 좌천시키거나 유배보내는 것이 고작이었다. 다른 정견이 개인 간의 우의에 영향을 미치지도 않았다. 왕안석과 사마광司馬光 그리고 소식蘇軾 등의 인물이 그랬는데 그들은 서로 다른 정견을 지녔지만 사적인 우의는 돈독했다. 왕안석이 죽은 뒤 조정에 왕안석을 기리자고 주청한 이는 왕안석 당내의 동지들이 아닌 사마광이었다. 특히 왕안석이 개혁에 실패하고 좌천된 뒤 사마광이 정권을 잡고 모든 신법을 폐지하자 소식은 이에 반대하고 나섰다. 군자의 시대였음을 확인할 수 있는 대목이다. 중국 역사상 많은 명인은 거의 다 인종仁宗과 신종神宗 때에 등장했는데 이는 진보적인 정치적 환경이 낳은 결과였다. 왕안석을 숭배했던 개혁파와 사마광을 숭배했던 보수파가 돌아가며 정권을 잡는 형세가 100여 년간 이어졌다.

송나라의 당파정치에는 공화적 요소가 있었다. 공화정치는 권력 간 상호 견제함으로써 균형을 유지하며 소수자, 패배자, 반대파를 아우르는 메커니즘이 내재되어 있다. 송나라는 정치투쟁에서 패배한 측이 관직에서 물러나 있을 때 인신과 재산의 안전을 보장받았고 정치에서 패배했다는 이유로 살육을 당하지 않았다. 게다가 승리한 측에 대해 감독할 권한이 주어졌고 언제든지 재기하여 자신의 정치적 소신에 따라 집정할 수 있었던 것이다. 이러한 정치를 민주주의라고 할 수는 없겠지만 공화제의 요소는 분명히 담고 있었다. 따라서 역사적으로 종종 비판의 대상이 되는 '붕당지쟁朋黨之爭'은 결코 아닌 것이다.

중국 역사의 수많은 왕조에서 패거리를 짓고 결탁하여 사직에 해를 끼치는 일은 늘 존재했다. 구양수는 이에 대해 "군자는 뜻을 함께하고 소인은 이익을 함께 꾀한다君子同道 小人同利"라고 언급한 바 있다. 당나라 후기의 관료들은 우당牛黨과 이당李黨으로 나뉘어 서로 배척했는데 이는 순전히 권력과 이익을 위한 싸움이었다. 한편 북송의 당파 경쟁은 정치적 표현의 소구 장치였다. 이것이 민주와 공화정치 제도를 구현하거나 북송을 패망의 나락에서 구하지는 못했지만 전제정치의 근원과 만연하는 부패를 뿌리뽑는 데는 기여했다.

송나라 황제가 진보적 사상을 견지하고 있었던 것은 송나라가 부패와 전제를 효율적으로 규제할 수 있었던 큰 기반이었다. 황권사회에서 권력 감독 시스템은 민주의 산물이 아닌 황제의 의지에서 비롯된다. 송 태조 조광윤은 극도로 소박한 생활을 했다. 그는 평상시에 무명으로 된 옷을 입었고 삼신麻鞋을 신었으며, 궁중에서는 검은 천으로 휘장을 만들었고 침소는 검은 천과 갈대로 발을 만들었다. 한 번은 황후와 영경공주永慶公主가 그에게 이렇게 권했다. "황제께서 천자가 된 지 오랜 시일이 흘렀는데 어찌 금장한 가마를 타고 출입하지 않으십니까?" 이에 조광윤이 웃으며 대답했다. "내게 천하의 부로 궁전을 장식할 힘이 있다고 하여 어찌 이를 망령되게 사용할 수 있겠는가? 예로부터 한 사람이 천하를 다스리는 것이지 천하가 한 사람을 봉양하는 것은 아니라는 말이 있다. 스스로를 섬기고자 한다면 백성이 어찌 우러러볼 수 있겠는가?"

조광윤은 자녀들에게도 엄격했다. 한 번은 그의 딸인 영경공주가 물총새의 깃털로 장식된 옷을 입고 궁에 들어왔다. 조광윤은 그 옷을 입지 말고 깃털로 장식하지도 말라고 했다. 영경공주는 부친이 별 일도 아닌 일을 크게 만든다고 여겨 이렇게 말했다. "옷 한 벌을 만드는 데 몇 가닥의 깃털이 사용된다고 그러시옵니까?" 조광윤은 엄하게 대답했다. "네가 그렇게 입으면 다른 사람들이 모방하게 될 것이고 그러면 도성의 물총새 깃털 가격이 크게 뛰어오를 게다. 상인들이 이익을 꾀하면서 사치풍조가 만연하게 될 것이야. 너는 부귀한 집안에서 성장했으니 현재의 부를 소중하게 생각해야 한다. 어찌 폐단의 발단을 만들려고 하는 것이냐?" 영경공주는 부친의 말을 듣고 부끄러워하며 사죄했다. 조광윤 이외에도 태종 조광의와 이후의 황제들도 상당히 검소하게 생활했다. 송나라의 황궁 규모는 역대 왕조에서 가장 작았고 대규모 증축이나 수리도 극도로 절제했으며 후궁 규모도 아주 작았다. 조광윤의 후궁은 50명 이내로 제한되었으며 환관도 50명이 채 되지 않았다. 이후 태종과 인종 등 황제들이 거느린 후궁과 환관도 100명을 넘지 않았다.

송 태조 때부터 시작해 태종, 진종, 인종, 영종, 신종, 철종哲宗에 이르는 황제까지 모두 군주와 재상이 상호 견제하는 규범을 존중했다. 그들은 '자신을 낮추고 간언을 채택'하는 선조의 가법家法을 준수하고 자신의 권력을 감독하고 예속하는 일련의 행위들을 받아들였다. 이를테면 다음과 같았다. 송나라 태조 때인 건덕乾德 2년에 재상 3명이 잇따라 사직을 했다. 조광윤은 조보를 재상으로 삼고 싶었으나 제도에 따라 황제의 칙령은 반드시 재상의 부서를 거쳐야 효력이 발생했다. 하지만 그때 기존의 재상은 이미 모두 사직한 상태라 부서인副署人을 찾지 못하게 되어 칙령은 발효되지 못하고 말았다. 그러자 조광윤은 군신회의를 소집해 방법을 논의했고 당시 누군가가 제의했다. "당나라 황제도 한 번은 칙령을 내리는 데 재상의 부서를 거치지 않았습니다. 당시 감로사변甘露事變이 발생해 전임 재상이 사망한 상태라 황제는 임시로 재상을 세웠습니다. 상서복야참지정사尙書僕射參知政事가 날인을 한 것입니다. 그러니 이러한 방식으로 일을 처리해도 무방할 것입니다." 하지만 대다수가 이에 반대를 표명했다. "당시에는 그야말로 사변이 일어나 임시변통으로 처리한 것입니다. 태평시대를 누리고 있는 송나라에서 그런 방법을 취해서는 안 됩니다." 그렇게 재차 토론을 거쳐 최종적으로 당시의 개봉부윤開封府尹이 부서하기로 결정했다. 개봉은 북송의 수도였고 개봉부윤은 곧 도성의 시장에 해당되는 직책이었다. 마침 당시 개봉부윤은 조광의로 조광윤의 친동생, 즉 나중의 송 태종이었다. 이렇게 칙령과 관련한 법적 절차를 완비한 셈이었다.

또 다른 일은 군주와 재상의 분권제도를 존중한 조광윤의 면모를 잘 보여주고 있다. 한 관직에 공석이 생기자 태조가 재상 조보를 불러 천거할 자를 올리라고 명했다. 조보는 천거할 자를 올렸는데 평상시에 탐탁지 않게 생각하던 이라 내키지 않아 하며 말했다. "이런 인물을 어떻게 기용할 수 있겠는가?" 말을 마친 뒤 태조는 이름이 적힌 종이를 찢어 바닥에 내동댕이쳤다. 조보는 아무 소리도 내지 않고 바닥에 떨어진 찢어진 종이를 주워 간수해두었다. 며칠이 지난 뒤 태조는 또 조보에게 천거할 자를 올리라고 명했고 조보는 며칠 전 주운 찢어진 종이를 풀로 붙여 가지고 있다가 다시 올렸다. 태조가 이상하게 여기며 말했다. "어찌 또 이 사람인가?" 조보의 대답은 이랬다. "저의 소견으로는 현재 이 사람만큼 적절한 인물이 없습니다." 태조는 비로소 상황을 파악하고는 고개를 끄덕였다. "정히 그렇다면 그대의 소견에 따라 처리하라." 여기에서 송 태조가 법률제도를 준수했으며 전제적 행동은 하지 않았음을 확인할 수 있다. 나중에 송나라 진종 역시 이런 말을 한 바 있었다. "군사와 국정은 큰일 작은 일 할 것 없이 반드시 경들과 의논을 거칠 것이다. 짐은 독단적으로 결정하지 않는다." 바로 이러한 이유로 송나라는 지방자치와 삼권분립 그리고 민주선거를 실시하지 않은 상황에서도 권력을 효과적으로 제약할 수 있었다.

송 태조는 『상서』의 「요전堯典」과 「순전舜典」을 읽고는 이렇게 탄식하며 말했다. "요와 순 시대에 네 명의 악인을 처벌할 때 유배를 보내는 게 고작이었는데 요즘의 법률은 왜 이렇게 엄격한가!" 그는 재상에게 이렇게 말했다. "오대 시기에 제후들은 거만하고 횡포를 일삼았고 법을 위반한 자가 있었지만 조정은 이를 내버려두었다. 인명이 매우 중요하다 하여 번진들을 그대로 두었는데 당연히 그렇게 해야 하는 게 아닌가? 이제부터 각 주州는 사형에 처한 범인들의 안건을 잘 기록해 조정에 보고하고 형부에 넘겨 재심사하도록 하라." 이렇게 법령을 세움과 동시에 '절장법折杖法'을 제정해 유형, 징역, 장형, 태형을 점차 줄여나갔다. 이에 따라 사형 죄를 저지른 범인 중 사건의 경위가 특별히 심각한 상황을 제외하고는 거의 사형을 면해 개보開寶 2년부터 개보 8년의 6년 동안 모두 4108명이 사형을 면했다. 왕언승王彦升이라는 인물은 태조를 도와 송나라의 건국에 이바지한 공이 있었음에도 독단적으로 한통韓通을 죽인 사건으로 인해 일생 동안 대장으로 임명되지 못하고 좌천되기까지 했다. 왕전빈王全斌이라는 사람은 사천에 들어가 탐욕적이고 방종한 행위를 서슴지 않았고 투항병들을 살육했기 때문에 큰 공을 세우기는 했지만 이내 좌천, 파면되었다.

송나라의 형법을 살펴보면 당나라 이전의 역대 형법과 상당한 차이가 있음을 발견하게 된다. 송나라의 주요 죄명은 모반, 횡령, 강도, 절도, 살인방화 등이 고작이었는데 그중에서 모반죄만이 정치 범죄에 속했고 나머지는 모두 형사 범죄에 속했다. 반면 당나라나 그 이전의 법률에서는 정치 범죄를 이루는 항목이 무수히 많았다. 특히 언론과 사상이 그러했다.

인종 때 사천의 한 선비가 성도成都의 태수에게 시를 지어 보냈다. "검문劍門을 끊고 잔도棧道를 불태우니 성도가 설마 건곤乾坤은 아니겠지!" 이는 분명 지방관에게 모반을 부추기는 행위였다. 성도의 태수는 이 선비를 도성으로 압송해 황제에게 넘겨 엄격한 처벌을 받도록 할 참이었다. 하지만 인종은 도리어 이렇게 말했다. "이것은 늙은 선비가 관직을 하고 싶은 마음이 급해, 시로 울분을 터뜨린 것인데 어찌 벌로 다스리겠는가? 이 자에게 관직을 줌이 더 나으리라." 그래서 이 선비는 사호참군司戶參軍이라는 벼슬을 얻게 되었다. 이 사건에서 우리는 인종의 관용적 태도를 충분히 엿볼 수 있다. 이 사건을 청나라 옹정雍正 황제가 증정曾靜이 연루된 사안을 처리했던 방식과 비교해보노라면 관용을 펴는 데 있어서 실로 엄청난 차이가 있음을 확인할 수 있다. 청대에 모반을 부추긴 이는 죽어서도 묘가 파헤쳐져 죄를 추궁 받았고 구족이 연좌되어 벌을 받아 흘린 피가 강을 이뤘다. 인종이 재위 42년에 세상을 떠나자 부고가 요나라에 전달되었고 '연燕나라 국경 지역에 있는 이들은 거리의 멀고 가까움을 떠나 모두 통곡했다.' 요나라의 황제 야율홍기耶律洪基도 송나라 사자의 손을 부여잡고서 큰 소리로 통곡하며 "42년간 전쟁이 일었던 기억이 없구나"라고 했다.

신종황제도 역시 예외가 아니었다. 한번은 소식이 「탑전고회塔前古檜」라는 시를 한 수 지었다. "늠름하게 마주 선 모습이 우열을 가리기 힘드나, 높은 하늘로 뻗은 가지는 애써 튀려 하지 않네. 구천까지 이른 뿌리 굽은 곳이 없으나, 세상에서는 칩룡蟄龍만이 이 나무를 알아주네."[2] 재상 왕규王珪는 이 시를 본 뒤 신종을 충동질했다. "폐하께서는 재위해 계시는 비룡이옵니다. 소식은 폐하께서 자신의 재능을 알아보고도 중용하지 않음을 원망해 칩룡(지하의 용)만이 자신을 알아준다고 하고 있으니 이는 대역의 뜻을 지니고 있음입니다." 이 사건이 만약 다른 왕조에서 발생했다면 소식의 머리는 분명 떨어져나가고 말았을 것이다. 하지만 신종은 소식에게 죄를 묻지도 않았을 뿐더러 도리어 재상 왕규를 반박했다. "문인의 시구를 어찌 그렇게 논할 수 있단 말인가? 소식은 전나무를 읊었을 뿐인데 그것이 짐과 무슨 상관이 있단 말인가?" 재상 장돈章惇도 아뢰었다. "용이 반드시 천자를 칭하는 것은 아니고, 신하라도 용이라 칭할 수 있을 것입니다." 신종은 그 의견에 동의하면서 "자고로 신하를 용이라 칭한 적은 적지 않았다. 후한에서는 순씨荀氏의 여덟 아들이 모두 현명하여 세간에서는 그들을 팔룡八龍이라 불렀고 공명孔明은 스스로를 와룡이라 칭했다. 그들이 모두 천자는 아니지 않는가?"

신종의 이 말에 왕규는 입을 다물고 아무 말도 하지 못했다.

송나라는 우민정책愚民政策을 실시하지 않았고 문자옥이 일어나지도 연좌법을 시행하지도 않았다. 말을 잘못했다고 해서 사대부들의 목을 베고 전 가족의 재산을 몰수하고 참수하지도 않았으며 구족을 연좌시키지도 않았다. 문인 사대부에 대한 송나라의 처벌 정도는 일반적으로 관직을 깎는 정도였고, 가장 중한 처벌이라 해도 고작 유배였다. 송나라 정치의 진보성은 300년간 후궁이나 외척이 정치에 관여해 국정을 문란하게 한 적이 없고, 특무特務통치를 하지 않은 데에서도 드러난다.

송나라 정치 설계의 성과와 한계

———

송나라 진종의 덕비德妃 유아劉娥는 빈한한 집안 출신으로 10여 세에 은장銀匠인 공미龔美에게 시집을 가 그의 처가 되었다. 이후 부부는 사천을 떠나 수도 개봉에서 장사를 하게 된다. 장사가 잘 안 되어 산더미처럼 빚이 불어나자 공미는 아내 유아를 팔아야만 했다. 마침 양왕襄王에 봉해져 있던 진종의 양왕부襄王府로 들어가게 되었다. 나중에 양왕이 진종으로 즉위하자 유아 역시 덕비로 신분이 상승되었다. 양왕이 그녀를 황후 자리에 앉히려고 하자 덕비는 자신의 신분이 몹시 비천하다고 생각해 유씨 성을 가진 고관들을 수소문해 연줄을 대고 친밀하게 대했다. 이름 높은 가문과 친분관계를 맺고 고귀한 신분의 조상과 관계를 갖고자 함이었다. 그녀는 먼저 개봉 지부知府의 유종劉綜을 찾아 친분관계를 맺었으며 이어서 개봉부의 후임 유엽劉燁을 찾았다. 그녀는 그들에게 이렇게 말했다. "그대들의 족보를 보고 싶소. 아마도 우리는 친척이 아닌가 싶구려." 이 일이 만약 다른 왕조나 오늘날에 일어났다면 그야말로 굴러들어온 호박이 아니고 무엇이겠는가? 국모가 자발적으로 연줄을 대는데 얼마나 큰 행운인가? 하지만 송의 문인 사대부들은 이러한 일에 전혀 흥미를 갖지 않았고 무의미한 일이라 생각했다. 그래서 유종과 유엽은 덕비 유아의 부탁을 단도직입적으로 거절했다. 유종은 "우리 가문은 지금껏 궁에서 일한 자가 없었습니다"라고 대답했고 유엽은 족보를 그녀에게 보여주지도 않았다. 덕비는 하는 수없이 전 남편 공미를 큰오빠로 삼고 그의 성을 유씨로 바꿨다. 그리고 그녀의 출신 또한 태원太原의 몰락한 유씨 장군 가문의 후손으로 바꾸었다. 유덕비는 황후가 된 뒤, 특히 진종이 사망한 뒤 자신이 군사와 국정을 직접 처리했고 그렇게 11년 동안 정무를 주관했다. 그러면서 그녀는 유종과 유엽에 대해 보복을 가하지도, 전 남편을 고위 관직에 올리지도 않았다.

송나라의 지식인들은 정치적 이상을 갖고 문화를 혁신했으며 도덕을 추구하고 인신을 보장받았다. 나중에 남송의 멸망을 앞두고 애산厓山전투에서 육수부가 어린 황제를 업고 바다에 뛰어들어 죽은 뒤 10여만 명에 달하는 송나라 장병과 문인 사대부도 뒤따라 바다에 뛰어들어 순국했던 것은 다 이유가 있었다. 남송의 장군 장세걸張世傑은 원나라 군대의 수차례 투항 권고에 이렇게 대답했다. "나는 투항하면 죽지 않고 부귀를 누릴 수 있다는 것을 알고 있다. 하지만 나는 조국을 위해 죽겠다. 이 결심은 결코 변하지 않을 것이다!" 장세걸은 전투의 최후의 일각까지 버티다가 최후에 가서야 바다에 몸을 던져 죽었다. 남송의 재상 문천상文天祥은 몽골인에게 포로로 잡힌 뒤 끝까지 투항하지 않았는데 남송이 멸망하고 4년이 지난 다음에야 결국 문천상을 죽이고 말았다. 문천상은 "인간이라면 그 누구도 죽음을 피할 수 없는 법, 내 이

충심 청사에 남겠지"라는 시구를 짓고는 죽음을 받아들였다. 이와는
반대로 명나라 멸망 후, 조정의 모든 문무백관은 처음에는 이자성李自
成에게 투항했다가 나중에는 만주인에게 투항해 매국노와 노비가 되었
다. 송나라와 극도로 대조되는 모습이다. 극본劇本『도화선桃花扇』에 나
온 바대로 당시 매국노가 되지 않은 사람은 오로지 이향군李香君이라
는 기녀뿐이었다. 기개 없는 문인은 사회적 억압과 부패 그리고 학대가
낳은 결과물이었다.

　엄밀히 말해서 송나라에는 소위 관료 문화가 형성되지 않았다. 송나
라의 관료 사대부는 어떤 잠재적 규칙을 세워 그것을 준수할 필요가
없었다. 송나라 휘종徽宗 이전의 황제와 관료들의 부패는 그다지 심각
하지 않았다. 뇌물 수수, 상호 비호, 허풍, 아첨 그리고 시류에 따라 태
도를 바꾸는 등의 관료사회의 룰은 송나라에서 설 자리가 없었다. 황
제와 후궁도 황권에 연연해하지 않았다. 송나라 태조는 황위를 아들이
아니라 동생에게 물려줬고 황제들 중 몇은 죽기 전에 후대에 물려주었
다. 이들은 다른 왕조처럼 황위를 찬탈하기 위해 부자와 형제 그리고
부부 등 가족 간에 음모를 꾀하여 서로 죽이지 않았다. 여러 차례 태후
가 조정에 나와 정무를 보는 경우가 있었는데 황제가 아주 어려 국정
을 처리할 능력이 부족해서 취한 임시적인 조치였다. 황제가 장성하면
태후는 정권을 황제에게 넘겨줬다. 송나라의 정치는 투명했고 청나라
때 자희慈禧 태후(서태후)가 48년간 수렴청정하여 국정을 암흑에 빠뜨린
것과는 전혀 달랐다.

　1100년 송나라 철종이 세상을 떠났다. 슬하에 아들이 없어 철종의
모친 향태후向太后는 친왕親王 조길趙佶에게 황위를 물려주자고 했다.
하지만 재상 장돈章惇은 단호히 반대하면서 말했다. "조길은 경박합니

다!" 장돈의 눈에 비친 조길은 다재다능하나 인품이 고매하지 못해 한 나라의 군주를 맡기에는 적절치 않았다. 그는 다른 친왕인 조사趙似를 왕위에 올리자고 주장했는데 조길과 조사는 모두 철종의 아우들이었다. 하지만 장돈의 의견은 태후에 의해 묵살되었다. 향태후는 조길이 복스러운 얼굴에 총명하고 다재다능하다고 판단한 반면 성실하고 품성이 돈후한 조사는 탐탁지 않게 보았다. 결국 조길이 왕위를 잇게 되었고 북송의 비극은 그때부터 시작되었다.

당시 황제의 계승자를 향태후 1인이 정하지 않고 대신들이 공동으로 천거해 추천했다면 북송의 정치 부패는 일어나지 않았을 것이다. 과거 전한이 번영할 수 있었던 것은 한나라 문제文帝가 여후呂后가 죽은 뒤 대신들이 공동으로 천거한 인물이었기 때문이다. 북송에는 이런 행운이 따르지 않았다. 하필이면 왕안석의 개혁을 반대하고 보수적이고 완고하며 독선적이고 아첨을 좋아하는 향태후가 있었다.

휘종은 고작 19세의 나이에 황위에 올랐고 향태후가 조정에서 정무를 관장했으나 그녀는 권력을 장악하고 7개월도 안되어 세상을 떠났다. 휘종은 '겸허히 간언에 귀를 기울이라'는 선조의 가법을 무시했다. 그는 보위에 오르자마자 그를 반대했던 재상 장돈을 좌천시키고 도성 개봉에서 800여 킬로미터 떨어진 목주睦州(현재의 저장성 더장德江)로 유배보내 그 곳에서 죽게 했다. 그 뒤로 황권을 남용해 환관과 간신을 임명했고 조정을 비판하는 대신들은 배척했으며 언로言路를 가로막았다. 그로 인해 정당 간에 서로 감독하고 견제하던 메커니즘과 권력규제 시스템은 유명무실해졌다. 왕안석이나 사마광 같은 정치가들이 등장하지 못했고 채경蔡京이나 동관童貫 같은 간신과 환관들이 국정을 독점해 육적六賊과 십악十惡이 나타났다. 여기엔 동관, 양사성梁師成, 이언李

彦, 담모譚模, 양방평梁方平, 이의李毅 등 10여 명의 환관이 포함되었다. 그들이 휘종을 위해 만든 최대의 부패 계획과 폭정은 바로 '화석강花石綱'이다. 당시 휘종은 진귀한 꽃이나 나무, 수석을 애호해 지방에서 수집하고 운반했는데 그런 기화요초와 수석을 운반하는 선단을 화석강이라 했다. 그 과정에서 저장浙江 일대 백성의 원성이 도처에서 끊이지 않았고 결국 백성은 방랍의 난方臘之亂을 일으켜 저항했다. 이 폭동은 규모가 크지 않아서 순식간에 진압되었으나, 휘종 시기의 부패가 백성에게 가져다준 고통을 여실히 반영해주고 있다.

휘종 때에는 후궁 숫자도 급격히 늘어나 가장 많을 때는 만 명을 넘어서기도 했고 환관들의 숫자도 덩달아 수천 명까지 늘어났다. 환관의 권력은 갈수록 강력해져 군대를 지휘하고 국가 기밀에 참여하기까지 했다. 환관의 권력 팽창은 곧 정치 부패의 척도였다.

송나라 휘종은 '어필행사禦筆行事'라는 악랄한 수단을 동원했다. '어필행사'라는 것은 황제가 친필조서를 내려 직접 관련 기관이 집행하도록 교부하는 것이다. 그 과정에서 황제는 중서성과의 상의를 거치지 않았고 중서사인中書舍人이 초안을 마련하지도 않았으며 문하성門下省의 심의를 거치지도 않았다. 또한 재상의 부서도 받지 않았다. 결정은 황제가 궁에서 혼자 내렸다. "호령號令은 날마다 어지러워지고 기강은 날마다 악화되는" 지경에 이르렀고 북송 왕조 말기에 권력규제 시스템은 붕괴되고 말았다. 결국 정책을 결정하는 데 있어 정부는 과오를 범하게 되었다.

'정난의 역靖難之役'의 경우 원래는 충분히 피할 수 있는 일이었다. 당시 개봉의 군민은 사력을 다해 도성의 안위를 지키고 있었는데 병부상서兵部尚書 손부孫傅는 도사 곽경郭京의 도술을 맹신하여 곽경의 "육갑법六甲法(도사의 술법)으로 금나라 군대의 두 원수를 생포할 수 있다"는 말도 안 되는 소리를 철석 같이 믿었다. 손부의 꾐에 빠져 휘徽와 흠欽 두 황제 역시 그 거짓말을 믿었고 곽경은 '신병神兵'을 이끌고 출전했다. 곽경은 수비군에게 철수하라고 명하고 도술의 영험함이 떨어질 수 있으니 훔쳐보지 못하게 했다. 그런 다음 성문을 크게 열어 '신병'에게 금나라 군대와 전투를 벌이라고 명령을 내렸다. 그 결과는 참패였다. 금나라 군대가 승세를 몰아 도성으로 진격하자 철옹성 같던 개봉성은 순식간에 함락되고 말았다. 금나라 군대는 휘와 흠 두 황제 및 수천 명의 황족을 황량하고 추운 북방지역으로 압송해갔고 그렇게 북송은 멸망했다. 북송의 멸망은 군사력이 약화되어서거나 전체 국가가 점령당해서가 아닌 황당하기 짝이 없는 군사 지휘라는 엄청난 우연성이 초래한 비극이었다.

남송의 멸망 역시 제도적 원인에서 기인했는데 그 주된 원인은 북송 시대의 대간臺諫제도가 남송 때 유명무실해졌고 황제와 재상에 대한 감독이 취약했기 때문이었다. 언관이 남송 후기에 제 역할을 발휘하지 못했기 때문에 가사도賈似道 등의 간신이 창궐했고 결국에는 남송의 멸망을 초래하게 되었다. 사실 남송 초기에는 북송 말기 휘종의 전제와 부패가 사라지고 더 자유롭고 개방적인 정책이 실시되어 북송보다 경제가 더 발전했고 군사력도 빠르게 강대해졌다. 명장 악비岳飛가 군대를 인솔해 광활한 국토를 되찾았고 금나라 군대는 강력한 공격을 받아 연달아 패배했다. 하지만 송나라 고종高宗이 혹시 있을지도 모른다는 의미의 '막수유莫須有'라는 죄목을 덮어씌워 악비를 죽였고 스스로 장성을 허물었다. 남송의 국방력은 이로 인해 쇠퇴의 길을 걷게 되었다. 남송은 악비를 죽인 데 이어서 진회秦檜와 가사도 같은 간신을 등용해 국사를 그르쳤다. 감독 능력이 약화되면서 가사도 등의 인물은 윗사람과 아랫사람을 기만하는 수법으로 온갖 악행을 저질렀다. 몽골 군대의 강력한 공격에 맞서 가사도는 황제에게 진상을 은폐했고 여론을 기만했다. 우수한 장군들을 배척하자 군대의 사기가 떨어졌고 몽골군은 거침없이 공격해 들어왔다. 가사도의 수중에서 남송이 망했다고 해도 과언이 아닐 것이다.

비록 송나라가 망하기는 했지만 부인할 수 없는 것은 송나라가 문文으로 나라를 세우고 인의로 나라를 다스리며 중앙집권에 인정仁政을 결합한 정치모델을 실행했다는 점이다. 더불어 중국에 자유롭고 개방적인 환경을 조성하고 번영된 사회로 이끌었다. 이런 성공적 경험은 오늘날에도 결코 무시할 수 없는 가치를 지니고 있다.

평화를 지향한 송의 기본 국책이 가져온 득실

사람들은 오랫동안 전한 이전과 당나라 전기 같이 영토가 광활한 통일 제국을 이루지 못했다는 이유로 송나라를 비난했다. 송나라는 광활한 국토 면적을 갖지 못했고 특히 남송 이후에는 넓지 않은 영토에 안주하다 결국 몽골에 멸망했다. 그리하여 대다수 사학자는 송나라가 그럭저럭 눈앞의 안일만 탐내며 오랫동안 가난과 허약한 국력을 방치했다고 비판해왔으며, 또 송나라가 정치적으로 부패하고 보수적이며 무능력한 왕조라고 간주했다.

이런 비판이 모두 틀렸다고 할 수는 없다. 하지만 자세히 살펴보면 단편적이라는 것을 이내 발견할 수 있다. 송은 평화를 지향한 나라였다. 이 기본적 국책은 송나라가 당시의 현실 상황에 근거해 제정한 것이다. 이 국책은 송나라 경제의 신속한 발전과 문화, 과학기술, 교육의 신속한 번영을 이뤘지만 결국 이민족의 침입에 국가는 멸망하고 말았다. 여기에는 객관적인 이유도 있고 국책상의 오류도 있었다.

첫째, 송나라가 평화를 지향하는 기본 국책을 세운 역사적 원인은 무엇일까. 이는 당시 번진들이 할거하고 군인들이 국정을 혼란시켜 국가 분열을 초래했으며, 이민족의 위협이 갈수록 강력해지고 있었기 때문이었다. 당시로서는 어쩔 수 없는 선택이었다.

전한과 당나라 영토는 해당 왕조의 공로가 아니었다. 전한은 진나라의 영토를 기반으로 했고 수나라도 당나라에 광활한 영토를 남겨주었다. 특히 진나라와 수나라는 변방에서 발생하는 변란이나 재해 문제까지 해결해놓았다. 그럼에도 전한과 당은 건국 초기에 흉노나 돌궐과의 전쟁에서 적잖은 실패를 경험했고 그 과정에서 어쩔 수 없이 화친정책을 취하기 시작했다. 이후 국력이 강성해지고 나서야 변방을 개척하기에 이르렀다.

하지만 송나라는 이런 행운이 없었다. 당나라 후기에 세워진 번진 제도도 문제가 많았다. 이 제도 아래 지방 진수사鎭守使가 군권과 행정권을 장악했고 그 권력은 무한히 팽창되었다. 결국 지방 장관의 야심이 악성적으로 팽창되었고 중앙 정권을 직접적으로 위협했다. 안사의 난은 바로 이러한 제도의 직접적인 산물이다. 이처럼 군사와 정치가 융합된 지방제도는 분봉제보다 권력에 대한 통제력이 훨씬 약해 끝없는 후환을 가져왔다.

안사의 난이 일어나자 당나라는 그때부터 회생불능의 상태에 빠져 황소의 난을 초래해 장안長安이 함락되기에 이르렀고 그 이후 오대십국五代十國 시대라는 혼전 국면이 발생했다. 안사의 난부터 북송의 통일에 이르기까지 장장 225년의 시간이 흘렀다. 송나라 개국 이후 북으로는 거란국(이후 요나라로 개명)에 면해 있었고 동남서쪽으로는 후촉後蜀, 남당南唐, 남한南漢, 오월吳越, 민閩 등 수많은 국가가 있었다. 가장 치명적인 것은 안사의 난이 유발한 외환으로 인해 서역西域과 하서주랑河西走廊을 잃은 것이었다. 안녹산安祿山이 배신하자 중앙정부는 농석隴石(현재의 칭하이青海)과 하서河西(현재의 간쑤甘肅) 등 작전 구역의 군대를 중원으로 이동해 참전시켰고 이에 따라 변경의 문이 활짝 열리게 되었다. 토번吐蕃 왕국은 그 기회를 틈타 1000여 킬로미터에 달하는 국경지대를 따라 총공격을 퍼부었고 그 기세를 몰아 장안에 쳐들어왔다. 황제 이예李豫는 섬주陝州(현재의 허난성 싼먼샤三門峽)로 도주했다. 나중에 토번 군대가 장안에서 철수했는데도 당나라는 계속해서 군대를 경주涇州(현재의 간쑤성 징촨涇川)에 주둔시켰다. 이에 하서주랑과 중원의 교통로가 단절되어 서역(신강과 중앙아시아 동부)은 이내 끈 떨어진 연처럼 송두리째 위구르족과 토번의 수중에 떨어지고 말았다.

훗날 위구르족과 토번 왕국은 쇠퇴했지만 북방의 거란국이 약진하기 시작했다. 요나라(과거 거란국)는 계속해서 송화강松花江 유역의 발해를 정복했고 계속해서 음산陰山의 서쪽으로 확장해 그 통치력이 신강에 직접 미치게 되었다. 내전에 휩싸인 당나라는 요나라의 약진에 효과적인 반격을 가하지 못했으며, 그 결과 요나라는 점점 더 위협적으로 성장했다. 그 시기 요나라의 국력은 갈수록 강성해지고 있었다. 그들은 한족을 존중해 북면北面정부와 남면南面정부를 만들었는데, 그중 남면정부는 주로 한족을 관리하는 정부였다. 이는 당나라의 정부 구조를 철저히 모방한 것으로 한족들이 적응하기에 편리하게 했다. 수많은 한족이 요나라에 들어와 선진적인 문화와 기술을 전수해주었고 이로 인해 요나라는 유목민족의 낙후한 상황에서 빠르게 벗어날 수 있었으며, 농업경제와 문화가 발전했다. 반면 당나라는 만리장성을 사이에 두고 요나라와 대치하면서 심각한 외환에 시달리고 있었다.

오대십국 시대에 들어서서는 보다 심각한 상황이 벌어졌다. 후당제국의 하동河東 전투구역의 절도사節度使 석경당石敬瑭이 반란을 일으켜 후당 황제 이종가李從珂의 정부를 전복시키고 후진後晉을 수립한 것이다. 하지만 석경당이 반란을 일으킨 것은 스스로의 힘에 의해서가 아닌 거란 제국의 지원에 따른 것이었다. 석경당은 거란국의 황제 야율덕광耶律德光에게 지원의 대가로 만리장성 이남의 연운燕雲 16주의 토지를 할양하고자 했다. 이밖에도 석경당은 야율덕광을 '부친'이라 존칭하고 스스로를 '아들'이라 칭했다. 야율덕광은 군대를 출동시켜 석경당을 도왔고 석경당은 '꼭두각시兒皇帝'가 되었다. 당시 47세였던 석경당에 비해 야율덕광은 겨우 37세였다. 37세의 아버지가 47세의 아들을 입양했던 것이다.

연운16주는 오늘날의 베이징, 톈진, 허베이, 산시 등 수많은 지방의 중요 도시와 읍을 아우르는 지역으로 동서로 약 600킬로미터, 남북으로 약 200킬로미터에 해당되는 영토였다. 16주를 잃게 되자 요나라 군대는 만리장성을 넘어 중국 경내로 깊숙이 들어왔고 천연 요새로서의 만리장성은 유명무실해졌다. 험준하고도 중요했던 요충지는 요나라의 정예 기병대를 막아내지 못했고 이는 중국 국경지대에 심각한 위협이 되었다. 이후 후주 황제 시영柴榮이 병력을 이끌고 16주 중 영주瀛州(현재의 허베이성 허젠河間)와 막주莫州(현재의 런추任丘)의 두 개 주를 점령하고 가장 중요한 유주幽州(현재의 베이징)에 대한 공격을 준비했으나,

병으로 쓰러져 세상을 떠나고 말았으니 당시 그의 나이 서른아홉 살에 불과했다. 시영은 중국 역사에서 총명한 황제로 이름이 높았으며 그의 죽음은 후대에 무한한 유감으로 남아 있다.

조광윤은 시영이 죽은 뒤 진교에서 군사반란을 일으켜 후주 정권을 찬탈하고 송나라를 세웠다. 하지만 당시 그가 맞닥뜨린 정세는 더없이 엄혹했다. 첫째, 후주의 수많은 장군은 그가 강제로 황제의 자리에 앉았다 하여 매우 못마땅해했고 반란을 암중모색하고 있었다. 또한 일부 통제 불능의 장수들도 호시탐탐 그 자리를 노렸다. 둘째, 아직도 통일되지 않은 수많은 왕국은 송나라에 상당한 위협으로 존재하고 있었다. 셋째, 요나라 군대가 기회를 틈타 중원을 침략하려고 했다. 이러한 갈등 속에서 국내의 불안정은 가장 주요한 위험 요소였다.

이러한 상황 속에서 조광윤은 연운 각 주를 탈취하고 북방을 통일하려 했던 시영의 계획을 포기하고 먼저 자신의 정권을 안정시켜야만 했다. 이렇게 해서 비로소 '술잔을 통해 병권을 놓게 한' 배주석병권杯酒釋兵權 사건과 문文으로 나라를 세운다는 정치적 변화가 발생하게 된 것이다. 하지만 득이 있으면 실이 따르는 법으로 조광윤 정권의 전투력은 크게 떨어졌다. 상황이 이렇게 되자 북방에 도사리고 있는 강력한 요나라를 치고 연운 각 주를 탈환한다는 것은 그다지 현실적인 계획이 못되었다. 조광윤은 이러한 상황을 파악한 뒤 남방을 통일하는 데 전력을 쏟았다. 남방의 각 주를 평정함과 동시에 평화를 지향하는 발전 전략을 시행하기로 마음먹고 더 이상 전쟁을 국가의 주요한 전략적 선택으로 삼지 않았다. 북방에서 그는 영주瀛州, 상산常山, 역주易州 등 중요 군사거점에만 큰 군대를 배치시키고 방어에 주력했다. 연운 각 주를 무력으로 공격해 빼앗을 생각은 없었다. 대신 그는 '봉춘고封椿庫'를 특별히 설치해 그곳에 금과 비단을 쌓아두고 연운 각 주를 되찾을 비용으로 사용하려고 준비했다. 요나라가 이에 동의하지 않았다면 준비해둔 금과 비단은 연운을 공격해 탈환하는 군비로 사용되었을 것이다. 조광윤은 대신들에게 이 계획을 조목조목 이야기한 바 있었다. 하지만 남방의 각 나라들이 완벽히 평정되지 않은 상황에서 조광윤은 동생 조광의에게 살해되었을지도 모른다는 '부성촉영斧聲燭影'(도끼 소리와 촛불 흔들리는 그림자)의 의혹 속에 사망했다.

조광윤은 경제력으로 정치력을 압도할 준비를 하고 있었다. 즉 재물을 이용해 되찾아오는 방식으로 영토를 수복하려 했고 이러한 평화 지향적 사유 방식은 상당히 혁신적인 것이었다. 그가 세상을 뜬 뒤 그의 아우인 태종 조광의는 처음에는 형의 계획을 잇지 않았다. 979년 태종은 북한北漢을 멸망시킨 뒤 승세를 몰아 군대를 하북으로 이동시켜 무력으로 연운燕雲을 점령했다. 연전연승을 거듭하면서 유주幽州를 공격했으나 완강한 저항에 맞닥뜨렸고 오랜 시일 공격을 가했으나 함락되지 않았다. 이어서 요나라가 증원한 대군이 전장에 도달했으며, 고량하高梁河에서 요나라의 기병은 송나라 군대의 허리를 겨냥했고 송나라 군대를 조각조각 갈라놓았다. 그렇게 송군은 대패하고 말았고 조광의는 부상을 입고 도주했다. 이후 조광의는 세 차례의 연운 탈환 전쟁을 벌였고 처음에는 파죽지세로 쳐들어가 연전연승을 거두었으나 나중에 평원 개활지로 진입해서는 적군에 의해 병참선을 습격당하고 군량과 마초 보급로와 퇴로를 차단당했다. 요나라 기병은 송나라 군대를 분산시킨 뒤 각개 격파했다. 송나라 군대는 보병을 위주로 하고 있어 기동성이 떨어졌다. 반면 서북 군대의 기병들은 기동성 면에서 우위를 점하고 있어 순식간에 집결했다가 빠르게 흩어졌다. 결전의 기회를 노렸으나 기회는 쉽게 오지 않았고 예상치 못하게 맞닥뜨려서는 속수무책의 상황에 빠졌다. 몇 차례의 북벌 과정은 모두 참패로 끝맺고 말았다. 송나라 군대가 기병을 조직하기란 쉬운 일이 아니었다. 군마軍馬 양육지로는 하투河套 지역이 유일했는데 이곳은 안사의 난 이후 빼앗겨버렸고, 요나라는 군마가 중원에 진입하는 것을 불허했다. 이러한 상황은 송나라 군대의 전투력 증가를 어렵게 했다.

태종은 이러한 상황 속에서 무력으로 연운 각주를 탈환하는 것은 더 이상 불가능하다는 것을 인식하고 태조의 평화 지향적 발전 방침을 받아들였다. 이를 기반으로 송나라는 줄기를 튼튼히 하고 가지를 쳐낸다는 '강간약지強幹弱枝'와 문文을 중시하고 무武를 경시한 '중문경무重文輕武' 그리고 내부에 대한 단속을 더욱 강화한 '수내허외守內虛外' 등의 정책을 실시했다. 이는 당시의 국제 정세에 의해 결정된 송나라의 전략적 선택이었다.

이에 대해 태종은 후에 노자의 『도덕경』에 대한 감상을 빌려 이렇게 말했다. "짐은 '무기는 상서롭지 못한 물건으로 성인이 쓸 것이 못 된다'는 글을 읽을 때면 늘 세 번 생각하고 이를 충고로 받아들이지 않은 적이 없다. 군주가 무력으로 정복했다고 하더라도 결국에는 반드시 문과 덕으로 다스려야 한다."

많은 사람이 굴욕적이라고 비난했던 '전연지맹澶淵之盟'을 짚고 넘어갈 필요가 있다. 1004년(경덕景德 원년), 송나라 진종眞宗의 어가가 친히 출정해 군대를 이끌고 황하黃河를 건너 국경지대를 수차례 침범한 요나라 군대와 10여 일간의 대전을 치렀다. 요나라 대장 소달람蕭撻覽이 전장에서 화살에 맞아 죽자 요군의 사기는 크게 떨어졌다. 결국 요나라 군대는 송나라를 저지하지 못했고 강화를 요청했다. 구준寇準은 강화에 반발하며 승세를 몰아 추격해야 한다고 주장했으나 진종은 전쟁이 아닌 평화를 원했다. 결국 송나라는 승리한 상황에서 요나라와 '전연지 맹'을 체결하고 매년 요나라에 은銀 30만 냥을 보냈다. 1021년 송나라 의 국가 재정 수입 총액은 1억5000만 관문貫文이었는데 당시 은 1냥은 동전 1관문에 해당했다. 당시 송나라가 매년 거둬들이는 막대한 재정 수입을 감안했을 때 30만 관문은 전혀 부담스러운 액수가 아니었다.

전연지맹은 승리자가 전쟁을 중지하고자 하는 맹약이었지 실패자가 배상금을 바치는 맹약이 아니었다. '전연지맹'으로 인해 중국의 북방은 안정을 되찾았고 한족과 거란 두 민족의 경제문화 교류가 활발하게 진 행되었다.

둘째, 평화를 지향하는 국책의 이로움과 폐해는 무엇일까? 남송은 평화지향적 발전 방침이라는 기본 정책을 견지했으며, 그 목적에 이르 기 위해 국내의 경제, 문화, 교육 발전에 힘썼고 민생에 관심을 기울였 다. 송나라와 관련된 사료를 펼쳐보면 이 방면에 대한 기록을 도처에서 찾아볼 수 있다. 경제법만 해도 상당히 완비되어 있는 것을 알 수 있다. 유명한 왕안석의 변법은 일부 낡은 법을 개혁하고 새로운 법을 세우 는 것을 골자로 하고 있다. 방전균세법方田均稅法, 균수법均輸法, 농전수 리법農田水利法, 청묘법青苗法, 모역법募役法, 시역법市易法, 장병법將兵法, 보갑법保甲法, 보마법保馬法 등이다. 이러한 신법들은 주로 경제와 연관 되어 있었고 군사와 관련되는 것은 매우 적었다.

송나라가 평화를 지향함으로써 다양한 방면에서 이룬 성과는 어마 어마하게 컸다. 이 부분은 뒤에서 더욱 자세히 서술하도록 하고 여기서 는 주로 부정적인 영향을 살펴보자. 송은 번진의 할거와 무장 반란이 준 교훈을 과도하게 받아들인 나머지 지나치게 군대를 경계하고 군사

인재를 양성하지 못해 결국 국방력이 심각하게 약화되었다는 것이다. 게다가 군대 관리에 혼선이 빚어졌고 서로 통괄하고 예속되지 않았으며 장기간 훈련을 받지 못해 전투력이 상당히 약화되었다. 안락한 생활로 인해 송나라 사람들은 전쟁에 익숙하지 않았고, 피비린내 나는 참혹한 전장에서 질주해오는 서북의 원시적이고 사나운 정예기병의 적수가 되지 못했다. 특히 무기장비 면에서 즉각적 혁신이 이루어지지 않아 군대의 현대화가 계속 미뤄지고 있었다. 그러다보니 열병기熱兵器 시대로 이행하는 기회를 놓치고 냉병기冷兵器 시대에 머물게 되었다.

당시 송나라는 세계적 선진국가였으며 화약(열병기의 기본 재료)을 발명하고 대포와 화승총의 시험제작을 시작했으며 개봉 등지에 무기 공장을 차려놓기도 했다. 하지만 군사과학기술적 측면을 중시하지 않아 제때 투자를 늘리고 규모를 확대하거나 기술 혁신을 추구하는 등의 정책을 실행하지 못했다. 송나라는 경제와 기술상의 우세를 군사적 우위로 전환하지 못했으며 엄청난 위력을 지닌 화기를 신속히 제작하고 이를 군대에 보급해 실전에 응용하지도 못했다.

후기에 접어들어 번진의 할거와 군인에 의한 국정 혼란이 해소되었는데도, 금나라나 몽골 등의 압박과 마주해 국책을 조정하지 않은 것은 엄청난 과오였다.

왕안석은 변법을 통해 기존의 정책에 개혁을 가하고 적극적으로 국방력을 강화했다. 능력 있는 장군 왕소王韶를 기용해 군대를 훈련시키고 무기를 교체하며 하황河湟 지역(현재의 칭하이성 동북부)을 수복하는 등 많은 업적을 거두었다. 하지만 왕안석의 정책은 이후 폐지되고 말았으며 왕소 역시 파면되었다.

남송 역시 마찬가지였다. 악비가 황하를 쳐서 불리했던 전세는 역전되어 있었고 북방의 백성도 송나라 군대가 강산을 수복하기를 간절히 바라며 악비의 군대를 성원하고 있었다. 당시는 분명 금나라를 무너뜨리고 전국을 통일할 조건이 무르익은 상황이었다고 할 수 있다. 조정이 적극적으로 지원해준다면 전국 통일은 가능한 일이었다. 하지만 무장武將에 대해 남송 황제 고종은 깊은 경계심을 품고 있었다. 그는 악비의 강력한 군 세력이 반란을 일으킬까 걱정된 나머지 결국 악비를 죽이고 말았다.

송나라는 자유와 평화 지향적 발전 정책을 추진해 가장 선진적인 문명을 수립했지만 안타깝게도 이 위대한 문명은 강력한 군사력의 엄호를 받지 못했고, 결과적으로 활짝 꽃피우지도 못한 채 멸망하고 말았다.

공전의 번영을 이룩한 상품경제와 물질문명

중국 역사상 농본주의와 중농억상은 역대 왕조가 공통적으로 견지했던 기본 정책이었다. 이로 인해 중국은 오랜 기간 소규모 생산이라는 바다에 빠져 허우적거렸고 경제는 낙후되었으며 백성은 가난에 시달렸고 사회는 정체되었다. 다만 송나라만이 중국 역사상 유일하게 '억상抑商' 정책을 펴지 않았다. 송나라는 상업을 유통시키고 공업에 혜택을 준 '통상혜공通商惠工' 정책을 대대적으로 추진하고 상공업을 장려했으며 도시화에 박차를 가했다. 이렇게 발달된 상업무역과 물질문명은 현대 공업 문명 발생에 든든한 기반이 되었다. 자오더칭趙德馨이 엮은 『중국경제통사中國經濟通史』에는 다음과 같은 분석이 실려 있다. "새로운 발전단계로 접어들었던 송나라 사회는 한나라와 당나라 사회와 확연한 차이를 보였다. 이 새로운 단계의 본질적 특징은 전통사회의 몸체 내에서 상공업 문명이 신속히 성장했다는 데 있다." 중국 역사상 경제가 가장 번영하고 백성의 생활이 가장 풍요로웠던 왕조가 바로 송나라였다. 「청명상하도清明上河圖」를 자세히 들여다본 사람이라면 이내 송나라 도시의 번영과 상업의 발달에 경탄을 금치 못할 것이다.

송나라의 재정 수입과 일종의 거래세였던 상세商稅가 급격히 증가한 상황을 살펴보자. 북송 태종 지도至道 연간(995~998)에 전국에서 거둬들인 총 화폐 수입은 2224만 관貫[엽전 1천 개를 꿴 것을 1관이라 함]이었고, 상세는 400만 관으로 화폐 총수입의 18퍼센트를 차지했다. 진종 천희天禧 말년(1021)에 국가의 화폐 수입 총액은 2653만 관이었고 상세는 1204만 관으로 증가해 총 화폐 수입의 45.4퍼센트를 차지했다. 인종 가우嘉祐 연간(1041~1048)에 국가 화폐 총수입은 1억 300만 관이었고 상세는 1975만 관으로 총 화폐수입의 20퍼센트를 차지했다. 이후 북송의 화폐 수입은 기본적으로 4000~5000만 관을 유지했고 상세 수입은 800만 관을 유지했다. 국토의 절반을 잃어버린 남송이었지만 국가 재정 수입이 가장 많을 때는 1억 관에 달하기도 했다.

그렇다면 이 데이터가 갖는 의미는 무엇일까? 이해를 돕기 위해 다른 데이터와 비교해보겠다. 명나라 융경隆慶 5년(1571), 국가 세입은 고작은 250만 냥에 불과했다. 장거정張居正이 개혁을 단행한 뒤 만력萬曆 28년(1600)의 세입도 400만 냥이 고작이었다. 은 한 냥을 통상 동전 1관으로 환산한다고 하면 명나라의 재정 수입은 양송兩宋 시대와 비교했을 때 터무니없이 적은 수준이었다. 남송이 멸망한 지 300년이 지난 뒤의 일이고 명나라의 국토가 송나라 때와 비교할 수 없을 만큼 확장되었는데도 말이다. 청나라의 재정 상황은 명나라보다 조금 더 나았는데 국가가 안정기에 접어든 순치順治 7년(1650)의 세입은 1485만 냥이었다. 함풍咸豊 연간(1850년 전후)의 세입은 약 3000만 냥에 이르렀다. 당시 중국의 인구는 이미 3억 명을 넘어서 송나라 인구의 2~3배 이상이 되었을 것으로 추정되고 있다. 하지만 청의 세수는 600년 전의 송나라와는 비교도 되지 않을 만큼 적은 수준이었다. 국가 세입은 청나라 말기에 이르러서야 비로소 송나라 때의 수준에 도달했다.

송나라가 막대한 재정 수입을 기록했다고 과연 백성도 그에 상응한 세수 부담을 졌을까? 물론 1인당 재정 수입만 놓고 본다면 그럴 수도 있다. 하지만 송나라는 인구 수가 아닌 토지와 재산에 따라 세금을 징수했고 송나라 재정 수입은 백성의 부담과 직접적인 연관성을 갖고 있지 않았다. 송나라의 막대한 재정 수입은 농민에 대한 착취를 가중시켰기 때문이 아니라 국민 경제의 비약적인 발전과 상공업의 번영, 생산력의 제고가 가져온 결과였다.

송나라 상품경제의 번영을 설명하기 위해 『중국경제통사』는 다음과 같은 데이터를 제시하고 있다. "북송 정부의 상세 수입은 대체로 총 화폐 수입의 5분의 1 수준이었다. 송나라는 2퍼센트의 과세過稅(유통세), 3퍼센트의 주세住稅(매상세), 5퍼센트의 총 세율을 기준으로 세금을 거두었고 이를 기준으로 계산하면 유통된 상품의 총 가치는 세액의 20배에 달한다. 이에 근거해 400만 관의 상세를 거둬들였던 북송 초기의 상품무역 규모는 8000만 관에 달했다는 것을 알 수 있다. 경력慶曆 연간에는 송나라와 하나라 간 빈번한 전쟁 때문에 상세를 대대적으로 거둬들여 그 액수가 1975만 관이라는 비정상적인 수준으로까지 치솟았다. 또한 영종 치평治平 연간에 1년에 846만 관을 거둬들였다고 계산하면 상품의 총 가치는 동전 1억 7000만 관에 달한다. 당시 송나라의 총 가구 수는 1418만 가구였고 인구는 7090만 명이었다. 가구당 매년 동전 12관, 1인당 2.4관 가치의 상품을 소비했다." 한나라와 당나라 때는 절대로 상상할 수 없는 일이었다. 바로 여기에서 송나라의 상업 규모가 얼마나 확대되었는지 알 수 있고 도시와 농촌의 백성이 보편적으로 상품경제에 깊이 참여하고 있었음을 알 수 있다.

상술한 수치가 얼마나 엄청난 것인지를 설명하기 위해 이를 다시 명나라의 상세와 비교해보도록 하자. 재물을 탐하기로 유명했던 명나라 황제 신종神宗(만력)은 눈앞의 이득에 급급해 '광업세'라는 명목으로 8년이라는 짧지 않은 기간 상공업 종사자들을 억압하고 착취했다. 하지만 그가 수탈한 금액은 겨우 은 200만 냥에 불과했다. 이는 송나라가 거둬들인 재정 수입에 비하면 아주 미미한 액수였다. 여기에서 명나라의 상품경제가 근본적으로 송나라와 서로 비교 대상이 되지 못했음을 알 수 있다. 하지만 송나라가 부과한 상세는 총 세율의 5퍼센트에 불과할 정도로 경미했다. 역대 중국 왕조는 전통적인 농업대국으로서 수많은 소자작농에게 농업세를 직접 징수해 이를 국가 통치의 기반으로 삼았으며, 송나라와 같은 경우는 지극히 드물었다.

일본의 학자 사토 게이시로左藤圭四郎는 송나라 농촌의 상품경제 상황에 대해 진지한 연구를 수행해 그 연구를 토대로 1995년 『송나라 강남의 농가경제에 관하여關於宋代江南的農家經濟』라는 저서를 출간했다. 이 책에서 그는 송나라 강남 지역의 농촌에서 논 50묘畝 이하 그리고 연간 쌀 100석을 수확하는 하층 농가는 매년 쌀 90석을 지출하는데 그중 약 30퍼센트를 동전으로 바꿔 지불 수단으로 삼았음을 지적했다. 이는 동시대 서유럽과 서아시아 사회의 화폐경제보다 높은 수준이었다. 상품경제가 송나라의 농가에 깊숙이 뿌리내렸고 1000년이 넘게 내려오던 농촌의 자급자족 경제가 농업의 상품화와 화폐화로 타파되었음을 보여준다. 이처럼 발달된 상품화폐경제는 도시의 발전 및 부단한 확장에 초석을 마련해주었고 이로 인해 송나라의 시장경제는 지속적인 번영으로 나아가게 된다.

송나라 상공업의 번영은 국가의 장려정책에 크게 힘입었다. 송나라 개국 이후 태조 조광윤은 '술잔으로 병권을 놓게 할 때' 석수신石守信 등 수많은 병사를 거느린 장수들에게 "돈을 많이 모아 땅과 집을 사서 자손에게 물려주고 무희들과 일생을 즐기는 것이 낫지 않겠는가!"[3]라고 공개적으로 호소했다. 이후 송나라 정부는 일련의 정책과 법규를 제정했다. 인종 때 제정한 천성법天聖法과 상세조례商稅條例 그리고 신종 때 제정된 이팔추분법二八抽分法 등이 그 예로 이 법률들은 모두 민간에 '통상혜공'을 적극 장려했다. 즉 각지에서 광산을 개발하고 차와 소금 개발을 하기 위해 조직하며 제련, 방직, 자기, 조선, 술 양조 등 수공업의 발전을 지원하고 장려한 것이다. 북송 시기에는 금, 은, 동, 철, 석탄 등 지하자원을 대대적으로 채굴했고 전국 각지에서는 제조공장과 가공공장이 우후죽순처럼 생겨났으며, 공장에서 일하는 인부들은 체불 없이 월급을 받았다. 그중 신주信州 연산장鉛山場(현재의 장시江西성 상라오上饒 경내)에 위치했던 구리와 납이 매장된 광산은 1년 내내 10만여 명의 인부를 고용해 밤낮없이 채굴작업을 벌였다. 송나라 학자 홍매洪邁는 "그곳은 1년에 100여 만 관을 채굴한다一歲得錢百餘萬貫"고 기록했다. 그 엄청난 규모를 충분히 짐작할 수 있는 대목이다. 또한 영남嶺南 소주韶州(현재의 광둥성 사오관韶關)의 잠수장岑水場에서는 신종 원풍元豊 원년(1078)에 구리 1281만 근을 채굴했고 일하는 인부도 10만 명을 넘어서는 등 거대한 규모를 자랑했다.

송나라 상공업 문명의 급속한 발전은 당시 '석탄과 철의 혁명'이 발생한 것과 결코 무관하지 않다. 미국 학자 로버트 하트웰은 『북송 시기 중국 석탄과 철공업의 혁명A Cycle of Economic Change in Imperial China: Coal and Iron in Northeast China』에서 공업화를 위한 석탄의 채굴과 연철과 주철을 함께 녹이는 관강법灌鋼法의 폭넓은 활용을 두고 '석탄과 철의 혁명'이라고 말했다.

송나라는 당시 신에너지로 부상했던 석탄, 즉 매탄煤炭을 '석탄石炭'과 '광탄鑛炭'(서구인들은 불에 타는 돌이라 칭함)이라 불렀고 이를 제련과 백성의 일상생활에 광범위하게 응용하기 시작했다. 『송회요宋會要』의 기록에 따르면 북송 인종 때 조정에서는 "민간에서 손쉽게 석탄을 매매하도록 허가령을 내려"[4] 석탄의 시장거래와 소비가 급증했다. 인구가 100만에 육박하는 대도시였던 개봉에서는 백성이나 고관귀족 할 것 없이 너도나도 석탄으로 화력을 얻었다. 남송 초기에 장계유莊季裕는 북송 변경汴京(개봉)의 성황을 회고하며 "옛 변경의 수백만 가구가 공히 석탄에 의존하니 장작을 때는 집이 없구나"[5]라고 말했다. 이 말은 다소 과장된 것처럼 들리지만 개봉의 절대다수의 가구들이 석탄을 연료로 땠던 것은 사실이었을 것이다. 또한 하동河東 경내와 전국 각 주요 도시의 주민도 기본적으로 석탄을 땠다. 당시 서구에서는 나무장작으로 불을 지펴 밥을 짓고 난방을 했다. 현대 중국도 1970년대에 이르기까지 도시 전체가 석탄을 사용하지는 못했다. 제련과 일상생활에서 석탄이 광범위하게 사용되자 송나라 때의 석탄 채굴업은 급속한 발전을 이루었고 탄광은 사방에 분포되기에 이르렀다. 일례로 허난성 허비鶴壁시에서 4개의 갱도에 길이가 500여 미터에 달한 북송 시기의 대형 탄광이 발견되었는데 그 수직갱의 깊이는 46미터에 달했고 8개 채굴

구역으로 통해 있었다. 이 규모로 봤을 때 당시에 그 탄광에는 수천 명에 달하는 광부들이 있었고 통풍, 수송, 채굴 등 방면에서도 상당히 수준 높은 설비를 갖추고 있었을 것으로 추정할 수 있다. 더불어 산서山西, 하북, 섬서陝西, 강서, 회북淮北 그리고 하남 동북부에도 수많은 탄전이 분포되어 있었다.

석탄이라는 신에너지를 사용하면서 송나라는 제철 발전에 박차를 가해 철 생산량이 급증하게 된다. 많은 학자는 북송이 연간 15만 톤에서 18만 톤에 이르는 철을 소비했을 것이라고 추정했다. 미국 학자 하트웰은 일찍이 1962년에 북송의 철 소비량을 계산해 1078년 북송의 연간 철 생산량이 7~15만 톤이었을 것이라고 추정했다. 이 수치는 1640년 잉글랜드와 웨일스 지역의 생산량(3만 톤)의 2배에서 5배에 육박하는 것으로 18세기 전체 유럽(러시아 포함)의 총 생산량과 견줄 만하다. 특히 석탄으로 제련하는 과정에서 고온산화 현상이 나타나자 관강법灌鋼法이 등장했고 또 널리 보급되어 철의 강도와 예리함을 대폭 향상시켰다. 서구의 학자들은 이를 두고 '후세에 등장한 평로법平爐法의 효시'라고 평가했다.

에너지, 주조鑄造, 야금공업 외에도 송나라의 방직, 도자기, 조선, 제지, 인쇄 등 공업 또한 당시 세계의 선두를 달리고 있었다. 북송에서는 병기 생산공장을 남북작방南北作坊이라 불렀는데 남작방에는 병교兵校와 공인이 3741명, 북작방에는 4190명이 있었다. 궁노원弓弩院과 조전원造箭院에도 만 명이 넘는 인부들이 일하고 있었다. 남송의 무기공장에서 일하는 공인들도 7000~8000여 명에 육박했고 당시 지폐였던 회자會子를 주조하던 곳에는 1200명의 견습공이 있었다. 일찍이 태종 단공端拱 원년(988)에 변경의 능금원綾錦院에서 일하는 방직공은 1034명에 달했는데, 그 엄청난 규모는 오늘날의 중대형 방직기업과 맞먹는 것이다. 이 밖에도 가요哥窯, 정요定窯, 균요鈞窯 등 방대한 규모의 자기 관요官窯가 있었다. 조선업의 경우 송나라의 해선은 길이가 100미터에 달하고 500톤의 화물과 500명 인원을 실을 수 있었으며 내하선박內河船舶의 적재량도 일반적으로 50톤 이상이라고 기록하고 있다. 첨단을 달리던 송나라의 조선술은 서구에 비해 적어도 300년은 앞선 것이었다.

특히 사기업의 발전을 짚고 넘어갈 필요가 있다. 수많은 업종에서 사유경제는 이미 국유경제를 크게 앞질러 주도적 지위를 점했고 이로써 관가의 독점행위가 무력화되었으며 자유경쟁 시장이 형성되었다. 방직업의 경우 북송의 각 지역에는 방직기를 갖춘 가구가 10만 가구에 달했고 그중 규모가 큰 소수의 가구는 수백 개의 직기織機(직물 짜는 기계)를 보유하고 있었다. 관측이 보유한 방직기계는 민간의 2~3퍼센트에 불과할 뿐이었다. 방직품은 각지 시장에 광범위하게 팔려나갔고 생산은 기본적으로 시장 수요에 맞춰 이루어졌다. 이렇게 시장에 의해 생산량이 조절되면서 북송 경제는 시장경제의 기본 특징을 갖추게 되었다. 또한 자기공업의 경우, 유명한 관요官窯 이외에 나머지 수많은 가마는 백성의 일상용품을 생산하는 민요民窯였다. 남송 경덕진景德鎭은 당시 최대의 도자기 생산기지로 그곳에는 300여 개의 가마가 있었는데 모두 사기업이었다. 이 기업들은 시장 주도적 특성을 지녀 그 생산품은 중국 전역, 더 나아가 해외시장에까지 팔려나갔다.

민영자본은 방직과 자기 외에도 조선, 제지, 인쇄 등 백성의 생활과 관련을 맺고 있는 수많은 업종에 투자를 단행했다. 제염업, 다업茶業, 양조업 등은 관청에서 전매, 독점 경영했던 업종이었는데 이후에 점차 민간에 개방되어 민간자본이 경영하게 되었다. 대대로 관영이었던 정염

井鹽업의 경우, 북송 중기에 탁통정卓筒井이 등장한 이후 수량에서나 생산량 면에서 민영 정염업이 관영 정염업을 빠르게 제치고 발전하기 시작했다. 제다업製茶業의 경우 과거에는 관에서 경영했지만 이후에는 99퍼센트 이상을 민간이 경영했다. 이런 민영기업에는 노사관계와 조합제도 등이 형성되어 있었다.

수공업이 급속히 발전함과 동시에 송나라의 상업은 큰 변화를 맞았다. 상업이 번영하려면 먼저 거래할 시장이 필요하다. 송나라 이전의 중국에는 진정한 의미에서의 상품시장이 없었다. 한나라와 당나라의 수도였던 장안이나 낙양과 같은 수도급 대도시의 상업활동은 '시市'라는 특정구역에 국한되었다. 게다가 거래시간 규정도 엄격해 한 달에 고작 며칠만 거래를 할 수 있었다. 아침이면 몇 시에 개장하고 저녁이면 몇 시에 폐장하는 등의 규정이 있었다. 각지의 주현州縣급 도시와 읍 역시 상업활동을 엄격히 규제했다. 당시 상업거래가 이뤄진 장소를 '시市'라고 불렀고 백성이 거주한 주택가는 '방坊'이라고 불렀다. 시와 방은 공간적으로 분리되어 있었다. 백성이 거주하는 방에는 점포를 개설해서는 안 되었고 관청은 방을 엄격히 관리했다. 이러한 상황은 북송에 들어서서 커다란 변화를 맞았다. 백성을 자유롭게 하고 인권을 존중했던 송나라는 더 이상 '방'과 '시'를 격리시키지 않았다. 상인들은 세금을 납부하기만 하면 도시의 어느 곳에라도 점포를 개설할 수 있었고 경영 시간도 전혀 제약 받지 않았다. 이는 북송이 번영을 구가할 수 있게 해주었다. 방과 시를 분리했던 제도가 붕괴되자 북송에는 도로가에 점포를 개설하는 근현대 도시의 풍경이 나타났다.

송나라는 한나라나 당나라처럼 상업거래 시간을 제한하지 않아 "밤낮 구분 없이 교역이 이루어졌다買賣晝夜不絶." 신흥 시민계층이 출현하고 그들이 부유한 생활을 누리면서 송나라 백성들은 전례 없이 강렬한 소비의식을 갖추게 되었고 다관茶館과 주점 그리고 유흥업 등 3차 산업의 번영에 가속도가 붙었다. 한나라와 당나라는 백성을 통제하기 위해 백성의 야간통행을 금지시켰고 사람들은 자유롭게 다닐 수 없었다. 그래서 당나라 도시는 밤이 찾아오기만 하면 칠흑같은 어둠에 휩싸였다. 하지만 송나라는 이와 달랐다. 송나라는 백성의 자유를 최대한 존중해 사람들의 활동에 간섭하지 않았다. 송나라 사람들은 야간생활을 즐겼고 어둠이 찾아온 도시는 눈부신 빛을 뿜어냈다. 도처에 걸린 등롱燈籠이 도시의 밤을 밝게 비추었고 호객행위를 하는 소리가 날이 밝도록 끊이지 않았다. 당시 공연장이었던 '구란勾欄'이나 '기루妓樓' 등 유흥업소에서는 밤새도록 기예공연이 벌어졌고 주민들은 해가 뜰 때까지 공연을 관람했다. 당시 전세계의 도시는 밤이 되면 까만 어둠에 묻혔지만 오직 송나라 도시만이 밤에도 찬란한 빛을 내뿜었다. 송나라 사람들은 그렇게 풍족하고 다채로운 생활을 구가했다.

상업이 번창하면서 대내적으로 거대한 상업 네트워크가 형성되었다. 개봉, 항주杭州와 같은 대도시의 시장은 전국적으로 5000~6000개에 이르는 허집시진墟集市鎭[향촌의 정기시장]과 빈번한 거래를 했고 시장에는 치열한 경쟁이 나타났다. 판로를 개척하고 모조품의 등장을 방지하며 제조업자의 명예를 지키기 위해 상품에 상표를 부착하기 시작했는데 이는 상품경제 발달을 나타내는 중요한 상징이었다. 당시 대다수 가구가 사용하고자 했던 구리거울, 즉 동경銅鏡을 예로 들어보자. 과거 동경과 송나라의 동경이 보인 가장 큰 변화는 거울에 문자가 나타났다는 것이었다. 생산지, 제조업자, 품질, 가격 등의 내용이 상표의 성질을 지니고 있는 것이었다. 상품을 판매하기 위해 상표를 기반으로 한 광고가 등장하기도 했다. 송나라의 광고는 동판銅板 인쇄술을 이용한 것으로 서구의 인쇄광고보다 약 300년 앞선 것이다. 대학자 소동파蘇東坡는 튀긴 음식을 만드는 한 노파에게 광고 시 한 수를 지어주었는데 그 광고로 장사가 크게 잘 되었다.

대외적으로는 광주, 천주泉州를 중심으로 한 20여 개의 연해 항구도시들이 일본, 고려 등 60여 개 국가와 대외무역을 활발히 진행해 한 시대의 번영을 주도한 해상 실크로드가 형성되었다. 송나라는 대외개방 정책을 대대적으로 추진하고 대외무역 촉진에 전력을 다했다. 이를 위해 항구도시에 시박사市舶司와 시박무市舶務를 두어 대외무역의 관리를 담당케 했다. 북송 초기부터 시작해 중앙 정부는 끊임없이 사절을 파견해 외국 상인을 유치했고 대량의 '공명조서空名詔書'라는 통상허가증을 수많은 나라에 배포해 외국인들이 중국에 와서 교역하도록 장려했다. 송나라 정부는 중국에 온 외국 상인을 세심히 예우했으며 그들의 합법적 권익을 빈틈없이 보호했다. 시박사는 연회를 열어 그들을 대접했는데 천주 등지에서는 '기풍祈風'과 '제해祭海' 등 의식을 거행해 외국 상인들의 여행길이 순조롭기를 기원했다.

송나라 조정은 시박사의 관리들이 외국 상인을 놓고 소란을 피우거나 괴롭히고 강탈하는 등의 행위를 엄격히 금했고 만일 이를 위반했을 시에는 죽음을 각오하는 엄격한 처분을 받아야 했다.

송 정부는 외국 상인의 재산권을 보호하기 위해 중국에서 5대를 거주한 외국 상인은 가산을 본국으로 가져갈 수 있도록 하는 규정을 세웠다. 뿐만 아니라 외국 상인에게 벼슬길을 열어주기까지 해 상업 분야에서 공을 세운 외국 상인에게 관직을 수여하기도 했다. 대식국大食國(아라비아) 상인 포나신蒲羅辛이 유향乳香을 천주에 들여오자 시박사는 무려 30만 관에 달하는 관세를 징수했으며, 정부는 그를 승신랑承信郎이라는 관직에 임명했다. 특히 송나라가 제정한 해상 구조제도는 눈여겨볼 만하다. 그에 따르면 중국 해역에서 외국인 선박이 침몰하는 등 사고가 발생했을 경우 중국 관측이 구조작업을 실시하게 되고 외국인이 조난당했을 경우 인양된 화물은 그 인척이 찾아갈 수 있었다.

송나라는 중국 역사상 그 어떤 왕조보다 차별화된 개방성을 견지하고 있었으며 그 대외무역 역시 다른 왕조나 당시의 다른 국가와 비교할 수 없을 만큼 번영했다. 당시의 광주는 세계적으로 가장 거대한 항구 중 하나로 "온 나라 사절들의 왕래가 끊이지 않았다萬國衣冠, 絡繹不絶"고 사료는 기록하고 있다. 새로운 선두주자로 급부상한 천주항도 세계에 그 이름을 널리 알렸다. 향료, 진주, 상아, 약재 등 300여 종을 수입했고 방직품, 금속 및 금속제품, 도자기, 차茶 등을 주로 수출했다. 특히 그중 방직품, 도자기, 차, 향료 등이 주종을 이루면서 해상수송은 '향료길, 비단길, 도자기길'이라고도 불렸다. 송의 대외무역 규모는 어마어마해 남송 소흥紹興 말년(1162), 광주, 천주, 양절兩浙(절강성浙江省과 강소성江蘇省)의 시박사 세 곳의 관세 수입만도 무려 약 200만 관에 달했다. 하지만 송나라는 수입품에 7퍼센트에서 10퍼센트의 낮은 관세를 물렸다.

대외무역의 주체는 민간무역이었고 관영무역은 민간무역의 연장일 뿐이었다. 이에 따라 민간 상업자본이 탄생했고 자본력이 출중한 거상이 출현하게 되었다. 송나라의 글에는 배에 물건을 싣고 다니는 장사치, 곧 박상舶商의 이야기가 심심찮게 등장한다. 홍매洪邁는 저서 『이견지夷堅支志』에 "임안臨安 사람 왕언태王彦太는 가산이 아주 많아 호화로운 집에 살았다. 그는 남해로 항해하는 것에 대해 논의하고 선박무역을

경영했다. 온주溫州의 거상 장원張願은 해상무역으로 세계를 누볐다. 천
주泉州의 양객楊客은 10여 년간 해상무역을 해오면서 2억 관을 벌었다.
(…) 요즘은 40만 관을 축적했다. 건강健康(현재의 난징南京)의 박상 양이
랑楊二郎은 해상 무역에 10년간 종사하며 1000만에 달하는 재산을 모
았다"6라고 쓰고 있다. 남송 소흥 연간에 천주 상인들은 "밤에 작은 배
에 한 번에 동전 10만 관을 싣고 바닷길에 나섰다."7 중국뿐만 아니라
세계에서도 가장 이른 자본주의의 싹이 송나라의 힘찬 상업화의 격랑
속에서 움트고 있었다.

　상공업의 발전은 필연적으로 금융업의 발전을 빠르게 추진했다. 중
국은 전한시대에 오수전五銖錢을 주조한 이래 동銅본위 화폐제도를 시
행해오고 있었다. 당나라의 화폐 통보전通寶錢의 중량과 크기는 여전히
오수전을 표준으로 삼았다. 이처럼 가치가 낮은 금속화폐는 화폐 교환
이 소규모로 일어났던 자연경제의 산물로 당나라 상품경제가 발달되
지 않았음을 말해준다. 하지만 송나라 건국 이후 상품경제가 점차 발
달하자 화폐 수요가 많아지면서 화폐주조업이 발달하기 시작했다. 송
나라의 화폐 주조량은 상당했는데 신종(1080) 때에 이르러서는 전국적
으로 600여 만 관을 주조했다. 반면 당나라의 최전성기였다고 하는 현
종 때에도 그 화폐 주조량의 최대치는 고작 32만7000관에 불과했다.
중국의 저명한 화폐사학자 펑신웨이彭信威는 저서 『중국화폐사中國貨幣
史』에서 북송에 유통된 화폐는 2억 5000~2억 6000만 관에 달했다고
기술했다. 동전과 은정銀錠은 송나라의 본위화폐였는데 주조된 송나라
화폐의 품질은 중국 역사상 최상이었다. 동전에는 정교하고 아름다운
서체를 새겨 넣었는데 대부분은 명인이나 황제의 자필을 이용했기 때
문에 매우 높은 예술적 가치를 지니고 있었다. 때문에 송나라 화폐는

남해의 여러 나라에서 보물로 인정받는 한편 세계 각국에서 유통되어 오늘날의 달러와 같이 기축통화 기능을 수행했다. 오늘날 일본이나 유럽, 아프리카 등지에서 출토되는 유물을 보아도 송나라의 번영과 강성함을 알 수 있다.

거래에 편리를 더하기 위해 북송은 '교자交子'라는 지폐를 만들었고 인종황제 천성天聖 원년(1023)에 정부는 세계 최초로 지폐 발행을 담당하는 기구 '익주교자무益州交子務'를 설치했다. 이듬해에는 세계 최초의 지폐가 공식적으로 그 모습을 드러내면서 여러 차례 발행되었다. 교자의 고정 액면가는 1관에서 10관까지였고 철전鐵錢을 발행 준비금으로 준비했다. 교자는 이렇게 근대 본위화폐의 특징적 요소를 기본적으로 이미 갖추고 있었다. 지폐는 남송 때에 이르러 동전을 점차 대체하고 주요 교환화폐로 자리매김하게 되었고 신용화폐의 자격을 갖추었다. 이로써 상품 유통과 시장거래가 힘 있게 추진되었다. 상업이 빠르게 발전하면서 송나라의 은행업이 비약적 발전을 이룩하게 되었고 입출금을 할 수 있는 개인 금융기관인 전장錢莊이 도처에 생겨났다. 금융업이 발달하면서 은행이나 전장은 기존의 입출금 업무에서 업무의 영역을 확대해 점차 환전 업무도 담당하게 되었다. 현대 은행의 송금 및 타지에서의 예금 인출 기능을 당시 은행도 수행한 것이다. 고대 환어음 제도가 송나라에서 가장 먼저 등장했음을 보여주는 대목이다. 송나라 중앙 정부는 금융 환 업무를 전문적으로 처리하는 전문기관인 '편전무便錢務'를 설치했는데 나중에 '각화무権貨務'로 개명된다. 편전무는 환 업무를 전문적으로 처리했고 각종 신용증권을 지불하고 지방 정부에 돈을 지급하는 임무와 환전, 회수 임무도 담당했다. 이 밖에도 은행은 대출 업무도 수행하고 있었다. 다양한 금융 업무가 등장하며 상업자본을 주로 하는 자본의 지역 간 유통이 크게 편리해졌고 시장경제의 급속한 성장이 이루어졌다.

상공업의 발전으로 인해 엄청난 인파가 도시로 몰려들며 도시화를 크게 앞당겼다. 당나라 때 가구 수 10만, 인구 50만 이상의 도시가 10여 개에 불과했던 것이 송나라 때에는 40여 개로 급증했다. 같은 시기 서구에서 최고의 번영을 구가했던 도시 베네치아의 인구는 10만이 채 되지 않았다. 또한 송나라에는 행정이 아닌 상업을 중심으로 한 대도시가 최초로 등장하기도 했다. 송나라에는 동경개봉부東京開封府, 서경낙양부西京洛陽府, 북경대명부北京大名府, 남경응천부南京應天府의 사경四京이 있었고 북송의 수도 변량汴梁과 남송의 수도 임안臨安은 공히 인구가 100만 명이 넘는 대도시였다. 이 밖에도 5000여 개에 달하는 정기시장이 서는 진鎭이 있었는데 이곳들은 모두 신흥 상공업의 거점으로 당시 '초시草市'라 불렸다. 도시에 대규모의 시민이 등장하면서 소비도시와 상업도시의 특색을 지닌 수많은 도시가 생겨났다. 송나라의 도시화는 상당한 수준에까지 이르렀는데 이는 곧 중국 사회에 시민계급이 공식적으로 등장했음을 보여주는 증거다. 그렇게 대규모의 수공업자, 상인, 소자산가가 송나라의 중산층을 구성했다. 그들은 경제적으로 풍족했고 여유로운 생활을 누리고 있었다. 북송의 수도 변량(현재의 허난성 카이펑開封)은 "한나라와 당나라 때의 수도와 읍보다 백성이 열 배는 많았다."[8] 두보杜甫가 "부잣집에서는 술과 고기 썩는 냄새가 나고 길가에는 얼어 죽은 사람들의 시체가 뒹구는구나!"[9]라고 묘사했던 것과 같이 비참하고 절망적인 상황은 송나라에 나타나지 않았다. "가을이면 계수 향기가 풍겨오고 여름이면 십 리에 온통 연꽃"이고 "저잣거리에는 진주와 보석들이 즐비하고 집집마다 화려한 비단옷을 입고서 호화스러움을 다투는"[10] 번영이 이어지고 있었다. 사람들의 눈앞에 펼쳐진 송나라의 도시 광경은 이렇게 아름답고 풍족했으며 편안한 모습이었다. 사람들은 의식주가 풍족한 생활을 구가했고 여기저기 여행을 다니면서 먹고 마시며 즐겼다.

송 왕조의 상공업이 이처럼 번영할 수 있었던 것은 송나라 정부가 취한 경제 정책과 밀접한 관련이 있었다. 그중 가장 두드러진 정책은 '토지 점유를 막지 않겠다'는 골자의 토지정책으로 토지에 대한 자유로운 매매를 허가한 것이었다. 이는 곧 국가가 토지 사유권의 법률적 지위를 인정했음을 의미하며 더욱 많은 토지를 개인 지주에게 넘겨 직접 경영하도록 하겠다는 확고한 의지를 표명한 것이었다. 이로써 국가가 혈연(황제의 가솔과 친척)과 직책(관직 등급)에 의해 토지를 분배하는 등급세습제는 사라지게 되었다. 한편 토지와 농토 매매 및 이전에 대한 제한이 없어지면서 토지 소유권 간의 거래 경로가 확장되어 토지 소유권의 경제적 권위가 급격히 신장되기에 이르렀다. 이에 따라 국가도 백성의 토지 소유권을 함부로 박탈하거나 취할 수 없게 되었다. 이는 중요한 전략적 정책이자 역사적인 일대 전진이었다.

수천 년 동안 중국은 전통적으로 토지 겸병을 국가적 해악이라고 여기고 제재를 가하기 위해 갖은 방법을 모색해왔다. 이렇게 해서 다음과 같은 순환이 이루어졌다. 먼저 왕조가 건국될 때 토지를 새롭게 분배해 수백 만에 달하는 소자작농을 양산했다. 그렇게 수백 년이 흐르면 소수의 사람들이 토지를 집중 소유하게 되어 국가는 세금원을 상실하게 됐다. 토지를 잃은 농민들은 생계를 유지할 수단을 잃고 궁지에 몰렸고 대규모 농민봉기를 일으켰다. 그렇게 정부가 붕괴되었고 새로운 정부가 수립되면서 또다시 토지를 재분배했다. 자연경제의 산물이었던 이러한 악순환으로 인해 대다수 농민은 작게나마 경작할 토지를 가질 수 있었지만 이는 또한 분업과 집약경제의 발전, 상공업의 부흥을 제약했다. 그렇게 중국 사회는 자연경제에 발목을 붙들려 옴짝달싹 못하게 된 것이다. 게다가 토지가 소수에 다시 재집중되는 추세를 막지 못해 일정 기간을 간격으로 토지 재분배를 실시해야 했고 토지 재분배가 실시될 때마다 대규모 전쟁과 파괴가 거의 예외 없이 수반되었다.

'토지 겸병을 막지 않겠다'는 골자의 토지정책을 펴면서 송나라는 악순환의 궤도에서 벗어나는 데 성공했다. 이 정책은 토지에 대한 집약경영이 가능하게 했고 공업 발전에 대량의 잉여 노동력과 고용노동자를 제공했다. 추산에 따르면 송나라에서는 매년 전국 총 토지 면적의 약 20퍼센트가 유통되었다. 또 한편으로는 상공업이 성공적인 발전을 이루면서 대규모 농촌 노동력을 흡수했으며 더욱 중요한 것은 농민을 토지로부터 해방시켜 농업 인구가 감소했다는 것이다. 비중유畢鍾遊의 저서 『요주리회진제주장耀州理會賑濟奏狀』에 나온 통계에 따르면 북송 요주耀州의 일곱 개 현에는 모두 11만3000여 가구, 28만4800여 명의 인구가 거주했다. 그 가운데 비농업 인구는 17만9500여 명에 달해 전체 인구의 60퍼센트가량을 차지했다. 송나라의 수많은 지방도시 인구가 농촌 인구를 넘어섰음을 알 수 있다. 도시의 발전은 전문화된 분업을 촉진했다. 소위 "각종 직업에 출중한 인물이 나타난다"[11]는 표현은 송나라에서 비롯된 것이다. 도시로 유입된 많은 농민은 자신의 개인적 재능을 발전시켜 사회경제 발전과 생산력 증대를 이끌었다. 또한 이들은 중국 대공업 혁명에 중요한 전제조건이 되어주었으며 그 튼튼한 기틀을 닦아주었다.

고대국가는 외국에서 식량을 수입할 수 없는 상황에 처해 있었다. 송나라 농민들이 도시화의 급물살을 타고 도시로 유입될 수 있었던 것은 당시 농업이 매우 발달해 있어 충분한 식량을 생산할 수 있었기 때문이다. 송나라는 백성의 토지 소유권을 보호했고 '토지 겸병을 막지 않겠다'는 골자의 토지정책과 토지 매매를 간섭하지 않는 정책을 취하는 한편 계약소작 영역에 대한 국가 차원의 간섭을 강화했다. 구체적으로 말해 계약소작 관계에 있어 소작요율을 일정 수준 이하로 제한했고 개인 지주가 챙기는 소작료에도 제재를 가해 지주와 소작농의 관계를 조정했다. 간단히 말하자면 국가가 법적 수단을 이용해 지주가 소작료와 이자를 내리도록 강제했던 것이다. 지주의 토지를 임대해 경작하는 농민은 비교적 많은 수입을 올릴 수 있었고 농민들의 생산 적극성도 고취되었다. 이는 매우 중요한 경제조정 정책으로 농업경제 발전에 큰 힘을 실어주었다. 또한 송나라는 농지수리 인프라를 대규모로 건설했고 농업 생산 도구를 대대적으로 개선했으며 농업기술 수준을 제고시켰다. 그 가운데 1년 1모작에서 2모작의 과도기를 거치게 된 경작제도와 단위면적당 식량 생산량과 농업 생산력의 제고는 송나라 농업이 새로운 수준에 도달했음을 보여주고 있다. 미국 국적의 중국인 학자 허빙디何炳棣는『중국 역사 속의 조생 쌀中國歷史上早熟稻米』에서 이를 '농업혁명'이라고 불렀다.

자오더칭이 엮은『중국경제통사』의 통계에 따르면 송나라 때 농민 1인당 연평균 식량 생산량은 4158근斤이었는데 양절兩浙, 강동江東, 성도成都 평원, 복건福建 연해 등 발달 지역에서의 연평균 생산량은 6930근에 달했다. 이 수치가 시사하는 바는 무엇일까? 이 책이 제공하는 데이터에 따라 비교해보면 이내 알 수 있다. 한나라 때 노동자 1인당 연간 식량 생산량은 2000근이었고 당나라 때는 3204근으로 얼핏 봐도 송나라의 그것과 격차를 보이고 있다. 다시 현대 농업 생산력과 비교해보자. 1980년 중국의 총 식량 생산량은 6363억 근으로 노동자 1인당 평균 생산량은 3421근이었다. 여전히 송나라의 농업 생산력을 크게 밑도는 수준이다. 현재 송나라의 식량 생산이 상품화 경영을 완벽히 실현했음을 증명할 증거는 없지만 거의 모든 식량이 유통되었다는 것은 논쟁의 여지가 없는 사실이다. 게다가 송나라의 누에와 뽕나무, 차, 사탕수수, 과일, 채소 등 경제 작물은 기본적으로 시장 주도적 특성을 띠어 조직적으로 생산되었고 생산, 가공 등 단계에서는 전문화된 분업이 시행되었다. 이는 곧 상품경제를 의미하며 자급자족의 소농경제와 본질적인 차이를 보인다.

이러한 조치를 바탕으로 송나라는 도시화와 공업화를 시행할 강력한 기반을 다지게 되었고 농민들도 편안하고 여유 있는 생활을 누렸다. 이는 농민들의 생활상에 대해 송나라와 당나라 때 시인들이 묘사한 시를 듣기만 해도 이내 알 수 있다.

당나라 이백, 두보, 백거이, 원결元結, 원진元稹 등 많은 시인은 농민의 고된 삶을 주제로 수많은 시를 지었다. 이에 반해 송나라의 시가에 기록된 내용은 농민의 즐거운 노랫소리와 웃음소리로 충만했다. 왕안석은 "보리 행렬이 천 리에 다다르니 땅이 보이지 않고, 한 점 구름 없이 연이어 펼쳐진 산에는 기장이 자라고 있네. (…) 옛 오나라 땅 아이는 발로 땅을 구르며 노래하고 여자들은 춤을 추니, 즐거움만이 넘실거리고 괴로움은 찾아볼 수 없구나"[12]라고 썼다.

소식은 "서쪽 산모퉁이 농가 살림은 마냥 즐거운 듯, 미나리 부침 지지고 죽순 볶아 봄 밭 가는 농부에게 새참 드리네"[13]라고 썼다. 또한 장뢰張耒는 "사남촌의 맑은 술이 노랑 연꽃 같구나. 이웃 노인이 소를 잡고 이웃 여자가 요리를 하네. 꽃을 머리에 꽂은 농촌 아낙은 아이를 품에 안고, 지팡이를 끄는 노인은 부축받아 오네. 기분 좋도록 거나하게 취해 밤이 된 줄도 모르고, 넓적다리 드러내고 팔을 잡아당기며 때때로 정겨운 말다툼이네. 작년엔 많은 돈 들여 얼마 되지 않는 곡식을 바꾸었는데, 풍년에 마시는 술은 군주가 부럽지 않네"[14]라고 썼다.

육유陸遊는 또 이렇게 썼다. "농가의 납주臘酒[음력 섣달에 담근 술]가 텁텁하다 웃지 마오. 올해는 풍년이라 손님을 붙잡아도 닭고기, 돼지고기 풍족해서 괜찮다오."[15] 신기질辛棄疾은 "벼 익는 향기 속에 풍년이 있다"[16]라고 썼다. 또한 "동쪽 집에서는 새 며느리를 맞아들이고 서쪽 집에서는 딸을 시집보내며 등불 환한 문 앞에 웃음소리. 천 이랑 가득히 벼꽃 향기 빚어내기 위해 밤마다 온 하늘에 이슬 내린다"[17]라고 노래했다. 범성대范成大는 "타작마당 새로 만드니 거울처럼 평평하다. 서리 내려 맑은 날 집집마다 타작일세. 웃음소리 노랫소리 시끌벅적 즐거워 밤새우는 도리깨질 소리 날 밝도록 이어지네"[18]라고 썼다. 도리깨는 타작하고 탈곡하는 농기구다. 송나라 정부는 일상적으로 대규모 수리시설을 신축했고 수많은 사람이 함께 노동하는 경우가 많았다. 양만리楊萬里가 쓴 우정사圩丁詞(우정은 방수를 위해 제방을 쌓는 공인을 이름)에는 많은 이가 한데 모여 노동하는 장면을 찬미하는 내용이다. "해마다 우장圩長은 우정을 모으네. 소리쳐 부르지 마오, 스스로 가려고 하니. 수만 개의 방망이로 똑같은 소리를 내며 수천 삽의 흙을 파네. 큰소리로 목청을 높여 노래를 부르는데 언제나 박자가 딱딱 맞는구나."[19]

농민들의 노동에는 늘 웃음소리와 노랫소리가 끊이지 않았고 그중에는 꾸미는 말도 있겠지만, 이 또한 어떤 면으로는 송나라 농민들이 그 어떤 왕조의 농민보다 즐겁고 행복하게 생활했음을 보여준다. 중국 역사상 그 어떤 왕조의 농민들도 송나라의 농민들처럼 자유롭고 유쾌하게 생활하지 못했다. 또한 그 어떤 사회 또 어떤 왕조도 이처럼 자유롭고 행복하게 살고 있는 농민들을 묘사한 시가를 남겨놓지 않았다.

오늘날 송나라 백성이 극심한 고통을 겪었다고 생각하는 사람이 있다면 아마도 『수호전』이 큰 영향을 미쳤을 것이다. 여기서 『수호전』의 허구적 요소는 접어두고 그 내용만을 잠시 들여다본다면, 소설 속 대장부들이 부득불 양산박에 들어가야 했던 이유는 타인의 박해를 받았거나 죄를 지어서 혹은 잡히거나 꾐에 넘어가서였다. 그들 중 먹을 것이 없어 굶주려서 혹은 도저히 생계를 유지할 수 없었던 농민은 한 사람도 없었다.

물론 송나라의 경제에도 문제점은 있었다. 중요하게는 강력한 거시경제 조정 수단을 마련하지 못했다는 것을 들 수 있다. 이러한 수단에는 재세財稅, 금융, 가격이라는 세 가지 요소가 포함된다. 송나라는 현대 경제로 이행하는 과도기적 단계에 머물러 있었기 때문에 경제 조정 수단이 취약했다. 그 문제점은 주로 다음의 네 가지 과정에서 드러났다. 첫째, 세수의 불합리성, 특히 분세제를 시행하지 않는 연방재정 시스템 때문에 지방은 재정 수입이 없어 지방경제 발전을 추진하는 데 어려움이 있었다. 둘째, 화폐 유통과 신용대출 제도가 완비되지 않았다. 셋째, 상품 가격이 소수에 의해 조작되었다. 넷째, 교통, 에너지, 방직, 화약의 공업적 응용과 농업 인프라 건설 등이 국가 금융 및 재정의 지원을 받지 못했다. 융자시스템의 미비는 산업 발전을 정체시켰다. 훗날 왕안석은 변법을 통해 은행 대출을 이용해 농민들이 수리 건설과 식량 생산에서 겪고 있는 자금 조달 문제와 상인들이 봉착한 자본금 결핍 문제를 해결하고자 했다. 이 점에 착안해 왕안석은 청묘법靑苗法, 시역법市

易法, 농전수리법農田水利法 등을 제정했다. 그는 또한 방전균세법方田均稅法을 제정해 농업 세수가 안고 있는 불공정 문제를 해결했다. 더불어 시역무市易務를 설치해 180만 관에 달하는 정부 자금으로 시장의 물가를 안정시키는 수단으로 삼았다. 즉 어떤 상품의 가격이 저렴할 때는 정부가 매입하고 가격이 비쌀 때는 정부가 저가에 매각하는 방식으로 물가를 안정시킨 것이다. 또한 왕안석은 식량 비축 제도를 세워 식량 가격을 조정했다.

이러한 왕안석의 거시경제 조정 수단은 당시로서는 매우 선진적인 조치였다. 특히 금융을 경제 발전과 조정의 중요한 수단으로 삼은 것은 현대적이다. 하지만 그의 개혁이 훗날 부정적인 평가를 받고 긍정적으로 시행되지 못했던 점은 참으로 애석한 일이다. 이 밖에도 송나라 정부는 경제 발전 과정에서 과학적 발명에 대한 특허기술 보급제도를 세우지 않아 기계 제조, 채광, 방직, 차량운수, 조선, 화약, 나침반, 제지, 인쇄, 도자기, 철강, 농업 등 수많은 분야에서의 발명이 생산에 응용되지 못했고 대규모 상품 생산에 들어가지도 못했을뿐더러 산업화되지도 못했다. 필승畢昇이 발명한 점토를 이용한 활자 인쇄술은 세계 문명사상 일대 도약이자 그 가치를 감히 측량조차 할 수 없는 특허기술이었다. 만약 당시에 기업을 통해 특허기술의 구입을 진행했다면 이후 엄청난 산업으로 발전되었을 것이다. 이는 막대한 시장경제 효과를 가져왔을 것이고 또한 송나라의 인쇄업을 새로운 역사적 단계로 올려놓았을 것이다. 하지만 송나라에는 특허기술 보급제도가 없었기 때문에 결과적으로 위대한 발명은 당시 사용되지 못했고, 이후 유럽으로 전해지고 나서야 독일의 구텐베르크 등 인쇄공들에 의해 사용되었으며, 이에 힘입어 인류 역사의 신기원이 열렸다.

자유롭고 개방적이며, 적극적이고 건강한 다원화된 사회

송나라는 자유롭고 개방적이며 종교신앙의 자유가 있었다. 송나라 정권은 정교합일의 정권이 아니었다. 국가는 단일한 종교 신앙을 강제하지도, 어떤 하나의 종교를 믿도록 강요하지도 않았다. 사람들의 행위준칙이나 국가의 '지도사상'이 된 종교가 없었고 종교를 내세워 정부의 이데올로기를 강요하지도 않았다. 그래서 신앙의 자유가 철저히 보장되었다. 송나라에서 사람들은 유교, 도교, 불교, 유대교, 기독교, 이슬람교 등 모든 종교를 숭배할 수 있었다. 어떤 종교든 그것은 철저히 개인의 자유에 의한 선택이었다. 송나라 개국 초기, 태조는 후주 황제 시영이 불교를 금지했던 정책을 개혁해 300명을 천축으로 보내 경전과 사리를 구해오도록 했다. 태종 자신도 직접 고대 인도의 브라만 승려와 이슬람교도들을 만난 바 있었다. 북송의 수도 변량과 남송의 수도 임안 그리고 중국의 연해도시에는 수많은 기독교도, 유대교도, 이슬람교도 그리고 여타 다른 종교를 믿는 사람들이 거주했으며 건물과 예배당을 소유했다. 불교와 도교는 전국 각지의 명산대천에 수많은 절과 도교 사원을 지어 중국의 종교는 크게 번창했다. 이로써 송나라는 각종 종교가 공존하는 개방적인 국가로 자리매김하게 되었다.

송나라의 자유로움과 개방성은 송이 국제화 사회였다는 데서 구체적으로 드러난다. 송나라는 오늘날의 미국 사회와 같이 피부색이 다른 다양한 인종을 수용하는 사회였다. 경제가 신속히 발달하면서 상업이 공전의 번영을 이룩했고 각종 종교가 급속히 전파되었으며 중국에 오는 외국인들이 갈수록 증가했는데 이는 당나라 때를 훨씬 웃도는 수준이었다. 일찍이 마르코 폴로가 중국에 발을 내딛기 전 이탈리아의 상인이자 학자였던 야콥 단코나Jacob D'Ancona가 1271년 중국의 천주泉州에 와서 자신의 견문을 기록했다. 당시의 천주에는 수십 만 명의 일본인, 고려인, 베네치아인, 유대인, 영국인, 프랑크인, 실론인, 인도인, 소小자바인, 피사인, 흑인들이 생활하고 있었다. 또한 알렉산드리아 등지에서 온 사람들도 있었다. 이처럼 중국에 정착했거나 상업에 종사했던 유럽인 및 아시아인들은 중국인과 자유롭게 왕래했고 심지어는 한 데 뒤섞여 살면서 결혼해 수많은 혼혈아가 태어났다. 외국인들은 중국의 언어, 문자를 배웠고 송나라 사람들의 의복을 입었으며 생활 방식이나 예절 면에서 이미 송나라 사람들과 매우 유사한 모습을 보였다. 천주 이외에도 임안, 광주 등 도시에서도 수많은 외국 이민자가 생활하고 있었다.

특히 주목할 점은 송나라 때 많은 유대인이 이 사회에 동화되었다는 것인데 이는 인류 역사상 전무후무한 일이었다. 송나라가 고도로 자유롭고 개방적이지 않았다면, 또 선진적인 문화와 생활 방식을 갖추지 않았다면 어떻게 그렇게 우수한 유대인들을 동화시킬 수 있었겠는가? 사료에는 북송의 수도 개봉에 열일곱 유대인 대가족이 생활하고 있었다고 기록되어 있다. 이들은 "중화에 귀화하고, 선조의 풍습을 준수하며, 변량에 머문다"[20]라는 세 가지 조항의 규정을 받아들인 뒤 중국에 정착했다.

송나라의 자유로운 개방은 또한 학술의 자유 면에서 두드러지게 나타난다. 이는 춘추전국 시대 이후 두 번째 맞은 자유로 중국의 르네상스 시기라고 불릴 만하다. 사대부를 보호하는 태조의 강령 이후 송나라에서는 사상을 표출하는 데 불가침 영역이 없었다. 어떤 말이든 할 수 있었고 어떤 의견이든 자유롭게 개진할 수 있었다. 말로 인해 처벌받는 악법이 없었고 언론출판을 검열하는 제도도 없었다. 어떠한 서적이든 자유롭게 출판, 판매될 수 있었고 일반 백성도 조정 관리 더 나아가 정부에 의견을 개진하며 비판할 수 있었다. 심지어는 법원에 상소하기도 했다. 이러한 정책으로 사회 전체적으로 사상이 억압에서 해방되어 전례 없이 발달하게 되었다.

송나라 교과서에는 "천하는 천하 사람들의 천하요, 한 사람(황제)의 사유물이 아니다"[21]라는 구절이 실려 있었고 스승은 학생들에게 이 가르침을 전했다. 당시 서구 세계에는 전제제도가 시행되고 있었던 데 반해 중국의 학생들은 노예화 교육을 주입 받은 것이 아니라 민주적 훈도를 받고 있었다. 이에 따라 송나라 사람들은 천하의 일을 자신의 소임으로 삼을 수 있었다. 당시의 중국 대신들은 감히 최고 통치자에게 이런 말을 했다. "천하는 조상의 천하요, 군신과 만백성 그리고 삼군三軍의 천하입니다. 폐하 한 사람의 천하가 아닙니다."[22]

북송 전기에 학자 이구李覯는 관에서 여태껏 취해온 금각禁権 정책을 공개적으로 반대하고 나섰고 자신의 저서 『부국책富國策』에 다음과 같은 주장을 실었다. "지금은 모든 통상을 허락하는 것이 낫다."[23] 북송 중기 여도呂陶는 인종 즉위 시기에 동남 지역에서 시행한 차茶 통상정책은 인정한 반면 신종이 사천 지역에서 시행한 각다権茶 정책에 대해서는 비판의 목소리를 아끼지 않았다. 각다정책은 국가에서 차를 전매해 그 이익을 독점했던 정책이었다. 그 전에 사마광은 인종에게 올리는 상주문에 상공업의 합리성을 십분 인정하면서 한, 당 이후의 '중농억상' 정책과 전통적인 '농본상말農本商末' 사상을 비판했다. 그리고 수공업 및 상업도 농업과 같이 재산 축적의 중요한 원천이고 똑같이 중요한 것들이라고 생각했다. 한편 남송의 학자 정지도鄭至道는 사농공상 모두가 백성의 본업이라는 입장을 견지하고 있었다. 이 모든 상황은 송나라 사상가들의 경제학적 사유의 뛰어남을 보여준다.

송나라의 수많은 학자가 우주 형성 및 자연계와 인류사회의 기원 그리고 그 구성 원리에 대해 탐구하기 시작하면서 각종 철학 유파가 등장한 점에 주목할 필요가 있다. 주돈이周敦頤의 경우 도가의 '무극설無極說'과 유가의 '태극설太極說'을 결합해 우주의 근원과 만물 진화 및 인성과 도덕을 탐구했다. 소옹邵雍은 한나라 이후의 상수학象數學을 받아들이고 『주역』의 내용을 상세히 밝혀 수리 도식을 도출하여 새로운 상수학을 만들어냈다. 장재張載는 『역전易傳』을 토대로 우주 발생론을 도출해냈고 특히 '기氣'라는 개념을 강조했는데 이는 일종의 유물론적 관점이었다. 이후 정호程顥, 정이程頤 형제가 이학理學의 체계를 세웠고 '이理'를 철학의 최고 범주로 간주하고 이기설, 인성론, 격물치지설 등에서 상대적으로 체계적인 학설을 세웠다. 한편 주희朱熹는 북송 이후의 이학을 집대성하고 최종적으로 체계적이고 완결된 이론 체계를 수립했다. 이밖에도 육구연陸九淵은 '심학心學'을 수립했다. 송나라의 저명한 사상가이자 이론가로는 왕안석, 소식, 심괄沈括, 진량陳亮, 엽적葉適, 여조겸呂祖謙 등의 인물들이 있었다.

성리학은 사회윤리 방면에서 '삼강오륜'이라는 도덕적 기준을 제기했고 인성론적 면에서는 천리를 보존하고 인욕을 없앤다는 '존천리存天理, 멸인욕滅人欲'을 제기했다. 그리고 황제의 전제제도를 유지하기 위한 이론적 근거를 제공해주었고 인성과 인권을 말살시켰다. 하지만 중국의 철학체계를 전례 없이 고도로 성숙한 단계로 격상시켰고 우주체계의 실체와 그 심층에 내재된 관계에 대해 심도 깊은 탐구를 벌였다. 우주의 발생 진화학과 횡적 구조설을 한 데 결부시킨 것이다. 송나라의 사상가와 철학자들은 변증법적 논리를 발전시키는 데 큰 기여를 했다.

물론 송나라는 언론의 자유가 보장되고 사상적으로 개방된 시대였지만 그것이 곧 '문화文禍' 사건이 발생한 적이 없음을 의미하지는 않는다. 셰창린謝蒼霖은『삼천년문화三千年文禍』에서 송나라 구양수가 좌사간 고약눌高若訥에게 준 편지로 인해 발생한 '여고사간서與高司諫書' 사건과 소식蘇軾이 올린 표문에 대신들을 경멸하는 글귀가 문제가 되어 일어난 '오태시안烏台詩案' 등 30여 차례의 문자옥을 기술했다. 하지만 문자로 인해 일어났던 사건들을 자세히 연구하다보면 당파 투쟁 외에도 관리사회의 알력다툼이나 정권을 잡은 간신들이 정도를 가던 인물들에게 가한 박해가 사건 발생의 원인에 포함되어 있음을 발견할 수 있다. 황제가 이데올로기를 통제하기 위해 짓밟는 수단으로 사용된 적은 한 건도 없었다. 이는 이후 명청 사회의 황제들이 사상을 예속하고 여론을 통제한 것과 근본적으로 다른 모습이었다. 예를 들어 북송 때 소식이 겪었던 시문詩文 사건은 조정이 학술사상을 통제하면서 발생한 것이 아닌 당파투쟁으로 인한 보복이었다. 또 다른 예로 남송 때 주희의 이학을 억누르고 금했는데 이는 당시 조정의 일부 정치인들이 다른 사상을 가진 이들을 배척했던 정치투쟁이었지 결코 여론에 대한 통제는 아니었다. 이러한 사건의 최후는 좌천이나 유배가 일반적이었는데 피해자는 얼마 지나지 않아 재기했고 사건 역시 진상이 밝혀졌다.

자유롭게 개방된 송나라의 환경은 출판업과 교육을 부흥시켰다. 송나라는 학자들의 저서 출판이 양적으로 가장 많았던 왕조였다. 사마광이 지은『자치통감資治通鑑』, 이도李燾의『속자치통감장편續資治通鑑長編』, 심괄의『몽계필담夢溪筆談』등은 모두 위대한 저작이다. 송나라의 교육사업은 더더욱 왕성하게 발전했다. 당시 도성에 국자학이나 태학 등을 설치했고 또한 전문성이 강한 무학武學, 율학律學, 산학算學, 화학畫學, 서학書學, 의학醫學 등을 가르쳤다. 인종 이후에 각 주와 현에 학교 창설을 장려했고 휘종 때에 이르러서 전국적으로 관에서 학비와 생활비를 지원해준 주, 현의 학생들 수는 무려 15~16만 명에 이르렀다. 이는 당시 세계적으로 극히 보기 드문 현상이었다.

특히 주목할 대목은 송나라 때는 공립학교 이외에도 세계 최초로 사립대학을 세워 개인이 강의하고 제자를 받는 붐이 일어났다. 전국적으로 유명했던 사립대학으로는 석고石鼓, 악록岳麓, 백록동白鹿洞, 응천應天의 사대 서원이 있었는데 그 가운데 '악록서원'에는 진종이 친필로 쓴 현판이 지금까지 현존하고 있다. 이 밖에도 소흥紹興, 숭양嵩陽, 휘주徽州, 소주蘇州, 계주桂州, 합주合州 등 수많은 주에 서원이 세워졌다. 이러한 사립대학은 관이 세운 주현의 학교와 다르게 통상적으로 사대부가 건립했다. 때문에 학교 분위기가 좀더 여유로웠고 정통의 유가학설 외에도 기타 각종 학설을 강의할 수 있었으며 다양한 사상에 대해 서로 의견을 교류하고 토론하며 논박할 수 있었다. 주희와 육구연이 아호사에서 두 차례 학문을 토론했던 이른바 '아호지회鵝湖之會' 그리고 주희와 진량 사이에 있었던 '왕패의리지변王覇義利之辯'을 예로 들 수 있는데 이를 통해 교사와 학생 간의 사상토론이 활발히 이루어져 학술적 번영과 진보를 이끌었다. 교육의 보급은 송나라 문화가 고도로 발달했다는 중요한 상징이자 송나라 문화가 커다란 성과를 얻을 수 있었던 중요한 원인이었다. 대중이 국가의 정치에 자신의 의견을 자유롭게 개진하도록 하기 위해 국가는 과거시험에 한 가지 중요한 내용을 포함시켰는데 그것이 바로 책론策論 시험이었다. 응시자가 정치와 경제 등 사회 제반 문제에 대해 자신의 의견을 개진하고 자신의 정견을 밝히는 것이었다. 이처럼 관이 언론의 자유를 장려함으로써 전체 사회에 전례 없는 사상적 개방을 실현했다. 중국 역사에서 참으로 보기 드문 상황이었다.

송나라가 자유롭고 개방적일 수 있었던 데는 바람직한 사회적 기풍이 일조한 바 있었고 또 다른 중요한 원인으로는 공평한 경쟁과 투명한 인재 선발 제도, 즉 과거제도를 들 수 있다. 서구인들이 중국의 5대 발명이라 칭하는 과거제도는 현재에 이르기까지 중국에서 가장 과학적인 인재선발 제도다. 송나라는 또한 국가 차원에서 국립대학을 세워 인재를 양성하는 목적으로 이용했다. 하지만 민간 교육기관이 더욱 많은 역할을 담당했고 국가는 그저 민간에서 양성한 인재를 선발하는 역할만 담당했다. 즉 송나라의 국가 정권은 철저히 민간에 개방되었다.

'문文을 귀히 여기고' 과거를 통해 인재 선발을 지향하는 정치 환경 속에서 사회 전체적으로 학문에 정진하는 바람직한 풍조가 형성되었다. 송나라에 널리 유행했던 「신동시神童詩」에는 "천자는 영웅호걸을 중히 여기고 글은 너희를 가르친다. 모든 것은 다 하등품이며 오직 공부만이 고상한 것이다"[24]라고 쓰여 있다. 진종은 백성이 학문에 정진하도록 하기 위해 시를 써서 격려했다. "책 속에 저절로 화려한 집이 있다. 책 속에 얼굴이 옥과 같이 아름다운 여자가 있다. 책 속에 저절로 천종의 복록이 있다."[25] 농민이든 부호의 자제들이든 관료의 후대이든 모두 자신의 재능과 학식으로 시험에 응해야 정계에 발을 디딜 수 있었다. 이는 사람들이 학문에 정진하고 독립적으로 사고하여 지식과 도덕적 수양을 갖추게 유도했다.

『용제수필容齋隨筆』에는 학구열이 강했던 당시의 상황이 이렇게 묘사되어 있다. "아비와 형님된 자는 그 자식과 아우에게 글로써 재앙을 면케 하고 어미와 아내된 자는 그 자식과 남편에게 학문으로써 창피를 면하게 하라."[26] 북송의 조충지晁沖之는 「야행夜行」이라는 시를 지어 "외딴 마을에 새벽이 가깝도록 등불이 반짝이는 걸 보니 뉘 집 자제인가 아직도 독서를 하고 있는 게로구나!"27라고 읊었다. 이를 통해 송나라 사람들의 향학열을 짐작할 수 있다. 여러 해 동안 관리 임용 제도의 하나인 공거貢擧에 참가하는 이들이 끊임없이 늘어났는데 태종이 즉위한 이후 첫째로 시행되었던 공거(977)에는 5300명이 시험에 응시했고 진종이 즉위한 뒤 첫 번째 공거(998)에는 무려 2만 명이 응시했다. 호남湖南은 고대에 문화적으로 낙후하고 경제적으로 침체된 지역이었는데 이후 악록서원의 호남 출신 자제가 전시에서 장원급제하자 호남인들은 모두 이를 파천황破天荒[아무도 하지 않았던 일을 함]이라 하며 깊은 자부심을 느꼈다.

자유롭고 개방적인 송나라의 면모는 인신의 자유를 존중하는 면에서도 드러난다. 송나라에도 과거처럼 인신을 구속했던 호적 제도가 있었지만 통계학적인 의미에서 국가 인구를 파악하는 데만 사용되었다. 송나라 사람들은 거주지 이전과 이동이 자유로웠다. 정부는 백성이 나서서 상공업에 종사하고 도시로 이주하는 것을 적극 권장했다. 그 과정에서 관의 증명이 필요 없는 것은 물론이고 타인의 보증도 불필요했다. 또한 소위 임시 체류증이나 출산계획증서 등을 준비할 필요는 더더군다나 없었고 관에 이런저런 비용을 납부하지 않아도 되었다. 송나라는 사람의 머릿수대로 세금을 징수하지 않았다. 세수는 토지와 재산 보유 정도에 따라 책정되었다. 연좌제 없이 개인이 지은 범죄는 그 사람에 한해 해결되었다. 그렇다보니 인신의 자유를 제한할 필요가 없었다. 이 밖에도 고문을 가해 자백을 받아내는 엄격한 형벌이 없었고 범인에 대한 사형판결은 반드시 최고법원의 심사 결정을 거쳐야 했다. 때문에 송나라에는 사형이 판결된 예가 아주 적었다. 범인에 대한 심문은 필히 증거를 기준으로 삼아야 했고 무고한 사람에게 죄를 뒤집어씌우고 죄를 인정하도록 강요해서는 안 되었다. 범인은 판결에 불복하면 최고법원에 상소할 수 있었다. 인종은 재위 기간 해결이 곤란한 안건은 모두 가볍게 처리했고 고문을 가해 강제로 자백을 받아내는 행위를 불허해 범인 인신의 자유권을 보호했다.

송나라의 개방적 기풍은 여성 존중에서도 가감 없이 드러난다. 사람들은 송나라에 대해 오해하는 부분이 있다. 송대에 '삼종사덕三從四德, 남존여비, 부위처강夫爲妻綱' 등이나 정절문, 전족, 남녀유별 등을 기저에 깔고 있는 이학이 등장해 여성들이 억압과 피해의 대상이 되었다고 생각한 점이다. 하지만 이는 순전히 오해다.

송나라는 여성을 철저히 존중하는 사회로 여성은 매우 독립적이고 존엄성 있는 생활을 영위했다. 한동안 유행했던 영화 「양문여장楊門女將」은 바로 송을 배경으로 하는 영웅 스토리다. 또한 남송 때 장군 한세충韓世忠의 아내였던 양홍옥梁紅玉은 직접 전장에 나서서 북을 치면서 피를 흘리며 분전을 거듭하고 있는 군인들의 사기를 북돋우며 엄청난 기백을 드러냈다. 이뿐 아니라 송대는 이청조李淸照와 주숙진朱淑眞 등 걸출하고 우수한 여성 인재들이 대거 등장했다. 이청조의 시에는 "눈썹 내리우니 그리움이 다시 솟네才下眉頭, 又上心頭" "사람이 국화보다 파리하다人比黃花瘦"처럼 젊은 여성의 섬세한 감성이 실려 있다. 또한 "살아서는 인걸이더니 죽어서는 귀신의 영웅이 되었구나. 지금도 항우를 그리는 것은 구차하게 강동에 돌아가지 않았기 때문이라네"[28]처럼 남성들이 부끄러워 할 정도의 호탕한 기개로 부드러우면서도 다부진 송나라 여성의 품격을 표현했다.

이것이 그저 소수의 여성호걸에 국한되는 말이라고 여긴다면 송나라 보통 여성들의 생활상을 살펴보자. 『두십낭노침백보상杜十娘怒沈百寶箱』이라는 소설은 송나라 때 이야기다. 한 기녀가 사랑을 얻기 위해 모든 것을 버렸으나 결국에는 사랑하는 사람이 배신하자 분노한 나머지 엄청난 양의 금은보화를 강물에 던지고는 자신도 강물에 뛰어들어 자진했다. 이 얼마나 강직하고 열정적인 사랑인가! 또 다른 예로 송나라의 명기 섭승경聶勝瓊은 이지문李之問이라는 관리를 사랑하게 되었고 두 사람이 이별할 때 그녀는 정인에게 「자고천鷓鴣天」이라는 시를 한 수 지어주었다. "사랑하는 님 시름에 젖어 봉성을 나서는데 연화루 아래 버드나무는 푸르기만 하네. 그 님 앞에서 부르는 한 소리 석별의 노래, 사람마다 헤어지니 오십 리 이별 길이네! 님 그리워 꿈꾸려도 꿈은 이루어지지 않으니 누가 있어 이 내 심정 알아주려나. 베갯머리 적신 눈물 섬돌 앞 내리는 비 같은데 벽 쪽 창가에 물방울 지더니 날이 밝아오네."[29] 이지문은 집으로 돌아갔고 이 시를 그의 처가 읽게 되었다. 그녀는 남편에 대한 섭승경의 진심 어린 애정에 깊은 감동을 받았고 또한 섭승경의 처지와 재능에 대해 깊은 동정과 연민을 갖게 되었다. 그녀는 자신이 시집올 때 가지고 온 혼수와 쌈짓돈을 챙겨 남편에게 건네주면서 섭승경을 맞아 집으로 데리고 돌아오라고 당부했다.

소식이 자신의 아내를 기리기 위해 지은 「강성자江城子」라는 사詞 한 수를 살펴보도록 하자. "십 년 동안 산 자와 죽은 자 멀리 떨어져 있어 생각하지 않으려 해도 잊기가 어렵네. 천리 길 외로운 무덤에서 이 처량함 말할 길 없네. 설령 서로 만난다 해도 알아보지 못하겠구려, 세파에 주름진 얼굴에 귀밑머리는 서리처럼 하얗게 세어버렸으니. 깊은 밤 꿈속에서 문득 고향에 돌아오니 조그만 난간 창가에서 머리 빗고 몸단장하고 있었지. 말없이 마주보며 하염없이 눈물만 흘렸네. 해마다 애간장 태우던 곳은 밝은 달 밤 키 작은 소나무 아래에서였지."[30] 이 사詞가 오랜 세월 명작으로 불리고 심금을 울리는 이유는 그 속에 아내에 대한 소식의 무한한 사랑이 담겨 있기 때문이다. 또한 "허리띠 점점 헐거워져도 결코 후회하지 않으리. 그대 그리워 야위고 초췌해지네. 깊은 정과 말 못할 사연을 누구에게 후련하게 이야기할까"[31] 혹은 "두 사랑이 진실로 영원하다면, 어찌 하루 이틀에 연연하겠는가"[32] 등의 시구가 있는데 역시나 송대 여인들에 대한 두터운 정과 고상한 애정을 보여주고 있다.

만약 이것이 송나라 지식인들만의 감정이라고 한다면 다시 송나라 보통 여성들의 생활상을 살펴볼 수 있겠다. 오자목吳自牧은 『몽양록夢梁錄』에 이렇게 썼다. "오간루 앞 대로의 기와 가게 앞에 앉아, 꽃 세 송이를 머리에 꽂고 차 파는 할머니, 찻잔 두드려 소리를 내고, 판을 두드리며 박자를 맞추니 대로를 지나는 사람들 빙그레 웃지 않는 이들이 없구나."[33] 할머니가 머리에 꽃을 꽂고 있는 모습은 송나라의 할머니들도 아름다움을 추구하고 개방적이며 적극적인 사고로 앞에 나설 배짱이 있었음을 보여주고 있으며, 송나라는 나이 많은 할머니들도 장사에 일가견이 있었음을 알 수 있다. "꽃을 머리에 꽂은 농촌 아낙은 아이를 품에 안고 오고, 지팡이를 끄는 노인은 부축 받아 오네. 기분 좋도록 거나하게 취해 밤이 된 줄도 모르고, 넓적다리 드러내고 팔을 잡아당기며 때때로 정겨운 말다툼이네." 농촌 여성들은 아이를 낳은 뒤에도 꽃을 꽂고 치장했으며 남성들과 먹고 마시며 인생을 즐겼다. 이들의 어떤 모습에서 그렇게 많은 예법과 도덕의 구속을 찾아볼 수 있단 말인가? "나이든 여자가 허리에 낫을 달고 나서니 여자아이가 광주리를 들고 뒤따른다"[34]에서 볼 수 있듯이 농촌의 여성들도 농촌 남성들과 같이 밭에 나가 농사일을 하고 세상의 절반을 차지하며 사회적 역할을 담당했음을 알 수 있다.

"강안에 둘 셋씩 모여 빨래하며 노는 여인네들 오가는 나그네들 피하려다 수줍은 웃음 띠며 서로 이야기 나누네"[35]에서는 젊은 여성들은 집 밖을 나서서도 치아를 드러내고 활짝 웃었다. "사내의 마음이 강하고 첩의 마음도 깊구나. 유벽거油壁車는 빠르고, 사내의 말은 청총마青驄馬. 아홉 리의 솔숲에서 서로 만나네."[36] 이렇듯 당시 여성들은 대담하게 만날 약속을 잡고 용감하게 애정을 구했다. "달은 버들가지 위에 오르고 그 사람과 황혼녘에 약속을 했지."[37] 송나라 여성들이 남성과 자유연애를 하면서 느끼는 순수한 감정과 행복한 생활을 추구했던 마음을 표현하고 있다. 이에서 송나라가 매우 인성을 추구하는 사회였고 가혹한 예법과 도덕은 존재하지 않았던 사회였음을 알 수 있다.

송나라 정부는 천재지변이 일어날 때마다 막대한 비용과 식량을 들여 이재민을 구제했다. 이와 동시에 정부는 중요하고도 효과적인 조치를 취했는데 바로 대규모 모병이었다. 송나라는 중국 역사상 유일하게 장기간 모병제를 지속한 왕조였다. 세계 최초의 직업군인도 송나라에서 등장했다. 송나라 이전과 이후 그리고 지금에 이르기까지 중국은 강제적인 징병 정책을 시행해왔다. 모병제는 국가의 강요에 의해서가 아닌 자원에 의해 입대하는 것이지만 입대하는 이들에게는 봉급을 지급해야 했다. 다른 왕조에서는 입대와 강제 징집이 종종 농민 봉기의 도화선이 되었지만, 송나라에서는 모집된 병사들이 고용군이 되어 두둑한 봉급을 받았기에 사회의 갈등을 완화시켜주는 중요한 정책이 되었다. 어떤 지역에서 자연재해가 발생해 백성이 생존하기 어려운 지경에 이를 때마다 정부는 해당 지역에서 대규모로 병사를 모집했다. "한 명을 모집하면 조정에는 병사 한 명이 불어나고 산야에는 도적 한 명이 줄어들게 되었다." 이러한 방법으로 백성의 생활을 개선하고 사회를 안정시켰는데 이 역시 송나라 때 농민 봉기가 비교적 적게 발생한 중요한 원인 중 하나였다. 이렇게 볼 때 모병제의 시행에 든 비용은 실상 결코 '군비 지출'이 아니었고 도리어 상당 부분은 재정의 이전지출轉移支出, transfer payment이나 사회보장의 성질을 띠고 있었다. 또한 국가가 농업사회에서 상공업사회로 전환하는 데 정부가 마땅히 치러야 하는 대가였다. 혹자는 이러한 상황을 두고 송나라는 긴요하지 않은 병사, 즉 '용병冗兵'과 누적된 가난, 즉 '적빈積貧'으로 국가 재정 적자를 가중시켰다며 비판했다. 하지만 적자경제로 사회의 안정과 경제 발전을 꾀하는 방법은 현대 거시조정정책과 매우 유사하여 소비를 촉진하고 생산과 시장유통을 자극하는 효과를 가져올 수 있었다. 그래서 송나라의 '용병'과 '적빈'은 외적의 압박으로 초래된 것이 아닌 송나라 정부의 진보적인 정책이 낳은 결과였다. 정부가 민생에 주의를 기울이고 백성의 생활을 개선시키며 경제 발전을 추진하기 위해 취한 적극적인 조치였던 것이다.

국가적으로 이처럼 진보적인 정책을 추진하면서 송나라에는 자유롭고 개방적이며 적극적이고 건강한 사회가 등장했다. 백성은 부유하고 행복하며 자유로운 생활을 누렸고 사회는 화합하고 안정적이었으며 개인의 자질은 부단히 향상되었다. 송나라 때는 사람들의 생활수준이 역사상 어떤 왕조보다 월등히 높았을 뿐만 아니라 문화와 의료 보급률도 비할 바 없이 높은 수준에 이르렀다. 산문과 정치평론으로 유명한 당송팔대가唐宋八大家 중에서 당나라 때 인물들인 한유韓愈와 유종원柳宗元을 뺀 나머지 구양수, 소순蘇洵, 소식, 소철蘇轍, 증공曾鞏, 왕안석 등 6인은 모두 북송 때의 인물들이다. 게다가 지식인이 시와 문장에 능한 것은 물론이거니와 일반인들도 상당한 수준의 시가와 문장을 지었다. 거문고를 타고 바둑을 두며 글씨를 쓰고 그림을 그리는 등의 행위는 송나라의 일반인들도 매우 좋아하는 예능이었다. 한편 송인들은 질병을 치료받기가 매우 편리했고 성의 도처에는 한약방과 의원이 즐비했으며 송나라의 의료기술 또한 역사상 최고 수준을 자랑했다. 또한 황궁에서 사용하는 약품을 시장에서 저가로 판매해 약품 가격의 상승을 통제했다. 당시 각 도시에는 시약국施藥局, 자유원慈幼院, 양제원養濟院, 누택원漏澤園 등 의료복지시설이 세워져 생활이 빈곤하거나 과부와 노인 그리고 의지할 데 없는 고아들을 대상으로 의료와 구제 활동을 펼쳤다.

송나라가 인성을 추구하는 사회였고 인간이 거주하기 적합한 사회이자 광명정대한 사회였다는 것은 더 이상 설명이 필요 없는 역사적 사실이다.

제6장

황권지상 인권 추락의 시대

: 원·명·청의 암흑정치와 문명의 쇠락

원, 명, 청 세 왕조를 언급하는 데 있어서 먼저 이 왕조들이 이후 중국을 위해 광활한 영토를 남겨놓았다는 점을 인정해야 한다. 하지만 광활한 국토는 문명의 진보나 백성의 행복과는 결코 직접적인 관련이 없다. 때문에 이 책은 논점을 이 세 왕조의 영토 문제가 아닌 문명 상황에 맞추기로 하겠다.

몽골군의 대학살

몽골족은 고대 흉노족의 후손으로 이들은 불아한산不兒罕山(긍특산肯特山)을 중심으로 한 황무지에서 거주한 유목민족이었다. 황무지에서 거주하고 있었기 때문에 자연환경이 척박했고 의식이 풍족하지 않았다.

상황이 그렇다보니 음식물을 쟁탈하기 위해 부락 간에 공격과 살육 그리고 약탈행위가 끊임없이 벌어졌을 뿐만 아니라 부자와 형제간에도 서로 참혹하게 죽였고 노인, 어린이, 환자, 장애자 등 약자들이 유기되기가 다반사였다. 그래서 초원 위의 유목민족은 문명사회의 존엄성을 갖추지 못했고 선택 가능한 다른 생존방식도 없었다. 초원사회에서 서로 죽고 죽이는 상황이 쉴 없이, 그리고 대규모로 이어지면서 인구 생존율이 지극히 낮았다. 그러자 그 부락들은 음식물을 약탈했을뿐 아니라 부녀자와 아이들도 빼앗았다. 테무친(칭기즈칸의 아명)의 모친은 테무친의 부친이 빼앗아온 사람이었고 테무친의 아내도 다른 이에게 빼앗겼다가 다시 빼앗아왔다.

송나라 시기 몽골 민족은 부락 간의 학살로 서로 간에 피맺힌 원한을 갖고 있었다. 다른 부락에 멸망되지 않기 위해 약육강식의 생존을 생활 준칙으로 삼았다. 그들에게는 인간의 동정심은 거의 없었다. 사람 한 명을 죽이는 것을 양 한 마리를 죽이는 것보다 훨씬 수월하게 해냈고 부락과의 전쟁에서 승리할 때마다 적진의 남자들을 모두 죽였으며 여자와 아이들은 약탈해 노예로 만들었다. 칭기즈칸은 서역 원정에서 돌아와 후대를 가르치면서 매우 유명한 말을 했다. "인생 최대의 낙은 적을 몰살시키고 그들이 소유한 재산을 약탈하며 그들의 친족이 가슴 아프게 우는 장면을 목격하는 것이다. 또한 그들의 말을 타고 그들의 아내와 딸들을 유린하는 것이다."[1] 칭기즈칸의 이 발언은 이슬람 세계에 널리 전파되었다. 하지만 칭기즈칸은 자신의 잔인성으로 인해 타인들이 그를 폄하하고 있다고 생각하지 않았으며, 오히려 사람들로 하여금 적에 대한 그의 잔인성을 선전하게 해 심리적으로 적을 위협하고자 했다. 세계적으로 학살과 약탈을 당하고 노예가 되기를 거부하는 사람들은 모두 칭기즈칸의 적이었다. 몽골 민족은 바로 그런 사람들이었다.

오늘날 우리는 『원사元史』『금사金史』『원문류元文類』 등 사서와 원호문元好問 등 많은 송·원 시대의 지식인 및 외국인이 남긴 기록을 통해 당시 몽골군이 자행한 학살의 증거를 찾아볼 수 있다. 이 역사적 사실을 기록한 이들 중에는 현장에서 그 장면을 목격한 이들도 있고 저자가 몽골인인 경우도 많다. 그들의 기록에서 몽골군의 악진은 고대 사회의 크나큰 재난이었음을 알 수 있다. 칭기즈칸은 "군대를 일으켜 대항한 도시와 읍은 모두 매장시킨다"[2]라는 군법을 제정했다. 몽골 군대는 자신에게 저항한 지역은 성 전체를 무차별 도륙했고 남녀노소 상관없이 한 명도 남기지 않고 죽였으니 이를 '도성屠城'이라고 했다.

먼저 칭기즈칸의 지휘 아래 화자자모花刺子模(크와리즘khwarizm, 지금의 우즈베키스탄 서북쪽 일대)를 약탈한 전쟁을 살펴보자. 몽골 군대는 야전에서의 우위를 십분 활용해 약 3년간의 전쟁 끝에 화자자모 전역을 정복했다. 그 과정에서 맹렬한 저항에 부딪혔고, 몽골군은 많은 지역에서 체계적인 종족 말살을 자행했다. 남자들은 단체로 살육했고 임산부는 칼로 배를 갈라 뱃속의 아기까지 죽였으며 상대가 고통스럽게 죽어갈 때도 갖가지 방법으로 괴롭혔다. 그들은 남녀노소에 따라 죽은 자의 머리를 분류하고 높게 피라미드를 쌓아 자신들의 무공을 과시했다. 또한 성 안의 모든 집을 불사르고 부패한 시신으로 식수원을 오염시켜 요행히 재난을 피해간 운 좋은 이들까지 얼어 죽거나 굶어 죽거나 아니면 역병에 걸려 죽게 만들었다. 옥수스Oxus 성에서 한 여인은 살해당하기 전에 목숨을 구해보고자 병사들에게 보석을 주겠다고 소리 질렀다. 여인이 보석을 삼켰다는 것을 알게 된 병사들은 그녀의 배를 갈라 보석을 꺼냈다. 칭기즈칸은 이 이야기를 듣고 즉시 명령을 내려 이후부터는 모든 이의 배를 갈라 보석이 있는지 확인하도록 했다. 또한 몽골 군대는 남편과 아버지가 보는 앞에서 그들의 부인과 딸을 강간한 뒤 집안의 남성과 함께 죽였다. 몽골 군대의 잔혹한 살육으로 화자자모의 모든 민족은 하나도 남김없이 말살되었다.

몽골인은 화자자모뿐 아니라 서하西夏와 페르시아 민족도 살육했으며, 이들 민족은 몽골 군대의 칼 아래 소리 없이 사라졌다. 1205년부터 1207년에 이르기까지 칭기즈칸은 군대를 이끌고 서하 지역을 세 차례에 걸쳐 공격했다. 서하 군대는 강력히 저항했지만 결국 패하고 말았다. 몽골군은 서하 국왕부터 일반 백성에 이르기까지 전체를 학살했고 그로부터 당항족黨項族은 맥이 끊겨 역사에서 자취를 감췄다. 그 시대 서하의 역사서를 편찬한 이가 없기에 당시 무참히 살육 당한 인구가 얼마나 되었는지 알 길은 없다. 하지만 추정에 따르면 수백만 명이 넘는 인구가 처참한 죽음을 맞았을 것이라고 한다.

몽골군은 서하를 멸망시키는 동시에 금나라에 맹렬한 공격을 퍼부었고, 금나라는 완강히 저항했다. 하지만 훗날 내란의 발생으로 수도 북경성의 성문이 우연한 원인으로 닫히지 않았고, 몽골군은 그 틈을 타 북경 입성에 성공했으며, 한 달간 도시를 약탈했다. 북경은 건물이란 건물은 남아 있지 않을 정도로 폐허가 됐다. 사료는 당시 북경에 거주하던 인구 약 100만 명과 전쟁이 나자 북경으로 피난온 농촌 인구까지 약 200만 명쯤 되는 무고한 백성이 처참히 살해되었다고 기록하고 있다. 동북 지역과 중원의 농촌 및 도시에서 학살된 인구까지 합치면 그 숫자는 더 엄청났다. 거의 모든 도시에서 도시 전체가 말살된 '도성屠城'의 기록이 내려오고 있다.

몽골군이 보주保州(하북河北 보정保定)를 공격했을 때의 일이다. 몽골군은 우선 노인을 죽였고 그런 다음 남녀노소를 불문하고 모두 죽이라는 명령이 떨어졌다. 수십만 구의 시체가 보주를 뒤덮었다. 시체에서 베어 낸 목을 높게 쌓아 올리니 그 높이가 성벽보다도 높게 올라갔다. 당시 중원에 갔던 이는 천리를 가도 인가가 나타나지 않고 백골만이 쌓여 있으며 우물 안에는 시체가 가득해 물을 마실 수 없었다고 했다. 그렇게 도시 전체 인구가 살육 당한 보주는 원나라가 건국되고 15년이 지난 뒤에도 여전히 황량하고 인적 없는 곳으로 남아 있었다.

『원사』는 몽골이 금나라를 멸한 이후 호적을 정리했다고 전한다. 당시 연경燕京과 순천順天 등 36개 지역에서 호적에 등록된 가구 수는 총 87만3700가구에 인구는 475만4900명으로, 이는 금 태화泰和 7년(1207)의 가구 수 768만에 비해 거의 90퍼센트가 감소한 수준이었다. 섬서陝西의 거주 인구는 100만이었는데 거의 전부 살육되었다. 하남河南 일대는 "전란 후 백성이 거의 자취를 감추었다"[3]고 했다. 원 세조世祖 쿠빌라이(홀필렬忽必烈) 스스로도 중국 북방에서 직접 살육한 인구가 1800만에 가깝다고 어림잡았다. 정확한 통계를 낼 수는 없지만 당시 집이 전소되어 초래된 동사凍死와 아사餓死 그리고 우물 오염으로 인한 질병으로 사망한 수까지 더하면 약 3000만 명에 이르는 인구가 희생되었을 것으로 서구 국가들은 추정하고 있다.

몽골은 서하, 금나라, 중앙아시아, 아랍, 유럽(러시아 포함), 인도 등 수십 개 국가를 정복했고 각 국가에서 대규모 살육과 종족 말살을 자행했다. 적게는 수천만, 많게는 1억이 넘는 인구를 살육한 뒤 몽골은 당시 세계 최강대국이었던 남송을 공격하기 시작했다. 몽골은 수백만 대군을 출동시켰는데 오고타이(와활대窩闊台)의 단독 지휘 아래 사천四川을 공격한 군대만도 80만 대군이었다. 몽골군은 사천에서도 대규모 살육을 자행했는데 백성을 10과 100의 단위로 나누어 각 군대에게 할당한 뒤 한 명 한 명 빠짐없이 죽이도록 했다. 그들은 가옥을 불태우고 부녀자를 강간했다. 장강長江 하류 지역에서는 더욱 셀 수 없이 많은 인구가 살육되었다. 흥화興化(현재의 푸젠성 푸톈莆田)와 같은 작은 성城은 몽골군의 공격을 받은 뒤 성의 모든 남녀가 학살돼 피가 폭포수처럼 흘러넘쳤고, 거둬져 매장된 시신은 한 구도 없었다고 한다.

『검교중국사劍僑中國史』는 송나라 시기 최소 1억 명에 달했던 인구가 원나라 초기에는 5000만 명으로 급감한 사실을 연구로 밝혀낸 바 있다. 그렇다면 나머지 인구 5000만은 어디로 간 것일까?『검교중국사』는 그 해답을 얻지 못했다. 천재지변 혹은 역병으로 그렇게 많은 인구가 세상을 떠난 것일까? 하지만 그 어떤 역사서도 당시 천재지변이나 역병이 일어났다고 기록하고 있지 않다.

이상의 사실에서 우리는 몽골군의 강력한 무력 공격과 야만적 학살 아래 송 왕조가 멸망의 운명을 피하기란 불가능했음을 알 수 있다. 황량한 사막에서 그렇게 흉포하고 잔혹한 전쟁괴물이 나타나리라고는 누구도 예상치 못했다. 이는 냉병기 시대의 가장 처참하고 가장 규모가 컸던 비극이었다. 하지만 몽골인의 살육과 종족 말살 정책은 남송 군대와 백성의 결사적 저항에 부딪혔다. 남송은 몽골군에게 가장 강력한 적수였다. 남송을 무너뜨리기가 쉽지 않자 거란인 야율초재耶律楚材는 이렇게 건의했다. "한족을 말살하고 나면 누가 우리를 위해 농사를 짓겠는가? 누가 세금을 내겠는가?" 그는 이렇게 간단한 이유를 들어 남송에 대한 야만적 살육과 종족 말살 정책을 중단하고 분화分化와 노역奴役 정책으로 전환할 것을 건의했다. 이 건의는 받아들여졌고 그 덕분에 남송이 멸망한 뒤에도 약 절반의 한족 인구가 남아 있을 수 있었다.

마르코 폴로가 중국 남방에 도착해 목도한 것은 원나라 초기의 변화한 모습, 즉 남송 문명이 아직 몽골족에 의해 완전히 소멸되기 전의 모습으로 남송이 남긴 문명의 성과였다. 원나라는 송대의 물질적 유산을 아주 일부 계승했을 뿐, 송나라 다원화 문명의 근간을 이루는 정신은 몽골인의 야만적 통치 아래 철저히 파괴되고 말았다.

중국에 원나라를 세운 몽골의 야만적 통치자들은 백성을 제1계급-몽골인, 2계급-색목인, 3계급-화북인, 4계급-남송인의 4등급으로 나누고 인종 차별과 억압 정책을 시행했다. 여기서 화북인은 금나라 통치 아래의 한인을, 남송인은 남송의 한인을 각각 가리킨다. 원나라에서 한인은 억압의 대상이었으며 노예로 부려졌다. 몽골인들은 잔혹한 군사 전제제도를 실시해 한인의 인권을 철저히 유린했다. 원나라 정부는 한인의 수렵, 무예 연마, 종교 집회 등을 엄격히 금지하고 무기 소지도 통제해 10가구가 단 하나의 식칼을 공용하도록 했다. 또 한인은 장터에서 물건을 사고 팔 수도 없었고 야간 통행금지 적용을 받아 밤에 길을 갈 수도 없었다. 이를 위반한 자는 예외 없이 발각된 현장에서 죽임을 당했다.

원나라 정부는 한인 20가구를 1갑甲으로 묶고 이를 관리하는 대표 갑주甲主 자리에 관아에서 파견한 몽골인을 앉혔다. 갑주는 한인 20가구의 총감독이었고 한인은 그의 노예여서 그는 언제고 먹을 것과 입을 것을 자신의 관할 아래 있는 한인 가구에게 요구할 수 있었고 원하는 여자는 모두 취할 수 있었다. 한인은 외출을 하려 해도 갑주에게 허가를 받아야 했다. 이를 위반한 자는 엄하게 처벌받았고 위반한 자와 같은 갑에 소속된 20가구도 연대 책임을 져야 했다.

'갑장甲長' 이상의 각급 정부 관리는 모두 몽골인의 차지였다. 모든 관직은 세습되어 아주 어린 몽골인 영아나 어린이가 현장縣長이나 주장州長의 관직에 오르는 일도 많았다. 몽골인은 중국어를 배우지 않았고 한자를 알지 못했으며 지방 관리와 중앙관리 모두 중국어를 할 줄 몰랐다. 몽골 통치자는 백성의 지위를 10등급으로 나누었는데 그중 8등급은 기생, 9등급은 유학자, 10등급은 거지였다. 몽골 통치자의 눈에 지식인은 기생보다도 못한 존재였고, 그 지위는 고작 거지보다 1등급 높았다. 문화 말살 정책 속에서 교육과 학문 연구에 종사하는 사람들은 노역에 내몰렸다.

원나라가 실시한 사전제賜田制는 더욱 야만적이었다. 몽골 통치자는 한족을 살아 있는 땅으로 보고 황족에게 농토와 함께 한인을 하사했다. 적게는 10가구에서 100가구가, 많게는 10만 가구가 하사되었다. 한 가구를 5명으로 계산하면 한 번에 50만 명이 농노로 전락하는 셈이었다. 한인은 조상 대대로 내려오던 토지를 순식간에 잃었을 뿐 아니라 스스로도 하루 밤새 농노로 전락하는 신세가 되었다. 나라 그 어느 곳에도 도리가 통하는 곳이 없었고 억울함을 호소할 곳도 없었다. 이런 악행은 무수한 백성에게 고통을 안겨주었고 당시 생활상은 원대의 유명한 잡극雜劇 「두아원竇娥寃」에 잘 나타나 있다.

몽골 통치자는 강력한 군사력에 의지해 유럽과 아시아 대륙을 가로지르는 대제국을 건설하는 데는 성공했지만, 그것을 효과적으로 관리하는 데는 실패했다. 몽골제국의 대외확장은 "불쌍한 백성은 돕고 죄지은 백성은 벌주었다弔民伐罪"는 유가사상이나 기독교의 복음 전파 같은 정의에서 비롯된 것이 아니었다. 더욱 이해할 수 없는 것은 원나라 조정이 오도라합만奧都喇合蠻이라는 이름의 위구르족 거상에게 정부의 1년치 세수 상한액, 즉 220만 냥의 은을 거두도록 맡겼다는 것이다. 오도라합만은 다양하고도 잔혹한 수단을 통해 전국의 백성을 착취했으며 그렇게 모은 거액의 재산을 정부의 관리에게 뇌물로 바쳤다. 몽골 통치자들은 그저 맹목적이고도 잔혹하게 착취할 줄만 알 뿐, 경제를 발전시키는 방법이나 부를 창출하는 법은 알지 못했다. 『원사』에 따르면 원나라 때 백성이 부담한 세금은 남송시대보다 약 100배 이상 많았다.

원나라 사회에서 중국 백성은 사유재산권, 인신의 자유, 언론의 자유, 생존권 같은 가장 기본적 권리도 갖지 못했다. 산업 문명으로 나아가던 중국 역사의 수레바퀴는 거꾸로 돌기 시작했다. 원나라는 중국인이 창조한 위대한 문명이 쇠락으로 접어든 그 시작점이었다.

명·청 사회의 암흑적 전제정치

원나라의 폭정은 민중의 격렬한 저항을 불러와 폭정에 반기를 드는 봉기의 불길이 대륙 곳곳에서 일어났다. 용서할 수 없을 정도로 죄가 컸던 원나라 정권은 철저히 멸망했고 몽골인은 자신들이 행한 야만적 폭행에 막대한 대가를 치러야 했다. 중원에 거주하던 몽골인 중 미처 도망가지 못한 이들은 분노한 한인에게 죽임을 당했다. 한인들은 몽골인이라면 뱃속의 태아까지도 모두 살해했다.

원나라의 통치자가 야만적이고 문화와 교양이 없어서 송나라의 자유롭고 개방적인 국책을 계승하지 못했다면 그래도 납득할 수 있다. 하지만 주원장朱元璋이 세운 명나라 한인 정권이 송 왕조의 전통을 훼손시킨 것은 단지 황권 강화의 측면에서만 이해하기엔 부족하다. 만약 주원장이 황권 강화를 목적으로 했다면 장수들의 병권은 없앴을 것이다.

하지만 야만적인 살육정책과 비밀경찰을 동원한 잔혹한 특무 통치까지 시행할 이유는 없었을 것이다. 주원장이라는 인물의 본성이 잔악하고 음흉한 데다 기본적인 인성마저 갖추지 못했다는 사실만이 이를 설명해줄 유일한 해석이다. 중국의 역사는 주원장의 등장을 계기로 더욱 찬란하게 빛나는 대신 암흑과 공포의 시대로 접어들었다.

승려이자 비렁뱅이로 유랑생활을 하다 황제가 된 주원장은 뱀이나 전갈과도 같이 악독한 냉혈한이었다. 그는 천성적으로 사람을 증오했고 사람이 피를 흘리거나 고통에 몸부림치는 모습을 즐겼다. 가난한 백성의 집안에서 태어났지만 그 천성은 일반 백성이 가지고 있는 최소한의 관용이나 동정, 선량함도 없었으며, 변태적인 압제와 살육이라는 포악한 의식을 지녔다. 어둡고 비열하며 공포스러운 이런 캐릭터는 사회에 심각한 피해를 입히게 되어 있다. 하물며 황제라는 그의 신분이 사회와 백성에게 끼칠 수 있는 위해危害는 실로 파괴적인 것이다.

주원장은 공개적으로 인정仁政을 실시하지 않겠다고 선언한 황제였다. 그가 황권 강화를 위해 취한 첫 번째 조치는 승상제도의 폐지였다. 명나라 초기에는 재상의 직권을 행사했던 중서성中書省이 남아 있었고, 좌승상, 우승상이라는 관직에 비교적 큰 실권을 부여했다. 하지만 주원장은 이 제도가 황제 집권에 불리하다고 생각하여 훗날 "권력을 남용하고 법을 어겼다擅權枉法"는 죄명으로 승상 이선장李善長과 호유용胡惟庸을 죽이고 승상이라는 관직을 없애버렸다. 그리고 황제가 친히 육부六部를 장악하고 정무를 관리하는 황제 전제의 신기원을 열었다.

주원장은 이후 승상을 세우자고 주청하는 자는 반역죄로 다스려 능지처참에 처할 것이라 했고, 이후 어떤 황제도 이 규정을 감히 어기지 못했다. 그렇게 승상은 중국에서 역사적 유물이 되고 말았다.

크고 작은 나라 일들을 황제 홀로 처리했기 때문에 황제는 매우 바빠졌다. 주원장은 식사할 때도 정무를 보았다고 전해진다. 사료에 따르면 그는 1384년 9월 14일부터 21일에 이르는 8일간 홀로 매일 평균 424여 건, 총 3391건의 정무를 처리했다. 24시간 쉬지 않고 일했다 해도 한 시간에 35건, 2분에 한 건씩의 정무를 처리한 셈이다. 그렇게 바쁘게 일을 처리하며 단 1분도 생각할 시간이 없었으니 어찌 모든 문제들을 정확히 처리할 수 있었겠는가?

빈민 출신의 주원장은 고생도 해봤고 인내심도 있어 과중한 정무를 감당했다 해도 그의 자손들은 그렇지 않았다. 깊숙한 궁전에서 곱게 자란 한량들이었던 그들은 매일같이 환관과 궁녀의 품 안에서 장난치며 노는 것이 일이었다. 그들이 어떻게 과중한 정무에 적응할 수 있었겠는가? 때문에 훗날 명 황제들은 조정에 나아가 정무를 처리하는 일을 두렵게 생각했고 수단과 방법을 가리지 않고 피해보려 했다. 이 때문에 황제가 조회에 나오지 않는 기이한 현상이 나타나게 되었던 것이다.

중국 역사 속 황제들은 아무리 우매하고 방종했다 할지라도 매일같이 조회에 나와 대신들의 의견을 듣고 정사를 처리했다. 당 현종은 말년에 양귀비를 얻고 쾌락의 늪에 빠져 정사에 소홀했고 이에 자주 조회에 나오지 않았다. 백거이는 "짧은 봄밤 한탄하며 해 높아 일어나니 황제는 이로부터 조회에도 나오지 않는구나"[36]라는 시를 써 현종을 풍자하기도 했다. 황제가 조회에 나와 정사를 논하지 않기 시작한 것은 명나라 헌종憲宗 주견심朱見深 때부터였다. 주견심은 깊은 궁에 24년간 틀어박혀 대신을 만나지 않아 대신들도 그를 알지 못했고 그도 대신들을 알지 못했다. 황제와 대신이 서로 모르는 사람 보듯 하니 그들 사이의 정보 교류는 온전히 환관에게 의지할 수밖에 없었다.

주견심이 죽고 주우당朱佑樘이 즉위하니 그도 자신의 아버지처럼 깊은 궁에 숨어버렸다. 그렇게 10년을 보낸 뒤에야 문화전文華殿에서 대신들과 처음 대면하나 그마저도 차 한 잔 하며 일상적 대화를 나눈 것이 전부였다.

가정제嘉靖帝 주후총朱厚熜은 정상이 아니었다. 그는 도교를 신봉하여 자신이 신선이며 불로장생할 것이라는 환상에 빠져 있었다. 1540년 그는 수련을 통해 신선이 되겠다며 숨은 뒤 1566년까지 27년간 단 네 차례 조회에 나타났다. 평균 7년에 한 번씩 나온 셈이다. 조회에 나오지 않을 때는 깊은 궁 안에서 수련에 몰두했다.

만력제萬曆帝 주익균朱翊鈞은 더욱 심각했다. 그는 26년간 조회에 나타나지 않는 대기록을 수립했는데 마치 황궁이 그를 삼켜버린 듯 기척 없이 조용히 살았다. 전국의 행정은 완전히 마비되었고 중앙 정부 육부의 최고 관직은 10년간 공석이었으며 전국의 지방 정부 관리 또한 정원의 절반 이상이 충원되지 않았다. 전국에서 눈발처럼 날아오는 상주문은 회답 없이 궁중에 방치되었다. 수보대신首輔大臣 이정기李廷機는 지병으로 물러나겠다는 사직서를 120통 넘게 썼지만 만력제는 그 어떠한 회답도 주지 않았다. 결국 이정기는 허가도 받지 않고 물러났는데, 만력제는 그의 죄를 묻지도 않았다. 이후 후금後金의 군대가 요동을 다스리던 명나라 장군 양호楊鎬와 벌인 살이호薩爾滸 전투에서 대승해 명군 4만 5000명을 격멸하고 남하하자 수도는 큰 충격에 빠졌다. 대신들은 모두 궁문 밖에 꿇어 앉아 추운 날씨와 기아에 허덕이며 적군과 싸우고 있는 병사들에게 병력을 증원해줄 것을 간청했다. 하지만 주익균은 무관심했다. 황궁은 죽은 이의 무덤 같이 문을 굳게 닫은 채 쥐 죽은 듯 고요했다.

이런 정부와 조정을 본 적이 있는가? 이렇게 황당한 황제를 본 적이 있는가? 더욱 이해할 수 없는 것은 사람들은 이런 황제에게도 만세 삼창을 해야 했고 그를 어찌할 방법이 없었다는 것이다. 명나라의 전제정치가 가져온 무서운 결과였다. 환관을 통해서만 이루어진 황제와 대신 간의 정보 교류도 이후 명나라에 중국 역사상 전무후무한 환관정치라는 화를 가져왔다. 황제는 대신과 환관을 동등하게 대하며 대신들을 가노家奴로 여겼다. 대신들은 황제에게 순종하는 것을 신하된 도리로 여겼으며, '어질고 덕이 있는지'를 가리는 기준으로 삼았다.

주원장은 황권 강화를 위해 중국 역사상 처음으로 특무통치를 도입했다.

그는 심복 환관이 이끄는 금의위錦衣衛를 설립했는데 이는 지극히 치밀한 특무 시스템이었다. 금의위는 국가사법기관 이외에 조옥詔獄이란 이름의 전문 법정과 감옥을 만들고 수시로 정찰하고 체포하며 심문할 수 있는 등의 특권을 가졌다. 전국의 작은 길목에까지 포진한 온갖 특무들이 전국 각지의 각 부문에 침투해 전국 관리들과 백성의 일거수일투족을 빈틈없이 감시했다. 그러다보니 작디작은 실마리도 신속히 황제의 귀에 들어갈 수 있었다.

박사博士인 전재錢宰가 남경南京으로 파견되어 『맹자절문孟子節文』을 편찬하는 일을 맡게 됐는데, 일을 끝내고 집으로 돌아가는 길에 시한 수를 읊었다. "사방에서 둥둥둥 울리는 북소리에 옷을 입고 오문에서 알현하니 늦었다고 탓하시네. 언제나 전원의 즐거움을 누리고 인간세상의 밥이 다 익을 때까지 늦잠을 잘 수 있으랴?"[5] 다음날 조정 조회에 나아가니 주원장이 그에게 이렇게 말했다. "어제 좋은 시를 지었더군! 하지만 나는 자네가 늦는다고 탓한 적이 없으니 '탓한다嫌'라는 말을 '우려한다憂'라고 바꾸도록 하지." 전재는 이 말을 듣고 온 몸이 부들부들 떨릴 정도로 크게 놀라 머리를 계속 조아리며 사죄했다.

어느 날 대학자 송렴宋濂이 집에 손님을 초대했다. 그 이튿날 주원장이 그에게 물었다. "어제 술을 마셨는가? 초대한 손님은 누구인가? 어떤 음식을 먹었는가?" 송렴이 사실대로 대답하니 주원장이 이렇게 말했다. "자네는 나를 속이지 않는군." 놀란 나머지 송렴의 등 뒤로 식은땀이 흘러내렸다. 이렇게 빈틈없이 철저했던 특무 통치 때문에 신하들은 매일을 공포 속에서 생활해야 했다.

이후 명나라 황제는 금의위의 기반 위에 동창東廠, 서창西廠, 내창內廠 등 특무기관을 설치해 전국에 거미줄 같이 촘촘한 특무 시스템을 완성했다. 황제는 이러한 비밀경찰을 통해 전국에 전제정치를 실시할 수 있었다. 이로써 황권의 위엄은 무한 확장되었다. 황권의 독이빨은 언제라도 전국 어딘가에 사는 누군가를 물어 삼킬 수 있었다. 금의위와 '삼창'에 잡힌 이들은 환관에게 거액의 뇌물을 바치지 않는 이상 살아나오지 못했다.

명나라가 멸망하자 만주족이 청나라를 세웠다. 청나라 황제는 백성을 억압하고 노예로 만드는 것을 최고 목표로 삼았다. 가장 지독한 조치는 명나라가 승상제도를 두지 않은 것을 계승하여 내각과 군기처軍機處를 두어 황제의 정무를 돕도록 한 것이다. 모든 정치적 조치는 '황권 강화'라는 기준으로 취사선택되었다. 대신들은 스스로를 노비라 칭하고 꿇어앉아 황제께 아뢰어야 했다.

청나라는 만주족이라는 소수민족이 세운 왕조였다. 만주족은 중원에 진입한 뒤 노예를 관리하던 기존의 방법으로 전국 백성을 다스리기 시작했다. 한족이 노예였을 뿐 아니라 만주족 관리와 만주족 백성 또한 황제의 노예였다. 황제에게는 무조건 순종해야 했으며 개처럼 꼬리를 흔들며 아첨하는 수밖에 없었다. 조금이라도 황제와 다른 의견을 건의한 이는 대역무도죄로 목숨을 잃었다. 건륭제乾隆帝 홍력弘曆이 여섯 차례나 남순南巡, 즉 강남 지방을 여행하자 민생은 도탄에 빠지고 사방에서 원성의 소리가 끊이지 않았다. 『사고전서四庫全書』를 편찬해 존경을 받았던 대학자 기효람紀曉嵐(기윤)은 이를 눈 뜨고 볼 수 없어 황제가 다시는 남순하지 않기를 바라며 건륭제에게 강남 백성들의 재산이 이미 바닥난 상황을 말해주었다. 그 말을 들은 건륭제가 대로하여 기효람의 코를 가리키며 한 말은 상상의 범위를 뛰어넘는다. "네가 무엇이기에 그런 말을 하느냐? 문학적으로는 그래도 뛰어난 바가 있다 여겨 네게 관직을 내렸지만 너는 내가 키우는 개 한 마리에 지나지 않는다. 네가 무엇이라고 감히 국가 대사를 논하느냐?"

황권 전제의 고도의 압박 아래 청의 관리들 또한 자신을 노예처럼 여겼다. 그들은 자신을 노예라 칭하며 황제를 알현할 때면 반드시 머리를 세 번 숙이고 아홉 번 절해야 하는 '삼궤구고三跪九叩'의 예를 올려야 했다. 거기에다 한족 관리들은 조정에서 황제를 향해 꿇어앉아야 할 뿐 아니라 만주족 관리에게도 무릎을 꿇어야 한다는 어이없는 규정이 만들어졌다. 한인 관리가 만주족 관리를 보면 반드시 무릎을 꿇어야 했고 만주족 관리가 은혜를 베풀어 일어나라고 해야만 무릎을 펼 수 있었다. 때로 만주족 관리들이 말하는 데 열중해 은혜를 베푸는 것을 잊을 때면 한인 관리들은 계속해서 꿇어앉은 자세를 유지해야 했다. 나이가 지긋한 한인 관리들은 꿇어앉는 시간이 길어지면 혼절해 땅에 쓰러지기도 했다.

황권 강화와 우민정책

중국의 황제는 황권을 강화하는 동시에 우민정책을 실시해 황제 가문의 통치를 더욱 공고히 했다.

진시황은 오덕종시설五德終始說을 적극적으로 받아들였고 전한 무제는 유가의 학술만을 인정해 황권은 신에게서 내려온 것이라는 동중서의 논리를 받아들여 황권 강화의 효과적 무기로 삼았다. 또한 황권은 족권族權 및 부권父權·부권夫權과 연계되어 황권과 종법 혈연 세습제를 더욱 긴밀히 통합시켰는데 이는 황권의 사상적·윤리적 근간이 되었다. 황권사상은 중국인의 골수에까지 깊이 침투했다.

송나라는 자유롭고 개방적인 정책을 펴는 한편 우민정책을 타파했다. 송나라 백성은 언론의 자유, 사상의 자유, 종교의 자유를 보장받았고 나라의 법제는 완비되었으며 사회는 나날이 번영했다. 뛰어난 인재가 대거 배출되었음은 물론이다. 하지만 명나라가 건국되고 주원장이 전제통치를 펴면서 송나라의 사회상은 철저히 파괴된다. 주원장은 송나라의 자유롭고 개방적 정책을 계승하는 대신 남송 때 나타난 도학道學을 수용하고 발전시켰고 그렇게 인성 파괴의 시대가 도래했다.

이학理學이라고도 불리는 도학은 주돈이周敦頤가 창설하고 정이程頤가 발전시켰으며 주희가 완성한 학문이다.

주희의 철학사상은 정이, 정호程顥를 이르는 이정二程의 학설을 계승 발전한 것으로 "이理가 먼저이며 기氣는 그다음理在先 氣在後"이라고 여겼다. 그는 고대의 과학적 성과를 계승해 음양陰陽의 기운으로 우주가 생성되었다고 주장했다. 인성에 대해서는 "천리를 보존하고 인욕을 멸한다存天理, 滅人欲"라며 개인의 자유와 재산, 애정에 반대했다. 사회 역사관에 있어서는 예교禮敎를 회복할 것을 주장하고 '삼강오륜'의 윤리 체계를 강조했다. 명나라와 청나라의 통치자는 그의 학설을 정통 이학으로 인정했다. 주희가 제창한 사상은 남송시대 개방적이었던 사회에 나타났던 여러 현상, 즉 자유의지에 따른 혼인과 과부의 재혼, 수단과 방법을 가리지 않고 부를 추구하는 상인 등을 겨냥한 것이었다. 그는 이것이 도덕적 타락을 상징하는 것이라고 생각해 제지하려 했고 그에 대해 비판을 가한 것이다. 물론 인간과 인간 사이에 일정한 예의와 도덕 규범이 필요한 것은 당연하고 주희의 사상이 잘못된 것은 아니다. 문제는 그의 논리가 선을 넘어 극단으로 치달아 도저히 납득할 수 없을 정도로 경직된 데 있었다. 특히 그가 제창한 "신하는 임금을 섬기는 것이 근본이고 아들은 아버지를 섬기는 것이 근본이며 아내는 남편을 섬기는 것이 근본"[6]이라는 윤리규범은 사람들에게 맹목적으로 충성하고 효도할 것을 요구했다. 이런 사상에 따르면 고인을 무한 숭배하고 조상을 맹목적으로 신봉하며 무조건적으로 황권에 복종하는 것이야말로 최고의 고귀한 선이었다. 소위 말하듯 "임금이 신하에게 죽으라 하면 신하는 반드시 죽어야 하고 아비가 자식에게 죽으라 하면 자식은 반드시 죽어야 했다."[7]

북송시대에 과부가 재혼하는 것은 아주 자연스러운 일이었다. 하지만 성리학은 과부의 재가를 반드시 엄금해야 한다고 주장했다. 성리학에 따르면 "굶어 죽는 것은 작은 일이지만 절개를 잃는 것은 큰 일"[8]로 과부는 아무 까닭 없이 굶어 죽어야 했고 재가를 해서도 안 됐다. 죽은 남편을 위해 수절하는 여인은 열녀로 봉해졌다. 10세에 과부가 되었다 해도 재가를 하고 싶다는 생각은 금물이었다. 그렇게 홀로 늙어 죽으면 정절문 하나를 얻을 수 있었다. 여자의 손이 우연히 남자의 손에

닿았다면 가장 좋은 방법은 남자와 닿은 손을 칼로 잘라내는 것이었다. 또한 남편이 죽은 뒤 남겨진 여자가 할 수 있는 가장 고귀한 행동은 이루지 못한 사랑을 위해 자결하는 것이었다. 혼인은 반드시 부모의 명과 중매인의 말에 따라야 했고 당사자들의 자주적 권리는 없었다. 이렇게 성리학은 극단적인 삼강오륜의 이데올로기를 완성했다. 한편 주희는 유가 경전을 『사서四書』로 편찬하고 거기에 자신의 주석을 단 『사서집주四書集注』를 완성했다. 훗날 이 책은 중국 지식인의 유일한 경전이 되었다. 하지만 자유롭고 개방적이었던 송나라 사회에서 성리학은 별다른 영향을 미치지 못했다. 송나라에 성리학과 같이 인성에 위배되는 사상 논리는 설 자리가 없었던 것이다. 자유롭게 생활한 송나라 사람들은 그 누구도 성리학을 중요하게 생각하지 않았다. 당시 주희는 그저 사립대학에서 학생을 가르치는 선생에 지나지 않았다. 주희는 자유롭고 개방적인 생활이 눈에 거슬려 이를 비판했지만 당시 자유로운 언론이 보장되었던 사회에서 그의 의견을 막는 사람도, 그의 논리를 경전으로 삼는 사람도 없었다. 당시 사람들은 그를 두고 위선자라 비난했으며 도학은 '거짓 도학僞道學'이라 하여 웃음거리가 되었다. 그러다 훗날에 가서야 '이학'이라고 개칭된 것이다.

성리학이 황권과 결합되어 국가 법률의 중심사상으로 자리잡은 것은 명나라 주원장 때부터의 일이다. 주원장은 송나라 백성의 웃음거리에 불과했던 이학을 황권을 강화하는 보물로 삼았다. 그는 법률의 형식을 빌어 이학을 지고무상의 지위로 끌어올렸다. 송대에는 없었던 정부 이데올로기가 명대부터 시작해 다시 세워지기 시작한 것이다. 사상의 자유와 언론의 자유, 종교의 자유를 누릴 수 있었던 중국인의 권리는 다시 증발되었다.

송대에는 과거시험으로 책론策論을 시험했다. 즉, 응시생들은 국가 정책에 대한 의견을 발표하고 치국에 대한 견해를 제시해 관직에 오를 수 있었다. 하지만 명나라 홍무洪武 초년, 주원장은 유기劉基와 상의하여 과거시험에서 반드시 팔고문八股文을 시험할 것을 결정하고 "문체는 송대 경전을 받아들이고 고인古人의 어투를 모방하며 형식적으로는 대구를 사용"9하도록 규정했다. 시험은 『사서』와 『오경五經』에서만 출제되었으며 주희의 주석을 그 근거로 달아야 했다. 팔고문으로 관직에 오르는 것은 지식인들의 앞날과 정치명운에 직결되는 일이었으므로 그들의 사상은 성리학의 틀에 완벽히 갇혀버렸다. 성리학은 이렇게 정부의 이데올로기가 되었다. 이 이데올로기는 누구도 위반할 수 없었고 위반하려 하는 사람도 없었다. 관직에 오르기 위해서라면 반드시 성리학을 깊이 이해해야 했고 『사서집주』를 성경처럼 받들어야 했다.

성리학이 배출한 사대부들은 모두 인격이 분리된 괴물로 이해할 수 없는 괴상한 논리를 가지고 있었다. 1521년에 일어난 소위 '대예의大禮儀' 논쟁만 보더라도 명나라 사대부들이 어떤 인물이었는지를 충분히 이해할 수 있을 것이다. 그해 명 무종武宗 주후조朱厚照가 세상을 떠났는데 슬하에 아들이 없었기에 그의 사촌 동생 주후총朱厚熜이 즉위했다. 성리학의 종법에 따르면 주후총의 즉위는 소종小宗이 대종大宗을 잇는 것으로 이는 대종이 황위를 계승해야 한다는 규정에 어긋난 것이었다. 즉 주후총이 주후조의 항렬에 따라 주후조의 아버지 주우당朱祐樘을 부친으로 삼고 주후조의 어머니를 모친으로 삼아야 대종이 끊어지지 않을 수 있었다. 주후총은 자신의 생부를 숙부로, 생모를 숙모로 모셔야 했던 것이다.

이는 정말 기이한 논리였다. 당시 15세의 어린 나이로 황위에 오른 주후총조차 이상하다고 느낄 정도였다. "부모님이 어찌 이렇게 바뀔 수 있다는 말이오?" 주후총이 물었다. 아주 어렸을 때 아버지를 여의고 어머니의 보살핌 아래 성장했던 그는 어머니를 숙모로 바꿔 불러야 하는 현실을 받아들일 수 없었다. 그의 어머니 장씨蔣氏도 단호히 반대했다.

하지만 정말 이상했던 것은 명나라 조정의 수백 명 대신은 하나같이 아버지를 숙부로, 어머니를 숙모로 마땅히 바꿔 불러야 한다고 여겼다는 것이다. 그들이 보기에 주후총이 호칭을 바꾸어 부르지 않는다면 이는 예교와 삼강오륜에 반하는 행동이었다. 수백 명 대신들은 황제에게 상서를 올려 세종世宗 주후총에게 호칭을 바꾸어 부르라고 결연히 요구했다.

하지만 결과는 실망스러웠다. 세종 주후총은 대신들의 강력한 요구를 묵살하고 기존의 호칭을 고수해 아버지를 아버지라 부르고 어머니를 어머니라 불렀다. 수백 명 대신은 이를 몹시 원망해 세계 종말이라도 닥친 듯 초상집의 개마냥 날뛰었다. 그중에서도 대신 양정楊廷과 그의 아들 양신楊愼의 반응은 누구보다 격렬했다. 그들은 "황제께서 호칭을 바꾸어 부르도록 하고 국가의 예교와 삼강오륜을 수호하기 위해, 이제는 반드시 목숨을 걸고 간하여 지조를 지키고 정의를 위해 목숨을 바쳐야 한다"고 외쳤다. 노예근성으로 가득하고 수치를 모르며 시비가 전도된 말이었지만 그들의 주장은 수백 명 대신의 호응과 동의를 얻었다. 그들은 "만세에 우러러 존경해야 할 일이 이 한 번의 거사에 달려 있다萬世瞻仰, 在此一舉"고 생각했다.

각 부문의 수장을 비롯한 수백 명 대신은 함께 궁 밖에 엎드려 소리 높여 주원장과 주우당을 부르며 대성통곡했다. 그 울음소리가 하늘과 땅을 울릴 정도였다. 일부 대신은 땅에 머리를 찧어 피를 흘렸다. 세종이 여러 차례 환관을 보내 타일렀으나 그들은 황제가 호칭을 바꾸어 부르지 않는다면 절대 그 자리를 떠나지 않을 것이라고 했다.

더 이상 참을 수 없었던 세종은 그중 울음소리가 가장 큰 200여 명의 관원을 잡아들여 곤장을 치라고 명령했다. 16명의 관원이 그 자리에서 목숨을 잃었고 나머지는 황량한 변방으로 유배되었다. 그렇게 잔혹한 형벌을 받고 커다란 치욕까지 당했지만 대신들은 한 사람도 후회하지 않았고 심지어 자신의 행동을 자랑스럽게 여겼다. 그 이유는 그들이 '황제는 군부君父'라는 교훈을 가슴속 깊이 새겨 열다섯 살밖에 되지 않은 황제라도 자신의 군부라고 생각했기 때문이다. 그들은 '임금이 신하에게 죽으라 하면 신하는 반드시 죽어야 한다'고 생각했다. 이런 신성한 노예철학이 있었기에 치욕의 순간도 영광의 순간이 되었고 그로써 입신양명할 수 있었다. 이 사건을 보노라면 성리학에 길들여진 사대부들은 인격을 존중했던 송대 사대부의 뜻을 완전히 잃었고 그들의 인성 또한 철저히 왜곡되어 이해할 수 없는 괴물로 변해버렸다는 것을 알 수 있다.

바로 이것이 한때 명 조정을 뒤흔들었던 소위 '대예의' 사건이다.

청나라 오경재吳敬梓는 『유림외사儒林外史』에서 과거에 합격한 범진范進의 이야기를 묘사했다. 가난한 집안의 범진은 수년간 과거에 도전했지만 연이어 낙방한다. 부인은 그를 무시했고 장인 또한 그를 쓸모없는 인간으로 여겨 사위를 두고 뾰족한 입과 빼빼 마른 볼을 보니 명이 짧을 것이라고 악담을 퍼부었다. 이웃 또한 그를 업신여겼다. 그해 향시鄕試를 치른 후, 범진의 집에 쌀이 떨어졌다. 어찌할 방도가 없었던 범진은 집에 있던 암탉 한 마리를 안고 거리에 내다 팔아 쌀을 마련했다. 범진의 가난은 극에 달했다.

하지만 그때 요란한 징소리가 들려오고 그의 집에 희소식이 전해졌다. "범 나리가 향시에 급제하셨다!" 범진은 이를 듣고 순간 이성을 잃고 머리를 산발하고 온 거리를 뛰어다녔는데 다행히도 그의 장인 호도부胡屠夫가 그의 뺨을 때려 정신이 들게 했다. 향시에 급제하자 기적과도 같은 변화가 일어났다. 그를 멸시했던 이웃들이 그에게 돈과 진귀한 물건들을 보내왔고 그를 쓸모없는 인간이라 욕하던 장인도 황공해하며 그의 시중을 들었다. 장인은 천상의 문곡성文曲星이 내려왔다고 칭송했으며, 명망 있고 지위 높은 지방 유지들과 관리들도 속속 그를 찾아왔다. 일부는 선물을 했고 돈을 주는 이도 있었으며 집을 주는 이까지 있었다. 범진의 운명은 그렇게 빠르게 바뀌어 갔다.

오경재는 이 소설에서 지극히 신랄한 필치로 명대 팔고문이 미친 해악을 폭로했다. 팔고문을 통과해야만 전도가 보장되는 나라, 관본위의 나라에서 사람들은 과거에 급제하기만 하면 몸값이 백배로 뛰고 지위와 명예, 권력과 금전을 모두 가질 수 있었으며 가문을 빛내고 남보다 뛰어난 인생을 살 수 있었다. 따라서 "모든 것은 다 하등품이며, 오직 팔고만이 고상한 것이다萬般皆下品, 惟有八股高"라는 생각이 뿌리깊이 자리잡았다.

팔고문은 내용에서 형식까지 극단적으로 부패한 문장이었다. 자신의 견해를 반영하지 못했고 국가의 정치, 경제, 문화 등에 대한 비판을 담을 수도 없었으며 과학, 문학, 역사 등을 시험할 수도 없었다. 또한 팔고문은 독립적 사고를 엄금했는데 주희가 주석을 달았던 성인의 말만을 고정된 형식에 따라 팔고문으로 써야만 좋은 문장이라고 인정한 것이다. 형식상 한 고股는 2개 혹은 4개 구句로 이루어졌는데 이 형식을 벗어나면 안 됐다. 또한 문장은 기승전결의 규정을 엄격히 지켜야 했다. 팔고문을 잘 쓰는 데는 그 어떤 학문이나 사회에 대한 견해도 필요하지 않았다. 팔고문이 쓰기 어려웠던 이유는 소위 성인의 말을 지극히 교묘하게 팔고문 방정식에 끼워 넣어야 했기 때문이다. 이것이 주원장 시대부터 시작해 20세기 초에 이르기까지 약 700년 동안 중국의 지식인이 직면했던 최대의 난제이자 최고로 심오한 학문이었다.

주원장 시대부터 중국의 지식인들의 가장 중요한 연구과제는 『사서집주』에서 시험에 나올 만한 문제를 뽑아 팔고문 전문가에게 문장을 여러 개 만들어달라고 부탁한 다음 그것을 통째로 외워 시험 볼 때 그대로 베껴 쓰는 것이었다. 운이 좋은 자는 시험에 통과하고 재물을 벌 수 있었다. 낙방자는 다음을 기약해야 했다. 어떤 응시생은 수염과 머리털이 희끗희끗해질 때까지 시험을 보기도 했다. 그와 같은 상황에서 지식인들은 그 어떤 학문을 추구할 필요도 없었다. 때문에 어떤 이가 『사기』 등의 저작을 연구한다거나 자연과학을 탐구한다고 하면 사람들은 그를 미치광이로 간주하며 멸시했다.

과거에 합격하기 전까지 그들은 팔고문의 노예였고 합격한 뒤에는 황권의 노예가 되었다. 그들이 하루 종일 생각하는 것이라고는 어떻게 팔고문을 지을 것인가와 어떻게 관직에 올라 재물을 모을 것인지 뿐이었다. 이런 관념이 판치는 가운데 그들은 영혼을 팔 수도, 원수를 아비로 모실 수도 있었으며, 곤장을 맞는 치욕을 감내할 수도, 잔혹한 허위의 도덕과 예교를 위해 순장될 수도 있었다. 일단 벼슬길에 나아가는 목적만 달성하면 그들은 공금 횡령과 뇌물수수를 당연한 일인 것처럼 행했으며 "아무리 청렴한 사람이라도 부府 하나를 맡아 삼 년만 고을살이를 하면 눈같이 흰 은자를 십만 냥은 손에 쥘 수 있었다."[10] 일부는 '황제에게 충성하고 백성을 사랑하자'는 사상이 있었지만 혼탁한 세상에서 그들의 최후는 딱 두 가지 길로 갈렸다. 하나는 관직에서 물러나 자연 속에 은거하며 쌀 다섯 말에 허리를 숙이지 않는 것이요 다른 하나는 같이 어울리고 타락하여 권세자에게 아첨하는 것이었다.『유림외사』는 당시 지식인의 추악한 모습과 추한 영혼을 묘사했으며, 문인의 타락은 당시 사회의 어두운 면을 반영한 것이다.

이시진李時珍은 팔고문을 버리고 민간에서 의업에 종사하며 위대한 약학서『본초강목本草綱目』을 저술해 후대의 존경을 받았다. 하지만 당시 이시진은 좌절의 연속을 맛보았으며 경제적으로도 매우 어려운 생활을 했다.

명대의 과학자 만호萬戶는 하늘을 날고자 하는 꿈을 실현하기 위해 어느 날 자신의 몸을 의자에 묶고 의자에 자신이 직접 제작한 로켓을 달았다. 그는 로켓의 추진력을 사용해 하늘로 날고자 했던 것이다. 하지만 화약을 채운 이 폭죽이 폭발하자 만호의 몸은 산산이 조각났다. 이로써 만호는 인류 역사상 하늘을 날고자 자신의 목숨을 희생한 최초의 과학자가 되었다. 훗날 사람들은 하늘의 행성 하나에 그의 이름을 붙여줌으로써 위대한 개척자를 기념했다. 하지만 살아생전 만호는 미치광이나 정신병 환자로 불렸다.

이탈리아의 이름 높은 선교사 마테오 리치는 중국에서 선교하던 중 명나라의 수학 발전을 위해 당대 학자 서광계徐光啓와 손잡고 서구의 『기하원본幾何原本』을 번역했다. 마테오 리치가 내용을 통역하면 서광계가 기록하는 식이었다. 하지만 15권으로 구성된 원서 중 전반부 6권을 번역한 이후 마테오 리치는 나머지 9권을 번역하지 않겠다고 마음을 바꾸었다. 중국 사대부들이 이 책에 하등의 관심을 보이지 않는 것을 알아챘기 때문이다. 당시 선견지명이 있었던 서계광은 서구의 과학

지식 전파를 서두르고 있었는데 중단된 번역이 다시 재개되기 힘들다는 사실 또한 잘 알고 있었다. 그는 "대업을 잇고자 하나 그날이 언제가 될지, 누가 이을지 알지 못하는구나"[11]라고 개탄했다. 그의 예상대로 책의 번역은 명나라 멸망 후 200년이나 중단되었다가 청말 수학자 이선 란李善蘭이 후반부 9권 번역을 완성하며 끝이 난다. 하지만 번역이 중단된 200년 동안 마테오 리치와 서광계가 협력하여 번역한 『기하원본』은 일본으로 전해져 일본 수학계에 혁명적인 발전을 가져왔다.

일찍이 송대에 중국인은 화약으로 무기를 만들었고 개봉병공창開封兵工廠을 세우기도 했다. 명나라 초기까지도 화약은 여전히 중요한 전쟁 무기 중 하나였다. 하지만 군사과학의 발전을 철저히 경시한 명 왕조 때문에 화약은 점차 군사적 응용 대상에서 제외되었다. 당시 병부상서였던 우겸于謙은 『건치오단영소建置五團營疏』에서 황제에게 평소에도 '총과 대포'를 병사들에게 배급해 화기가 그 역할을 발휘할 수 있도록 허락해달라고 요청했다. 하지만 명 영종英宗 주기진朱祁鎭은 그 건의를 받아들이지 않았을 뿐 아니라 죄명을 붙여 우겸의 목을 베었다.[12]

우민정책을 펴며 백성을 다스린 국가에서 필요한 것은 결코 과학기술이 아니었다.

청 왕조는 명을 이어 성리학을 정부 이데올로기로 삼았고 팔고문으로 관리를 뽑는 방식도 그대로 유지했다. 삼강오륜은 더욱 강화되었고 선조를 숭배하고 돌아가신 부모를 위해 3년상을 치르는 규칙도 변하지 않았다. 그 어떤 개혁도 반대하는 것도 그대로였다. 조금이라도 개혁을 제안하는 이가 있으면 구도덕의 옹호자인 위도사衛道士[구도덕의 옹호자]들에게 "아비도 임금도 업신여기는 말無父無君之言"을 한다는 공격을 받았다.

옹정제雍正帝 때 감찰어사였던 사제세謝濟世는 사서 중 하나인『대학大學』에 주석을 달면서 주희의 견해를 취하지 않았다. 이를 들은 옹정제는 크게 노하여 사제세를 능지처참에 처하려 했다. 사제세는 사형은 면했지만 유배되어 노역에 종사해야 했다.

민간에서 이단적 사상이 생산되는 것을 막기 위해 청나라 황제는 문화를 강력히 통제했다. 건륭제乾隆帝는『사고전서四庫全書』를 편집한다는 명목 아래 전국에서 각종 서적을 거두어 들인 뒤 책 내용을 삭제하거나 정정하고 문제가 있다고 여겨진 책들은 불태워 없애 중국의 고서들과 새로운 사상이 담겨 있던 책들을 전례 없이 훼손했다.

『사고전서』에는 총 3400종 7만5000부의 서적이 기록되었다. 불완전한 통계에 따르면『사고전서』에 실린 책의 두 배에 가까운 수준인 15만 부가 소각되었다고 한다. 8만여 개의 판목版木도 불태워졌다. 민간에서 소각된 서적은 더욱 헤아리기 어렵다.

청 왕조는 중국인의 사상을 탄압하기 위해 많은 책을 금서로 지정했다. 청 왕조와 그 통치자를 경멸하거나 한족의 민족 감정을 건드리거나 성리학에 위배되거나 황제가 싫어하는 서적은 모두 금서로 지정되었고 빠짐없이 수거되었다. 심지어『대청률大清律』은 "요사妖邪한 책을 짓거나 요사한 말을 퍼트리는 자는 참감후斬監候[범인을 잠시 구금한 상태에서 참수를 기다리게 하는 형벌로, 참수가 언제 행해질지 모르는 상태에서 죄수와 그 가족들은 피를 말리는 고통을 감수해야 했다]에 처하고, 요사한 책을 소장한 자는 곤장 100대와 강제노동 3년에 처한다"라고 규정하기도 했다. 강소江蘇 포정사布政使 팽가병彭家屛과 하남 하읍夏邑의 생원 단창서段昌緒, 하남 나산羅山 현지현縣知縣 사세주査世柱, 예부시랑禮部侍郎 전겸익錢謙益 등을 비롯한 다수 인사가 금서를 소장하고 있었다는 죄목으로 건륭제에게 잔혹한 죽임을 당했다.

이런 강권의 압박 아래에서는 경전에서 벗어난 그 어떤 사상도 생산될 수 없었다. 사람들은 진선미를 추구할 수 없었고 인간이라면 누구나 갖는 정상적 감정을 추구할 수도 없었다. 청 왕조의 황권은 역대 왕조를 통틀어 가장 백성의 사상을 속박했으며, 이로써 청나라 사회는 죽음의 사회로 전락했다. 만약 서양인이 대포로 중국의 문을 열고 황제의 꿈을 부수지 않았더라면 중국인과 중국 사회가 어디까지 퇴보했을지 모를 일이다. 또 죽음의 나라가 언제까지 유지되었을지도 모를 일이다.

전제 황권의 인권 박해

——

명대 이전의 대부분 왕조가 말을 죄로 다스려 벌하는 전통을 가지긴 했지만 문장 한 편이나 시 한 수를 따져 황제가 직접 글쓴이의 목숨을 앗아간 일은 많지 않았다. 후한 시대, 원소 수하의 진림陳琳은 조조曹操를 치자는 격문을 쓰며 조조의 조상까지 욕보였다. 하지만 원소袁紹가 전쟁에서 패한 뒤, 조조는 진림을 죽이지 않고 오히려 중임을 맡겼다. 당나라 측천무후 때, 서경업徐敬業은 반란을 일으키고 낙빈왕駱賓王을 시켜 측천무후를 성토하는 격문을 쓰게 했는데 격문에는 측천무후가 저지른 죄상이 낱낱이 적혀 있었다. 하지만 측천무후는 이를 읽고도 낙빈왕을 잡아들이지 않았을 뿐 아니라 그의 재능을 높게 사, 왜 이런 인재를 발견하지 못했느냐고 수하의 재상을 나무랐다. 당 현종 때에는 이백이 「청평조清平調」 세 편을 지으며 두 번째 편에서 "붉은 꽃 모란에 맺힌 이슬의 향기, 무산의 선녀와 나눈 속절 없는 사랑, 이 나라 궁에서 어떤 이를 비할까, 어여쁜 비연도 새로 화장해야겠네"[13]라고 노래했다. 이 시구 중 '비연'은 한漢 성제成帝의 총애를 받았던 황후 '조비연趙飛燕'을 가리키는 것이었다. 그런데 역사 속 성제는 급사하고 조비연은 자살로 생을 마감한다. 환관 고력사高力士는 양귀비에게 "이백이 당신을 조비연에 비한 것은 매우 불경스러운 일"이라며 이간질했고 양귀비는 현종에게 울며불며 하소연했다. 이 때문에 현종도 이백을 냉대하게 되었지만 그렇다고 형벌을 가한 것은 아니었다.

하지만 상황은 명대에 이르러 급격한 변화를 맞았다. 역대 왕 가운데 지식과 인재를 가장 경시했던 주원장은 마음마저 음침한 사람으로 문인들을 잔혹하게 살육했다.

명나라 법률은 유례없이 사상과 언사를 죄로 규정하는 조항을 두었다. 『대명률大明律』은 "요사스러운 책이나 말을 만들거나 이를 퍼트려 백성을 미혹하는 자는 모두 사형에 처한다. 사적으로 요사스러운 책을 소장하며 이를 관아에 보내지 않는 자는 곤장 100대를 치고 3년 유배를 보낸다"라고 규정했다. 몇 가지 예를 들어 설명하면 다음과 같다.

절강浙江의 모 부학府學의 교수였던 임원량林元亮은 「사증부표謝增附表」라는 글을 지었는데 그 내용 중 "법제를 만들고 법도를 후세에 전한다作則垂憲"라는 한 구절 때문에 사형을 당했다. 북평北平부학의 훈도 조백녕趙伯寧은 「만수하표萬壽賀表」라는 글에서 "자손에게 전해 가면서 법도가 되리라垂子孫而作則"라는 구절을 썼다가 목숨을 잃었다. 복주福州부학의 훈도 임백경林伯璟은 「하동절표賀多節表」라는 글에서 "법칙으로 천하를 다스린다儀則天下"라고 썼다가 죽임을 당했다.

왜 이들은 목숨을 잃게 되었던 것일까? 문장에 쓰인 '칙則' 자가 도적이라는 뜻의 '적賊'과 동음이었던 것이 화근이었다. 주원장은 글쓴이가 자신을 '도적'이라 풍자했다고 여겨 모두의 목을 벤 것이다. 이와 같은 식으로 상주문을 읽고 견강부회하여 사람을 죽인 사건은 기록만 봐도 13건이나 되었다. 그러니 기록되지 않은 것은 얼마나 더 많을지 모를 일이다.[14]

물론 문자옥은 상주문에만 국한되지 않았고 시문 영역에서 더욱 잔혹하게 적용되었다.

불교를 숭상했던 주원장은 인도의 고승 석래복釋來復을 매우 존경했다. 명나라를 방문했던 석래복이 인도에 돌아가던 해, 그는 길을 떠나기 전 주원장에게 감사의 시 한 편을 바쳤는데 그 가운데 "수역급자참, 무덕송도당殊域及自慚 無德頌陶唐"이라는 구절이 있었다. 이는 "소생은 중국이 아닌 이국땅에서 태어난 것을 스스로 부끄러워합니다. 대황제를 찬미할 자격이 제게는 없는 듯 느껴집니다"라는 뜻이었다. 하지만 주원장은 이 문장의 '수殊'를 자신의 성 '주朱' 앞에 나쁠 '대歹'를 써 자신의 무덕함, 곧 자신의 인품이 보잘것없음을 비난한 것으로 이해했다. 석래복은 극진한 대접을 받던 상빈上賓에서 순식간에 죄인으로 전락했고 결국 목이 잘려 생을 마감했다.[15]

명나라 초 문단의 고계高啓는 송렴宋濂과 류기劉基에 버금갈 정도로 뛰어난 문인이었다. 그의 벗 위관魏觀이 소주蘇州의 지부知府에 임명되어 관아를 지었는데 그 위치가 마침 주원장과 천하를 다투던 장사성張士誠이 살던 저택의 옛터였다. 위관은 자신의 벗 고계에게 새로 지은 관아의 상량문上樑文을 써달라고 부탁했다. 고계가 써준 상량문에는 "호랑이가 걸터앉아 있고 용이 서려 있다虎踞龍盤"는 틀에 박힌 말이 포함되어 있었다. 하지만 이 사실을 안 주원장은 위관에게 제2의 장사성이 되겠다는 야심이 있는 것으로 보고 위관을 죽이고 고계는 요참에 처해 시체를 여덟 토막 냈다. 당시 고계의 나이 39세였다.

감찰어사 장상례張尚禮는 「궁원宮怨」이라는 시를 지어 이렇게 노래했다. "정원은 깊어 이슬은 맑은데 닫아 건 문엔 봄풀이 시름처럼 자라누나. 꿈속에서 한창 임금의 총애 얻고 있는데 꾀꼬리 소리에 잠을 깨었네."[16] 궁체시宮體詩는 당나라 때 매우 유행했던 시로 당대에는 그 어떠한 시인도 궁체시를 썼다고 벌을 받지 않았다. 하물며 장상례의 이 시는 그 어떠한 풍자의 의미도 담고 있지 않았다. 하지만 주원장은 자신이 당나라 황제도 아니면서 장상례의 시가 황제의 사생활을 침범했다고 여겨 '대불경죄'를 물어 장상례를 질식시켜 잔혹하게 죽였다.

명나라 초의 대신 진양호陳養浩는 원말명초 사방에서 전란이 일어나고 집을 잃고 이리저리 떠도는 백성의 현실에 느낀 바가 있어 시를 지었다. 시 중에는 "성남의 과부가, 징병 간 남편 생각에 밤마다 눈물짓네城南有釐婦, 夜夜哭征夫"라는 구절이 있었다. 주원장은 이 구절을 보고 그를 물에 빠뜨려 익사시키라는 명을 내렸다. 진양호는 백성의 불행함을 동정했고 그들의 고통에 관심을 보였으며 현실주의 정신의 시를 쓴 문인이었다. 주원장은 마땅히 상을 주고 장려해야 했으나 도리어 현실을 풍자했다는 이유로 그를 죽음으로 몰았다.

주원장은 한때 승려로 생활한 적이 있었다. 그런 그이기에 상식적으로라면 승려들에게 좀더 많은 동정을 보이는 게 마땅했지만 주원장에게는 그런 옛정 따위는 없었다. 그가 행한 시문詩文 박해의 수많은 피해자가 승려였던 것이다. 승려 덕상德祥 사건은 주원장이 승려에게 얼마나 가혹했는지를 보여주는 가장 전형적인 예다.

덕상은 주원장의 명령에 따라 수도 북경에 왔다. 그는 한가한 틈을 타 산수시山水詩 한 편을 지었다. "새로 지은 서원西園의 작은 초당에, 더울 때 서늘한 바람 쐴 곳 없네. 못은 6월인데도 얕고 나무는 3년이 지났는데도 다 자라지 않았구나. 심신을 정갈히 하고 땅을 자주 쓸고 창문을 즐겨 열며 향을 피우지 않네. 저녁 바람은 서남쪽의 버드나무를 흔드는데 매미 소리가 저녁 나절에도 시끄러울까 꺼려지네."[17] 주원장은 이 시를 보고 대로하여 덕상을 불러들여 추궁했다. "네가 말한 '더울 때 서늘한 바람 쐴 곳이 없다'는 것은 무슨 의미더냐? 나의 형벌이 지나치게 엄격한 것을 풍자한 것이더냐? 그리고 못이 얕고 수목이 자라지 않는다고 하는 것은 내 도량이 좁아 예악을 흥하지 못하게 함을 이르는 말이냐? 또 땅을 자주 쓸고 향을 피우지 않는다는 것은 내가 공덕을 쌓는 대신 다른 이들의 입을 막기 위해 살인을 청소하듯 한다는 말이 아니더냐?" 그런 트집으로 주원장은 덕상을 죽였다.[18]

낭영郎瑛의 『칠수류고七修類稿』에는 이런 기록도 전해진다. 한 번은 주원장이 휴식 차 어느 한 절에 갔다가 중국 후량의 선승 포대布袋를 주제로 한 시가 절 벽에 적힌 것을 보았다. "드넓은 대천세계도 정리하면 한줌에 지나지 않네. 손에 들어오는 것도, 흩어지는 것도 있으니 조금 더 너그러워짐이 어떠한가."[19] 읽는 이로 하여금 너그러이 용서하길 권하는 이 시는 마치 주원장에게 승려들에게 조금 더 관대히 대하라고 권하는 듯했다. 이 시를 읽고 분기탱천한 주원장은 절의 승려 전체를 모두 죽이라는 명령을 내렸고 단 한 명의 승려도 용서받지 못했다.

주원장 시대에는 상주문 뿐 아니라 시문, 소疏, 간언, 과거시험 등으로도 화를 입었으며 사화史禍도 빈번히 일어났다. 주원장에게 의견을 제시하는 대신은 그 한마디가 끝나기도 전에 목숨을 잃는 화를 당했다. 이 때문에 셀 수 없을 정도로 많은 사람이 목숨을 잃었다.

주원장의 뒤를 이은 명나라의 역대 황제들은 모두 많은 문자옥을 만들어냈다. 그로 인해 무고한 목숨을 잃은 인구와 그 살육의 참혹함은 세계에서 유례가 없을 정도였다. 그중 방효유方孝孺 사건은 방효유의 십족十族을 모두 연좌시켜 주살하여 역대 최고 기록을 갱신했다. 그 전까지는 구족이 최대 규모였다. 명나라 성조成祖는 방효유에 대해 "덩굴째로 뽑는다瓜蔓抄"의 방식으로 그와 관련된 자들을 층층이 연루시켜 결국 십족을 멸했고 그의 제자들까지 연좌시켰다. 『명사기사본말明史紀事本末』의 기록에 따르면 방효유 사건에 연루된 자는 1000명에 달했다고 한다.

마음이 극도로 음침했던 주씨 황제들은 자신과 생각이 다른 이들에게 가차 없는 살육정책을 취했다. 그들은 상대의 육신뿐 아니라 사상 또한 철저히 소멸시켰다. 명나라 성조 주체朱棣는 밀고운동을 펼치며 방대한 특무 조직을 이용해 소위 '비방안誹謗案'들을 조사하여 처리했다. 당나라 측천무후도 밀고를 장려했지만 주체와 그녀가 달랐던 점은 측천무후는 탐관오리들의 불법행위를 조사하기 위해 밀고를 장려했던 데 반해 주체는 조정을 비판하는 자를 잡으려 했다는 것이다. 한순간 전국의 민심은 흉흉해졌고 시정을 논했다는 이유로 수천 명이 목숨을 잃었다. 이 밀고운동은 명 성조가 죽은 이후에도 계속되다가 인종仁宗이 즉위한 이후에야 중지되었다.

명나라가 멸망한 뒤 그 뒤를 이은 청 왕조는 명대보다 더욱 독하고 악랄하게 문자옥을 이용했다. 기록에 따르면 청 순치제順治帝 때는 총 7건, 강희제康熙帝 때는 12건, 옹정제 때는 17건의 문자옥이 발생했다. 그리고 건륭제 때에 이르러서는 총 130여 건의 문자옥이 발생했다.

가장 많은 사람이 희생되었던 문자옥은 청대 강희제 시절 일어났다. 장정롱莊廷瓏이 청 왕조를 비난하는 내용을 담은 역사서를 편찬한 이유로 죽임을 당한 사람은 220여 명, 연루되어 감옥에 갇히거나 유배된 사람은 3000여 명에 달했다.

절강 오정현烏程縣(현재의 우싱吳興현) 남심진南潯鎭 사람인 장정롱은 부유한 집에서 태어났으나 두 눈이 보이지 않는 맹인이었다. 그는 『국어國語』의 저자인 고대의 맹인 좌구명左丘明처럼 역사서를 쓰고 싶은 마음이 있었다. 훗날 그는 사비를 들여 『황명사개皇明史槪』라는 역사서를 샀다. 그리고 문인들 몇 명에게 그 책의 문장을 다듬고 사료를 보충할 것을 부탁해 『명사집략明史輯略』이라는 사서를 편찬하기에 이른다. 또 다른 이에게 서문을 부탁하고 이를 인쇄하여 발행했다.

하지만 이 책은 많은 부분에서 청 왕조가 내린 금지령을 어겼고 가장 금기시했던 부분을 건드렸다. 예를 들면 청 태조太祖 누르하치努爾哈赤의 이름과 관함官銜(명 건주建州 도독都督), 그리고 청나라의 전신인 후금의 국명을 직접 명시했고 명나라 장군 이성량李成梁이 누르하치의 조부를 살해하고 누르하치를 맡아 기른 사실을 기록했다. 또한 명나라 연호를 사용해 명 왕조의 역사를 기록했고 청나라 통치자에 대한 존중이 부족한 어투를 사용했다.

그 책은 출판 후 청 조정으로부터 강력한 탄압을 받았다. 장정롱과 그의 아버지 장정성莊廷鋮 및 그 책의 수정 작업에 참가했던 동이유董二酉는 청 정부의 탄압이 시작되었을 때 이미 이 세상 사람이 아니었다. 정부는 그들의 관을 열어 시체를 토막내고 시체의 머리를 베었다. 또한 백골은 산산이 빻아 황야에 버렸다. 지부 진영명陳永明은 그 소식을 듣고 자결했는데 죽은 뒤 시체는 항주杭州로 옮겨져 서른여섯 토막이 났다. 책 출판에 자금을 댔던 주우명朱佑明, 장정롱의 동생 장정월莊廷鉞 등 21명은 온몸이 갈기갈기 찢기는 능지처참에 처해졌다. 그 외

200여 명은 목이 베이거나 교수형에 처해졌다. 그들의 가족은 유배되거나 노예로 팔려갔다.

처참했던 이 문자옥의 최후는 청 통치자의 야만스러움과 잔혹함을 보여주는 것이다. 물론 이 사건은 강희제가 8살에 즉위하고 얼마 되지 않아 발생한 것으로 이 사건에 그의 책임이 있다고는 할 수 없다. 이 사건을 일으킨 이들은 당시 강희제를 도와 나라를 다스리던 오배鰲拜를 비롯한 대신들이었다. 또한 강희제의 즉위 기간에 일어났던 문자옥의 대부분은 그가 몸소 정사를 돌보기 전에 일어난 것들이었다. 강희제는 성년이 되어 직접 나라를 다스린 뒤로는 비교적 진보적인 통치를 펼쳤다. 그가 직접 주도한 문자옥 중 가장 많은 이를 희생시킨 것은 방효표方孝標의 『남산집南山集』 사건이었다. 마지막에 강희제는 이 사건을 너그럽게 처리해 대규모로 사람을 죽이는 일은 벌어지지 않았지만 그래도 이는 강희제의 통치 기간에 오점으로 남았다.

강희제가 세상을 떠나고 옹정제 시대부터 문자옥이 다시 대규모로 일어났다. 특히 건륭제 즉위 후 문자옥이 역대 왕조보다 빈번히 일어나기 시작했다. 건륭제는 강희제의 진보 정치를 철저히 외면했고 이로써 이전보다 더하면 더했지 결코 못하지 않은 명나라의 암흑정치가 다시 나타나게 되었다.

건륭제는 전혀 이치에 맞지 않는 문자옥을 만들어냈으며 그중 일부는 황당하고 이해할 수 없기까지 했다. 예를 들면, 대리시경大理寺卿을 맡고 있다가 말년에 은퇴해 집에 있던 윤가전尹嘉銓은 책 한 권을 저술했는데 책 중 자신을 '고희노인古稀老人'이라 칭했다. 사실 이는 이상할 것이 없는 호칭이었다. 시인 두보도 "예로부터 사람이 칠십을 살기는 드문 일人生七十古來稀"이라고 시를 지은 적이 있었다. 하지만 건륭제는 윤가전이 스스로를 '고희노인'이라 칭해서는 안 된다고 생각했다. 1년 전에 자신이 먼저 스스로를 '고희노인'이라 칭하고 이를 천하에 포고했는데 윤가전도 나서서 스스로를 '고희노인'이라고 칭하는 것은 자신에 대한 불경이라고 생각한 것이다. 건륭제는 이를 도리에 어긋나고 황당한 일이라고 여겨 윤가전을 교수형에 처했다. 내각대학사內閣大學士 호중조胡中藻도 억울하게 희생당한 사람 중 하나다. 그는 시집을 한 권 냈는데 시 중에 "나의 한 줌 의기로 청탁을 논하고 싶구나一把心腸論濁淸"라는 구절이 있었다. 탁청濁淸이라는 두 자는 본래 시의 율격에서 대응으로 쓰이는 글자였고 호중조는 압운으로 운율을 살리기 위해 '탁'을 '청' 앞에 두었다. 하지만 건륭제는 호중조가 '탁'을 '청' 앞에 둔 것은 마음을 불량하게 먹었음이며 청 왕조에 대한 불경이라 여겼다. 결국 호중조는 대역무도죄를 쓰고 참수되었고 잘린 머리는 거리에 효시되었다.

건륭제가 주도한 문자옥 중 가장 많은 사람이 희생된 사건은 손가감孫嘉淦의 소疏를 날조한 사건이었다. 건륭제는 여러 차례 강남 지역으로 여행을 다녔고 여행을 떠날 때마다 수만 명이 수행 차 함께 길을 나섰다. 그는 가는 곳마다 사치스럽고 방탕 무도한 생활을 했고 백성의 재산을 수탈해 그가 지나는 곳의 백성은 극심한 고통에 시달렸고 그 원성이 자자했다. 그러자 어떤 이가 당시 공부상서工部尙書에 재임 중이던 손가감孫嘉淦의 소를 날조해 건륭제의 강남 여행은 백성의 부담을 가중시키고 그들의 고통을 돌보지 않는, 덕망을 잃은 행위라며 비판했다. 사람들은 백성의 속마음을 담았던 이 소를 옮겨 베꼈고 그 글은 장강 남북으로 널리 퍼졌다.

건륭제는 그런 글이 돈다는 신고를 받고 자신의 행동을 반성하기는커녕 대로하여 철저히 조사할 것을 명령했다. 그 결과 위로는 순무巡撫

와 제독提督, 아래로는 백성과 승려에 이르기까지 1000여 명의 사람이 연루되어 죽임을 당하거나 유배되고 파면되었다. 공부상서 손가감은 그 죄를 추궁 당하지는 않았지만 공포 분위기 속에서 답답함과 괴로움에 시달리다 세상을 떠났다. 청 왕조의 문자옥 심판으로 인해 황권은 최고조로 강화되었으며 이에 따라 중국 사법 역사상 인권 유린의 시대도 그 정점에 달했다.

잔혹했던 문자옥은 매우 심각한 부작용을 가져왔다.

문자옥으로 인해 대신이나 일반 백성이나 할 것 없이 전 백성이 예외 없이 허위의 말로 황제에게 아부하고 아첨했다. 나라가 천인공노할 악행을 저지르고 민생이 도탄에 빠져도 백성은 비범한 황제의 영명함과 정확함, 위대함과 영광됨을 찬미해야 했고 태평성세와 국태민안國泰民安 그리고 찬란한 황제의 업적을 찬양해야 했다. 황제가 벌거벗은 엉덩이를 드러내고 있더라도 반드시 가장 아름다운 언어로 세상에서 가장 아름다운 옷을 입고 있다고 찬양해야 했다.

잔혹한 문자옥은 중국인을 정치에서 멀어지게 만들었다. 사람들은 입을 꾹 다물었고 중국 전역은 침묵 속으로 빠져들었다. 그렇게 침묵 속에서 사람들은 스스로를 보호하며 국가의 흥망성쇠와 국가경제와 민생, 과학문화의 발전 등에는 관심을 두지 않았다. 관리들은 어떻게 하면 더 높은 벼슬에 오르고 더욱 부자가 될 수 있을지 그 방법과 뇌물 수수에만 열중했으며 백성의 질고와 지역 발전에는 관심을 두지 않았다. 지식인들은 서재에 틀어박혀 문자의 고증에만 열중했고 새로운 사상이나 문화, 과학, 기술은 연구하지 않았다. 자본과 상품, 시장에도 관심이 없었다. 서구의 인문주의와 입헌정치, 민주, 법제 사상이 널리 퍼져나가고 있을 때 중국의 지식인들은 모두 헌 종이더미에 파묻혀 한 평생 정력을 글자 하나, 또 글자의 뜻 하나를 고증하는 데 쏟아 부었다. 세계에 어떤 변화가 일어나고 있는지를 아는 사람은 한 명도 없었고 문명의 변혁을 호소한 이도 없었다. 그들은 소중한 시간과 정력을 팔고문 작문을 연구하는 데 썼고 이로써 과거에 합격하고 관직에 나아갔다. 하지만 그로 인해 중국의 지식인들은 우매하고 무지한 이들이 되어갔으며 그 인품도 나날이 괴상해져갔다.

문자옥의 잔혹함은 노예근성을 강화시켰다. 백성은 관리에게, 말단 관리들은 상사에게, 관료들은 황제에게 무릎을 꿇어야 했다. 그렇게 계급별로 층층이 꿇어앉아 중국은 무릎 꿇는 나라가 되었다. 『홍루몽』의 등장인물 가계賈桂가 다른 이들이 아무리 그에게 일어나서 얘기하라고 해도 꿇어앉는 게 습관이 되어 일어선 것이 오히려 불편하다고 말한 것 같이 말이다.

관리는 불을 지를 수 있었지만 백성은 등불을 켜는 것조차 허락되지 않았다. 백성은 억울한 누명을 써도 푸른 하늘에 호소하며 청렴한 관리가 나타나기를 기도할 뿐 다른 방법이 없었다. 사람 목숨이 하찮아지고 민중은 땅강아지와 개미처럼 약한 존재로 전락했다. 세도가들이 횡행하고 억울한 사건들은 산처럼 쌓였으며 인권과 민의는 유린당했다. 이는 중국에서 발생했던 참혹한 역사적 사실이다. 인의도덕이나 예의와 염치, 백성이 주인이 되는 나라, 성인의 도 등은 통치자가 백성을 기만하는 거짓말에 불과했다.

명청 양대의 문자옥은 과거 위대한 창조와 진취성으로 충만했던 중국을 천민으로 철저히 전락시켰고 과거 찬란하게 꽃피웠던 문명을 추락시켰다.

황권 강화와 폐관쇄국

유럽을 중심으로 한 세계가 바다로 뻗어나가던 14세기 원나라는 보갑保甲제를 실시해 한인에 대한 통치를 강화했다. 몽골인들은 한인의 모반을 두려워했으므로 보갑제를 실시한 것은 그런대로 납득할 수 있는 부분이다. 하지만 한인 정권이었던 명나라가 원나라보다 더욱 엄격한 통제제도를 세운 것은 이해하기 어렵다. 1368년 명나라가 건국되고 얼마 되지 않아 주원장은 '금해禁海'와 '폐관閉關'을 선포하고 어떠한 배도 바다로 나아가지 못하게 했다.

주원장은 백성이 자유롭게 이동할 권리를 박탈하기 위해 먼저 전국에 인구조사 실시를 명령하고 본적, 성명, 나이, 논밭, 집, 자산 등 정보를 등록하게 했다. 이 정보가 등록된 책의 표지가 황색이었기 때문에 이 책은 황책黃冊이라 불렸으며 이후 백성의 토지 상황을 전문적으로 기록한 어린책魚鱗冊이 완성되었다.

토지와 인구조사를 토대로 주원장은 전국 농촌에 엄격한 부역제도와 세금제도를 세웠다. 또한 이鯉와 갑甲이라는 빈틈없는 조직을 두어 농민을 더욱 약탈하고 통제했다. 이와 갑은 농촌의 기본 행정구역으로 이에는 이장을, 갑에는 갑장을 두었다. 이와 갑에 소속된 백성은 서로 보증을 서 무슨 일이 생기면 연대책임을 졌다. 평상시 농민들은 외출하기 전 반드시 이장과 갑장에게 외출 허가를 받고 정부가 발급한 통행증을 받아야 했다. 그것도 모자라 이와 갑 내 다른 사람들에게 자신이 외출한다고 알린 다음에야 외출이 가능했다. 허가를 받지 않고 무단 외출한 사람은 모두 이탈자로 여겨졌다. 이에 대해 『대명률』은 "국가는 이탈자를 체포할 권리가 있고 이탈자는 능지처참에 처해질 것이며 같은 이와 갑에 소속된 사람들도 연대 책임을 져야 한다"라고 규정했다.

이갑제의 기초 위에 주원장은 관진제도關津制度를 만들었다. 즉, 전국의 모든 주요 도로에 검문소를 설치하고 행인들을 검문하는 제도다. 정부가 발급한 통행증이 없으면 일률적으로 이탈자로 간주되어 체포되었다.

이갑제와 관진제도는 백성을 토지에 꽁꽁 묶어놓았고 그들이 지주와 관의 통치에 굴복하도록 강제했다. 두 제도 아래 백성은 고향에서 한 발짝도 나갈 수 없었다. 백성들은 이동의 자유를 철저히 빼앗겼고 자유로운 무역 또한 금지되었으며 자본의 유동도 완전히 정지되었다.

주원장은 동시에 '금해禁海'를 선언했다. 국내 백성의 이동은 통제하게 되었지만 바다를 건너 남양南洋 지역으로 살 길을 찾아가는 동남 연해지방 백성이 늘고 있음을 발견했기 때문이었다. 그가 생각하기에 장사를 하러 중국에 오는 남양 각국의 상선도 많고 중국과의 교류도 지나치게 많았다. 이는 그의 안정적인 통치에 불리하게 작용했다. 그래서 주원장은 중국을 방문하는 각국 사절과 상인 수, 방문 기간, 중국에 드나드는 배의 수를 엄격히 통제하고 '금엽표문金葉表文'을 검사하는 등 조치를 취했다. 이를 만족시키지 못하는 자들은 예외 없이 입국이 거부되었다. 외국 상인과의 통상은 관에서 독점했으며 개인 경영은 금지되었다. 또한 동남 연해 지역의 백성에게는 바다에 나갈 수 없도록 금지조치를 내렸으며 출국하는 자는 '아버지도 임금도 안중에 없는 무뢰한'으로 간주했다. 바다에 나간 사실이 발각된 자는 즉시 체포되어 벌을 받았으며 중하게는 사형을, 가볍게는 곤장을 맞았다.

주원장은 백성이 바다에 나가지 못하도록 통제하기 위해 어민들이 바다에 나가 물고기를 잡는 일마저 금지시켰다. 어선은 모두 현장에서 불살랐고 어민과 뱃사공들은 일괄적으로 군적에 편입되어 병사가 되었다.

주원장의 엄격한 명령 아래 동남 연해지역은 죽은 것처럼 가라앉았다.

당시 바다는 인류에게 바다로 나와 큰 부자가 되어보라는 초청의 신호를 보내고 있었다. 하지만 우매한 데다 완고하기까지 했던 중국의 통치자는 이런 초청을 단호히 거절해버렸다.

주원장이 세상을 떠난 뒤 명 왕조에는 피비린내 나는 정권 다툼이 벌어졌다. 연왕燕王 주체는 반란을 일으켜 건문제建文帝를 제거하고 스스로 황위에 올라 성조가 되었다. 주체에게 패한 건문제는 몰래 도주해 행방불명이 되었다.

건문제의 행방을 알 수 없게 되자 주체는 마음의 병에 걸렸다. 그는 건문제가 어느 날이고 권토중래하여 자신을 물리치지는 않을까 두려워했다. 그리하여 전국적으로 건문제의 행방을 추적했지만 아무런 성과를 거두지 못했다. 도대체 건문제는 어디로 사라졌던 것일까? 민간에는 건문제가 배를 타고 바다로 나갔다는 이야기가 떠돌았다. 주체는 그 이야기를 믿어 건문제가 해외로 도주했을 것이라고 확신했다.

해외로 도주한 건문제의 행방을 추적하기 위해 주체는 정화鄭和를 서양으로 파견했다. 정화는 거대한 선대船隊를 이끌고 서양으로 가 건문제의 소식을 탐문했다. 또한 주체는 정화의 선대를 통해 자신의 문치와 무공을 여러 나라에 드러내고자 했다. 정화는 총 일곱 차례 원정에 나섰으며 이에 따라 동남 연해의 항해 금지도 자연스레 풀렸다.

정화의 첫 원정은 1405년에, 최후의 원정은 1430년에 있었으며 출발지는 모두 유하瀏河(현재의 장쑤성 타이창太倉 류허진瀏河鎭)였다. 첫 번째 항해는 아시아 지역 안에서 이루어졌지만 네 번째 항해부터는 아프리카 연안, 곧 지금의 케냐와 소말리아 지역까지 나아갔다.

정화는 일곱 차례나 서양에 갔지만 건문제의 행방을 찾는 데는 실패해 주체를 실망시켰다. 하지만 정화의 위풍당당한 항해는 유럽인의 지리적 대발견보다 100년을 앞선 것으로 정치적으로 대성공을 거두었다. 뿐만 아니라 일곱 차례 원정 중 정화의 선대가 최대 규모였을 때 출동했던 군함은 약 60여 척, 동행한 전사는 총 3만 명에 달했다. 대부분의 군함이 길이 120미터, 폭 40미터로 약 1000명을 수용할 수 있는 거대한 위용을 자랑했다. 당시 외국인들의 눈에 그 함대는 대단히 거대한 물건이었고 정화 선대의 거대함은 불가사의에 가까웠다. 정화가 이끈 무적함대는 중국의 강력한 국력을 외국에 보여주었고 이를 목격한 나라들은 이제껏 느끼지 못했던 충격을 받았다.

정화의 서양 원정은 연해 지역 백성의 해외 이주를 촉진하기도 했다. 특히 광주廣州, 천주泉州, 조주潮州, 장주漳州 등지의 주민이 대거 해외로 이주했는데 이들은 최초의 화교가 되었다.

정화의 원정은 전한의 장건張騫이 서역 길을 개척했던 것과 같이 새로운 세계를 열어주었다. 하지만 이 위대한 원정은 단 한 푼의 상업적 이윤도 거두지 못해 이후 유럽의 지리적 대발견과는 정반대의 양상을 보였다. 유럽의 항해가 시장 개척과 부의 약탈을 위한 것이었다면 중국인이 바다로 나아간 것은 순수한 정치적 유세를 위한 것이었다. 황권에 의해 노예화되었던 중국인은 바다에 나가서도 소농경제의 사상적 속박을 벗어나지 못했음을 보여준다. 중국인은 무역과 경쟁, 시장과 자본을 몰랐고 정상적인 외교는 국가의 이익과 하나로 결부되어 있다는 사실도 알지 못했다. 바다의 초청을 받은 중국인은 삼강오륜으로 뱃속이 가득 찬 겸손한 군자에 불과했다.

정화의 서양 원정이 그 어떤 경제적 이익도 가져다주지 못했기 때문에 주체가 죽고 난 뒤 일부 성리학자는 서양 원정을 폭정으로 간주해 금지하기에 이른다. 후대가 모방하지 못하게 하기 위해 관련된 중요 공문서들을 모두 불태우기까지 했다. 이 시기의 명 왕조는 사망의 길로 가속도를 내어 전진하고 있었다.

그 이후 명나라가 멸망하기까지 중국은 다시는 문을 열지 않았다. 이런 폐관쇄국은 명 왕조에 심각한 부작용을 가져왔다. 광대한 영토의 명나라였지만 외교문제를 처리하는 정식기구 하나 없을 정도였다. 이탈리아 선교사 마테오 리치는 1580년 마카오에 도착한 뒤 1599년 북경으로 와 당시 명나라 황제였던 주익균을 알현하고자 했다. 그런데 명나라 조정의 문무관을 통틀어 이탈리아가 어느 지역에 있는 나라인지를 아는 이가 한 명도 없었다. 전장제도典章制度를 기재해놓은 『회전會典』에서도 이탈리아라는 곳을 찾을 수 없자 그들은 이탈리아라는 나라가 존재함을 강력히 부인했다. 다행히도 『회전』에 대서양국[지금의 포르투갈]이라는 나라가 하나 기록되어 있어 명 조정은 마테오 리치를 대서양국 사람으로 여겼다. 마테오 리치 자신도 자신이 대서양국 사람이라고 인정할 수밖에 없었다.

1592년 일본 도요토미 히데요시가 육해군 15만을 이끌고 쓰시마해협을 건너 조선을 침략했다. 일본의 침략을 저지할 수 없었던 조선은 명나라에 지원을 청했다. 명나라 정부는 장군 이여송李如松을 수장으로 한 지원군을 조선에 파견했다. 그 결과 일본군은 격퇴했지만 명나라 군대도 막중한 손실을 입었다. 명나라와 일본은 곧 협상에 들어갔다. 중국은 일본에게 조선이 완전한 영토의 독립주권 국가임을 인정하라고 요구하며 도요토미 히데요시를 일본 국왕으로 봉함을 윤허하겠다는 조건을 내걸었다. 1596년 명나라 조정은 도요토미 히데요시가 살고 있던 오사카에 사절단을 파견해 책봉식을 거행하기까지 했다. 하지만 도요토미는 국왕으로 봉해질 수 없는 상황이었다. 일본에는 매우 긴 세월 세습되어 내려온 천황이 있었던 것이다. 책봉식은 황당한 웃음거리였을 뿐이었다.

명나라가 멸망한 뒤 청나라가 세워졌다. 하지만 폐관쇄국 정책은 왕조가 교체되었어도 전혀 변화가 없었다. 거꾸로 청 정부는 백성의 이동의 자유와 자유 무역에 대해 더 엄격한 제한을 가했다.

중앙집권적 황제 전제를 강화하기 위해 청나라 정부는 백성에 대한 통제 강도를 높였다. 『대청률』은 백성의 자유로운 이동, 결사, 집회 등을 모두 대죄로 규정하고 이를 위반하는 자는 예외 없이 극형에 처했다. 또한 청 정부는 보갑법保甲法을 제정해 도시와 농촌에서 10가구를 최소 단위로 한 1패牌, 10패를 1갑甲, 10갑을 1보保로 조직했다. 청나라 사회의 최하부 조직인 패, 갑, 보에는 각각 패장牌長, 갑장甲長, 보장保長을 두어 백성을 감시하게 했다. 불시검문에 편리하도록 모든 가구는 집 대문 앞에 호주의 성명과 식구 수를 적은 패를 걸어놓도록 규정했다.

모든 여인숙과 절은 규정에 따라 모든 손님의 이름과 그 행방을 장부에 빠짐없이 기록해야 했다. 또한 모든 지주와 가마窯의 주인은 수하의 고용 직원을 철저히 관리해야 했다. 만약 관리를 제대로 하지 못해 도주한 이가 생겨나거나 반항하는 자가 있는 사실이 발각되면 주인도 연좌되어 벌을 받았다. 한인은 다른 민족과 왕래가 금지되었고 모든 소수민족은 한인을 숨겨줘서는 안 됐다.

청 왕조는 대외적으로는 명나라의 해금정책을 계승했다. 강희제는 대만 수복 후 한때 해금 조치를 풀고 연해 일대의 주민들이 바다에 나가 물고기를 잡을 수 있도록 윤허하고 광주廣州를 상업지구로 개방해 외국 상인과의 통상을 허가하기도 했다. 하지만 동시에 그는 '공행公行'과 같은 기구를 세워 대외무역을 독점했고 민간 상인이 이에 끼어들지 못하도록 만들었다. 또한 중국 상인과 외국 상인과의 그 어떠한 왕래도 불허하고 이를 어기는 자는 대죄를 지은 것으로 간주했다.

건륭제의 통치 기간, 청 정부는 다시 폐쇄적 해금정책을 펴기로 결정하고 서방 각국과의 무역을 엄격히 제한해 국제무역은 거의 중단되기에 이른다. 건륭제는 천조대국天朝大國인 중국에는 없는 물자가 없어 외국과의 교역이 전혀 필요치 않다고 여겼고 외국인에게 차와 비단을 판매하는 것은 순전히 그들에게 베푸는 은혜라고 생각했다.

오만하고 무지했던 건륭제가 보기에 서양인은 개나 양 같은 가축과 다름이 없었다. 그들이 마시는 것이라고는 우유였고 먹는 것이라고는 피가 뚝뚝 흐르는 고기와 생채生菜였다. 피부는 죽은 사람마냥 창백했다. 고양이 같이 파란 눈에 코는 기괴할 정도로 컸고 온 몸에서는 이상한 냄새가 풍겼다. 그가 보기에 이런 서양인은 진화되지 못한 야만족이었고 예의와 염치, 도덕이 무엇인지도 모르는 민족이었다. 그래서 건륭제는 서양인을 '이상夷商'이라 불렀다. 그가 서구사회를 전혀 이해하지 못했다는 것을 알 수 있는 대목이다.

야만족은 경시하고 황권은 본능적으로 강화하고자 했던 건륭제였기에 서양인에 대해 극도의 반감과 경계심이 생길 수밖에 없었다. 그는 그런 야만족이 중국에 와서 그의 통치를 무너뜨리고 백성에 영향을 주도록 절대 내버려둘 수 없었다. 그래서 1757년 건륭제는 어이없고 우스꽝스러운 명령을 반포했다. 그 명령에 따르면 '이상夷商'은 매년 5월부터 10월까지만 광주에서 교역을 행할 수 있었고 그 기간이 지나면 자신의 나라나 마카오로 돌아가야 했다. 또한 이상은 교역 기간에는 반드시 상관商館 내에서만 지내야 했고 무기를 휴대할 수 없었고 중국인 하인을 고용해서도 안 되었다. 그들은 가마를 타서도 안 되었고 거리에서 물건을 살 수도 없었으며 물가를 알아봐서도, 중국 서적을 사서도 안됐다. 또한 중국 관리와 만날 수도 없었는데 일이 있으면 먼저 공문을 써서 서양 물품만을 취급하는 양행洋行에게 처리를 요청하게 했다. 그리고 여성 외국인은 광주에 출입할 수 없었다. 이런 황당한 조항들은 당시 건륭제의 무지와 서양인에 대한 경계를 잘 보여준다. 그는 서양인이 중국의 관리나 백성과 접촉해 그것이 황권 전제통치에 영향을 미칠까 두려워했다.

하지만 같은 시기, 서구 문명은 비약적 발전을 이루고 있었다. 산업혁명이 일어나고 민주정치가 부흥해 서구의 생산력은 날이 갈수록 증대되었고 사회가 창조한 물질적 부는 분수처럼 솟구치고 있었다. 외교적 경험 없이 그저 궁 안에 틀어박혀 있었던 중국 황제와 관료들은 중국이 이미 세계경제와 정치투쟁의 물결에 휩쓸려 가고 있음을 꿈에도 알지 못했다. 세계 상품시장을 개척하고 전세계에 기독교 복음을 전파하기 위해, 활력 넘치는 기독교와 현대 문명으로 무장한 서양인들은 막을 수 없는 기세로 세계 구석구석을 공격하고 있었다. 자신들을 따르는 자는 살고 거스르는 자는 망할 것이라고 생각하는 그들에게 중국 황제의 금지령 따위는 아무것도 아니었다.

1793년 영국은 조지 매카트니George Macartney 경을 대표로 하는 600명으로 구성된 방대한 규모의 사절단을 북경에 파견했다. 1만3000 파운드에 상당하는 선물을 가지고 온 사절단은 중국 황제에게 영국의 국왕 조지 3세의 친서를 바쳤다. 친서에는 다음과 같은 요구사항이 적혀 있었다. "영국이 중국에 사절을 파견할 수 있도록 허가할 것, 주산舟

山과 천진天津 지역에서 영국이 무역할 수 있게 허가할 것, 마카오의 선례를 본 떠 주산 부근의 작은 섬에 상인이 거류하도록 하고 물건을 보관할 수 있게 할 것, 마카오의 영국 상인이 광주에 거주할 수 있도록 허가할 것, 영국 상품이 내륙에서 운송될 시 면세와 감세를 해줄 것" 등이었다.

하지만 건륭제는 양국의 통상은 천자의 조정인 청의 체제와 맞지 않다고 여겨 양국 간 교역을 중단시키고 이를 허가하지 않았다. 더욱 어이없었던 것은 청 왕조가 건륭제를 알현하는 매카트니 경에게 세 번 무릎 꿇고 아홉 번 머리를 조아리도록 요구한 것이다. 매카트니 경은 이를 거부해 결국 한 쪽 무릎만을 꿇은 채 황제에게 예를 표했다.

1816년, 영국은 애머스트W.P. Amherst를 대표로 한 사절단을 중국에 파견해 시장을 개방하고 영국과 통상할 것을 재차 요구했다. 하지만 당시 청나라 황제였던 가경제는 이를 단호히 거부했다. 애머스트가 가경제를 알현할 때도 조정은 그에게 두 무릎을 꿇을 것을 요구했지만 거부당했다. 가경제는 사절단의 부사副使도 소견했는데 그도 두 무릎 꿇기를 거부했다. 체면이 말이 아니라고 생각한 가경제는 애머스트와 그의 모든 수행원 그리고 선물까지 전부 들려 쫓아내라고 명령했다.

우매하고 완고했던 청나라 황제와 관료들은 시종일관 천조대국이라 자처하며 영국인을 보잘것없는 '오랑캐'로 보았다. 매카트니 경이 중국을 방문했을 때 중국 군대의 훈련 모습을 참관한 적이 있었다. 참관 후 매카트니 경은 대장군 복강안福康安에게 그의 호위대가 유럽에서 가져온 신식 화기를 사용하는 모습을 볼 것을 청했다. 속뜻인즉슨 서방의 선진 군대 수업을 한번 보라는 것이었다. 하지만 복강안은 오히려 냉담하게 이렇게 말했다. "봐도 그만, 안 봐도 그만이오. 짐작컨대 무슨 희귀한 것도 아닐 것 같구려!"

건륭제는 영국의 요구를 철저히 거부하기는 했지만 매카트니 경 일행을 극진히 대접했다. 매카트니 경이 영국으로 돌아갈 때 건륭제는 특별히 그들 일행이 중국의 육로를 통해 남쪽으로 이동할 수 있도록 했다. 영국 오랑캐들에게 중국의 풍요로움과 강대함을 두 눈으로 볼 수 있는 기회를 줘 그들의 그릇된 생각을 없애기 위함이었다.

하지만 상황은 건륭제의 희망과는 정반대로 돌아갔다. 육로를 따라 이동하며 매카트니 경이 본 것은 풍요로움과 강대함이 아니라 부패와 횡령, 가난함과 우매함이었다. 거지꼴을 한 중국 군대는 한 방의 공격도 견딜 수 없을 게 분명했다. 그는 귀국 후 영국 정부에 보고하며 청 왕조는 부패했고 백성을 억압하고 착취하니 곧 변란이 일어날 것이라고 단언했다. 이런 보고는 훗날 영국이 중국을 상대로 전쟁을 일으키는 데 중요한 근거로 활용되었다.

제7장

기형의 사회

: 전제제도와 중국인의 생존 방식

온갖 악의 근원인 궁정제도

———

진시황이 중국을 통일하기 전 각 제후국 군주들은 일부일처를 고수하기도 하고, 또 셀 수 없이 많은 처첩을 거느리기도 했다. 그러나 진시황처럼 호화스런 궁궐을 짓고 1만2000명이나 되는 미인들을 불러 모아 한 사람의 음욕을 채운 군주는 역사상 유례를 찾아볼 수 없다. 1만 2000명의 미인은 모두 비빈妃嬪과 궁녀였다. 다행히도 진시황은 황위에 오른 지 11년 되는 해에 세상을 떴다. 그렇지 않았으면 그가 얼마나 더 많은 무고한 소녀를 궁으로 불러들이고 얼마나 황당한 일들을 저질렀을지 모를 일이다.

진시황 이후 대다수의 황제는 최소 궁 3채, 후원 6곳, 후궁 72명은 기본이라는 말이 있을 정도로 많은 황후와 후궁을 거느렸다. 이들은 모두 정식 책봉을 받은 이들이었고 소소한 명분만 주어진 궁녀까지 따지자면 그 수는 헤아릴 수도 없었다. 물론 전혀 그렇지 않은 황제들도 있었다. 전한 문제 유항劉恒, 수 문제 양견楊堅, 후주後周 시영柴榮, 송나라 황제 조광윤 등은 매사에 신중했고 후궁과 비빈은 50명 이내로 제한해두었다. 그러나 대부분의 황제는 방종하게 사욕을 채우고자 황궁에 수많은 비빈을 두었다. 또한 2~3년에 한 번씩 전국적으로 수려한 아가씨들을 선발했다. 전국의 13세 이상 처녀들을 대상으로 엄격히 선발했는데 양갓집 규수들이 뽑혀 궁으로 보내지면 황제가 마음에 드는 아가씨를 골랐다. 황제에게 간택되면 후궁으로 봉해졌고 간택되지 못하면 궁녀가 됐다. 물론 황제는 갖가지 명목을 붙여 이 소녀들을 배치했다. 이렇게 해서 황궁, 그 암흑과도 같은 곳에서 마지못해 살아가는 소녀들의 힘겨운 삶이 시작되는 것이었다.

한나라의 궁궐은 추잡하기로 치자면 진나라에 조금도 뒤지지 않았고 특히 한 무제 때 최고에 달했다. 무제는 자신을 내세우길 좋아했으며 방탕하고 황음무도했다. 사료에 따르면 궁내에 13세 이상~18세 이하의 비빈과 궁녀가 1만8000명이나 되었다고 한다. 무제는 "3일 동안 굶을 수는 있어도 여자 없이는 하루도 못 견딘다"고 말하기도 했다. 외지로 순시를 나갈 때마다 한 무리의 미인을 데리고 갔으며 16여 명을 자신의 마차에 태워 난잡하게 관계를 맺었다. 무제 이후 한나라 역대 황제들은 하나같이 매우 방탕했다. 원제元帝는 비빈과 궁녀가 무척 많아 화공에게 이들을 그리게 한 뒤에 그 그림을 보고 잠자리 할 사람을 골랐다. 잘 알려진 왕소군王昭君 이야기는 바로 여기에서 나온 것이다. 성제는 실제로 절제하지 못하고 성욕에 탐닉하다가 목숨을 잃었다. 그는 비연飛燕과 합덕合德 두 자매를 총애하여 궁에서 음란한 생활을 일삼았다. 후에 '특효약'을 백방으로 구하다가 요휼교寮恤膠라는 정력제를 구했는데 한 알에 성교를 한 번 할 수 있었다. 어느 날 밤 소의昭儀에 봉해진 합덕은 술에 취해서 성제에게 한 번에 아홉 알을 먹였다. 성욕을 절제하지 못한 결과 성제는 하룻밤 사이에 붕어했다.

이 방면에서는 후한의 황제들도 전한의 황제들에 결코 뒤지지 않았다. 그중 가장 음탕했던 황제로 후한 말기 영제靈帝를 꼽을 수 있다. 영제는 목욕을 할 때마다 13~18세 궁녀 수백 명과 발가벗고 즐겼다. 자극적인 것을 좋아한 그는 기발하게도 궁녀들과 집단 성교를 즐기곤 했다. 그는 "영원토록 이렇게 해야겠군, 정말 신선이 따로 없구나!"[1]라는 말로 감탄을 표했다.

서진西晉의 황제 사마염司馬炎은 1만5000명의 비빈과 궁녀가 있으면서도 '미인 선발이 아직 끝나지 않았으니 전국의 처녀들은 결혼을 금한다'는 명령을 내렸다. 매일 밤 누구와 함께 자는 것이 좋을까 고민에 빠졌던 그는 양거羊車를 타고 곳곳을 다니며 양이 마음에 드는 곳에 서면 그날 밤은 그곳에서 밤을 보냈다. 이후 똑똑한 비빈 몇이 이 비밀을 알아채고는 대나무 잎에 소금물을 뿌린 뒤 문 앞에 놓아두는 방법으로 양이 발걸음을 멈추도록 유인해 황제의 성은을 입었다.

서진 시기 팔왕의 난 이후, 한조제국漢趙帝國 황제 유총劉聰은 1만여 명에 달하는 비빈을 두었을 뿐 아니라 황후도 다섯 명이나 책봉했다. 후조後趙 3대 황제인 석호石虎는 궁에 수만 명의 비빈을 두고도 끊임없이 미인들을 뽑았다. 언젠가는 한 번에 3만여 명을 징집해 각급 관원들이 강도를 수색이라도 하듯이 집집마다 다니며 뒤졌다. 이때 딸이나 아내를 바치길 거부한 미인의 아버지나 남편은 바로 살해됐다. 345년 미인 선발 때문에 석호가 살해한 사람의 수가 3000명이 넘었다. 이들을 적절히 배치하기 위해 석호는 장안, 낙양, 업성鄴城 3대 도시에 노동자 40여 만 명을 동원해 밤낮없이 공사를 진행해 궁전을 지었다. 나중에 전쟁이 일어나 업성 등지가 포위된 뒤 기근이 찾아왔다. 석호가 도처에서 모아온 미인들은 굶어 죽지 않으면 굶주림에 허덕인 병사들에게 잡아 먹혔다.

남쪽 지방의 동진東晉 및 남송, 제齊, 양梁, 진陳나라의 역대 왕들은 모두 곁에 만 명이 넘는 후궁과 미인을 두고 마음껏 주색을 즐겼다. 그 중 진나라 후주後主 숙보叔寶는 대대적으로 궁궐을 짓고 미인들을 선발하고 주색에 빠져 주야로 음탕하게 놀다가 나라를 망쳤다. 그는 뒤뜰의 꽃 「후정화後庭花」라는 노래를 짓고 후궁의 미녀들에게 부르게 했는데 이것이 바로 그 유명한 망국의 노래, '옥수후정화玉樹後庭花'다. 제나라의 폐제廢帝 소보권蕭寶卷은 더 어이가 없었다. 그는 여색을 몹시 밝혔고 특히 전족한 여자를 좋아해 '발걸음마다 연꽃이 피어난다'는 뜻의 "보보생연화步步生蓮花"라는 말로 전족한 여자가 길을 걷는 모습을 비유했다.

중국 역대 황제 중 수나라 문제 양견楊堅 한 사람만이 일부일처에 충실했다. 그는 황후 독고獨孤씨와 백년해로하며 후궁을 들이지 않았고 황후가 세상을 떠난 다음에야 후궁을 들였다. 하지만 그의 아들 양제煬帝 양광楊廣은 후궁에 들인 비빈과 궁녀의 수로 최고 기록을 세웠다. 사료에 따르면 그의 비빈과 궁녀는 10만 명이 넘었다고 하며 강도江都 한 곳의 행궁行宮에만 3만 명이 있었고 이런 행궁이 몇 군데나 되었다.

중국 역사를 보면 포악한 황제들만 곳곳에서 미인들을 뽑아 음욕을 채운 것은 아니었으니 진보적인 황제들도 미인 선발에 절제하지 못한 것은 마찬가지였다. 훗날 미인 선발은 제도로 정착해 후궁에 미인을 몇 명 두어야 하는지 일정한 비율을 두었으나 그 수는 적어도 3000명 이 상이었다. 하지만 이렇게 많은 여인이 단 하나의 남자만 바라보고 있었으니 정상적인 부부생활을 기대한다는 것은 그야말로 하늘의 별 따기보다 더 어려운 일이었다. 황제의 총애를 받을 수 있는 사람은 극히 일부분뿐이었고 대다수의 비빈과 궁녀는 모두 희망 없는 기다림 속에 지냈으며 황제 얼굴 한번 못 보고 늙어 죽는 사람도 있었다. 청대의 황제는 더욱 기발했다. 매일 밤 누구의 침소에 들지를 패를 뒤집어서 결정했다. 패의 뒷면에는 여인들의 이름이 쓰여 있었고 뒤집어서 이름이 나오는 여인이 그날 밤 황제와 밤을 보냈다.

원명대의 대다수 황제는 굉장히 방탕했고 변태적인 이들도 있었다. 원나라 순제順帝의 경우 특히 라마교를 맹신했는데 라마와 승려들이 순제에게 '대희락大喜樂', 즉 '집단 성교'를 널리 가르쳤다. 수백 명에 이르는 전라의 궁녀들이 역시 발가벗은 황제 및 승려들과 궁에서 서로 쫓아다니며 아무렇게나 관계를 맺었다. 거대한 궁전은 성교의 대관원大觀園[『홍루몽』 중의 화려한 정원]으로 전락했다. 중국, 아니 세계 각국의 역사에서 그렇게 대규모의 성교 장면을 본 사람이 누가 있을까?

명대에는 많은 황제가 음기를 받아 양기를 보충한다는 도가학설을 맹신했다. 그래서 궁녀나 비빈들을 상대로 변태적이고 잔혹한 학대를 일삼아 궁녀들의 강한 반대에 부딪쳤다. 가장 비참했던 이로 가정제嘉靖帝 주후총朱厚熜의 궁녀 양금영楊金英 등을 들 수 있다. 스무 살도 채 안 되는 아리따운 소녀들은 뼈에 사무치는 원한을 품고 가정제가 깊이 잠들 때까지 얌전히 있다가 밧줄을 가정의 목에 걸고 교살을 시도했다. 그런데 지나치게 긴장한 나머지 매듭이 풀어질 수 있게 매어진 데다가 가정이 기절하자 죽은 것으로 오인하고 허겁지겁 도망쳤다. 밧줄이 느슨해지면서 가정이 서서히 의식을 회복하게 될 줄은 생각하지 못했다. 양금영 등은 책형磔刑이라는 잔인한 처형에 처해져 산 채로 사지가 찢겨진 뒤 잘게 다져졌다. 양금영 사건은 명대 궁정의 암흑과 추악함, 공포와 은밀함을 가장 단적으로 반영하는 전형적인 사례다.

궁 안에서 생활하는 비빈과 궁녀들의 운명은 비참했다. 헌데 일단 황제가 연로해 붕어하면 황제의 성은을 입지 못하거나 아이를 낳지 못한 비빈과 궁녀들의 운명은 더더욱 비참했다. 진시황이 죽은 뒤 이들 대부분은 황제를 위해 강제로 순장되어 산 채로 여산 진시황릉에 매장됐다. 한대 이후로는 아이를 낳지 못한 비빈과 궁녀들이라 해도 죽은 황제를 위해 순장된 이는 거의 없었지만 이들 중 다수는 해가 들지 않는 컴컴한 곳에 갇혀 영원히 세상과 격리되었다. 또한 머리를 깎이고 비구니가 되어 평생 부처를 벗 삼아 쓸쓸히 보낸 이도 많았다. 이들은 희망이 없었고 삶에서 혈육 간의 정이나 따뜻함도 얻지 못한 채 묵묵히 죽어갈 수밖에 없었다. 또한 죽으면 '정락당淨樂堂'에 보내져 화장되었고 유골도 남길 수 없었다.

한나라 황제 유총이 병으로 세상을 떠난 뒤 그의 아들 유찬劉粲은 모두 20세가 채 안 되었던 유총의 다섯 황후(황태후)를 전부 차지하고 그들에게 매일 그와 잠자리에 들 것을 강요했다. 순종하지 않는 이들은 즉시 교살되었다. 비빈과 궁녀들의 목숨은 마른 풀만큼이나 비천하고 개미 한 마리만큼도 못하게 하찮은 것이었다. 후세 사람들은 궁에서의 원한을 소재로 한 많은 시를 남겼다. "은 촛대에 가을빛은 병풍에 찬데 가벼운 비단 부채로 반딧불을 치누나. 하늘 가 밤빛은 물처럼 싸늘한데 견우와 직녀성을 앉아서 바라보네."[2] 이렇게 슬프고 구성진 시들은 궁녀들의 정신적이고 감정적인 고통과 적막함을 보여준다.

운 좋게 황제의 총애를 입은 비빈과 궁녀들은 한 줄기 위안을 얻긴 했지만 역시 하루 종일 마음을 졸이며 살아야 했다. 이들은 황제의 총애를 얻기 위해 매일 갖은 궁리를 하여 그의 환심을 샀다. 그러나 군주의 곁에 있는 것은 호랑이 옆에 있는 것과 마찬가지였다. 황제의 심기는 불안정하여 언제 안면을 바꿀지 알 수 없었다. 일단 총애를 잃으면 가볍게는 구타를 당하거나 처벌을 받고 냉궁冷宮에 들어갔으며, 목숨도 부지할 수 없었다.

주원장은 명나라를 세우고 나서 다시 '살아 있는 사람을 매장하는' 순장제도를 부활시켰다. 주원장은 죽기 전에 '잠자리에서 시중을 들었던 궁녀를 전부 순장하라'고 명령했다. 당시 그의 잠자리 시중을 들었던 비빈 46명이 모두 효릉孝陵에 순장됐다. 이후 명 성조成祖 주체의 장릉長陵에도 비빈 30여 명이 그를 위해 순장됐다. 주체는 또 궁녀들이 환관들과 사통한다는 의심을 품고 한번에 2800명의 궁녀를 처형하기도 했다. 명 인종仁宗의 헌릉獻陵에는 7명의 비빈이, 선종宣宗의 경릉景陵에는 10명의 비빈이 함께 묻혔다. 그중 곽애郭愛라는 이는 입궁한지 한 달도 안 되어서 강제로 순장되었다. 순장제도는 명 영종英宗이 임종하기 전에야 폐지되었다. 명대에 얼마나 야만스럽고 잔학한 행위들이 벌어졌는지 가히 짐작할 만하다.

야만스런 환관제도

환관은 고자, 즉 생식기를 거세한 남자다. 이렇게 성적인 능력이 없고 결후結喉와 수염이 없으며 날카로운 목소리를 내는 남자는 정상적인 남자와 생리적으로 여러 차이점이 있다고 한다. 이러한 생리적 특징 외에도 심리적으로 정상적인 남자와 비교해보면 이들은 왜곡되고 변태적인 심리를 지닌다. 남자로서 가장 기본적인 생식능력을 상실했고 인생에서 가장 아름답다 할 수 있는 남녀 간의 사랑을 누릴 수 없기 때문이다. 고대의 고자는 현대의 동성애자와 다른 개념이다. 동성애자는 생리적 반응에 의해 스스로 선택한 것이지만 고자는 강요에 의한 것이다.

환관은 상 왕조 시기 주씨周氏 부락에서 최초로 등장했으며 일부다처 농업사회의 산물이다. 주씨 부락은 상나라를 멸망시킨 뒤 수성獸性과 잔인함으로 가득 찬 이 낙후한 제도를 중원 땅에 들여놓아 중국 전통문화의 일부분으로 정착시켰다. 이 야만적 제도는 일부다처제 사회에서 남자들이 아내가 바람피우지 못하도록 하기 위해 택한 방법이었다. 한편 자진하여 거세하고 태감太監이 된 사람들은 대부분 집이 가난하고 살아나갈 방도가 없는 사람들이었다.

진시황이 중국을 통일하기 전에는 각 제후국 군주들이 거주하는 궁전의 규모가 작고 사람도 많지 않았으므로 시중 들 환관이 많이 필요하지 않았다. 진시황은 중국을 통일한 뒤 방대한 황궁을 지었고 무수한 후궁과 궁녀를 뽑아 궁에 들였다. 때문에 그들이 생활하는 데 시중을 들어줄 사람이 필요했다. 남자를 시종으로 쓰려면 여자들로 가득한 후궁 깊숙한 곳에 그들을 들여야 하는데 그렇게 되면 황제가 마음을 놓지 못하는 것은 당연했다. 그렇다고 여자를 쓰자니 여자의 체력으로는 그런 일을 감당할 수 없었고, 또 많은 궁녀가 물건을 사야 하는 임무를 지고 민간 시장에 들락거려야 하는 상황이 일어날 수 있었다. 진시황은 이에 대해 안심할 수 없었다. 그런 상황에서 많은 환관이 등장한 것이다. 진나라 시기에는 적어도 수만 명의 환관이 있었다. 거세당한 이 남성들은 남자의 체력은 갖추었지만 성적 능력은 없었다. 진시황에게 있어 이보다 더 적합한 선택은 없었다. 이렇게 해서 생활고에 시달리는 많은 사람이 자원하거나 혹은 부모의 독단으로 거세당하고 태감이 되었다. 현재 베이징 고궁 태화전太和殿에서 그리 멀지 않은 곳에 명청 양대에 태감을 거세하던 건물이 있다.

한 정상적인 남자가 어떻게 거세되어 태감이 되었을까? 작가 위제余杰는 역사 기록 고찰을 통해 쓴 『중국의 태감中國的太監』이라는 책에 다음과 같은 상세한 묘사를 실었다.

"수술 받을 사람이 얼굴을 위로 향해 누우면 조수 두 명 중 한 명은 양어깨를 잡고 한 명은 다리를 벌린다. 흰색 밧줄과 거즈로 수술자의 하체와 허리 위쪽을 단단히 묶고 뜨거운 후추로 생식기 주위를 세 차례 꼼꼼히 닦는다. 그런 다음 질기고 가는 실로 생식기의 끝부분을 묶고 실의 다른 한쪽 끝을 들보에 맨다. 이때 '도자장刀子匠'이 등장한다. '도자장'이라 함은 공인된 업계 전문가로 모두가 탐내는 기술직이다. 한 번 수술로 일반 가정에서 1년에 지출하는 비용과 맞먹는 수입을 벌 수 있다. '도자장'은 낫 모양의 작은 칼을 들고 우선 손으로 생식기의 크기를 가늠해본 다음 뛰어난 솜씨로 칼을 움직인다. 섬뜩한 빛이 번쩍하는 순간 생식기와 음낭이 함께 잘려나간다. 이제는 아무리 처절한 비명을 질러봐도 되돌릴 수 없다. 그다음 백랍으로 만든 침을 요도에 끼워넣고 상처 부위는 찬 물을 적신 종이로 조심스럽게 싸맨다. 수술이 끝나면 수술자는 두 조수의 부축을 받아 방 안에서 2~3시간 정도 왔다 갔다 한 뒤에야 누울 수 있게 된다. 사흘 동안은 물을 마실 수 없으며 통증과 갈증에 시달리는 이 기간이 가장 괴롭고 견디기 힘들다고 한다. 사흘이 지나면 침을 뽑아낸다. 만약 소변이 샘물처럼 솟아 나오면 수술이 완벽히 성공했다는 뜻이며 그렇지 않으면 실패한 것이다. 대체로 수술 후 백일이 지나야 기본적으로 상처가 치유된다. 거세한 생식기는 황궁의 관련 부처에 보내 병에 넣고 높은 곳에 놓아둔다. 이로써 '지위가 높아졌다'는 뜻을 드러내고 미래의 환관이 빠르게 승진할 수 있도록 축복한다. 이렇게 황제 체제하의 출중한 발명품이 또 하나 탄생하게 된 것이다."

태감은 부패한 황(왕)권 제도의 산물이며 황제의 부패한 생활에 맞춰 생산된 괴물임을 알 수 있다. 태감은 전세계에서 중국만이 시행한 유일무이한 제도다. 태감이 대규모로 생겨난 것은 진시황이 중국을 통일하면서 나타난 현상이다. 이로부터 중국 역대 황제들은 모두 이 부패하고 잔혹한 제도를 채택했다. 훗날 정치개혁이 여러 차례 있었지만 한 번도, 그리고 어떤 관원도 이 야만적 제도를 감히 개혁하거나 폐지하지는 못했다. 태감은 황권에 기생해서 살아갔다. 황권제도가 꾸준히 강화되면서 태감도 점점 번창했다. 명대에 이르러 태감은 최 전성기를 맞아 10만여 명에 달하게 된다. 명대는 태감이 가장 득세하던 때다. 당시 민간에 '스스로 궁에 들어가는 붐'이 일어나 많은 부유층 자제도 자진해서 거세하고 궁에 들어가 승진을 꾀했다. 기록에 따르면 명 천계天啓 3년에 조정에서 환관 3000명을 모집했는데 조정의 예상을 훨씬 뛰어넘어 2만 명의 응시자가 몰렸다. 조정에서는 어쩔 수 없이 임시로 정원을 1500명 늘렸다. 나머지 사람들은 조정에서 임시로 배치했다. 청대에도 태감이 많았다. 안덕해安德海나 이연영李蓮英 등 청나라의 유명한 태감들은 전 조정과 재야에 영향을 끼칠 정도로 권력이 막강했다.

환관들에게 궁의 잡다한 일을 돌보게 하니 남녀 사이에 생길 수 있는 말썽도 일어나지 않았고 비빈과 후궁들이 바람피울 일이 없어 황제는 안심할 수 있었다. 하지만 거세된 남자는 심리적으로 비정상적이고 왜곡된 인격을 지니게 된다는 문제가 생겼다. 이들은 정상적인 남자들에게 열등감과 증오심을 갖는 경우가 많았다. 또한 독사의 소굴과도 같은 황궁에서 태감의 삶은 소나 말과 다름없을 정도로 비천했다. 이들은 생명에 아무런 보장이 없었다. 생존을 위해 태감들은 옳고 그름을 가리지 않는 경우가 많았고 어떠한 정치적 이상이나 목표도 없었다. 이들의 눈에는 그저 이해관계만 보였으며 머릿속에는 다른 사람들은 손해를 입건 말건 어떻게 하면 이익을 챙길까 하는 생각뿐이었다. 또한 자신의 이익을 위해서는 극도로 잔인한 수단들을 동원했다. 태감이 궁의 일개 심부름꾼이었던 시절에는 당연히 국가에 어떤 해도 끼치지 못했고 황제의 하인에 지나지 않았다. 그러나 태감과 황권이 한데 결합하면 재난을 불러올 수 있었다.

중국 역사에서 태감은 진, 한, 당, 명 네 왕조에서 국가의 정권을 전복시키는 역할을 했다. 진나라가 조고의 손에, 후한이 열 명의 환관 '십상시十常侍' 때문에 멸망한 것은 주지의 사실이다. 당나라가 세워진 뒤 이세민과 측천무후의 통치 기간에는 환관의 세력이 그리 크지 않았다. 그러나 현종 통치 기간에 이르러 이들은 강력한 힘을 갖기 시작했는데 고력사高力士라는 유명한 태감이 조정과 재야에 권세를 휘둘렀다. 숙종肅宗이 즉위한 뒤에는 태감 이보국李輔國이 조정의 대권을 한 손에 장악했고 숙종의 아내인 황후 장량제張良娣도 그에게 살해됐다. 이보국을 시작으로 태감의 권력은 더욱 커져 모든 관리를 지배할 수 있었을 뿐 아니라 군대도 장악할 수 있었고 황제를 폐위시키거나 옹립할 수 있는 단계에까지 이르렀다. 타이완 작가 보양柏楊이 저서 『중국인의 역사中國人的歷史』에 실린 통계에 따르면 당唐대에는 황제 이순李純부터 당의 마지막 황제였던 이축李祝에 이르기까지 모두 12대의 황제 가운데 10명의 황제가 환관의 손으로 제위에 올랐고 다른 2명은 환관에게 살해됐다. 태감은 마치 좀벌레처럼 당나라라는 커다란 나무를 남김없이 갉아먹어 쓰러뜨렸다. 당나라는 장수 주온朱溫에 의해 멸망했다기보다는 환관들의 파괴로 인해 멸망했다고 봐야 한다.

명대에 환관의 재앙은 6대 황제인 영종 주기진朱祁鎭 때부터 시작되었다. 주기진은 겨우 아홉 살에 제위에 올랐다. 당시 그는 아직 노는 것이 더 좋은 어린아이였다. 매일같이 어린 황제와 놀아준 사람은 환관인 사례司禮태감 왕진王振이었다. 왕진은 그야말로 천재적인 '선수'였다. 그는 주기진이라는 이 황당한 어린 황제가 자신에게 꼼짝없이 열중하게 만들어 거의 자신을 떠날 수 없는 상태로 만들었다. 왕진은 주기진의 영혼이 되었고 이로써 명대 환관시대의 서막이 열렸다.

왕진은 영종의 신뢰에 힘입어 대권을 장악하고 횡령과 뇌물 수뢰를 일삼았다. 사람의 목숨을 들풀처럼 여겼고 악행이란 악행은 모두 저질렀다. 조정 대신들마저도 잇따라 그의 문하로 뛰어들 정도였다. 명나라 정통제正統帝가 왕진의 꼬임에 넘어가 섣불리 몽골계 부족인 오이라트를 친다고 출정했다가 포로로 잡힌 토목보土木堡 사건이 실패로 끝나면서 왕진은 목이 달아났으나 환관의 힘은 갈수록 더 커졌다. 명대에는 동창, 내창, 금의위 등 환관이 통제하는 특무기관이 세워졌고 비밀경찰이 전국에 널려 있었다. 또한 방직紡織태감, 세무稅務태감, 광무鑛務태감, 감군監軍태감, 진수鎭守태감 등도 있어 완전히 태감의 통제 아래 놓여 있었다. 이들 태감은 모두 황제를 대표했고 이들이 이르는 곳에서는 억울한 재판사건, 사기갈취, 횡령과 뇌물 수수, 살인방화 및 온갖 악행이 끊이지 않았다.

중국의 무시무시한 특무통치는 명대에 본격적으로 시작되었다. 명대의 이름난 태감들의 이름을 떠올려보자. 영종 때의 왕진과 조길상曹吉祥, 헌종憲宗 때의 왕직汪直, 효종孝宗 때의 이광李廣, 무종武宗 때의 유근劉瑾과 전녕錢寧, 신종神宗 때의 풍보馮保, 희종熹宗 때의 위충현魏忠賢, 숭정崇禎 때의 조화순曹化淳 등을 들 수 있다. 그중에서도 왕진, 왕직, 위충현 세 사람이 끼친 해악이 가장 컸으며 이들이 저지른 죄악은 너무 많아서 다 언급할 수도 없을 정도다.

중국에 환관이 정치를 통제하는 국면이 나타난 이유는 무엇일까? 결론부터 말하자면 역시 황제 전제의 중앙집권제도 때문이다. 황제는 전국 관원의 생사여탈을 좌우할 대권을 장악하고 있었으나 일 년 내내 궁 안에서 지냈기 때문에 관원들을 알지도 못했고 그들의 상황을 파악하지도 못했다. 황제는 관원들을 신뢰하지 않았고 대신과 지방 관원들이 황위를 찬탈할까 몹시 두려워했다. 이런 상황에서 환관들이 바로 황제의 눈과 귀가 되었다. 환관들은 오랫동안 황제와 함께 지냈기 때문에 황제들은 그들만을 이해하고 신뢰했으며 환관들은 황제의 심복이 되었다. 진시황부터 시작해서 환관은 황제가 가장 믿을 수 있는 정치 역량으로 부상했다. 조고는 진시황의 기밀 비서로 황제의 옥새를 관리했다. 환관은 황제의 머리와 영혼이 되었다.

세속의 암흑적 습성과 건달 문화의 확산

명청 시기에 언론이 엄격히 통제됨으로써 송대의 자유롭고 개방적인 정신은 완전히 사라졌다. 대신 정부는 계속해서 성리학을 정통 사상으로 내세우며 삼강오륜과 종법제도를 제창하는 반면 민간에서는 백성이 함부로 말을 내뱉어 불의의 화를 입을까 두려워하는 국면이 전개됐다. 때문에 사람들은 감히 언행을 함부로 하지 못했으며 국가의 운명이나 정치에 관심을 두지 못했다. 그리하여 세속적인 것들을 추구하게 되고, 욕망이 넘쳐났으며, 도덕 관념은 갈수록 타락해갔다. "천하의 흥망은 보통 사람에게도 책임이 있다天下興亡, 匹夫有責"라는 유가의 도덕적 이상이 버려졌고 법률의식과 공공적 사상이 사라졌다. 그 대신 강호江湖의 습성과 건달 문화가 확산되기 시작했다. 이 문화를 가장 잘 대표할 수 있는 것이 『삼국연의三國演義』와 『수호전』이다. 이 두 소설이 널리 퍼지면서 명청 이후 중국인의 민족성에 미친 영향은 유가의 사서오경의 몇 배를 뛰어넘는다. 이는 명청 사회가 이데올로기를 통제함으로 초래된 필연적인 결과였다.

강호의 습성과 건달 문화의 특징을 열거해보면 의형제 맺기, 큰 대접으로 술 마시기, 고기를 큰 덩어리째 먹기, 불의를 보고 나서서 약자 편들기, 형제들 간의 의리 지키기, 부자를 탈취해 빈민 구제하기, 살인과 재물 약탈, 복수와 원한 풀기, 파벌 조직 만들기, 산으로 들어가 산적패가 되어 의적 노릇하기 등이 있다. 이들은 모두 무공이 출중한 협객이 되어 가난한 이들을 돕고 억울한 일을 당하는 사람을 보면 서슴없이 도와주길 원했다. 민중은 이러한 방식으로 강권에 저항했고 백성을 억압하는 관아에 반기를 들었다. 전제사회에서는 관리들끼리 서로 비호해줬기 때문에 백성은 억울한 사정이 있어도 하소연할 곳이 없었고 "관아의 문이 팔八자로 열려 있어도 이치만 있고 돈이 없다면 들어갈 수 없었다."[3] 때문에 백성은 청렴하고 공정한 관리가 그들의 주인이 되어주길 간절히 바랐고 의적의 행위를 흉내 내는 강호의 습성을 통해 저항하고자 하는 마음이 강해졌다. 따라서 점점 법률에 대한 관념이 사라져갔으며 법을 통해 개인의 권리와 시민의식을 지키겠다는 생각이나 민주적 절차를 통해 탐관오리를 파면시킨다는 의식이 없어졌다. 백성은 폭력적인 수단으로 복수하고 원한을 갚았다. 하지만 또 한편으로는 무고한 사람을 함부로 죽였고 옳고 그름, 그리고 정의로운 관념이 부재했다. 강호의 형제를 위해서라면 양쪽에 칼을 끼고 상대와 목숨을 걸고 싸울 수 있었다.

사마천이 『사기』에 그려놓은 협객들은 그래도 정의를 지키겠다는 결심이 서 있었다. 이를테면 형가는 조국을 외침에서 보호하기 위해 폭군 진왕을 암살하려 했다. 그 속에는 어느 정도 강호의 의리가 있긴 했지만 정의와 이상이라는 요소가 빠지지 않았다. 그러나 명청 사회에 와서는 이런 이상과 정의라는 요소가 사라지고 순전히 강호의 형제를 위해 복수를 갚기 위한 맹목적인 악행이 그 가치를 대체했다.

『수호전』에서 두 자루의 넙적 도끼를 쓰는 흑선풍黑旋風 이규李逵는 형 송강宋江을 거스르는 사람은 누구든지 도끼로 베었다. '강주江州에서 형장을 습격하다'라는 장에서 이규는 형 송강을 구출하기 위해 자신의 손에 죽는 사람이 탐관오리인지, 무고한 백성인지는 아예 개의치 않고 보는 사람마다 죽였다.

『수호전』에는 정의와 이성을 상실한 살육으로 전혀 거리낌 없이 타인의 생명을 박탈하는 장면이 비일비재하다. 무송武松은 형의 복수를 하기 위해 서문경西門慶과 반금련潘金蓮을 살해할 뿐 아니라 19명의 목숨을 빼앗는다. 또 무송은 13명을 죽인 후 장도감張都監의 아내가 아직 피바다에서 몸부림치고 있는 것을 보고 다가가서 그녀를 누르고 머리를 베려 했으나 실패한다. 그는 그제야 칼날이 빠진 것을 알아챈다. 마지막에 무송은 시신의 옷에 피를 묻혀 담장에 유명한 구절을 쓴다. "살인자는 호랑이를 때려잡은 무송이다殺人者, 打虎武松也." 작가는 이와 같은 묘사를 통해 무송의 영웅행위를 칭송했다. 『수호전』 전편에는 피가 낭자한 살육 장면이 가득하다. 예를 들어 양산박 호걸들은 무고한 사람들에게 마취제를 먹이고 쓰러뜨린 다음 날카로운 칼로 그들의 심장을 도려낸 뒤 그것을 안주 삼아 술을 마신다. 여자들도 가게를 열고 인육으로 만두를 빚는다. 『수호전』에 등장하는 양산 호걸들은 토호와 지방의 악덕 인사들, 탐관오리에게 복수하기 위해 극단으로 치닫는 것도 불사했다. 머리를 베고 심장을 도려내고 능지처참을 행하는 등 가장 잔인한 수단을 골라 복수를 했다.

이 소설은 수준 높은 예술성을 지니고 있기 때문에 민간에서 수백 년 동안 널리 유행했다. 중국에서 『수호전』은 건달을 미화함으로써 민간사회 전체에 피비린내 나는 폭력을 숭배하는 부정적 영향을 미쳤다. 이에 따라 사람들은 억울한 일을 당하면 먼저 폭력으로 맞서고 상대를 죽여서 원한을 갚겠다는 생각을 했다. 또한 부를 얻는 데 있어서도 부지런히 일하고 지식과 기술을 발휘해서가 아닌, 타인을 속여 사취하거나 협박하여 재물을 갈취하는 방식, 떼를 지어 남의 집을 덮쳐서 약탈하는 방식 등을 동원했다.

이렇게 피비린내 나는 폭력에 대한 생각은 일종의 잠재의식이 되어 중국인들의 마음에 깊이 뿌리내렸고 '폭력에는 폭력'이라는 의식은 아무리 노력해도 벗어날 수 없는 악몽이 되었다. 폭력에 대한 이렇게 극단적이고 우매한 생각이 중국인의 골수와 혈액에 스며들 수 있었던 데에는 『수호전』에서 드높였던 강호의 암흑적 습성과 건달 문화가 굉장히 중요한 역할을 했다.

나중에 중국 민간사회에서는 여러 파벌이 등장했다. 청방靑幫, 홍방洪幫, 삼합회三合會, 가로회哥老會 등 건달 파벌조직은 하나같이 수호전에 나오는 캐릭터들의 행동을 모방해 피비린내 나는 폭력을 행사함으로써 건달 조직의 이익과 권위를 지켰다. 이들 조직은 처음에는 그래도 가끔씩 관청에 저항하는 모습을 보였다. 그러나 나중에는 점차 관청과 결탁해서 백성을 유린하는 악질 불량배가 되었다.

건달 문화에서는 폭력을 숭배하는 것 외에 '행패를 부리는 것'을 가장 중요한 특징으로 꼽을 수 있다. 이들에게는 신의라고 말할 수 있는 것이 아무것도 없다. 이들이 주로 사용하는 수단은 공갈, 사기, 납치, 암살 등이다. 상황이 불리하거나 달성해야 할 목적이 있으면 이들은 감언이설로 상대방을 속여 신임을 얻는다. 그러나 상황이 호전되거나 목적을 달성하면 바로 얼굴을 바꾸고 그 사람을 모르는 척하며 모든 맹세를 뒤엎고 상대를 사지로 몰고 가곤 한다. 이들은 손바닥 뒤집듯 말을 바꾸며 최소한의 규칙도 지키지 않는다.

명나라 주원장은 건달 본성을 지닌 전형적 인물이다. 명청 시대에 전제제도가 강화되면서 건달 문화도 더욱 범람해 정치에까지 침투해 건달정치를 만연시켰다. 정직한 사람들은 애초부터 이런 건달정치가들의 맞수가 되지 못했다. 명청 이후 증국번曾國藩과 같은 왕에게 충성하고 백성을 보살피는 정통 유가 관료 사대부가 배출되기도 했으나, 또 한편으로는 주원장, 이자성李自成, 홍수전洪秀全, 위안스카이袁世凱, 캉성康生, 왕훙원王洪文, 야오원위안姚文元, 장춘차오張春橋 등과 같은 많은 건달 정치가와 문인이 나왔는데, 이들이 중국에 끼친 해악과 저지른 죄악은 이루 다 말할 수 없다.

『수호전』과 비슷한 해악을 끼친 소설로『삼국연의』를 들 수 있다. 유비劉備, 관우關羽, 장비張飛의 '도원결의', 단기필마로 아두阿斗를 품에 안은 채 조조의 5000기병대를 정면 돌파한 조자룡趙子龍에게 명성을 안겨준 '단기구주單騎救主', 제갈량諸葛亮이 몸과 마음을 바쳐 어린 유선劉禪에게 신하로서 충절을 다했다는 '국궁진췌鞠躬盡瘁' 등은 민간에서 오랫동안 본보기로 여겨지며 끊임없이 모방되었다.

그러나 사람들은 이런 행위가 법률과 정의와 진리에 부합하는가에는 주의를 기울이지 않고 이런 의기로움만을 무원칙적으로 찬양한다. 반고가 하늘과 땅을 열고 여와가 하늘을 메웠던 인류를 위한 자아 희생, 사심과 두려움을 뒤로했던 숭고한 정신이 『삼국연의』에서는 음험한 계략과 음흉한 권모술수로 완전히 대체되었다. 또한 『산해경山海經』의 전통 안에 있는 "군자는 하지 말아야 할 일이 있고, 해야 할 일이 있다. 군자는 불가능한 줄 알면서도 행한다"⁴와 같은 영웅적인 기개는 "군자는 하지 못할 일이 없다. 독하지 않으면 장부가 아니다"⁵와 같은 음험함과 독함으로 대체되었다. 『삼국연의』는 이러한 권력에 대한 숭배와 독하지 않으면 장부가 아니라는 원칙에 따라 조조와 같은 난세의 영웅을 만들어냈다. 역사에 존재했던 조조와 전혀 다른 소설적 '조조'는 야심가와 음모가를 한데 합쳐놓은 인물로 권력을 위해 온갖 극악무도한 수단을 다 동원한다.

『삼국연의』와 『수호전』의 건달 문화의 핵심은 권력에 대한 숭배다. 권력 숭배는 욕망을 동기로 삼고 정권과 미인을 쟁탈의 목표로 삼으며 수단을 가리지 않는 특징이 있다. 여기에 악비岳飛 고사, 양가장楊家將 이야기, 봉신방封神榜 이야기 등 민간 전래 이야기는 양방향 교류를 통해 하나둘씩 연의소설로 탈바꿈했다. 이런 연의소설은 일단 정형화되면 또 역으로 여러 차례 도시와 농촌의 이류, 삼류 지식인들의 영혼을 만들어간다. 사람들은 『수호전』과 『삼국연의』에 근거해 자신의 지도자를 쉽게 찾아낸다. 중국인들끼리라면 서로 말하지 않아도 아는 일종의 묵계라고도 할 수 있다. 이런 묵계에 힘입어 주원장은 진명천자眞命天子가 되었고 홍수전은 천왕天王이 되었다. 또한 이 묵계 덕분에 불량배나 민간의 영웅들이 점차 신단神壇에 올려졌다.[6]

관핍민반官逼民反과 주기적 대반란

중국 역대 왕조의 붕괴 원인을 분석해보면 두 가지 현상이 두드러진다. 하나는 주나라와 서진의 분봉 제도로 초래된 반란이고, 다른 하나는 기타 왕조들이 시행한 전제적 대일통으로 야기된 농민반란, 그리고 그로 인해 촉발된 왕조교체다. 전자를 초래한 원인은 분봉 제도로 인해 제후의 권력이 지나치게 확대되고 중앙 정부가 제후들의 분쟁을 통제할 여력이 없었던 것을 들 수 있다. 이는 사회 상층의 권력이 재분배되는 과정이었고 일반 백성과는 별로 관계가 없었다. 제후들 간에 전란이 끊이지 않긴 했지만 그로 인해 전체 사회가 무너지는 결과가 초래되지는 않았다. 반면 후자, 즉 전제적 대일통으로 야기된 사회 혼란은 상황이 훨씬 심각하다. 그로 인해 사회 전체가 붕괴되기 때문이다.

전제적 대일통 국가에서 반란이 일어나는 원인은 비슷하다. 바로 관료기관이 날로 팽창하고 부패함에 따라 백성을 지나치게 착취했으며 토지 겸병으로 많은 농민이 의지할 곳을 잃고 떠돌아다니게 된 것이다. 이런 상황에서 천재와 인재가 닥치면 민란이 일어나게 된다. 이것이 바로 '관핍민반官逼民反'이다. 진말의 진승·오광의 난, 전한 말기의 녹림綠

林, 적매赤眉의 봉기, 후한 말기 황건적의 난, 수나라 말기 두건덕竇建德 등의 농민봉기, 당나라 황소의 난, 송나라의 방납方臘의 난, 원말 홍건 紅巾의 난, 명말 이자성의 난, 청말 홍수전의 폭동 등은 모두 농민이 관 의 압박과 착취 아래 생존할 수 없어 일으킨 저항 행위다. 이 반란들은 한 사람의 외침에 많은 사람이 호응을 했고 작은 불씨가 신속히 번져 넓은 들판을 태우는 기세로 전개되었다. 그 결과 전제왕조는 반란군의 손에 멸망하든지 아니면 외침에 의해 무너졌다.

중국에서는 토지 겸병으로 인한 유민의 증가가 반란의 직접적 원인 이 되곤 했다. 그러나 서구에서는 유민이 증가한다 해도 그것이 반란으 로 이어지지 않았고 오히려 대공업의 발전을 촉진했다. 15세기 말, 영국 은 모방직업이 발전하면서 양모에 대한 수요가 급증했다. 그러자 지주, 귀족, 부유한 농민들은 다양한 수단을 동원해 농민들을 토지에서 몰아 냈고 토지를 목장으로 바꿨다. 많은 농민이 거지와 부랑자로 전락해 도 시로 쏟아져 들어왔다. 이 유민들은 염가의 노동력이 되어 모방직업의 발전을 촉진했다. 한편 모방직업의 발전은 반대로 토지 구획 운동을 한 층 가열시켰다. 이와 같은 현상이 순환적으로 반복되면서 자본주의의 대공업은 하루가 다르게 강대해졌다. 영국의 공업 발전이 갈 곳을 잃은 농민들을 흡수함으로써 농민들은 근로자가 될 수 있었고 안정된 일을 갖게 되었다. 이로써 산업혁명이 추진되었다. 비록 그 과정에 피비린내 나는 억압과 착취가 있긴 했지만 말이다.

그러나 중국의 상황은 그렇지 못했다. 중국에도 농민이 토지와 분리 되는 현상이 나타났지만 결과는 완전히 달랐다. 명대 중엽 전국 호적 인구 6000만 명 중에서 적어도 600만 명이 땅을 잃고 유민이 되었다. 이 유민들은 속속 도시로 몰려들었고 노동시장을 가득 메웠다. 하지만 중국에는 영국처럼 그들을 수용할 기업이 충분치 않았다. 기업에서 흡수해주지 못하니 유민들은 일자리를 찾지 못했고 산업 근로자가 되지 못했다. 결국 농민들은 소작인이 되거나 노예로 팔려가는 사람도 있고 길거리 건달이 되거나 비적이나 강도가 되는 사람도 있었다. 또 어떤 사람은 찻집이나 술집에 고용되어 투계鬪鷄를 하거나, 심부름을 하거나, 축築을 연주하거나 가무를 하기도 하고, 각지를 떠돌며 곡예로 생계를 유지하기도 했으며 잡역을 하며 살아가는 이들도 있었다. 소규모 수공업이나 소매상의 대열에 들어서는 사람은 아주 극소수였으며 이들로는 대규모 산업의 출현을 촉진할 수 없었다.

이러한 상황에서 조정은 사회의 안정을 위해 영국 정부와 완전히 상반되는 조치들을 취했다. 영국 정부는 '피비린내 나는 입법'으로 농민의 파산을 가속화하여 소농경제를 해체시켰고 자본의 원시축적을 추진해 땅을 잃은 많은 농민을 고용 근로자와 산업 근로자의 길로 이끄는 등 단호한 조치를 취했다. 그러나 중국의 왕조는 강제적인 수단으로 토지 겸병을 억제하고 '귀순'이라는 방법으로 최대한 유민들이 다시 땅으로 돌아갈 수 있도록 했다. 1430년대에 명 영종은 농민 정착 법령들을 반포하여 유민들을 복귀시키는 한편 암암리에 토지와 인구를 점거하는 것을 엄금한다고 재차 천명했다. 심지어 국가가 유민에게 양보하는 양상도 나타났다. 1441년 영종은 '대사천하조大敕天下詔'를 통해 정부에 지세地稅를 갚지 않은 자들을 사면했을 뿐 아니라 "고향을 떠난 지 오래되고 이미 기업을 이뤄離鄕年久, 産業已成" 고향에 돌아가길 원치 않는 유민들이 거주하는 지역을 관아에 보고하고 호적을 받아 대출과 '잡역 3년 감면' 혜택을 누리도록 허용했다. 국가의 이러한 조치는 한동안은 효과를 보았으나 부패한 관료체제로는 토지겸병 현상을 근본적으로 바꾸지 못했고 유민들의 생활터전 문제도 당연히 해결되지 못했다.

진秦말 대혼란이 일어났을 때 쌀값은 166배 올랐고, 후한 말에는 물가가 1만 배나 올랐다. 원 말에는 물가가 6000~7000배나 치솟아 관리에게 뇌물을 바치려면 지폐를 수레에 실어야 했다. 백성 중에서는 고삐 풀린 말처럼 정신없이 치솟는 인플레이션을 감당할 힘이 없어 파산하는 이들이 속출했다.

중국에서 주기적 동란으로 멸망하지 않은 유일한 왕조는 송나라뿐이었다. 송나라 때는 상공업이 매우 발달해 땅을 잃은 농민들의 취업을 해결해줄 수 있었기 때문이었다. 송대에는 산업화가 도시화를 뒷받침했고 사회구제 및 사회보장 제도가 마련되어 있어 주기적 동란의 악순환을 극복할 수 있었다. 중국 역사에서 이는 매우 특수한 현상이다. 그러나 송나라는 훗날 몽골의 공격을 받아 멸망했고 그 뒤를 이은 원, 명, 청 세 왕조는 송나라의 문명정신을 계승하는 대신 중농억상 정책을 강화했다. 이로써 중국이 현대 대공업문명으로 나아가는 길이 가로막혔고 그 결과 토지 겸병이 가져온 농민 실업 문제를 해결할 수 없었다.

주기적 동란은 사회에 놀라운 파괴를 초래했다. 인구의 변화를 보면 그 파괴력의 수준을 엿볼 수 있다. 진나라에서 한나라로 넘어가는 시기의 대동란은 8년이라는 짧은 기간이었지만 전국 인구가 2000여 만 명에서 1000여 만 명 정도로 절반이나 급감했다.

후한 말기 대동란이 몰고 온 파괴는 더욱 심각했다. 157년 후한의 인구는 5600만 정도였으나 동란이 지나간 뒤인 260~280년 위, 촉, 오 3국의 총인구는 고작 760만 명 수준으로 원래의 7분의 1에도 미치지 못했다. 조조의 서주徐州 침공 한 번으로 강회江淮에서 생매장되어 죽은 난민만 수만 명에 달했고 "강회 지역에 아무것도 없어 사람들이 서로 잡

아먹는"[7] 상황에까지 이르렀다. 192년 동탁董卓의 장수 이학李鶴과 곽
사郭氾가 장안을 공격했을 때는 "삼보三輔에 수십만 가구의 백성이 살
고 있었는데, 이학 등이 병사를 풀어 성읍을 공격하고 약탈하자 백성
은 굶주림에 허덕여 2년 동안 서로를 잡아먹었다."[8] 이렇게 식인食人이
예삿일이 된 상황에서 후한 말기 학자 공융孔融은 모르는 사람을 먹는
것은 오랑우탄이나 앵무새를 먹는 것과 마찬가지라고 말하며 사람이
사람을 먹는 행위에 이론적 근거를 제공하기도 했었다. 모사 정욱程昱
이 조조에게 제공한 군량에는 말린 인육이 적지 않았다.

수대에는 인구가 5000만, 900만 가구에 육박했었으나, 당 초기 무덕
武德 연간의 인구는 200여 만 가구에 불과했고 정관貞觀 시기에는 총
가구 수가 수대의 3분의 1인 300여 만밖에 되지 않았다. 당대에는 생
산력이 제고되고 인구도 5000만 명까지 증가했다. 그러나 당 말기에 대
동란과 군벌들이 혼전을 거듭한 5대10국 시기를 거친 후 조광윤이 북
송을 세웠을 때 전국에 등록된 가구는 단 300만 정도였다. 또 한동안
백성의 부담을 줄이고 생활을 안정시켜 송대에는 인구가 서서히 증가
해 1억 명 정도까지 늘었다. 그러나 원 말기와 명 말기 동란을 겪고 난
1655년, 즉 청 초기 순치 2년의 인구는 1400만 명 정도에 불과했다. 명
말 천계 6년인 1626년 총인구가 5165만 명 수준이었던 것과 비교해보
면 단 20년 만에 수천만 명이 감소한 것이다.

주기적 반란은 도시를 파괴시켰다. 후한 말기 동탁은 낙양을 불태우
고 헌제獻帝를 협박해 장안으로 천도했다. 낙양 주민들도 강제로 이주
되었는데 그 과정에서 길가에 시체가 산처럼 쌓였다. 위나라 문제 때에
이르기까지 중원 일대에는 인가가 드물었고 과거 번화했던 수도 낙양
부근 지역은 여전히 수목이 우거져 있었으며 밭에는 잡초가 무성하고

경작된 곳이 드물었다. 송나라의 수도는 개봉이었다. 개봉은 전국에서 가장 경제적 번영을 이룬 지역이었고 성은 둘레가 193킬로미터에 달했으며 11세기 말 인구는 100만 이상이었다. 하지만 몽골의 침략을 겪은 뒤 1330년, 개봉 인구는 9만 명에 불과했으며 주변 8.5킬로미터 지역은 600년 전 대당성세 시기의 규모로 후퇴했다. 마치 600년을 큰 주기로 윤회하듯이 말이다.

남송 시기 항주의 인구는 36만 가구, 100여 만 명이었다. 그런데 몽골인의 약탈을 거친 후 항주는 쇠퇴하기 시작했다. 사서는 "가정 초년 시장과 골목에는 풀이 한 척 높이로 자라 있었고 성 동서로 외진 곳에는 여우와 토끼가 무리를 지어 살았다"[9]고 항주를 묘사하고 있다. 당나라 때 양주揚州는 "천하에서 가장 물자가 풍부한 곳雄富冠天下"이라 불릴 만큼 중요한 상업무역 도시였다. 그러나 동란기를 거친 뒤 명 초기에는 수십 가구만 남아 있었다.

도시의 파괴는 상품경제의 파괴로 이어졌다. 일찍이 전국시대에 중국의 상품경제가 매우 발달하고 화폐유통이 빈번했던 것은 모두가 알고 있는 사실이다. 진시황은 중국을 통일하면서 화폐를 통일하고 금본위제도를 확립했다. 이로써 금이 상위 화폐가 되고 동은 하위 화폐가 되었으며 다른 사물을 화폐화 하는 것은 금지되었다. 그러나 위, 촉, 오 대분열 시기에 와서 통일된 화폐제도가 무너졌고 일부 지방은 다시 물물교환이라는 저급한 상태로 후퇴했다. 사람들은 곡식이나 비단 등 실물을 유통수단으로 삼았다.

내친 김에 생산기술의 파괴도 보자. 철강의 경우 북송은 당대에 비해 철 생산량에 있어 일대 진보를 이루었지만 전란과 분열을 거치면서 남송의 철 생산량은 당나라 시기 수준으로 떨어졌다. 원나라 때도 철 생산량은 북송의 수준에 미치지 못했다. 명대에는 큰 발전을 이뤄 생산량이 북송 시기의 배를 훌쩍 뛰어 넘었다. 이로써 중국 철 생산량은 세계 각국보다 한참 앞선 선두자리를 차지했다. 그러나 청대 초기에는 명말 대동란을 겪고 정부가 광산 채굴을 엄격히 금하는 바람에 야금업이 쇠퇴했다. 강희제는 1675년에 하급기관에 "광산 채굴이 지방에 이로움이 없다고 들었다. 이후로는 채굴을 청하는 자가 있어도 모두 허가하지 않겠다"[10]라는 명령을 내렸다. 폐쇄할 수 없는 야금 공장에는 20퍼센트라는 막중한 세금을 징수했다. 건륭제 시기, 전국에 합법적으로 운영되는 철 광업소는 93개에 불과했다.

중국에서 일어났던 주기적 대 동란은 '세움立'을 위한 '파괴破'가 아니었고, 새로운 결실을 맺지 못하는 김매기였을 뿐이었다.[11]

송나라가 멸망한 뒤 중국은 내리막길을 걷기 시작했다. 청나라 때 아편전쟁이 일어나기까지 중국은 전제주의의 질곡을 벗어나지 못했으며 일원화 문명에서 다원화 문명으로의 전환을 이루지 못했다. 경제와 문화도 한 번 쓰러진 뒤 다시는 일어나지 못했고 청나라가 멸망할 때까지 근본적인 변화를 가져오지 못했다. 명청 시기에 『홍루몽』과 같은 위대한 소설이 등장했고 특히 명 말기에는 황종희黃宗羲 등 황권 전제를 맹렬히 비판하고 나서는 인물이 나타나기도 했다. 그러나 전체 사회의 경제, 교육, 문화 수준은 높아지지 못했고 사회를 쇠락의 길에서 돌려세우지 못했다. 즉, 중국 사회의 특이한 기형적인 일면을 바꾸지 못했다.

제8장

실패로 끝난 문명 전환

:근대중국과 문명혁신

1840년에 발발한 아편전쟁은 중국 역사의 발전 방향을 송두리째 바꿔 놓았다. 아편전쟁을 계기로 중국이 황제 전제 하의 폐쇄적 사회궤도에 서 벗어나 다원화 문명으로 나아가기 시작한 것이다. 하지만 원, 명, 청 대의 폭정이 수백 년간 지속되며 생겨난 중국인의 기형적 심리와 자신 의 기득권을 필사적으로 수호하려 한 통치자들, 그리고 민주 정치가들 이 부족했던 현실 등 여러 원인으로 중국 문명의 전환은 끝내 실패하 고 만다.

중체서용中體西用의 파산

양무운동洋務運動은 서구를 배우고자 한 중국 최초의 운동이었다. 이

운동이 제창한 학습과 혁신은 문명의 본질에 미치지는 못했지만, 그래도 이런 학습과 혁신은 무수한 중국인의 피를 대가로 바꾼 것으로서 중국 역사에 진보적 의미를 갖는다.

양무운동은 중국의 문화사상을 몸통으로 하고 서양의 기술을 이용하자는 이른바 중체서용을 그 지도사상으로 삼았다. 즉, 기존의 사회제도와 이데올로기를 바꾸지 않는다는 전제 아래, 오로지 선진기술에만 의존해 부국강병과 외적 방어 등의 목적을 달성하려 한 것이다. 결국 청일전쟁에서 참담히 패함으로써 '중체서용'의 실패는 만천하에 알려졌다.

양무운동의 시작은 두 차례에 걸쳐 일어난 아편전쟁과 직접적 관계가 있다.

1840년 2월, 영국 국회는 조지 엘리엇을 영국 동방원정군 총사령관으로 임명했다. 조지 엘리엇은 16대의 군함과 4000명의 병사를 이끌고 태평양의 거친 풍랑을 헤쳐 중국의 광주에 도착, 재야를 놀라게 한 아편전쟁阿片戰爭을 일으켰다. 그로부터 1년 반 뒤, 병력 4000명의 영국군은 4억에 육박하는 인구에 자국 영토의 50배에 달하는 대제국 청나라에서 거침없는 기세로 수십만의 청군을 대패시킨다. 천조대국天朝大國이라 자처했던 만청滿淸 왕조는 종이호랑이와 같았던 본 모습을 결국 드러내고야 말았다. 청 왕조는 고분고분하게 두 손 들고 투항할 수밖에 없었다. 이 전쟁으로 만청 왕조는 영국과 '난징조약南京條約'을 맺고 국토를 할양했을 뿐 아니라, 거액의 배상금을 지불했으며 5개 항구를 개항했다.

15년 뒤 영국, 프랑스 연합군은 2차 아편전쟁을 일으켰다. 1857년 영프 연합군은 광주를 공격해 당시 청국의 대외관계 책임자였던 양광총독兩廣總督 섭명침葉名琛을 생포하고 그를 인도로 압송했다. 인도에서 섭명침은 뒷머리에 길게 변발을 늘어뜨린 기이한 동물로 대중의 구경거리가 되었다가 캘커타에서 사망했다. 1858년 연합군 함대는 북상하여 대고大沽를 함락시키고 천진으로 전진했다. 그리고 1860년 천진도 연합군에게 함락되었다.

영프 연합군이 북경에서 불과 80킬로미터 떨어진, 천진과 북경 사이의 군사요충지 양촌楊村(현재의 톈진시 우칭武淸)을 점령하자 다급해진 함풍제咸豊帝는 어쩔 수 없이 '톈진조약天津條約'을 받아들이겠노라고 선언했다. 하지만 애초부터 '톈진조약'을 준수할 생각이 없었던 그는 공친왕恭親王 혁흔奕訢을 시켜 영프 연합군과 협상할 때 연합군 중 중국어를 할 줄 알았던 파크스Harry Smith Parkes를 돌연 체포하게 했다. 그 이유인즉슨 파크스가 협상 중 영국과 프랑스 대표가 직접 중국의 황제에게 국서를 전달하겠다는 가혹한 조건을 제시했기 때문이었다. 이에 함풍제는 불 같이 노했다. 그는 야만적인 오랑캐들이 자신을 알현할 때 틀림없이 무릎 꿇기를 거부할 것이라고 생각했기 때문이었다. 무릎을 꿇고 머리를 조아리는 것은 지난 2000년간 내려온 중국의 전통문화 중에서도 가장 핵심이었다.

파크스와 수행원들은 북경의 감옥에 송치되었다. 열흘 뒤, 파크스와 30여 명 수행원은 전원 석방되었지만 모두 온몸이 상처투성이일 정도로 모진 고문을 받은 상태였다. 그중 5명은 끝내 사망했다.

영프 연합군은 이에 보복하기 위해 빠른 속도로 북경을 공격해왔다. 이에 친왕 승격임심僧格林沁은 5만 병력의 정예군을 이끌고 북경에서 15리 떨어진 팔리교八里橋에서 연합군과 결전을 벌였다. 하지만 5만 병력의 청나라 정예군은 단 1만 병력의 영프 연합군에게 전멸하고 말았다. 그럼에도 파크스와 수행원들이 받은 학대에 분을 삭이지 못했던 영프 연합군은 북경 교외의 황실정원인 원명원圓明園에 불을 질러 화를 풀었다. 수많은 백성의 피와 눈물로 완성된 중국 최대의 황실정원이었던 원명원은 그렇게 순식간에 폐허가 되고 말았다.

열하熱河의 피서산장으로 피난을 가 있던 함풍제는 그 소식을 듣고 극도로 분노했다. 하지만 다른 선택의 여지는 없었다. 그는 동생 공친왕 혁흔에게 권한을 위임해 영프 연합군과 각각 '베이징조약北京條約'을 체결하도록 했다. 그리고 얼마 지나지 않아 함풍제는 화병으로 피를 토하고 세상을 떠났다.

1차 아편전쟁과 2차 아편전쟁으로 만청 정부는 치욕적인 불평등조약을 체결하고 굳게 잠겨 있던 문호를 개방하게 되었다.

혹자는 서구열강의 침략이 없었더라면 중국도 현대 문명사회로 천천히 발전해갔을 것이라고 말한다. 하지만 이런 시각에 동의할 수 없다. 오늘날까지도 중국이 현대 문명사회로 진입했다는 현실적 가능성을 증명해주는 그 어떠한 증거도 나타나지 않고 있기 때문이다. 고대 중국에서 황제 전제 아래 종법일체화 된 사회 구조는 어딘가에 깊게 뿌리를 내리고 사회에 강력한 통제력을 행사해 그 어떠한 새로운 사상과 정치도 싹을 틔울 수 없게 만들었다. 게다가 관이 경제까지 독점하는 상황에서 소규모 생산만으로 현대 문명을 일궈낼 가능성이란 전무했다.

청나라 통치자들은 쇄국정책을 통해 그 어떤 선진 문명도 중국에 들어올 수 없도록 막았고, 백만 병력의 청나라 군대가 큰 칼과 긴 창을 들고 그들의 포악한 전제정권을 보위했다. 당시 정치, 군사, 문화, 사상, 경제체제 등 새로운 것이라면 그 무엇도 평화롭게 중국에 들어올 수가 없었기 때문에 전쟁은 유일한 선택이 되었다. 그리고 아편전쟁이 바로 동서문명 충돌의 도화선이 된 것이다.

아편은 마취 기능이 있는 마약이다. 일찍이 당나라 시절, 아랍인들이 들여온 아편은 중국에서 줄곧 약품으로 사용되고 있었다. 명나라 이시진李時珍의 저서 『본초강목本草綱目』은 아편을 앵속罌粟이라 기록하고 있다. 앵속은 그 꽃이 필 때면 하늘의 오색찬란한 꽃구름과 같아 보는 이를 취하게 만드는 매우 아름다운 식물이다. 16세기경, 사람들은 앵속을 태워 그 연기를 마시면 사람의 신경을 자극해 상상을 뛰어넘는 쾌감을 느낄 수 있다는 사실을 발견했다.

국제적 아편 밀수는 포르투갈에 의해 시작되었다. 1600년 영국은 동인도회사를 설립하고 인도 식민지의 통치를 맡겼다. 중국과의 통상도 책임지고 있었던 이 회사가 처음부터 중국에 아편을 투매한 것은 아니었다. 통상 초기, 동인도회사는 중국과 정당하게 무역했다. 하지만 만청 정부가 폐관쇄국정책을 취해 수입량을 엄격히 제한하고 자국의 자급자족식 소농경제를 보호하자 영국 상품은 중국 시장을 개척하는 데 어려움을 겪었다.

그 예로 중영 양국의 무역 불균형을 살펴보자. 1781년부터 1790년까지 중국이 영국에 판매한 찻잎 한 항목만 해도 그 수출액이 9600만 은원銀元에 달했다. 이에 반해 1781년부터 1793년까지 영국이 중국에 수출한 면직물과 모직물은 단 1600만 은원에 불과했다. 중국 정부가 영국 상품에 높은 세율을 적용했기 때문이었다. 시장에서 값비싼 영국 제품은 저렴한 중국산 무명의 적수가 되지 못했다.

심각한 무역 적자에서 벗어나기 위해 동인도회사는 해상을 통해 중국에 아편을 밀수출하기 시작했다. 초기에는 얼마 되지 않았던 밀수량은 시간이 갈수록 놀라운 속도로 증가했다. 1729년에는 1만4000킬로그램에 불과했던 밀수량이 1790년에는 28만 킬로그램, 1837년에는 240만 킬로그램까지 폭발적으로 늘어난 것이다.

아편 밀수는 중국에 두 가지 심각한 부작용을 가져왔다. 첫째는 은의 대량 유출로 매년 해외로 유출된 중국의 은은 1000만 냥에 달했다. 아편전쟁이 일어나기 전 40년 동안 중국에서는 총 4억여 원元에 달하는 은이 해외로 유출되어 은값이 폭등했고 인플레이션이 일어나 중국의 재정과 경제에 파괴적인 타격을 가져왔다. 둘째는 수백만 명의 인구가 아편을 흡입하게 되어 중국인의 체력이 치명적인 손상을 입었다.

상황이 심각해지자 도광제道光帝는 양광총독 임칙서林則徐를 흠차대신欽差大臣에 임명하고 광주로 파견해 아편 유입을 저지하라는 명령을 내린다. 임칙서는 용감히 맡은 바 책임을 다 하는 관리였지만 당시 폐관쇄국의 사회에 살고 있던 그는 국제 사무를 처리할 지식과 능력을 갖출 수 없었다. 그는 협상이라는 방식을 통해 양국 간의 일치된 견해를 끌어내고자 하지 않았다. 즉 영국 상품의 수입량 제한을 적당하게 낮추거나 세율을 낮추는 등 평화로운 법적 수단으로 양국 간 무역 문제를 해결하지 못했다. 그가 선택한 방법은 영국 상인에게서 몰수한 100만 킬로그램이 넘는 아편을 태워버린 것이다. 밀반입한 아편을 태운 행위는 정당한 것이었다. 하지만 중영 양국 간의 정상적 무역을 거칠게 거절하고 영국과의 정상적 외교를 단절한 것은 옳지 못한 선택이었다. 또한 임칙서가 호문虎門에서 아편 상자를 소각한 뒤 도광제가 앞으로 영국과의 통상을 영원히 단절할 것이며 흰 피부에 빨간 머리칼의 오랑캐를 다시는 중국 땅에 들이지 않겠다고 선언한 것은 더욱 심각하고 황당한 일이었다.

최근 공개된 당시 영국의 공문서 자료를 보면 임칙서가 아편을 소각한 것에 대해 영국의 첫 반응은 과격하지 않았다는 것을 알 수 있다. 모든 나라에게 마약 밀수는 범죄행위였기 때문이다. 영국 정부가 마약 밀수를 비호하기 위해 전쟁을 일으킬 수 없다는 것은 명백한 사실이었다. 따라서 영국 외교부는 광주에 주재하고 있던 무역 총감독관 찰스 엘리엇Charles Elliot에게 "여왕폐하의 정부는 부도덕한 상인을 지지할 수 없다"고 말하며 광주로 함대를 진격시켜 달라는 요구를 거부했다. 대신 영국 외교부는 찰스 엘리엇이 협상을 통해 아편무역을 둘러싼 분쟁의 실마리를 해결할 것을 요구했다.

당시 영국의 외무상 파머스턴Henry John Temple Palmerston은 찰스 엘리엇에게 보낸 훈령에 이렇게 썼다. "정부는 영국 신민들이 무역을 하러 간 나라의 법률을 훼손하려는 목적을 달성할 수 있도록 간여하지 않을 것이다. 따라서 중국이 이 문제에 관련된 법률을 더욱 엄격히 집행해서 받은 손실에 대해서는 상황을 이렇게까지 끌고 간 이들이 응분의 책임을 져야 한다."

훗날 영국 정부가 무장부대를 중국에 보내기로 결정했을 때도 파머스턴은 엘리엇에게 관련 지시를 내리며 이렇게 강조했다. "정부는 중국 정부가 자국에 아편 밀반입을 금지시킬 권리가 있으며, 외국인과 중국 신민들이 중국 정부의 금지령에도 불구하고 중국 영토 내에 반입한 아편을 몰수할 권리 또한 가지고 있다는 것에 한 치의 의구심도 갖지 않는다."

이런 상황에서 찰스 엘리엇은 여러 차례 임칙서와 협상에 임해 위법한 영국 상인에 대해 임의로 사형을 집행할 것이 아니라 공개재판을 통해 형을 결정지을 것을 요구했다. 또한 중국 측이 계속해서 시장을 개방하고 무역을 지속하기를 바란다고 밝혔다. 하지만 임칙서는 찰스 엘리엇의 이런 요구사항들을 묵살했다.

이후 사태는 점점 극으로 치달았다. 도광제가 영국과의 통상을 영원히 끊겠다고 선언한 소식이 영국에 전해지자 빅토리아 여왕Queen Victoria과 국회의원들은 격분했다. 영국은 무역으로 세워진 나라로 중국 시장이 닫히면 영국 경제는 엄청난 타격을 입을 것이 틀림없었다. 그랬기 때문에 영국은 반드시 정상적 국제무역을 유지해야 했다. 영국은 그런 상황에 처하게 되어서야 무력으로 중국 시장을 개방시켜야겠다는 결정을 내린 것이다.

이렇게 영국이 중국을 상대로 일으킨 전쟁은 아편 때문이 아니라 무역 때문에 일어난 것이었다.

2차 아편전쟁은 당시 중국이 외교 업무를 전문적으로 처리하는 기구를 설치하지 않은 채 모든 외교 업무를 중앙 정부가 있는 북경에서 처리하지 않고 양광총독이 처리하게 한 데서 비롯되었다. 당시 양광총독을 맡고 있던 섭명침은 노회한 관료로 서양인들에게 곁을 주지도 않았고 국제사무 처리에도 전혀 관심을 두지 않았다. 당시 중국에 주재하던 공사公使들은 모두 광주에 거주하고 있었지만 그들 중 섭명침을 만난 사람은 한 명도 없었다. 그들은 섭명침에게 국서를 전달할 날짜를 지정해달라고 요구했지만 여러 해가 지나도록 감감 무소식이었다. 외국인이 보기에 광주에 세워진 양광총독은 죽은 정부나 다름없었다.

당시 중국과 영국이 체결한 '난징조약'을 비롯한 조약들이 이미 수약修約 기일이 되었는데도 외국 공사들은 섭명침의 그림자도 보지 못했다. 공사들은 어쩔 수 없이 섭명침에게 다시금 요구 사항을 제시한 뒤 북쪽의 천진으로 올라와 중앙 정부에 자신들이 바라는 바를 표명하고 국서를 직접 황제에게 전달하고 싶다고 밝혔다. 그들은 중국 관리가 자신들의 국서를 황제에게 전해주겠다고 한 약속을 더 이상 믿지 않았던 것이다. 또한 그들은 양국의 사절이 북경에 주재하며 대사관을 세우고 처리할 일이 생기면 양광총독을 통할 것이 아니라 직접 중앙 정부와 교섭할 수 있기를 요구했다. 또한 천진을 통상항구로 개방할 것을 요구했다.

하지만 함풍제는 상주문을 보고 숨이 넘어갈 정도로 노여워했다. 청나라 건국 이후 그렇게 황당무계한 일은 일어난 적이 없었기 때문이다. 이후 영국은 애로호 사건을, 프랑스는 자국 신부가 중국에서 살해당된 사건을 빌미 삼아 연합하여 중국에 전쟁을 일으켰다.

두 차례의 아편전쟁 발발과 그로 인한 치욕적인 불평등조약 체결은 중국 역사상 가장 큰 변화였다. 특히 영프 연합군이 북경을 공격하여 원명원을 불태우고, 또 '베이징조약'이 체결되자 만청 황제와 우매했던 만청 관료들은 머리를 지독하게 얻어맞은 듯한 충격을 받고 놀라 깨어났다. 특히 약관의 나이로 직접 '베이징조약'을 체결했던 공친왕 혁혼과 증국번曾國藩, 리훙장李鴻章, 좌종당左宗棠, 장지동張之洞 등 당시 군정을 장악하고 있던 한족 관리들은 서태후의 지지 아래 두 눈을 크게 뜨고 자강을 목표로 한 양무운동을 시작했다.

먼저 총리각국사무아문總理各國事務衙門을 설치했다. 중국 중앙 정부가 전문적으로 국제사무를 처리하는 최초의 외교기구가 탄생한 것이다. 또한 총리각국사무아문은 교육, 세관, 육해군, 광산 개발, 철도, 전선, 기선, 공업 등 업무도 맡아 처리했다.

그들은 중국 최초의 신문 『신보申報』를 창간하는 한편 외국어학교인 동문관同文館을 세웠으며 비룡飛龍이 구슬을 가지고 노는 삼각 모양의 청나라 국기인 황룡기를 만들었다. 중국 황제도 외국 공사의 알현을 더 이상 거부하지 않았고 외국 사절이 전달하는 국서를 받았다. 이는 청 정부에게 전대미문의 일이었다.

북경에는 외국의 대사관이 세워졌고 중국 또한 초대 주영공사 곽숭도郭嵩燾를 영국에 파견했다. 이로부터 중국도 외국과의 정상적 외교관계를 맺기 시작했다. 또한 중국 최초의 신문『신보』가 창간되면서 중국에도 사회여론과 민중의 뜻을 반영하는 매체와 대중에게 소식을 전하고 여론을 감독하는 도구가 생겨났다. 이 밖에도 중국은 세관을 세우고 영국 외교관 로버트 하트Robert Hart를 총세무사로 초빙했다. 또 선발된 청소년을 미국에, 선발된 군관은 독일에 유학을 보내는 한편 해군군관학교 천진수사학당天津水師學堂과 육군군관학교 천진무비학당天津武備學堂을 설립했다. 정부와 민간이 공동 경영하는 해운회사 상해초상국上海招商局이 설립되었고 해군공병창이었던 상해 강남제조국上海江南製造局과 복주마미해군조선창福州馬尾海軍造船廠, 천진기기제조국天津機器製造局, 한양병공창漢陽兵工廠이 세워졌다. 또한 북양함대北洋艦隊와 남양함대南洋艦隊 등 함대를 만들어 해군력을 세계 7위까지 올렸다. 1870년대, 중국은 여전히 세계 최강의 군사력을 보유한 나라 중 하나였다.

산업 분야에서는 호북대야철광湖北大冶鐵鑛을 비롯한 여러 기업이 창설되었다. 리훙장과 성선회盛宣懷가 계획 설립한 윤선초상국輪船招商局은 중국자본 기업 최초로 주식을 발행해 이후 중국주식회사의 효시가 되었다. 그 뒤를 이어 중흥매광공사中興煤鑛公司, 한야평매철창광공사漢冶萍煤鐵廠鑛公司, 상해기기직포국上海機器織布局 등 기업도 주식을 발행했고 중국 최초의 주식거래소였던 상해평준주식공사上海平準股票公司도 설립되었다. 이는 전통 경제가 현대 경제로 전환되었음을 보여주는 중요한 지표 중 하나다.

하지만 만청 관료들과 사대부들은 중국이 낙후하게 된 진짜 이유가 무엇인지 모르고 있었다. 그들은 중국이 수천 년의 유구한 역사를 가진 나라로 그 윤리도덕과 예악교화禮樂敎化, 정치제도, 이데올로기가 모두 서구보다 우수하나 딱 하나, 무기에서만 서구에 뒤지고 있다고 고집스럽게 믿고 있었다. 때문에 당시 청나라 관료들과 사대부들은 '중체서용'의 정치적 원칙을 고수했으며 "오랑캐의 기술을 배워 오랑캐를 제압해야師夷之長技以制夷"만 효율적 성공을 거둘 수 있다고 생각했다. 청정부는 거액의 은을 군수업에 투자했고 곧 중국은 표면적으로는 웅장한 모습을 갖추게 되었다.

하지만 무기의 발전은 문명 혁신과 동의어가 아니었다. 황제 전제 하의 종법일체화 구조와 관이 경제를 독점하는 시스템 그리고 전통적으로 내려온 성리학은 중국을 근본적으로 억압하고 있었다. 또한 부패한 관료사회 때문에 좀이 먹어 속이 텅 빈 고목처럼 변해 있었고 거센 바람 한 번이면 허리가 끊어질 정도로 쇠약해져 있었다. 당시 중국에도 깨어 있는 사람들이 있었다. 그중 주영공사 곽숭도, 양광총독 장수성張樹聲, 사업가 겸 학자였던 정관응鄭觀應 등은 정치개혁과 문명 전환이 반드시 필요하다는 것을 깨달은 선구자들이었다.

호남 상음湘陰 사람인 곽숭도는 1876년 영국에 파견되어 '매거리Magary' 사건을 처리한 뒤 청 정부의 초대 주 영국, 프랑스 공사를 맡았다. 그는 과거시험으로 관직에 오르고 광동순무廣東巡撫를 맡았던 2품 고관이었지만 됨됨이가 정직하고 진보적 사상과 시대를 읽어내는 눈이 있었다. 그는 영국과 프랑스 등지에서 정치, 경제, 문화, 군사, 과학기술 등 각계의 주요 인사와 접촉했고 현지 시찰을 시행했으며 서구 사상가의 저작을 두루 섭렵했다. 그러면서 사상에 근본적 변화가 생기기 시작했다. 그중에서도 가장 귀중한 변화는 그가 황권지상의 속박에서 벗어나 민주정치체제의 우월함을 연구하고 또 긍정하게 되었다는 것이다.

그는 서구의 선진무기와 과학기술의 발달, 강력한 국력은 표면적인 것일 뿐이며 그것을 가능하게 한 근본적 원인은 바로 서구사회가 입헌정치를 실시하고 있는 것, 군주와 백성이 모두 나라의 주인인 것, 모든 국정이 백성에게 공개되고 있는 것이라고 보았다. 또한 군주와 백성이 서로 긴밀히 연결되어 군주가 백성의 뜻에 따르니, 나라가 세워지고 천년이 지나도 멸망치 않고 인재와 학문이 일어난다고 보았다.

그는 리훙장에게 쓴 편지에서 이렇게 경고했다. "견고한 함선과 성능 좋은 대포는 가장 보잘것없는 것에 불과합니다. 정치제도야말로 나라를 세우는 근본입니다. (…) 오늘날 부강을 논하는 이들은 국가대사를 백성과 무관한 일로 간주하고 있습니다. 오늘날 중국은 탐관오리와 도적이 판을 치고 홍수와 가뭄 재해가 끊이지 않아 나라가 어려움에 처해 있습니다. 매일같이 우환과 재난이 끊이지 않는 이런 시기에 경솔하게 부강을 추구하는 것은 금전 낭비에 불과합니다. (…) 중국이 가진 큰 병은 사대부들의 견문이 굉장히 좁다는 것입니다. 근본은 잊고 부차적인 것만을 다스리려는 형국인 것입니다." 그는 서구처럼 군주와 백성이 모두 나라의 주인 되는 입헌군주제를 실시하자고 주장했다.

총리각국사무아문은 이런 곽숭도의 보고를 모아 각계 관리들이 볼 수 있도록 출판할 수도 있었다. 하지만 당시 사대부들은 여전히 "서구인들의 장점을 들으면 분노하고 그들의 단점을 들으면 기뻐하는" 단계에 머물러 있었기 때문에 곽숭도의 주장을 용인할 수 없었다. 당시 재야는 그를 욕하는 소리로 가득 찼고 관료들은 그를 선조를 잊은 매국노라 통렬히 비판했다.

비난에 휩싸인 곽숭도는 곧 파직되어 중국으로 돌아왔다. 공사로서 단 1년 7개월을 보내고 조국에 돌아온 그는 고향에 돌아가 은거했다. 1879년 5월 5일, 곽숭도는 창사長沙로 돌아갔다. 고향에 돌아간 그를 맞이한 것은 창사 거리에 빼곡하게 내붙인 '서양인과 결탁한 놈'이라는 비방 글뿐이었고 그를 맞는 지방관은 한 명도 없었다. 1891년 선구자였으나 매국노라 비난 받았던 곽숭도는 쓸쓸한 죽음을 맞았다. 당시 일부 관리는 그의 일생과 사적을 회고하고 그에 대한 공정한 평가를 내리고자 했으나 그런 요청은 청 조정에 의해 모두 기각되고 말았다. 그가 죽고 9년 뒤인 1900년이 될 때까지도 중앙의 관리들은 곽숭도의 무덤을 파헤치고 그의 유골에 채찍질을 가하자는 상주문을 올렸다.

양광총독 장수성은 정치적으로 다른 견해를 가지고 있었지만 임종 전, 용기를 내어 조정에 상주문을 올려 서구처럼 입헌정치를 실시할 것을 주청했으며, 중국 사상을 몸통으로 서양의 기술을 이용하는 것은 하지 않기를 희망했다. 양광총독이라는 고관에까지 올랐던 장수성이 그렇게 두려워하고 억눌려 있었던 데서 우리는 당시 전제정치가 사람을 얼마나 억압하고 있었는지를 알 수 있다.

양무운동은 사대부가 발기한 자강운동이었다. 이 운동을 통해 그들은 신교육과 현대적 군대, 현대 외교, 국제무역을 발전시켰다. 그중에서도 주식회사와 금융자본시장(은행설립과 주식발행)을 발전시킨 것은 큰 의의가 있다. 하지만 당시 중국 사회는 현대 문명으로 전환하기 위해 필요한 기본적 조건을 전혀 갖추고 있지 않았다. 그 조건이란 다음과 같다. 첫째는 제도적으로 백성에게 사상적 자유와 경제적 자유를 돌려주어 공정한 경쟁이 이뤄지는 환경을 조성하고, 백성의 진취적 정신과 창조력을 진작시키는 것이다. 둘째는 성리학이라는 전통문화와 협애한 민족주의의 속박에서 벗어나 인류사회의 선진문명을 학습하고 받아들이는 것이다.

양무운동은 선진국의 정치, 법률, 경제제도를 모방하지 않았다. 대신 정부가 운영하는 국유기업과 정부와 민간이 공동운영하는 합자기업, 민간이 운영하고 정부가 감독하는 하청 제도를 통해 선진국의 기술과 산업화를 모방하고 산업의 현대화를 실현하려 했다. 이런 상황에서 정부는 심판관의 역할에 그치지 않고 심판관이자 선수이며 게임 규칙의 제정자가 된다. 이렇게 제도화 된 나라의 기회주의적인 행위란 게임 규칙의 제정자이자 심판관으로서 갖는 권력을 이용해 선수가 얻는 이익을 획득하는 것이다.

이런 상황에서 상인들이 성공하기 위해 필요한 최우선 조건은 바로 관과 관계를 잘 엮어 관의 비호를 받는 것이다. 리훙장이 설립한 윤선초상국, 개평광무국開平鑛務局, 상해기기직포국 등이 그랬다. 리훙장은 게임 규칙을 제정한 정부 관리이자 게임에 참가하는 주요 참가자였다.

무술변법과 1차 문명 전환의 실패

무술변법은 진정한 의미에서 최초로 중화문명의 전환을 이룬 운동이라고 할 수 있다. 하지만 이 문명의 전환은 광서제光緒帝의 궁중 유폐, 탄쓰퉁譚嗣同 등 유신파의 처형, 캉유웨이康有爲, 량치차오梁啓超 등의 외국 망명 등으로 처참한 실패로 막을 내렸다. 이렇게 무술변법은 비록 실패한 문명 변혁 운동이었지만 후세에 미친 영향은 크고도 심대하다.

무술변법은 청일전쟁에서 중국이 참패하면서 시작되었다. 1894년 청일전쟁에서 양무운동 중 건립했던 청나라의 북양함대는 전멸했고 참전했던 육군도 참패를 면치 못했다. 중국이 대대로 철저히 무시했던 일본이, 그 작은 땅덩어리의 나라가 광대한 영토의 청 제국에 치명타를 날린 것이다. 전쟁이 끝난 뒤 1895년 청일 양국이 체결한 '시모노세키조약'으로 중국은 일본에 은 2억 냥을 배상했고 타이완, 펑호澎湖섬, 요동반도遼東半島를 할양했다. 이 치욕적인 불평등조약이 체결되자 중국의 지식인과 사대부들은 망국의 위기를 절감했다. 이 조약으로 충격을 받은 것은 서구 각국도 마찬가지였다. 그들은 중국이 단 한 번의 공격에 무너지는 동아시아의 병자라는 사실을 인정할 수밖에 없었다.

일본이라는 나라는 대대로 중국의 속국이었고 현대 문명의 씨앗이라고는 뿌려진 적이 없는 소국이었다. 일본도 중국과 마찬가지로 오랜 시간 나라의 문을 걸어 잠그고 폐쇄적 정책을 폈다. 메이지유신도 중국이 문호를 열고 7년이 지난 뒤에야 시작된 것이다. 이런 일본에 중국은 왜 패한 것일 것일까? 생각해보지 않을 수 없는 문제다.

여기서 일본 문명의 전환이 어떻게 이루어져왔는지를 알아볼 필요가 있다. 일본은 대대로 중국을 스승의 나라로 모셨다. 일찍이 7세기 일본은 다이카 혁신大化革新을 통해 전반적 중국화를 추진했다. 송나라 시절, 일본인들은 중국의 선진문화를 힘써 배웠다. 송나라의 자유롭고 개방적인 정책과 발달한 시장경제는 일본에 커다란 영향을 끼쳤다. 일본인들은 중국인의 생활 방식과 언어, 문자, 정치제도, 법령과 예의 등을 모두 받아들였다. 자유롭고 독립적이었으며 적극적이고 진취적이었던 중화민족의 민족정신은 몽골군의 학살 후 사라졌지만 일본인은 태풍의 보호 아래 몽골군에게 짓밟힐 뻔했던 운명을 피할 수 있었다. 그렇게 일본인의 민족정신은 계속 계승되었다. 명나라 시절, 중국은 폐관쇄국정책을 펴기 시작했지만 일본인은 그렇게 하지 않았다. 일본 상인들은 중국 동남연해 지역에서 대량으로 물품을 밀수출했으며 이를 막는 중국 관청에 무장한 채 대항하기도 했다. 중국 정부는 이런 일본인들을 왜구倭寇라 불렀다. 일본인의 상업정신과 진취적 민족성은 훼손 없이 후대에 계승되었다. 1635년 일본의 정이대장군征夷大將軍(에도 막부) 도쿠가와 이에미쓰德川家光가 '쇄국령'을 반포해 일본 영내의 모든 외국인을 추방하고 일본인의 출국을 금지시킬 것을 명령하자 일본도 폐쇄적인 국가로 변했다. 하지만 일본인들의 완강하고도 개방적인 민족성은 그대로 유지되었다.

1853년 즉 태평천국이 남경을 수도로 정한 그해, 미국 해군의 매튜 페리Matthew C. Perry 제독이 지휘하는 함대가 갑자기 일본 도쿄만(에도 만)에 그 모습을 드러냈다. 미 함대는 무력을 과시하며 문호를 개방하고 통상에 동의하라고 일본을 압박했다.

1854년 페리 제독은 다시 한번 함대를 이끌고 일본에 갔다. 미국 함대의 위협에 눌린 일본은 저항 없이 이에 굴복했고 미국과 '미일화친조약'을 체결했다. 이로써 나라의 문을 닫아 걸었던 폐쇄적 시대는 끝나고 일본의 문호가 활짝 개방되었다. 비록 당시 일본에서는 열강을 배척하는 양이론파攘夷論派와 개항을 지지하는 개국론파開國論派 간 논쟁이 끊이지 않았으나 절대 다수 일본인은 개방을 원했다. 1862년 영국은 일본에서 자국민이 살해되었다는 이유를 들어 군함을 이끌고 일본에 와 맹렬한 포격을 퍼부었다. 일본은 거대한 영국 함선에서 발포되는 대포에 강한 충격을 받았다. 선진 서구 문명을 마주한 일본은 중국 아편전쟁의 전철을 밟지 않고 분발하여 강성해지기로 결심했다. 그리고 그때부터 일본인 마음속에 숨겨져 있던 자유, 독립, 적극적이고 진취적인 민족정신이 화산처럼 분출되기 시작했다.

5년 뒤, 일본 메이지 천황이 즉위했다. 백성의 뜻에 따라 그가 실시한 변법이 바로 불가사의한 메이지유신이다. 막부 장군들은 평화롭게 정권을 메이지 천황에게 반납했고 천황은 교토에서 바다에 면한 에도로 천도하고 에도를 도쿄로 개명했다. 또 천황은 그 유명한 '5개조 서약문五條誓文'을 발표했는데 그 내용은 이랬다. "첫째, 광범위한 회의를 열어 모든 것을 공공의 여론에 의해 결정한다. 둘째, 상하의 민심을 하나로 통합해 부단히 경제 부흥을 실시한다. 셋째, 문무가 하나가 되어 서민에 이르기까지 그 각각의 의지를 관철시켜 나태해지지 않게 할 것을 요한다. 넷째, 구래의 누습을 깨고 천지의 공도에 기초한다. 다섯째, 지식을 세계로부터 구해 크게 황실의 기초를 부흥시킨다."

이후 일본은 우대신右大臣인 이와쿠라 도모미巖倉具視를 특명전권대사로 한 100여 명의 사절단을 파견했다. 사절단은 미국, 영국, 프랑스, 벨기에, 스웨덴 등 12개 국가를 순방한 뒤 마르세유에서 출항해 아테네와 스리랑카, 싱가포르, 상해를 거쳐 귀국했다. 총 2년 동안 세계일주를 한 셈이었다. 사절단은 서구의 정치, 경제제도와 사회를 전면 연구했고 서구의 선진문명을 배워왔다. 그 뒤 26년 동안 일본 정부는 6193명, 민간은 1만2540명의 외국인 전문가를 초빙해 약 2만 명의 외국인이 일본에서 일을 했다. 메이지 정부는 이 인재들을 초청하는 데 거금을 아끼지 않았다. 당시 일본의 태정대신太政大臣이었던 산조 사네토미三條實美의 한 달 월급은 800엔이었으나 영국에서 초청되어 온 전문가의 한 달 월급은 2000엔에 달했다.

일본은 7세기에 전반적 중국화를 추진했던 것과 같이 메이지유신을 통해서는 전반적인 서구화를 실시했다. 그들은 만청의 실패로부터 중국의 전통문화는 이제 가망이 없으며 정치구조나 생활 방식부터 이데올로기에 이르기까지 전반적인 서구화를 해야 한다는 것을 깨달았다. 이것이 당시 일본인들이 즐겨 말했던 '문명개화'다.

일부 일본인은 전반적 서구화를 이루기 위해서는 지역적으로 아시아와의 경계를 확실히 해야 한다고 생각했다. 즉 일본을 서구 국가에 포함시키고 일본인도 서양인이 되어 아시아에서 완벽하게 벗어나야 한다고 생각한 것이다. 이것이 바로 '탈아입구脫亞入歐' 운동이다.

메이지유신을 거치며 일본은 입헌군주제를 확립했고 여론을 개방했으며 인권을 존중하기 시작했다. 또한 백성에게 언론의 자유를 허용했고 지방에는 번藩을 폐하고 현縣을 설치했다. 신분제도를 폐지하고 부패한 관료체제를 무너뜨렸으며 청렴하고 효율적인 문관제도를 세웠다. 이런 일련의 변화는 일본의 경제, 문화, 교육, 군사 등의 발전에 중요한 정치적 기본 여건을 조성해주었다. 이를 통해 일본은 법치국가로 변모해가기 시작했다.

당시 일본의 법치 상황을 잘 보여주는 일화가 있다.

메이지 24년(1891), 일본 국수주의자 경찰이 방일한 러시아 황태자에게 칼로 자상을 입히는 사건이 일어나자 전 일본은 커다란 충격에 휩싸였다. 일본 정부는 러시아와의 관계가 틀어지지 않도록 하기 위해 수없이 많은 사죄 전보문을 보냈고 범인을 사형에 처하기로 결정했다. 하지만 일본의 최고법원이었던 대심원大審院의 수장 고지마 고레카타兒島惟謙는 정부의 압력에 굴하지 않고 사법권 독립과 법률 정의의 원칙을 수호하겠다는 결정을 내렸다. 그는 피고를 사형에 처하는 것은 법률에 위배되므로 그를 무기징역에 처하는 것이 옳다고 여겼다. 이 사건에서 일본이 얼마나 단호한 자세로 서구 문명을 배웠는지를 알 수 있다.

일본 메이지유신이 천황의 권력을 버리지는 않았지만, 사유재산의 신성불가침 원칙을 헌법에 명시했고 영국과 독일의 정치, 법률, 경제제도를 모방했다. 일본인들이 기업이 무엇인지도 모르던 상황에서, 일본 정부는 경제 발전을 위해 시범공장 몇 개를 설립한 것을 제외하고는 기본적으로 국유기업을 설립하지 않았다. 그리고 사기업이 발전하기 시작하자 정부는 즉시 시범공장을 매각해 민간에게 모든 경영을 맡겼다. 그랬기 때문에 정부는 입법과 사법의 공정한 제3심판관으로서의 역할을 제대로 발휘할 수 있었고 사기업이 건강한 환경에서 성장할 수 있도록 보호할 수 있었다. 거기에 더해 일본은 서구의 특허제도와 기업제도를 모방해 일본의 사기업이 서구 특허기술을 보급하는 과정에서 이득을 볼 수 있도록 했다. 또한 자체적인 기술 발명을 적극 장려해 기업들이 기술특허권을 구매한 뒤 대량 상품 생산으로 직결시키도록 했다.

일본이 문명 전환에 성공할 수 있었던 데는 정치제도 측면에서 아래와 같은 두 가지 요소가 있었다.

첫째, 일본은 정교분리를 실현했다. 일본 신도교神道敎는 천황을 인간 세상에 나타난 일본 황실의 조상신 아마테라스 오미카미天照大神라고 했다. 때문에 천황은 실권을 갖지는 못했지만 신의 화신으로서 결코 흔들리지 않는 숭고한 지위를 가졌다. 막부가 정권을 장악했지만 막부는 결코 신의 화신인 천황을 대신할 수 없었다. 이렇게 일본에 정교분리의 형국이 조성되자 신권과 정권이 상호 견제하게 되어 천황이든 막부든 그 누구도 무제한으로 부패하거나 잔학해질 수 없었다. 천황은 신의 화신이었기 때문에 그 누구도 대체할 수 없는 존재였고 일본에 새로운 왕조가 들어선다는 것은 일어날 수 없는 일이었다. 그랬기 때문에 메이지유신 때도 막부에 반대하는 세력이 '존왕양이尊王攘夷'를 외치며 민중의 지지를 얻었던 것이다.

둘째, 일본은 분봉자치제를 시행했다. 메이지유신 이전 일본은 중앙 집권적 전제제도 대신 분봉제를 실시했다. 즉, 일본 사회는 전제사회가 아닌 봉건사회였다. 당시 일본의 정치체제는 천황, 막부, 번藩, 가신家臣, 무사 등이 서로의 권력을 견제하는 구조였다. 에도막부는 전국 70퍼센트의 토지를 270명의 다이묘大名에게 분봉했다. 다이묘의 영토는 '번'이라 불렸는데 다이묘들은 자신에게 분봉된 토지를 수하의 무사와 가신에게 층층이 분봉했다. 이런 계급제도를 유지하는 데 기반이 된 것은 유가사상이었다. 주나라가 실시했던 분봉제와 매우 유사하다.

분봉제는 일본 문명의 전환에 유리한 여건을 조성해주었다. 첫째, 천황과 막부의 권력이 일정 범위 내로 제한되어 농민폭동이나 천하대란이 일어나지 않게 되었고 왕조가 바뀌는 일도 생겨나지 않아 사회는 안정적으로 발전할 수 있었다. 둘째, 분봉제를 실시했던 일본은 팔고문을 시험 내용으로 한 중국의 과거제도를 채택하지 않았고 이에 따라 방대한 관료체제도, 관료체제 아래 복잡다단한 의탁관계나 기득권도 생겨나지 않았다. 그랬기 때문에 메이지유신은 거대한 관료체제와 지식인(준准관료) 집단의 반대에 부딪히지 않을 수 있었다. 셋째, 분봉제 아래 백성은 상대적으로 자유로운 환경에서 생활했으며 인권도 어느 정도 보장되었다. 넷째, 분봉제는 입헌군주제에게 유리한 여건을 조성해주었다. 막부시대에 천황은 실권이 없었기 때문에 메이지유신 아래 수상은 실권을 쥘 수 있었고 천황도 이를 받아들였다.

특히 주목을 끄는 것은 당시 일본이 교육을 매우 중시해 일본의 국민교육이 빠른 속도로 보급되었다는 것이다. 메이지 말기가 되자 일본의 취학률은 95퍼센트를 넘어섰다. 그 시절 일본의 시골에서는 가장 좋은 것이 학교 건물이었다. 일본은 보다 높은 수준의 고등교육을 제공하기 위해 높은 연봉의 외국인 선생을 초청해 교편을 맡겼으며 많은 학생을 외국에 유학 보냈다.

또한 일본은 부국강병의 목표를 달성하기 위해 군수업 발전에 전력을 다했다. 1887년 메이지 천황은 해안 방비 확충을 이유로 연속 6년간 궁정예산 중 30만 엔을 해안 방비에 쏟아 부었고 함대 건조를 위해 문무관원 모두에게 급료의 10분의 1을 납부하라고 요구했다. 이를 위해 메이지 천황 자신도 장신구를 모두 내놓았다. 황제의 솔선수범에 일본 전역에는 해안 방비를 위해 금을 기부하는 열풍이 불었고 6개월 간 민간에서 203만 엔이 모였다. 1893년, 즉 청일전쟁이 발발하기 바로 전해, 일본은 원래 계획대로 해안 방비 확충사업을 마쳤으며 육군은 7개 사단 12만 병력, 해군은 31척 군함에 21척 어뢰정을 갖추게 되었다.

이 시점에 중국은 나랏돈 횡령과 매관매직이 성행했으며 부패하고 타락한 관리들은 나라와 백성에 재앙을 가져왔다. 사회의 계급제는 엄격히 유지되었고 백성은 눈 뜨고 보지 못할 정도로 빈곤에 시달렸으며 우매했고 진취적으로 사고하지 못했다. 메이지 천황이 자신의 장신구를 모두 꺼내 해군 확충에 기부했을 때 중국의 서태후는 해군 군비인 800만 냥을 유용해 별장 이화원頤和園을 지어 올렸다.

물론 일본이라고 문명 전환의 과정에서 문제가 전혀 없었던 것은 아니다. 메이지유신 이후 일본에는 군국주의, 개인주의, 황금만능주의가 신속히 팽창해나갔고 전통적인 도덕과 윤리는 놀라운 속도로 붕괴되었다. 사회에는 물욕이 넘쳐났고 도덕은 상실되었다. 메이지 천황이 붕어한 뒤 순사殉死한 노기乃木 대장은 유서에 일본의 도덕적 혼란을 통렬히 비판했다. 작가 나쓰메 소세키夏木漱石도 외부 압력에 대항하기 위해 급하게 진행된 일본의 현대화에 따라 일본인은 양심과 성실함을 잃었으며 일본 사회는 허위와 천박함으로 가득 찬 사회가 되었다고 날카롭게 비판했다. 특히 일본 민족은 섬나라 민족이 갖는 한계로 인해 너그럽거나 자애롭지 못했으며 문명 변혁 과정에서 군국주의 정서가 빠르게 퍼져나갔다.

중국이 청일전쟁에서 참패하고 '시모노세키조약'을 체결한 뒤 열강은 앞 다퉈 중국 분할에 뛰어들었고 중국은 망국의 위기에 봉착했다. 이렇게 험악한 정세 아래 중국의 일부 선진 지식인들은 양무운동으로 서구의 군함과 대포를 사들이고 오랑캐의 기술을 배우는 것만으로는 결코 낙후된 중국을 바꿀 수 없다는 것을 깨달았다. 그들은 중국의 살길은 일본의 메이지유신과 같은 변법 실시밖에 없다고 생각했다. 정관응鄭觀應은 『성세위언盛世危言』에서 전제 정치에 반대하고 서구의 입헌제도를 세울 것을 호소해 순식간에 전국을 풍미했다.

캉유웨이와 량치차오가 필두가 되었던 '공거상서公車上書'는 중국에 근대 문명으로의 전환을 요구하는 최초의 사상해방 운동을 일으켰다. 젊은 나이의 광서제는 캉유웨이가 쓴 『폴란드 망국기波蘭亡國記』와 『돌궐망국기突厥亡國記』를 읽었다. 망국의 군주가 되고 싶지 않았던 그는 캉유웨이와 량치차오 등의 건의를 받아들여 일본의 메이지유신을 본떠 변법유신을 시작하기로 결정한다.

1898년 6월 11일, 광서제는 '정국시조定國是詔'를 반포하는 것을 시작으로 9월까지 1백일 동안 200여 개 유지諭旨를 내리고 전국에 아래와 같은 변법유신 조치를 시행했다. 이러한 조치들은 이전 양무운동의 범위를 훨씬 뛰어넘은 것이었다.

첫째, 과거시험에서 팔고문을 폐지하고 당면한 정치 문제를 논하는 책론策論으로 인재를 등용한다. 또한 성리학을 교재로 했던 각지의 서원書院제도를 폐지하고 경제특과經濟特科를 신설한다. 신식 소학교와 중학교를 세우고 북경에는 경사대학당京師大學堂(북경대학교 전신)을 설립해 서구의 선진과학기술과 정치·경제 학술사상을 가르치고 중국인들이 서양에 유학 가는 것을 격려한다.

둘째, 관리와 백성이 상서하여 의견을 피력할 수 있도록 하며 민간에서도 자유롭게 신문사와 학회를 설립할 수 있도록 허가한다. 또한 역서국譯書局을 설립해 서구의 저작물을 대량 번역하고, 언론의 자유를 허가한다.

캉유웨이와 량치차오 등은 북경과 상해 등지에 강학회強學會, 보국회保國會 등 정치단체를 설립하고 전국의 성마다 분회를 설치했다. 학회 설립의 붐이 일어 전국적으로 다양한 학회가 만들어졌는데 북경의 지치학회知耻學會, 서학회西學會, 호남의 남학회南學會, 계림桂林의 성학회聖學會, 소주蘇州의 소학회蘇學會 등이 그에 속한다. 또한 북경의『중외기문中外紀聞』, 상해의『시무보時務報』, 천진의『직보直報』와『국문보國聞報』, 호남의『상학보湘學報』와『상보湘報』등 100여 종의 신문이 창간되었다. 캉유웨이, 량치차오, 탄쓰퉁 등 유신파 인사들은 이 신문들에 많은 글을 기고해 황제 전제정치와 보수적인 사상을 비판하고 서구의 입헌정치와 민권학설을 알렸다. 또한 유신변법과 입헌군주제를 실시하고 민간상공업을 발전시키자고 호소했다. 이 밖에도 옌푸嚴復는 토머스 헉슬리의『진화와 윤리Evolution and Ethics』를『천연론天演論』이라는 제목으로 번역해 적자생존의 진화론을 알렸다.

당시 호남은 호남순무巡撫 진보잠陳寶箴의 지지 아래 무술변법에 앞장서 전국 유신운동의 중심이 되었다. 당시 27세 한림翰林이었던 슝시링熊希齡은 진보잠의 초청으로 호남사무학당湖南事務學堂의 교장을 맡았다. 슝시링은 량치차오와 탄쓰퉁, 탕차이창唐才常 등 유신파를 초청해 강연과 학생 지도를 부탁했다. 그들은 시무학당時務學堂과 남학회南學會에서 여러 차례 연설을 했으며『상보』에 많은 글을 기고해 서구의 의회정치를 널리 알렸다. 이를 통해 중국에 내각의회제도를 구축하고 국회를 열 것, 그리고 헌법을 제정하고 민권을 신장할 것, 황제와 백성이 함께 나라를 다스리는 입헌군주제를 실시할 것을 요구했다. 유신파 인사들은 광서제에게 부녀자의 전족을 금지할 것, 변발을 자르고 양복차림을 할 것, 중국인과 서구인의 결혼을 허가할 것, 수도를 상해로 옮길 것, 문명개화정책을 실시할 것 등을 건의했다.

셋째, 비대해진 관료기구를 해산하고 사법부와 형사소송법 개혁을 실시한다. 감옥의 폐단을 개혁하고 잔혹한 형벌을 폐지하는 한편 만주족이 누리고 있던 특권을 없앤다. 이런 조치들은 부패한 관료제도와 암담한 사법제도에 직접적 타격을 주었다.

넷째, 광무철로총국鑛務鐵路總局과 농공상총국農工商總局, 우정국郵政局을 설립해 민간 자본의 발전과 민간 상공업의 부흥을 촉진한다.

당시 상해, 강소, 절강, 천진, 광주, 호남 등지의 민간 상인들은 전력·전등·전보·전화·기선·방직·도자기 회사와 농업 시범장 등을 설립했다. 많은 회사가 주식회사 형태로 설립되었으며 유한책임의 원칙과 출연재산을 법인재산으로 인정하는 원칙이 확립되어 자본시장의 형성과 발전을 촉진했다.

금융업도 상공업 발전의 힘을 받아 발전하기 시작했다. 1898년 2월, 중국은 최초의 공채였던 소신昭信주식을 발행했고 주식시장 규모도 확대하기 시작했다. 국가는 적극적으로 재정체제를 개혁하고 국가 예결

산을 편성하는 한편 세제를 개혁했으며 국가의 경제 조정체제를 구축
했다.

광서제의 이러한 변법 조치에서 볼 수 있듯이 무술변법은 중국 역사
상 최초로 일어난 문명 변혁운동이었으며 중국의 정치와 사회구조를
바꾸고자 한 혁신운동이었고 춘추전국 시대와 송나라에 이어 다시 한
번 일어난 위대한 사상해방운동이었다. 이 운동으로 청 왕조가 폈던
문화 전제의 질곡이 타파되었고 대외 개방정책을 실행하여 중국은 인
류 문명의 발전 추세에 완전히 적응할 수 있었다. 무술변법은 중국의
일원화 문명이 다원화 문명으로 가는 중대한 전환점이 되었다.

하지만 무술변법은 결국 실패로 끝났다. 황제가 친히 일으키고 황태
후의 강력한 지지를 받았던 이 개혁운동이 실패로 막을 내린 이유는
무엇이었을까?

오늘, 이 문제를 분석할 때 우리는 무술변법이 외부 역량의 추진으로
일어난 것이지 중국 사회의 자발적인 요구로 생겨난 것은 아니었다는
것에 우선 주목할 필요가 있다. 당시 중국의 거대한 관료집단과 절대
다수의 지식인들은 사회 개혁을 원하지 않았다. 개혁이 자신들의 기득
권에 영향을 가져올 것이라고 생각한 그들은 기존 사회를 유지하고 싶
어했다.

중국 사회에 개혁을 요구하는 목소리가 나타났던 이유는 외세의 공
격으로 중국이 망국의 위기에 처하자 강력한 위기감이 조성되었기 때
문이다. 이런 위기감 아래 사람들은 개혁을 통해 부국강병을 실현하고
외적의 침입을 막고자 했다. 이것이 개혁에 대한 절대 다수 관료들의 출
발점이었다. 하지만 그들은 개혁으로 인해 자신들이 누리던 이득을 잃
지 않기를 바랐으며 기존의 관료체제도 흔들리지 않길 원했다. 당시 서

태후로부터 각급 관리 및 과거에 급제한 수재秀才와 거인擧人 등의 후보 관리 모두 그런 생각을 가지고 있었다.

무술변법과 메이지유신은 전혀 다른 성질의 변혁이었다. 비록 둘 다 시장의 공정한 경쟁을 실현하고 자본주의로 진입하고자 했지만 한 나라에서는 관료집단의 반대에 부딪혔고 다른 한 나라에서는 사회의 전폭적인 지지를 받았다. 이 때문에 메이지유신은 문명의 변혁을 순조롭게 이뤄낼 수 있었지만 무술변법은 실패로 막을 내린 것이다.

상술한 객관적 원인을 제외하고도 광서제를 비롯한 유신파들이 정치적 지혜와 개혁 추진에 있어 수완이 부족했던 것도 무술변법이 실패한 중요한 이유 중 하나로 꼽힌다.

당시 개혁의 전제조건이 성숙되지 않았던 중국에서 대규모 개혁을 황급히 추진해 성공 가능성이 희박했다. 개혁을 외쳤던 것은 캉유웨이 등 소수의 지식인과 진보잠과 같은 소수의 관리에 불과했다. 절대 다수의 사람들은 여전히 양무운동 수준에 머물러 있었고 급진적인 개혁은 바라지 않았다. 서태후와 리훙장 같은 이들도 표면적으로는 변법을 지지했지만 실상으로는 변혁을 통해 군사력 증강과 국방 강화, 경제발전을 이루길 원했을 뿐 정치제도와 사상문화를 전면적으로 개혁하고자 한 것은 아니었다.

더욱 중요한 점으로 효율적인 개혁을 위해서는 강력한 권력이 뒷받침되었어야 한다는 것을 들 수 있다. 광서제가 개혁에 대한 자신의 주장을 단호히 관철시키기 위해서는 그가 실권을 완전히 장악하고 있어야 했다. 하지만 서태후의 명령을 받아 알리는 입장에 불과했던 그에게 그런 실권은 없었다.

청일전쟁 발발 전, 서태후는 수렴청정垂簾聽政을 거두고 광서제에게 정권을 돌려주었지만 막후에서는 여전히 실질적 권한을 행사하고 있었다. 서태후의 친아들이 아니었던 광서제는 혈통으로 황위를 세습해온 원칙에 따르면 황제가 될 수 없는 신분이었다. 그런 그가 황제가 될 수 있었던 것은 합법적인 세습에 의해서가 아니라 서태후가 그를 황제로 선택했기 때문이었다. 그런 이유로 광서제는 서태후 앞에서 늘 당당히 황권을 행사하지 못했다. 이런 상황에서 광서제는 서태후의 통제를 벗어날 방법이 없었다.

하지만 광서제도 유리한 점을 가지고 있었는데, 그것은 그가 젊다는 사실이었다. 당시 그는 서른도 되지 않은 젊은이였지만 서태후는 일흔이 가까운 노인이었다. 그렇게 젊은 광서제였기에 인내심을 가지고 때를 기다리며 천천히 자신의 힘을 길러야 했다. 그리고 서태후가 죽고 난 뒤 신속히 그 힘을 모아 대대적으로 정치체제와 생활 방식을 개혁해야 했다. 그래야만 승산이 있었다.

사실 서태후도 처음에는 변법을 적극 지지했다. 청 제국의 실질적 통치자였던 그녀에게 청일전쟁에서의 참패는 심각한 타격을 가져왔다. 그녀는 그 누구보다 부국강병을 통해 치욕을 씻고자 했을 것이고 그 누구보다 절박하게 적극적으로 개혁을 추진하고자 했을 것이다. 서태후는 옌푸가 번역한 『천연론』을 높게 평가했고 캉유웨이가 주장한 변법에도 거부감이 없었으며, 그의 재능을 높이 사기까지 했다. '정국시조'를 반포한 것과 같은 정치적 대사도 서태후의 동의 없이 광서제가 독단적으로 행할 수 있는 일은 아니었다. 이 모든 것이 서태후가 무술변법의 넘지 못할 벽이 아니었음을 설명해준다. 하지만 서태후는 정치체제 개혁에는 찬성하지 않았고 '선조의 가법'을 바꾸는 데 동의하지 않았다. 이로써 개혁은 어쩔 수 없는 한계에 갇히게 되었다.

하지만 광서제는 돌아가는 형세를 정확히 판단하지 못하고 있었다. 그는 개혁에 대한 서태후의 지지를 얻지 못했을 뿐 아니라 그녀를 개혁의 방해물로 여기고 배척하는 급진적 태도를 보였다. 개혁은 이익관계의 조정과 사회 자원의 재분배를 가져왔다. 기존의 관공서를 폐지하니 수많은 관리들이 실직해 거리로 나앉았고 팔고문 과거제도를 폐지하니 전국의 수재秀才와 거인擧人들이 나아갈 길을 잃고 살 길이 막막해졌다. 개혁에 대한 사상적 준비도 미처 되어 있지 않은 상태였다. 이런 조치는 굉장히 많은 적을 만들어냈고 갈등은 깊어져 물과 기름처럼 더불어 도모할 수 없는 지경에 이르게 된 것이다. 개혁을 뼈에 사무치도록 증오한 이들은 앞 다퉈 서태후를 찾아가 이러한 상황을 고했고 서태후는 광서제를 의심하게 되었다.

특히 광서제가 여러 차례 위안스카이袁世凱를 만나고 그를 발탁 등용한 것은 광서제가 군권을 확보하려 함을 보여줬다. 그는 또 일본의 전임 수상 이토 히로부미伊籐博文를 초청해 황제의 고문을 맡기려 했으며 국회를 열고 헌법을 제정해 입헌정치를 시행하고자 했다. 이 모든 것은 서태후의 인내심을 넘어선 것들이었고 보수적 관료들의 민감한 신경을 깊숙이 건드리는 것들이었다. 관료들은 뜨거운 냄비 위의 개미들처럼 단단히 하나로 뭉쳐 유신파에게 격렬한 반격을 가하기 시작했다. 최후에는 위안스카이의 밀고로 서태후가 정변을 일으키게 된다. 높은 기세를 떨쳤던 변법운동은 탄쓰퉁 등 인사들이 처형되면서 그 막을 내렸다. 광서제의 급진적 태도로 인해 질주하던 변법 열차가 전복되고 만 것이다.

캉유웨이의 착오도 무술변법이 실패한 중요한 이유로 꼽힌다.

엄밀히 말해 캉유웨이는 단지 급진적 사상을 가진 지식인으로 정치가라 하기는 어려웠다. 그는 정치가가 필히 갖추어야 하는 기본적 소양을 갖추지 못했고 성격상 심각한 결함을 가지고 있었다. 그는 지략이 부족하고 심지가 깊지 않았으며, 자신을 과시하고 고집이 세며, 눈앞의 이익에 급급했으며 극단적인 수단을 사용했다. 그는 중국과 같이 전제정치의 역사가 길고 음모와 계략이 판치는 관료체제의 나라에서 위대한 혁신운동을 이끄는 지도자가 될 만한 그릇이 아니었다.

정치가에게는 책략이 필수다. 하지만 캉유웨이는 책략이 부족한 사람이었다. 그는 더욱 많은 이가 단결해야만 변법운동이 성공할 수 있다는 사실을 알지 못했다. 그는 리훙장과 장지동 등 양무운동의 지도자들이 변법운동에 참여하지 못하도록 배척했고 리훙장이 그의 학회에 준 찬조마저도 거부했다. 그가 성지聖旨를 받고 황제를 알현하러 갔을 때, 영록榮祿이 그에게 어떻게 개혁을 할 것이냐고 묻자 그는 이렇게 대답했다. "신법을 가로막는 2, 3품 이상 대신을 한두 명 처형하면 신법을 행할 수 있을 것입니다." 캉유웨이는 영록이 변법에 찬성하지 않는다는 것을 잘 알고 있으면서도 자신의 칼끝을 감추는 방법을 알지 못했다. 이렇게 세상을 깜짝 놀라게 하면서도 책략이라고는 전혀 없는 발언은 영록을 위시한 반대파의 원한을 사 더욱 더 많은 적을 만들 것이 분명했다. 또한 그는 창끝을 숨김없이 정적과 전통적 관료체제에 겨누었다. 군기처의 대신들이 그에게 어떻게 법제를 고쳐야 하느냐고 묻자 그는 조금도 주저하지 않고 "법제를 고치기 위해서는 당연히 관리체제를 먼저 바꿔야 한다"는 원칙을 말했다. 리훙장이 "6부 모두가 해산되면 조정의 현 체제는 모두 없어지는 게 아닌가?"라고 묻자 그는 "쇠약한 중국의 모든 것은 마땅히 없어지는 것이 옳습니다"라고 대답했다. 이는 6부를 중추로 삼아왔던 전통적 관료체제에 공개적으로 선전포고를 한 것이나 다름없었다.

캉유웨이가 저지른 최대의 실수는 "광서제와 서태후를 화해시키라"
는 옹동화翁同龢의 주장을 받아들이지 않은 것이다.

무술변법 전, 광서제와 서태후의 관계는 매우 좋은 편이었다. 서태후
의 권위는 역사가 만들어준 것으로 결코 부인할 수 없는 객관적 사실
이었다. 서태후는 권력에 미련이 큰 사람이었다. 그런 그녀가 죽기 전에
광서제에게 모든 권력을 이양하는 일은 일어날 리 만무했다. 이는 개혁
파 인사들이 우선적으로 고려해야 할 객관적 상황이었으며 그들이 정
치적 결정을 내리는 데 있어 반드시 참고해야 할 전제이며 기반이었다.
모든 변법 조치는 여기서 출발해야만 추진할 수 있는 현실적 가능성이
있었다. 때문에 옹동화는 서태후와의 관계를 개선하고 서태후가 바라
는 일들을 최선을 다해 해주자고, 또 타협할 것은 타협하고 양보할 것
은 양보하며, 참을 것은 참아내 개혁을 안전한 환경에서 추진하고 예측
불가능한 상황을 피해보자고 주장한 것이다.

하지만 캉유웨이는 그렇게 생각하지 않았다. 그는 서태후가 정권을
황제에게 넘긴 이상 황제가 모든 실권을 장악하는 것이 마땅하며 황제
가 실권을 갖지 못한다면 서태후를 압박해 실권을 강제 이양하는 것이
맞다고 생각했다. 그는 서태후의 배척을 개혁의 중요한 목표로 삼았고
옹동화의 의견은 받아들이지 않았다. 황제와 서태후를 대립구도에 놓
은 그의 생각과 정치적 출발점은 객관적 현실에 전혀 부합하지 않는 치
명적 실수였다.

이는 유신파 내부에서도 많은 반대에 부딪혔다. 왕자오王照는 캉유웨
이에게 서태후를 고립시켜서는 안 된다고 여러 차례 충고했다. 그는 "바
깥사람들은 혹시나 서태후가 변법에 반대한다고 오해할 수 있지만 사

실 태후는 권력만 알뿐 정치적 견해는 없는 사람이네. 변법을 주장하는 상주문을 올려 이 화두를 공개적으로 만든다면 황제께서 그 뜻을 펼칠 수 있게 되고 완고한 대신들은 어쩔 수 없을 걸세"라고 말했다. 하지만 캉유웨이는 서태후는 소용에 닿지 않는 인물이라는 자신의 의견을 굽히지 않았다. 그는 황제에게 위안스카이를 알현하도록 건의하는 한편 위안스카이에게는 군대를 이끌고 이화원을 포위해 서태후를 연금시킬 것을 요구하여 사태는 급속히 악화되었다. 캉유웨이의 이와 같은 실수로 서태후는 개혁파에 대해 깊은 오해와 의심과 원한을 가지게 되었고 자신과 이익을 같이 했던 영록과 긴밀히 결합했다. 실패로 끝나게 된 변법의 운명은 바로 이 지점에서 결정지어졌던 것이다.

무술변법은 서태후 때문에 실패했다기보다는 캉유웨이 등 유신파들이 스스로 망친 것이라고 봐야 한다. 그들의 조급함과 경솔함이 위대한 변혁운동을 실패로 이끈 것이다.

오랜 세월 사람들은 무술변법의 실패 요인을 이야기하며 수구파가 지나치게 강했고, 광서제가 실권, 특히 군권을 장악하지 못한 상황 때문이라고 말했다. 하지만 이런 상황들은 변법 시행 전에도 마찬가지로 존재했다. 즉 이는 개혁을 실패로 끝나게 한 원인이 아니라 개혁 실시 전, 개혁자가 반드시 고려해야 했던 전제이며 기초이고 개혁의 출발점이었다.

객관적 원인을 강조하기란 쉽다. 하지만 역사가 주는 교훈을 과학적으로 결론내기란 쉽지 않은 일이다. 개혁자의 약점을 직시하고 객관적으로 실패의 원인을 분석해야만 이후 개혁 때 정확한 길을 찾을 수 있는 것이다.

입헌군주제와 2차 문명 전환의 실패

1905년부터 중국에서는 입헌군주제 확립을 목표로 하는 문명 전환 운동이 시작되었다. 이 운동은 중국 역사상 진정한 의미에서의 두 번째 문명 전환 운동이었다.

정치체제와 사회구조의 변혁을 직접적 목표로 삼고 전제정치를 입헌정치로 대체하고자 했던 이 운동은 무술변법보다 진보적이었다. 두 번째 문명 전환 운동으로 중국은 일원화 문명에서 다원화 문명으로의 발전을 위한 실질적 일보를 내디뎠다. 결국 이 운동은 만청 통치자들이 권력을 놓으려 하지 않아 성공을 목전에 두고 실패했지만 그것이 지닌 진보적 의미는 충분히 인정해야 마땅한 것이다.

전통적 관점은 만청 왕조의 멸망 원인으로 제국주의의 침략, 황실의 부패와 무능, 백성에 대한 과도한 착취와 수탈을 꼽았다. 이런 관점이 잘못되었다고 할 수는 없지만 지나치게 추상적이고 막연한 것도 사실이다. 객관적으로 당시의 역사를 바라보고 그 세세한 부분까지도 진지하게 연구한다면 이런 관점이 역사적 사실에 완벽하게 부합하지는 않는다는 것을 알 수 있을 것이다. 그 이유는 다음과 같다.

첫째, 신해혁명이 일어날 당시 서구 각국은 만청 정부를 지지하고 보호하는 태도를 취하고 있었다. 신해혁명 발발 당시의 형세는 8국 연합군이 북경을 공격하기 전과는 전혀 달랐다.

둘째, 신해혁명은 궁지에 몰린 농민들이 생존을 위해 정부에 저항하여 일으킨 전쟁이 아니었고, 바로 이 점이 고대 중국에서 일어났던 농민혁명과는 전혀 다른 것이다. 즉, 신해혁명은 경제적 요소(백성의 빈궁함) 때문에 일어난 것이 아니라 신군新軍 장교와 사병들이 만주족 통치에 반대하고 공화주의의 이상을 꿈꾸며 일으킨 것이었다. 관의 핍박을 참지 못해 일어난 농민전쟁과는 차원이 달랐다.

셋째, 신해혁명은 쑨원孫文이 이끄는 동맹회同盟會가 조직적이고도 계획적으로 일으킨 것이 아니라 공진회共進會와 문학사文學社에 참여한 일군의 호북湖北 신군이 일으킨 것이었다. 공진회와 문학사가 동맹회와 조직적, 사상적으로 연결되어 있긴 했지만 쑨원 등 동맹회의 고위급 인물들이 신해혁명을 일으킨 것은 아니었다. 게다가 신해혁명이 처음 일어났을 때 그 혁명의 역량은 매우 미약했고 쑨원, 쑹자오런宋教仁, 황싱黃興 등 동맹회 지도자들은 적시에 혁명을 이끌지도 못했다. 그렇다면 청 정부는 왜 제때에 혁명을 진압하지 못했던 것일까?

이렇듯 신해혁명을 전통적 관점으로 해석하기란 불가능하다. 우리는 신해혁명의 발발과 만청 왕조 멸망의 근본 원인이 만청 정부의 경제 개혁이 정치 개혁과 보폭을 맞추지 못했기 때문이라고 여기고 있다. 만약 당시 만청 정부가 정치체제 개혁의 속도를 높이고 제때에 입헌군주제를 구축했다면 중국은 민주, 공화, 법치, 자유의 길로 조속히 들어서 인권을 보장하고 부패를 막을 수 있었을 것이다. 또한 사회 갈등과 백성의 불만을 해결하고 정치생활의 현대화를 이룰 수 있었을 것이다. 그렇다면 신해혁명은 발발하지 않았을 것이고, 발발했다 하더라도 각 성省이 잇따라 독립하는 지경까지는 이르지 않았을 것이다. 하지만 만청 황족은 사익을 지키기 위해 권력과 기득권을 포기하길 거부했다.

무술변법이 실패로 끝난 뒤 중국의 옛 제도들은 모두 부활했고 유신파는 처형당했으며 부패한 관료들은 개혁의 실패를 자축했다.

물론 서태후가 언짢아 한 부분도 있었다. 예를 들면 캉유웨이와 량치차오를 처형하고 싶었지만 그 두 '대역죄인'들이 외국인의 도움으로 망명해버린 것이다. 그들은 일본에서도 많은 글을 기고해 그녀를 통렬히 비판했고 이에 그녀는 속수무책이었다. 또한 서태후는 광서제를 폐위시키고 싶었지만 다른 나라의 동의를 구하지 않고 황제를 독단적으로 폐위시킬 수는 없음을 그녀 스스로 잘 알고 있었다. 그래서 서태후는 각국이 광서제의 폐위를 어떻게 생각하는지 알아보았는데 탐문 끝에 각국이 광서제에 호감을 가지고 있으며 그의 폐위를 매우 반대한다는 사실을 알게 되었다. 또 서태후는 재의載漪의 아들 부준溥俊을 황태자로 책봉해 광서제를 배제하려 했다. 그녀는 각국 공사들이 와서 축하해주길 원했지만 공사들은 이에 아랑곳하지 않았고 결국 서태후의 황위 찬탈 계획은 수포로 돌아가고 말았다. 분노한 서태후는 광서제를 독살할 음모를 세웠다. 그녀는 매일같이 어의를 궁으로 보내 건강한 광서제를 진찰하게 하며 황제의 병세가 위중하다는 소문을 퍼뜨렸다. 그러자 각국 공사들이 이에 관심을 보였고 각지의 주요 관리들은 황제를 보호할 것을 잇달아 요구해왔으며 외국 공사들도 의사를 보내 황제의 상태를 검진하게까지 했다. 이로써 광서제를 모살하려 했던 서태후의 음모는 다시 실패로 끝났다.

그러자 서태후와 그녀 주위의 수구파 관료들은 외국인을 눈엣가시처럼 보기 시작했다. 그들은 맹목적으로 외세를 배척했고 그들에게 복수할 것을 다짐했다. 하지만 만청 왕조의 군대는 외국의 견고한 함선과 성능 좋은 대포의 적수가 되지 못했고 이에 서태후는 분노와 무력함을 느꼈다.

하지만 마침내 기회가 왔다. 서태후는 산동山東에 자칭 '의화권義和拳'[나중에 의화단으로 이름을 바꿈]이라는 비밀결사가 있는데 그들이 주문을 외우기만 하면 신령이 몸에 들어와 창칼에도 찔리지 않고 서양인들의 총포에도 다치지 않는다는 보고를 받았다. 게다가 이 교도들은 "청나라를 돕고 서양을 물리치자扶淸滅洋"라는 구호를 외친다고 했다.

이 늙은 마나님은 뜻밖의 보고를 듣고 크게 기뻐했다. 그녀는 의화권을 이용해 서양인에게 복수를 하고 자신의 쌓인 화를 풀어보겠노라고 결심했다. 서태후는 그들을 북경으로 불러들여 우두머리 조복전曹福田을 친히 알현하고 그의 신공神功을 보았다. 조복전은 서태후 앞에서 자신의 신공이면 천하의 서양인을 순식간에 다 죽여 없앨 수 있다고 큰소리쳤다. 상식적으로라면 서태후는 그렇게 황당무계한 말을 믿어서는 안됐지만 일종의 변태적인 심리가 그의 말을 믿게 했다. 어쩌면 그녀는 민심을 이용하면 서양인들을 따끔히 혼내줄 수 있다고 생각했던 것인지도 모른다.

서태후의 지지를 받으며 의화단은 북경, 하북, 산서山西 등지에서 외국인을 함부로 습격하고 살해했다. 아주 소수의 외국인만이 살아남았으며 부녀자와 어린이도 예외는 아니었다. 외국인 뿐 아니라 양복차림을 했거나 서양식 안경을 낀 중국인도 화를 면치 못했다. 당시 200여 명의 외국 선교사와 2만여 명의 중국인 기독교 신자들이 살해당했다. 의화단이 양옥, 철도, 전선 등 서구와 관계가 있는 것이면 무엇이든 불질러 없애는 야만적 행동을 서슴지 않으면서 북경을 공포의 도가니로 몰아넣었다. 의화단은 일본과 독일의 외교 관리를 살해했고 북경의 해외전보, 철도 등 일체의 교통수단과 통신수단을 파괴했다.

광분한 의화단이 저지르는 만행을 보면서도 서태후는 그 행동이 국제공법을 위반한 것으로 국제분쟁을 일으킬 수 있다는 것을 생각하기는커녕 통쾌하게 생각했다. 이제야 때가 되었다고 판단한 그녀는 정규군에게 의화단과 함께 연합하여 북경의 동교민항東郊民巷에 모여 사는 각국 대사관을 습격하고 서양인들을 살육할 것을 명령했다.

1900년 5월 20일, 이성을 잃어버린 서태후는 중국과 외교관계를 맺었던 모든 국가에 전쟁을 선언하기에 이른다.

그 소식이 세계 각국에 전해지자 사람들은 자신의 귀를 의심하지 않을 수 없었다. 처음에 각국 정부 지도자들은 미치지 않고서야 일어날 수 없는 그 괴상한 소식을 믿지 않았다. 그리고 그런 일이 실제로 일어났다는 것을 안 뒤에는 너나 할 것 없이 충격에 휩싸였다. 독일 황제 빌헬름 2세는 야만인에게 하듯 중국을 다룰 것이라고 맹세하기도 했다.

그리고 영국, 미국, 프랑스, 독일, 이탈리아, 일본, 오스트리아-헝가리 제국, 러시아 등 8개 국가가 조직한 8국 연합군이 천진 대고항大沽港에 상륙했다. 연합군은 6월 18일, 천진을 함락시킨 뒤 계속해서 북경으로 전진했고 7월 20일에는 북경을 점령했다. 서태후가 전 세계에 선전포고를 한 지 불과 55일 뒤의 일이었다.

웃통을 벗고 주문을 외우는 제 정신이 아닌 것 같은 수십만의 의화단원들과 손에 아편 담뱃대를 쥐고 있던 청나라 군대는 8국 연합군이 발사하는 대포 아래 순식간에 무너져 흩어졌다. 8국 연합군은 서양인을 살육한 중국인의 만행에 보복하기 위해 북경에 진입한 뒤 불을 지르고 살육과 약탈을 일삼았다.

8국 연합군이 공격해오자 서태후는 혼비백산하여 광서제를 데리고 서안으로 달아났다. 서안으로 길을 떠나기 전, 서태후는 광서제가 아끼던 후궁 진비珍妃를 우물에 빠뜨려 광서제 가슴에 다시 한번 칼을 꽂는 것을 잊지 않았다. 그런 뒤 '신축조약辛丑條約'의 체결이 있었는데 이 조약으로 중국은 열강에 원금과 이자를 합해 은 9억 8000만 냥을 배상했다. 사회 도처에서 위기가 일어났고 백성의 원망 소리가 드높았으며 천인이 공노할 일이었다.

8국 연합군이 북경을 공격하고 있을 때 러시아는 돌연 대군을 출동시켜 중국의 동북 3성에 대규모 침입을 감행했다. 흑룡강성黑龍江省의 성장(장군)이었던 수산壽山은 전투에서 패한 뒤 자결했고 러시아 군대는 파죽지세로 산해관山海關까지 진격해 70일이 채 되지 않는 기간에 110만 여 제곱킬로미터의 중국 영토를 점령했다.

이 일로 중국 사회에 커다란 변화가 생겼다. 먼저 사회적 위기가 사상 최고로 고조되면서 중앙집권적 황제 전제가 약화되었고 백성을 엄격히 통제하던 시스템도 무너졌다. 8국 연합군의 공격으로 지방관들은 열강과 중외상민中外商民의 생명과 재산을 상호 보전하겠다는 골자의 동남호보東南互保를 체결했는데 이는 중앙집권제도에 대한 도전이었다. 만청 정부는 날이 갈수록 지방에 의존하게 되었고 민간은 갈수록 더 큰 자유를 누리기 시작했다.

서태후 스스로도 사회의 격변을 겪으며 큰 충격을 받았고 사상적 변화를 겪기 시작했다. 특히 그녀는 외국 정부가 외국인 살육에 대한 책임을 자신에게 묻지 않는 것에 대해 감사했다. 1901년 서안에서 서태후는 두 가지 중요한 결정을 내렸다. 그 하나는 서양인을 적대시하는 태도를 바꾸고 그들과의 관계 개선에 힘쓰겠다는 것이었고 다른 하나는 죄기소罪己詔를 발표하고 변법을 시행하며 신정新政을 펴겠다는 것이었다.

외국인과의 관계 개선을 위해 서태후는 서안에서 북경으로 돌아온 뒤 궁중에서 자주 외국 대사들을 접견하고 그들이 전해주는 국서를 받았다. 또 대사의 부인들도 자주 초대해 연회를 베풀기도 했다. 중대한 사안에 대해서는 외국 대사의 의견을 먼저 구했고 그들의 요구를 최대한 만족시켰다. 그녀는 심지어 부끄러운 줄도 모르고 "중화의 재물로 열강의 환심을 얻겠다量中華之物力, 結與國之歡心"차라리 우방에게 줄지언정 백성에게는 주지 않겠다寧贈友邦, 勿與家奴"라고 말하기도 했다. 한편 의화단운동을 겪은 서구 각국도 중국을 분할하고 멸망시키는 것은 불가능하다는 것을 깨닫고 만청 정부를 공격하던 기존의 입장을 바꾸어 그들을 지원하기 시작했다.

서양인을 증오하던 만청 정부는 그들에게 의존하기 시작했고 모든 일에 서양인의 안색을 살폈다. 이는 청 말기 정치에서 보여지는 중요한 변화 중 하나다. 그 결과 서구 각국은 중국 정치와 경제를 더욱 강력하게 통제할 수 있게 되었고 중국은 서양의 다음 공격에서 벗어날 수 있었다. 이로써 만청 정부에 대한 외부의 압력과 중국의 사회적 위기도 줄어들 수 있었다. 당시 '시모노세키조약'과 '신축조약'에 따라 거액의 배상금을 지불해야 했던 청 정부는 백성의 부담을 가중시키지 않기 위해 열강과의 협상을 통해 중국 세관의 수입세율을 12.5퍼센트까지, 수출세율은 7.5퍼센트까지 올리기로 협의했다. 이에 따라 함풍 연간 490만 여 냥에 불과했던 관세가 1908년에는 3290만 냥, 1911년에는 3617만 냥까지 대폭 늘어났다.[1] 배상액의 대부분을 외국 기업이 세금 납부를 통해 부담한 것이다. 이 밖에도 미국을 비롯한 나라들은 배상액의 대부분을 중국에 다시 돌려줘 학교와 병원 설립, 자선사업, 중국 학생의 유학 장학금 등으로 쓰도록 했다. 당시 중국에 13개 대학, 6000개 소학교, 900개 병원이 설립되었다. 이는 만청 정부가 서방과의 관계를 개선하고 국제사회에서 통용되는 준칙에 의거해 국제관계를 처리한 데 따른 결과였다.

신정新政을 펼치면서 청 정부는 기본적으로 무술변법운동 시기에 취했던 일부 경제 개혁 조치를 부활시키기 시작했다. 학교 설립, 유학생 파견, 불필요한 관공서의 구조조정, 상무부 설립, 민간 상공업 장려, 철로 및 광산 업무 구축, 군사 훈련 및 급료 조달 등이 그에 속했다. 하지만 이후 개혁에 힘이 더해지기 시작했는데, 그 중요한 지표가 '상인통례商人通例' '공사율公司律' '회사등록시범장정公司註冊試辦章程' '파산율破産律' '상표등록임의장정商標註冊暫擬章程' 등 일련의 경제 법규를 반포하고 시행하여 백성의 경제행위와 사유재산권이 법률의 보장을 받게 된 것이다. 이것은 중국 경제가 법치화로 나아가고 있다는 지표였다. '공사율' 제2조의 "회사를 설립해 상부商部에 등록하는 자는 반드시 설립 회사의 계약서와 규정 및 장정을 상부商部에 보고하고 기록으로 남겨놓아야 한다"라는 규정을 예로 들어보자. 내용인즉슨 중국인이 회사를 설립해도 그 누구의 허가를 받을 필요 없이, 국제관례대로 등기만 하면 자동 등록이 된다는 것이다. '대청민사형사소송법大淸民事刑事訴訟法'은 기존에 가정 혹은 가족에 속했던 재산소유권을 개인의 소유권으로 바꾸었다. 이는 법률이 개인 재산권의 정당성을 보장함을 의미했다. 이 모든 것들이 당시 중국 시장경제의 발전에 튼튼한 제도적 기반이 되어주었다. 이밖에도 만청 정부는 '상회간명장정商會簡明章程'을 반포해 상회商會에 '법인' 지위를 법률적으로 보장해주었고 상인의 합법적 권리를 보호했다. 이 밖에도 농업, 금융, 철도, 광산, 교통 등 영역에서도 법률과 법규를 반포했다.

만청 정부의 경제 개혁 조치는 당시 시장경제의 발전을 촉진하는 데 큰 힘이 되었다. 통계에 따르면 1895년부터 1911년까지 중국에 새로 설립된 공광工鑛기업은 총 490개에 달했다. 그중 민간상인이 출자해 설립한 회사는 404개로 전체의 82퍼센트를 차지했으며 투입된 자본 총액은 1억 103만 원元이었다. 그중 민간상인이 투자한 금액은 8183만 원으로 전체 투자총액의 73.5퍼센트를 차지했다.[2] 이에 따라 양무운동 시기 정부가 경제를 독점했던 국면이 변하여 공정한 경쟁이 존재하는 시장경제가 시작되었다. 민간 상인들은 주식회사라는 형식으로 철도, 광산 개발, 제련, 방직, 기선, 전력, 도자기, 제약, 인쇄, 금융, 은행 등 각 분야에 투자했고 나아가 주식회사 형태의 개간회사를 설립해 현대 농업에 투자했다. 1912년이 되자 전국의 농업 개간회사는 171개, 자본 총액은 635만여 원에 달했다.[3] 청 말기 중국에는 민간 상인들의 상업 투자 열풍이 거세게 불었다. 1895년부터 1911년까지 전국의 민족자본공업의 성장 속도는 연평균 15퍼센트 이상에 달했다.[4] 그 시대 중국의 자본주의 경제가 눈부신 발전을 이뤄냈음을 보여주는 대목이다.

만청 정부는 경제 개혁을 추진하는 동시에 정치 개혁에도 착수했다.

1905년 중국 동북지역에서 발발한 러일전쟁에서 일본은 승리하고 러시아는 패배했다. 많은 중국인은 이 전쟁의 결과를 입헌정치체제가 전제정치체제보다 우월함을 보여주는 확증으로 받아들였고 입헌을 주장하는 목소리가 전국적으로 울려 퍼졌다. 그들은 입헌이 멸망을 향해 가고 있던 나라를 구원해줄 처방전이라고 생각했다.

또한 쑨원을 대표로 하는 민주 혁명파 인사들은 일본에서 동맹회同盟會를 결성하고 '만주족 축출, 중화 회복, 민국 창립, 토지 소유의 균등'을 정치 강령으로 채택했다. 혁명 역량은 날이 갈수록 거대해졌고 도처에서 암살 사건과 봉기가 일어났다. 중국 전역에는 폭풍전야의 긴장감이 감돌았다. 만청 왕조라는 거대한 함선은 언제라도 침몰할 위험에 처해 있었다.

당시 한족 관리뿐 아니라 대다수의 만주족 황족 또한 혁명이 일어나는 것보다는 입헌을 받아들이는 게 낫다는 생각을 했다. 그들은 입헌정치를 시행해야만 만청 왕조가 망하지 않고 통치를 계속할 수 있다고 생각했다. 한족 관리들은 더더욱 입헌군주제를 시행해 권력을 쟁취하고 국가 정치에 참여하고 싶어 했다. 가장 먼저 조정에 상주문을 올려 입헌을 건의한 이는 주프랑스 공사 쑨바오치孫寶琦였다. 그 뒤를 이어 윈구이총독雲貴總督 딩전둬丁振鐸, 양광총독兩廣總督 천춘쉬안岑春煊, 양강총독兩江總督 저우푸周馥, 호광총독湖廣總督 장지동, 직예총독直隸總督 위안스카이 등 지방 고관들도 잇따라 상주문을 올려 황제의 측근 대신을 해외로 파견해 현지의 정치제도를 시찰하게 하고 정치 개혁의 본보기로 삼을 것을 요구했다.

1905년 9월, 청 정부는 자이저載澤, 돤팡端方, 다이훙츠戴鴻慈 등 5명 대신을 서양에 파견해 미국, 영국, 프랑스, 독일, 이탈리아, 덴마크, 스웨덴, 노르웨이, 러시아 등 국가의 정치제도를 시찰하게 했으며 중국의 정치 개혁에 참고자료로 삼았다.

이 다섯 대신들은 현지 시찰을 통해 사상적으로 커다란 변화를 맞는다. 그들은 중국과 만청 황족을 구원할 유일한 근본적 대책은 입헌군주제라고 생각했다. 그래서 그들은 청 왕조에 일본을 모방해 입헌군주제를 실시하고 황제 전제를 폐지할 것을 결연히 요구했다. 그들이 주장한 내용은 이러했다. 첫째, 조정은 입헌을 선포하고 일본의 메이지유신을 모방하여 하늘에 제사 지내 맹세하고 국가의 기본 방침을 바르게 정해야 한다. 둘째, 중앙 정부는 국회제도를 실시하고 내각책임정부를 구축하며 입법, 사법, 행정의 삼권분립을 실시해야 한다. 셋째, 지방자치 제도를 실시하고 선거로 지방관을 선출해 '서민이 뽑은 관리에게 책임을 맡기고 의회가 감독'해야 한다. 넷째, 헌법을 제정하고 법률을 규정해 사법권 독립을 실현해야 한다. 다섯째, 집회, 결사, 언론, 출판의 자유를 보장해야 한다. 또한 '5년 내에 입헌정치체제를 실시'해야 한다.

1906년 8월, 서태후는 대신 5명의 의견을 근거로 입헌을 준비하라는 조서를 내렸고 1907년에는 중앙에 자정원資政院을, 지방에는 자의국諮議局을 설립한다고 선포했다. 자정원은 임명된 100명 의원과 민선을 통해 선출된 100명 의원 등 총 200명 의원으로 조직되었다. 임명을 받아 선출된 의원은 대부분 황족이거나 한족 관리였으며 민선 의원은 각 성의 자의국에서 선거를 거쳐 선출된 이들이었다. 당시 자정원은 청나라의 입법기관으로 국회와 같은 역할을 했다.

지방의 자의국은 지방의회와 같은 것으로 당시 영향력이 가장 컸던 지방 자의국으로는 장젠張謇을 수장으로 했던 소주, 절강 예비입헌공회豫備立憲公會, 호남의 헌정공회憲政公會와 광동의 자치회自治會 등이 있었다. 일본에서는 캉유웨이와 량치차오가 정당과 유사한 조직인 정문사政聞社를 세우고 국회제도와 내각책임제도 구축을 요구하는 강령을 택했다.

입헌군주제와 공화정치제는 모두 민주정치제도로 본질적으로 어떤 것이 더 선진적 제도이고 어떤 것이 낙후한 제도인지의 구분이 무의미하다. 현대국가 중에서 일본과 영국 등은 입헌군주정치를, 미국과 프랑스 등은 공화제를 시행하고 있다. 다른 점이 있다면 입헌군주제는 형식상의 군주가 있는 반면 공화제는 대통령제도나 대통령 하의 내각책임제를 시행하고 있다는 것이다. 입헌군주제가 시행하는 것 또한 내각책임제다.

당시 중국의 상황에서는 공화제보다는 입헌군주제를 실시하는 게 더 나았다. 왜냐하면 일본이 메이지유신을 통해 평화적 방법으로 문명 전환의 목적을 달성한 것과 마찬가지로 중국도 입헌군주제 실시를 통해 사회 동란을 피할 수 있었기 때문이다. 때문에 당시 중국인들은 청 왕조가 일본의 메이지유신을 따라 전제제도를 철폐하고 민주적 입헌군 주제를 시행하길 원했다.

각 성에서 지방자치운동이 빠른 속도로 진행됐다. 이 모두는 중국 주류 정치문화의 중대한 방향전환을 의미한다. 민주헌정이라는 정치문 화 생태계가 자라나 중국이 현대 문명을 향한 발걸음을 내딛기 시작했 으며 심각했던 사회 위기 국면이 점차 완화되었다. 당시에는 혁명이 일 어날 만한 사회적 기반이 없었다. 쑨원, 황싱 등이 연해 지역에서 강호 비밀결사조직의 힘을 이용해 수차례 소규모 무장폭동을 일으키기도 했지만 민중의 반응과 지지를 이끌어내지 못했으며, 곧 진압되었다.

그렇다면 만청 왕조가 단 수년 만에 멸망의 길을 걷게 된 요인은 무 엇일까? 그 심층적 원인은 정치 개혁이 속도를 내지 못하고 뒤처졌기 때문이라고 해야 할 것이다. 특히 서태후의 행보는 정치 개혁의 낙후성 을 여실히 보여준다. 서태후는 명목상으로는 입헌군주제를 수립하겠다 고 하면서 실제로는 진정으로 입헌제를 실시하고자 하는 성의를 전혀 보이지 않았다. 1908년에 서태후는 9년 뒤에 입헌제를 시행하겠다고 선포했다. 당시 그녀의 나이 75세, 9년 뒤면 곧 84세가 될 터였다. 여기 서 서태후가 살아생전에는 입헌정치를 실시할 생각이 없었음을 알 수 있다. 이후 반포된 '흠정헌법대강欽定憲法大綱'의 규정에 따르면 황제는 법률 반포, 의회 소집 및 해산, 육해군 통솔, 군제軍制 편성, 계엄 선포, 명령 발표 등의 권한이 있었다. 백성의 자유는 황제의 명령으로 제한 될 수 있었다. 전쟁 선포, 강화협약, 조약 체결도 황제가 결정할 사항이 었고 임용과 사법도 황제가 장악했다. 또한 법률은 의회의결을 통과해 도 황제가 심사, 비준하지 않으면 시행될 수 없도록 규정했다. 군사 영역의 모든 사안은 황제가 전권을 쥐고 집행했으며 국가 정무 또한 황제가 직접 처리하고 의회는 관여할 수 없었다. '흠정헌법대강'에서는 납세의 의무, 병역의 의무, 법률 준수의 의무 등 국민의 의무와 여론의 자유, 저작, 출판의 자유, 결사의 자유와 선거권 등 시민권을 규정했지만 당시 이 규정들은 전혀 실시되지 않았다. 계속해서 황권을 강화하고 백성에게 시민권을 부여할 생각이 없었던 것이 서태후의 속내였음이 확실했다.

1908년 11월 14일 광서제가 세상을 떠났고 불과 하루 뒤인 11월 15일 서태후도 병사했다. 세 살이 채 안 된 푸이溥儀가 즉위해 선통제宣統帝가 되었다. 그러자 푸이의 친아버지, 즉 광서제의 동생 순친왕醇親王 재풍載灃이 섭정왕攝政王이 되어 대권을 장악했다. 그러나 재풍 역시 생각이 깨어 뭔가를 해낼 만한 인물이 못 되었다. 그는 여론의 보편적인 지지를 받으며 서태후의 정책을 신속히 바꾸고, 일본의 메이지유신을 모방하고 입헌군주제 시행에 박차를 가하는 등의 행동을 해야 했지만, 오히려 갖가지 이유를 내세워 입헌군주제 시행 시기를 차일피일 미루었다.

정치 개혁이 경제 개혁에 심각히 뒤처짐으로써 당시 사회에 잠복하고 있던 세 가지 갈등이 격화되었다.

첫 번째 갈등은 만주족과 한족의 관계 문제였다.

만청은 중원에 들어온 이후 한족 관리들을 구슬리기 위해 온 힘을 기울였지만 속으로는 한족을 노비로 여겼다. 아편전쟁이 일어나기 전에는 만청 통치자가 사상의 노예화와 폭력을 동원한 진압을 통해 계속해서 한족을 억압할 수 있었다. 그러나 아편전쟁 후, 특히 태평천국운동과 청일전쟁, 8개국 연합군의 중국 공격 후 국가가 내우외환에 시달리면서 사회 위기가 심각한 국면으로 치달았고 전 국민은 만주족의 집권 능력에 의문을 제기하기 시작했다. 따라서 일본의 입헌군주 정치체제를 모방하여 명목상으론 만주족을 계속 군주 자리에 앉히고 국가의 관리와 집권은 한족에게 맡기자는 것이 당시의 보편적 여론이었다.

하지만 서태후, 그리고 그 이후 정권을 잡은 재풍은 정권을 양보하고 싶어 하지 않았고 제대로 된 입헌군주제를 통해 정치 개혁을 실시하길 꺼려했다. 한편 당시 한족 상류층 정치인들은 국가 최고 권력에 참여하여 국가의 낙후국면을 뒤바꿔야 한다는 생각이 절실했다. 이런 상황에서 마침내 만주족과 한족의 상류층에서 종족 갈등이 격화되었다.

1909년 10월 각 성에 설치된 지방의회 성격의 자의국은 수립 직후 속히 국회를 열 것과 내각책임제를 요구하는 청원 활동에 곧바로 착수했다. 12월, 강소성 자의국 의장 장젠은 강소성, 절강성, 호남성 등 16개 성의 의회 대표들을 조직해 상해에 갔고 논의 끝에 북경에 가서 청원을 올리기로 결정했다. 1910년 1월, 이들은 북경에 도착해 조정에 청원서를 제출했다. 하지만 섭정왕 재풍은 "국민들이 알고 있는 것이 모두 다 다르다"라며 그것을 거절했다.

이후 각 성 대표들은 북경에서 국회청원동지회國會請願同志會를 세우고 2차 청원서를 올렸다. 10개 단체가 참여했고 참가자는 30만이 넘어 공전의 위세를 보여주었다. 그러나 재풍은 여전히 '재정난'을 이유로 거절했다. 10월, 자정원이 회의를 열었고 국회청원동지회는 3차 청원을 실시하여 자정원에 청원서를 전달했다. 청원서에는 1911년에 국회를 열고 내각책임제를 실시하자는 요구가 담겨 있었다. 재풍은 이러한 상황에 직면해 1913년에 국회 개회를 하겠다고 선포했다. 그러나 이 회답에 만족하지 못한 각 성 대표들이 계속 청원을 올리자 재풍은 요녕, 길림,

흑룡강 동북 3성의 대표를 압송해 본 출신지로 돌려보내고 청원 활동에 가담한 일부 대표를 신강新疆에 유배보냈다. 이로써 청원활동은 실패로 끝났다.

세차게 출렁이는 정치의 물결에 재풍은 마지못해 1911년 5월 군사정무 최고기관인 군기처를 없애고 내각을 조직했다. 그러나 이 내각은 내각총리부터 각 부처 대신들에 이르기까지 대부분 만청 황족이 담당해 13명의 각료 중 총리, 재정, 군대, 인사 등 요직 아홉 자리를 모두 만주족이 차지했다. 한족은 4명에 불과했고 그것도 중요하지 않은 직위뿐이었다. 입헌이라는 명목을 빌었지만 실제로는 권력 집중을 꾀했던 재풍의 속셈이 여실히 드러난다.

황족 내각의 성립을 둘러싸고 온 나라가 소란해졌으며 입헌파는 청 정부에 완전히 절망했고 그들의 이상은 산산이 깨졌다. 지방 군정 대권을 장악하고 있던 한족 정치인들, 그리고 상공업계 등 각 영역 인사들은 혁명 반대 입장에서 혁명을 지지, 혹은 혁명을 동정하는 쪽으로 태도를 완전히 바꾸기 시작했다. 신해혁명이 일어나고 동남부의 여러 성들이 독립을 선포하니 청 정부는 그제야 한 번도 보여준 적 없었던 빠른 속도로 입헌제의 시행을 선포했다. 10월 30일, 즉 무한武漢 봉기가 일어난 20일 뒤 청나라 조정은 죄기소罪己詔를 발표해 자신의 죄를 고했다. 그들은 임용이 부적절했으며 바람직하지 않은 방법으로 나라를 다스려 민중의 권리를 지나치게 박탈했고 백성에 이로운 사업은 한 건도 진행하지 않았음을 시인하고 죄스러움을 표했다. 청 조정은 죄기소에서 전국 군민軍民과 함께 '쇄신하여 입헌을 시행할 것'이라고 밝혔다. 같은 날 보륜溥倫 등에게 속히 헌법조문을 기초하여 자정원에 넘겨 논의하도록 명령하고 다시는 친족들을 대신 자리에 앉히지 않을 것과 당적黨籍에 이름을 올린 자가 관직을 맡는 것을 금했던 조치를 개방할 것, 그리고 캉유웨이, 량치차오 등 거물 정치범의 사면을 선언했다.

11월 1일, 내각총리인 황족 경친왕慶親王 혁광奕劻이 사임하고 청 정부는 위안스카이를 내각대신에 임명해 즉시 북경으로 와서 완전한 내각을 구성하도록 했다. 11월 3일에는 '헌법신조憲法信條' 19조항을 발표해 '황제의 권력은 헌법 규정으로 제한한다'고 인정했다. 6일에는 섭정왕 재풍을 모살하려 했다는 죄명으로 수감된 왕징웨이王精衛 등 인물들을 석방했다.

이 시기 청 정부는 빠른 속도로 행정을 처리해 하루에 하나씩 변화를 일궈냈다. 하지만 유감스럽게도 이 모든 것이 너무 늦은 뒤였다. 당시 권력은 이미 위안스카이의 손에 들어갔고 혁명이 하나하나 승리를 거두자 혁명파는 청 조정과 화해하길 원치 않았으며 입헌파 인물들 또한 청 정부와의 협력을 원치 않았다. 때문에 무창武昌 봉기가 일어난 뒤 호남, 광동 등 10여 개 성의 한족 군정 수뇌부와 각계 인사들은 만청 정부의 봉기 진압을 지지하는 대신 잇따라 독립을 선포했다. 이들이 만청 정부를 벗어나고 만청 정권을 내치자 만청 정부는 공전의 고립 상태에 빠져 퇴위의 압박을 받을 수밖에 없었다.

무창 폭동의 발발 역시 만주족과 한족의 갈등이 격화된 결과였다. 이 폭동은 신군新軍의 장병들이 일으킨 것이었다. 이들이 만청 정부에 반대하는 폭동을 일으킨 이유는 무엇일까? 근본적으로 말하자면 공화 사상을 가지고 있었던 한족 장병들이 만주족의 전제통치에 불만을 품어 야기된 사건이었고 한족 군인들이 만주족 정권에 품고 있던 극단적 반대 정서가 총체적으로 폭발한 것이었다.

군대는 줄곧 국가정권의 버팀목이었다. 태평천국운동이 일어나기 전,

만청 정부의 주된 군사 역량은 팔기군八旗軍과 녹영병綠營兵이었다. 팔기군과 녹영병은 사실상 만청 황족의 개인 군대였지 국가의 군대는 아니었다. 이 군대 장병 대부분이 만주족 팔기八旗의 자제였고 군대 지휘권과 군대 동원권 모두 만청 황족이 장악하고 있었다. 그런데 팔기의 자제들은 수도 입성 후 여러 특권을 누리며 서서히 부패하고 타락해 갔으며 전투력 같은 것은 갖추고 있지 않았다. 이들은 이후 일어난 태평군太平軍과의 전투에서 철저히 참패했다. 커다란 압박에 놓인 만청 정부는 어쩔 수 없이 지방 토호들에게 해당 지역에서 군을 조직하고 훈련시켜 태평군과 교전하라는 명령을 내렸다. 그러자 증국번曾國藩이 편성한 상군湘軍이 등장했다. 이 밖에 리훙장이 조직한 회군淮軍도 있었다. 이들이 태평천국을 진압하고 승리를 거둔 것은 체제 내에서 군사 영역에 출중한 한족 실력가들이 두각을 드러냈음을 설명해준다.

그러나 만청 통치자는 한족 군대가 두각을 나타내는 것을 보자 질투와 의심에 가득 찼다. 때문에 증국번은 상군을 해산시킬 수밖에 없었고 그 뒤 일어난 청일전쟁에서는 리훙장의 회군도 거의 모습을 감췄다. 이에 만청 정부는 서양식 무기장비를 갖추고 서양식 훈련으로 단련된 군대를 세워야 한다는 인식을 갖게 되었다. 1903년 청 정부는 연병처練兵處를 설치하고 경친왕 혁광을 총리대신에 앉혔다. 하지만 실권은 회판會辦 대신 위안스카이의 손에 있었다. 1905년에 위안스카이는 북양육진北洋六鎭이라는 신군 6개 사단을 편제했다. 그런데 얼마 지나지 않아 한족 출신인 그가 만주족 황실의 큰 우환거리로 떠올랐다. 1907년 황실은 위안스카이를 직예총독 겸 북양대신 직위에서 해임하고 병권을 빼앗았다. 그리고 그를 군기대신 겸 외무부 상서로 전출시켰다.

광서제와 서태후가 차례로 죽은 뒤 섭정왕 재풍은 군대의 국가화에 박차를 가하지 않았을 뿐 아니라 만청 황족의 개인 군대를 세우는 등 분별없이 낡은 궤도로 회귀하는 모습을 보였다. 그는 위안스카이가 발에 질환이 있다는 것을 이유로 그에게 하남河南 창덕彰德으로 돌아가 요양하라는 강제명령을 내렸다. 곧이어 금위군 수립을 선포하고 자신이 통솔했으며 황제를 대표해 전국 육해군 원수자리에 앉았다. 또한 육해군 합동참모기관인 군자처軍咨處를 세우고 재택載澤, 재도載濤, 재순載洵 등 만주족 대신을 파견해 군대 창건에 관련한 사무를 주관하게 했다. 또 음창廕昌을 육군부 대신에 앉혀 북양 각 진鎭의 지휘권을 넘겨받도록 하고 해군부를 세워 재순을 해군 대신으로 삼았다. 훗날 군자처는 군자부軍咨府로 확대되었다. 군자부는 참모본부의 성격을 지녔으며 재도, 육랑毓郎이 군자대신軍咨大臣에 올랐다. 또한 만주족 자제들을 대거 임명해 신군의 고위급 장교로 앉혔다.

이렇게 만주족 황실의 권력을 강화하고 한족 군사 수뇌들을 배제한 재풍의 처사는 한족 위주로 편성된 하급장교들의 강력한 불만을 가져왔고 한족 장병과 만주족 군사 최고사령관 사이의 갈등을 격화시켰다. 원래 한족들은 열심히 해서 위안스카이처럼 높은 위치에 오르고자 하는 희망을 품고 있었는데 다시 보니 자신들은 한족이라는 이유로 점점 그 꿈에서 멀어지고 있었다. 한족 군인을 차별하고 배척하며 경계하는 조치들로 인해 과거 일본 유학시절에 종족혁명으로부터 큰 영향을 받았던 중·하급 장교들은 앞날에 대한 희망을 잃고 점점 혁명을 지지하기 시작했다. 그 가운데 무창에서 봉기를 일으킨 장이우蔣翊武와 쑨우孫武 등과 같은 지휘자들은 만청 정부에 엄청난 불만을 가지고 있었다. 이들은 사천에서 일어난 보로운동保路運動으로 청 정부가 무한 주둔 신군 대부분을 사천 평반平叛으로 옮겨 무한에 주둔한 청 군대의 병력이 부족한 틈을 타 봉기를 일으켰다.

무창봉기가 일어났을 당시는 혁명의 역량이 굉장히 미약했다. 만청 정부는 우수한 군사장비와 훈련이 잘 되어 있는 북양군北洋軍을 활용해 봉기세력을 완전히 소멸시킬 수 있었다. 그러나 새로 부임한 만주족 육군대신 음창은 자신에게는 애당초 북양군을 지휘할 능력이 없음을 깨달았고 청 조정은 하는 수 없이 위안스카이에게 나서달라고 청했다. 그런데 이미 한 번 배척을 당했던 위안스카이는 청 정부에 대한 충성심이 예전만 못했고 그가 청나라 강산을 구할 수 있는 제2의 증국번이 되기란 불가능한 상황이었다. 치밀하고 교활한 위안스카이는 이중 수법을 휘둘러 결국 청 왕조를 압사시킨 결정적 인물이 되었다. 당시 재풍이 헌정 개혁에 박차를 가해 군대의 국가화를 이루고 한족 군인을 군사지휘관에 대거 기용했다면 한족 군인들 사이에서 그렇게 강한 반만청反滿淸정서가 일어나지 않았을 것이고 무창봉기도 발발하지 않았을 것이다. 봉기가 일어났다 해도 북양군에게 신속히 진압되었을 것이다.

두 번째 갈등은 지식인 문제였다.

서태후는 청 말 마지막 개혁인 신정을 진행하고 개혁을 추진하던 과정에서 1906년 과거제도를 폐지하겠다고 선포했다. 이로써 중국의 관리 선발 제도에 혁명적인 변화가 생겼다. 이는 최선을 다해 학문에 정진한 뒤 과거시험을 봐서 벼슬길에 올랐던 전통적인 지식인들의 출세길이 막혀버렸다는 의미였기에 열심히 공부하고 시험을 봐서 벼슬길에 입문하고자 했던 지식인들의 꿈은 산산조각이 났다. 당시 수천수만에 이르는 지식인들에게 있어 이는 청천벽력이나 다름없었다. 이들은 전통적인 방법을 버리고 장차 정치 앞날을 터줄 새로운 길을 찾아 나설 수밖에 없었다.

그런데 서태후가 과거제도를 폐지하긴 했지만 지식인들이 정권에 참여할 수 있는 새로운 길은 마련되지 않고 있었다. 과거제가 폐지되기 전 (1902)에 마련된 '흠정경사대학당장정欽定京師大學堂章程'은 신식 학당 학생들의 학업 후 진로에 대해 다음과 같이 정해놓았다. "대학당은 문무 두 학과 학생들을 단시간에 준비시켜 졸업 후 이들에게 각각 거인擧人과 진사進士를 하사한다."[5] 또한 전국 소학교 졸업생들에게 부생附生 증서를 주었고 중학당 졸업생에게는 공생貢生 증서를, 고등학당 졸업생에게는 거인 자격을, 대학당 졸업생에게는 진사의 학위를 하사했다. 당시 신식 학당은 극히 적었고 학생도 많지 않았기 때문에 이러한 '정치적 대우'는 시행하기가 전혀 어렵지 않았다. 그러나 1906년에 과거제가 폐지된 뒤 수많은 신식 학당 학생의 정치적 대우를 어떻게 해결해야 하겠는가? 또 매년 학당에서 배출된 수많은 졸업생이 만청 정부에게 관로에 진입하고자 하는 요구를 만족시켜달라고 했지만 정원이 제한되어 있었다. 이런 상황에서 그들의 요구를 어떻게 들어줄 수 있었겠는가?

이러한 상황에서 수많은 지식인이 만청 정부에 얼마나 큰 불만을 품었을지는 짐작 가능한 일이다. 또한 정원 제한으로, 유한한 자원을 공개적이고 공평하게 분배하는 문제가 발생하게 되었고, 결국 부패 현상이 나타나고 연줄대기, 낙하산타기, 뇌물수수, 매관매직, 능력에 상관없이 가까운 사람을 임용하는 현상이 넘쳐나기 시작했다. 관료사회의 부패는 청 정부에 대한 지식인들의 불만을 더욱 가중시켰다. 벼슬길이 막혀버리자 대다수의 지식인들은 만청의 정치체제에 더 이상 미련을 갖지 않았다. 그중 일부는 유학길에 올라 사상적으로 해외 동맹회의 영향을 받았고 많은 이들은 일본사관학교를 졸업한 뒤 귀국해 신군에 가담해 중·하급 장교가 되었다. 유학 갈 형편이 안 되는 많은 지식인 또한 붓을 내던지고 신군에 입대해 활로를 모색했다. 이 지식인들의 마음은 만청 정부에 대한 증오로 가득 찼고 이들은 반만反滿혁명 사상을 빠른 속도로 받아들였다. 이후의 무창봉기는 바로 이들을 주축으로 일어난 사건이었다. 만청 정부는 과거제도 폐지라는 개혁을 단행함으로써 스스로 무수한 적을 만들었고 그 적들이 결국 청 왕조의 무덤을 판 것이다.

과거시험은 중국 수·당시대부터 시행된 관리 선발 제도다. 국가가 더 우수한 제도를 수립하기 전에는, 과거제도를 간단히 폐지하면 안 되었다. 물론 팔고문은 폐지되어야 마땅했지만 말이다.

세 번째 갈등은 사유재산 보호 문제였다.

이는 국가가 철도를 몰수한 사건에서 집중적으로 드러난다. 1901년 신정을 단행하겠다고 선포했을 때 서태후는 민간에 도로권을 개방하겠다고 결정하고 민간이 주주가 되어 철도 건설을 진행하도록 장려했다. 1903년 만청 정부의 '철로간명장정鐵路簡明章程' 24조는 철도 부설은 민족자본을 주축으로 하며 지방 정부는 철도에 대해 보호할 책임만 지닐 뿐 관여할 수 있는 권한이 없음을 명확히 했다. 이 정책에 고무되어 1911년 전국에 세워진 민영 철도주식회사 17개가 자본 7000여 만 위안元을 투자해 월한粵漢철도 등을 부설했다.

그러나 1911년 5월, 만청 정부는 민영기업의 철도 부설이 '너무 오래 지체되었다'는 구실을 들어 철도 간선의 국유화 정책을 시행하겠다고 선포하고 민간의 철도 사업권을 회수했다. 이렇게 법률에 위배된 정책은 호남, 호북, 광동, 사천, 강소, 절강, 산동 등 여러 성에서 철도를 둘러싼 분쟁을 직접적으로 촉발했다. 일시에 전국에서 철도를 지키자는 보로운동保路運動이 세차게 일어났다. 그중에서도 특히 사천 지역의 보로운동이 가장 격렬했다. 사건이 일어난 뒤 재풍은 적시에 정책을 조정하기는커녕 보로운동을 진압하라는 명령을 내렸다. 사천 총독인 조이풍趙爾豊은 총독부 앞에 모여 청원하는 군중에게 사격을 가하라고 명령해 성도成都를 피바다로 만들었다. 그러자 사천 군중들은 곧장 무장하고 성도를 포위했다. 재풍은 천한川漢철도, 월한철도 관리자인 돤팡端方에게 호북 신군을 이끌고 가서 진압하라고 명령했다. 그러나 돤팡은 폭동에 참가한 군중에게 사살되었고 청 군대는 진압에 실패했다. 돤팡이 훌륭한 장비로 무장한 수만 병력의 호북 신군을 전출시켰기 때문에 호북성은 무방비 상태였고 이는 무창봉기에 유리한 여건을 마련해주었다. 돤팡이 호북 신군을 전출시키지 않았다면 무창봉기는 일어날 수 없었을 것이고 일어났더라도 성공을 거두기 어려웠을 것이다. 이렇듯 보로운동은 신해혁명의 도화선이 되었다.

만청 정부의 철도 국유화 정책은 옳지 않은 일이었다. 그 이유는 두 가지 측면에서 살펴볼 수 있다. 첫째, 청 정부는 민간의 철도 부설 규정과 관련한 국가 법률을 함부로 바꾸지 않았어야 했다. 민간 철도기업이 경영 부실로 인해 철도 건설을 제대로 진행하지 못했다면 국가가 철도기업을 세워 철도 부설을 진행해도 되었고 국유기업과 민영기업의 동시 경영도 가능했다. 민영기업과 국유기업은 경쟁하는 가운데 점차 규범을 세워갔을 것이다. 둘째, 청 정부는 민간 철도기업을 국유로 몰수한 뒤 합리적인 경제 보상을 해주지 않았고 이에 따라 민간자본 투자자(주주)들은 막대한 손해를 입었다. 이는 적나라한 사유재산권 박탈 행위이므로 군중들이 보로운동을 일으킨 것은 정당한 일이었다.

만청 말기 입헌군주운동은 중국 정세에 가장 부합했던 정치 개혁이라 할 수 있다. 중국인들은 수천 년 동안의 황권사회를 거쳤기 때문에 황제라는 존재를 보편적으로 인정하고 있었다. 중국인의 혈관 속에는 인권의식이 아니라 황권관념이라는 피가 흐르고 있었다. 황제는 국가에서 지존 무상의 권위자였고 국가 통일의 상징인 동시에 백성의 주재자였다. 따라서 황제가 나서서 입헌군주 개혁을 시행하면 비교적 쉽게 성공할 수 있었다. 황제가 개혁을 결심하고 민권을 확대하기만 하면 사회는 안정된 상황에서 문명 혁신을 이룰 수 있었다. 하지만 아쉽게도 만청 황족의 가천하家天下 의식이 이 역사의 발전을 완고하게 가로막았고 결국 모든 것이 한꺼번에 파괴되는 비극을 초래하고 말았다. 결국 입헌군주를 향한 정치 개혁을 이루지도 못했고 혁명이 일어나면서 만청 황족 또한 전멸했다. 이들은 황제의 권위뿐 아니라 황족이 소유했던 모든 것을 상실했다. 이로써 중국의 황제는 '과거의 자취'로 남게 되었다. 신해혁명 이후 만청 황족은 뿔뿔이 흩어졌고 조상의 무덤을 보호할 여력조차 없었다. 그래서 부장품이 없는 순치제의 무덤을 제외한 다른 제왕들의 무덤은 도굴꾼들에게 파헤쳐져 텅 비게 되었다. 서태후의 무덤은 군벌 쑨뎬잉孫殿英이 폭약으로 열어 5000여 만 냥에 이르는 금은보화를 남김없이 노략했고 그녀의 유골은 버려졌다.

만청 정부의 멸망으로 닥친 결과는 굉장히 심각했다. 그중에서도 최악은 국가 권위의 상실과 중국 문명 전환의 지연이었다. 신해혁명 이후 중국은 입헌군주 내각책임제는 물론이고 미국식 대통령제도 선택하지 않았다. 그들의 선택은 대통령제 하의 내각책임제였다. 하지만 내각책임제에서는 대통령은 권위라는 것이 없었다. 권력도 없었고 더욱이 세습은 불가능했다. 때문에 위안스카이는 여전히 군주제의 부활을 원했고 세습 제도와 황제의 권위를 부활시키고 싶어 했다. 그러나 위안스카이가 황제가 되는 것은 합법성이 결여되고 백성의 인정도 받지 못하는 일이었다. 결국 그는 단 83일 동안 황제 자리에 앉았다가 전국 민중의 반대 목소리 속에서 무너졌다.

위안스카이가 죽은 뒤 중국은 군벌 할거 국면에 빠졌고 중앙 정부는 권위를 잃었다. 사람들은 새로운 권위가 세워지길 원했다. 그리하여 위안스카이가 죽은 뒤 중국은 다시 쑨원, 장제스蔣介石와 같은 권위자들을 선택했다. 이와 같은 선택은 권위자가 등장해주길 바라는 중국인의 사상을 직접적으로 반영하는 산물이라고 말할 수밖에 없다. 결국 중국에는 극단적인 집권과 전제라는 사회현상이 다시 나타났고 민주, 법치 사상은 부정되었다. 이는 훗날 문화대혁명文化大革命 시기에 나타난 심각한 개인 맹신, 개인 숭배, 막무가내식의 신격화 등의 현상으로 이어졌다. 이 모두가 입헌군주제의 실패로 초래된 부작용이다.

민국의 수립과 3차 문명 전환의 실패

———

1912년 1월 1일 중화민국이 수립됐다. 이로써 중화문명은 3차 전환을 맞았다. 3차 전환은 앞서 있었던 두 차례 전환과 달랐다. 1·2차는 위에서 아래로 추진한 개혁이었는데 3차는 아래에서부터 시작된 혁명이었다.

신해혁명은 그 이전의 농민혁명과 분명히 달랐다. 신해혁명은 서구적 현대화 속에서 일어난 민주혁명이었다. 또 이 혁명으로 일원화된 중화문명이 다원화로 전환되게 추진되었다.

첫째, 중국의 정치체제와 사회구조에 변화가 일어났다.

중국은 2000여 년의 황제 전제적 집권제도를 끝내고 국회를 세웠으며 다당 의회정치를 시행하고 헌법, 즉 '임시약법臨時約法'을 제정했다. 또 쑨원을 책임정부의 임시 대총통으로 선출하고 입법, 행정, 사법의 삼권분립 정치체제를 구축하고 민주선거 등 일련의 절차들을 마련했다. 이로써 중국은 민주, 자유, 법치의 궤도에 올라서게 되었다.

'임시약법'은 중화민국의 주권이 전체 국민에게 속함과 국내 각 민족의 평등, 인신, 거주, 재산, 언론, 매체, 출판, 집회, 결사, 종교 등 국민의 자유, 그리고 국가 지도자의 선거권 및 피선거권을 규정했다.

'임시약법'은 또한 총통의 권력 독점을 방지하기 위해 중앙 정부가 내각책임제를 실시하고 내각총리는 의회 다수당에서 나오도록 규정했다. 총리는 총통이 하려는 일에 동의하지 않으면 기각할 수 있었고 총통의 명령은 내각총리의 부서가 있어야 효력을 발생할 수 있었다. 총통과 내각의 명령은 국회 심의를 거쳐야 했으며 국회는 총통 탄핵권을 가졌다.

난징南京 임시정부는 일련의 법령을 반포했는데 이를 테면 낡은 관료제도를 없애기 위해 문관제도를 세워 일률적으로 시험을 통해 국가 공무원을 임면하는 법령을 발표 한 것 등이다. 법률과 경제지식에 정통한 학자와 전문가들을 임용해 국가사무를 맡기고 청렴결백하고 효율성을 갖춘 정부기관을 세워 횡령과 부패의 발생가능성을 철저히 막았다.

난징 임시정부는 인권 보호를 위해 고문 도구를 불사르고 고문을 중지했다. 또 화교를 보호하고 중국 노동자를 외국으로 팔아넘기는 행위 및 인신매매를 엄격히 금지한다는 명령을 반포했다. 뿐만 아니라 노예 소유와 변발, 전족, 도박을 금지하고 인권 침해를 엄격히 금했다. 사상 교육 측면에서는 명령을 통해 자유, 평등, 우애를 강령으로 하는 시민 도덕을 제창했으며 학교에서는 공자 숭배를 허용하지 않았고 사서오경을 가르치지 않았으며 언론의 자유와 문명 개화, 과학민주 등을 장려했다.

난징 임시정부가 수립된 지 단 몇 개월 만에 중국 남부 지역에서는 완전히 새로운 바람이 불기 시작했다. 정당들이 속속 성립하여 200개의 크고 작은 정당이 순식간에 등장한 것이다. 이들은 서로 공격하기는 했지만 평화로운 경쟁을 펼쳤다. 각 정당은 상호 간의 감독과 경쟁을 강화하기 위해 자체적으로 신문을 발간해 자신들의 정견을 발표했다. 민간에서도 여러 신문이 발간되어 시정을 평론하고 부패 행위를 규탄했다. 한순간 중국의 사상과 정치가 활기차게 발전하는 양상을 띠었고 정치에 참여하고자 하는 열정도 유례없이 고취되었다.

몇 달 뒤 쑨원이 총통 자리를 군벌, 관료, 정치가라는 삼위일체의 인물인 위안스카이에게 넘겨주긴 했지만 위안스카이가 정권을 약탈한 초기에는 그래도 민주공화제도가 계속 남아 있었다. 정당과 의회정치도 바뀌지 않았다. 1912년 8월, 일본 와세다대학早稻田大學을 졸업한 30세의 쑹자오런은 여러 정당을 연합해 중국혁명동맹회를 국민당으로 개편하고 국민당 이사장 대리를 맡았다.

쑹자오런은 민주공화국을 건설하겠다는 위대한 이상을 품고 국회선거를 통해 내각을 개편하고 평민정치를 실시하길 원했다. 그는 이로써 중국을 부강, 민주, 자유, 법치의 국가로 만들고자 한 것이다. 그는 밤낮 가리지 않고 장강 유역의 강소, 호남, 호북 등 각 성에 가서 연설하고 정견을 개진하며 위안스카이의 독재를 공격해 국민당으로 표심을 끌어모았다. 신문에 그의 의견이 개재되자 국민들은 그를 열렬히 추대했다. 중국인의 민주, 공화, 자유, 법치 의식은 날로 강렬해졌다.

얼마 지나지 않아 국회선거에서 국민당이 진보당 등의 당파를 누르고 전국 절대다수 유권자의 지지를 얻어 상하 의원의 대다수 의석을 차지하여 국회에서 제1여당이 되었다. 차기 국회선거에서는 다수당인 국민당 당수 쑹자오런이 내각총리로 선출되고 그가 직접 나서서 국민당 내각정부를 구성하는 것이 이치에도 맞고 자연스런 수순이었다. 당시 전국 각계에는 쑹자오런이 내각총리에 당선될 것이라는 공감대가 형성되어 있었다.

쑹자오런이 국민당 내각책임을 구성하지 못하도록 하기 위해 1913년 3월 20일, 위안스카이는 당시 국무총리였던 자오빙쥔趙秉鈞에게 자객을 매수해 상하이역에서 경선 참가를 위해 북쪽 행 기차에 오르는 쑹자오런을 암살하라고 지시했다. 3월 22일, 쑹자오런은 깨어나지 못하고 31세라는 젊은 나이로 생을 마감했다.

'쑹자오런 암살사건'은 중국 근대의 민주공화 정치가 전제정치로 회귀하는 전환점이었으며 일원화에서 다원화로 향했던 근대 중국 문명이 심각한 좌절에 봉착했음을 의미했다. 쑹자오런이 암살당하지 않았다면 다당정치와 정당이 교대로 정권을 담당하는 정당제 등 현대 민주정치가 안정적으로 추진되었을 것이다. 쑹자오런의 희생은 다당정치의 종결을 초래했다.

쑹자오런은 일개 서생의 맨주먹으로 시작했지만 20세기 초 중국 사회에 민주정치의 선풍을 일으켰다. 그는 민주라는 꿈을 품고 지혜와 기지를 쏟아 부어 중국 역사상 한 번도 존재하지 않았던 헌정의 이상을 실현했다. 다만 안타깝게도 게임의 법칙도 없고 그 법칙을 제대로 지키고자 하는 이들도 없는 국가에 잘못 태어나 31세에 인생의 정점에 올랐다가 비참하게 그 생을 마감할 수밖에 없었다.

쑹자오런이 암살된 이후 위안스카이는 또 쑨원이 일으킨 '2차 혁명'을 무너뜨리고 이어서 국회를 압박해 자신을 정식 대총통으로 당선시키도록 했다. 그 뒤 다시 '중화민국임시약법中華民國臨時約法'을 폐지하고 국회와 국민당을 해산시켜 민주국가의 상징이었던 국회를 무덤으로 보냈다. 이후 일본과 21개조 불평등 조약을 맺고 홍헌제洪憲帝에 올랐다. 결국 차이어蔡鍔장군이 군대를 이끌고 운남雲南에서 봉기를 일으켰고 이를 계기로 전국곳곳에서 반위안反袁 운동이 확대되었다.

위안스카이, 중국의 민주공화체제를 파괴하고 영원히 역사적 치욕의 기둥에 못 박힌 천고의 죄인은 결국 사면초가에 놓여 황천길로 갔다.

위안스카이가 죽은 뒤 중국에는 다시 총통, 내각책임, 국회 등 민주정치가 회복되었다. 이 시기의 국회는 진정한 의미에서 여러 당이 경선을 펼치는 민주정치는 아니었으나 적어도 표면적으로는 여전히 민주정치의 상징이었다. 이후 장쉰張勳이 다시 복벽復辟운동을 일으켜 제제帝制 부활을 꾀했으나 역시 실패로 끝난다.

신해혁명이 가져 온 두 번째 변화는 신해혁명과 민국의 수립으로 언론의 자유, 신앙의 자유, 사상의 자유 등의 원칙이 확립되자 근·현대 중국에 춘추전국과 송나라 이래로 가장 위대한 사상해방운동이 등장했다는 것이다.

신해혁명이 일어나고 민국이 수립되면서 법률 절차들이 마련되었고 이로써 백성의 민주적 권리가 실현되었다. 당시의 중국인들은 자유롭게 신문을 발간할 수 있었고 신문에 자신의 사상을 자유롭게 표현하여 정부나 국가 지도자를 공격할 수 있었다. 그렇게 해도 정부로부터 어떤 간섭도 받지 않았으며 국가에는 소위 신문감찰제도라는 것도 없었다. 사람들은 거침없이 민원을 제기할 수 있었다. 1912년 5월 20일 『민권보民權報』에 다이텐처우戴天仇의 글이 실렸다.

"매국노 슝시링熊希齡을 죽여라! 백성을 우롱한 탕사오이唐紹儀여 죽어라! 독단적인 위안스카이여 죽어라! 권력에 아첨하는 장빙린章炳麟이여 죽어라! 이 4인은 중화민국 국민의 공공의 적이다. 중화민국을 멸망에서 구하려면 이 4인을 죽여야 한다."

이 글은 당시 선후차관善後借款[열강들로부터 2500만 파운드의 차관을 도입함]으로 국가의 주권을 실추시킨 정부를 공격하는 내용이 주를 이루고 있었다. 슝시링은 당시 중국 재정장관이었고 탕사오이는 국무총리, 위안스카이는 민국 총통이었다. 그런데 다이톈처우는 신문에 이들의 이름을 똑똑히 밝히며 신랄한 비판을 가하고도 어떠한 정치적 핍박도 걱정하지 않았다. 언론의 자유가 없었다면 이런 일이 어떻게 가능했을까?

당시에는 서구의 다양한 사상이 중국으로 쏟아져 들어왔고 여러 주장을 마음대로 표현할 수 있었다. 중국인들은 자유롭게 해외로 출국할 수 있었다. 중국 역사에서 백성이 나라의 주인이 될 수 있도록 가장 실질적인 법률로 뒷받침해주었던 것은 신해혁명과 민국 수립밖에 없다.

위안스카이가 황제제도를 부활시켰던 시기에는 매체의 자유와 언론의 자유가 억압받았지만 그 기간은 매우 짧았다. 위안스카이는 복벽운동이 실패로 돌아가자 곧 죽었고, 언론의 자유는 신속하게 회복됐다. 이후에는 리위안훙黎元洪이 대총통을 할 때나, 쉬스창徐世昌이 대총통을 할 때나 언론의 자유는 지속적으로 보장되었다. 신문을 발간하고 자유롭게 글을 기고하는 데 있어 어떠한 제한도 없었다. 이러한 국면은 계속 이어지다가 장제스 시기에 가서 끝이 난다. 장제스는 전제통치를 실시하고 민주와 언론의 자유를 억압해 중국을 다시 전제시대로 회귀시켰다. 하지만 장제스는 사실상 중국을 완전히 통일하지 못했으므로 그의 전제통치도 한계가 있었고 따라서 장제스 통치 시기에는 그래도 어느 정도로는 자유가 존재했다. 일례로 연안해방구延安解放區의 『해방일보解放日報』와 『중경신화일보重慶新華日報』에는 국민당의 1당 전제를 비난하는 많은 글이 발표되기도 했다.

신해혁명과 민국의 수립이 일궈낸 위대한 사상해방운동은 근·현대 중국에 거대한 영향을 끼쳤다. 당시 세계의 다양한 사상유파와 사조가 잇따라 중국에 들어왔는데 그중에는 민주와 법치 사상, 국가주의 사상, 민족주의 사상도 있었고 무정부주의 사상도 있었다. 또 마르크스, 레닌주의도 중국에 전해지기 시작했다. 사상가 옌푸가 헉슬리의 저술 『진화와 윤리Evolution and Ethics』를 번역하여 해설을 덧붙인 『천연론』, 프랑스 사상가 루소의 『사회계약론』, 몽테스키외의 『법의 정신』, 애덤 스미스의 『국부론』 등 어디를 가도 새로운 사상을 알리는 책들이 가득했다. 리다자오李大釗, 리다李達 등은 많은 글을 써서 10월 혁명과 마르크스주의를 선전했다.

새로운 사상이 전파되면서 1919년 마침내 '5·4운동'이 시작되었다. 5·4운동은 민주와 과학을 제창하고 공자와 맹자의 도에 반대했다. 백화문白話文을 제창하고 문언문文言文에 반대했으며, 새로운 도덕을 제창하고 낡은 도덕에 반대했다.

이렇게 자유로운 환경이 없었다면 중국에 마르크스 이론이 전해질 가능성이 없었을 것이다. 당시가 고도의 전제적 사회였다면 마르크스, 레닌 학설처럼 계급투쟁과 폭력 혁명을 수단으로 하여 기존 사회제도를 뒤엎고 정부를 전복시켜 무산계급의 독재정치를 기본으로 하는 사회주의 사회의 건립을 주장하는 가장 급진적인 혁명 여론이 어떻게 중국에서 널리 퍼질 수 있었을까?

또한 환경적으로 언론, 사상, 매체, 행동의 자유가 없었더라면 천두슈陳獨秀, 리다자오, 루쉰魯迅, 후스胡適 등 여러 문화계 거인이 어찌 나올 수 있었을까? 천두슈와 리다자오는 잡지 『신청년新青年』에 공개적으로 글을 발표해 마르크스주의와 10월 혁명을 널리 알리고 중국인에게 러시아의 10월 혁명의 길을 가도록 고취시켰다. 마오쩌둥毛澤東도 『상강평론湘江評論』에 글을 발표해 민중의 대연합을 널리 알렸다. 하지만 당시 정부는 이들에게 죄를 묻지 않았다.

셋째, 신해혁명과 민국의 수립으로 사유재산을 보호하고, 개인 자본을 확대하며 시장경제 및 산업 현대화를 추진하는 원칙이 확정되어 중국 현대 문명의 발전과 부자 국민·강성한 국가를 위한 방향이 제시되었다.

무술변법과 입헌군주를 시작으로 중국은 민간자본의 확대를 장려하고 중농억상 등 낙후한 정책을 폐지했다. 신해혁명이 일어나고 민국이 수립되자 민간자본과 개인 경제가 국가 경제의 주된 형태로 부상하기 시작했다. 난징 임시정부는 시장경제의 발전을 적극 추진했고 자유경쟁과 자유무역을 보호했으며 대외개방 정책을 적극적으로 시행했다. 정부는 실업부實業部를 설치해 민영 민족 상공업을 장려하고 개인 사업을 격려했다. 또한 화교 및 외국인의 중국 국내 투자를 장려하고 만청 조정이 가혹하게 거두어들였던 여러 세금을 폐지해 만청 조정의 관영독점경제 시스템을 타파했다. 이는 중국의 낙후했던 자급자족식 소규모 농업경제 시스템을 바꾸고 자유경쟁적인 시장경제와 산업 현대화의 발전을 추진했다는 데 중요한 의미를 지닌다. 이후에도 민국정부는 이 정책을 견지했다.

민국이 수립된 1912년부터 1919년까지 중국 민간자본은 신속히 확대되어 새로이 증가한 자본 규모가 1억 3000만 위안 수준에 이르렀다. 이는 과거 반세기 민간자본의 총합계를 초과하는 수치다. 민간은 투자를 통해 600여 곳의 방직, 밀가루, 성냥, 제지, 화공 등의 기업과 광산을 세웠고 그중 방직업은 당시 최대 규모의 신식 산업이었다. 당시 중국에는 또한 장젠張謇, 저우쉐시周學熙, 룽쭝징榮宗敬·룽더성榮德生 형제 등 이름난 민간자본가와 실업가들도 등장했다.

청 말 장원狀元이었던 장젠은 입헌파의 유명한 지도자급 인물이었다. 그는 연달아 18개 기업을 세우고 9개 회사의 투자에 참여했다. 그가 세운 남통대생사南通大生紗 공장은 빠르게 발전하여 1921년에 1공장과 2공장에서만 은 1600만 냥 이상의 이익을 거두었다. 또 저우쉐시가 세운 계신양회공사啟新洋灰公司와 란저우광무공사灤州鑛務公司, 룽씨 형제가 지은 밀가루 회사와 방사紡紗 공장 모두 거액의 이윤을 얻었다. 그밖에 젠위셰簡玉階·젠쿵자오簡孔昭·젠잉푸簡英浦 형제가 세운 남양형제연초공사南洋兄弟煙草公司 역시 빠른 속도로 발전하여 중국 담배업계의 거두로 떠올랐다.

이와 동시에 외국 자본도 중국에서 철도 부설, 증기선 제조, 제조업 발전, 광산 채굴, 철강업 등에 대규모 투자를 진행했다. 당시 외국 자본은 중국에서 큰 비중을 차지해 중국 현대 경제 발전에 적극적인 기여를 했다. 이 점에 대해서는 긍정적인 평가를 내려야 마땅하다. 누군가가 말하는 것처럼 중국 경제에 대한 제국주의의 침략이 절대 아니다.

민간산업의 신속한 발전은 중국이 금융자본시장을 형성하고 발전시키는 데 유리한 여건을 마련해 시장경제의 고속 발전을 견인했다. 은행업의 경우 1911년 전국에 중국 자본 은행은 15개, 국유은행은 7개에 불과했다. 그러나 1919년에 와서는 민간에서 신설한 은행이 66개로 대폭 증가했다.

주식 경제 또한 정부의 독려 아래 빠른 속도로 발전해 나갔다. 당시 중국 민간자본은 방직, 밀가루, 제지, 화공 등 업계에 대규모 투자를 진행했을 뿐 아니라 철도, 광산 채굴, 출판, 매체, 조선, 해운, 은행, 부동산 등 과거 관영이 독점했던 각종 업계에도 투자했다. 이 기업들은 상장을 통해 주식을 발행하고 자금을 모아 끊임없이 몸집을 키웠다. 한편 민간 자본은 주식 매매 방식으로 점차 사업체에도 투자할 수 있게 되어 사회자원 운용을 최적화했다. 당시 남쪽 지역에서는 관료 독점경제가 거의 사라져 있었다. 대량의 민간자본이 자본시장을 통해 민간이 세운 기업으로 흘러 들어가 민족공업 발전 및 중국 자본시장의 신속한 성장을 촉진했다.

1914년 중국은 상하이주식상업공회上海股票商業公會를 세웠다. 이는 중국 최초의 정식 증권조직이 탄생한 것을 의미한다. 같은 해 베이징정부는 '증권교역소법證券交易所法'을 반포해 증권거래를 법치의 궤도로 올려놓았다. 1920년에는 쑨원과 위차칭虞洽卿이 공동 서명하여 신청, 설립한 상하이증권물품교역소上海證券物品交易所가 정식으로 문을 열었다. 이는 당시 중국 최대의 증권거래소였다. 또한 베이징증권거래소와 톈진물품거래소가 세워져 한때 증권거래가 크게 성행했다.

넷째, 신해혁명과 민국의 수립은 중국 사회의 면모와 중국인의 생활과 사고방식을 크게 바꾸었다.

신해혁명 이전에 중국인은 강권에 무릎을 꿇었다. 즉 백성은 관리들에게, 하급관리는 고위관리에게, 전 국민은 황제에게 무릎을 꿇어야 했다. 이제 무릎을 꿇어야 했던 잔혹한 행위는 사라졌다. 또 중국 남자들은 변발을 잘라 추한 이미지를 바꾸었다. 부녀자에게 전족을 강요했던 악습도 폐지되어 여자들은 인간으로서의 존엄성을 회복했다. 중국인들은 이때부터 서로를 부르던 '나으리'라는 칭호를 '선생'이라고 바꾸었고 모아 잡은 두 손을 얼굴 앞으로 들고 허리를 공손히 구부렸다 펴면서 손을 내리는 인사법을 악수로 바꾸었다. 개인과 개인의 관계는 평등하고 자연스러워졌다.

법률 체제가 세워짐에 따라 도시에 많은 변호사 사무실이 들어서고 소송을 도와주는 변호사가 대거 등장했다. 또 의사, 편집자, 기자, 중개인, 교수, 엔지니어, 건축사, 연예인, 감독, 시나리오 작가 등 다양한 신종 직업도 생겨났다. 중국인에게 관직에 오르는 것은 더 이상 유일한 출세길이 아니었다. 문학예술, 특히 희곡은 더 이상 업신여김을 당하는 천한 행위로 여겨지지 않았고 도리어 국민생활의 한 부분으로 자리잡았다. 신문이 대량 출간되면서 광고업이 활기를 띠며 발전했고 사람들은 매체와 광고를 보며 제품을 고르고 정보를 얻었다.

의식주도 하루가 다르게 달라졌다. 사람들은 품이 넓고 길이가 복사뼈까지 내려오는 창파오長袍와 그 위에 입는 짧은 상의인 마괘馬褂(마고자) 등 고대의 복식을 벗어버리고 서양 옷을 입고 넥타이를 맸다. 쑨원이 고안한 중산복中山服과 학생복이 한때 크게 유행하기도 했다. 특히 여자들은 더 이상 낙낙한 솜저고리나 가슴 앞에서 앞섶을 여미는 대금對襟을 입지 않고 원피스 스타일의 치파오旗袍를 입었다. 치파오는 목깃을 낮게 했고 큼직했던 소매는 짧고 통이 좁아졌다. 또 허리 부분을 조여서 몸의 라인이 잘 드러나게 했다. 치파오는 편하고 여성의 곡선미를 돋보이게 해주어서 많은 사랑을 받았다.

민국이 수립되면서 원래 궁정과 정부에만 국한되었던 우편 업무, 전보, 전화 등 통신수단이 빠른 속도로 민간에 보급되어 정보 전달 도구의 신속한 현대화가 이뤄졌고 증기선, 기차, 자동차, 자전거 등 교통수단도 점점 보편화되었다. 도심에선 가마와 인력거가 빠르게 자취를 감췄고 아스팔트 길이 깔리기 시작했다. 대도시에서는 대중버스와 노면 전차도 등장하기 시작했다. 서양 음식도 중국인의 생활에 들어오기 시작했다. 우유, 사이다, 빵, 맥주, 와인, 커피, 비스킷, 화학조미료 등 서양식품은 갈수록 더 많은 중국인의 입맛을 사로잡았다. 호텔업도 빠르게 발전해갔다. 외국 건축업이 중국에 신속히 들어와 대도시에서는 많은 서양식 건물이 나타났다. 시멘트 철골 구조에 합리적 구도를 지닌 서양식 건축물은 이후 중국의 오래된 목조 가옥을 점차 대체하여 현대의 주요 건축양식으로 자리잡았다. 도시 주택에는 점차적으로 전등과 수도가 보급되었고 서양의학도 빠르게 보급되었다.

신해혁명의 뼈아픈 교훈과 심각한 부작용

신해혁명과 민국의 수립으로 세워진 다당 평화경선이라는 민주정체가 계속 견지되지 못했던 이유는 무엇일까?

객관적으로 분석해보면 자산계급의 연약함 때문도 아니고 중산계급의 수가 적어서도 아니며, 국민들이 지혜가 부족하거나 문화적 소양이 적어서, 혹은 경제적으로 생활이 몹시 궁핍해서도 아니었다. 또한 전제 세력이 굉장히 강대해서도 아니었으며 농민의 토지 문제를 해결하지 못해서도 아니었다. 외세의 침입 때문은 더더욱 아니었다.

이런 객관적 요소들이 물론 어느 정도는 영향을 끼쳤지만 민주정치 체제의 중단을 야기한 근본적 원인은 쑨원 등 인사들이 지도사상과 정치운영에서 심각한 실수를 범했기 때문이다.

첫째, 반만反滿혁명을 지나치게 강조했다.

신해혁명이 일어난 뒤 영국, 미국 등 서구 국가는 남방의 혁명당 인사들이 행정관리 경험이나 대국을 다스릴 만한 능력이 없어 국가의 안정을 지키고 경제를 발전시킬 수 없다고 여겼다. 그래서 남방의 혁명당원들에게 만청 황제에게 명의상의 황제 직위를 남겨주는 입헌군주제를 실시하는 것이 당시 중국의 실상에 비교적 부합하다고 제안했다. 이는 서구 각국이 중국 각 파에게 보낸 가장 명확한 신호였다.

서구 각국이 이렇게 요청하는 가운데 청 조정에 의해 다시 내각총리대신으로 기용된 위안스카이는 탕사오이를 보내 남방 측과 입헌군주제의 시행을 놓고 평화회담을 갖도록 했다. 협상에 임한 탕사오이는 정부가 하고 있는 개혁과 혁명은 진정한 입헌을 달성하려는 목적밖에 없다고 생각했다. 이미 조정은 입헌을 선포했고 당적에 이름을 올린 자가 관직을 맡는 것을 금했던 조치를 풀었으니 그가 보기에 개혁과 혁명의 목적은 이미 달성한 것이나 다름없었다. 그는 싸움을 계속해서 외국의 간섭을 불러올 필요가 없다고 생각했다. 하지만 남방의 혁명당원들은 청 황제의 퇴진과 공화체제 시행을 결연히 요구했다. 두 차례 협상은 합의점을 도출하지 못했다.

반만혁명이라는 목적을 달성하기 위해 남방 혁명파는 위안스카이가 공화체제에 찬성하고 황제를 퇴진시키기만 하면 위안스카이를 대총통으로 지지하겠다고 밝혔다. 하지만 그렇지 않을 경우 남방에서 독립한 10여 개 성, 수십만 군대는 결단코 군주에게 복종하지 않겠다는 결연한 의지를 표명했다. 위안스카이가 입헌군주제를 고집한다면 전쟁은 피할 수 없었다. 남방 혁명당원인 쑨우孫武는 북방 대표 탕사오이와의 협상에서 권총을 꺼내 탕사오이를 겨누고 황제가 퇴진하지 않으면 유혈사태가 일어날 것이라고 했다고 한다.

쑨원은 "청 황제가 물러나고 공화를 선포하면 임시정부는 결단코 식언하지 않을 것이며 공식적으로 해산을 선포할 것이다. 그리고 먼저 그 공을 위안스카이에게 돌릴 것이다"라고 했다.

쑨원이 위안스카이에게 자리를 양보한 것은 어쩔 수 없는 선택이었지만, 만약 청 황제를 물러나게 한다면 쑨원의 그 선택도 혁명의 취지에 위배되지는 않았다. 쑨원의 혁명 강령 중 가장 핵심이 바로 만주 오랑캐를 내쫓고 중화의 부활을 이루는 것, 즉 반만 혁명이었기 때문이다. 때문에 쑨원은 위안스카이가 청 황제를 물러나게 하면 대총통 자리는 그에게 양보할 수 있다고 생각했다.

쑨원 등이 보기에 만주족이 황제가 되지 않고 한족이 나라를 관리하며, 또 공화정치를 인정한다면 누가 총통이 되든지 같았다. 그래서 쑨원은 청 황제를 물러나게 한 위안스카이에게 대총통의 자리를 넘겨주었고 남방의 수십만 군대를 강제 해산시켰다. 이는 쑨원 등 인사들이 가지고 있던 반만혁명 사상의 필연적 결과였다.

둘째, 국가 통일을 지나치게 강조하고 전국 통일에 대한 염원이 지나치게 앞섰다.

남방의 혁명당원이 단호히 입헌군주제를 버리고 공화제를 시행하려 했다면 난징 임시정부 수립 이후 가장 시급한 과제는 전국 통일이 아니었다. 사실상 그들에게는 신속히 전국을 통일할 능력도 없었다. 당시 가장 긴박하고 가장 중요했던 일은 연방제로 지방과 중앙의 분권을 확립하고, 이를 통해 남방의 민주정권을 공고히 하고 민주분권, 다당경선 체제를 정비하며, 경제와 교육의 발전에 힘쓰는 것이었다. 그리고 남방의 민주세력을 충분히 키운 뒤에 다시 기회를 봐서 전국을 통일하는 것이 바람직했다.

그러나 쑨원 등은 '대일통大一統'에 대한 강박관념이 너무 심해서 남북통일에 급급했고 전국을 아우르는 중앙집권 정부를 세웠다. 통일이라는 목적 달성을 위해 그들은 위안스카이와 같은 낡은 관료에게 두 손 모아 민주정권을 넘겨주었다. 이는 남방의 혁명당원이 저지른 최대 실수 중 하나다.

셋째, 쑨원은 지도자의 권위를 세우지 못했다.

중국은 수천 년 동안 황제 절대전제에 놓였던 국가이며 황제의 권위는 지고무상했다. 이런 정치체제의 영향으로 중국인들에게는 '황제 콤플렉스'와 개인의 권위를 맹신하는 신조가 단단히 뿌리내리고 있었다. 이런 마음은 황제가 없어진다고 해서 사라지는 것은 아니었다. 하지만 쑨원은 지도자로서의 권위를 재빨리 세워나가지 못했다.

그 이유로는 먼저 우창 봉기가 쑨원이 이끌던 동맹회가 일으킨 것이 아니었기 때문이라는 것을 들 수 있다. 봉기가 일어났을 때 해외에 체류 중이었던 쑨원은 서둘러 귀국해 혁명에 참가하는 대신 시간을 끌어 역사적 기회를 놓치고 말았다. 그는 그로부터 2개월이 지나고 나서야 귀국했다. 그때는 전국의 10여 개 성이 이미 독립을 선포한 상태였다. 독립한 성에서는 대부분 입헌파 인사들이 실권을 장악했다. 신해혁명의 성공에 있어 쑨원을 위시로 한 동맹회는 별다른 공로도 세우지 않았고 이는 쑨원의 권위에 큰 영향을 미쳤다.

또한 쑨원은 난징 임시정부가 시급히 해결해야 할 재정난 문제를 해결하지 못했다. 민국이 수립되기 전, 혁명당원의 활동 경비는 화교나 상인들의 모금에서 나왔기에 액수에 한계가 있었다. 민국이 수립된 뒤에는 거액의 재정 지원이 필요했지만 재정 수입원은 전무했다. 그렇다고 위풍당당한 중화민국 정부가 계속 기부금에 의존해 연명할 수는 없지 않은가? 당시 사람들은 쑨원이 해외에서 거액의 자금을 가져왔다고 생각하고 고개를 빼고 기대했지만 쑨원은 귀국 후 기자들에게 '혁명의 진리만 가지고 왔다'고 말했듯이 빈털터리의 몸으로 귀국했다. 물론 진리는 좋은 것이지만 먹고 살 문제를 해결해주지는 않는다. 사람은 진리만으로 살아갈 수는 없는 것이다. 게다가 쑨원은 미국, 영국, 프랑스 등 국가들과의 차관 협상에서 거절당해 민국정부는 막대한 군비를 지불할 능력도 없었고 북방의 북양군과 전쟁을 치를 능력도, 정부를 정상적으로 운영해 나갈 여력도 없었다. 병사들은 급여와 보급품을 받지 못했고 정부 직원들은 월급을 받지 못했다. 업무에 필요한 경비도 없었다. 그런 상황에서 정부가 어떻게 버텨나갈 수 있었겠는가? 이런 정부가 어찌 사람들을 결집시킬 수 있겠는가? 당시 난징 임시정부 비서장이었던 후한민胡漢民은 『자전自傳』에서 이렇게 회고했다.

"하루는 안후이安徽 도독 쑨위쥔孫毓筠이 특사로 와서 병사들의 급여가 시급하다고 하며 정부에 도움을 요청했다. 선생(쑨원)은 즉시 20만 원이라는 거액을 내주라고 했다. 명에 따라 재정부로 가보니 금고에는 은화 10원밖에 없었다."

당시 재정 위기가 어떤 수준에 이르렀는지 엿볼 수 있는 대목이다. 재정 지원을 얻지 못했던 쑨원은 남방의 어수선한 민심을 진정시킬 힘이 없었다.

뿐만 아니라 쑨원은 외교 문제도 해결하지 못했다. 그는 미국, 영국, 프랑스 등에 난징 임시정부를 인정해달라고 요구했으나 거절당했다. 그의 군대는 북양군의 공격을 막아내지도 못했고 특히 우한 전투에서는 북양군에게 패해 무한이 함락되었다.

이런 이유들로 인해 쑨원은 모두가 기대하는 그런 지도자가 되지 못했고 '민주의 아버지'로서의 권위도 세우지 못했다. 사람들은 그에게 실망했고 위안스카이에게 희망을 걸기 시작했다. 위안스카이는 당시 정치, 군사, 외교, 재정 방면에서 모두 쑨원보다 우위를 점했다. 그는 전국의 정치, 경제 및 군사를 안정시킬 실력이 있었고 서구 각국으로부터 외교적 인정도 얻을 수 있었다.

넷째, 쑨원이 조직한 정부는 대표성이 없었다.

난징 임시정부는 내각책임제가 아닌 총통제를 시행해 총통에게 큰 권력을 부여했다. 당시 쑹자오런이 내각책임제를 실시하자고 건의했으나 쑨원은 이를 받아들이지 않았다. 이는 쑨원에게 권력이 집중되는 듯한 인상을 심어주었다. 또 쑨원이 구성한 정부를 보면 입헌파 인사들과 지방 관리들이 내각 구성원에 몇 포함되어 있긴 했지만 차장次長은 거의 전부 동맹회 회원들이었다. 사실상 행정사무를 주관하는 것은 총장總長이 아니라 그 밑의 차장이었고 따라서 사람들은 내각을 '동맹회 차장 내각'이라고 불렀다.

쑨원 등 인사들은 한 가지 기본적인 사실을 간과하고 있었다. 바로 신해혁명은 동맹회가 일으킨 것이 아니며 당시 동맹회는 이미 사분오열되어서 중국의 민주혁명을 이끌 여력이 없었다는 점이다. 쑨원이 앉아 있는 대총통이라는 위치는 그가 민주혁명을 이끈 과정에서 얻은 것이 아니라 혁명이 일어난 뒤 독립한 각 성 대표들의 선거로 얻은 것이었다. 각 성들은 독립을 선포했고, 성의 장관 및 민간의 여론은 중화민족을 인정한다는 전제 아래 지방자치를 실시하고 중앙과 지방이 분권된 연방정부를 구성하길 원했다. 때문에 당시 중앙 정부는 각 당과 각 파들의 협의를 거쳐 구성해야 했고 특히 쑨우孫武와 같은 신해혁명 지도자와 개국공신, 그리고 청 왕조를 전복시키는 데 결정적 역할을 했던 입헌파 인사들을 정권에서 배척하면 안 되는 것이었다. 하지만 쑨원 등은 가장 중요한 직책을 모두 동맹회 회원에게 맡겼다. 이는 혁명의 성과를 자신들의 것으로 가로채는 것으로 전혀 공평하지 않은 처사였다. 쑨원 본인 역시 내각책임제하에서 실권이 없는 대총통이 되길 원치 않았고 직책과 권력을 모두 지닌 총통제하의 대총통이 되고 싶었다.

쑨원이 내각을 구성함에 있어 각 측의 이익을 고려하지 않았기 때문에 우창 봉기의 혁명인사들, 지방의 실권을 쥐고 있는 지방 관리들, 그리고 입헌파 인사들은 쑨원의 정권을 지지하지 않았다. 장젠 등 부장급 지방관들과 입헌파 인사들이 잇따라 휴가를 내고 출근하지 않았고 아예 조계租界로 거주지를 옮겨 그림자도 볼 수 없는 이들도 있었다. 쑨원은 외톨이가 되었고 위풍당당했던 중화민국 임시정부는 과거의 동맹회 기관으로 변해버리다시피 했으며, 사람들에게 동맹회가 신해혁명의 성과를 가로챘다는 인상을 심어주었다. 이 때문에 사람들은 민주를 외치던 쑨원을 '독재자'로 보기 시작했고 진짜 독재자였던 위안스카이는 '중국 최초의 워싱턴'이라 여겼다. 쑨원이 정치적 지혜가 부족했던 결과라고 말할 수밖에 없다.

쑨원이 위안스카이의 사람 됨됨이에 전혀 경계심을 갖지 않았던 것은 아니다. 쑨원은 총통 자리를 위안스카이에게 넘겨주면서 몇 가지 조건을 제시했다. 내각책임제를 실시할 것과 위안스카이가 남하하여 난징에 가서 취임해야 한다는 것이 조건에 포함되었다. 쑨원은 이 두 가지 조치로 위안스카이의 권력을 제한할 수 있다고 생각했다. 그러나 쑨원의 이와 같은 행동은 더욱 자신의 위신을 실추시키는 결과를 가져왔다. 자신이 총통일 때는 '내각책임제'를 시행하자는 쑹자오런의 건의를 거절하며 직책만 있고 권력은 없는 유명무실한 총통이 되고 싶지 않다고 했었기 때문이다. 그런데 위안스카이가 총통이 되자 쑨원은 단호하게 내각책임제를 시행해야 한다고 입장을 바꾼 것이다. 이렇게 자가당착적이고 스스로의 말에 책임을 지지 않으며 게임의 법칙을 지키지 않는 행위는 어떤 이유에서든 사람들에게 쑨원이란 사람은 권력에 대한 욕망이 강하다는 느낌을 줄 수밖에 없었다. 위안스카이는 물론 내각책임제를 시행하지 않았다. 쑨원의 이와 같은 행동은 훗날 위안스카이가 책임내각을 해산시키는 데 복선을 깔아주었다.

다섯째, 쑨원은 민주적 정치가라고 할 수 없다. 그는 민국 초년에 민주 입헌정치를 추진함에 있어 자신이 감당해야 할 역할을 해내지 못했다.

당시 역사를 객관적으로 바라보면 쑨원이 민주공화와 입헌정치의 의미를 제대로 이해하지 못했고 중국에서 민주공화와 입헌정치를 끝까지 실현하고자 하는 소망이 없었다고 생각할 수밖에 없다. 그는 대총통의 자리를 위안스카이에게 넘겨주고 나서 민주혁명이 이미 완성되었다고 생각했다.

"오늘날 만청 왕조가 물러나고 중화민국이 수립되었으니 민족주의와 민권주의를 모두 달성했습니다. 민생주의에만 아직 착수하지 못했으니 향후 우리는 그 일에 전심전력할 것입니다."

"저는 10년 내에 전국에 철도 20만 리를 부설할 것입니다."

"오늘날 사실상 유일한 급선무는 철도 부설입니다. 민국의 존망이 이 일에 달려 있습니다."

이것이 바로 민국 원년에 쑨원이 임시대총통을 사직하며 내건 행동 강령이다. 위안스카이가 정부를 이끌고 전국을 통치하는 데 신뢰와 지지를 아끼지 않겠다는 것과 자신은 자신의 에너지를 경제 건설, 특히 철도 부설에 집중시키겠다는 것이 핵심 내용이었다. 그의 말을 빌려보자. "위안 총통은 탁월한 재능을 가지고 있습니다. 나는 그의 총통 재위

기간인 10년 동안 그가 반드시 수백 만 병력을 단련시킬 것이며, 20만 리 철도 부설을 완성하며 매년 8억의 수입을 거둬 백성이 각국과 어깨를 나란히 할 수 있을 것이라 기대해 마지않습니다."

그의 이와 같은 선택은 사실 비정치화 노선을 선택한 것이었다. 때문에 1912년 8월, 동맹회가 통일공화당, 국민공진회, 국민공당, 공화실진회 등 정치조직과 연합하여 국민당으로 합병하고 쑨원을 이사장으로 공동 추대했을 때 쑨원은 단호히 거절했다. 한편 쑹자오런 등은 "혁명이 성공했다고는 하나 종족주의에만 국한된 성공일 뿐이며 정치혁명의 목적은 아직 달성하지 못했다. 전제체제를 뒤엎는 것은 정치혁명에 착수하는 첫 걸음일 뿐이고, 공화체제 구축이 특히 중요하다"고 생각했다. 또한 자유, 평등 등 '천부인권'을 강조하며 민주정치체제 확립에 중심을 두어야 한다는 뜻을 고수했고 양당제와 정당내각을 기본으로 민주, 자유 정치제도 건설을 추진해야 한다고 주장했다. 쑹자오런의 말을 빌리자면 다음과 같다.

"우리는 국회에서 과반수이상의 의석을 얻어야 합니다. 그러면 정부에서 1당 책임내각을 구성할 수 있습니다. 또한 재야로 물러나서도 정부가 감히 경거망동하지 않도록 철저히 감독할 수 있습니다. 정부가 마땅히 해야 할 일을 감히 하지 않으려 하는 것을 막을 수 있을 것입니다. 이렇게 되면 우리의 견해와 정치 강령이 바라는 대로 관철될 수 있습니다."

쑨원의 생각은 명백히 잘못된 것이었다. 물론 철도 및 기타 교통수단, 상공업, 교육을 발전시키는 것은 국가 현대화의 기반으로 매우 중요한 과제다. 문제는 정치가들이 이러한 사업에서 어떠한 역할을 감당해야 하냐는 것이었다. 정치가는 정치 영역에서 상공업 발전의 장애물을 제거하고 자유, 안보, 법치, 청렴, 민주의 환경을 구축해야 한다. 정치가들이 상공업을 경영하면 그들은 필연적으로 서서히 정치 무대에서 퇴장하게 되고 다양한 정치세력의 각축전에서 상공업 발전에 바람직한 환경을 조성할 수 없게 된다. 헌데 쑨원은 자신의 잘못을 깨닫지 못하고 자신의 의견을 끝까지 꺾지 않았다. 국민당의 정치 강령을 들여다보면 쑨원이 버린 것은 바로 민주공화제도의 존립에 든든한 기반이 되어줄 정당내각, 의회제도, 지방자치 제도였다는 것을 알 수 있다. 위안스카이와 가진 13차례 회담에서 쑨원은 이 중요한 문제들에 대해선 단 한마디도 언급하지 않았고 민주정치체제를 수립하고 공고하게 하는 것과 총통 권력의 견제에 대한 이야기는 입 밖으로 꺼내지도 않았다. 반면 철도와 중앙집권에 관한 문제에는 끈질긴 집착을 보였다. 신해혁명 후 쑨원이 저지른 중대한 실수가 바로 이것이다.[6]

더 심각한 것은 중국 민주입헌정치가 생사존망의 역사적 중요한 고비에 놓였을 때 쑨원은 민주정치를 평화롭게 운영할 능력도, 민주정치가로서 마땅히 갖춰야 할 정치적 지략도 지니지 못했다는 점이었다. 쑹자오런이 암살되고 나서 수사를 통해 사건의 내막이 드러나자 사람들은 쑹자오런 암살 사건의 주모자가 현직 총리인 자오빙쥔과 임시대총통 위안스카이임을 알게 되었다. 전국에서 여론이 들끓었고 자오빙쥔과 위안스카이에 대한 비난이 속출했다. 민주헌정 절차에 따르면 당시 대총통인 위안스카이와 국무총리 자오빙쥔은 국회의 탄핵을 받고 법적 추궁을 받아야 했다. 당시 사회 여론은 민주파에게 굉장히 유리했다. 전국에서 살인자를 엄중히 처벌해 정의를 신장하고 신생 민주정권을 보위해야 한다는 요구가 쏟아졌다. 베이징과 상하이에서는 10만 명에 이르는 사람들이 쑹자오런의 조문 행렬에 동참했고 특히 쑹자오런이 암살된 상하이에서는 수만 명이 비분한 마음을 안고 자발적으로 쑹자오런의 장례 행렬을 따라가며 길가에 눈물을 뿌렸다. 전국 각 대도시에서는 대규모 추모행사가 열렸다. 사람들은 쑹자오런을 그리는 한편 위안스카이를 질책했다. 위안스카이는 민심을 크게 잃고 피동적인 입장에 놓이게 되었다. 자신의 위신과 권력을 지키고 여론에 대처하기 위해 위안스카이는 '대를 위해 소를 포기하는' 방법을 택했다. 사람을 보내 자객 홍수주洪述祖와 자오빙쥔을 차례로 살해해 입막음을 한 것이다. 당시에는 사법이 비교적 독립되어 법원은 상당히 독립적인 심판권을 가지고 있었고 총통이 행정 권력으로 사법에 간섭하는 것이 결코 쉽지 않았다. 때문에 법원은 이 사건의 심사에 박차를 가했고 국회도 위안스카이에 대해 불신임을 제기했다. 이 상황에서 쑨원 등이 기회를 장악하여 사회 여론과 법적 수단을 충분히 활용해 정세를 자신들에게 유리한 상황으로 이끌고 가며, 이치와 조리에 맞게 위안스카이의 음모를 폭로했다면 중국의 헌정과 법치를 추진할 절호의 기회를 맞았을 것이다.

하지만 당시 쑨원은 계속 일본에 머물며 철도 부설을 위해 동분서주하고 있었다. 그는 소식을 듣고 나서야 막 꿈에서 깬 듯이 서둘러 귀국했다. 하지만 그는 민주법치의 기본 원칙에 따라 이 중대한 사건을 처리함으로써 민주입헌 정치를 추진하는 대신 개인의 혈기에 의존해 군대를 일으켜 위안스카이를 토벌하는 '2차 혁명'을 일으켰다. 황싱 등이 맹목적이고 무모한 쑨원의 행동에 반대하여 법적 해결을 주장했지만 쑨원은 고집을 꺾지 않고 위안스카이에게 민주파를 진압할 구실을 제공해주었다. 당시 전 국민이 모두 전쟁에 반대했고 특히 남방 각 성의 상인들은 더욱 극렬히 반대했다. 또한 남방 각 성의 지방 지도자들 또한 군사력을 동원해 위안스카이를 토벌하는 것에 찬성하지 않았고 법적 해결을 원했다. 결국 쑨원 등 몇몇이 이끈 무장 세력은 고립무원에 빠졌고 얼마 안 있어 위안스카이가 지휘하는 북양군의 공격에 무너졌다. 쑨원의 폭력 관념과 무모한 행동은 민심에 심각히 위배되는 것이었다. 그는 유리한 기회를 잡아 중국 정치의 민주화를 추진하기는커녕 민주세력에 심각한 타격을 입혔다.

오랫동안 사람들은 쑨원 등의 실책이 신해혁명의 민주정치가 실패한 주요 원인이라는 기본적 사실을 구체적으로 분석하지 않았다. 이들은 이 실패를 자산계급의 취약성으로 돌렸고 자산계급 역량의 미흡함으로 귀결시켰다. 때문에 많은 역사학자는 이러한 결론을 도출했다. "중국 자산계급은 민주혁명을 승리로 이끌 능력이 없었다." 이는 확실히 역사에 대한 오해다.

자산계급의 인구가 적고 힘이 미약해서 민주혁명을 승리로 이끌지 못했다고 한다면 전세계에 민주정치의 승리란 있을 수 없었다. 영국에서 '대헌장'이 체결됐을 때 영국의 자산계급은 얼마나 되었을까? 당시 영국에 진정한 자본가는 아예 등장하지도 않았었다. 또 미국이 독립전쟁에 승리한 뒤 민주정권을 세웠을 때 미국에는 얼마나 많은 자본가가 있었을까? 일본 메이지유신 때는 또 어땠을까? 역시 자본가는 없었다.

전 세계 역사를 보면 먼저 자산계급이 있고 나서 민주혁명이 일어나거나 민주정치가 수립된 것이 아니라 정반대로 먼저 민주정치가 있었고 나중에 자본가가 등장했다는 것을 알 수 있다. 민주정치체제가 없고 자유무역, 시장경쟁, 자본의 유동이 없는데 자본가는 하늘에서 떨어진다는 말인가? 수천 년 전 민주체제를 수립했던 고대 그리스는 당시 어디서 자본가를 찾았을까?

어떤 이들은 신해혁명으로 수립된 민주체제의 실패 원인으로 중국인들의 문화 수준이 낮고 생활이 빈곤하여 민주를 논할 조건을 갖출 수 없었다는 점을 들기도 한다. 이 또한 구체적인 문제를 추상화한 화법이다. 영국이 '대헌장'을 체결할 당시 영국인의 문화 수준은 결코 중국인보다 높지 않았다. 미국인이 독립전쟁에서 승리를 거두고 민주제도를 세웠을 때 그들의 문화 수준도 중국인보다 우월하지 않았다. 일본 메이지유신 때도 일본인의 문화 수준 역시 중국인보다 못했고 생활도 중국인보다 부유하지 않았다.

신해혁명이 농민의 토지 문제를 해결하지 못해 농민들의 지지를 얻지 못했고 그로써 민주혁명의 실패를 초래했다는 것 역시 추상적인 견해다. 민주정치를 실현한 전 세계 국가 중 어느 나라도 농민 문제를 해결했다는 이유로 민주정치를 확립했던 것은 아니었다. 모두 민주정치의 확립이 우선이었고 그 이후에 차츰차츰 농민의 토지 문제를 해결해갔다. 메이지유신 시기에 일본 농민들은 생활이 몹시 어렵고 고통스러웠다. 토지도 없었고 문화 수준도 낮았지만 입헌정치를 실현하지 않았던가.

따라서 신해혁명으로 수립된 민주정치체제의 실패는 다른 원인 때문이 아니라 쑨원 등의 잘못 때문이라는 결론을 내릴 수 있다. 실패는 그들이 정치적 지혜가 부족하고 정세를 정확히 파악하지 못했기 때문에 초래된 결과였다.

신해혁명이 일궈낸 역사적 공로는 인정해야 한다. 그러나 신해혁명이 동반한 막대한 부작용과 역사 발전에 끼친 심각한 피해 역시 무시할 수 없다. 신해혁명이 역사에 끼친 가장 큰 피해는 우선 문명 성과의 누적을 중단시킨 것이다.

신해혁명과 민국 수립 이전에 만청 조정은 이미 양무운동, 무술변법, 입헌군주 등 정치 개혁을 진행하여 정치, 경제, 문화, 교육, 대외개방 영역에서 신속한 진보를 거두었다. 또한 당시 이미 전국적으로 입헌이 실시되었고 중앙 정부는 자정원을, 지방 정부는 자의국을 설치했으며 1913년에 입헌을 시행하기로 결정했다. 신해혁명이 일어나지 않았다면 만청 정부는 원래 구상대로 하나하나 입헌을 진행해나갔을 것이다. 특히 신해혁명이 일어난 뒤 만청 정부가 재빨리 입헌을 결정했으므로 그렇게 사나운 폭풍우처럼 혁명이 몰아쳐 만청 정부를 전복하지 않았더라면 평화로운 입헌이라는 목표는 아주 빨리 이루어졌을 것이다. 하지만 신해혁명은 그 과정을 중단시켰고 평화로운 입헌의 희망을 물거품으로 만들었다.

신해혁명은 공화제도를 수립할 것을 요구했다. 그러나 혁명당 인사들에게는 그 목표를 실현할 능력과 명망이 없었다. 사실상 쑨원 등은 미처 민주헌정 제도의 건설에 전력을 기울이지도 못했다. 중앙과 지방이 분권된 연방제, 즉 전제체제를 견제하는 근본적 제도는 아예 의사 일정에 회부되지도 못했다. 난징 정부는 단 2개월 동안 존재했다가 단명했고 권력은 위안스카이에게 넘어갔다. 이때부터 공화제 역시 바라기만 할 뿐 이룰 수는 없는 그림의 떡이 되었다. 민국이 수립된 뒤 사상 자유, 언론 자유, 대외개방, 인권 보장, 사유재산 보호, 교육·문화·경제 발전의 측면에서는 어느 정도 진보가 있었다. 그러나 그를 뒷받침해줄 정치제도가 구축되지 않아 그 발전은 곧 수포로 돌아갔다.

신해혁명은 또 황제라는 국가의 최고 권위를 소멸시키긴 했지만 헌법의 권위를 제때에 세우는 데는 실패했다. 그 결과 훗날 고도의 전제집권의 출현이라는 우환거리를 심어놓은 격이 되었다.

5·4운동과 4차 문명 전환의 실패

신해혁명과 중화민국 수립이 제도적 측면에서의 문명 전환이라고 한다면 1915년 시작된 신문화운동은 사상적 측면에서 시작된 문명 전환이라고 할 수 있다. 하지만 불행하게도 5·4운동이 급작스럽게 일어나면서 사상적 측면에서의 문명 전환 운동은 끝을 고하게 되었다. 즉 5·4운동의 발생은 문명 전환을 잘못된 방향으로 이끌었고 그로 인해 역사의 발전은 기로에 서게 되었으며 결국 폭력 혁명으로 정권교체를 이루는 낡은 궤도 위에 올라서게 되었다. 그렇게 폭력 혁명으로 인해 흘린 피가 강을 이룰 정도로 수많은 사람이 희생되었고 결국 일당 독재의 길을 걸으면서 끝없는 우환에 시달리게 되었다.

물론 5·4운동이 발생하지 않았더라도 해외의 계급투쟁과 폭력 혁명, 공산주의 사상이 중국에 깊숙이 파고들었을 것이다. 더불어 러시아의 정치세력 또한 일부 사회세력을 통해 당시 중국의 공화제를 뒤엎어 놓았을 것이다. 하지만 이러한 사조에 대해 5·4운동을 일으킨 수많은 지식인이 선전활동을 벌이지 않았다면 이러한 사조가 중국 지식인들 특히 청년학생들의 사상적 무기로 신속히 자리매김하면서 맹렬한 기세를 형성하는 것은 분명 불가능했을 것이다.

5·4운동이 낳은 막대한 부작용을 설명하기 위해서는 신해혁명 이후 중국이 직면했던 상황을 돌아볼 필요가 있다.

앞서 1911년에 있었던 신해혁명으로 중화민국이 수립되었고 민주헌정 제도가 확립되었으며 문명 전환의 초보적 성과를 거두었다고 설명한 바 있다. 물론 이후 위안스카이가 제제帝制를 부활시켜 황제가 되려고 했던 사건이 발생했으나 그는 이내 타도되고 말았다. 그 뒤 다시금 일련의 민주공화 헌정제도가 부활되었다. 쑹자오런이 암살당하고 국민당이 무너져 활기 넘쳤던 정당정치가 마감되고 공화정치도 이미 진정한 의미에서의 공화정치는 아니었지만, 그래도 중화민국에는 공화제가 엄연히 존재하고 있었으며 국가정치는 기본적으로 현대 문명의 궤도를 따라 전진하고 있었다.

당시 중국은 사회 전체적으로 전례 없는 자유를 구가하고 있었다. 예를 들면 신문은 누구든지 자유롭게 발행할 수 있었다. 베이징대 학생들이 신문 몇 부를 만들고 그것을 전국에 발행하고 또 글을 발표해도 감독하는 검열제도도 없었다. 또한 시위, 집회, 결사, 창당도 자유롭게 할 수 있었다. 당시 상회商會 조직이 1000여 개에 육박했고 이는 역대 정권이 결코 무시할 수 없는 막강한 영향력을 지닌 세력으로 부상했다. 경제적으로는 시장경제라는 공정경쟁체제가 점차 확립되고 사회에 대한 투자도 끊임없이 증가되었다. 양샤오카이楊小凱의 「민국경제사民國經濟史」라는 글에 따르면 1912년에서 1920년에 이르기까지 중국 산업성장률이 13.4퍼센트에 달했다고 기록되어 있다. 당시는 사회도 개방되고 정치는 진보되었으며, 경제도 발전하고 대중의 자유가 보장되었으며 사회생활도 다원화되어 중국인의 인권이 최대한으로 존중 받던 시기였다.

당시 중국은 몇 가지 중요한 문제에 맞닥뜨리고 있었다. 첫째, 공화제가 막 수립되어 아직 확고하게 자리잡지 못한 상황이기에 통일된 황제전제가 언제든지 부활할 수 있는 실정이었다. 그래서 신생 공화제를 공고히 하고 전제제도(황제 전제 및 정당 당수 개인의 전제도 포함됨)의 부활을 막는 것이 가장 절박하고도 뚜렷한 정치적 임무였다.

둘째, 당시 막 수립된 공화제가 완벽하게 정비되지 못한 것을 비롯한 수많은 문제점이 있었다. 때문에 공화제를 완비하는 것은 절박한 임무였다. 민국 초기의 정당정치를 점차적으로 회복시키고 각 정당 간의 평화로운 경쟁을 확립하며 국민투표를 통해 각급 정부의 대표를 뽑도록 하는 것 등이 바로 그러한 조치에 속했다. 당시 중앙의 중화민국 총통은 국회의원이 선출하기는 했지만 전국의 국민투표로 선출되지는 않았고, 국회 역시 국민의 보통선거를 거쳐 구성되지 않았다. 각급 성省, 현縣, 향鄕, 촌村, 진鎭의 지방 대표도 공개적 경선을 거치지 않았고 대중의 공개투표로 선출되지 않았다. 당시 중화민국에 국민투표라는 중요한 권리가 실행 단계에 진입하지 못하고 있었음을 보여주고 있다.

셋째, 국가의 법치가 정상 궤도에 올라서지 못하고 있었다. 국가는 헌법을 제정하기는 했지만, 헌정을 실시하고 분권으로 견제와 균형을 이루는 것에 대한 의안은 의사 일정에 회부되지도 못했다. 따라서 국가의 법치를 완비하고 인치를 없애며 모든 문제를 폭력이 아닌 법치와 민의를 기반으로 해결하는 것도 당시 문명의 전환을 위한 절박한 임무가 되었다.

넷째, 중앙과 지방이 서로 권력을 견제하고 균형을 이루는 체제가 완비되지 못한 실정이었다. 위안스카이가 죽은 이후 중앙은 이내 지방에 대한 막강한 통제력을 상실하면서 지방 장관이 군사와 민정 그리고 사법을 관장하는 등 모든 권력이 한 사람에게 집중되었다. 이는 분봉제가 실시되던 시기 제후왕의 권력보다 더욱 막강해 사실상 군벌 할거의 상태로 돌아갔다. 때때로 전쟁이 일어나 서로 공격하기도 했으며, 결국 중화민국의 정치는 혼란에 빠지고 말았다. 때문에 제도적으로 중앙의 권위를 회복해 지방 장관에 대한 군민분치軍民分治와 선거를 실시하며, 군대의 국가화를 실현해 지방 군벌의 할거를 방지하고 독립된 국가를 세우는 것 역시 당시 시급히 해결해야 할 문제였다.

다섯째, 국가 재정과 세무가 완비되지 못한 것도 문제였다. 당시 국가 경제는 상당히 빠른 발전세를 보이고 있었지만 조세 부담은 상당히 낮은 편이어서 중앙은 재정 지출에 늘 곤란을 겪고 있었다. 그러자 중앙 정부는 군비 지출과 정상적인 행정경비를 조달하기 위해 외국으로부터 대규모로 차관을 빌려올 수밖에 없었고 이러한 행위는 국내 여론의 비난에 봉착하게 되었다. 이러한 상황에서는 합리적인 수준으로 세수를 책정하고 중앙과 지방의 분세제分稅制를 수립하며 연방재세聯邦財稅 시스템을 세워 중앙의 재원을 늘리고 중앙 정부의 권위를 제고하는 것 역시 더없이 중요한 문제였다.

여섯째, 국가의 금융시스템과 투융자시스템 그리고 재정 이전지출제 도를 수립하고 완비하며 금융자본시장을 발전시켜야 하는 과제도 있었 다. 이로써 재원을 집중시켜 교통, 에너지, 과학기술, 교육 등 기초산업 과 공공사업 분야의 발전을 도모하고 국가산업의 현대화에 박차를 가 하며 국가경제력 강화, 국민생활 개선, 국제적 위상의 제고를 꾀하는 것 도 긴박한 임무였다.

일곱째, 국민들의 교육 수준이 매우 낙후되어 있었다. 당시 군주제가 막 막을 내리고 중화민국이 수립되어 신구 사회가 급격히 뒤바뀌는 상 황이었기 때문에 낡은 사상과 낡은 도덕의식, 낡은 문화가 깊이 뿌리내 려 있는 상태였다. 예를 들어 황제 전제사회의 신민의식이나 대일통에 대한 강박관념, 협애한 민족의식, 강권적 폭력의식, 관료문화, 희박한 법 치관념 등이 사람들의 뇌리 속에 보편적으로 자리하고 있었다. 그랬기 에 대중에 대한 교육을 철저히 강화하고 건강한 민족의식과 시민정신 을 수립하는 것이 절실했다.

천두슈와 후스 등의 인물이 1915년에 일으킨 신문화운동은 일종의 사상계몽 운동으로서 다음의 몇 가지 면에서 긍정적이었다.

첫째, 당시 황제를 향한 중국인들의 정서를 겨냥해 공화제를 공고히 하자는 건의를 했다.

신해혁명으로 중화민국이 수립된 이후 위안스카이와 장쉰張勳이 각각 제제帝制를 부활시키고자 하는 시도를 했다. 성공을 거두지는 못했지만 이는 당시 황제에 대한 중국인의 감정이 얼마나 뿌리 깊은지를 단적으로 드러내주었다. 이 부분에 대해 학자 가오이한高一涵은 「비군사주의非軍師主義」라는 글에서 이렇게 말했다. "신해혁명은 공화사상으로 쟁취한 것이 아니라 종족사상으로 쟁취한 것이다. 따라서 황제는 물러났으나 사람들의 뇌리 속에 있는 황제는 아직 물러나지 않았다." 물론 황제제도를 회복하고 입헌군주를 실시하는 것을 퇴보라고 말할 수는 없다. 입헌군주와 민주공화는 현대 문명을 대변하는 하나의 형식이지 진보와 낙후를 구분하는 잣대가 아니기 때문이다. 문제는 신해혁명을 통해 중국인들이 공화제를 선택했고 황제라는 제도를 버렸으니 이 사실을 인정하고 공화제를 공고히 하는 데 힘을 기울여야 한다는 것이었다.

천두슈는 당시 이 점을 인식하고 「낡은 사상과 국체의 문제舊思想與國體問題」라는 글에서 이렇게 밝혔다. "부패하고 오래된 사상이 나라에 널리 확산되어 있어 우리는 성심을 다해 공화제를 공고히 해야 하며 공화제를 반대하는 윤리와 문학 등 낡은 사상을 말끔히 청산하는 데 각고의 노력을 기울여야 한다. 그렇지 않으면 공화정치는 시행될 수 없을 것이고 공화제라는 간판은 내걸 수도 없게 된다." 천두슈는 공화제를 공고히 하려면 낡은 사상과 윤리를 청산하는 데서부터 시작되어야 하고 신해혁명이 완수하지 못했던 임무를 마무리지어야 한다고 생각했다. 천두슈의 이러한 언급은 당시 사회의 병폐를 정확히 지적한 것이다.

둘째, 개인의 권리와 자유의 보장이라는 현대 문명의 핵심문제를 제기했다.

천두슈는 잡지 『신청년新靑年』 창간호에 발표한 「청년에게 고함敬告靑年」이라는 글에서 과학과 인권을 모두 중시하자는 방침을 제시했다.

개인과 국가의 관계에서 개인은 반드시 국가보다 우위에 서야 한다. 그는 「동서 민족의 근본적인 사상적 차이東西民族根本思想之差異」에서 이렇게 말했다. "국가의 이익 그리고 사회의 이익이 만약 개인의 이익과 충돌하게 된다면 개인의 이익을 공고히 하는 것을 근본으로 삼아야 한다." 가오이한은 「국가는 인생의 귀착점이 아니다國家非人生之歸宿論」에서 이렇게 말했다. "국가가 사람을 위해 세워지는 것이지 사람이 국가를 위해 태어나는 것이 아니다. 우리의 애국행위는 개인의 권리를 확장하기 위함이며 (…) 개인의 권리를 희생하는 것은 오히려 국가의 존립에 해를 끼치게 된다." 이렇게 이들은 서구의 개인 본위로 동양의 가족 본위를 대체하자고 주장했다.

셋째, 법에 의거해 일을 처리하는 '법치'를 어떻게 보장할 것인가에 대한 문제를 제기했다.

천두슈는 앞의 글에서 이렇게 언급했다. "법치의 실리를 중시하는 자가 각박하고 매정하다는 의심을 받지 않은 것은 아니었으나, 그 결과 사회와 개인은 서로 기대지 않았으며, 개인은 자신을 위해 싸우고, 독립적으로 생계를 도모하게 되었다. 또한 독립된 인격을 갖추게 되었고 각자의 분수를 지키며 서로 착취하지 않았다. 이로써 소인에서 군자에 이르기까지 사회경제의 질서 또한 정연히 세우게 되었다." 천두슈는 이 글에서 법치 문제가 인권 보장과 건강한 사회 건설에 미치는 중요성을 명확히 지적했다. 한편 법치라는 목표를 실현하려면 헌정으로 향하는 것은 필연적 추세였다.

이 밖에도 신문화운동은 민주와 과학을 제창했고 문학 혁명을 주장했으며, 백화문을 내세우고 문언문에 반대하는 것을 골자로 했다. 이 모든 것은 상당히 진보적 의미를 지닌 것이었다.

하지만 신문화운동의 취약점 역시 분명히 드러났다. 그중 가장 큰 문제는 바로 당시 중국에서 가장 시급히 해결되어야 할 문제에 대한 심도 깊은 연구와 해결이 이루어지지 않았다는 점이다. 즉 신생 공화제를 공고히 하며 바람직한 민주헌정체제를 수립하는 데 대한 건설적인 의견과 방안을 제기하지 못했다는 것이다.

예컨대 그들은 민주와 과학을 주창했지만 도대체 무엇이 민주이며, 민주가 내포하고 있는 의미는 무엇이었나? 그들의 글에서는 이 부분에 대한 명확한 인식을 찾아볼 수 없다. 어떤 의미에서 봤을 때 민주는 곧 국가의 국민이 헌정을 통해 부여받은 권력으로 국민 일인당 한 표를 행사해 국가와 지방의 지도자를 선출하는 것이다. 미국의 '독립선언문'과 헌법에는 '민주'라는 단어를 아예 찾아볼 수가 없다. 그렇다고 해서 미국의 선현들이 이 중요한 부분을 간과한 것은 결코 아니었으며 도리어 그들이 심사숙고의 과정을 거쳐 도출한 공통된 인식이었다. 미국의 사상과 제도의 초석을 다진 이 두 가지 문서가 강조한 것은 개인의 권리와 자유를 보호하는 것이었지 다수결의 원칙이 아니었다. 또한 폭민暴民정치를 방지하고자 힘썼다. 개인의 권리와 자유라는 근본 문제를 굳게 견지하면서 개인은 선거권과 피선거권을 행사할 수 있게 되었고 민주제도가 수립되었다. 때문에 미국의 선거 제도 수립은 민주라는 꿈이 아닌 개인의 권리와 자유에 대한 존중을 기반으로 했다.

한편 천두슈 등은 보통선거가 지닌 중요성을 대대적으로 알리지 않았고 개인에게 부여된 선거권, 피선거권과 자유라는 기본적 권리로 인해 국가의 민주가 진보될 것이라는 사실을 널리 선전하지 않았다. 대신 그들이 선전한 민주는 강한 무정부주의적 색채와 폭력적 사조를 대동하고 있었으며 이는 신생 공화제를 공고히 하는 데 무익했을 뿐만 아니라 유해하기까지 했다. 당시 발행된 간행물을 보면 신문화운동 과정에서 무정부주의를 고취시켰던 간행물은 60여 종에 달했고 무정부주의를 모토로 한 소규모 집단이 대거 등장했다. 그들은 모든 정부를 없앨 것을 주장했고 기존의 모든 사회질서를 부정하고 법치도 부정했다.

또한 그들은 유물론적 변증법을 과학으로 삼았으나 유물론적 변증법은 '반증의 논리'를 구성할 수 없는 학설이었고 거짓을 증명하지 못하는 학설이 과학이 될 수 없다는 것은 가장 기본적인 상식이다. 과학이라면 응당 거짓을 증명해내는 과정을 거쳐야 그 정확성을 검증할 수 있다. 하지만 유물론적 변증법의 경우 근본적으로 그 정확성을 검증할 방법이 없다. 마치 무엇이든 담을 수 있는 마법의 주머니처럼 어떻게 말해도 모두 옳다고 하는데 어찌 과학이 될 수 있겠는가? 또한 그들은 공산주의 학설도 과학으로 간주했다. 하지만 공산주의 학설 역시 거짓을 증명해내지 못했으며 그렇다보니 그 정확성을 검증할 방법도 없다. 따라서 이 학설 역시 과학이 될 수 없다. 사실 마르크스와 엥겔스 본인도 말년에는 공산주의 학설을 포기했다. 셰타오謝韜는 시사잡지 『염황춘추炎黃春秋』 2002년 2기期에 발표한 「민주사회주의 모델과 중국의 앞날民主社會主義模式與中國前途」에서 마르크스와 엥겔스가 말년에 공산주의를 분명히 포기했음을 상세한 자료를 인용해 증명했다. 반면 천두슈와 리다자오 등이 이러한 학설을 과학으로 삼은 것을 보면 이들이 과학에 대해 오해를 하고 있었음을 충분히 알 수 있다.

특히 지적하고자 하는 것은 천두슈와 후스 등이 서구로부터 배우자
며 선동했지만 정작 그들은 당시 서구 문명의 근본 정신에 대해 제대로
된 이해가 부족했다는 점이다. 사실 서구 문명의 근본은 바로 기독교
문명이었으며 이 신앙은 서구 현대 문명의 근간이 되었다. 서구의 인권,
삼권분립, 지방자치, 공평한 경쟁, 소수자 권리 보호, 경쟁 패배자에 대
한 배려 등은 모두 기독교 신앙에서 비롯되었다.

하지만 신문화운동 과정에서 천두슈 등은 이에 대한 이해가 부족
했다. 그들은 서구의 자유주의, 개성, 사회진화론, 무정부주의, 실험주
의, 실용주의 및 이후의 계급투쟁, 폭력 혁명, 프롤레타리아 독재 등 각
종 사조를 무작위로 받아들였다. 그러면서 서구 문명의 정수인 기독교
신앙은 받아들이지 못했다. 한편 그들이 귀한 보물처럼 받든 계급투쟁,
폭력 혁명, 프롤레타리아 독재는 바로 강권, 폭력, 전제, 정권 교체 의식
의 복제판으로 서구 문명을 역행하는 것이었다.

천두슈 등은 중국의 전통문화를 대하는 데 있어서도 상당히 편파적
인 양상을 드러냈다. 그들은 문학혁명을 제창하고 문언문을 반대했으
며 고대의 문학 형식을 반대했다. 물론 이러한 태도가 잘못된 것은 아
니지만 그 예봉을 공자나 맹자로 대표되는 유가학설에 겨냥해서는 안
되었다.

유가사상은 현대 문명의 유전자를 만들어주지 못했고, 민주헌정 제
도를 배태해내지도 못했다. 바로 유가사상이 지닌 결함이다. 이를 이유
로 유가에서 제창한 도덕정신을 싸잡아 부정해서는 안 될 일인데도 신
문화운동 과정에서 유가학설은 전면적 비판의 대상이 되었다. 루쉰의
소설『광인일기』는 수천 년의 역사를 지닌 인의도덕을 사람을 잡아먹
는다는 의미의 '식인吃人'이라는 두 글자로 규정했다. 중국 전통의 인의

도덕을 단호하게 부정했을 뿐 아니라 피비린내 나고 요사스러운 것으로 보았다. 그야말로 매우 편파적인 착오가 아닐 수 없다. 가령 북송의 범중엄이 제기한 "천하 사람들이 근심하기에 앞서서 근심하고, 천하 사람들이 즐긴 뒤에 즐긴다"[7]라는 위대한 정신은 고대 중국인들의 숭고한 도덕정신을 표명하고 있는데 이 역시 '식인'이라고 할 수 있겠는가? 대다수의 중국인은 종교가 없고 자신의 행위에 대한 자각적인 규제가 부족하기 때문에 윤리 규범이 필요하다. 만약 최소한의 윤리도 부정한다면 그 결과는 위험천만할 것이다. 예의와 염치, 인의도덕마저도 내던져버릴 수 있는 민족이 저지르지 못할 악행이 뭐가 있을까?

안타깝게도 신문화운동은 전통문화의 뛰어난 핵심적 부분을 긍정적으로 인정하지도 않았으며, 중국 문화의 찌꺼기에 대해서도 비판이나 부정을 가하지 않았다. 일례로 법가사상은 전제집권을 주장하면서 인명을 하찮은 것으로 간주했으며, 폭력으로 탄압하고 물질적 포섭으로 인심을 정복하는 저열한 수단도 마다하지 않는 등 역사적으로 더없이 부정적인 역할을 했다. 때문에 이에 대해 단호히 부정하고 비판을 가해야 할 필요가 있는 것이었다.

또한 『삼국연의』가 널리 알린 음모문화와 『수호전』의 법률을 준수하지 않는 폭력문화, 건달 문화와 강호의 어두운 습성, 노비문화, 관리들의 부패풍조, 대일통에 대한 강박관념, 관료문화, 신민臣民의식, 협애한 민족심리 등은 모두 중국 전통문화에 내재되어 있는 찌꺼기이자 쓸모없는 것들이다. 이러한 것들을 철저히 비판하고 부정해야만 민중의 공공의식을 수립할 수 있는 것이다.

하지만 신문화운동은 이러한 문화적 찌꺼기들을 철저히 비판하거나 부정하기는커녕 유가도덕을 비판하고 나섰다. 그 결과 사회에 범람하는 찌꺼기 문화에 대해 경각심을 불러일으키지 못했다. 5·4운동 이후 이러한 찌꺼기 문화는 '혁명'이라는 외피를 쓰고 수많은 선량한 중국인을 기만했고 결국 계급투쟁, 폭력 혁명, 당문화黨文化와 합류해 잘못된 길로 들어서도록 했으며 혁신을 꾀하지 못하게 만들었다. 그리하여 중국에서는 불량할수록 더욱 성공에 근접하게 되었고 불량함이 극에 달할수록 승리는 더욱 가까워졌으며 살인방화와 민가를 습격해 약탈하는 행위가 '혁명'이라고 불리게 되었다.

물론 1919년에 발발한 5·4운동으로 인해 신문화운동의 방향이 바뀌지 않았다면, 신문화운동 과정에서 등장한 일련의 문제들은 천두슈 등 인물들이 서구 문명을 심도 깊게 이해하게 되면서 서서히 바로잡힐 수 있었을 것이다. 대중들은 점차 냉정을 되찾고 서구 문화와 중국 전통문화에 대해 분석적으로 학습하고 계승하고 개선할 수 있었을 것이다. 이로써 중국 문명은 부단히 현대성을 향해 나아갔을 것이다. 하지만 5·4운동의 돌발적 발생은 신문화운동의 방향을 돌려놓았다. 이로인해 중국 현대사회는 민주헌정을 향해 발전하지 못했고 도리어 '일당독재'와 강권폭력의 방향으로 선회하고 말았다.

1919년에 일어난 5·4운동은 량치차오가 4월 24일 프랑스 파리에서 국민외교협회國民外交協會에 보낸 전보가 발단이 되었다. 그는 전보에서 파리 강화회의에서 독일이 산둥山東성에 가지고 있던 권익을 일본에 양도할 것이라는 정보를 폭로하고 중국 정부는 이 협의에 서명을 거절해야 한다고 요구했다. 당시 언론은 상당한 자유를 누리고 있었기 때문에 외교위원회 사무장 린창민林長民은 신속히 『신보晨報』와 『국민공보國民公報』에 글을 실어 호소했다. "산둥이 망했도다! 나라가 이제 나라일 수 없겠구나! 이에 4억 중국 민중이 목숨을 걸고 나서기를 원하노라!"[8] 베이징대 총장 차이위안페이蔡元培는 외교 실패 소식을 학생들에게 전달했고 이로 인해 학생들이 대규모 시위를 벌였다.

사실 당시 중국은 '나라가 더 이상 나라라 할 수 없는' 그런 상황은 아니었고 다른 국가의 침략을 받은 것도 아니었다. 하지만 아편전쟁 이후부터 위안스카이가 21개조 불평등 조약을 맺기까지 중국은 수차례 외국의 괴롭힘에 시달려왔기 때문에 중국인들의 심중에 내재해 있는 외세 배척 의식은 매우 강렬했고 외교에 관련된 문제에 한해 상당히 민감한 반응을 보였다. 특히 제1차 세계대전에서 중국은 전승국으로서 독일이 산둥에 가지고 있던 각종 권익을 회수할 수 있을 것이라고만 생각했지 이러한 상황이 발생하리라고는 예상치 못했다. 그랬기에 반응이 격렬할 수밖에 없었다. 학생들은 시위에 나섰고 톈안먼과 각국의 공사관이 밀집되어 있는 동교민항東郊民巷을 지나면서 교통총장 겸 재정총장인 차오루린曹汝霖의 관저 '차오가루曹家樓'를 습격했고 정부 고위관료들의 재산을 강제로 몰수했다.

베이징사범대학교 학생 쾅후성匡互生은 폭력을 주장했던 유명한 인물로 차오루린 집의 창문을 때려부숴 열고는 난입해 대문을 열었다. 학생들은 물밀듯이 안으로 진입해 차오루린 집안의 서화, 자기, 가구 등을 무참히 파괴했다. 차오루린의 부친은 부수지 말아달라고 요청하면서 물건들을 가지고 가라고 했다. 하지만 분노한 학생들은 그 요청에 아랑곳하지 않았다. 그들은 재산을 몰수했을 뿐만 아니라 차오루린의 부친과 아내 그리고 그 집을 방문한 주일 공사 장쫑샹章宗祥을 구타했다. 그들은 장쫑샹을 끌어내 뭇매질을 가하다 못해 돌로 내리치기까지 해 그의 온몸은 피로 범벅이 될 정도였다. 이후 상처 난 곳을 살펴보니 장쫑샹은 몸 수십 군데에 상처를 입었고 구타로 인해 뇌진탕에 걸린 상태였다. 학생들은 상황이 거기에까지 이르자 구타를 그만두고는 불을 질러 차오 집안의 자동차, 서화, 서신, 집을 태운 뒤에야 당당하게 떠나갔다.

이 폭력사건은 사전에 모의된 것이었다. 5월 4일 전야, 학생들은 회의를 소집했는데 그 과정에서 의견이 두 가지로 엇갈렸다. 하나는 준법시위를 하자는 의견이었고 다른 하나는 폭력을 행사해서 정부 관료들에게 위해를 가하고 차오루린의 집을 불태우자는 것이었다. 결국 폭력을 가하자는 의견이 우위를 점하면서 학생들은 미리 휘발유와 성냥을 준비해두었고 차오루린 등 관리 3명의 사진을 확보해 구타를 준비했으며 심지어는 암살까지 계획하고 있었다. 차오가루를 불태우고 정부 관리를 구타한 사건은 이렇듯 결코 우연이 아니었다.

사건 발생 당일, 경찰은 32명의 학생을 체포하고 이어서 800여 명의 학생들을 체포했으나 정부 측 경찰은 발포를 하거나 이들을 죽이지 않았다. 당사자들의 회상에 따르면 사건이 발생했을 때 당시 차오루린의 저택을 호위하던 완전무장 순경 28명은 학생들이 저택에 돌진하는 것을 보고는 자동적으로 총검을 내려놓고 장전해두었던 총알을 빼냈다. 정부 측이 학생 시위대에 '문명적으로 대응하라'고 명령했기 때문이었다. 당시 마침 차오의 저택에 있었던 딩스위안丁士源이라는 국장은 밖으로 나와서는 순경들에게 물었다. "어째서 손을 쓰지 않는 것인가?" "장관의 명령을 받지 못했습니다." "내가 말했는데도 안 되는가?" "안 됩니다!"[9]

사건 전반을 살펴보면 폭력을 사용한 것은 학생들이었지 정부는 어떠한 폭력도 행사하지 않았다. 옛날부터 지금에 이르기까지 이처럼 인도적이고 관용적으로 대응했던 정부 측 경찰이 있었다는 사실을 듣지도 보지도 못했다. 당시의 정부는 상당히 문명적인 정부였다. 하지만 유감스럽게도 당시 중국 전역은 학생들의 애국행위를 찬양하는 목소리만 있었을 뿐 그들이 저지른 폭력범죄를 질타하는 목소리는 없었다. 정부 측 경찰이 일부 학생들을 체포하니 전국의 여론은 정부에 대한 비난 일색이었고 심지어는 상인의 철시撤市(파시罷市), 노동자의 파업(파공罷工), 학생의 수업 거부(파과罷課) 즉 이른바 3파 투쟁이 발생했다. 이러한 사회적 압력에 봉착해 중화민국 정부는 체포한 학생 전원을 석방할 수밖에 없었고 그들에게 어떠한 책임도 추궁하지 못했다. 차오루린, 장쭝샹, 루중위陸宗輿를 해임했고 파리 강화회의에 참가한 중국 대표단에게 조약 서명을 거부하라고 통보했다. 더불어 중화민국 총통 쉬스창徐世昌은 사직서를 제출했다.

5·4운동은 학생들의 전적인 승리와 정부 측의 깨끗한 실패로 막을 내렸다. 결과적으로 파리 강화조약에 서명을 하지는 않았지만 이후 중국은 이로 인해 돌이킬 수 없는 엄청난 대가를 치러야만 했다. 그로 인해 초래된 결과는 다음의 몇 가지로 나타난다.

첫째, 학생들의 폭력범죄 행위가 법적 추궁을 받지 않았다는 사실은 법치를 위반하고 폭력행사를 정당화하는 선례를 열어놓게 되었다.

당시 대다수 중국인 특히 지식인들은 학생들이 멋대로 사택에 침입하고 개인의 재산과 주택을 깨부수고 불 지르며 사람을 구타해 부상을 입히는 행위에 대해 애국심의 발로라며 무죄라고 주장했다. 량수밍梁漱溟만이 「학생사건을 논함論學生事件」이라는 글에 이렇게 지적했다. "설사 차오루린과 장쭝샹이 극악무도한 죄를 지었다 하더라도 아직 죄명이 성립되지 않은 상황이라면 그는 자유를 누릴 권리가 있다. 우리가 애국을 무엇보다 중요한 공적인 행위로 여겨 그랬다 하더라도 그의 자유를 침범해서는 안 되며 그에게 폭력을 가해서는 안 되었다. (…) 우리가 한 일이 옳으면 범법을 해도 된다고 말할 수는 없다. 실제로 최근 몇 년간 '국민의사國民意思'라는 네 글자에 기대어 법적 제재를 받지 않고 오늘의 지경까지 이르지 않은 일이 있었는지 묻고자 한다." 이어서 말했다. "나는 학생사건이 법정에 회부되어 처리되고 검찰청에 고소를 제기해 학생들이 판결을 따르고 자신의 죄과를 인정하기를 희망한다." 그러면서 그는 법치의 마지노선을 사수하지 않으면 "이후에 오게 될 손해는 더욱 엄청날 것"이라고 지적했다.

량수밍의 의견은 매우 정확했다. 이 대목에서 린다林達가 『낙엽을 쓸면 겨울이 편하다掃起落葉好過冬』에 언급한 민주헌정 국가에서 발생한 한 가지 실화를 떠올리게 된다. 도리스 해덕Doris Haddock이라는 90세의 미국인 할머니가 '선거자금 개혁'을 외치며 단신으로 장장 5000킬로미터를 걸어 미국 대륙을 횡단했고 마침내 워싱턴에 도착해 전 국민의 환호를 받았다. 하지만 그녀가 연방국회청사에 도착해 원고를 꺼내 연설을 하려고 하자 경찰에 체포되었다. 법을 어겼다는 것이었다. 국회청사는 입법의 요충지이기 때문에 그곳에서는 법률을 제정하는 국회의원들만이 어떤 발언이든 할 수 있고 그 내용이 어떻든지 범죄로 성립되지 않았다. 하지만 국회의원이 아닌 사람은 그곳에서 어떠한 정치적 발언도 할 수 없고 어떠한 정치적 시위행위도 불허되었다. 이를 무시하면 곧 법을 어긴 것이 되어 경찰에 체포되도록 되어 있었다. 이것이 법률이다. 해덕이 할머니이고 그녀의 목적이나 행위가 정의롭다고 해서 예외가 되지는 않았다. 법률은 어디까지나 법률이고 법을 위반하면 곧 죄를 판결 받게 된다. 법원은 할머니에게 '수감하라'는 판결을 내렸지만 구금되어 있었던 시간이 바로 판결된 수감기한을 이미 채웠기 때문에 곧 석방되었고, 10달러라는 법정 수수료를 무는 데 그쳤지만 법적 절차는 공평했다.

이 이야기는 정의로운 행위는 칭송 받아 마땅하지만 그 행위가 범죄에 속할 때는 응당 법적 제재를 받아야 한다는 서로 다른 개념을 시사하고 있다. 공은 공이고 죄는 죄다. 이 두 가지를 한 데 섞어 동일시 할 수는 없다. 응당 법률을 준수하고 법률의 범위 내에서 활동해야지 그렇지 않으면 사회는 이내 혼란에 빠지고 만다. 미국에서 민주헌정 제도가 잘 유지되어 오고 있으며 부단히 개선될 수 있었던 것은 바로 법을 엄격히 적용해 일을 처리했기 때문이다.

같은 이치로 5·4운동을 주동한 학생들의 애국적 행위는 칭송 받아 마땅하지만 그들은 형사죄를 저질렀으니 법적 제재를 받아야 했으며 경찰은 이들을 체포해야 했고 법원은 그들에게 죄를 언도해야 마땅했다. 학생들은 반드시 스스로 저지른 범죄행위에 법적 책임을 져야 했다. 만약 당시 사회에 이러한 의식이 형성되어 학생들의 애국적 행위에 대해서는 칭송을 하고 그들이 저지른 범죄행위에 대해서는 법적 제재를 가했다고 한다면, 누구든 정의로운 행위라는 구실로 법을 위반해서는 안 되며 헌법을 준수하는 것이야말로 국민의 책임이라는 의식이 중국인들에게 자리잡게 되었을 것이다.

하지만 매우 유감스럽게도 량수밍의 의견은 주목 받지 못했다. 광분한 대중적 정서로 인해 사람들은 이성을 잃고 극단적으로 행동하게 되었다. 당시 베이징의 주간지 『매주평론每週評論』은 「학생사건과 국가법률 문제學生事件和國家法律問題」라는 평론을 실었는데 그 내용은 이랬다. "우리 인류는 현재 학생들의 행위가 정의롭다고 인정하고 있으며 국가와 법률도 우리 인류의 뜻을 따라야 한다. 도덕적으로는 인정이 되나 법률적으로는 인정되지 않는다면 이 법률은 야만시대의 산물에 다름 아니며 질서 유지만을 목적에 둔 것일 뿐이다. (…) 이러한 법률 관념은 그저 인치의 폐단을 없애고자 할 뿐인 것으로 현재의 국가에서는 사실상 아무 쓸모도 없다." 이 글에서는 법률은 사람의 행위를 규제하는 준칙이 아니고 사회질서를 보호하는 공적 수단도 아닌 정의로운 일을 위해 존재하는 도구가 되어야 한다고 주장하고 있다. 그렇다면 법률이 누군가의 수중에 들어가 도구로 사용될 경우 '정의로운 행위'라는 명목만 있으면 법률을 파괴할 수도 있고, 살인이나 방화 등 어떠한 수단도 용납이 된다는 의미가 된다.

천두슈의 견해는 여기서 한걸음 더 나아갔다. 그는 학생들의 폭력행위를 칭송하는 것도 모자라 그 자신 베이징 시민 가운데 단 한 사람의 의견도 구하지 않은 상황에서 독단적으로 전체 시민의 명의로 '베이징시민선언北京市民宣言'을 작성해 대로로 달려 나가 배포했다. 그리고 정부기구를 해산하고 시민들이 권력을 장악해야 한다고 요구했다. 또한 '자리를 박차고 일어나서 직접 사태의 해결에 나서야 한다'고 대중에게 호소했다. 이는 대중에게 떨쳐 일어나 법률체제 밖에서 폭동을 하라고 호소하는 것과 같았다. 천두슈의 이러한 행위는 이미 국가의 법률에 저촉되는 것으로 경찰은 그를 체포했고, 이는 정상적인 법 집행이었다. 하지만 유감스럽게도 전국 각지에서 천두슈에게 대대적인 성원을 보냈고 일방적으로 정부를 비판했다. 경찰은 여론에 맞닥뜨려 천두슈를 석방할 수밖에 없었고 천두슈는 출옥 후 영웅과 같은 환대를 받았다. 당시의 천두슈는 자신이 신문화운동 과정에서 제기했던 평화, 이성, 법치에 관한 주장을 철저히 위반했다.

그렇게 5·4운동은 중화민국의 법률제도를 훼손시켰다. 진보적이고 민의를 존중하던 정부는 위협과 타협에 내몰리게 되었다. 그 결과 중화민국의 헌법과 법률제도는 준수하지 않아도 되었고, 중화민국 정부는 전복될 수 있었으며, 구타와 방화를 저질러도 법적 책임을 지지 않는 상황이 도래했다. 폭력을 가한 사람은 대중의 마음에 영웅으로 자리잡았고 국가의 법률질서를 지키는 정부는 도리어 비난의 대상이 되었다. 이처럼 시비가 가려지지 않고 흑백이 전도된 상황은 당시 중국인의 강권과 폭력에 대한 전통적인 사고가 얼마나 고질적인 것인지를 반영하고 있다.

둘째, 5·4운동은 정의라는 명목으로 타인의 권리와 자유를 박탈한 나쁜 선례를 만들었다. 5·4운동의 폭력적 사건이 발생한 뒤 당시 량수밍 등 소수만이 학생들의 행위에 반대하고 나서서 학생들이 법적 책임을 져야 한다고 주장했다. 량수밍은 당시 목표가 옳다는 이유로 수단과 방법을 가리지 않거나 심지어 행동이 정의롭다는 것을 이유로 개인의 권리와 자유를 침범하는 행위는 중국에 재난을 가져올 수 있음을 인식하고 있었다. 역사는 량수밍의 견해가 매우 예리했음을 증명하고 있다. 하지만 안타깝게도 멀리 앞을 내다보는 그의 치밀한 사고는 대중의 관심을 받지 못했다. 당시 『매주평론』에 발표된 「량수밍 군의 학생 사건에 대한 논의를 평하다評梁漱溟君之學生事件論」라는 글은 다음과 같이 량수밍을 비판했다. "량군은 누구든지 자유가 있고 타인을 침범해서는 안 된다고 했는데 원래 이는 지극히 옳은 말이다. 하지만 타인을 침범하는 것이 만약 군중의 행동에서 비롯되었다면 더 이상 그렇게 말할 수 없는 문제다. 프랑스에서는 제1차 세계대전 초기에 유명한 사회당 지도자였던 장 조레스가 평화를 주장했다가 군중들에게 죽임을 당했다. 하지만 훗날 어떤 법적 문제도 일어나지 않았다. 이런 류의 사례는 얼마든지 있다."

이 글의 관점은 행위가 정의롭기만 하면 개인의 권리와 자유를 침범할 수 있다는 당시 중국 대다수 사람이 지니고 있던 의견을 대표하고 있다. 결국 학생들의 폭행은 추궁받지 않았고 도리어 폭행의 대상이었던 차오루린과 장쭝샹 등은 권리를 보호받지 못했다. 그들은 인신 침해를 당하고 재산이 파손되었는데도 배상 받지 못했다. 그들이 받았던 굴욕은 지금까지도 설욕되지 못했다. 군중행동을 통해 구타, 재산 몰수, 심지어 살인과 방화를 저지르는 것은 어떠한 명분을 대더라도 정의로운 행위라고 규정될 수 없으며 법에 어긋나는 폭민정치다.

위안웨이스袁偉時 교수는 「5·4운동, 애국적 격분에서 제도에 대한 사색에 이르기까지五四: 從愛國激憤到制度尋思」라는 논문에서 이에 대한 깊은 반성의 글을 실었다.

"5·4운동은 '정의, 국민 여론, 군중운동'이라는 명분을 내세워 개인의 자유를 침범할 수 있었다. 이런 그릇된 사상은 위기의 발단을 낳았다. 몇 년 뒤 국민당은 개인의 자유를 침범하는 이 관점을 답습하고 그것을 극단으로 몰고 갔다. '국민혁명'과 '국민정부'라는 기치 아래 '혁명'과 '국민'이라는 명분을 내세워 개인의 자유, 특히 언론의 자유를 박탈한 전제통치를 수립했다. 그로 인해 재난과도 같은 부작용이 초래된 것은 주지의 사실이다. 국민당이 이러한 사상을 받아들인 것은 결코 우연이 아니었다. 핵심 지도자였던 쑨원은 신해혁명 이후 개인의 자유를 반대하는 잘못된 관점을 재차 공개적으로 알렸으며 중화혁명당中華革命黨 내부에 개인 독재체제를 수립하는 데 심혈을 기울였다. 게다가 러시아로부터 부정적인 영향을 받아 민주와 자유를 반대하는 기형적 제도가 수립되기에 이르렀다."

쑨원뿐만 아니라 이후의 장제스와 마오쩌둥도 예외가 아니었다. 마오쩌둥이 일으킨 진반鎭反운동[1950년 중국공산당의 반혁명분자 탄압]과 반우파투쟁, 문화대혁명文化大革命에 이르기까지 모두 '정의'와 '혁명'이라는 명분을 내세워 인권을 박탈했고 그로 인해 초래된 재난은 다 표현할 수 없을 정도였다.

연성자치聯省自治와 5차 문명 전환의 실패

현재의 중국인 대다수는 20세기 초, 중국에 연성자치 운동이라는 대규모 문명 전환 운동이 일어났었다는 것을 모르고 있다. 이 운동은 5·4운동 이후 규모가 가장 크고 유일하게 지방자치제와 연방제도의 실시를 요구한 사회정치 운동이었다. 과거 서주가 지방자치제를 실시했었지만 서주의 지방자치제와 연성자치를 같은 것으로 볼 수는 없다. 연성자치가 실현하고자 한 것은 민주선거를 실시하는 연방제도로 나라의 주권이 국민에게 있다는 의미의 '주권재민主權在民'이었다. 반면 서주의 지방자치는 종법세습 제도로 주권이 군주에게 있었다.

연성자치는 주권을 군주나 군벌 그리고 정객의 수중에서 평화롭게 백성의 수중으로 이양하려 한 운동이었다. 관리 임용에 있어서도 중앙의 일방적 임명이 아닌 백성의 손으로 직접 선출하려 했다. 이 제도는 대다수 하층민의 참정권을 보장할 수 있었다. 또한 공화적인 측면에서 상층 권력을 효과적으로 견제하고 균형을 이루며 소수가 전제정치를 펴는 것을 방지할 수 있었다.

연성자치는 곧 연방자치로 연방제 국가 수립을 목적으로 한다. 그 기본 정치이념은 미국의 정치제제를 모방한 것이다. 즉 먼저 중국의 각 성에 자주적인 소규모의 자치 공화체를 수립한 뒤 중앙과 지방의 권한을 분립해 지방에 속한 통치 권한을 지방에 이양한다. 동시에 삼권분립의 입헌체제를 수립해 정당과 국가, 정당과 군대를 분리하고 이어서 점차적으로 선거를 실시한다.

연성자치의 주요 제창자였던 천중밍陳炯明은 「전략 수립建設方略」이란 글에서 다음과 같이 지적했다. "정치조직의 근본은 중앙과 지방의 권한을 규정하는 데 있다. 그 규정 방식은 동서고금을 통틀어 예외 없이 중앙집권과 지방분권의 두 형태로 나뉘었다. 대체로 나라가 작으면 인구도 적어 집권제 실행이 수월할 것이다. 하지만 그렇지 않은 모든 국가는 분권제를 도입할 것이다. 합중국인 미국 그리고 연방제인 독일은 모두 분권제를 도입했다. 당시 영국의 속국이었던 호주와 캐나다의 경우 모두 철저한 자치를 실시했는데 이는 제대로 분권을 실시한 예다. 국토가 넓고 인구가 많은 러시아는 중앙집권을 실행해 오늘날에도 혁명 중에 있다."

천중밍은 한 치의 주저함도 없이 이렇게 지적했다. "모든 일을 처리하는 데 있어 중앙의 통제를 받는다고 가정했을 때 중앙과 가까울수록 백성과의 사이는 더욱 멀어지게 된다. 국민은 영원히 피동적 상태에 놓여 국민이 나라를 다스릴 수 없게 되고 중앙이 국민의 행복을 위해 성의를 다할 마음이 있다 해도 이는 실현되기 어렵다." 그는 지방자치야말로 지역 주민의 자발성이라는 잠재력을 발휘하고 그들의 자신감을 높일 수 있는 제도라고 생각했다.

그는 또 이렇게 말했다. "국가의 혼란이 여러 해 이어지고 있다면 반드시 통일을 모색해봐야 한다. 하지만 진정한 통일은 반드시 법치 위에 세워져야 분열 없이 영구히 운용될 수 있다. 민국의 혼란은 중앙과 지방의 권한이 분리되지 않고 군사와 민정이 본연의 역할을 하지 않은 데서 비롯되었다. 또한 민정에 있어 분권을 했어야 했지만 중앙은 오히려 집권을 했고 군사는 중앙으로 집권해야 했지만 중앙은 오히려 각 성이 군대를 소유할 수 있도록 했다."

이렇게 시작된 연성자치는 헌정과 공화를 버린 것이 아닌 중국의 국정에 맞게 헌정과 공화를 심화시킨 것이었다. 연성자치는 국가를 분열시키려는 것이 아닌 평화, 자유, 자치를 기반으로 하는 통일을 추구한다. 바로 이런 점에서 연성자치는 무술변법, 입헌군주, 신해혁명, 민국 수립 등과 함께 중국 문명 전환에 필연적인 논리를 구성하게 된다. 중국은 국토가 광활하고 인구가 많으며 상황이 복잡한 대국이다. 이러한 국가에서 주권재민의 지방자치제가 수립되지 않은 채로 국가의 평화적 통일과 장구한 안정을 실현하고 민주와 공화의 정치체제를 실현하기란 참으로 어렵다.

하지만 안타깝게도 사람들은 이 위대한 운동을 군벌들이 할거하던 시기 군인들이 각 성을 할거하고 병력을 동원해 스스로를 보호하고 국가를 분열시키기 위한 구실이었다고 오인했다. 결국 이 시도는 쑨원과 국민당이 북방의 외국 세력과 연합해 무력을 사용해 저지했다. 쑨원의 실책은 중국에서 통일전쟁을 절대로 벌여서는 안 될 시기에 전쟁을 일으켰다는 데 있었다.

연성자치의 과정을 돌아보노라면 중대한 역사적 교훈이 아주 많다는 것을 알 수 있다.

일찍이 청이 멸망하기 전 입헌파는 중국 문명 전환에 연방주의가 미칠 중요한 의미에 주목했다. 1905년 서태후는 입헌군주제 실시를 선포하고 5명의 대신을 외국으로 보내 헌정제도를 시찰하도록 했다. 청나라 조정의 헌정편사관憲政編査館은 다섯 대신의 시찰 보고에 근거해 각 성의 자치제도에 필수적 요건인 성자의회省咨議會를 세우자고 피력했다. 그들의 의견은 이랬다. "입헌정치체제의 핵심은 백성에게 참정권을 부여해 행정관리들을 감독하도록 하는 데 있다. 동서의 입헌 국가들은 국가의 체제가 다르고 법제도 서로 다르지만 모두 의원議院을 세워 백성이 의원을 선출하고 그렇게 해서 여론을 대변하도록 했다. 이렇게 나라의 위아래 소통이 원활해지니 그들 사이를 갈라놓았던 간극의 폐해가 줄어들었다. 중국에는 지금까지 의원議院이란 말이 없었으나 이제 의원을 세우려고 하니 이는 최초의 시도로 여겨지고 있다. (…) 중국은 영토가 넓고 인구가 많으니 성을 나누어 통치해야 한다. (…) 자의국은 지방자치와 중앙집권의 중추로서 아래로는 성의 여론을 최대한 수집하고 위로는 국가통일의 대권에 기탄없이 간여해야 한다." 이러한 논조에 근거해 청나라는 조서를 내리고 입헌을 준비했으며, 중앙에는 자정원, 지방의 각 성에는 자의국을 세우기로 결정하고 이들 기관이 군주 입헌의 초석이 되게 했다.

하지만 신해혁명이 돌발적으로 일어나자 청나라 황제는 지방자치 제도를 미처 수립하지 못한 채로 황위에서 물러나고 말았다. 하지만 청나라가 멸망해도 연방주의 수립에 대한 열망은 수그러들지 않았고 도리어 사회적 풍조가 되었다. 당시 각 성에 수립된 민간 자치회는 무려 5000여 개에 달했다. 신해혁명 과정에서 산둥이 독립을 선포하기 전에 각계의 연합회는 순무巡撫 쑨바오치孫寶琦에게 8개의 요구를 제기하며, 쑨바오치에게 대신해서 자신들의 요구사항을 조정에 상주해달라고 요청했다. 그중의 하나는 "중국은 연방국임을 반드시 헌법에 상세히 밝히라"는 것이었다. 쑨원 본인도 연방주의 실시를 주장했고 지방자치제에 찬성했다. 신해혁명이 발생한 이후 쑨원은 파리에서 다음과 같은 담화를 발표했다. "중국은 지리적으로 22개의 행성行省[현대 중국의 지방 행정 구역인 성省의 기원]으로 나뉘어 있고 여기에 몽골, 티베트, 신장위구르 등 세 곳의 자치구를 더하면 그 면적이 유럽 전체보다 크다. 또한 각 성의 기후가 달라서 백성의 습성이나 기질도 다르다. 이러한 상황에서 정치적으로 중앙집권을 실시하는 것은 전혀 적합하지 않으며 북아메리카의 연방제를 도입하는 것이 가장 적절해 보인다. 그렇게 하면 각 성省은 철저히 자유롭게 내정을 펼 수 있고 자체적으로 통제하고 정돈하는 책임을 지게 된다. 한편 각 성의 상위에 중앙 정부를 세워 군사, 외교, 재정을 전적으로 관리하게 하면 국가의 전체적 상황은 자연히 일관되게 흐르게 된다." 전국의 각 성이 잇따라 독립한 상황에서 신해혁명이 성공을 거두자 난징 정부는 미국의 연방헌법을 참고해 정부 조직 강령 초안을 작성했다.

안타까운 것은 귀국 후 쑨원은 각 성의 대표에 의해 임시대총통으로 선출되었지만 연방제도를 제대로 실시하지 않았고 도리어 중앙집권을 적극 주장했다는 것이다. 쑨원과 동맹회는 권력에 대한 탐욕을 부리다 결국 위안스카이가 지휘하는 북양군의 공격을 받았다. 각 성은 독립하지 못했고 입헌파 인사들의 힘 있는 지지를 받지도 못한 상태에서 쑨원은 총통의 보좌를 위안스카이에게 넘겨줄 수밖에 없었다. 한편 야심가이자 음모가였던 위안스카이는 중앙집권과 전제를 더욱 강화했고 지방의 각 성에 대해 엄격한 통제를 가했으며 결국에는 황위에 등극하여 홍헌제洪憲帝가 되었다.

군주제를 부활시키고 황위에 오른 위안스카이는 전국 백성의 반대와 성토에 부딪혔다. 차이어蔡鍔 장군은 윈난에서 떨쳐 일어나 위안스카이에 대항한 호국운동을 벌였다. 이어 각 성이 잇따라 독립했고 위안스카이가 다년간 지휘했던 북양군 내에서도 분열이 일어났다. 위안스카이는 사면초가에 처해 세상을 떠났다. 그가 죽은 뒤 중앙은 국회와 내각을 원상 복귀시켰으나 총통에 올랐던 리위안훙이나 쉬스창 모두 위안스카이 시기의 중앙집권의 권위를 회복할 능력이 없었다. 이러한 상황은 곧 연성자치에 유리하게 작용했다. 당시 각 성들은 실질적으로 독립된 상태에 있었고 이는 독립전쟁 이후의 미국 각 주가 독립되었던 상황이나 서주가 붕괴된 이후 춘추전국 시대와 흡사한 양상을 띠고 있었다. 중앙집권제가 약화되면서 중국에는 춘추전국 이후로 다시금 전례 없이 자유롭고 개방적인 시대가 도래했고 대중은 사상적으로 해방되었다. 이러한 배경 아래 일어난 것이 신문화운동이다.

하지만 1919년 5·4운동이 발발한 이후 러시아의 지원을 받았던 쑨원은 중국을 무력통일하자고 주장했다. 하지만 1920년대에 쑨원의 힘은 전국을 통일하기에 부족했던 반면 각 지방의 세력은 크게 강화되었다. 이런 상황에서 량치차오와 슝시링 등 민주헌정을 지지하던 수많은 인물이 중국에서 연방자치 사상을 선전하기 시작했고 일부 지방의 실력파 인사들이 보내는 지원에 힘입어 연방자치라는 정치적 주장은 시험대에 올랐다.

1920년 겨울부터 10여 개 성이 자치를 쟁취했고 대표를 베이징으로 보내 자치제 실시를 청원했다. 베이징에서 두 개의 연합조직이 자치운동을 벌였다. 그 하나는 광둥, 장쑤, 산둥, 쓰촨, 후베이 등 12개 성과 베이징시의 대표로 구성된 각성구자치연합회各省區自治聯合會였다. 또 다

른 하나는 후난, 즈리直隸, 저장 등 14개 성의 대표로 구성된 자치운동
동지회自治運動同志會였다. 이때부터 자치운동은 하나의 조류를 형성하
기 시작했다. 당시 후난, 저장, 윈난, 쓰촨, 광둥에 성헌省憲이 제정되었
으며, 후베이 등 10여 개 성에서도 성헌 제정 분위기가 무르익어갔다.

1921년 후난에서 벌어진 제헌制憲운동은 연성자치 운동의 시발점이
되었다. 1922년 1월 1일 후난성은 헌법 초안의 실시를 공포하고 보통선
거 형식으로 국민투표를 실시해 후난성의회의 의원과 각 현의 의회의
원을 선출했다. 이후 다시 투표로 자오헝티趙恒惕를 중국 유사 이래 최
초의 민선 성장省長으로 선출했다.

허원후이何文輝는『역사적 전환점에 대한 기억: 1920년대 후난의 입
헌자치운동歷史拐點處的記憶: 1920年代湖南的立憲自治運動』에서 후난의
연성자치 운동을 상세하게 기술했다. 이 책이 제공하는 역사적 사실에
따르면 후난의 연성자치 운동은 각급 의회, 정부, 성, 사법기관을 선출
했고 주권재민과 권력에 대한 견제와 균형이라는 민주헌정 정신에 부
합한 정치구조를 구축했다. 그렇게 대중사회의 성장을 힘 있게 추진했
고 개인의 권리와 자유를 힘 있게 보호했으며 후난 사회의 진보를 추
진했다.

이 책은 상세하고도 정확한 자료를 들어 후난성의 헌법 제정 완성과
각급 의회 및 정부의 선거 실시 이후 빠르게 성장한 국민사회가 성헌省
憲 실시에 지대한 영향을 미쳤음을 증명하고 있다. 그중 특별히 짚고 넘
어갈 부분은 매체와 언론 자유라는 국민의 권리가 철저히 보장되었다
는 점이다. 가장 전형적인 일례로 1923년 봄, 창사長沙의 신문『대공보大
公報』가 제기한 '정부의 헌법 위반 고발안건狀告政府違憲案'이 결국 승소
했던 것을 들 수 있다. 정부가 관리사회의 부패를 폭로한『대공보』를 강

제로 폐간시키자 신문사가 정부를 법정에 고소했고, 결국 법원이 정부의 패소 판결을 내리면서 『대공보』는 복간되었다.

광둥의 자치운동은 지방의 실력자인 천중밍이 이끌었다. 천중밍은 연성자치 운동의 가장 적극적인 선도자 중 한 사람으로서 근대 역사상 헌정주의자, 공화주의자, 연방주의자의 삼위일체를 이룬 극소수 민주정치가 중 한 명이다. 그의 지도 아래 광둥의 자치운동은 활기차게 진행되었다. 광둥에서 진행되었던 자치운동의 상황을 살펴보면 다음과 같다.

1920년대 광둥성의 인구는 3000만 명(현대 스위스 인구의 다섯 배)이었다. 성 전체를 통틀어 92개의 현이 있었고 현의 평균 인구는 약 30만 명이었다. 여기에서 설명을 돕기 위해 인용한 것은 1921년의 광둥이다.

광둥의 자치운동은 당시 외부에서 지켜보는 입장에 있던 이들에게 어떤 인상을 남겼을까? 미국의 주중공사 셔먼Sherman이 1921년 9월 16일 미국 국무장관에게 제출한 보고서는 당시 상황을 새로운 측면에서 설명하고 있다. "남방 정부는 광저우廣州에 효율을 극대화한 현대화된 시정부를 수립했고 동시에 전체 성에서 지방자치를 적극 추진하고 있습니다. 그들은 연성자치로 연방정부를 수립하겠다고 선포했습니다. 광둥은 현재 중국에서 가장 진보적인 성임이 분명하며 아마도 가장 효율적인 관리가 진행되는 성일 것입니다." 그해 광둥에 도대체 무슨 일이 있었기에 이런 평가를 받은 것일까? 연성자치와 관련된 상황 개요를 살펴보도록 하자.

1920년 12월: '현장縣長 및 현縣의회의원을 선출하는 잠정조례'를 선포함

1921년 1월: 광둥성 의회는 성헌 초안 위원회를 선출해 성헌의 초안을 작성함.

1921년 2월: 성의회가 '현縣 자치조례' 보고를 심사함.

1921년 6월: 헌법 초고 완성.

1921년 9월: 민선 현縣 의회의원 선출.

1921년 11월: 민선 현장 선출.

1921년 12월 성의회가 '광둥성 헌법초안'을 정식으로 통과시킴.

그해에 있었던 가장 중요한 일은 광둥이 역사상 최초의 성헌省憲을 마련했다는 점이다. 그 성헌에는 두 가지 특징이 있었다. 하나는 헌법 중 한 장을 할애해 국민의 기본권을 규정해놓았다는 것이다. 다른 하나는 행정권의 대표로서 성장이 갖는 권리에 대해 상당한 제한을 두었다는 점이다. 예를 들어 성장은 의회의 결의사항에 대해 부결권이 없었고 의회는 성장에 대해 탄핵권을 가지고 있었다. 성헌을 제정한 목적은 독립이 아닌 자치에 있었다. 그래서 국가가 대외적으로 선전포고를 할 때 성의 군대 중 일부는 (중앙)정부의 지휘를 받아야 한다고 규정했다. 또한 현역 군인은 정치에 간여해서는 안 된다는 규정도 있었다. 정부의 규모를 제한하기 위해 성헌은 광둥에 성과 현이라는 두 단위의 정부를 구성하고 추가로 특별시를 세울 것을 규정했다. 성헌은 성 단위에서 자치를 실시하고 국민의 직접선거로 현장과 현 의원을 선출하도록 규정했다. 특별시에는 참사원參事員 5인을 두고 시정을 맡아 처리하게 했으며 시의회를 구성했다.

헌법만 있고 구체화되지 못한 제도는 아무런 효력이 없는 문서 조각에 지나지 않는다. 그러므로 헌법 제정 이후의 단계는 구체적인 제도를 건설하는 것이었다. 성헌을 제정했으니 각급 자치제도는 기초를 닦아둔 셈이 되었다. 자치란 아래에서 위로 단계적으로 올라가는 체계이니만큼, 중국의 자치 역시 응당 우선적으로 촌락에서부터 현, 성, 전국으로 차례로 확대되도록 해야 했다. 1921년 광둥에서부터 촌락 자치를 시행했고 각 현의 현장 및 성의원은 국민이 직접 선출했으며 경찰 및 세수와 관련된 문제를 국민 스스로 처리했다. 이렇게 광둥은 단계적으로 전면 자치를 시행했다. 국민이 선출한 현장縣長은 한 현의 행정장관으로, 상술한 현장의 권한에서 보건대 현장은 지방의 전체 사무에 대해 방대한 책임과 권력을 가지고 있었다. 현장을 국민이 직접 선출하는 데 있어 선거 조례 중 재미있는 규정이 있었는데 바로 유권자는 3일간 노역(혹은 투자로 노역을 대신할 수 있었음)을 해야 투표 자격이 주어졌다는 것이다. 이 인력은 대부분 전체 성의 도로 건설에 동원되었다.

이론적으로 촌락에서 성에 이르기까지 단계적으로 진행되는 자치는 연방공화제의 기본 요건이다. 지방에서 자치를 실시하자 지방 책임 관료들의 성질이 변하게 되었다. 즉 기존 상급 관료의 대표자에서 민중의 대표자로 변화한 것이다. 당시 광둥의 최고 책임 관리자였던 천중밍의 견해는 이랬다. "국민이 직접 현장을 뽑는 것은 민치의 정신을 반영한 것이고 현민이 직접 선거로 현장을 뽑으니 당선자는 민치의 본지에 부합한다. 때문에 성장이 다시 선택할 필요가 없다. 중국이 민주를 하고자 하면 반드시 향촌에서부터 시작되는 자치 전통을 발전시켜야 한다. 우리는 더 이상 위에서 아래로 내려가는 방법이 아닌 아래에서 위로 올라가는 방법을 취해야 한다. 수년간 중국은 여러 차례 위에서 아래로 내려가는 방법을 취해 왔으나 매번 실패로 돌아갔다." 지방자치 구상에 따라 광둥은 향촌에서 자치를 실시했고 경찰과 세수 문제는 국민들이 처리했다. 광둥은 흡사 소규모의 연방공화제와 같이 촌락에서 성에 이르기까지 질서정연한 모습을 보여줬다.

1921년 5월 5일, 취임비상국회에서 선출한 대총통 쑨원의 공개 전보문 역시 연성자치에 대한 지지 의사를 표명하고 있었다. 전보문의 내용은 이랬다. "중앙과 지방의 영구적인 분쟁을 해소하기 위한 유일한 방법은 각 성의 백성이 자치를 철저히 수행하여 스스로 성省헌법을 제정하고 성장省長을 선출하는 것이다. 중앙의 권력이 각 성으로 분권되고, 각 성의 권력이 각 현으로 분권되면, 민국에서 분리되어도 다시 자치주의와 결합해 결국은 통일을 이룰 수 있을 것이다." 하지만 안타깝게도 이후 그는 다시 무력을 사용해 이 운동을 마감시키고 만다.

연성자치 운동은 당시 사회여론의 대대적인 지지를 받았다. 1922년 9월, 후스는 '성의 자치 위에 연방 통일국가를 세우라'는 건의를 한다. 량치차오, 차이위안페이, 장빙린章炳麟, 장스자오章士釗, 슝시링 등은 연성자치를 열성적으로 선전했고 장둥쑨張東蓀, 딩스저丁世澤, 판리산潘力山 등은 연방제를 지지하는 글을 발표했다. 1920년대에는 베이징대의 딩셰린丁燮林, 왕스제王世傑, 리쓰광李四光(리중쿠이李仲揆라고도 불림), 리위잉李煜瀛(리스쩡李石曾이라고도 불림), 리린위李麟玉, 탄시훙譚熙鴻 등 여섯 교수는 중국이 우선 '연방'제를 실시해 영구적인 '연방' 수립의 기초를 닦아야 한다고 공동 건의한 바 있었다. 수많은 지식인이 연성자치에 보내는 지지는 이 운동이 지방 군벌의 무장 할거운동이 아니라는 점을 설명해주고 있다.

미국의 동양학자 프라센지트 두아라Prasenjit Duara는 자치운동이 후난과 광둥 지역에서 엄청난 지지를 받고 있음을 발견했다. 학생, 지식인, 기자, 교육자, 상인, 성의원 등 신흥 전문가 집단들 역시 자치운동에 대해 상당한 열정을 품고 있었다. 또한 천두슈 본인도 천중밍의 광둥성 자치정부에 참여한 바 있었고 그 과정에서 교육을 주관했다. 중국공산당도 수립 초기에 연방제를 지지했다. 공산당은 일찍이 1922년의 중국

공산당 '제2차 전국대표대회' 선언에서 "자유연방제를 도입해 중국 본토, 몽골, 티베트, 후이장回疆[회교도들이 거주하는 변경 지역]을 통일하고 중화연방공화국을 수립한다"라고 제창했다. 마오쩌둥도 후난에서 연성자치 운동을 적극 지지했고 후난이 연성자치의 길로 가야 한다고 주장했다.

하지만 연성자치 운동은 결과적으로 실패해 후대에게 큰 아쉬움을 남겼다. 연성자치는 오랫동안 '분열' 혹은 '할거' 운동이라는 오인을 받았고 연성자치를 적극 추진하는 지방의 실력자들은 '야심이 넘치고 속셈이 음흉'한 '지방 군벌'이라는 비판을 받았다. 많은 사람은 고집스럽게도 헌법에 기반을 둔 중앙과 지방분권 및 분치를 국가 분열과 동일시했고 분권에 기반을 둔 통일을 집권과 동일시했다. 이는 중국인들에게 '대일통大一統'이라는 강박관념이 매우 뿌리 깊게 박혀 있었으며 그 강박관념은 20세기 중국이 겪은 비극의 근원이 되었음을 보여준다. '연성자치'는 중국을 몇 십 개의 독립된 국가로 분열하려는 것이 아니었다. 전국의 입헌중앙 정부 구조는 여전히 존재하고 있었으며 전국적으로도 정부의 통일이 명목상 유지되고 있었다. 때문에 '통일'을 '집권'이라고 오인해서는 안 되었고 '분권'을 '분열'로, '자치'를 '독립'으로 오인해서는 안 되었다. 하지만 당시 통일파는 이들의 견해를 거부했고 연방자치 운동이 실패하면서 중국 문명 전환은 더욱 험난하고 굴곡 많은 길로 들어섰다.

참으로 대단한 점은 연성자치를 지지하던 지방의 책임 관료들 대다수가 주동적으로 헌법(성헌)을 통해 자신을 포함한 지방 관리들의 권력을 규제하는 데 적극 나섰다는 것이다. 이러한 현상은 결코 간과되어서는 안 된다. 향후 중국에서 연방주의와 민주헌정이 실시될지의 여부는

상당 부분 제헌자와 지방 책임 관료들에게 달려 있다는 데는 의심의
여지가 없다. 즉 그들이 자신의 통치력이 헌법으로 제한되는 것을 감수
하는 데 달려 있는 것이다.[10]

연성자치의 주요 발기인이며 추진자였던 천중밍과 쑨원이 갈라서면
서 1922년 '6·16' 사건이 발생하게 되고 이는 연성자치 운동의 철저한
실패를 초래하는 결과를 낳았다. 때문에 이 대목에서 천중밍 및 '6·16'
사건에 대해 간략히 소개하고 넘어갈 필요가 있다.

일반인에게는 천중밍은 쑨원을 배반한 반동 군벌이라는 인식이 남
아 있다. 그가 저지른 죄 중의 하나는 1922년 6월 16일, '쑨원의 총통부
를 공격'해 쑨원이 광저우에서 달아나게 된 사건이다. 이로 인해 천중밍
은 오랫동안 '혁명의 역적'이라는 비판을 받아왔다. 하지만 최근 몇 년
간 천중밍에 대한 다른 평가가 속속 나오고 천중밍과 관련된 자료 또한
잇따라 출간되고 있다. 예를 들어 광둥 중산대학출판사中山大學出版社
는 1988년 돤윈장段雲章, 니쥔밍倪俊明이 공동 저술한『천중밍집陳炯明
集』을 출간했고 이후 광둥인민출판사는 돤윈장이 편찬한『쑨원과 천중
밍의 사사 편년孫文與陳炯明史事編年』을 출간했다. 이와 함께『남방주말
南方週末』『남방도시보南方都市報』『서옥書屋』등 신문과 잡지도 잇따라
천중밍을 재조명하는 수많은 글을 게재했다. 이들은 실사구시의 원칙에
입각해 천중밍의 역사적 공적을 인정했고 그와 쑨원의 관계 및 '6·16'
사건을 분석하고 상황을 분명하게 밝혔다.

천중밍은 광둥 하이펑海豊 출신으로 징춘競存이라고도 불렸다. 1898
년 과거에 합격해 수재秀才가 되었고, 1908년 우수한 성적으로 광둥 정
법학당政法學堂을 졸업한 뒤 동맹회에 가입했다. 신해혁명 과정에서 그
는 군대를 이끌고 후이저우惠州를 수복했다. 그는 광둥군정부廣東軍政府

가 수립되면서 부도독副都督으로 임명되었다가 얼마 뒤 도독 대행을 맡는다. 위안스카이가 황위에 오르자 그는 위안스카이를 토벌하는 투쟁에 적극 참여했다. 그는 1917년 호법운동護法運動에 참여했고 1920년에는 광둥성 성장 겸 월군粤軍 총사령관으로 임명된다. 1921년 5월, 쑨원은 그를 육군부 총장 겸 내무부 총장에 임명한다.

천중밍은 민주헌정사상을 견지하고 당과 군대의 통치를 반대했다. 당시 남북이 대치하던 국면에서 그는 미국의 연방제를 본받자고 적극 주장했다. 또한 중국에서 연성자치를 추진해 광둥이라는 남방의 성을 민주공화제 수립의 모범 성으로 만든 뒤, 이를 모델로 해서 전국에 널리 선전해 평화통일과 민주공화정치가 전국적으로 실현되기를 희망했다. 천중밍은 이런 꿈을 실현하기 위해 먼저 성헌을 제정해 민치의 기초를 확립한 다음 국헌國憲을 논의해 점차적으로 통일을 추진할 계획이었다. 하지만 쑨원은 그의 이러한 정치적 주장에 동의하지 않았다. 쑨원은 무력으로 북벌을 단행해 전국을 통일하고 하나의 공식적인 중앙 정부를 수립해 전국혁명을 이끌겠다는 입장이었다. 그래서 쑨원은 국민혁명을 군정軍政, 훈정訓政, 헌정憲政의 세 시기로 구분하고 이렇게 말했다. "우리가 수립한 민국의 주권은 국민에게 있으니 4억의 국민이 우리의 황제가 되었다. 제민帝民이라는 말은 여기에서 비롯된 것이다. 하지만 4억 황제들은 어리고 일천한 데다 직접 정사를 돌볼 수 없다. 우리 혁명당은 무력으로 폭력을 제거하고 도탄에 빠진 황제들을 구해내 보위하고 훈육하여, 민국의 근본을 견고하게 하고, 제민도 영원히 오래토록 편안함을 누리게 한다."[11]

하지만 천중밍은 쑨원의 주장을 비판하면서 이렇게 말했다. "훈정訓政이라는 말은 특히 적합하지 못하다. 이는 군정시대의 말로 당원들은 이를 답습해서는 안 되고 우리의 백성을 그렇게 대해서는 안 된다. 정치란 무엇인가? 아직도 훈계가 필요하단 말인가! 민주정치는 인민의 자치를 정점으로 한다. 하지만 인민은 자치를 할 수 없거나 자치의 기회가 주어지지 않아서 자신들을 대신해 정치하는 관료에 의존했으며, 이를 교훈으로 삼았다. 중국은 수천 년간 이런 관료정치와 공문서 정치를 시행했으나 장족의 발전을 거두지는 못했다. 국민당원들은 어떠한 특효약으로 결과를 책임지려는 것인가? 이는 인민에게서 자치의 기회를 박탈하고 관료라는 자들이 도리어 훈정을 빌미로 한 잘못된 말로 민치의 추진을 방해하려는 것이다."[12]

정치적 주장이 달랐던 두 사람은 갈수록 첨예하게 대립했다. 『남방주말』의 2002년 4월 17일에 실린 예수밍葉曙明의 「1922년 천중밍과 쑨원1922年陳炯明和孫中山」에는 쑨원이 1921년에 월계粵桂전쟁을 일으켰던 내용을 언급해놓았다. "10월 29일, 쑨원은 우저우梧州에 최고 사령부를 세우고 왕징웨이汪精衛를 파견해 광저우에서 급료를 조달하도록 했다. 그는 친히 군대를 통솔해 강을 거슬러 북상해 구이린桂林으로 전진했다. 쑨원은 분연히 말했다. '나는 이미 징춘(천중밍의 자字)과 함께 일하지 않겠다고 맹세했다. 나는 징춘을 죽이지 않아도, 징춘은 반드시 나를 죽일 것이다.'(『화자일보華字日報』 1922년 6월 24일) 쑨원은 결국 권총을 황다웨이黃大偉에게 건네주고 그것으로 천중밍을 죽이도록 했다."[13]

대립이 그러한 지경에까지 이르자 타협점을 찾기 어렵게 되었다. 1922년 6월 2일, 북방의 중화민국 총통 쉬스창은 엄청난 압력 아래 사직을 선언했다. 쑨원은 사전에 쉬스창이 사임하기만 하면 그 자신도 정계에서 물러나겠다고 거듭 약속한 바 있었다. 때문에 쉬스창이 하야한 뒤 내전이 종결되고 평화통일을 이룩하면 한 줄기 서광이 비칠 것이라는 여론이 팽배했다. 6월 3일, 차이위안페이, 후스, 가오이한 등 200여 명의 각계 저명 인사들은 연명한 전보문을 쑨원과 광저우 비상국회에 보내 쑨원에게 쉬스창과 동시에 정계에서 물러나겠다고 했던 선언을 이행하고 비상대총통에서 사직할 것을 호소했다. 여기에서 이들의 요구가 당시 민심에서 비롯된 것임을 알 수 있다. 하지만 쑨원은 약속을 이행하지 않았고 비상대총통의 직위에서 사임하려 하지 않았다. 말과 행동이 어긋나고 이랬다저랬다 하는 쑨원의 행동거지는 대중에게 실망을 안겨주었고 당시 여론의 보편적인 비난에 직면하게 되었다. 이로 인해 '6·16'의 비극이 발생하게 된 것이다.

관련 자료에 따르면 6월 16일 사건이 발생했을 때 천중밍은 광저우가 아닌 후이저우에 있었다. 당시 그는 쑨원의 강요에 의해 사직한 상태였다. 이 사건을 지휘했던 인물은 그의 수하에 있던 예쥐葉擧 장군이었다. 예쥐는 쑨원의 거짓행위에 매우 불만을 품고 있었고 6월 3일 광저우시에 계엄령을 내렸다. 이후 발생한 상황에 대해 『남방주말』에 실렸던 글에서는 이렇게 언급했다. "6월 15일 깊은 밤, 월군의 고위장교가 정선사鄭仙祠에서 긴급회의를 소집했다. 그들은 군사정변을 일으켜 쑨원을 하야시키기로 결정을 내렸다. 이처럼 긴급한 시기에 천중밍은 비서 천명쑨陳猛蓀을 보내 친필서한을 건네주고 예쥐를 설득하도록 했다. (…) 서한의 주요한 내용은 이랬다. 쑨원이 군대를 출동시켜 북벌에서 승리할 수 있으면 정말 좋겠지만 만일 실패하면 나는 육군부장의 신분으로 잠시 부대를 동강東江으로 이동시켜 훈련시켰다가 충분한 준비가 갖추어졌을 때 뒷수습을 하도록 하겠다. 그렇게 천명쑨은 편지를 가지고 정선사로 갔다. 예쥐 장군은 편지를 읽은 뒤 천명쑨의 면전에서 편지를 땅바닥에 내던졌다. 그러고는 천중밍은 군사를 모른다면서 천명쑨에게 이미 돌이킬 수 없는 상황이 되었음을 천중밍에게 알리라고 했다. (…) 천중밍은 화를 참지 못하고 찻잔을 깨뜨렸다."[14]

6월 16일 새벽, 월군이 총통부를 포위 공격했다. 쑨원이 군함에 승선해 천중밍을 '역적'으로 규정하면서 해군은 이 '반군叛軍'과 전쟁을 시작했다. 하지만 반군이라 한다 해도 이 반란은 모살과는 다른 것이었다. 예쥐 등은 쑨원을 사지에 몰아넣을 생각은 없었다. 그저 쑨원을 광둥에서 몰아낼 계획뿐이었다. 그랬기 때문에 이들은 사전에 쑨원에게 전화를 걸어 정보를 주고 서둘러 떠나라고 했던 것이다. 그러면서 그들이 제시한 요구는 차이위안페이 등이 제기한 바와 같이 쑨원이 쉬스창과 함께 권좌에서 물러나는 약속을 실현하라는 것이었다.[15] 다시 말해 쑨원은 총통부에서 영풍함永豊艦까지 3시간을 걸었는데 도중에 어떠한 저지도 받지 않았다. 물샐 틈 없이 봉쇄된 광저우에서 있을 수 없는 일이었다. 그가 떠나도록 놓아주겠다는 의도가 없었다면 이를 설명할 다른 근거가 없다.

한편 '총통부 공격' 역시 사실이 아니었다. 당시 『신보申報』 『시보時報』 『대공보』 및 홍콩, 광둥에서 발행된 신문들을 살펴보면 '총통부 공격'이라고 명시되어 있는 표제나 보도를 발견할 수 없다. 천딩옌陳定炎이 「내가 부친을 위해 판결을 뒤엎으려는 이유我爲什麽要爲先父翻案」에 소개한 바에 따르면 당시 관음산觀音山 아래에서는 세 번의 포성이 울렸고 (총통)부 내부의 수비군은 월군에 의해 무장 해제되어 해산되는 것을 거부했다. 그러자 월군이 화포를 세 번 발포해 그들에게 위협을 가한 것이지 총통부에 실제 대포를 발사하지는 않았다. 반면 당시 신문에서 발견할 수 있었던 내용은 6월 17일 오후 1시 반, 쑨원이 영풍함 등 7척의 함대를 이끌고 광저우성 내부의 각지에 발포하고 사격을 가해 백성 100여 명의 목숨을 앗아간 참극이 벌어졌다는 것이었다. 이러한 큰지막한 타이틀이 당시 신문들을 도배하다시피 했다.

'6·16' 사건이라는 역사적 비극으로 인해 천중밍과 쑨원은 철저하게 등을 돌렸다. 천중밍은 이후에도 '혁명의 역적'이 되었다. 연성자치 역시 화를 피해가지 못하고 '군벌 할거 혹은 군대로 자신의 위치를 높이려는 구실'이라는 비난을 받으면서 정치적 금기사항이 되었다. 이후 천중밍은 쑨원에 의해 토벌되었고 연성자치는 천중밍과 연관되어 수많은 비난과 질책에 직면했으며 극소수에 의해서만 인정받는 상황이 되었다. 하지만 연성자치는 중국 정부의 진보와 문명의 발전을 견인하는 구체적인 매개체였다. 즉 권력 남용 규제, 부패 방지, 현대 문명 추구, 개인의 자유 실현, 사회정의와 장구한 안정을 실현하는 시험대가 되어주었던 것이다. 연성자치를 실현하는 현실적인 경로는 이렇다. 개인을 가장 기본으로 하는 자유 단위와 촌村과 진鎭을 기반으로 하는 자치단위를 구성하는 것이다. 그리고 국민을 연합해 촌과 진을 형성하고, 촌과 진을 연합해 시와 현을 구성하며, 시와 현을 연합하여 성을 구성하고, 성을 연합하여 마침내 공화제를 구성하는 것이다. 이러한 경로를 거쳐 연방공화의 길에 도달하게 되는 정치 설계는 후대가 중국 문명의 전환을 실현하는 데 본보기로 삼을 만한 모델로 더 없이 소중한 유산이다.

1946년 헌정운동과 6차 문명 전환의 실패

1945년 국공 양당의 충칭重慶회담은 일본이 무조건적 투항을 하겠다는 선언을 하고, 중국이 '두 가지 전도前途와 두 가지 운명'에 처해진 시기에 진행되었다. 국공 양당은 '쌍십협정雙十協定'을 체결하며 정치의 민주화, 군대의 국가화, 당파의 합법평등이라는 기본적 원칙을 명확하게 제기했다. 1946년 초, 국민당, 공산당, 민맹民盟, 청년당, 무소속의 대표들은 일제히 충칭에서 정치협상회의政治協商會議(이하 '정협')를 개최했다. 그 과정에서 군대의 국가화, 평화건국 강령, 정부 조직, 국민대회, 헌법 초안 등의 협의안을 평화적으로 체결, 통과시켰고 헌정에 대한 입장의 일치를 보았다. 이를 통해 국민당의 일당 독재 정부를 개편하고 민주적 헌법을 통과시키며 평화적으로 국회 양원제兩院制, 내각제, 성省자치제도를 실시하는 민주헌정국가를 구축하여 중국에 인권을 보장하고 현대 문명으로 나아가는 기초를 닦으려 한 것이다.

충칭협상과 정협은 중국의 6차 문명 전환 운동이자 헌정으로 나아가는 새로운 역사적 기회가 되었다. 하지만 유감스럽게도 국공 양당은 결국 무력을 동원해 문제를 해결했고 문명 전환 운동은 실패로 귀결되고 말았다. 이로써 중국은 민주헌정을 이룰 수 있던 20세기 최후의 기회를 아쉽게 놓치고 말았다. 그 결과 누가 승기를 잡든지 개인과 당파의 승리일 뿐이지 국가와 국민의 승리가 될 수는 없었다.

제2차 세계대전 이후의 국공내전은 중국 역사상 최대의 비극이었다. 1000만에 달하는 동포들이 서로 죽고 죽여 흘러내린 피가 강을 이룰 정도였고 수억 인구가 고통을 당했다. 이는 민족적 참사이고 국민적 재난이었으며 국가적 치욕이었다. 국공 양당의 이데올로기 대립과 개인과 당파 간 권력 쟁탈이 초래한 피비린내 나는 내전은 민족에 깊은 상흔을 남겨놓았다. 내전은 오늘날에 이르기까지 국가를 중국 대륙과 타이완의 분열 상태로 남겨놓았고 중국에서의 현대 문명 건설도 되돌릴 수 없을 정도의 참패로 몰고 갔다.

제2차 세계대전이 종식된 뒤 중국에 공산당과 국민당이라는 비등한 두 세력이 등장했다. 당시 공산당이 점령한 해방구에는 모두 1억 인구에 100만 군대가 있었고 토지는 전체 국토의 4분의 1을 점하고 있었다. 국민당이 관할하던 지역에는 3억 인구에 430만 군대가 있었고 전체 국토 면적의 4분의 3을 점하고 있었다. 강력한 군사력을 기반으로 하는 이 두 정치집단은 장기간 대치상태에 놓여 있었다. 당시 국제정세는 이들의 전쟁을 허락하지 않았다. 미소 양국 사이에 아직 냉전 상황이 나타나기 전이었고, 미소 양국은 모두 중국이 내전이 아닌 협상을 통해 평화적으로 건국하기를 희망했다. 게다가 대내적으로도 평화를 요구하는 목소리가 고조되자 공산당과 국민당은 정전하기에 이르렀다. 이들이 국제적 압력을 무시하고 내전을 강행하려 했다면 분명 국제 원조와 국내 여론의 지지를 받지 못했을 것이다. 국제 원조와 여론의 지지를 잃으면 전쟁에서 이길 수 없는 상황이었다. 특히 중국공산당은 코민테른의 일원으로 소련의 지시에 따르지 않을 수 없었다. 국공 양대 정치집단은 잠정적 타협을 이루었고 각 민주당파의 활동 여건이 마련되었으며 정치 협상은 보다 현실적으로 가능해졌다.

당시 정치협상회의에 참여한 대표만 봐도 알 수 있다. 국민당 대표로 쑨커孫科, 천부레이陳布雷, 천리푸陳立夫, 왕스제王世傑 등 8인, 공산당 대표로는 저우언라이周恩來, 둥비우董必武, 왕뤄페이王若飛 등 7인, 청년당 대표로는 쩡치曾琦 등 5인, 민맹 대표로는 장란張瀾, 뤄룽지羅隆基, 장쥔마이張君勱, 황옌페이黃炎培, 량수밍梁漱溟, 장보쥔章伯鈞 등 9인, 사회 지도급 인사 푸쓰녠傅斯年 등 9인으로 총 38명이 참여했다. 이 38명의 협상대표 가운데 민주당파와 사회 지도급 인사가 23명으로 절대 다수를 차지했고 협상 각 측은 일표부결권一票否決權을 가지고 있었다. 이는 국공 대립의 정세하에서 민주당파와 사회 지도급 인사들이 매우 중요한 위치를 점하고 있었음을 보여주고 있다. 또한 각 당과 각 파벌의 세력이 상대적으로 균등한 상황에서 협상이 진행되었기 때문에 상대적으로 공정한 게임의 법칙이 존재했고 정치 역량 간의 힘겨루기에서 균형과 타협이라는 헌정의 정신이 구현되었다. 이는 민주헌정의 기본적 요건에 부합하는 것이었다.

1946년에 발생한 헌정운동의 의의와 가치가 국회 양원제와 내각책임제라는 정치적 설계가 제시되었다는 데에만 있는 것은 아니다. 왜냐하면 이 정치적 설계는 신해혁명 시기에 이미 중국에 이식되었던 것이기 때문이다. 헌정운동의 가장 중요한 의의는 아래 두 가지 면에서 나타난다. 첫째는 국민의 자유권 보장을 헌정 설계의 핵심적이고도 관건적인 위치에 놓았다는 것이다. 또 하나는 지방자치를 전례 없는 수준에까지 끌어올려놓았고 연방자치국가 건설을 각 당파가 추구하는 중요한 헌정 목표로 세워놓았다는 점이다.

첫째로 인권 보장 문제를 살펴보자.

제2차 세계대전 이후 독일과 이탈리아의 파시즘과 일본 군국주의가 인류에 끼친 심각한 재난을 감안해 '유엔헌장'은 루스벨트Franklin Roosevelt 대통령의 '4대 자유'를 기반으로 하여 '전체 인류의 인권을 증진하고 장려하며 기본적 자유를 존중함'을 유엔의 기본 취지 중 하나로 정했다. '세계인권선언'은 "인류 모두의 존엄성과 평등하고 양도할 수 없는 권리를 인정하는 것이 세계의 자유, 정의, 평화의 기초다" "오늘날 보통 사람들이 바라는 지고지순한 염원은 이제 모든 인간이 언론의 자유, 신앙의 자유, 공포와 결핍으로부터의 자유를 누릴 수 있는 세상이 왔으면 한다는 것이다"라고 선포했다.

중국은 이 문서의 체결 당사국으로 국민당 정부는 당연히 이 원칙을 실행할 의무가 있었으며, 중국공산당 역시 당연히 이 기본 원칙을 준수해야 했다. 마오쩌둥은 당시 중국공산당 중앙위원회 주석의 신분으로 이렇게 선포했다. "중국은 '링컨의 국민의 국민에 의한 국민을 위한 원칙과 루스벨트의 4대 자유'를 실현해야 한다."[16] 여기에서 국민당과 공산당 모두 당시 유엔이 확정한 기본 원칙에 공감대를 형성하고 있었음을 알 수 있다.

1946년 1월 소집된 정협에서 통과된 5개 협의안에서는 당시의 집권당이었던 국민당과 재야의 공산당, 민맹, 청년당, 사회 지도급 인사들이 지닌 인권 보장에서의 공통된 의식이 더욱 명확하게 드러난다.

가령 '평화건국강령'은 이렇게 규정했다.

"인민이 신체, 사상, 종교, 신앙, 언론, 출판, 집회, 결사, 거주, 이전, 통신의 자유를 향유함을 확실히 보장하며 현행법령 중 이상의 원칙에 저촉되는 부분에 대해서는 별도로 각각 수정하고 폐지하도록 한다. 사법 및 경찰 이외의 어떠한 기관이나 개인도 인민을 체포, 심문, 처벌할 수 없으며 이를 위반하는 자는 처벌한다. 사법권의 통일과 독립 및 정치적 간섭을 받지 않음을 확실히 보장한다. 학문의 자유를 보장하고 종교와 신앙, 정치사상으로 학교의 행정에 간여하지 않는다. 전시에 실시했던 신문, 출판, 영화, 연극, 우편과 전신에 대한 검열을 폐지한다. 출판법을 수정하고 비상시국의 신문, 잡지, 통신 등기 규제법 및 수복 지역의 신문, 통신사, 잡지, 영화, 방송사업에 대해 잠정 시행했던 관리법 그리고 연극, 영화 검열을 폐지한다."

12개 조항을 수정한 헌법초안안憲法草案案은 이렇게 규정했다. "전국 유권자가 4대 권리(선거, 파면, 제정, 국민투표 부의권)를 행사하는 것을 국민대회라 한다. 입법원은 국가의 최고입법기관으로 유권자가 직접 선출하고 각 민주국가의 의회에 상당하는 권한을 갖는다. 무릇 민주국가의 국민은 응당 자유와 권리를 향유해야 하며, 그 자유와 권리는 헌법의 보장을 받아야 하며 불법적 침범을 받지 않아야 한다. 국민의 자유를 법률로 규정한다면 자유를 제한하는 목적이 아닌 자유정신을 보장하는 데 중점을 둬야 한다."

이러한 내용들은 인권 보장에 대해 각 당파가 인식을 같이했음을 나타내고 있으며, 당시 인권 문제에 대한 중국인의 인식이 새로운 경지에 도달했음을 보여주고 있다. 항일전쟁에서 승리한 뒤 고작 1년 남짓한 기간 중국 전역에서 수십 개의 정당이 성립을 선포하거나 공개적으로 활동했다.

둘째로 지방자치제를 살펴보자.

민주헌정주의의 이론에 근거할 때, 정부 권력에 대한 규제는 주로 두 가지 면에서 비롯된다. 그 하나는 민주적 선거를 기반으로 중앙 정부가 입법, 행정, 사법의 삼권분립을 실시하는 것으로 이는 권력 간의 횡적인 상호 견제다. 또 다른 하나는 권력에 대한 종적인 견제로 곧 연방제적 지방자치제를 수립해 중앙집권적 관료체제가 미치는 영향을 없애는 것이다. 이 두 가지 견제가 있어야 일인 전제독재의 등장을 방지할수 있다. 지방자치는 중앙이 지방관을 임명하는 것이 아니라 성헌을 제정해 촌, 향, 현, 성급 지방 관리에 대한 민주선거를 실시하여 중앙과 지방의 재산권과 권한을 분리하고 지방에 예속되어야 하는 자치권을 지방에 주며, 지방 또한 삼권분립체제를 실시한다. 바로 이러한 기반 위에 연방제 국가가 세워지는 것이다. 이는 또한 복합공화復合共和의 정치적 설계다.

정협에서 통과된 '평화건국강령'은 "지방자치를 적극 추진하고 하의 상달의 보통선거를 실시하며 성, 현(시)의 참의회參議會를 신속하게 보편화시켜 현장縣長의 민선民選을 실시할 것"을 규정했다.

회의에서 통과된 '헌법초안안'의 12개 조항 중 제8조는 이렇게 규정했다. "지방제도: 성을 지방자치의 최고단위로 확정하고 성과 중앙의 권한을 나누는 것은 균권주의均權主義에 의해 규정한다. 성장은 민선을 실시하여 선출하고 성은 성헌을 제정해야 하나 국헌에 저촉되어서는 안 된다."

미국의 연방제도를 모방하고 선거를 토대로 하여 지방자치를 실현하는 것은 당시 중국의 현실에 부합했던 정치적 선택이었다. 이 제도의 긍정적 역할은 다음의 몇 가지 면에서 구체적으로 드러난다.

첫째, 선거를 토대로 한 지방자치의 실시를 통해 공산당은 해방구에서 합법적인 집정권을 얻고 국가의 평화통일을 실현해 더 이상의 내전은 발생하지 않게 된다.

둘째, 지방자치를 기반으로 국공 양당은 헌법을 위반하지 않기만 하면 자신의 집정 지역에서 정치적 경쟁을 벌일 수 있다. 이러한 정치적 다원화 국면은 비교적 단기간 내에 각종 다양한 정치적 실험을 실시할 수 있고 다양한 사회 정책과 경제모델을 시험하고 선택할 수 있게 된다. 예를 들어 자본주의 모델, 신민주주의 모델, 사회주의 모델들을 모두 시험해볼 수 있는 기회가 주어져 국력을 신장할 수 있는 제도와 모델을 발견하고 채용하며 창조적으로 모방할 수 있게 된다. 어떤 제도나 경제적 모델이든지 간에 경쟁에서 승리할 수 있다면, 국민의 입장에서 큰 행복이라 할 수 있다. 왜냐하면 지방자치라는 전제 아래 공산당이나 국민당 혹은 그 중간 지점에 있는 민주당파든지 간에 합법적 범위 내에서 지방의 정권을 획득하려면 가장 우월한 제도적 모델과 정책을 선택해 지방의 경제, 문화, 교육, 과학기술, 법치의 진보를 추진하고 국민의 생활을 개선해야 하기 때문이다. 그렇지 않으면 표심을 얻을 수 없게 되는 것이다.

셋째, 국민의 독립, 자유, 자치, 준법의 습관을 양성하고 민족의 소양을 제고하며 중앙 정부를 강력히 견제할 수 있다. 더불어 전제와 관료의 부패를 방지하고 국민의 권리를 보장할 수 있다. 정부는 함부로 국민들에게 세금을 징수하고 국가의 비용을 부과하며 속이고 폭력을 남발하는 등의 행위를 할 수 없으며, 건설이라는 명목하에 국민의 주택을 함부로 헐고 이주시키는 등 국민의 재산권을 함부로 침해할 수 없다.

지방과 중앙의 상호 견제는 각 당파가 효율적으로 세력을 견제할 수 있도록 해 그 어떤 당파도 다른 당파를 잠식할 수 없는 균형상태가 나타나게 된다. 헌정의 비밀은 "한 천사의 통치보다 두 마귀의 공정한 경쟁이 낫다"는 데 있다. 민주, 법치, 공화, 헌정제도를 싹 틔울 수 있는 우선적인 조건은 국민의 참정이 아닌 사회 상층 세력의 다원화다. 다원화된 세력의 상호 견제야말로 민주와 인권을 싹 틔울 수 있는 전제조건인 것이다.

하지만 정협에서 합의된 헌정 설계는 결국 시행에 부쳐지지 못하고 요절하고 말았다. 국공 양당이 결국 파국으로 치닫고 전쟁을 일으켰던 이유는 무엇인가? 당시 국내외적 그리고 각 당파의 구체적 상황을 종합해볼 때 우리는 1946년의 실패는 주로 다음의 몇 가지 원인에서 기인했음을 알 수 있다.

첫째, 내각책임제라는 정치구조 설계의 사상적 실패를 들 수 있다.

소위 정치 설계가 성공을 거두었다는 것은 실제 시행 결과와 설계했던 예상이 기본적으로 일치한다는 것이다. 정협은 내각책임제를 통해 평화건국, 민주헌정이라는 목표를 달성하고자 했지만 결과는 국공 분열과 전쟁이었다. 때문에 이는 성공적인 정치 설계가 되지 못했다. 즉 정치 설계에 문제가 있었고 중대한 결함이 존재했던 것이다. 때문에 이는 실천의 문제가 아닌 정치 설계의 사상적 실패인 것이다.

혹자는 지속적인 독재전제를 꾀했던 장제스와 국민당은 애당초 정협의 결의를 받아들일 의도가 없었고 결국 전쟁이 일어나게 되었다고 말한다. 하지만 이는 사실과 다르다. 항일전쟁에서 승리한 뒤 중화민족의 국제적 위상은 전례 없이 높아졌고 장제스 본인도 영예를 얻었으며 뭇사람의 존경을 한 몸에 받는 지도자가 되었다. 그는 민주헌정을 실시하는 대국의 원수가 되어 일당 전제를 타파하고 민주헌정과 평화건국을 실행하고자 했다. 이를 증명할 사료도 실제로 많다.

가령 국민당 6기 2중 전회에서 국민당의 일부 인사들이 정협에서 채택한 협의안을 단호히 반대했을 때 장제스는 협의안을 전면 부정하는 대신 그저 일부 조항을 수정할 필요가 있다고만 생각했다. 당시 가장 민감한 사안은 동북 문제였는데 이것이 내전을 초래한 직접적 도화선이었다고 말할 수는 없다. 국민당이 장춘에 진입한 이후 장제스가 정전을 선포했기 때문이다. 여기에서 장제스는 당시 무력으로 공산당을 궤멸시킬 의도는 없었고 공산당과 함께 평화건국을 이루겠다는 희망을 품고 있었음을 알 수 있다.

한편 중국공산당의 마오쩌둥은 전국 정권을 쟁취할 야심을 가지고 장제스를 대신하고자 했지만 군사력 부족이라는 문제를 안고 있었다. 당시 군사력 면에서 공산당은 약세에 놓여 있었고 거기에 국제적 압력까지 더해져 마오쩌둥은 감히 전쟁을 일으킬 수 없는 상황이었다. 대신 그는 연합정부를 구성하고자 했다. 당시 공산당은 이미 정부에 참여하 겠다는 결정을 내린 상태였고 중국공산당 중앙위원회 기관을 장쑤江 蘇성 화이인淮陰[2001년 화이안淮安으로 개명]으로 이전해 업무를 보게 하기로 결정하기까지 했다. 1946년 3월 초, 장즈중張治中은 3인으로 구 성된 군사팀을 인솔해 옌안延安에 도착해 살펴보았고 마오쩌둥은 친히 그에게 이렇게 말했다. "우리는 이후 난징으로 가야 하네. 듣자 하니 난 징은 꽤 덥다고 하는데 나는 더운 게 참 싫단 말이지. 화이인淮陰에 상 주하다가 회의가 열리면 난징으로 가면 좋겠네."[7]

이런 상황에서 국공 양당이 함께 수긍할 수 있는 정치구조를 설계하 는 것은 당시 각 민주당파의 주요 임무였다. 국공 양당 모두가 수긍할 수 있는 정치적 설계가 있다면 양측은 분명 전쟁을 포기하고 평화건국 의 길을 택할 것이었다. 하지만 공산당 혹은 국민당 한 당만 수긍하는 모델이라면 양측은 의견의 일치를 보지 못하고 결국 전쟁을 선택할 수 밖에 없게 될 것이다. 정협에서 제기한 내각책임제라는 정치 설계는 바 로 공산당만 받아들일 수 있었고, 국민당은 받아들일 수 없었다. 이는 결국 국공 양당의 결렬을 초래했다. 내각책임제라는 정치 설계의 실패 는 곧 1946년 헌정운동의 실패를 낳은 주요한 원인이라 할 수 있다.

여기에서 당시 상황을 살펴보기로 하자. 헌법초안에 대한 토론의 절 차를 가진 뒤 국민당과 각 야당은 격렬한 논쟁을 벌였다. 선택 가능한 헌정 모델로는 세 가지가 있었다. 쑨원이 제기한 5권헌법五權憲法(입법, 행정, 사법, 감찰, 고시)과 서구식 헌법 그리고 소련 헌법이 그것이었다. 국민당은 1936년에 반포된 '55헌초'가 5권헌법의 유훈에 부합하는 것 으로 간주하고 이를 헌법의 저본底本(총통제를 주장)으로 삼을 것을 주 장했다. 민맹 등 중도파 인사들은 서구식 헌법을 채택할 것을 주장했다. 중국공산당은 소련식 헌법이 중국의 현실에 적합하지 않다는 점을 깊이 인식하여 영미식 헌법이 시행되기를 희망했다. 즉 미국식 총통제를 실시해 국민당의 독재정국을 타파하고자 했다. 저우언라이는 마셜George Catlett Marshall에게 "우리는 영미식 헌법이 시행되기를 희망하고 있습니다. 미국 헌법과 같은 헌법이 시행될 수 있다면 우리는 만족할 것입니다. 다만 뜻대로 되지 않을까 걱정될 뿐입니다"라고 말한 바 있다. 바로 이 대목에서 당시의 헌법을 둘러싸고 벌어진 논쟁이 본질적으로 5권헌법과 서구식 헌법의 논쟁이었음을 알 수 있다. 하지만 서구식 헌법도 두 가지로 나뉘어 있었는데 하나는 미국의 대통령제였고 다른 하나는 영국의 입헌군주제하의 내각책임제였다. 5권헌법이나 서구식 헌법 모두 총통제가 있는 헌법이었다.

당시 국민당은 총통제를 주장했고 공산당 역시 총통제를 받아들일 수 있는 입장이었다. 미국의 민주헌정 제도가 시행한 것이 대통령제였기 때문이었다. 만일 영국의 입헌군주제 하의 내각책임제가 아닌 미국의 대통령제, 국회 양원제, 지방자치제를 정치 설계의 저본으로 했다면, 국공 양당은 정협에서 도출한 '헌법초안안'을 분명 받아들였을 것이다. 총통제하의 총통은 국가의 원수이자 국가의 실권자이기 때문이다. 물론 총통은 모든 국민이 직접 선출하고 그의 권력 역시 국회 양원의 규제를 받게 되지만 총통은 어쨌든 권한을 쥐고 있는 국가의 원수임에는 틀림없다. 장제스와 국민당의 입장에서 보면 일당 독재체제는 타파되었고 일인 독재도 지속될 수 없는 상황이었지만 총통은 국가의 실권자였기에 특히 장제스에게 총통이라는 지위는 충분히 받아들일 수 있는 것이었다. 한편 공산당의 입장에서는 당시의 상황에서 국민당 일당독재정부를 개편하고 헌법을 개정해 총통제를 실시하면 국민당의 일당독재 및 장제스 일인독재를 타파할 수 있었다. 그러면 공산당은 합법적인 정치적 위상을 얻게 되어 국민당과 대등한 입장에서 경쟁을 벌일 수 있고 정부에 참여할 수도 있었다. 뿐만 아니라 국회를 통해 국민당을 견제할 수 있고 특히 지방자치라는 정치 설계를 통해 해방구라는 존재는 더욱 강력한 독립자주권을 보장받고 법적 보장을 누릴 수 있게 되기 때문에 공산당은 이를 받아들이지 않을 이유가 없었다.

하지만 매우 유감스럽게도 정협이 내각책임제를 채택하면서 본래 간단했던 문제가 복잡해지고 말았다. 소위 내각책임제 아래에서 총통은 실권이 없는 국가의 상징에 불과했고 실권은 내각 총리나 행정원行政院 원장의 수중에 놓여 있다. 내각총리 혹은 행정원장은 총통이 임명한 것이 아니라 국민 보통선거를 통해 의회 다수의석을 차지한 정당에서 배출되었다. 이러한 제도 아래서 총통은 지위는 높지만 실권은 없다. 한편 내각의 총리 혹은 행정원장을 맡은 이는 실권은 쥐고 있었지만 언제든 실각할 수 있는 위험이 도사리고 있어 그 지위가 심히 불안정했다.

당시 이러한 정치체제를 설계한 사람은 주로 장쥔마이張君勱 등 중도파 인사들로 그들은 국민당의 일당독재와 총통 개인의 독재를 막는 최적의 방법은 총통제를 내각책임제로 바꾸는 것이라고 생각했다. 중국청년당 주석 쩡치는 총통제가 두 가지 문제점을 안고 있다고 보았다. "첫째, 반민주의 방향으로 흐를 여지가 다분하다. 둘째, 혁명을 유발시켜 국정에 혼란을 가져올 수 있다. 반대로 내각책임제에는 두 가지 이점이 있다. 첫째, 독립적 지위에 있는 국가원수는 행정에 직접 관여할 책임을 지지 않는다. 둘째, 정부가 언제나 낡은 것은 버리고 새로운 것은 취하는 역할을 함으로써 내각의 교체가 용이해지고 혁명 유발의 염려가 없다."[18] 민맹의 장쥔마이는 내각책임제를 실시한 후에도 총통이라는 지위는 존속되겠지만 그저 명목상 국가의 원수로서 더 이상은 막대한 권력을 휘두를 수 없을 것이라고 보았다. 즉, 영국의 국왕과 유사한 기능을 할 것이라고 생각한 것이다. 그들은 이러한 설계를 가장 이상적인 것으로 여겼다.

재야의 각 당파는 헌법초안 개정과 내각책임제 확립에 모두 찬성했다. 하지만 한쪽 면만 고려한 이 설계는 장제스에게 커다란 난제를 안겨주었다. 왜냐하면 정협의 헌초는 원칙적으로 내각책임제 채택을 결정했는데, "그 헌법은 장제스에게 가장 불리했다. 내각책임제 아래서 장제스는 총통이라는 최고 위치에 오를 수는 있었지만 행정원장을 겸임할 수는 없었기 때문에 실권을 장악할 수 없었다. 직책을 낮추어 행정원장이 되더라도 언제든 실각할 위기가 도사리고 있었다."[19]

당시 영국이 내각책임제를 선택할 수 있었던 것은 국왕이라는 존재가 있기는 했지만 교회와 귀족이 국왕의 정치적 권력을 약화시켜 실권이 없는 국왕에게는 선택의 여지가 없었기 때문이었다. 또한 국왕 세습제가 시행되고 있어 왕위를 대대로 이어 내려갈 수 있었기에 국왕은 입헌군주제를 받아들일 수 있었다. 일본이 입헌군주의 내각책임제를 시행할 수 있었던 것도 일본 천황에게는 실권이 없었기 때문이다. 메이지유신 이후에 한시적으로 쥐었던 실권도 제2차 세계대전 이후 미국이 빼앗아가면서 천황은 아무런 권력을 갖지 못하게 되었기 때문이다. 당시 장제스의 상황은 이와 전혀 달랐다. 그는 명실상부한 국가원수였고 절대적인, 심지어 무한한 권력을 장악하고 있다고 할 수 있었다. 그런 그에게 유명무실한 총통의 자리에 앉으라 하니 이는 심리적으로 받아들이기 어려웠다. 국민당이 1946년 3월 1일 소집한 6기 2중 전회에서 국민당 내의 수많은 인물은 정협의 협의안을 반대하면서 '헌법초안

개정원칙'을 수정하라고 단호히 요구했다. 사실상 총통제를 채택하라는 요구였다. 당시에 설계한 정치체제가 내각책임제가 아닌 총통제였다면 장제스는 정협의 협의안을 지키는 데 힘썼을 것이고 실제로도 실행에 옮겼을 것이다. 하지만 정협에서 설계한 정치체제는 내각책임제였다. 이를 받아들이기 힘들었던 장제스는 협의안 자체를 부정하지는 않았지만 협의안 수정이 필요하다고 밝힌 것이다.

민주당파 정치인에게 특히 부족했던 점은 정치구조에 대한 깊이 있는 이해와 총통제에 대한 정확한 인식이었다. 그랬기에 총통제는 혁명을 유발하기 쉬운 제도라는 주관적 억측을 서슴지 않고 이야기했던 것이다. 미국의 경우 200여 년 동안 대통령제를 시행해왔지만 혁명은 일어나지 않았고 정국 혼란도 없었다는 점에서 우리는 민주당파 인사들의 이해가 부족했음을 알 수 있다. 사실 총통제나 내각책임제나 모두 민주헌정체제로 무엇이 더 뛰어나다고 말할 수 없다.

그들의 정치적 지혜의 부족은 인성의 약점에 대한 통찰력이 부족한 데서도 드러난다. 그들은 장제스가 과거 전제정치를 편 적이 있으므로 내각책임제를 채택해 장제스의 권력을 제한해야 한다고 생각했다. 하지만 그들은 정작 권력에 대한 미련을 놓지 못하는, 인성 가운데 뿌리 깊이 박혀 있는 이기심이라는 약점을 간파하지 못했다. 즉 내각책임제를 시행하면 직위는 있되 권력은 없는 총통의 자리에 오르고자 하는 누군가가 있어야 했다. 그러기 위해서는 그 인물은 반드시 고상한 도덕과 비범한 용기를 갖추어야 하고, 국가와 인민의 이익을 위해 주저함 없이 개인의 이익을 희생하고 주동적으로 자신의 권력을 제한하거나 포기하며 내각책임제를 서둘러 성사시켜야 한다. 하지만 장제스라는 인물은 성인이 아니었다. 그가 실질적인 국가원수의 직위를 포기하고 유명무실한 총통이 되겠다고 할 리는 없었다. 이는 정협에 참가한 모든 대표가 반드시 우선적으로 고려하고 받아들여야 했던 사실이었다. 그런 전제 하에서 정치구조를 설계해야만 성공의 희망이 있다.

역사에 대한 통찰력도 부족했다. 역사적으로 내각책임제는 중국에서 성공을 거둔 사례가 없었다. 그 대표적인 예를 들어보자. 신해혁명이 성공을 거둔 뒤 쑹자오런은 중앙 정부에 내각책임제를 구축하자고 주장했다. 당시 총통에 선출되었던 인물은 쑨원으로 내각책임제를 구축하자는 쑹자오런의 주장을 단호히 반대했다. 그는 유명무실한 총통이 아닌 직위와 권력을 두루 거머쥐고 실질적 책임을 지는 명실상부한 대총통이 되고자 했다. 때문에 민국 초기의 난징 임시정부는 총통제를 채택한 것이다.

하지만 쑨원은 대총통의 직위를 북방의 위안스카이에게 이양하며 '임시약법臨時約法'에 명시한 총통제를 내각책임제로 바꾸어 위안스카이의 권력을 제한하고 독재를 방지하고자 했다. 하지만 그는 총통의 권력을 제한한 제도적 조치로 인해 불만에 가득 찬 위안스카이가 범할 불미스러운 상황을 예측하지 못했다. 위안스카이는 수단과 방법을 가리지 않고 내각책임제를 파괴했고 심지어 쑹자오런을 암살하는 것도 주저하지 않았다. 이는 결국 남방 민주파의 결렬을 가져왔고 '2차 혁명'을 초래했으며, 국회 해산, 국민당 해산 그리고 책임내각의 해산이라는 심각한 결과를 가져왔다. 만약 쑨원이 총통제를 내각책임제로 개정하지 않고 위안스카이에게 권력을 이양한 뒤에도 총통제를 존속시켰다면, 일련의 후속 상황은 발생하지 않았을 것이다.

위안스카이가 죽은 뒤 중화민국은 '임시약법'을 부활시키고 총통제하의 내각책임제를 회복시켰다. 하지만 민국의 총통에 오른 리위안홍과 내각의 총리가 된 돤치루이段祺瑞 사이의 대립이 갈수록 첨예화되면서 총통과 내각의 대립을 초래해 정국 혼란과 사회 동요가 일게 되었다. 또한 장쉰張勳은 제제帝制를 부활시켜 중화민국에 심각한 사회적 위기를 가져왔다. 이는 분명 정치구조의 설계가 불합리해서 생긴 결과였다.

다음은 중국 국정에 대한 이해의 부족이다. 당시 중국인들은 헌법을 존중하지 않았고 오직 권위와 성인을 맹목적으로 숭배했다. 당시 중국은 황제의 권위를 대체할 다른 권위를 세울 필요가 있었던 것이다. 총통제하의 총통은 황제의 권위를 대체할 수 있었다. 하지만 내각책임제는 유명무실한 총통을 담당할 인물이 필요했고 중국인들에게 이 총통은 황제의 권위를 대체할 수 없는 허수아비에 불과했다.

둘째, 민주헌정운동이 실패하게 된 또 다른 원인은 제헌의 절차를 등한시했다는 것이다.

1787년 5월, 미국 연방의회의 요청으로 조지 워싱턴의 주재하에 필라델피아에서 미국 각 주의 대표가 참석한 전국대표대회가 개최되었다. 회의의 당초 목적은 8년간 존속되어 오던 '연방조례'를 수정하는 것이었다. 하지만 3개월 간의 토론을 거친 뒤 회의는 이 조례를 부정했을 뿐만 아니라, 이 조례를 대체하기 위한 새로운 헌법을 제정했다. 당시의 이 회의가 미국 역사상 매우 유명한 제헌회의다.

미국 헌법의 제정과 비준은 상당히 신중한 절차를 밟았다. 먼저 제헌회의에 참가한 각 대표자들은 협상을 통해 '헌법초안'을 도출한 뒤 13개 주에서 각각 비준(13개 주 중 9개 주의 비준은 곧 통과를 의미함)을 놓고 토론을 벌인 다음 다시 전국 제헌회의에서 통과시켰다. 반면 당시 중국의 정협에서 도출한 헌법초안안에 대한 비준 절차는 이랬다. 1월 31일 오후, 국민당 측은 국민당 중앙집행위원회 상무위원회의 토론을 거쳐 권한을 위임 받은 대표가 서명했다. 공산당 측은 중앙서기처에서 회의를 열어 토론을 진행한 뒤 서명하기로 결정했다. 그런 다음 5월 5일 소집된 국민대회에서 통과되어 헌법이 된 것이다.

　미국 헌법의 제정 및 비준 절차와 비교했을 때 당시 중국의 그것에는 각 성(국민투표의 절차)의 비준 절차가 생략되어 있었다. 아주 중요한 절차였는데 말이다. 왜냐하면 각성의 비준 과정에는 필연적으로 토론을 반복하는 과정이 수반되고 이를 통해 각 당파와 전체 국민들은 헌법에 대한 논쟁을 통해 사상적 통일을 이룰 수 있었기 때문이다. 헌법 제정 당시 미국에서는 역사상 유례없는 격렬한 논쟁이 벌어졌다. 저명한 연방당 인사의 논문이 발표되기도 했다. 각 주는 격렬한 논쟁을 거쳐 의견의 합의를 보았고 9월 17일 제헌회의에서 '합중국 헌법'이 통과되었다. 하지만 중국의 제헌 과정에는 이 절차가 빠져 사상과 인식의 통일에 도달하는 과정이 생략되어 있었다. 사상과 인식을 통일하지 않으면 헌법의 통과와 실시는 난관과 갈등에 봉착하게 되고 결국 성공의 문턱에서 좌절하게 된다.

　헌법을 제정하고 비준하는 데 있어 미국인들이 엄숙한 태도를 견지했던 이유는 자신들의 정치 조직을 운이나 강력한 힘으로 결정해서는 안 되며 인류사회의 심사숙고와 자유선택을 거쳐 건강한 정부를 구축해야 한다는 인식이 저변에 깔려 있었기 때문이다. 이는 자국 국민들의 행복과 직결되며 인류의 운명과도 밀접한 관련이 있는 것이어서 "자신이 맡을 역할을 잘못 선택한다는 것은 곧 전 인류의 불행을 뜻하는 것이었다."[20] 반면 헌법을 제정하는 과정에서 중국인들은 당파의 단기적 이익에 과도하게 집착했고 국가제도의 구축이 중국과 세계에서 가지는 중요한 의미를 소홀히 했으며 인류에 대한 사명감은 더더욱 부족했다. 때문에 제헌 과업을 대대손손의 대업으로 중시하지도 못했고 헌법 비준의 권력을 국민에게 이양하고 국민의 의지를 출발점과 귀착점으로 삼지도 못했다. 당시 중국인들은 여전히 중국 역사 속에서 권모술수의 정치적 전통을 계승했으며, 때문에 공개적이고도 공정한 현대 문명을 탄생시킬 수 없었다.

1946년 중국헌정운동이 실패로 돌아가고 문명 전환이 성공을 눈앞에 두고 실패한 것은 각 당파에 그 책임이 있다고 해야 옳다. 하지만 그 중에서도 당시의 집권당이었던 국민당은 1946년 헌정운동의 실패에 주된 책임을 져야 한다. 국민당의 주요한 책임은 공산당 및 민맹이 참여하지 않은 상황에서 1946년 11월 15일, 일방적으로 국민대회를 소집해 '중화민국헌법中華民國憲法'을 통과시켰다는 데 있다. 이로써 국민당은 공산당과의 최후의 결렬과 중도 민주당파와의 최후 분열을 초래했다.

정협은 당초 5월 5일 국민대회를 개최하고 헌법을 통과시키기로 결정했었다. 하지만 국공 양당이 헌법초안 수정 문제와 정부 개편 문제 그리고 국민대회의 정원 배분 문제를 놓고 합의점을 찾지 못하면서 국민대회 일정을 지연시킬 수밖에 없었다.

이러한 상황에서 국민당이 취할 수 있는 조치란, 인내하면서 공산당의 태도가 변화되기를 기다리고 평화회담을 지속시키며 논쟁의 여지가 있는 문제들을 해결해 나가는 것뿐이었다. 그런 다음 공산당이 참여하는 국민대회를 재차 소집해 헌법을 통과시키고 헌정을 실시하는 것이었다. 즉, 총통제이든 내각책임제이든 공산당의 동의를 받아야만 평화건국과 민주입헌에 대한 희망을 가질 수 있었던 것이다.

하지만 국민당은 공산당이 태도를 바꿀 때까지 기다릴 인내심이 없었고 일방적으로 국민대회를 소집해 헌법을 통과시켜버렸다. 공산당이라는 최대의 반대당이 참가하지 않았기 때문에 통과된 헌법은 권위를 잃었고 국공 반대당은 이로 인해 철저히 결렬하게 되었다. 결국 국민대회에서 통과된 헌법은 중국에 평화와 헌정을 가져다주지 못했고 오히려 전쟁과 국민당의 실패를 초래했다.

물론 공산당에게도 어느 정도의 책임은 있다. 국민당의 극한 경계에 대해 공산당과 마오쩌둥이 지나치게 민감하게 반응했던 것에 책임을 져야 한다는 것이다. 중국공산당 서기처와 국민당 중앙상무위원회의 비준을 거친 '헌법초안안'에 공산당 측에서는 문제를 제기하지 않았는데 국민당의 2중 전회에서는 상당히 많은 사람이 반대를 하고 나섰다. 국민당은 5개 조항을 수정하자고 했고 사실 그 목적은 총통제로 바꾸자는 것이었다. 이렇게 의견이 갈리는 상황은 지극히 정상적인 것이었고 그 의견은 어디까지나 국민당만의 주장이었다. 이 주장의 현실화 여부는 각 당파와 사회 지도급 인사의 협의와 협상에 달려 있었다.

하지만 마오쩌둥은 정상적 헌정 절차를 '분열'과 '내전'이라는 극한의 상황까지 몰아붙였다. 3월 17일, 그는 충칭의 중국공산당 대표단에게 보내는 전보문에 이렇게 썼다. "장제스가 헌법을 수정하겠다는 원칙을 견지한다면 우리는 정부 및 국가의 대업에 참여할지에 대한 문제를 반드시 고려해보아야 한다." 이후 공산당은 간행물에 국민당 2중 전회를 반박하는 글들을 게재했다. 4월 7일, 『해방일보解放日報』에는 「장제스를 논박한다駁蔣介石」라는 사설을 실어 장제스와 파시즘 세력들을 싸잡아 비판했다. 장제스는 당시의 국가원수였기 때문에 공산당의 이와 같은 비판은 국민당의 격한 반응을 초래했다. 그러자 국공 양당이 정협 기간에 쌓은 상호 신뢰는 하루아침에 무너졌고 양당의 대립은 재차 격화되었다.

중국에서 헌정은 국공 쌍방의 화해가 있어야만 가능했다. 하지만 국민당과 공산당이 모두 화해를 원치 않았고 대립의 길을 걸어 역사상 메우기 힘든 비극을 초래했으니 이것이 바로 중국인의 불행이었다.

1949년 국공평화회담과 정협에 대한 고찰

먼저 인정하고 넘어갈 것은 1949년 중국 혁명의 승리로 인해 공산당은 대륙에서 정권을 잡고 장기적 전란을 끝내고 중국 대륙의 통일을 이룩했다는 것이다. 이는 국가경제의 회복과 특히 1980년대 이후 중국의 개혁개방에 안정적 환경을 조성해주었다. 하지만 당시에 민주헌정 제도를 수립하지 못했기 때문에 중국은 현대 문명의 길을 걷지 못했고, 결국 1949년 중국 혁명의 승리는 정당의 승리라는 한계를 벗어나지 못했으며 국가와 국민의 승리로 승화되지 못했다. 그 뒤 일인독재는 절정에 달했고 '문화대혁명'과 같은 조신운동造神運動[문화대혁명 시기 마오쩌둥을 신격화하기 위해 벌어진 일련의 활동]이 등장하게 되었다. 정치, 경제, 문화 등 각 방면, 그중에서도 특히 인권은 공전의 재앙을 맞게 되었다.

지금 우리가 1949년의 국공평화회담과 정협이 민주헌정 제도를 수립하지 못했다고 하는 이유는 당시 분권제와 인권 보장이라는 바람직한 정치적 설계가 없었기 때문이다.

먼저 정협의 정치 설계는 분권과 견제라는 원칙에 어긋났다.

정협은 임시헌법 성격의 '공동강령共同綱領'을 제정했다. 강령에서는 "중화인민공화국은 신민주주의 즉 인민민주주의 국가"로서 인민민주를 실시한다고 규정했다. 하지만 그와 함께 다음과 같은 규정도 있었다. 첫째, 국가의 최고 권력기관은 전국인민대표대회로, 입법, 사법, 행정의 삼권을 한 몸에 집합시켰다. 이처럼 일원화된 제도적 설계는 실제 운용과정에서 일당독재, 당정합일, 의행합일議行合一로 이어져 집권자의 권력과 책임 구분이 모호해지고 집권자의 집정 과정에 대한 감독이 불가능해진다. 둘째, "각급 정권기관은 일률적으로 민주집중제를 실시한다"라고 규정했다. 따라서 하급기관은 상부에 복종했고 중앙과 지방 사이에 분권 및 권력 견제와 균형이 이루어지지 않았다. 이는 민주헌정의 지방자치 원칙에 위배되었다. 셋째, 당시 출범한 다당연합 정부는 민주헌정 구조 아래의 정당제도에 부합하지 않은 정부였다. 왜냐하면 선거에서 승리한 정당만이 정권을 잡을 자격을 얻을 수 있고, 선거에서 패한정당은 정권 밖으로 물러나 집권당을 감독해야 할 수밖에 없기 때문이다. 민주국가에서는 모든 정당이 획득한 표가 과반수를 넘지 않는 상황 아래에서만 연합정부가 고려의 대상이 될 수 있다. 만약 당파가 모두 정부에 참여해 집정을 하고 야당이 존재하지 않으면 누가 집권당을 감독하겠는가? 넷째, 당시 확립된 정치협상제도는 바람직한 제도임에는 분명했지만 그것이 정당 간의 경쟁 속에서 수립된 제도여야만 효과적인 기능을 발휘할 수 있는 것이다. 그렇지 않다면 집권자가 정책 결정과정에서 실책을 저지르거나 부패를 행했을 때 정치에 참여한 민주당파는 감독의 역할을 적절히 수행할 수 없게 된다. 왜냐하면 이들은 야당이 아닌 집권당의 파트너이기 때문이다.

둘째로 정협의 정치 설계로는 인권 보장을 실현하기 어려웠다.

'공동강령'은 중화인민공화국의 국민은 선거권과 피선거권이 있으며 사상, 언론, 출판, 집회, 결사, 통신, 인신, 거주, 이전, 종교 신앙, 시위의 자유권이 있음을 규정했다. 또한 농민의 토지소유권을 보호하고 노동자, 농민, 소부르주아, 민족부르주아의 경제 이익 및 사유재산권을 보호하며 언론이 진실을 보도할 자유 등의 권리를 보호한다고 규정했다. 하지만 정부 권력을 규제할 헌정체제가 수립되지 못했기 때문에 이러한 인권은 실현되기 어려웠다. 예를 들어 '공동강령'은 국민을 몇 개의 계급으로 분류해 계급에 따라 정치적 대우를 달리 했다. 일부 사람이 또 다른 일부 사람에 대해 독재정치를 시행할 수 있었고 '반혁명' 등 각종 죄명을 씌워 함부로 그들의 권리와 자유를 약탈할 수 있었다. 이는 '법 앞에 만인은 평등하다'는 민주헌정의 원칙에 위배된 것이었다. 당시 토지 개혁과 '반혁명 탄압'의 과정에서 법 앞에 만인은 평등하다는 규정이 없었고 엄격한 사법절차가 부재했다. 그러니 고문을 동원한 강제자백, 마구잡이 체포와 살인 남용, 무고한 사람까지 연좌 처벌, 인권 침해 현상이 일부 지방에서 심각하게 벌어졌으며 오심 안건도 심심찮게 발생했다. 반혁명을 탄압하는 것은 '공동강령'에서 규정한 바였지만 독립된 사법기구를 구축하고 배심원제도, 변호사제도, 언론 자유와 관련된 제도가 수립되었다면 법에 의거해 안건을 심리하고 효과적으로 오심 안건의 발생을 방지해 인권을 강력하게 보호했을 것이다. 또 다른 예로 당시는 반혁명을 엄격히 탄압하던 상황이었기 때문에 국민들은 사상, 언론, 종교의 자유, 당을 구성하고 정치에 참여할 자유, 여론이 의정활동 등 권력을 비판할 수 있는 자유 등을 부여 받지 못했다.

셋째로, 정협의 정치 설계는 헌법의 권위를 보장할 수 없었다.

'공동강령'은 당시 임시 헌법의 역할을 띤 건국 강령으로 정치적 설계에서는 심각한 결함이 있었지만 어쨌든 인민민주주의를 구현하는 정치구조로서 최소한 표면적으로는 개인이 전제, 독재를 펴는 정치구조가 아니었다. 당시 정협에서 선출한 중앙인민정부 역시 다당 연합의 정부로 적어도 형식적으로는 일당독재 정부가 아니었다. 국가의 무장 역량에 대해 '공동강령'은 이렇게 규정했다. "중화인민공화국은 통일된 군대를 세운다. 즉 인민해방군과 인민공안부대는 중앙인민정부 인민혁명군사위원회의 통솔을 받고 통일된 지휘, 제도, 편제, 군율을 시행한다." 당시 중앙인민정부는 다당연합 정부였기 때문에 문자상으로는 "군대는 공산당이 영도하는 군대"라는 규정이 없었고 '군대의 국가화'에 저촉되지 않았다. 이후 국가 권력을 행사한 인민대표대회에 대해서는 "각급 인민대표대회는 인민의 보통선거 방식을 통해 구성된다"라고 규정했다. 또한 '공동강령'에는 공산당이 모든 것을 지도하고 계획경제를 전면 시행하며 마르크스-레닌주의를 지도사상으로 삼는다는 규정이 없었다. 이 강령은 그래도 일정 정도의 민주적 의의를 지니고 있었기 때문에 대중적 존중을 받고 성실히 이행되어야 마땅했다.

하지만 유감스럽게도 '공동강령'은 당시에 제대로 시행되지 못했고 마오쩌둥은 일찌감치 '공동강령'을 부정했다. 류사오치는 1949년 9월 29일 중국공산당을 대표해 정협 석상에서 '공동강령'에 명시된 규정을 철저히 준수하고 전국 인민에게 이 강령을 철저히 실현하기 위해 분투할 것을 호소하겠다고 정중하게 약속했다. 하지만 민주헌정 제도가 뒷받침되지 않은 상황에서 이 약속은 빈말에 불과했다.

류사오치가 견지하고 있던 건국 사상은 분명히 마오쩌둥과는 달랐다. 그는 당시 중국의 상황에 착안해 소련에서 채택했던 방법은 중국 국정에 부합하지 않는다고 보았다. 때문에 '공동강령'의 규정을 견지하고 신민주주의제도를 공고히 해야 한다고 주장했다. 하지만 이후 마오쩌둥은 '신민주주의 사회 질서를 확립하자'는 류사오치의 방침을 "우경기회주의 관점"[21]이라며 호되게 비판했다. 사실 당시 저우언라이, 덩샤오평 등 대다수 공산당 지도자들은 기본적으로 류사오치와 같은 주장을 견지하고 있었다. 또한 '공동강령'의 관련 조항과 규정은 공산당 및 기타 민주당파가 협력하여 도출해 낸 결과물로 이를 부정한다는 것은 곧 공산당이 내전 시에 민맹 등 민주당파에 했던 일당독재에 반대하고 진정한 민주를 실현하겠다는 약속을 저버렸음을 의미했다. 이 약속은 각 민주당파가 내전 중에 중국공산당을 지지하고 국민당에 반대한 조건이었다. 그래서 '공동강령'이 부정되었다는 사실은 각 민주당파의 불만을 사게 되었지만 마오쩌둥의 결정을 바꿀 힘이 없었다.

마오쩌둥의 행동에 대해 당시 민주당파와 민주 인사들은 공개적으로 불만과 반대 입장을 표명했다. 1955년 11월, 쑹칭링宋慶齡은 마오쩌둥에게 편지를 썼다. "나는 상공업에 대한 개조가 제기된 것을 이해하지 못하겠습니다. 공산당은 상공업 분야를 장기적으로 공존시키고 상공업 및 그 이익을 보장하겠다는 약속을 한 바 있습니다. 이렇게 하면 식언한 격이 되지 않겠습니까? 자본가들은 이미 공산당의 정책에 대해 걱정과 의혹을 품고 있으며 적잖은 이들이 후회와 원망을 하고 있습니다." 하지만 마오쩌둥은 쑹칭링의 의견을 거들떠보지도 않았다.[22] 1953년 9월에 열린 중앙인민정부위원회 회의에서 정협 위원 량수밍은 농민을 대변해 고통을 호소했고 마오쩌둥의 의견에 격한 반대의사를 표했다. 하지만 마오쩌둥은 이를 호되게 비판했고 심지어는 량수밍을 '야심가' 혹은 '음모가'라고 하며 그의 '반동사상'을 폭로하고 비판해 '전국적으로 총 노선을 논의'하는 데 도움이 되도록 하라고 요구했다. 이에 대해 류사오치의 비서를 역임했던 야오리원姚力文은 「신민주주의의 운명과 류사오치의 실패」라는 글에서 분노를 담아 비판했다. "국가 정치가 이처럼 황당하게 흘러가고 있는 것은 과도기적 시기의 총 노선을 논의

하면서 본래 국가 입법기관인 정협과 중앙인민정부위원회가 비판투쟁의 장으로 변질되었기 때문이다."

임시헌법의 성격을 지녔던 '공동강령'은 마오쩌둥의 행동을 규제하지 못했고 심지어 마오쩌둥의 존중도 받지 못했으며, 마오쩌둥에 의해 가볍게 부정되었다. 헌법이란 모름지기 권위가 있어야 추앙받을 수 있다. 한편 헌법의 권위는 피통치자의 동의에서 비롯된다. 먼저, 피통치자의 비준이라는 엄격한 절차가 있어야 한다. 즉 일반적으로 국민투표가 필요하며 국민 3분의 2 이상의 지지를 얻어 통과된 헌법이야말로 합법적 지위와 권위를 갖게 된다. 다음으로 헌법을 제정하고 통과시킬 때는 반드시 집권자의 반대파가 참여해야 한다. 마지막으로, 헌법은 정부의 권력을 견제하는 조항을 명시하고 헌법이 확실히 실시될 수 있도록 강력한 감독세력을 둬야 한다.

이러한 세 가지 면에서 봤을 때 '공동강령'은 어느 한 가지도 제대로 갖추지 못했다. 국민투표(당시의 상황이 허락하지 않음)를 거치지 못했고, 최대 반대당인 국민당을 존속시켜 강령을 제정하고 통과시키는 전 과정에 참여하게 하거나 강령의 실시를 감독하도록 하지 못했다. 또한 강령의 실시를 보장하는 조항을 규정하지 않았고 분권을 통한 견제와 균형이 실시되지도 않았다. 그렇다보니 개인의 독재행위를 제지하지 못했고 '공동강령'은 헌법으로서의 권위를 갖지 못했다.

그렇다면 1949년의 국공평화회담과 정협에서 민주헌정 제도를 수립하지 못한 이유는 무엇일까? 당시의 객관적 상황을 진지하게 분석하다 보면 적잖은 원인이 있었음을 발견할 수 있다. 하지만 가장 직접적인 원인은 바로 당시에 민주헌정에 대한 토론의 절차가 생략된 것이었다.

1945년 항일전쟁을 승리로 마감한 이후 국공 양당이 충칭에서 협상을 통해 체결한 '쌍십협정雙十協定'은 국공 양당이 평등을 기반으로 토론의 절차를 거친 뒤 체결한 것이었다. 1946년 초, 국민당, 공산당, 민맹, 청년당, 무소속 인사들의 대표가 함께 모여 충칭에서 정협을 열었는데 역시 평등을 기반으로 토론의 절차를 거친 뒤 군대의 국가화, 평화건국 강령, 정부 조직, 국민대회, 헌법 초안 등의 협의안을 체결했다. 상대적으로 공평한 게임의 법칙이 존재했기에 정치세력 간의 힘겨루기 과정에서 타협과 균형이라는 헌법정신을 구현하게 된 것이다. 하지만 1949년의 국공평화회담과 정협에서는 이러한 토론의 절차가 생략되었고 정치세력 간의 힘겨루기 과정에서 타협과 균형이라는 헌정정신을 구현하지 못했다. 그래서 국공 양당은 헌정이라는 공감대를 형성할 수 없었다.

당시는 2년여 간의 국공내전을 거친 상황이었다. 특히 랴오선전투遼瀋戰役, 핑진전투平津戰役, 화이하이전투淮海戰役를 거치면서 국민당의 군사력은 약세에 놓여 있었고 공산당이 이끄는 해방군은 절대적 우위에 놓여 있었다. 1946년 6월 내전 발발 전야, 공산당은 100만여 병력을 보유하고 있었고 국민당은 430만여 병력을 보유하고 있었다. 그러던 것이 1948년 말에 들어서 공산당의 병력은 300만여 명에 달한 반면 국민당은 잔존 병력이 200만이 채 못 되면서 전투력을 완전히 상실하고 말았다. 해방군은 언제든지 창장강을 도하할 수 있었다. 반면 국민당 정부는 이미 매우 위급한 지경이었다. 풍전등화와 같이 위태로운 정세에서 장제스는 1949년 1월 1일 신년사를 발표하면서 내전을 중지하고 공산당과의 평화회담을 요구했다. 그리고 다음과 같은 조건을 내걸었다. "평화협정이 국가의 독립을 훼손시키지 않으면서 인민의 안정과 경제력 회복에 도움이 된다면, 신성한 헌법이 나로 인해 위반되지 않고 민주헌정이 이로 인해 파괴되지 않는다면, 중화민국이 국가체제를 확보할 수 있고 중화민국의 법적 정통성이 중단되지 않으며, 군대가 확실한 보장을 받고 인민이 자유로운 생활 방식과 현재의 최저 생활수준을 유지할 수 있다면, 나 개인은 더 이상 다른 요구를 하지 않겠다." 장제스가 내건 조건은 중화민국 국호와 중화민국헌법 그리고 법적 정통성을 존속시키고 국민당 군대가 소멸되지 않는 것이었다.

마오쩌둥은 곧이어 「전범의 강화 요구를 논하다評戰犯求和」라는 글과 「시국 성명對時局的聲明」을 발표해 반박했다. 마오쩌둥이 내건 조건은 모두 8가지였다. "전범을 처벌한다. 허위의 헌법을 폐지한다. 허위의 법적 정통성을 폐지한다. 민주 원칙에 의거해 모든 반동군대를 개편한다. 관료자산을 몰수한다. 토지제도를 개혁한다. 매국적 조약을 폐지한다. 반동분자들이 참여하지 않는 정협을 열어 민주연합정부를 구성하며 난징 국민당 반동정부 및 그에 속한 각급 정부의 모든 권력을 접수한다." 이 조건을 받아들일 수 없었던 장제스는 하야를 선언하면서 리쭝런李宗仁이 총통의 권한을 대행했다.

리쭝런은 취임하자마자 평화회담에 온 힘을 기울였고 1월 22일 공문을 발표해 중국 공산당이 내건 8항의 조건을 기반으로 평화회담을 진행할 용의가 있으며 각 조항의 문제는 공히 회담과정에서 논의를 거쳐 해결될 것이라고 선언했다. 국민당 난징 정부가 내건 회담조건은 몇 가지 중요한 의의를 지니고 있었다. 첫째, 국공회담은 정치제도 구축과 국가 정책 입안에 대한 토론을 중심으로 진행되어야 하고, 전쟁 책임을 추궁하지 않는다. 둘째, 그 자리에서 전쟁을 중단한다. 즉, 해방군이 장강을 도하할 수 없다. 셋째, 대등한 지위에서 정협에 참가하고 연합정부를 구성하도록 한다. 신헌법 제정, 군대개편, 토지제도 개혁, 관료자산

몰수, 매국적 조약 폐지 등 나머지 조건은 국공 양당의 대등한 참여와 감독하에서 진행될 수 있다.[23]

공산당이 난징 정부가 제기한 조건들을 전제로 한 회담에 동의하고 '집권'과 관련된 문제를 진지하게 해결하며 회담의 초점을 국가민주헌정 제도의 구축에 맞추었다면 다음과 같은 두 가지 결과를 도출했을 것이다. 첫째로 공산당은 창장강 이북에, 국민당은 창장강 이남에 근거지를 정하는 '획강이치劃江而治'를 시행한 뒤 군대의 국가화를 기반으로 국공 양당이 대등한 지위와 권력을 지니는 연방식 연합정부를 구성했을 것이다. 둘째로는 군대의 국가화를 기반으로 민주헌정 제도를 구축하고, 공산당과 국민당은 민주선거를 통해 집권을 둘러싼 경쟁을 벌여 경쟁의 승자는 집권하고 패자는 재야에 몸담으며, 정당의 교대 집권, 삼권 분립, 지방자치를 실시하고 연방제 국가를 구성했을 것이다. 물론 두 번째 결과가 가장 이상적인 결과였다. 국공 양당이 민주선거를 통해 경쟁을 벌였을 경우 공산당과 마오쩌둥은 당시 누리고 있던 위엄과 명망으로 민주선거에서 손쉽게 승리할 수 있었을 것이다. 난징 정부의 평화회담 조건은 고려의 여지가 전혀 없던 것이 아니었다. 하지만 마오쩌둥은 이를 가볍게 무시했다.

회담 과정에서 국민당 난징 정부 대표단은 '전범 처벌' 조항을 수긍하지 못했고 공산당 대표단은 전범을 처벌해야 한다는 단호한 입장을 견지했다. 창장강 도하 문제에 있어서 난징대표단은 공산당 군대가 도하하지 않거나 혹은 도하의 시기를 늦출 것을 희망했다. 하지만 공산당 대표는 평화회담 기간에만 잠정적으로 도하하지 않겠지만 평화회담 이후에는 회담의 성사 여부를 떠나 도하하겠다고 했으며 창장강은 역사상 중국의 통일을 저지하는 요인으로 작용한 적이 없었다고 강조했다.

쌍방은 보름 동안 회담을 진행했지만 어떠한 진전도 없었다. 4월 15일, 저우언라이는 최종 수정안인 '국내평화협정國內和平協定'을 장즈중에게 건네면서 이 수정안은 더 이상 변동되지 않을 최종 수정안이며 4월 20일 이전에 난징 정부가 동의하고 서명해야지 그렇지 않으면 해방군은 즉시 도하할 것이라고 재차 설명했다.

분명 이는 흥정이 허용되지 않는 회담으로 타협과 균형이라는 규범에 맞지 않았다. 난징 정부는 투항하지 않으면 궤멸될 처지에 놓여 있었다. 그야말로 이긴 자는 왕이 되고 진 자는 역적이 되는 가장 전형적인 정권 교체 모델이었다. '누가 통치를 할 것인가'라는 문제만 해결했을 뿐 민주헌정 제도가 도출되지는 않았다. 결국 난징 정부는 서명을 거부하고 투항하지 않았다. 리중런은 장즈중에게 보낸 전보에 이렇게 말했다. "중국공산당이 제시한 협정 전문의 근간을 이루는 정신은 정복자에게 피정복자의 처분을 맡기는 것에 지나지 않습니다. 내분을 일으키는 분쟁의 실마리를 제거하고 적국과의 경쟁에서 승리한 뒤 적국의 투항을 받는 형식을 하고 있습니다. 또한 기한을 정해 회답하도록 해 형식적으로 최후통첩과도 같습니다……." 리중런은 이러한 협정은 수용하기 어렵다고 느꼈고 억울함과 실망감에 휩싸였다. 리중런은 공산당 측이 "이 회담의 기본 정신과 내용에 대해 재차 고려해보기를" 희망했다.[24] 하지만 4월 21일 마오쩌둥과 주더朱德가 '전국의 진군 명령向全國進軍的命令'을 발표하면서 해방군은 대대적으로 도하를 실시했다. 4월 23일, 해방군이 중화민국의 수도 난징을 함락했으며, 같은 해 12월 국민당 정부는 수도를 타이완의 타이베이台北로 천도하고 '대륙이 함락되었음'을 선포했다. 국민당은 이로 인해 대륙에서 모든 권력을 빼앗기고 내쫓겼고 대륙에서의 정치 무대에서 추방되었다.

최대 반대당인 국민당이 추방되면서 정협에 참가한 대상은 공산당과 우호관계에 있고 공산당의 영도를 지지하는 민주당파 및 민주 인사들이었다. 그들은 공산당에 대해 견제와 균형을 행사할 능력 없이 그저 연합정부에서 한 자리라도 얻을 수 있기를 희망했다. 상황이 이렇다보니 공산당과 이것저것 따지며 논쟁하는 회담을 진행할 수 없었다. '공동강령' 제정 과정에서 초안 작성에 참여했던 대다수는 민주당파 인사들이었다.[25] 하지만 '공동강령'의 초안 작성 과정 전반에서 공산당 대표가 초안을 잡으면 민주당파 인사들이 의견을 내고 건의를 했으며 마오쩌둥이 반복적으로 심의 결정하며 수정을 가했다. 이 과정에서 마오쩌둥은 민주당파 인사들이 제기한 의견이나 건의사항을 대부분 수용했지만, 그 내용은 대체로 분권을 통해 견제와 균형을 이루는 민주헌정 제도 구축에는 이르지 못했다.

국민당과 공산당 사이의 논의를 통해 타협과 균형을 모색하는 절차가 생략되었기 때문에 결과적으로 '공동강령'은 집권자(정부에 참여한 민주당파를 포함한)의 의지와 권리를 구현하는 데 그쳤고 대부분은 마오쩌둥 개인의 건국이념이었다. 최대 반대당인 국민당의 의지와 권리는 전혀 반영되지 않았고 물론 분권을 통한 견제와 균형의 정치 설계도 모습을 드러낼 수가 없었다. 당시 중화민국 국호를 취소하고 중화인민공화국 국호를 채택한 사실에서 마오쩌둥이 실시하고자 한 것은 철저한 정권 교체였음을 알 수 있다. 이는 신해혁명으로 중화민국이 수립된 이후 역사의 전승을 근본적으로 단절시킨 것이다. 사실 1946년 각 당파가 정협에서 제정한 '중화민국헌법'(초안)이야말로 합법성에 기초한 헌법이었다. 당시 각 당파의 대등한 참여를 기반으로 제정한 것이었기 때문이다. 상대적으로 '공동강령'은 이러한 합법적 기반이 없었다. 그래서 국호를 변경해서는 안 되었고 특히 공산당 스스로 참여하여 제정했던 '중화민국헌법'(초안)을 폐기해서는 안 되었다. 하지만 매우 유감스럽게도 공산당 내부에서 이견을 제시한 사람은 아무도 없었고 심지어 민주당파에서도 반대 목소리를 낸 사람이 없었다.

1949년 국민당이 공산당과 논쟁을 벌이는 민주헌정의 절차가 생략되었던 것은 국민당 정부가 군사적 실패로 대륙에서 축출된 것으로 인한 결과였다. 때문에 국민당을 대륙에 존속시켜야 분권을 통한 견제와 균형 및 양당 경쟁의 민주헌정체제를 구축할 수 있었다. 이 대목에서 한 가지 중요한 문제가 제기된다. 과연 당시 공산당이 국민당을 소멸시키지 않을 수 있었을까?

이 문제에 대해 역사의 답을 기대하기란 불가능하다. 그 원인은 수없이 많은데 먼저 국제적으로 냉전 국면이 형성되고 공산주의와 자본주의라는 이데올로기의 대립구도가 등장하면서 그 여파로 공산당과 국민당의 투쟁이 결사적인 계급투쟁으로 변모되었다. 다음으로 중화민국은 수립된 이후 끊임없는 내우외환에 시달렸고 특히 중국인들은 국민당 정부의 부패에 실망하여 국민당이 참여하지 않은 인민정부가 구축되길 희망했다. 심지어 쑹칭링과 같은 이들도 공산당의 영도를 지지했고 중화민국의 국호를 중화인민공화국으로 바꾸는 데 반대하지도 않았다. 또한 장보쥔章伯鈞이나 뤄룽지羅隆基와 같은 구미 유학파 헌정 전문가들도 국민당 제거를 찬성했다. 이는 민주헌정은 반드시 야당이라는 존재가 있어야 한다는 정치적 상식의 무지에서 기인한 것이 아니라 국민당에 대한 실망, 마오쩌둥과 공산당에 대한 신뢰 그리고 새로운 사회에 대한 이들의 동경에서 비롯된 것이었다. 더불어 국민당과 공산당이 오랫동안 대립하고 전쟁을 치렀기 때문에 공산당이 군사적으로 승리를 거두자 자연히 국민당을 양해하고자 하지 않았다.

상술한 원인들은 분명히 존재하는 것들이라고 할 수 있지만 민주헌정의 각도에서 분석해봤을 때 또 두 가지 중요한 원인이 있었다.

첫째, 중국은 황제 전제의 가족정치에서 현대 정당정치로 전환하는 과정에서 이긴 자는 왕이 되고 진 자는 역적이 되는 전통적 정권 교체 모델을 종결시키지 못했다. 때문에 소수자와 패배자 그리고 반대파를 보호하는 헌정이라는 룰을 수립하지 못한 것이다.

서구는 민주헌정을 실천하는 과정에서 소수자와 패배자 그리고 반대파의 권리를 보호하는 것이야말로 민주와 공화제 수립의 전제라는 것을 증명해주었다. 약자, 패배자, 소수자, 반대파에 대한 존중과 보호 그리고 평화로운 공존이 없이는 민주와 공화제가 싹틀 수 없다. 민주는 다수가 정치에 참여하고 소수가 다수의 뜻에 따르는 것이기 때문이다.

1949년 국민당이 실패한 원인은 정치적 전제와 부패, 군사적 패배 그리고 경제 정책의 실책 등 여러 방면에서 찾아볼 수 있다. 국민당이 전복되고 제거되는 것은 필연적인 결과였다. 문제는 당시 중국에 민주헌정 제도를 구축하려면 승리자인 공산당과 중국인이 반드시 맺힌 한을 풀고 국민당에 대해 관용적인 태도를 취해야 했으며 국민당과 국민당 정부를 구분해서 봐야 했다는 것이다. 왜냐하면 국민당의 난징 정부가 부패로 중국인에게 버림을 받기는 했지만 이것이 국민당 자체적으로 갱신할 기회가 없음을 의미하는 것은 아니었기 때문이다. 사실 당시 국민당의 대다수 지도자는 국민당이 철저히 개조되어야 한다는 점을 인식하고 있었다. 1949년 7월, 국민당 중앙상무위원회는 '본당개조안本黨改造案'을 통과시켰다. 중국인이 국민당정부는 외면했어도 국민당에는 관용을 베풀어 스스로 반성하고 혁신하며 근본적인 변화를 꾀하도록 했다면, 그리고 중국 정치 무대에서 지속적으로 활약하며 공산당과 집권을 놓고 공정한 경쟁을 벌여 국민들의 투표용지를 통해 승패를 갈랐다면 중국이 민주헌정 제도를 구축하는 길은 훨씬 수월했을 것이다.

둘째, 1949년의 혁명에는 과도한 역사적 사명이 부여되어 있었기에 공산당과 국민당 간의 대립은 결코 화해할 수 없는 대립으로 변모되고 말았다.

영국의 사상가 존 에드워드 액튼John Edward Acton은 『프랑스 혁명 강의』에서 프랑스 혁명이 실패한 원인을 분석했다. 그는 혁명에 과도한 사명이 부여되자 전통적 사회제도와 규칙, 권력구조, 종교, 가치관, 생활방식, 풍속 등을 철저히 파괴하려고 했다고 보았다. 그리고는 다시 이성이 철저히 지배하는 새로운 사회를 구축하고 역시 철저히 이성에 근거해 생활하는 신인류를 만들어내려고 했다고 생각했다. 이처럼 제한되지 않은 혁명은 결과적으로 혁명이 지닌 부정적인 면으로 치닫게 되었고, 자유를 추구하는 것으로 시작되었던 것이 자유를 파괴하면서 끝이 났다.

서구 학자들이 보기에 미국의 혁명은 성공한 혁명인 반면 프랑스의 혁명은 실패한 혁명이었다. 미국의 혁명은 정치체제 변화라는 범위로 제한했고, 사회, 사상, 신앙, 생활 방식 등 시대를 거쳐 오면서 자발적으로 진화, 발전한 영역들은 건드리지 않았기 때문이다. 혁명가들은 그저 정치과학의 지원을 받으며 모종의 신중한 설계를 통해 국가권력의 분립과 견제 및 균형을 실시하는 체제를 솜씨 좋게 구축했을 뿐 시대를 거치면서 자발적으로 진화 발전한 사회적 영역은 혁명에 범주에 포함시키지 않았다. 이처럼 단순한 정치체제 혁명이야말로 성공으로 귀결될 수 있는 혁명이다.

프랑스 혁명과 미국 혁명의 상이한 결과는 1949년의 혁명이 과도한 사명을 지고 있었다는 점을 시사해 준다. 중국은 공산주의를 최종 목표로 하는 이상사회를 구축하려 했기 때문에 모든 전통을 철저히 파괴하려고 했다. 또한 사람의 영혼을 바꿔 공산주의 사상으로 무장한 신인류를 만들어내려고 했다. 이러한 이상화는 또한 공상화한 혁명이라고 말할 수 있다.

마오쩌둥이 이끈 중국 혁명은 철저한 정권 교체 혁명이었다. 야당을 철저히 제거하고 '공동강령'을 부정한 뒤 일당독재(실상은 마오쩌둥의 개인 전제) 체제를 수립함으로써 마오쩌둥은 '민주집중제'라는 구호를 방패로 삼아 개인 독재 통치의 길을 열었다. 이후 그는 각종 '혁명'이라는 명목과 제왕의 권모술수로 합작사合作社와 상공업 개조, 인민공사, 철강 증산 운동, 공공식당, 반反우경에서 문화대혁명에 이르기까지 쉴 새 없이 정치경제운동을 벌였다. 이를 통해 정치적 반대파를 숙청하고 전통 사회제도를 제거했으며 또한 전통 문화의 정수와 중국인의 전통적 생활 방식을 말살했다. 그리고 계급투쟁, 계급독재, 혁명 등 증오로 얼룩진 논리와 당 문화 그리고 계획경제사상을 존속시켰다. 또한 음모, 폭력, 개인 숭배, 노예문화, 우민정책 등 전통 문화의 찌꺼기들을 존속시켰다. 사실상 마오쩌둥은 중국에 제왕적 전제인 개인독재체제를 부활시켰고 심지어는 인성과 인간 자유에 대한 학대를 인간의 영혼에까지 확대했다. 이는 중국 역사상 유례가 없고 인류 역사적으로도 극히 드문 엄청난 사회적 비극이자 인도적 재난이다. 이는 궁극적으로 중화 문명의 근간을 말살시켰다. 문화대혁명이 끝나고 중국 공산당 11기 3중전회가 열린 이후에야 중국은 상궤에 어긋났던 마오쩌둥의 행위를 바로잡기 시작하고 개혁개방의 길로 접어들었다. 이 역사적 전환은 참으로 쉽지가 않았다. 이는 분명 덩샤오핑의 지지 아래 후야오방胡耀邦, 자오쯔양趙紫陽 등 중국공산당 지도자들이 중국 사회의 전환을 위해 기여한 위대한 공헌에 힘입은 바가 컸다.

마오쩌둥의 정권 교체 혁명은 모든 것을 망라한 광범위한 혁명이었다. 혁명의 대상은 마오쩌둥 본인을 제외한 모든 국민, 개인 독재제도 이외의 모든 제도, 혁명관과 잔혹한 투쟁생활 방식 이외에 비이성적으로 구축된 일체의 제도, 관념, 생활 방식을 포함하고 있었다. 법도 하늘도 무시한 '계속혁명이론繼續革命理論'은 혁명의 맹렬한 불길을 사회 곳곳으로 향하게 했으며, 이 불길은 기저에서부터 사회 문명의 모든 성과를 불태우고 말았다.

오늘날 우리는 1949년 국공평화회담과 정협 이후 역사적 과정을 객관적으로 돌아보면서 당시의 역사적 조건에서 분권을 통해 견제와 균형을 실현하는 헌정제도를 구축하기란 현실적으로 불가능했음을 인정하지 않을 수 없다. 하지만 역사가 주는 교훈은 반드시 받아들이고 본보기로 삼아야 한다. 건강한 민주헌정 제도의 구축, 인권 보장과 권력의 견제 및 균형의 실현, 자유롭고 공개적이며 공정한 경쟁을 바탕으로 하는 신문명의 생성과 정치생활의 현대화를 추진하는 것 등은 지금까지도 중국이 정치체제를 수립하는 데 있어 회피할 수 없는 중대한 과제로 놓여 있다.

결론: 인정仁政에서 헌정憲政까지

역사를 보면 송대에 중국 최고의 문명이 창조되었다. 송나라가 이처럼 찬란한 문명적 성취를 이룰 수 있었던 원인은 무엇일까? 이러한 물음에 내재된 메시지를 결코 간과해서는 안 된다. 송 문명의 부흥 원인에 대한 진지한 연구는 오늘날 중국의 정치체제 개혁과 문명 전환 및 부흥에 매우 중요한 교훈적 의미를 지닌다.

송나라가 위대했던 것은 훌륭한 정치 설계, 즉 중앙집권에 인정仁政을 결합한 정치적 설계가 있었기 때문임을 앞서 언급한 바 있다. 중앙집권은 전제와 폭정과는 다르며, 전제와 집권은 또 서로 구분된다. 중앙집권은 국가의 정책을 중앙 정부가 결정하고 지방은 아무런 권한도 지니지 못하는 체제를 의미하는 반면, 전제는 황제 개인이 독재를 펼치는 것을 의미한다. 진나라는 중앙집권 제도를 시행했지만 실상은 황제 개인의 전제적 독재였고 진나라의 정치 설계는 전제에 폭정을 더한 것이었다. 전제에 폭정을 더한 정치를 시행했던 왕조로는 한 무제 통치 시기, 후한 시기, 수나라 양제 통치 시기, 원·명·청 시기 등이 있다. 물론이 왕조들이 실시한 폭정의 정도는 서로 다르다. 한편 전한의 '문경의치', 당나라의 '정관의 치' 및 '개원성세' 등은 중앙집권에 인정을 더해실시한 정치적 설계다. 송나라도 이러한 설계를 펼쳤는데, 당 왕조보다다방면으로 더욱 진보적이고 개방적이었다.

첫째, 송나라는 문文으로 나라를 다스리고 인의로 나라를 세웠으며, 노자의 '무위이치'와 유가의 '인정애민仁政愛民' '이민위본以民爲本' 사상에 따라 나라를 다스렸고, 자유롭고 개방적인 정책을 시행한 왕조였다. 송나라는 사대부 및 상소하여 말하는 자가 죽임을 당하지 않았고 언론의 자유와 사상의 자유, 종교의 자유 및 인신의 자유가 있어 인권이보장되었다. 또한 그 어떠한 외래문화도 거부하지 않았고 사상의 성역을 설정하지 않았다. 송대에 사회 여론은 개방되어 있었고 사람들은 생각과 표현의 자유를 누렸다. 송 왕조는 지식과 인재를 존중했으며 사회전반적으로 책을 읽고 공부하는 바람직한 풍조가 형성되어 있었다.

둘째, 황권의 보호 아래 송 왕조의 정치 환경은 역대 왕조보다 여유로울 수 있었다. 황제와 승상 간 상호 견제 체제와 인권을 보장하는 법률체제가 비교적 완비되어 있었으며, 사회의 감독세력도 강력한 힘을발휘하여 관료사회의 부패를 저지할 수 있었다. 각급 관리들뿐 아니라황제 스스로도 게임의 법칙을 준수했다. 송나라의 선진적 인재 선발 제도였던 과거제도는 공정한 경쟁을 통해 인재를 선발했으며 문관제도도견실했다. 또한 송나라는 관리의 녹봉을 높여 청렴한 관리를 양성하는고신양렴高薪養廉 정책과 학문의 자유가 보장된 교육제도를 실시해 바람직한 관료사회의 생태 시스템을 구축했다.

셋째, 송나라는 사유재산 보호 제도를 제정했고 사회보장제도와 거시조정 정책도 어느 정도 구비하고 있었다.

넷째, 송나라는 대외개방을 전면적으로 실시해 상공업과 농업 및 시장경제 발전을 촉진했다. 송나라 사람들은 부유한 생활을 누렸으며 문화적 수준과 도덕적 수양 수준도 매우 높았다. 그들은 교양과 예의를 갖추었으며 성실하게 신의를 지켰고 또 적극적이고 진취적인 정신을 가지고 있었다.

물론 송나라 사회에 문제나 결점이 없었다고 말하는 것은 아니다. 하지만 중앙집권 제도에 인정을 더한 송나라의 정치 설계가 고대 중국사회 최고의 문명적 성취를 이끌어냈다는 것은 사실이다. 실제로 송나라 문명은 위대한 전통 중화문명을 대표하는 으뜸 문명이다. 당시 송나라는 현대 대공업 문명 진입 직전까지 도달해 있었고 인정仁政에서 헌정사회로 가는 과도기 단계에 놓여 있었다. 만약 몽골군에 의해 멸망하지 않았더라면 중국은 서구의 민주·공화·입헌정치와 접촉하는 과정에서 현대 문명의 궤도로 빠르게 진입하고 서구의 문명에 결코 뒤지지 않는 성취를 이루어낼 수 있었을 것이다.

오늘날 중국의 현실로 판단하건대 중국 정부가 송 왕조의 성공적 경험을 본보기로 삼아 견실하고 투명한 인재 선발 제도와 위헌위법 심사 제도, 배심원 제도, 사유재산보호 제도, 종교와 사상적 자유를 보장하는 여론 개방 제도, 학문적 자유를 보장하는 교육 제도, 상대적으로 공정한 사회분배 제도, 공공재정 이전지출 제도(당정黨政과 재정財政을 분리시키는 제도 포함), 시장경제의 거시조정 제도 등을 입법을 통해 구축하고, 민생 개선과 경제발전을 위해 노력한다면, 민주선거를 실시하지 않는다 해도 눈부신 시대를 열 수 있을 것이다.

중앙집권에 인정을 더한 송나라의 정치 설계에 따라 현재 중국의 정치체제를 개혁하고 문명의 발전을 추진하기 위해 당장 전국민 선거를 실시해야만 하는 것은 아니다. 이 목표를 달성하기 위해 중국은 먼저 제도 구축에서 시작해서 민주와 헌정이라는 현대 문명으로 나아가는 여건을 점진적으로 조성하면 된다. 이 여건에는 아래와 같은 것이 있다.

첫째, 인재 선발 제도를 완비해야 한다.

역사는 사회에 공정하고 투명한 인재 선발 제도가 있어야만 나라가 흥하고 발전할 수 있음을 증명하고 있다. 현대 중국의 교육 제도는 인재를 선발하는 제도가 아니라 인재를 양성하는 제도에 불과하다. 송나라도 국립대학을 세우고 인재를 양성하긴 했지만 국립대학 출신 인재보다는 민간에서 교육받은 인재가 더 많았다. 송나라의 악록서원 및 백록동 서원은 모두 사립대학이었다. 그중에서도 '악록서원'에는 송宋 진종眞宗이 친필로 쓴 현판이 지금까지 현존하고 있다. 송나라가 얼마나 사립학교를 중시했는지 엿볼 수 있는 대목이다. 국가는 그저 민간에서 양성한 인재를 선발하는 역할만을 담당했다.

과거제도는 역사상 가장 과학적이었던 인재 선발 제도였다. 송나라는 문文을 귀하게 여겼고 자유롭고 개방적인 정책을 폈다. 이는 과거제도의 기틀이 되었으며 송나라는 이를 기반으로 비교적 정비된 문관제도를 수립할 수 있었다. 오랜 세월 민간에서는 과거제도를 매우 중시했다. 사람들은 진사시에 급제하거나 장원한 것을 매우 높은 영예로 여겨 비석을 세워 세상에 그 영예를 드러냈으며, 세인들은 흥미진진하게 이야기꽃을 피웠다. 중국 근대사를 보면 장젠이나 차이위안페이 등 수많은 걸출한 인재가 과거시험을 통해 정치 무대에 데뷔했음을 알 수 있다. 특히 장젠은 장원급제를 한 인물이었다.

1905년 과거제도가 폐지되면서 중국의 인재 선발 제도는 사라졌다. 만청 정부가 스스로 민간과의 연결고리를 끊고 왕조 통치의 기반을 제거한 이 행위는 결국 만청 왕조의 몰락을 초래했다. 중화민국 또한 수립 후 과거제도를 부활시키지 않았고 그 결과 장제스의 통치 기간은 일당독재로 점철되어 능력에 관계없이 가까운 이를 임용하고 한 사람이 권세를 잡으면 그 주변 사람들도 덕을 보는 사회적 풍토가 조성되었다. 결국 중화민국은 부패로 패망하고 만다.

현대 중국 관료사회가 부패한 원인은 권력에 대한 효과적 감독 및 견제가 부족한 것 외에도 권력 자원을 획득할 기회가 불공평하게 주어지는 데 있다. 돈 있고 권세 있는 가문 출신과 지도자 곁에서 근무한 사람들은 지도자에 의해 발탁되기도 중용되기도 쉽다. 그 반대로는 지도자의 눈에 들기도 자신을 알리기도 쉽지 않다. 재능이 있고 인품이 아무리 좋다 한들 이런 사람들은 발탁되기도, 중용되기도 힘들고 자신의 재능을 발휘할 기회를 잡을 수도 없는 것이다. 이렇게 지도자가 지명하고 관련 부서의 심사와 당 그룹의 토론을 거쳐 임명되는 간부 선발 제도는 능력에 관계없이 권력자와 가까운 사람을 임용하는 제도다. 이런 제도로 재덕을 겸비한 우수한 인재를 선발하지 못하리란 법은 없지만 지도자가 지명하지 않는 수많은 우수한 인재가 매장당하는 것도 사실이다. 이는 '역도태逆淘汰' 메커니즘이다.

현재 중국은 공무원 선발을 위해 공개시험제도를 시행하고 있다. 하지만 공무원 선발시험과 국가 관리 선발시험은 근본적으로 다른 문제다. 공무원은 한 직업에 불과하지만 관리는 나라의 지도자이기 때문이다. 때문에 민주선거 제도를 시행하기 전이라면 시험제도를 통해 관리를 선발하는 것을 고려해봐야 한다. 민주선거 제도를 시행하는 서구 각국도 문관은 시험을 통해 선발하고 있다. 사실, 일찍이 민국 건국 초기, 쑨원은 시험제도에 의한 관리채용권인 고시권考試權을 5권헌법 중 하나로 삼은 바 있다. 이는 당시 중국 국정에 부합했던 정치적 선택이었다. 저명한 국학대사 첸무錢穆 선생은 『중국 역대 정치의 득실中國歷代政治得失』에서 이렇게 말했다. "중국 정치제도 중에서도 중요한 제도였던 과거제도는 당나라 때부터 청나라 때에 이르기까지 1000년 이상의 오랜 세월 존속되었다. 중간에 개혁과 변모를 겪으며 수많은 인재의 지혜와 총명함을 모았던 이 제도가 역사 속에서 점진적으로 발전했던 것은 결코 우연이 아니다."

시험제도는 사람들에게 공정하게 경쟁할 수 있는 기회를 주었고 사회의 하층 백성에게 정치 참여의 장을 마련해주었다. 때문에 인간관계에 얽매여 정치에 입문하지 못하는 일을 방지할 수 있었다. 이 제도는 문명의 소중한 유산으로 마땅히 계승하고 완비해가야 한다. 완전무결한 제도란 세계 어디에도 존재하지 않는다. 모든 제도는 그만의 결점이 있기 마련이다. 우리에게 필요한 것은 상대적으로 공정한 제도이며 시험제도는 이 점을 만족시킨다.

둘째, 사유재산은 신성불가침한 것이라는 관념을 확립하고 사유재산을 보호하는 법률과 제도를 구축해야 한다.

합법적 수단으로 얻은 사유재산은 응당 법률의 철저한 보호를 받아야 한다. 그래야만 중국인의 부의 축적이 중단 없이 지속되어 거상과 기업 가문이 나타나고 산업화를 완성할 수 있다. 물론 불법적으로 약탈한 국가재산이나 타인의 재산은 합법적인 사유재산이라 볼 수 없으며 보호 대상에 포함되지 않는다.

한 나라에 민주선거 제도는 없을 수 있어도 사유재산 보호제도가 없을 수는 없다. 양샤오카이는 『중국정치수상록中國政治隨想錄』에서 이를 심층적으로 분석했다. 그는 국유제를 기반으로 한 민주정치체제는 있을 수 없다고 보았다. 국유제를 기반으로 하는 민주제도란 실현 불가능한 유토피아일 뿐 아니라 속임수에 불과하다는 것이 그의 생각이었다. 새로운 중산층의 독립적 경제력이 정부의 권력을 넘어섰을 때 정치는 제도 혁신의 필요조건(충분조건이 아닌)을 갖추게 된다. 그렇지 않은 상황에서 일어나는 정치적 변화는 동란이나 왕조 교체와 다름없다. 이는 자본주의 사유재산 제도가 발달하면서 사회 상층 구조가 다원화되었고 이에 따라 정치적 엘리트뿐 아니라 사회관리 능력을 갖춘 기업가로 구성된 엘리트층, 즉 중산층이 나타났기 때문이다. 현대 급진주의는 중산층이 가져온 현상의 일종으로 중산층의 급진주의는 농민과 무산계급의 급진주의와는 본질적인 차이를 갖는다. 중산층의 급진주의는 '상호 이익'을 중시한다. 중산층 급진주의는 자신에게만 이익이 되는 왕조 교체나 국체國體 같은 문제가 아니라 정치체제라는 문제에 중점적 관심을 둔다. 독립적인 중산층이 없다면, '인민'은 그저 우상 숭배의 대상이 되어 집권자가 정치를 독점하는 데 사용하는 장난감이 될 뿐이다. '인민'을 이렇게 우상 숭배 대상으로 삼아 정치운동을 가장 잘 추진한 사람이 바로 마오쩌둥이다.

양샤오카이는 사유재산제도가 개인 자본주의 발달을 촉진하는 중요한 기능을 수행한다고 보았다. 즉 사유재산제도는 지식인들의 출구, 즉 출세길을 다양화해 상업 종사자들이 나라 관리보다 더욱 많은 부를 쌓고 높은 지위를 누리며 더욱 독립적인 인격을 갖출 수 있게 한다는 것이다. 그렇게 되면 권력에 미련을 버리지 못한 관리가 물러나지 않으려 하거나 시험에 낙방한 수재들이 모반을 일으킬 가능성이 대폭 줄어들 게 되고 이는 정치 개혁과 사회 안정 유지에 긍정적으로 작용한다. 이 밖에도 사유재산제도는 정치적 동란과 경제활동을 분리시키는 기능 을 한다. 대선을 치를 때 미국의 정치기구는 잠시 그 활동을 중지하지 만 경제는 평소와 변함없이 정상적으로 돌아간다. 이에 반해 중국의 문 화대혁명은 경제에도 지극히 큰 영향을 미쳤다. 이렇게 사유재산제도는 한 나라가 안정적 질서 속에서 점차 민주로 나아갈 수 있도록 하는 기 능을 발휘한다.

사유재산 보호의 핵심은 토지 사유제 구축에 있다. 토지 사유제는 중국이 현대 문명으로 나아갈 수 있게 하는 중요한 경제제도이며 농업, 농촌, 농민을 가리키는 이른바 '삼농三農' 문제 해결이 달린 관건 중 하 나이기도 하다. 현재 중국의 헌법 '중화인민공화국헌법'은 사유재산 보 호를 명시하고 있고 국가 차원에서도 '물권법物權法'을 제정하는 등 일 련의 조치를 취했지만 중국에서 토지 사유는 여전히 명확한 합법성을 갖지 못하고 있으며 제대로 된 토지 사유제도 또한 구축되지 않은 상 태다.

토지 사유권은 모든 재산권의 기초이며, 현대 문명의 기반이다. 송나 라는 토지 사유제를 실시해 농민의 토지 사유권을 확고히 했는데 이 는 매우 진보적인 국가 정책이었다. 맹자는 "자산을 가진 사람은 변함 없는 마음을 지니게 되고, 자산을 가지지 못한 사람은 변함없는 마음 을 지니지 못하는 법이다有恒産者有恒心, 無恒産者無恒心"라고 했다. 한 사 람이 토지에 대한 소유권을 가졌을 때 그 사람은 토지의 일체를 소유 할 수 있게 되고 재산은 보장을 받게 된다. 또한 재산의 축적도 중단되지 않고 대대로 전승된다. 그래야만 사람들은 장기적인 투자를 할 수 있게 되고 언제든 자신의 재산을 빼앗길 수 있다는 걱정을 하지 않아도 되게 된다. 송나라 경제가 그렇게 번영할 수 있었던 이유 중 하나는 토지사유권을 확립했기 때문이었다. 농민들이 토지를 소유했다는 것은 곧 자본을 소유했다는 것과 다름없다. 그들은 토지를 판 돈을 가지고 성 안으로 가서 투자를 할 수 있었다. 송나라는 소수의 사람들에게 토지가 집중될 수 있도록 토지의 유통을 장려했고 '토지 겸병을 억제하지 않겠다'라는 토지 정책을 시행했다. 이는 대공업 혁명을 위한 토지, 노동력, 자본의 기반을 마련해주었다. 만약 농민이 자기 소유의 토지를 소유할 수 없다면 자본을 갖기도 힘들며, 토지의 주인도 될 수 없을 것이다.

문명의 축적은 부의 축적을 포함한다. 그리고 토지의 사유권은 모든 부의 기반이다. 중국이 농업, 농촌, 농민의 삼농 문제를 완벽히 해결하려면 반드시 먼저 토지 사유권을 확립해야 한다. 춘추전국시대의 경제가 그토록 번영할 수 있었던 이유는 서주 사회의 토지 국유제를 타파하고 토지 사유권을 확립했기 때문이었다. 송나라 경제가 그렇게 높은 수준으로까지 발전할 수 있었던 이유도 농민에게 토지를 재분배하고 농민의 토지 소유권을 확립했기 때문이었다. 역사는 중국이 농업의 산업화와 대공업 혁명을 완성하기 위해서 반드시 토지 사유권을 확립해야 함을 시사하고 있다. 중국이 토지 사유권의 확립없이 대공업 사회로의 진입과 현대 문명 실현이라는 목표를 실현하기란 지극히 어려운 일이다.

오늘날 중국에 나타난 수많은 문제들은 토지 사유제도가 아직 확립되지 않은 것과 직접적으로 연관되어 있다. 일부 지방 정부는 농민에게 토지 사유권이 없는 점을 이용해 허울좋은 구실로 행정 권력을 사용해 농민의 경작지를 빼앗고 있다. 그뿐인가, 일부 이익집단도 지방 정부와 결탁해 도시화라는 허울 아래 헐값에 농민의 토지를 차지하고 하룻밤 새 졸부가 되고 있다. 자신들의 토지에서 쫓겨난 농민들은 아무것도 가지지 못한 무산자로 전락해 갈수록 곤궁한 생활을 보내고 있다. 최근 몇 년 새, 많은 농민들이 상급 기관에 이 문제의 해결을 요구하고 나섰다. 만약 농민이 토지권 증서를 가지고 있다면 농민의 토지 소유권을 빼앗으려 해도 그럴 수 없다. 뿐만 아니라 토지 사유권의 확립은 토지 매매시장의 형성과 토지 매매에 기틀을 마련해줄 것이다. 그렇게 되면 중국의 땅값도 신속히 상승할 것이고 나라는 세수를 대폭 증가시킬 수 있으며 중앙과 지방 모두의 재정 능력이 크게 신장될 것이다. 이는 국가 경제와 민생에 백익무해한 일이다.

　건국 초 중화인민공화국은 전국에 토지 개혁을 실시해 농민에게 토지를 분배했고 '농사를 짓는 사람이라면 모두 경작지를 소유하는' 이상을 실현했으며 농민에게 토지증土地證이라는 계약서를 발부하기까지 했다. 물론 정부는 토지 개혁 과정에서 원래 토지 소유주인 지주의 땅을 몰수하는 정책을 취했고, 몰수한 지주의 토지를 농민에게 재분배하면서 그에 대한 합리적인 보상을 하지 않아 부를 추구하고자 했던 농민들은 그 신념에 타격을 입었다. 하지만 그렇다 해도 토지 사유는 여전히 인정되었다. 훗날 마오쩌둥이 '집단화'라는 명목 아래 농민 개인의 토지를 전부 국가와 집단에 귀속시키고 '하늘 아래 땅 중에 왕의 것이 아닌 것은 없게普天之下, 莫非王土' 만든 것은 잘못이었다. 중국공산당 제11기 3중 전회 이후 농가에 생산량을 할당하고 그 성과에 따라 포상하거나 책임을 물었던 농가 생산 청부제가 시행되어 농민들은 토지 사용권은 얻었지만 토지 소유권은 돌려받지 못했다. 토지 사유권 제도를 구축하려 한다면 지난 역사를 어떻게 살펴보고 소유권을 어떻게 구분해야 할지를 두고 진지하고도 심층적인 연구를 해야 할 것이다.

셋째, 자유로운 언론제도를 구축하고 자유롭고 개방적인 정책을 시행해야 한다.

송나라는 자유롭고 개방적인 정책을 철저하게 시행했다. 송대에는 사상과 언론이 미칠 수 없는 금지 영역이란 게 없었으며 정부를 감독하는 사회 여론의 힘도 매우 강력했다. 현대 중국은 송 왕조의 정책을 본받아 그와 같은 제도를 구축해야 한다. 민간의 신문사, 방송국 설립을 허용하고, 국가 기밀을 누설하지 않는 선에서 언론 및 출판의 자유를 허가해야 한다. 언론의 자유는 진리 추구를 위해서가 아니라 사람들의 말할 권리를 보장하기 위한 것이다. 타인이 하는 말의 옳고 그름을 떠나서 그들이 말할 수 있도록 허가해주어야 한다. 또한 종교 신앙의 자유를 장려해 사람들이 무신론이나 유신론 어느 것이라도 선택할 수 있게 해야 한다. 학술의 자유도 장려해야 한다. 학술 연구 방면에서 금지 구역을 정해서는 안 되며 그중에서도 대학은 학술의 자유를 기반으로 하여 세계 일류 과학자와 사상가들을 배출하는 동시에 중국인의 문화적 소양을 제고하고 진취정신을 높여야 한다.

넷째, '인권보장법안'을 제정, 반포하고 실시해야 한다.

송나라는 '사대부 및 상소하여 말하는 자를 죽이지 말라'는 정치법률제도를 시행했고 이로써 송나라 백성의 인권을 효과적으로 보장했다. 송대의 형법전이었던 『송형통宋刑統』을 살펴보면 송대 법률에 인권 보장과 관련된 조항이 많았음을 알 수 있다. 송 왕조가 자유롭고 개방적일 수 있었던 것은 인권을 보장했던 송나라의 법률과 뗄 수 없는 관계를 갖는다.

미국과 영국 등 현대 민주 헌정 국가들은 법률로 인권을 엄격하게 보장하고 있다. 총 26개 조항으로 이루어진 미국 헌법 수정안 중 전반부 10개 조항은 사람들이 말하는 '인권법안'으로 모두 확실하게 인권을 보장한 규정이다. 그중 제1조는 "국회는 다음 사항에 해당되는 법률을 제정할 수 없다. (1)종교 확립 및 종교 자유의 금지 (2)국민의 언론 및 출판의 자유 박탈 (3)국민의 평화 집회 및 불만 상황의 구제를 위해 정부에 청원할 권리의 박탈"이라고 규정하고 있다.

최근 들어 중국도 많은 법률과 법규를 제정했지만 아직도 '인권 보장 법안'은 제정되지 않고 있다. '중화인민공화국헌법'에는 인권 보장에 관한 내용이 명시되어 있지만 구체적인 실시에 관한 조항은 없다. 중국이 입법에 가속도를 붙여 인권 보장에 관한 법안을 조속히 제정, 반포하고 실시하는 것은 헌정 실행에 지극히 중요한 의의를 갖는다. 인권 보장법이 있어야 중국인의 인권은 실질적인 보장을 받게 될 것이다. 예를 들어보자. 어떤 사람이 정부를 비판하는 글을 발표했다면 이는 위법행동인가 아닌가? 출판사가 정부의 관점에 어긋나는 저작물을 출판했다면 해당 출판사를 조사하여 처리해야 하는가 그렇지 않은가? 이런 문제들에 대해 명확하게 한계를 지을 필요가 있다. 그래야만 사람들이 상황을 정확히 판단하여 결정할 수 있고, 자신이 한 행동으로 행정처분을 받지는 않을까, 혹은 법률적 책임을 지지는 않을까를 두고 걱정하지 않을 수 있을 것이다.

'인권 보장법안'을 제정, 반포하고 실시하는 것은 당과 정부의 권력을 구분 짓고 당위원회와 정부의 권력을 제한해 그들의 활동 범위를 헌법의 범주로 제한하고 무한한 확장을 막으려는 것이다. 이에 따라 당과 정부의 책임도 실질적으로도 줄어들게 된다. 그중 일부 책임은 사회에 넘겨질 수도 있을 것이다. 이런 법안이 있으면 각급 관리들은 자신이 어떤 일을 할 수 있고 어떤 일은 하면 안 되는지를 명확히 알 수 있게 된다. 또한 국민들로 하여금 자신이 어떤 일은 할 수 있으며 어떤 일은 하면 안 되는지를 알게 할 수 있다. 만약 자신의 권리가 침해되었다면 법률을 통해 자신의 권리를 지킬 수 있을 것이고 법원에 소송을 제기해 정부의 위법행위를 막을 수도 있을 것이다.

결론적으로 중국이 현대 문명으로 나아가기 위해서는 중앙집권에 인정을 더한 체계적인 정치적 설계를 진행하고 각 방면에서 실현 가능하고 자유롭고 개방적인 법률과 제도를 구축해야 한다. 또한 강력한 정책 및 조치를 시행해 인치의 전통에 마침표를 찍고 민주와 헌정 실현이라는 목표 달성을 위한 제반 여건을 마련해야 할 것이다.

1000여 년 전, 송나라가 창조했던 중화문명은 세계를 앞선 위대한 문명이었다. 오늘날 중국이 문명 혁신을 성공적으로 이뤄내고 현대 문명으로 나아가 사회의 번영과 발전을 이루기 위해서, 또 사회적 안정을 장기적으로 유지할 수 있기 위해서, 중국의 지도자는 수준 높은 정치적 지혜와 국민의 이익을 위해 개인의 이익을 희생하는 고귀한 인품을 갖추어야 한다. 국민 전체의 노력이 필요하지 않은 것은 아니지만 지도자의 노력이 그만큼 결정적인 역할을 한다는 것이다. 하지만 중국인에게는 기독교 신앙과 박애정신, 인도적 정신, 너그러운 마음, 마땅히 갖추어야 할 도덕과 양심이 부족하다. 때문에 앞으로 중국이 중앙집권에 인정을 더한 정치 모델을 실행하고 역사의 상처를 아물게 하며 사회 갈등을 해소하고 개인의 권리를 보장할 수 있을지, 또 정부의 권력을 제한해 현대 문명으로 나아갈 기반을 닦을 수 있을지는 여전히 미지수다.

물론 인류 문명의 진보에 발맞추어 중국도 진화해나가야 한다는 것은
역사의 총체적 추세이며, 또한 그 누구도 막을 수 없는 역사적 대세다.

후기

    지난 20여 년 동안 나는 중국 문명 고찰과 관련된 자료를 수집하기 위해 노력했으며, 문명 고찰에 힘써 마침내 이 책의 집필을 마칠 수 있었다. 그리고 지난 2007년 1월, 중국의 한 권위 있는 출판사에서 출판하게 되었지만 많은 부분이 삭제되었고 결국에는 발행 금지 처분까지 받게 되었다. 시간이 흘러 마침내 이 책이 해외에서 출판되는 것에 대해 더할 수 없는 기쁨과 위안을 느낀다. 이에 이 책의 출판을 위해 힘쓰신 모든 분께 감사를 표한다.

    현대 문명의 관점에서 체계적이고 전면적으로 중국의 문명사를 고찰하는 것은 아주 어려운 일이다. 이 책을 집필하는 과정에서 내가 고수한 원칙이 하나 있다면 그것은 객관적이면서 쉽고도 생동적인 언어로 심오한 학문적 내용을 알기 쉽게 표현하겠다는 것이었다. 이 책의 견해가 독자들에게 유익한 시사점을 줄 수 있기를 바란다. 나의 사상과 학식의 깊이가 미천하여 여러 문제점과 부족한 점이 있을 줄 안다. 국내외 많은 분이 이를 지적해주고 가르쳐주셨으면 하는 바람이다.

샤오젠성

2009년 9월 4일

제1장 하늘에 태양은 하나, 백성의 군주도 하나

1 "四極廢 九州裂 天不兼覆 地不周載."

2 "萬物生於有, 有生於無."

3 "玄之又玄, 衆妙之門."

4 "竟廢申后及太子 以褒姒爲后 伯服爲太子."

5 "大道之行也, 天下爲公, 選賢與能, 講信俗睦. 故人不獨親其親, 不獨子其子. 使老有所終, 壯有所用, 幼有所長. 矜寡孤獨廢疾者, 皆有所養. 男有分, 女有歸. 貨惡其棄於地也, 不必藏於己, 力惡其不出於身也, 不必爲己. 是故謀閉而不興, 盜竊亂賊而不作, 故外戶而不閉, 是爲大同."

6 "河出圖 洛出書 聖人則之."

7 『유가의 대동, 소강사상과 '역경'의 뿌리 깊은 관계儒家大同, 小康思想與易經的淵源關係』 참고.

8 "今大道旣隱, 天下爲家. 各親其親, 各子其子, 貨力爲己. 大人世及以爲禮, 城郭溝池以爲固, 禮義以爲紀, 以正君臣, 以篤父子, 以睦兄弟, 以和夫婦, 以設制度, 以立田里, 以賢勇知, 以功爲己. 故謀用是作, 而兵由此起. 禹湯文武成王周公, 由此其選也, 此六君子者, 未有不謹於禮者也. 以著其義, 以考其信, 著有過, 刑仁講讓, 示民有常. 如有不由此者 在勢者去, 衆以爲殃, 是謂小康."

9 "如有不由此者 在勢者去 衆以爲殃."

10 "神農氏沒 黃帝堯舜氏作 通其變 使民不倦 神而化之 使民宜之. (…) 刳木爲舟 剡木爲楫 舟楫之利 以濟不通 致遠以利天下 (…) 服牛乘馬 引重致遠以利天下 (…) 重門擊柝以待暴客 (…) 弦木爲弧 剡木爲矢 弧矢之利 以威天下."

11 "黃帝之子二十五宗 得其姓者十四人 爲十二姓."

12 "四海之內咸戴帝舜之功 (…) 鳳凰來儀 (…) 百獸率舞."
13 "南巡獵 崩於蒼梧之野 葬於江南九嶷 (…) 舜子商均亦不肖, 舜乃豫薦禹於天."
14 "禹朝諸侯之君會稽之上 防風之君 而禹斬之."
15 "克明峻德 以親九族 平章百姓 協和萬邦."(『상서尚書』「요전堯典」)
16 "昔夏之方有德也 遠方圖物 貢金九牧."
17 "禹會諸侯於塗山 執玉帛者萬國."

제2장 위대한 시대의 비극

1 "普天之下, 莫非王土, 率士之濱, 莫非王臣."
2 "天下有道, 則禮樂征伐自天子出."
3 "鄕先論士之秀者, 升諸司徒, 曰選士."
4 "若國有大故, 則致萬民於王門 (…) 大詢於衆庶."
5 "左右皆曰賢, 未可也, 諸大夫皆曰賢, 未可也. 國人皆曰賢, 然後察之, 見賢也, 然後用之. 左右皆曰不可, 勿聽, 諸大夫皆曰不可, 勿聽. 國人皆曰不可, 然後察之, 見不可也, 然後去之."
6 "師敗績於姜氏之戎."(『사기』「주본기周本紀」)
7 "人有土田, 女反有之, 人有民人, 女覆奪之."
8 "百川沸騰, 山塚崒崩, 高岸爲谷, 深谷爲陵."
9 "周遺黎庶, 靡有孑遺."
10 "八佾舞於庭, 是可忍, 孰不可忍."
11 "以三刺斷庶民獄訟之中: 一曰訊群臣, 二曰訊群吏, 三曰訊萬民, 聽民之所刺宥, 以施上服下服之刑."
12 "左右皆曰可殺, 勿聽, 諸大夫皆曰可殺, 勿聽. 國人皆曰可殺, 然後察之, 見可殺焉, 然後殺之. 故曰國人殺之也."
13 "殷因於夏禮, 所損益可知也. 周因於殷禮, 所損益可知也. 其或繼周者, 雖百代亦可知."
14 "春秋之中, 弑君三十六, 亡國五十二, 諸侯奔走不得保其社稷者, 不可勝數."
15 "鄭人皆哭泣, 悲之如亡親戚."(『사기』)
16 "哭子産者, 皆如喪父母."(『한시외전漢詩外傳』)
17 "民爲貴, 社稷次之, 君爲輕."
18 "說大人, 則藐之."
19 "君之視臣如手足, 則臣視君如腹心. 君之視臣如犬馬, 則臣視君如國人. 君之視臣如土芥, 則臣視君如寇仇."
20 "天之道, 損有餘而補不足, 人之道則不然, 損不足以奉有餘."
21 "在國, 曰市井之臣. 在野, 曰草莽之臣. 皆謂庶人."
22 "治世不一道, 便國不法古."
23 "民有二男以上不分異者, 倍其賦(…)民父子兄弟同室內息者爲禁."
24 "鄕邑大治, 秦人大悅."
25 "如餓狼之見肉, 則民用矣."
26 "挾持浮說, 非其質也."
27 "四世而勝, 非幸也, 數也."

28 "治之至也(…)王者之功名, 則個個然其不及遠矣."

29 "殆無儒也, 此亦秦之所短也."(『순자』, 「강국」)

30 "鳳凰阿鳳凰阿, 道德是何等的衰敗."

31 "天下無道已經很久了, 我行道的希望已經破滅了."(『사기』, 「공자세가孔子世家」)

32 "大道非常平安, 世人偏行險路. 朝廷已很汚穢, 田園已很荒蕪, 糧倉已很空虛, 你們卻穿著華美的服飾, 佩戴鋒利的刀劍, 吃膩佳肴美味, 囤積金銀財寶, 這不就是強盜頭子嗎? 這個背離大道的世代啊." (『도덕경』)

33 "人往高處走, 水往低處流."

34 위안즈밍遠志明, 『노자와 성경老子與聖經』

35 "樂以天下 憂以天下."

36 "天下非一人之天下, 天下人之天下."

37 "布咸陽市門 懸千金其上 延諸侯遊士賓客 有能增損一字者 予千金."(『사기』, 「여불위열전呂不韋列傳」)

38 "明主之國, 無書簡之文, 以法爲教, 無先王之語, 以吏爲師."

제3장 폭력과 전제로 비롯된 재난

1 "兵者, 不祥之器, 聖人不得已而用之."

2 "行一不義, 殺一不辜, 而得天下, 不爲也."

3 "商罪貫盈, 天命誅之."

4 "魯不棄周禮, 未可動也."(『좌전』)

5 "楚人將伐陳, 聞喪乃止."

6 "不仁不義, 雖得十越, 吾不爲也."(『좌전』)

7 "彼蒼者天, 殲我良人, 如可贖兮, 人百其身."

8 "趙卒反覆, 非盡殺之, 恐爲亂, 乃挾詐而盡坑之."(『백기열전白起列傳』)

9 "秦之所殺三晉之民數百萬, 今其生者, 皆死秦之孤也."

10 "秦孝公, 捐禮讓而貴戰爭, 棄仁義而用詐譎, 苟以取強而已矣(…)貪饕無恥, 競進無厭, 國異政教, 各自制斷, 上無天子, 下無方伯, 力功爭強, 勝者爲右, 兵革不休, 詐僞幷起. 當此之時, 雖有道德, 不得施謀(…)故孟子, 孫卿儒術之士, 棄捐于世, 而遊說權謀之徒, 見貴于俗. 是以蘇秦, 張儀, 公孫衍, 陳軫, 代厲之屬, 生從橫短長之說, 左右傾側."

11 린다, 『나도 꿈이 있다我也有一個夢想』, 삼련서점三聯書店, 1999.

12 "丞相諸大臣皆受成事, 倚辦於上."

13 "徙天下豪富於咸陽十二萬戶."(『사기』)

14 "商鞅傳法經, 改法爲律以相秦, 增相坐之法, 造三族之誅, 加車裂鑊烹之刑."

15 "刑者相伴於道, 而死人日成積於市."(『사기』)

16 "嗟乎! 爲法之弊, 一至此哉."(『사기』)

17 "千羊之皮, 不如一狐之掖. 千人之諾諾, 不如一士之諤諤. 武王諤諤以昌, 殷紂墨墨而亡."(『사기』)

18 史官非秦紀皆燒之, 非博士官所職, 天下敢有藏詩, 書, 百家語者, 悉詣守尉雜燒之, 有敢偶語詩, 書, 百家語者棄市, 以古非今者族, 吏見知不擧者同罪; 令下三十日不燒, 黥爲城旦, 所不去者醫藥卜筮種樹之書, 若欲法令以吏爲師."

19 "父老苦秦苟法久矣, 誹謗者族, 偶語者棄市."

20 "行所幸, 有言其處者, 罪死."

21 "乃出其民."(『좌전』 희공 25년)

22 "力役三十倍於古, 田租, 口賦, 鹽鐵之而利十倍於古(…)見稅什五."

23 "男子力耕, 不足糧餉, 女子紡績, 不足衣服. 竭天下之資財, 以奉其政, 猶未足以澹其欲也."

제4장 번영, 그 배후의 위기

1 "南方有鳥焉, 名曰蒙鳩, 以羽爲巢, 而編之以髮, 繫之葦苕, 風至苕折, 卵破子死."

2 "九卿, 見令不便, 不入言而腹誹, 論死."

3 "三代受命, 其符安在? 災異之變, 何緣而起?"

4 "有道伐無道, 此天理也, 所從來久矣."(『춘추번로春秋繁露』「인의법仁義法」)

5 "上品無寒門, 下品無世族."

6 "廟堂之上, 朽木爲官, 殿陛之間, 禽獸食祿. 狼心狗肺之輩滾滾當道, 奴顏卑膝之徒紛紛秉政."

7 "朱雀橋邊野草花, 烏衣巷口夕陽斜, 舊時王謝堂前燕, 飛入尋常百姓家."

8 "兩耳不聞窓外事, 一心只讀聖賢書."

9 "山窮水盡疑无路, 柳暗花明又一村."

10 "君有過則諫, 反覆之而不聽, 則去."

11 "三諫而不聽則去, 不去則身亡, 身亡者仁人所不爲也."

12 "勵志忘生, 爲君不避喪身."

13 "非劉姓不得王, 非有功不得侯."

14 "尙賢, 則民爭名, 貴貨, 則盜賊起."

15 "勞之不休, 奪之無幾, 田荒倉虛, 杼柚空乏, 食不充口, 衣不週身, 欲令無亂, 豈可得乎?"(『위진남북조사화魏晉南北朝史話』, 中國國際廣播出版社, 2007

16 "話說天下大勢, 分久必合, 合久必分."

17 "善者因之, 其次利道之, 其次敎誨之, 其次整齊之, 最下者與之爭."

18 "敢於鑄鐵器煑鹽者, 釱掉左趾, 沒收其器物."

제5장 고대 중국 문명의 정점

1 "柴氏子孫有罪不得加刑, 縱犯謀逆, 止于獄中賜盡, 不得市曹刑戮, 亦不得連坐支屬. 不得殺士大夫, 及上書言事人. 子孫有渝此誓者, 天必殛之!"

2 "凜然相對敢相欺? 直干淩雲未要奇. 根到九泉無曲處, 世間惟有蟄龍知."

3 "多積金, 市田宅以遺子孫, 歌兒舞女以終天年."

4 "許令民間任便收買販易煤炭."

5 "昔汴都數百萬家, 盡仰石炭, 無一家燃薪者."

6 "臨安人王彦太, 家甚富, 有華室. 忽議航南海, 營舶貨. 溫州巨商張顧, 世爲海賈. 泉州楊客, 爲海賈十余年, 致貲二萬萬(…)度今有四十萬緡. 健康舶商楊二郎, 往來(海上)十有餘年, 累貲千萬."

7 "夜以小舟載銅錢十萬緡入洋."

8 "比漢唐京邑, 民庶十倍."

9 "朱門酒肉臭臭, 路有凍死骨."

10 "三秋桂子, 十里荷花(…)市列珠璣, 戶盈羅綺競豪奢."

11 "三百六十行, 行行出狀元."

12 "麥行千里不見土, 連山沒雲皆種黍(…)吳兒踏歌女起舞, 但道快樂無所苦."

13 "西崦人家應最樂, 煮葵燒筍餉春耕."

14 "社南村酒白如荇, 鄰翁宰牛鄰媼烹. 插花野婦抱兒至, 曳杖老翁扶背行. 淋漓醉飽不知夜, 裸股掣肘時歡爭. 去年百金易斗粟, 豐歲一飮君無輕."

15 "莫笑農家臘酒渾, 豐年留客足雞豚."

16 "稻花香裡說豐年."

17 "東家娶婦, 西家歸女, 燈火門前笑語. 釀成千頃稻花香, 夜夜費一天風露."

18 "新築場泥鏡面平, 家家打稻趁霜晴. 笑歌聲裡輕雷動, 一夜連枷響到明."

19 "年年圩長集圩丁, 不要招呼自要行. 萬杵一鳴千畚土, 大呼高唱總齊聲."

20 "歸我中夏, 遵守祖風, 留遺汴梁."

21 "天下者, 天下人之天下, 非一人(皇帝)之私有也."

22 "天下者, 祖宗之天下, 群臣, 萬姓, 三軍之天下, 非陛下之天下."

23 "今日之宜, 亦莫如一切通商."

24 "天子重英豪, 文章教爾曹, 萬般皆下品, 惟有讀書高."

25 "書中自有黃金屋, 書中自有顏如玉, 書中自有千種祿."

26 "爲父兄者, 以其子與弟不文爲咎, 爲母妻者, 以其子與夫不學爲辱."

27 "孤村到曉猶燈火, 知有人家夜讀書."

28 "生當爲人傑, 死亦爲鬼雄, 至今思項羽, 不肯過江東."

29 "玉慘花愁出鳳城, 蓮花樓下柳青青. 尊前一唱陽關曲, 別個人人第五程. 尋好夢, 夢難成, 況誰知我此時情, 枕前淚共簾前雨, 隔個窗兒滴到明."

30 "十年生死兩茫茫, 不思量, 自難忘. 千里孤墳, 無處話淒涼. 縱使相逢應不識, 塵滿面, 鬢如霜. 夜來幽夢忽還鄉, 小軒窗, 正梳妝, 相顧無言, 惟有淚千行. 料得年年腸斷處, 明月夜, 短松崗."

31 "衣帶漸寬終不悔, 爲伊消得人憔悴, 千種風情, 更與何人說."

32 "兩情若是久長時, 又豈在朝朝暮暮."

33 "在五間樓前大街做瓦鋪瓦前, 有帶三花點茶婆婆, 敲響盞掇頭兒拍板, 大街遊人看了無不哂笑."

34 "大婦腰鐮出, 小婦具筐逐."

35 "岸邊兩兩三三, 浣紗遊女, 避行客, 含羞笑相語."

36 "郎意濃, 妾意濃. 油壁車輕郎馬驄, 相逢九裹松."

37 "月上柳梢頭, 人約黃昏後."

제6장 황권지상 인권 추락의 시대

1 이 내용은 당시 몽골 제국의 승상을 지낸 페르시아인 라시드 앗 딘의 저작 『집사集史』(상무인서관)에서 확인해볼 수 있다. 또한 미국 역사학자 스타브리아노스Leften Stavros Stavrianos의 『세계 통사A Global History: From Prehistory to the 21st Century』에도 기록되어 있다.

2 "凡城邑以兵待者, 悉坑之."(요수姚燧, 『목암집牧庵集』)

3 "兵荒之後, 黎民無幾."

4 "春宵苦短日高起, 從此君王不早朝."

5 "四鼓鼕鼕起着衣, 午朝見嫌遲, 何時得遂田園樂, 睡到人間飯熟時?"

6 "君爲臣綱 夫爲子綱 夫爲婦綱."

7 "君要臣死 臣不得不死 父要子亡 子不得不亡."

8 "餓死小事 失節大事."

9 "其文略仿宋經義 然代古人語氣爲之 體用排偶."

10 "淸知府三年 雪銀十萬兩."

11 "績成大業 未知何日 未知何人."

12 진관타오金觀濤·류칭평劉靑峰, 『흥성과 위기興盛與危機』 참조.

13 "一枝紅露凝香 雲雨巫山枉斷腸. 借問漢宮誰得似 可憐飛燕倚紅妝."

14 셰창린謝蒼霖·완방전萬芳珍, 『3000년 문화의 재앙三千年文禍』, 강서고교江西高校출판사, 1991.

15 사계좌査繼佐, 『죄유록罪惟錄』「명조소사明朝小史」 참조.

16 "庭院沈沈晝露淸, 閉門春草共愁生. 夢中正得君王寵, 却被黃鸝叫一聲."

17 "新築西園小草堂, 熱時無處可乘凉. 池塘六月由來淺, 林木三年未得長. 欲淨身心頻掃地, 愛開窗戶不燒香晚風只有溪南柳, 又畏蟬聲鬧夕陽."

18 셰창린·완방전, 앞의 책.

19 "大千世界浩蕩蕩, 收拾都將一袋裝. 畢竟有收還有散, 放寬些子也何妨."

제7장 기형의 사회

1 "使萬歲如此, 眞上仙也."

2 "銀燭秋光冷畫屛, 輕羅小扇撲流螢, 天際夜色凉如水, 坐看牽牛織女星."

3 "衙門八字開, 有理無錢莫進來."

4 "君子有所不爲, 君子有所爲, 君子知其不可爲而爲之."

5 "君子無所不爲, 無毒不丈夫."

6 리제李劼, 「마오쩌둥 현상의 문화심리와 역사기원을 논하다論毛澤東現象的文化心理和歷史成因」(『당대중국연구』) 참조.

7 "江淮間空盡, 人民相食."

8 "時三輔民尙數十萬戶, 鶴等放兵劫略, 攻剽城邑, 人民飢困, 二年間相啖食略盡."

9 "嘉靖初年, 市井委巷, 有草深尺餘者, 城東西僻有孤兎爲群者."

10 "聞開礦之事, 甚無益於地方, 嗣後有請開採者, 悉不准行."

11 "진관타오·류칭평, 『흥성과 위기興盛與危機』 참조.

제8장 실패로 끝난 문명 전환

1   『청사고淸史稿』「식화지6食貨志六」 13권 참조.

2   자오더칭, 『중국경제통사』 제9권 참조.

3   리원즈李文治, 『중국근대농업사자료中國近代農業史資料』 제1집 참조.

4   쉬디신許滌新·우청밍吳承明, 『중국자본주의발전사中國資本主義發展史』 제1권 참조.

5   "大學堂預備速成兩科學生卒業後, 分別賞給擧人, 進士."

6   이상은 위안웨이스袁偉時, 『신해혁명 후 첫 10년 쑨원의 오류孫文在辛亥革命後第一個十年的迷誤』 참조.

7   "先天下之憂而憂, 後天下之樂而樂."

8   "山東亡矣, 國將不國矣, 願合四萬萬衆誓死圖之!"

9   차오창칭曹長靑, 「자오가루를 불태우고 중국을 불사르다火燒趙家樓燒毁中國」 참조.

10 이상 류쥔닝劉軍寧의 『20세기의 연방주의 시행二十世紀的聯邦主義嘗試』 참조.

11 『중화혁명 당시대에 대한 회고中華革命當時代的回憶』

12 『천중밍문집陳炯明文集』 하권, 중산대학출판사, 1998년 9월.

13 장타이옌章太炎, 「정위장군 천쥔의 묘지명定威將軍陳君墓志銘」, 『광저우문사자료廣州文史資料』 제9집. 이 일 역시 황다웨이 본인이 글을 써서 증명했다.

14 펑즈팡彭智芳, 『배신 전후의 천중밍 부대叛變前後的陳炯明部隊』

15 『신보』, 1922년 6월 4일, 위안웨이스 교수의 관련 분석인 「문화적 독단과 역사의 찌꺼기文化專橫與曆史汙穢」, 『21세기二十一世紀』 인터넷판 제3기 2002년 6월 29일 참조.

16 『신화일보新華日報』, 1945년 10월 8일.

17 『장즈중 회고록張治中回憶錄』, 문사자료출판사文史資料出版社, 1985.

18 『정치협상회의 현장기록政治協商會議紀實』 상권, 충칭출판사重慶出版社, 1989.

19 량수밍, 「국공회담에 참가한 나의 경험我參加國共和談的經過」, 『중화민국사 자료 총서中華民國史資料叢刊』 증간 6집.

20 『연방당인문집聯邦黨人文集』, 상무인서관商務印書館, 2004.

21 팡쑹龐松, 『마오쩌둥시대의 중국毛澤東時代的中國』, 중공당사출판사中共黨史出版社, 2003.

22 우장吳江, 『정치역정 60년政治駭浪六十年』, 야오리링姚力文, 류졘핑劉建平의 「신민주주의의 운명과 류사오치의 실패新民主主義的命運和劉少奇的失敗」(『염황춘추』 2009년 2월호)에서 인용.

23 『장즈중 회고록』 하권 참조.

24 『장즈중 회고록』 하권.

25 『마오쩌둥에 대한 후차오무胡喬木의 회상胡喬木回憶毛澤東』의 기록에 따르면 당시 '공동강령' 초안 작성을 담당했던 팀은 저우언라이가 팀장을 맡고 쉬더항許德珩이 부팀장을 맡았으며 총 22인으로 구성되어 있었다. 그중 공산당은 4명뿐이었고 나머지는 모두 비공산당 인사들이었다.

찾아보기

송나라의 슬픔

1판 1쇄 2021년 12월 17일
1판 2쇄 2022년 2월 15일

지은이 샤오젠성
옮긴이 조경희 임소연
펴낸이 강성민
편집장 이은혜
기획 노승현
마케팅 정민호 이숙재 김도윤 한민아 정진아 이가을 우상욱 박지영 정유선
브랜딩 함유지 김희숙 함근아 정승민
제작 강신은 김동욱 임현식

펴낸곳 (주)글항아리 | 출판등록 2009년 1월 19일 제406-2009-000002호

주소 10881 경기도 파주시 회동길 210
전자우편 bookpot@hanmail.net
전화번호 031-955-2696(마케팅) 031-955-2682(편집부)
팩스 031-955-2557

ISBN 978-89-6735-990-4 03910

geulhangari.com